HELMUTH VON MOLTKE – DOKUMENTE / BAND 1

HELMUTH VON MOLTKE
1848–1916
DOKUMENTE ZU SEINEM LEBEN UND WIRKEN

BAND 1

Briefe Helmuth von Moltkes an seine Frau
1877–1915
mit Schilderungen von Reisen mit dem älteren Moltke
und von Aufenthalten am Zarenhof

Moltkes Aufzeichnungen zum Kriegsausbruch
Der 1. August 1914 in Berlin – Die Marneschlacht
Das Matin-Interview
Die Intervention von General von Dommes
Die Kriegsschuldfrage

Mit Beiträgen von Jens Heisterkamp,
Rudolf Steiner, Jürgen von Grone, Hans von Haeften,
und erstmals publizierten Tagebuchnotizen von
Wilhelm von Dommes

herausgegeben von Thomas Meyer

PERSEUS VERLAG BASEL

*Der Herausgeber möchte den Mitarbeitern des
Militärarchivs / Bundesarchivs in Freiburg im Breisgau für die bereitwillige
Unterstützung bei seinen Recherchen danken, ferner für die Erlaubnis,
die Tagebuchauszüge von Wilhelm von Dommes sowie die Photographien
zu publizieren, die Moltke und von Dommes zu Pferde zeigen.*

*Rudolf Burkheiser aus Erding bei München hat diverse Photographien sowie
mehrere Briefe Ludendorffs und einen Brief von Hindenburg an Moltke
zur Publikation freigegeben.
Urs Meyer-Hala (Jávea) ist für die Erfassung und die orthographische Korrektur
aller Texte dieses Bandes, die schon in der 1. Auflage enthalten waren, zu danken.
Madlen Hauser (Dornach) hat für die Erstellung des Personenregisters
die wesentliche Vorarbeit geleistet.
Getraude Kühn (Arlesheim) hat das letzte (!) Exemplar der eingestampften
Schrift "Die 'Schuld' am Kriege" für die Reproduktion auf Seite 381
zur Verfügung gestellt.*

*Ein ganz besonderer Dank gilt Marcel Jenni, Basel, der das "Unternehmen"
an technischen Klippen vorbei mit sicherer Hand zum guten Ende lotste.*

3. wesentlich erweiterte Neuausgabe des Werkes
"Helmuth von Moltke: Erinnerungen, Briefe, Dokumente 1877–1916",
herausgegeben von Eliza von Moltke, Stuttgart 1922

Gestaltung und DTP: Marcel Jenni, Basel
Druck: Freiburger Graphische Betriebe
ISBN 3-907564-15-4

INHALT

VI.
"DIE 'SCHULD' AM KRIEGE"
MOLTKES AUFZEICHNUNGEN VOM NOVEMBER 1914
ÜBER DIE EREIGNISSE AM 1. AUGUST 1914

VII.
DIE VERHINDERUNG
DER RECHTZEITIGEN VERÖFFENTLICHUNG
VON MOLTKES AUFZEICHNUNGEN ZUM KRIEGSAUSBRUCH

Gewiß sollen wir nach immer größerer Vergeistigung streben,
aber meiner Ansicht nach nicht dadurch, daß wir das
Materielle einfach negieren und verachten, sondern dadurch,
daß wir aus ihm die ideellen Momente immer reiner hervortreten
lassen, dadurch, daß wir es verklären und durchleuchten
mit dem Geistigen, als da ist: Liebe, Sorge für den Nächsten, Zartheit
der Empfindung, Nachsicht mit den Fehlern anderer.
So werden wir uns im materiellen Kleide eine geistige Welt schaffen,
wir werden nicht das Irdische verachten, sondern es veredeln,
nicht die Welt, in der wir leben, gewaltsam aus den Angeln heben
wollen, sondern unser materielles Dasein als das erkennen,
was es sein soll, eine Durchgangsstufe zu einem besseren Dasein.
Wenn wir diese Stufe aus der Leiter der Weltentwicklung
herausbrechen wollen, so tritt unser Fuß ins Leere,
und wir fallen, da wir noch keine Flügel haben.
Ich meine, wir sollen fest und sicher auf dieser Stufe stehen,
den Blick nach oben gerichtet, im Bewußtsein, daß noch
weitere Stufen kommen, aber auch in dem klaren Bewußtsein,
daß wir zur nächsten erst weiterschreiten können,
wenn wir das Gleichgewicht auf der jetzigen erlangt haben.

Helmuth von Moltke in einem Brief an seine Frau
vom 15. April 1903

VORWORT DES HERAUSGEBERS

Weshalb zum jetzigen Zeitpunkt eine Publikation von und über Helmuth von Moltke, den deutschen Generalstabschef des 1. Weltkriegs? Hat die Geschichtsforschung nicht erschöpfend dargelegt, was zu Moltke, zu seiner Rolle im Beginn des Krieges und im Verlauf der Marneschlacht überhaupt zu sagen ist? So könnte es scheinen. So ist es jedoch nicht. Zwar gibt es eine Fülle von Moltke-Darstellungen, zumeist militärgeschichtlicher Art, doch kaum eine von ihnen geht von der Berücksichtigung *aller* wesentlichen Seiten der Persönlichkeit Moltkes aus; und kaum eine zeigt seine Rolle im 1. Weltkrieg ohne massive Verzerrung (vgl. dazu den Beitrag von Jens Heisterkamp auf S. 25ff. dieses Buches). Überhaupt wird es schwierig sein, eine zweite historische Persönlichkeit im 20. Jahrhundert zu finden, über welche in ähnlichem Maße entweder geschwiegen oder, mehr oder weniger bewußt, die Unwahrheit verbreitet, wenn nicht mit Vorbedacht gelogen worden ist.

Nehmen wir ein Beispiel aus der jüngeren Vergangenheit, welches den zweiten Punkt dieser Alternative beleuchten kann.

Als die renommierte amerikanische Historikerin und Bankierstochter Barbara Tuchman zu Beginn der 60er Jahre unter dem Titel *The Guns of August* ihre umfang- und quellenreiche Studie über den Kriegsausbruch vorgelegt hatte, fand sie namhafte begeisterte Leser, zu denen auch der amerikanische Präsident Kennedy gehörte. Und als das Werk 1990 auf deutsch erschien (*August 1914*), fand es auch in Europa, namentlich in Deutschland überaus wohlwollende Aufnahme, wie eine Rezension im Nachrichtenmagazin *Der Spiegel* zeigt.

Was erfahren wir nun aus einem allgemein geschätzten und weit verbreiteten neueren Werk wie demjenigen von Barbara Tuchman über Leben und Wirken des jüngeren Moltke?

«Der hochgewachsene, schwere und mit seinen sechsundsechzig Jahren kahlköpfige Moltke trug gewöhnlich eine tief melancholische Miene zur Schau, was den Kaiser veranlaßt hatte, ihn den ‹traurigen Julius› zu nennen (obwohl er in Wirklichkeit Helmuth hieß).» Mit diesem Satz leitet Tuchman ihre Charakteristik von Moltkes Persönlichkeit ein.[1]

Der Leser des vorliegenden Buches mag sich anhand der im Anhang wiedergegebenen Photographien selbst vergewissern, ob Moltkes Miene «gewöhnlich (...) tief melancholisch» ist, oder vielleicht gelegentlich einen tiefen Ernst zum Ausdruck bringt, was natürlich etwas ganz anderes ist. – Was den «traurigen Julius» betrifft, so nannte ihn der Kaiser manchmal in der Tat vertraulich «Julius»; mehr nicht. Doch hören wir Tuchmans Fundierungsversuche für Moltkes angeblich habituelle Melancholie: «Vielleicht waren seine anfällige Gesundheit, deretwegen er alljährlich eine Kur in Karlsbad machte, und der Schatten des großen Onkels Grund seiner Melancholie», meint die Autorin. Die in diesem Band enthaltenen Briefe Moltkes an seine Frau zeugen von seiner im allgemeinen sogar vorzüglichen Gesundheit und berichten nichts von *alljährlichen* Kuren in Karlsbad. Lebte Moltke ferner «im Schatten» des großen Feldmarschalls und Siegers von Königgrätz und Sedan? Die Berichte von seinen Reisen mit seinem verehrten Onkel zeigen vielmehr, daß er in dessen Gegenwart die Stärken und Schwächen eines ruhmreichen, alternden Mannes mit verständnisvollem Blick und humorvollem Herzen zu schätzen und zu ertragen lernte. Doch Tuchman gräbt noch tiefer: «Von seinem Fenster in dem roten Backsteingebäude des Generalstabs am Königsplatz, wo er wohnte und auch arbeitete, blickte er täglich auf das Reiterdenkmal seines Namensvetters hinaus, auf den Helden von 1870/71, der zusammen mit Bismarck Baumeister des Deutschen Reiches war.» – «Täglich» also soll er auf seinen in ewiger Denkmalsruhe reitenden großen Onkel geblickt haben – wie er «alljährlich» nach Karlsbad fuhr –: auch wenn er wochenlang in Rußland war oder mit dem Kaiser auf einer Nordlandreise weilte? «Der Neffe war ein mäßiger Reiter, der bei Dienstritten gelegentlich vom Pferde fiel» – über diese Gefahr war der große Onkel auf dem Denkmal ein für alle Mal hinaus ...

Doch das sind noch harmlose Schwächen; denn nun fährt Tuchman fort: «Und was noch schlimmer war, er hing der Christian Science an und interessierte sich auch noch für Anthroposophie und andere Sekten». Ein weiteres Vom-Pferde-Fallen gewissermaßen, nur in noch tiefere Tiefen ...

Zur Christian Science äußert sich Moltke in den Briefen an seine Frau ein einziges Mal (am 5. 8. 1902, siehe S. 205). Er hatte ein Gespräch mit einer Anhängerin der «Science» geführt und berichtet darauf seiner Gattin, die betreffende Person «sieht selber ein, daß in der ganzen Bewegung der Keim des Erstarrens in einem neuen Dogma enthalten ist». Doch Moltke interessiert sich auch – wohl *noch* viel schlimmer! – «für Anthroposophie und andere Sekten». – Am 8. März 1904, kurz nach seiner ersten Begegnung mit Rudolf Steiner in Berlin schreibt Moltke, nachdem er ein Werk Steiners über Haeckel gelesen hatte, an seine Frau: «Kein philosophierender Schriftsteller ist mir bisher so verständlich gewesen wie er.» Ist das der Ausspruch eines Menschen, der nach Sekten Ausschau hält? Im übrigen wurde der Ausdruck «Anthroposophie» von Steiner für seine Forschungsrichtung offiziell erst ab 1912 benutzt. Und als was war diese von ihm selbst bezeichnet worden? Als Geisteswissenschaft, für die er ebenso strenge Forderungen der Exaktheit und Objektivität geltend machte, wie sie in der Naturwissenschaft herrschen oder herrschen sollten. Sowohl Steiner selbst wie Moltke verstanden unter der ab 1912 öffentlich auch «Anthroposophie» genannten Geisteswissenschaft also etwas wesentlich anderes als eine auf Dogmen aufgebaute Sekte. Die Behauptung, Anthroposophie sei ein Sekte, hat natürlich selbst sektiererischen und das heißt dogmatischen Charakter, weil sie unnachweisbar ist und doch gemacht wird. (Daß es deshalb nicht auch sektiererische Anhänger einer an sich ganz unsektiererischen Sache geben kann, soll damit selbstverständlich nicht geleugnet werden.) Eine unbefangene Betrachtung des philosophisch-wissenschaftlichen Fundaments der Geisteswissenschaft könnte jeden Denkenden leicht vom prinzipiellen Wissenschaftscharakter dieser Forschungsrichtung überzeugen. Doch Denken ist unter Menschen mit dem sektiererischen Vorurteil vom «sektiererischen» Charakter der Anthroposophie naturgemäß gerade dort nicht anzutreffen, wo es vonnöten wäre – nämlich bei der Bildung dieses heute so weit verbreiteteten und oft als «wissenschaftlich» angesehenen Dogmas.

Dieser Exkurs war notwendig, denn es zeigt sich an der Tuchmanschen Bemerkung, daß die Verkennung Moltkes mit der Verkennung des wahren Charakters der anthroposophisch orientierten Geisteswissenschaft verknüpft ist und deshalb auf die Dauer auch nur in dem Maße korrigiert werden kann, in dem das pseudo-wissenschaftliche Dogma von der Unwissenschaftlichkeit der Geisteswissenschaft überwunden wird. Und das dürfte angesichts der nominalistischen, das heißt zu konkreter sinnlicher wie geistiger Wirklichkeitserkenntnis untauglichen Grundtendenz des post-modernen Bildungslebens wohl eher übermorgen als schon morgen sein.

Nun folgert Tuchman über Moltkes Hang zur Anthroposophie und anderen «Sekten»: «Dieser für einen preußischen Offizier unpassenden Schwäche wegen hielt man ihn für ‹weich›.» Macht ihn die ihm angedichtete «anfällige Gesundheit» und der «Schatten des großen Onkels» melancholisch, so verdankt er seinem Hang zu «Sekten» den Ruf der «Weichheit». Doch darüber hinaus «malte er auch noch, spielte Cello, trug Goethes ‹Faust› in der Tasche» – alles gewissermaßen zusätzliche Steigerungen der «Weichheit» – «und hatte sich an eine Übersetzung von *Pelléas und Méli-*

sande» – für Barbara Tuchman wohl eine besonders "weiche" Dichtung – «von Maeterlinck gewagt.»

Wir begnügen uns mit einem Kommentar zum letzten Punkt. Moltke schrieb am 23. April 1903 aus Berlin an seine Gattin: «Ich war gestern im Kleinen Theater, wo ich *Pelléas und Mélisande* von Maeterlinck sah, eine vortreffliche Aufführung dieses merkwürdigen märchenhaften Stückes, das wenig dramatisch, aber sehr poetisch ist. *Ich kannte es von der Lektüre her, hatte selbst einmal die Absicht, es zu übersetzen, kam nicht dazu.*» (Kursivsetzung durch den Hg.) Moltke hatte sich also *nicht* an eine Übersetzung dieses Stücks gewagt.

Damit haben wir einen einzigen Absatz von, wenn zusammengezogen, insgesamt fünf ganzen Sätzen aus einem weithin anerkannten Werk einer sehr ernstgenommenen modernen Schriftstellerin Stück für Stück betrachtet – und waren Stück für Stück zur Korrektur gezwungen.

Dabei gehört Barbara Tuchman, die in ihrer Beurteilung Moltkes gelegentlich auch Zutreffendes vorbringt, durchaus noch zu den Autoren, die nach einer ausgewogenen Beurteilung der komplexen Sachverhalte streben und denen keineswegs das Motiv bewußter Wahrheitsfälschung nachgesagt werden kann. Frau Tuchman zitiert im übrigen an mehreren Stellen aus Moltkes, im vorliegenden Band neu aufgelegten Aufzeichnungen zum Kriegsausbruch, die schon 1923 auf Englisch publiziert wurden[2]. Für die deutsche Ausgabe ihres Buches hat man es jedoch im allgemeinen für ausreichend erachtet, diese Aufzeichnungen aus der englischen Fassung ins Deutsche *zurückzuübersetzen*!

*

Diese traurige Sachlage ist symptomatisch für den Haupttypus der bis heute als seriös geltenden Auseinandersetzung mit dem jüngeren Moltke. Das muß tiefere Ursachen haben. Eine davon ist bereits angedeutet worden: Moltkes Interesse für die Geisteswissenschaft und seine persönliche Bekanntschaft mit Rudolf Steiner.

Diese letztere wurde nach dem Kriege insbesondere durch Ludendorff zum Ausgangspunkt der wütendsten Attacken (siehe dazu S. 467ff.) gemacht. Und erst vor einem Jahr erfolgte eine Neuauflage des Pamphletes eines Ludendorff-Verehrers, welches Moltke die Schuld an dem Verlust der Marneschlacht, im Gegensatz zum Gros der übrigen Darstellungen, nur indirekt zur Last legt – und als Hauptdrahtzieher den mit okkulten Mitteln wirkenden «Seelenmißbraucher» Steiner nennt. Der angebliche Jude Steiner habe im Auftrage der «jüdischen Weltfreimaurerei» Moltke durch mediumistische und okkultistische Mittel willensschwach gemacht und dadurch mittelbar zum Mißlingen der Entscheidungsschlacht des 1. Weltkrieges für Deutschland maßgeblich beigetragen. Die ursprünglich 1934 erschienene Schrift heißt *Die deutsche Tragödie an der Marne*[3] und wurde ausgerechnet von einem gewissen Hellm. Graf Moltke[4] verfaßt, bei welchem es sich aller Wahrscheinlichkeit nach um einen ansonsten gänzlich unbekannten Namensvetter des Generalstabschefs aus der dänischen Linie des Hauses Moltke handelt, welcher im 2. Weltkrieg Offizier der deutschen Luftwaffe war.[5]

Was die Marneschlacht anbetrifft, so wird die Rolle Moltkes bei deren Abbruch im September 1914 auch von seriöseren Quellen bis heute im allgemeinen unzutreffend beurteilt. «Der deutsche Generalstabschef von Moltke, krank und ohne genügend Kontakt mit der Front, beurteilt die Lage pessimistisch und gibt den Rückzugsbefehl», so stellt *Der Große Ploetz* in der 31. aktualisierten Auflage vom Jahre 1992 fest. War Moltke krank? Läßt sich ohne weiteres behaupten, er habe einen Rückzugsbefehl gegeben? Die in diesem Band zum Teil erstmals publizierten Beiträge Jürgen von Grones auf Seite 415ff. geben ein differenziertes Bild dieser bis heute zumeist unzulänglich charakterisierten Vorgänge im Zusammenhang mit dem "Wunder an der Marne", wie die Franzosen den für sie unerklärlichen Rückzug der deutschen Armeen nannten. Und wer sich über die wirkliche Natur von Steiners Verhältnis zu Moltke vor und nach der Marneschlacht orientieren möchte, wird dies zunächst am besten anhand von Rudolf Steiners eigenen Äußerungen hierzu unternehmen (S. 424ff.), oder auch aufgrund des Interviews, das Steiner 1921 mit Jules Sauerwein, dem bedeutenden französischen Auslandskorrespondenten dar Pariser Tageszeitung *Le Matin*, führte. (S. 418ff.)

*

Eine zentrale Bedeutung für die Beurteilung Helmuth von Moltkes wie auch der sogenannten Kriegsschuldfrage kommt den Vorgängen zu, die sich am Nachmittag und in den Abendstunden des 1. August 1914 in Berlin abspielten. Sie seien deshalb knapp skizziert.

Aufgrund eines kurz nach 17 Uhr in Berlin eintreffenden Telegramms von Karl Max von Lichnowsky, dem deutschen Botschafter in London, wollte der Kaiser den für den Fall eines Zweifrontenkrieges minutiös geplanten Aufmarsch des deutschen Heeres im Westen kurzerhand «abblasen» und nach Osten umleiten, denn er glaubte aus dem Telegramm entnehmen zu können, England wolle sich neutral verhalten und auch Frankreich zur Neutralität veranlassen, falls Deutschland auf den für den Kriegsfall vom Schlieffenplan vorgesehenen Durchmarsch durch Belgien verzichte. «Also wir marschieren einfach mit der ganzen Armee im Osten auf», meinte Wilhelm II. daraufhin zu Moltke und brach damit ein Versprechen, welches für den letzteren neun Jahre zuvor die unumgängliche Bedingung gewesen war, den ihm vom Kaiser angetragenen Posten des Generalstabschefs überhaupt zu akzeptieren: Der Kaiser hatte ihm versichern müssen, sich aus der Leitung der rein militärischen Angelegenheiten in Zukunft strikt herauszuhalten.

Als in den späten Abendstunden aufgrund eines weiteren Londoner Telegramms (von George V.) die Illusion einer ernsthaften englisch-französischen Neutralitätsabsicht zerplatzte, meinte der Kaiser schroff: «Nun können Sie machen, was Sie wollen.» (Siehe dazu den Beitrag von Jens Heisterkamp auf S. 34f. sowie Kapitel V. und VII.)

Moltkes politischem Scharfblick war das erste Telegramm von vornherein als illusionär erschienen, und so mußte er sich weigern, den ganzen Heeresaufmarsch abzuändern. Nach Frau Tuchman aber «fehlte Moltke, der sich an den festgelegten Plan klammerte, der nötige Mut» zu solcher Änderung. So einfach lag die Sache nicht.

Am selben 1. August richtete nämlich Lichnowsky an den britischen Außenminister Sir Edward Grey die Frage, «ob England zusagen wolle, neutral zu bleiben, wenn die Deutschen die Neutralität Belgiens nicht verletzten. Diese Zusage wollte Sir Edward Grey nicht geben, er wollte freie Hand bewahren.»[6] *Es hätte also nur einer verbindlichen Zusage Greys bedurft, und der Krieg im Westen hätte unterbleiben können.*

Fehlte es Moltke an «Mut», den Aufmarschplan abzuändern, während man im Westen, sehr «diplomatisch», von der Möglichkeit, eine Neutralitätserklärung abzugeben, weder am 1. noch am 2. August Gebrauch zu machen beliebte?

Der Einmarsch deutscher Truppen in Belgien am 3. August lieferte dann England bekanntlich den Anlaß für den Kriegseintritt. Hätten die maßgeblichen politischen Kräfte Großbritanniens nichts sehnlicher gewünscht, wie immer wieder betont worden ist, als sich aus diesem Krieg herauszuhalten, so ist dieser Wunsch mit dem tasächlichen Verhalten der englischen Regierung zwischen dem 1. und dem 3. August 1914 schwer in

Einklang zu bringen. Auf diesen Punkt haben die Historiker die Aufmerksamkeit bis heute kaum gerichtet.[7]

Es ist jedoch, wenn auch noch lange nicht bekannt genug, schon lange nachgewiesen worden, daß *in bestimmten Kreisen* Englands, denen auch Eduard VII. zugehörte, bereits in den 80er Jahren von der Notwendigkeit des nächsten großen europäischen Krieges gesprochen wurde, und zwar im Zusammenhang mit einer radikalen Umgestaltung aller künftigen Verhältnisse in Europa und im slawischen Osten.[8] An die Stelle alter Monarchien sollten Republiken treten – in Deutschland sogar mehr als eine! Und Rußland war als *Terra Nuova* für sozialistische Experimente ausersehen worden, die man im Westen für undurchführbar hielt.

Ein anscheinend harmlos anmutendes Echo solcher weitsichtiger internationaler Planung aus dem Westen – die man in Mitteleuropa bis heue ganz vergeblich sucht – findet sich in der Weihnachtsnummer der satirischen Zeitschrift *Truth,* die derlei Intentionen in Gestalt einer Europakarte in bemerkenswerter Weise illustrierte.

Die Karte heißt «The Kaiser's Dream» und läßt den unter Fernhypnose stehenden deutschen Kaiser Wilhelm II. seine schlimmsten Zukunftsängste offenbaren. – Und in der Tat: er sieht ein gänzlich post-monarchisches Europa!

War der deutsche Kaiser in seiner säbelrasselnden Äußerlichkeit und seiner Aufgeblasenheit im Vergleich zu den klugen Staatsmännern des Westen wie Disraeli oder Gladstone nicht in der Tat ein eitler Träumer, wie schon sein Verhalten am 1. August zu erkennen gibt?

Gewiß, das englische Volk wollte keinen Krieg, und auch manche führenden Mitglieder des Parlamentes nicht. Doch *entscheidend* für Englands diplomatisches Verhalten in den ersten Augusttagen müssen gerade dann, wenn weder das Gros des Volks noch führende Parlamentarier den Krieg wollten, offenbar ganz andere Kreise Großbritanniens gewesen sein.

Und waren denn die deutschen Exportziffern in den Jahren vor dem Kriege nicht bedenklich hoch gestiegen? Boten sie nicht England unerwünschte Konkurrenz? Und wie sollte man sich zum Erzieher und damit zum Beherrscher der jungen slawischen Völker in der östlichen «Wüste» («Russian desert»!) machen können, wenn eine wirtschaftlich wie politisch starke europäische Mitte eigenmächtig zwischen West und Ost bestehen bliebe? Die Zeit ist vielleicht nicht mehr allzu ferne, wo man im Zusammenhang mit dem Ausbruch des Ersten Weltkriegs und vielleicht auch im Zusammenhang mit der nächsten Zukunft von Europa solche Fragen ernster nehmen wird, als es heutzutage noch der Fall ist.

WORKHOUSE
NORTH SEA
RUSSIAN
DESERT
FRENCH REPUBLIC
IBERIAN REPUBLIC
AUSTRIAN REPUBLIC
BULGARIAN REPUBLIC
MEDITERRANEAN
DIARY

Damit sind wir beim politischen Kernstück dieses Buches angelangt, bei Moltkes Aufzeichnungen zum Kriegsausbruch. Sie wurden im Frühjahr 1919 in den Druck gegeben und hätten, mit einem Vorwort Steiners versehen, unter dem Titel *Die Schuld am Kriege – Betrachtungen und Erinnerungen des Generalstabschefs H. v. Moltke über die Vorgänge vom Juli 1914 bis November 1914* noch während der Versailler Friedensverhandlungen erscheinen sollen. (Weshalb letzteres nicht geschah – dazu findet man in Kap. VII dieses Buches detaillierten Aufschluß.)

Diese Aufzeichnungen Moltkes zeigen, daß die politische Führung Deutschlands in den Jahren, die dem Krieg vorangegangen waren und ganz besonders am 1. August des Jahres 1914 am absoluten «Nullpunkt» angekommen war, wie sich Steiner in seinem Vorwort (siehe S. 383ff.) ausdrückt. Die rechtzeitige Publikation der kleinen Schrift, die Rudolf Steiner als «das wichtigste historische Dokument» bezeichnet, «das in Deutschland über den Beginn des Krieges gefunden werden kann», hätte den Gang der Versailler Friedensverhandlungen zweifellos sehr wesentlich beeinflußt. Sie wäre insbesondere für die Beurteilung der Kriegsschuldfrage von nicht zu ignorierender Wichtigkeit gewesen. Und wer bedenkt, wie sehr allein der fatale Paragraph 231 des Versailler Vertrages, der die propagierte Alleinschuld Deutschlands festschrieb, den Aufstieg rechtsgerichteter Kräfte im Nachkriegs-Deutschland provozierte und sehr förderte – der wird auch das Gewicht ermessen, welches die Verhinderung dieser Veröffentlichung für die Geschichte des 20. Jahrhunderts in Wahrheit hat.

Diese Verhinderung wurde im wesentlichen durch General Wilhelm von Dommes bewirkt, der Ende Mai 1919 im Auftrag der OHL (Oberste Heeresleitung) und des Auswärtigen Amtes bei der Witwe des im Juni 1916 verstorbenen Moltke und dann bei Rudolf Steiner als dem Herausgeber der Aufzeichnungen intervenierte. Von Dommes machte im Laufe einer mehrstündigen Unterredung mit Steiner in Stuttgart geltend, daß in Moltkes Aufzeichnungen drei sachliche Irrtümer enthalten seien und sie deshalb nicht veröffentlicht werden könnten. Man fürchtete sich in Wirklichkeit davor, die Wahrheit über das erbärmliche Kartenhaus, zu dem die deutsche Politik – im Gegensatz zur britischen, die auf unvergleichlich festerem Fundamente ruhte! – geworden war, so unverhüllt in alle Welt hinaus zu lassen. Man hätte die Veröffentlichung als ein nationales Unglück angesehen. Falscher Nationalstolz verhinderte damit die Verhinderung eines wirklichen, für die Entwicklung Mitteleuropas so folgenreichen Unglücks: des fatalen Schuldartikels.

In allerjüngster Zeit sind nun von Dommes' Tagebücher aufgefunden worden, in denen er die Unterredung, die er im Frühjahr 1919 mit Steiner führte, in detaillierter Weise aufgezeichnet hat. Die entsprechenden Passagen finden sich auf S. 410ff. dieses Buches erstmals publiziert.

*

Nichts kann Steiners Einstellung zum Deutschtum vielleicht klarer demonstrieren als seine Haltung in der Kriegsschuldfrage. Doch auch sie ist immer wieder Gegenstand höchst fataler Mißdeutung geworden.[9] Gegen die Alleinschuld-Politik Deutschland gegenüber hatte Steiner sich mit aller Energie gewandt, doch hat er damit selbstverständlich niemals Deutschlands «vollkommene *Un*schuld» dartun wollen, wie selbst in Steiner wohlgesinnten Kreisen behauptet worden ist.[10] Moltkes Aufzeichnungen sind in seinen Augen «eine furchtbare Anklage der [deutschen] Politik»; sie beweisen, daß keine deutsche Politik vorhanden war, welche die *Ausschließlichkeit* des militärischen Urteils verhindern konnte. Nur durch eine solche Politik hätte im Jahre 1914 anderes geschehen können, als geschehen ist.»

Hierin liegt die deutsche «Schuld», keine solche Politik hervorgebracht zu haben. Steiners Kampf gegen die Anerkennung der Alleinschuld-Politik der Entente-Mächte ist somit zugleich die allerschärfste Ablehnung der deutschen 'Politik'. Und wie hätte eine solche in seinen Augen konzipiert sein müssen? Dazu schreibt er selbst: «Das Deutsche Reich war in den Weltzusammenhang hineingestellt ohne wesenhafte, seinen Bestand rechtfertigende Zielsetzung. Diese Zielsetzung hätte nicht so sein dürfen, daß nur militärische Macht sie zu tragen hatte, konnte überhaupt nicht auf *Machtentfaltung* im äußeren Sine gerichtet sein. Sie konnte nur auf die *innere* Entwickelung seiner Kultur gerichtet sein. Durch eine solche Zielsetzung hätte Deutschland niemals sein Wesen aufzubauen gebraucht auf Dinge, die es in Konkurrenz und dann in offenen Konflikt bringen mußten mit anderen Reichen, denen es in der Entfaltung der äußeren Macht doch unterliegen mußte. Ein Deutsches Reich hätte eine von dem äußeren Machtgedanken absehende Politik, eine wahre Kulturpolitik entwickeln müssen. Es hätte niemals gerade in Deutschland der Gedanke aufkommen müssen, daß ein ‹unpraktischer Idealist› ist, wer diese Kulturpolitik für die einzig mögliche hält.»

Innere Entwicklung der Kultur – darin erblickte Steiner die Hauptmission des Deutschtums. Einem solchem Ziele zugewandten Deutschland hatte Moltke dienen wollen.

Im Sinne solcher inneren Entwicklungsimpulse ist auch der Satz zu nehmen, den Steiner Moltke im November 1915 schrieb: «Dieses Schicksal des deutschen Volkes ist mit den tiefsten und erhabensten Zielen der menschlichen Weltentwickelung verbunden.»[11]

Zu diesen Zielen kann man guten Grundes die volle Ausgestaltung des Menschen als eines wahrhaft freien Geistes rechnen; doch mit der «inneren Entwicklung» ist auch die Möglichkeit der Illusion und Unwahrheit verbunden. Und beides spiegelt sich im Schicksal Deutschlands wieder: der Aufstieg zu den Gipfelhöhen des Geisteslebens, wie der Absturz in die abgrundtiefe Illusion unwahrer, äußerer Machtentfaltung und verlogenen Herrenmenschentums.

Wohin wird sich das deutsche Volk in Zukunft wenden, nach all dem, was sich seit dem Ersten Weltkrieg zugetragen hat bis zur äußerlich vollzogenen Vereinigung der «German Republics», die bereits im Jahre 1890 auf einer Karte figurierten? Werden sich die einzelnen Angehörigen dieses Volkes mehr als in den letzten hundert Jahren von der Einsicht leiten lassen, daß gerade Deutschland auf die Entwicklung innerer Fähigkeiten des Geistes und auf eine wahre übernationale Kulturgesinnung bauen muß, wenn es dem steigenden Sumpf nationalistischer Äußerlichkeiten noch entrinnen will?

«Das deutsche Volk ist doch in seiner Gesamtheit eine erbärmliche Gesellschaft. Lauter Kirchturmspolitiker, ohne eine Spur von Großzügigkeit, kleinlich, hämisch, voller Neid und Mißgunst, gehäßig und kurzsichtig, daß es zum Erbarmen ist. Überall wird heruntergerissen, mit Schmutz beworfen, verleumdet und gelogen, und das alles unter dem Mantel tugendhafter Entrüstung. Heuchelei, wohin man sieht, engherziger Egoismus und krasser Materialismus. Keine Ideale gelten mehr, alles ist äußerer Schein. Was noch Bestand hat, wird heruntergerissen, jeder will sich selbst erheben, und wenn der große Trümmerhaufen fertig ist, wird das Strafgericht über uns kommen.»

So sagte Moltke mit wahrem Scharfblick 1904. Wie würde er heute sprechen?

Ist heute eine andere deutsche Politik vorhanden als eine solche, die auf äußere Machtentfaltung und Selbstbehauptung zielt? Wird heute weniger «verleumdet und gelogen»?

Eine unbefangene Betrachtung des reichen Lebens und des vielgestaltigen Wirkens Moltkes könnte helfen, solche Fragen neu zu stellen. Denn wir haben es mit einem Mann zu tun, der das Wissen um die spirituelle

Weltmission des deutschen Volkes tief im Herzen trug und dessen Herz daran gebrochen ist, daß er fast überall von dem Banausentum des falschen deutschen Glänzenwollens umgeben und behindert – und verleumdet wurde.

Den *freien* Geistern also sei nochmals dieses Buch gewidmet (in dritter, wesentlich erweiterter Auflage) – und allen, die nach dem wahren Wesen des deutschen Volkes und nach den «tiefsten und erhabensten Zielen der menschlichen Weltentwicklung» noch immer fragen mögen.

Basel, am 25. Juli 1993 — Thomas Meyer

Anmerkungen

1 Barbara Tuchman, *August 1914*, Frankfurt a.M. 1990, S. 87.
2 Am 20. Januar 1923 in *Living Age*, siehe Tuchmann, op. cit., S. 486.
3 Archiv-Edition, Viöl 1992.
4 Gemäß dem Eintrag im *Deutschen Bücherverzeichnis 1931–1935*, Leipzig 1937. Auf dem Umschlag der Schrift selbst erscheint nur die Initiale H.
5 Laut Eintrag im *Gotha*, 1940.

6 Georg Brandes. Zitiert nach R. Steiner, *Zeitgeschichtliche Betrachtungen*, 1. Teil: 25 Vorträge zwischen dem 4. und 31. Dezember 1916, Dornach, 2. Aufl. 1978 (GA 173). Vortrag vom 4. Dezember.

7 Siehe dazu: Jakob Ruchti, *Zur Geschichte des Kriegsausbruchs*, Bern 1916, S. 46ff.; R. Steiner, *Zeitgeschichtliche Betrachtungen*, op. cit., darin vor allem die Vorträge vom 4. und vom 30. Dezember. – Man kann den Eindruck gewinnen, in bestimmten englischen Kreisen ist damals in ähnlicher Art auf den durch die Neutralitätsverletzung Belgiens *zu schaffenden* Anlaß für Englands Kriegseintritt gewartet worden, wie dies vor wenigen Jahren Amerika tat, um in dasjenige, was dann der Golfkrieg wurde, eintreten zu können; mit dem Unterschied vielleicht, daß die Amerikaner diesen Anlaß mit viel offensichtlicheren Täuschungsmanövern herbeigelogen haben. (Vgl. dazu Karlheinz Deschner, *Der Moloch – Zur Amerikanisierung der Welt*, Stuttgart/Wien 1992, S. 368ff.)
Es gehört im übrigen zu den erschreckenden Symptomen desorientierter Urteilsbildung, wenn sogar in Kreisen von Menschen, die Steiners Geisteswissenschaft vertreten, die Auffassung verbreitet wird, eine Neutralitätserklärung Englands «hätte die Lage kaum verändert. Der deutsche Generalstab hätte seiner Regierung erklären müssen, daß man nur *einen* Plan für den Ernstfall hatte und daß dieser weder geändert noch verlangsamt noch rückgängig gemacht werden konnte.» Der springende Punkt ist doch: daß England nicht einmal versuchte, den Krieg im Westen – also gewissermaßen 50% des «Ernstfalls»! – durch eine solche Neutralitätserklärung zu verhindern, was selbstverständlich auch für die politische und militärische Führung Frankreichs nicht ohne Auswirkung geblieben wäre. (*Was in der anthroposophischen Gesellschaft vorgeht – Nachrichten für deren Mitglieder*, 15. März 1992.)

8 Siehe: Renate Riemeck, *Mitteleuropa – Bilanz eines Jahrhunderts*, 4. Aufl., Potsdam 1990, S. 7ff.
Ferner: C. G. Harrison, *The Transcendental Universe – Six Lectures on Occult Science, Theosophy and the Catholic Faith*, 3. Aufl., Hudson 1993. Deutsche Neuausgabe unter dem Titel *Das transzendentale Weltall*, Stuttgart 1990; zweiter Vortrag.

9 Zum Beispiel durch Eduard Schuré. Siehe dazu *Mitteilungen aus der anthroposophischen Arbeit in Deutschland*, Johanni 1993.

10 Siehe Quellenangabe am Schluß von Anmerkung 7.

11 Brief vom 23. November 1915, abgedruckt in Band 2, S. 93ff.

HELMUTH VON MOLTKE – EINE LEBENSSKIZZE

von

Jens Heisterkamp

Die meisten Menschen werden mit dem Namen Helmuth von Moltke zunächst eine Gestalt an der Seite Bismarcks und Kaiser Wilhelms I. verbinden. Vielleicht kennt man auch eine Straße, die an den Sieger von Königgrätz und Sedan erinnert. Doch gibt es auch einen jüngeren Träger dieses gleichen Namens: es ist der Neffe des älteren Moltke, der Erbe der erfolgreichen Reichsgründer und tragische Feldherr des Ersten Weltkrieges. Er ist heute fast ganz vergessen.

Geboren im Schicksalsjahr 1848, umspannt die Laufbahn des jüngeren Moltke – von der Teilnahme am Frankreich-Feldzug 1870/71 bis zu seinem erzwungenen Rücktritt im Herbst 1914 – ein verhängnisvolles Kapitel deutscher Geschichte.

Seine Erlebnisse können zum Okular werden, welches das Deutsche Kaiserreich in seinem Werden aus nächster Nähe zeigt: Moltke verfolgt den Aufstieg Deutschlands zur Großmacht, nimmt am gesellschaftlichen und politischen Treiben seiner Zeit, am Leben der Höfe Europas teil, er kommentiert das "Dreikaiserjahr" 1888, beobachtet die Entzweiung des Kaisers mit Bismarck und wird mit dem Aufstieg zum persönlichen Adjutanten Wilhelms des Zweiten unmittelbarer Weggefährte dieser umstrittenen Herrscherfigur.

Leben und Wirken des späteren Chefs des Generalstabs sind aber nicht nur als lebendiges Zeugnis der Wilhelminischen Ära von Interesse. Helmuth von Moltke selbst verdient unsere volle Aufmerksamkeit; sie blieb diesem so untypischen General bislang weitgehend vorenthalten. Dies um so mehr, als Philistrosität und Gegnerschaft sein Bedürfnis nach tieferer Sicht der Dinge, sein lebhaftes Interesse für Kunst, Philosophie und alles Geistige bis heute stets als Makel auslegten. Moltke war Soldat und Offizier aus Leidenschaft – und dennoch von seltener Feinfühligkeit. Obgleich er die Schwächen seines Kaisers durchschaute, hielt er ihm die Treue. Mit ungewöhnlichem Verantwortungsbewußtsein begabt, findet sich Moltke im Alter von sechsundsechzig Jahren in das Ereignis seines Lebens, die Schlacht der Völker Europas, hineingestellt. Nach seinem erzwungenen Rücktritt schließt sich sein Lebenskreis, während Moltke die zeit- und raumübergreifende Bedeutung seines Schicksals zu erahnen beginnt, eines Schicksals, das in seiner Stellung innerhalb der europäischen Geschichte bis heute zu wenig beachtet worden ist.

Helmuth von Moltke kam am 23. Mai 1848, in den Tagen des europäischen Völkerfrühlings und des deutschen Vormärz, auf dem Gut Gersdorff in Mecklenburg zur Welt. Für die Umgebung, in die er hineingeboren wurde – die Welt des Adels, der Gutsbesitzer und Offiziere – war es eine Krisenzeit. Mit wenig Verständnis blickte man in diesen Kreisen auf die liberalen Erhebungen, die soeben die deutschen Fürsten, ja selbst den preußischen Thron, erschütterten.

Helmuth war der zweite Sohn seiner Eltern Augusta (geborene von Krohn) und Adolph von Moltke, einem Bruder des späteren Feldmarschalls. Das Haus Moltke führte seine Abstammung bis in die Zeiten Kaiser Heinrichs vor der Jahrtausendwende zurück. Während der napoleonischen Kriege schuldlos verarmt, war das traditionsreiche Geschlecht seither auf höhere Dienstherren angewiesen. So nahm der Vater, ein Jahr nach der Geburt von Helmuth, einen Posten als Administrator der Grafschaft Ranzau (nördlich von Hamburg) an, die dem König von Dänemark unterstand. In dessen Diensten hatte auch sein später berühmt gewordener Bruder seine militärische Laufbahn begonnen. Die Familie, bald auf sechs Kinder vergrößert, bezog auf der alten Schloßinsel von Ranzau ein geräumiges Haus, in dessen Umgebung sich eine herrliche Welt für die Kinder ausbreitete. – Jahrzehnte später sollte Moltke als Chef des Generalstabs bei einer Fahrt mit dem Zeppelin das Anwesen überfliegen und sich des Glücks seiner Kindheitstage erinnern.

Bis zum Eintritt in das Gymnasium von Altona lag die Erziehung «Hellys», wie er von den Eltern gerufen wurde, in den Händen des Theologen Schaubach, des späteren Hofpredigers Kaiser Wilhelms II. Die Atmosphäre des norddeutschen Protestantismus legte den Grund für die nüchtern gedankliche Art, die später das geistige Streben Moltkes bestimmen sollte. Um ein Haar wäre der Jüngling Kauf- oder Seemann geworden. Dann aber trat er nach Ende der Schulzeit die militärische Laufbahn an; für mittellose Adelige wie ihn oft die einzige Möglichkeit beruflichen Fortkommens. Das Ansehen seines Onkels, der im Begriffe stand, die Armee des Königs von Preußen zum Ruhm zu führen, erleichterte Helmuth als dänischem Untertan den Eintritt in preußische Dienste.

Nach einer unter kärglichen Verhältnissen verbrachten Grundausbildung zählt der Fähnrich Moltke gerade 22 Jahre, als er an dem von seinem Onkel geleiteten Frankreich-Feldzug des Jahres 1870 teilnimmt. Hier streift ihn, an der häufig beschrittenen Grenze zwischen Leben und Tod, auch erstmals die Ahnung geheimnisvoller Fäden, die das irdische Leben mit einer höheren Welt verknüpfen: Sein Hauptmann eröffnet ihm kurz vor dem ersten Gefecht des Krieges, daß er dieses nicht überleben werde, und überreicht dem verwunderten Moltke zur Erinnerung an ihn ein photographisches Portrait, auf welches er anstelle seines Namenszuges ein Kreuz hinzeichnet. Am 4. August erlebt Moltke bei Wörth seine Feuertaufe, und das Gesicht seines Hauptmanns wird Wirklichkeit. Während des blutigen Gefechts lassen alle Offiziere seiner Kompanie das Leben, und abends sitzt der junge Fähnrich allein im Zelt, um an ihrer Statt mit noch fiebernden Sinnen den Kampfbericht abzufassen.

Doch die jugendliche Freude am Soldatenleben, an Lagerfeuergeselligkeit und dem Leben mit der Natur konnte Moltke dadurch nicht genommen werden. Sie blieb ihm bis ins Alter eigen. «Er sieht ein bißchen spitz aus, versichert aber, ganz und frohen Mutes zu sein (...) Seine Rockschöße sind durchschossen, er selbst aber ganz und frohen Mutes.» So schreibt der nach Sedan umjubelte Onkel, der ihn kurze Zeit darauf vor Paris sah, an den besorgten Vater. Auch später verfehlten noch öfter tödliche Kugeln Moltke nur knapp.

Als noch vor dem Ende des Frankreichfeldzugs am 18. Januar 1871 im Spiegelsaal von Versailles das Deutsche Kaiserreich ausgerufen wurde, durfte sich auch Helmuth von Moltke stolzerfüllt seines bescheidenen Beitrags zum Einigungswerk bewußt sein. Er wuchs, während die besten Jahre seines Lebens noch vor ihm lagen, mit vollem Enthusiasmus in die Gründerzeit des neuen Reiches hinein.

Doch die unmittelbar auf das Kriegsende folgende Zeit führte ihn zunächst über den Rahmen des typischen, oft eintönigen Lebens eines Offiziers der unteren Ränge nur wenig hinaus. 1876 stieg er in die Eliteeinheit der «preußischen Garde» in Potsdam auf und kam damit in unmittelbare Nähe zum Kaiserhof. Mit 29 Jahren kommandierte man ihn zum obersten Generalstab und zum Besuch der Kriegsakademie nach Berlin. In dieser Umgebung festigte sich seine Loyalität zum Haus der Hohenzollern, die bei ihm aus tiefen Gemütskräften floß.

Während mit dem Kontakt zum Generalstab die Weichen für seine militärische Laufbahn gestellt werden, knüpft sich für Moltke im Laufe des 5. Jahrsiebts auch der andere Knotenpunkt seines Lebens. Er lernt seine Lebensgefährtin Eliza von Moltke-Huitfeld, eine aus der dänischen Seitenlinie des Geschlechts stammende Gräfin, kennen und lieben. Wie so oft in der Begegnung derer, die für einander bestimmt sind, mutet es auch hier wie ein kleines Wunder an, daß sich das so unterschiedliche Paar finden kann. Ein gemeinsamer Drang nach dem Erleben des Schönen und dem

Erkennen der Wahrheit verbindet die metaphysisch strebende, schon früh mit dem damals verbreiteten Spiritismus in Berührung gekommene Eliza und den protestantisch geprägten Offizier. Es ist, als setze sich ein nur eben unterbrochenes Gespräch zwischen beiden fort. Während an der Akademie Militärgeschichte doziert wird, schreibt Moltke Liebesbriefe an seine Eliza. Ein inniger Gedankenaustausch des so verschiedenen Paars, ein glühendes Interesse für die tieferen Fragen des Lebens und zugleich für die Wesensart des Geliebten sprechen aus Moltkes Briefen aus der Brautzeit.

Helmuth von Moltkes Geistesart zeigte von Jugend an Geradlinigkeit. Sein Denken, Empfinden und Handeln wirkte stets unverstellt. Sein Urteil suchte, wie in allen dienstlichen, so auch in geistigen Dingen, das Ziel stets ohne jeden Umweg. Aufmerksam verfolgte er die philosophische und wissenschaftliche Literatur der Zeit. Er las die Bücher Eduard von Hartmanns, Chamberlains und August Bebels, und gestand offen, daß ihm Rudolf Steiner von allen Schriftstellern doch der klarste zu sein schien. Moltke suchte das Gespräch über geistige Dinge, immer wieder auch mit Theologen, wobei er der Autoritätsgläubigkeit der katholischen Kirche ablehnend gegenüberstand, aber auch die innere Hohlheit des Protestantismus nicht übersah. Schon der junge Moltke begegnet der zum Geistigen drängenden Eliza mit ganz eigenen, kühnen Ideen über das Leben der Seele nach dem Tode, die den Rahmen konfessionellen Denkens weit überschreiten. In liebender Toleranz verdeutlicht er seinen eigenen Standpunkt gegenüber dem, was er im Seelenleben der Braut als spiritistische Neigung empfindet. Doch kann und will sich gerade der unbefangene Realitätssinn Moltkes nicht der unmittelbaren Tatsächlichkeit verschließen, mit welcher seiner Gattin – das Paar heiratete 1878 – die Wirklichkeit einer anderen Welt zur inneren Erfahrung wurde.

Die folgenden sieben Jahre waren für Moltke stark von seinem Onkel mitgeprägt, dem er als persönlicher Adjutant zugeteilt wurde. Mit 81 Jahren ist der Generalfeldmarschall noch immer Chef des Generalstabes. Der jüngere Moltke wuchs an der Seite dieses wahren Pfeilers der Gründerzeit des Deutschen Reiches in die Intimitäten militärischer und politischer Verantwortlichkeit hinein. Jahr um Jahr plante der Generalstab die großen Aufmärsche im Westen und Osten; die Herbstmanöver wurden inszeniert und ausgewertet; den neuen technisch-militärischen Erfindungen wurde immer mehr Aufmerksamkeit geschenkt. Am Ende des 19. Jahrhunderts ähnelte der Generalstab einem überdimensionalen Konzern, dessen Mitarbeiter mit sprichwörtlich preußischer Disziplin ihr Unternehmen führten.

Während der «große Schweiger», wie man den alten Moltke gerne nannte, wie kein anderer das Ideal des preußischen Offiziers verkörperte, zog am Horizont schon der industrialisierte Massenkrieg herauf, der vor Tugend und Tradition keinen Respekt mehr zeigen sollte.

Dem jungen Ehepaar Moltke wurden unterdessen vier Kinder geboren. Zu den vielleicht glücklichsten Zeiten Moltkes zählten die gemeinsam mit der Familie und dem Onkel in Kreisau verlebten Tage. Der Generalfeldmarschall hatte dieses Gut in Mittelschlesien 1867 als Dankgeschenk für den Sieg bei Königgrätz erhalten und sich damit einen alten Traum erfüllen können. Bald wob sich ein Mythos um den «Alten von Kreisau», der nach einem so tatenreichen Leben, wie es sich in sein feingefurchtes Antlitz eingeschrieben hatte, nun zwischen Gemüsebeeten und Rosenstöcken seinen Frieden fand.

Im heutigen Rückblick schwingt in dem Namen Kreisau ein ernster Klang mit. Welches Schicksal hat sich hier über die Generationen hinweg vollzogen! Drei Träger des Namens Moltke wirkten auf dem Landgut Kreisau: Helmuth von Moltke, der die Einigungskriege gewann und den Grund eines Reiches bereitete, dem Bismarck den Stempel der Macht aufzwang; Helmuth von Moltke der Jüngere, der an Wilhelm II. geschmiedete, unglücklich-treue Generalstabschef des Ersten Weltkriegs; und Helmuth James von Moltke, der aufrecht-gläubige Diplomat und Humanist, der den Namen Kreisau zu einem Begriff für den Widerstand gegen Hitler machte und dafür sein Leben ließ. Bismarck, Wilhelm II. und Hitler –: nach einem Wort Herbert Witzenmanns die drei größten Gegner mitteleuropäischen Geistes. Neben jedem von ihnen steht der Name Moltke wie ein Mahnmal des wahren deutschen Volksgeistes.

*

Das Jahr 1888, als "Dreikaiserjahr" von der Geschichte hervorgehoben, markiert den Beginn eines Kurswechsels in der Entwicklung des Deutschen Reiches. Moltke hat ihn aus nächster Nähe, aber noch ohne höhere Verantwortung, miterlebt. Am 9. März dieses Jahres stirbt der greise Kaiser Wilhelm I. mit 91 Jahren.

Sein Sohn Friedrich, der die besten Jahre als Anwärter eines geistvolleren Kaisertums im Schatten der Feindschaft Bismarcks verbringen muß, ist bei seiner Thronbesteigung schon vom Tode gezeichnet. Nach nur hundert Tagen Regentschaft rafft ihn der Tod vom Thron. An seiner Bahre empfindet der jüngere Moltke etwas von der tiefen Tragik, die in der verhinderten

Wirksamkeit dieses edlen Monarchen liegt: «Ist es nicht, als ob er gebüßt habe für alle Sünden dieses Volkes, er, der reine, der ideal denkende Fürst!» So schreibt er in einem Brief vom 16. Juni 1888 an seine Frau.

Sein noch nicht 30 Jahre alter Sohn Wilhelm, von Kind auf problematischer Natur, übernimmt die schwere Bürde des Kaisertums. Vom ersten Tage an überspielt er Unsicherheit mit Trotzgebaren. Auch Moltke gehört zu jenen, die mit dem selbstbewußt scheinenden neuen Regenten zufrieden sind. – Noch weitere Wechsel folgen. Im gleichen Jahr wird endlich dem alten Moltke der Rücktritt vom Posten des Generalstabschefs gewährt, um den er mit der rührenden Begründung, in seinem hohen Alter kein Pferd mehr besteigen zu können, nachgesucht hatte. Nach kurzem Intermezzo tritt ein Jahr später General von Schlieffen an seine Stelle. Als dritte der großen Gründerfiguren verläßt schließlich, nach dem alten Kaiser und dem Generalfeldmarschall, im Jahre 1890 auch Reichskanzler Bismarck die politische Bühne. Nach kaum einem Jahr Amtszeit hatte sich der junge Kaiser, der doch sein eigentlicher Lehrling sein sollte, mit Bismarck überworfen.

Im folgenden Jahr, am 24. April 1891, entschläft in Berlin der greise Generalfeldmarschall, und Kaiser Wilhelm II. ernennt den nun frei gewordenen jüngeren Moltke zu seinem persönlichen Adjutanten. Hoffte er damit, das Glück, das der Name Moltke seinem Großvater gebracht hatte, auf sein eigenes Schicksal zu übertragen? Der jüngere Moltke, vom Kaiser vertraulich "Julius" gerufen, soll ihn einmal gefragt haben, ob er glaube, zweimal in derselben Lotterie gewinnen zu können. Für ihn begann damit die rund ein Vierteljahrhundert währende Beziehung zum letzten Hohenzollernkaiser.

Über den unausgeglichenen Charakter Wilhelms II. hat es viele Debatten gegeben. Er setzte den unter Bismarck eingeschlagenen Weg, Deutschland zu einer Großmacht zu machen, verstärkt fort. Zu den Leitlinien seiner Politik zählten das Streben nach Kolonien, die Deutschland einen "Platz an der Sonne" verschaffen, und der Ausbau der Flotte, die Deutschlands angeblich auf dem Wasser liegende Zukunft sichern sollte. Beides brachte das Reich bei seinen europäischen Nachbarn in Mißkredit. Die unbeholfene Art, in der Wilhelm II. die Traumvorstellungen seines Deutschland durchzusetzen suchte und die unangemessene Betonung seiner eigenen Herrscherrolle bot den Karikaturisten seiner Zeit reichlich Stoff. Helmuth von Moltke, dem Monarchen gegenüber gleichsam von Haus aus loyal eingestellt, gewann mit den Jahren doch einen erheblichen Abstand zu ihm. So zeugen seine Bemerkungen über die zelebrierte Untätigkeit des Kaisers und seiner Umgebung bei der alljährlichen "Nordlandreise" von einem deutlichen Bewußtsein der Schwächen Wilhelms. Weit entfernt davon, diese bloßzustellen, hält Moltke an einer eigenartigen Treuebeziehung fest, als wenn er den Kaiser vor sich selbst zu schützen hoffte.

Die neue Aufgabe als persönlicher Adjutant seiner Majestät brachte für Moltke, neben seiner fortgesetzten Tätigkeit im Generalstab, auch repräsentative Missionen mit sich. Zahlreiche europäische Höfe wurden aus offiziellen Anlässen besucht. Die wichtigsten seiner Reisen als Gesandter des Kaisers führten ihn an den russischen Zarenhof. Daß Moltke mit Rußland auf besondere Weise verbunden war, zeigen nicht nur seine feinsinnigen Schilderungen russischer Kultur und Religiösität. Auch die besonderen Umstände, unter welchen er im Jahre 1895 seine erste persönliche Unterredung mit Zar Nikolaus II. führte, deuten auf diese Verbundenheit hin. Der äußere Anlaß seiner Mission war die neue russisch-französische Annäherung, die das deutsche Einkreisungstrauma schürte. Neben einem freundschaftlich gehaltenen Brief seines Kaisers überbrachte Moltke das bekannte Bild von Professor Knackfuß, welches, nach Angaben Ihrer Majestät persönlich gefertigt, die Völker Europas zur gemeinsamen Verteidigung ihrer Werte gegen die "gelbe Gefahr" aufruft. Die Begegnung Moltkes mit dem Zaren entwickelt sich nicht weniger symbolträchtig als das Bild selbst: während Moltke rückwärtsschreitend den Audienzsaal verlassen will, verliert er, Helm und Degen zum Abschied unter den Arm geklemmt, seinen zuvor ausgezogenen Handschuh der rechten Hand. Wie ein Fehdehandschuh kommt er vor Nikolaus zu liegen. «Ein abergläubischer Mensch würde darin vielleicht ein Omen erblickt haben, was Gott und alle Heiligen verhüten wollen», schreibt er am 2. Oktober 1895 an seine Frau. Moltke war zwar nicht abergläubisch, aber doch empfänglich für real-symbolische Wahrbilder des Schicksals. Und *dieses* sollte sich 19 Jahre später, als er das deutsche Heer gegen eben jenen Zaren zu führen hatte, erfüllen.

Helmuth von Moltke blieb über Jahre den Geschicken Rußlands eng verbunden. Wie er mit Rußland fühlte, zeigt eine Bemerkung während der revolutionären Unruhen des Jahres 1905: Moltke sieht voraus, daß der Zar von der Gewalt, die er damals so schrankenlos gebrauchte, schließlich selbst hinweggefegt würde. – Wegen seiner guten Beziehungen zum Zarenhof wurde sogar erwogen, Moltke als Berater und Botschafter nach Rußland zu senden.

Das Jahr 1904 zieht die Schicksalsfäden Moltkes noch einmal enger zusammen. Es ist der Zeitpunkt, als die Nachfolge des deutschen Generalstabschefs von Schlieffen zu entscheiden war. Es ist zugleich das Jahr, in dem Moltke erstmals Rudolf Steiner kennenlernt.

Moltke hatte sich um die Nachfolge Schlieffens weder bemüht noch hatte er mit ihr gerechnet. Wenn er mit der Übernahme des Postens zunächst zögerte, dann deshalb, weil er die größte Schwierigkeit in der Person des Höchstkommandierenden selbst erblickte. Da sich der Kaiser zum Strategen berufen wähnte, war die eigenwillige Mitwirkung Seiner Majestät bei den großen Herbstmanövern für den Führungsstab der Armee eine immer größere Belastung geworden. In naiver Feldherrenlust ließ es sich Majestät nicht nehmen, eine Manöverarmee stets eigenhändig zum Siege zu führen und die obligaten Ehrungen in Empfang zu nehmen. Keiner der leitenden Offiziere, auch nicht von Schlieffen, mochte ihn um seine Freude bringen. Die Moral der Truppe wie das Ansehen des Monarchen litten, doch niemand wagte, die Sache zur Sprache zu bringen.

Moltke selbst berichtet am 29. Januar 1905 von dem Gespräch, in welchem er unbedingte Zurückhaltung des Kaisers in militärischen Dingen zur Bedingung seiner Amtsannahme machte. Wahrheitsmut und rückhaltlose Offenheit waren seine Art, Treue auszudrücken. Seine Äußerung, nach jener Unterredung habe ihm der Kaiser furchtbar leid getan, wirft auf die Beziehung beider Männer ein vielsagendes Licht.

Mit der Übernahme des höchsten militärischen Postens trat Moltke auch das Erbe Schlieffenscher Gedanken an. Der nach ihm benannte Plan für den gefürchteten Fall eines Zweifrontenkrieges gegen Frankreich und Rußland sah vor, zunächst in einer blitzartigen, über Belgien geführten Offensive Frankreich niederzuwerfen und anschließend die siegreichen Armeen nach Osten zu führen. Auch Moltke blieb der Schule Schlieffens zunächst verpflichtet, deren Ideal die umfassende Vernichtungsschlacht nach dem Vorbild Cannaes war.

Moltke nahm die Ernennung zum Generalstabschef im Januar 1906 im Bewußtsein an, daß er mit erheblichen Schwierigkeiten zu rechnen hatte. In der intrigenreichen Atmosphäre des Generalstabs galt es, sich skeptischen Stimmen gegenüber zu behaupten. Hatte der Kaiser bei seiner Entscheidung offensichtlich auf den "Namen mit gutem Klang" gesetzt, so fragten jetzt die Ehrgeizlinge in des letzteren Umgebung, ob es bei Personalfragen denn nur noch um Namen ginge. Moltke erwuchs dadurch sehr rasch eine starke Gegnerschaft, die sich besonders um den Chef des Militärkabinetts von Lyncker gruppierte. Eine besondere Nahrung für ihre Mißbilligung des neuen Generalstabschefs glaubten seine Kontrahenten in den geistigen Interessen Moltkes und seiner Gattin finden zu können. So wurde bereits lange Zeit vor Kriegsausbruch in der Umgebung von Lynckers Moltkes Stellung untergraben und über seine Nachfolge beraten.

Moltke selbst ging mit der ihm eigenen Unbefangenheit über persönliche Angriffe hinweg und konzentrierte sich auf die Sache. Durch die sich seit dem Jahrhundertanfang steigernden Konflikte zwischen den europäischen Großmächten auf eine europäische Krise vorbereitet, war Moltke – wie die meisten andern Menschen, die damals in verantwortlicher Stellung waren –, davon überzeugt, daß ein großer Krieg bevorstand. Auch die allgemeine Niedergangsstimmung in Kultur und Gesellschaft, von der sensible Künstlernaturen beredtes Zeugnis gaben, entging ihm nicht. Obwohl Moltke, wie der damalige Außenminister von Jagow übermittelt hat, «sicher nicht der Mann war, den nach Kriegslorbeeren gelüstet hätte» und der Gedanke eines Krieges ihm «an sich nicht sympathisch war», stand ihm die Pflicht vor Augen, Deutschland für einen solchen Fall so gut als möglich zu rüsten. In dem Bemühen, das deutsche Heer logistisch, technisch und auch zahlenmäßig im europäischen Rüstungswettlauf Schritt halten zu lassen, fand Moltke Unterstützung in Erich Ludendorff. Dieser wurde wegen seines auffälligen Arbeitseinsatzes von Moltke sehr geschätzt, obwohl er durch rüde Umgangsformen häufig Anstoß erregte. Zwei Jahre vor Kriegsausbruch überwarf sich Ludendorff in der Debatte um die Heeresvergrößerung mit Lyncker und zog dadurch weiteren Groll auf Moltke, der Ludendorff zu stützen versuchte. Dieser dankte es ihm schlecht; wurde er doch später einer der schlimmsten Verleumder seines einstigen Generalstabschefs.

Den Sommer des Jahres 1914 hoffte Moltke, von der gewohnten Nordlandreise, die in erster Linie dem Müßiggang des Kaisers diente, dispensiert, im Kreise der Familie in Karlsbad zu verbringen, um hier gewisse, für seine Stellung charakteristische Unpäßlichkeiten auszukurieren. Mitten in diese Pläne hinein platzte am 28. Juni die Nachricht vom Attentat von Sarajewo. Der Generalstabschef des Reiches trat – ebenso wie der Kaiser – seinen Urlaub trotzdem an, festen Glaubens, es werde bei einem lokalisierbaren Konflikt zwischen Serbien und Österreich bleiben.

Im Verlauf der Julikrise trat dann die ganze Kopflosigkeit der kaiserlich-deutschen Politik zutage. Hatte es der Kaiser seit dem Attentat nicht an markigen Aussprüchen fehlen lassen («Diesmal werden wir nicht kneifen!»), so schlüpfte er in der Phase drohender Kriegsgefahr noch einmal in die Rolle des "Friedenskaisers", der seinem Volk den Krieg ersparen wollte. Moltke spürte seit den letzten Julitagen, daß durch derlei Politik die Katastrophe nicht mehr abzuwenden war, und er ahnte, daß er vor der entscheidenden Phase seines persönlichen Lebens stand, in der das Schicksal seines

Volkes zugleich sein eigenes werden würde. Im Gegensatz zum Kaiser stand ihm selbst dabei die Realität dieses Krieges in allen Einzelheiten – gewissermaßen bis zum letzten Füsilier hinunter – deutlicher vor Augen, als ihm lieb sein mochte.

Tage und Stunden extremer Anspannung und hektischer Aktivitäten füllten die letzten Tage des Juli 1914. Als dann am 1. August die tödlich verzahnten europäischen Bündnissysteme in Kraft zu treten begannen und sich das tausendfache Räderwerk der Mobilmachungen in Bewegung setzte, traf bei der fieberhaft tätigen Regierung in Berlin eine Depesche aus London ein. Der Botschafter Lichnowsky telegraphierte, England wolle sich für Frankreichs Stillhalten verbürgen, wenn sich auch Deutschland im Westen zurückhielte. – Dieses Angebot war militärisch riskant, weil die deutsche Strategie für den Kriegsfall aufgrund der geographischen Lage des Landes ganz auf die Offensive gesetzt hatte. Außerdem hatte Frankreich am selben Tage die Mobilmachung befohlen. Moltke hielt es überdies für realitätsfern zu glauben, daß ein mobilisiertes Frankreich, selbst wenn sich England so verwenden wollte, in der erhitzten Stimmung des August 1914 davon hätte abgehalten werden können, dem mit Rußland im Kriege stehenden Deutschland in den Rücken zu fallen. Nichts zeigt das Walten einer bloßen Augenblicks-Politik in Deutschland deutlicher als die Tatsache, daß Kaiser und Regierung sogleich, und zwar gegen die heftigsten militärischen Einwände Moltkes, bereit waren, die zweifelhafte Hoffnung aus London zu ergreifen, um den Krieg im Westen zu ersparen. Stunden später wird sich die Angelegenheit als Trug erweisen. Doch zunächst befiehlt der Kaiser höchst persönlich, über Moltkes Kopf hinweg, den Stillstand des gesamten westlichen Heeresaufmarsches. Moltke begreift nicht, wie man sich in einer Lage, wo jede Minute über Leben und Tod von Tausenden entscheidet, auf eine derart fragwürdige Hoffnung einlassen kann. Er sieht die Folgen lebhaft vor sich: Unsicherheit bei der Truppe, Durcheinander beim Transport des Millionenheeres, schließlich Gefährdung und Verlust entscheidender strategischer Vorteile. Doch im Bewußtsein, daß der Krieg längst begonnen hat, muß sich Moltke vom Kaiser grob zurechtweisen und nach Hause schicken lassen. In verzweifelter Stimmung kommt Moltke zu Hause an. Hatte der Kaiser ihm nicht einst das Wort gegeben, sich in militärische Entscheidungen nicht einzumischen? Bei der ersten und entscheidenden Gelegenheit wird das Wort gebrochen. Und mit dem Wort bricht er auch das Vertrauen zwischen Moltke und ihm selbst. Geschlagene fünf Stunden muß der Generalstabschef des deutschen Heeres in Untätigkeit verharren, im Bewußtsein, daß der Gegner unterdessen anrückt. Moltke hat diese Szenen von höchster Dramatik selbst aufgezeichnet. Später wollte Rudolf Steiner durch die Veröffentlichung dieser Aufzeichnungen zeigen, «daß nicht das militärische Urteil als solches und nicht das völlig unzulängliche politische Urteil 1914 von deutscher Seite her den Krieg veranlaßt hat, sondern die Tatsache, daß keine deutsche Politik vorhanden war, welche die Ausschließlichkeit des militärischen Urteils verhindern konnte». Tragik war es, die in jenen Stunden waltete. Obwohl der deutsche Generalstab in seinen Entscheidungen nicht anders als die andern Kriegsparteien gemäß der "Logik der Kriegsführung" handelte, mußte es so aussehen, als eröffnete Deutschland den Krieg, als es Rußland, das am 30. Juli die Generalmobilmachung angeordnet hatte und diese auf ein deutsches Ultimatum hin nicht rückgängig machte, am 1. August den Krieg erklärte. Moltke schrieb über die Vorgänge am 1. August in Berlin: «Ich habe den Eindruck, daß der Kaiser die Mobilmachungsorder überhaupt nicht unterzeichnet haben würde, wenn die Depesche des Fürsten Lichnowsky eine halbe Stunde früher angekommen wäre.»

Hier wird Menschenschicksal zum geschichtlichen Zeichen: Indem Moltke eine für ihn unerhörte und zu diesem Zeitpunkt völlig unsinnige Tatenlosigkeit aufgezwungen wird, macht diese Situation sichtbar, daß die deutsche Führung den Krieg im Westen sofort unterbunden hat, als sie die – wenn auch illusionäre – Möglichkeit dazu erblickte. Als der Kaiser dann in der Nacht des 1. August nach der Aufdeckung des Mißverständnisses mit London zu Moltke sagte, nun könne er machen, was er wolle, stellte Moltke fest, daß «Vertrauen und Zuversicht in ihm verloren waren».

*

Im Laufe des ersten Kriegsmonats machte es allerdings zunächst den Anschein, als ob der Geist des alten Schlieffen, seit einem Vierteljahrhundert im deutschen Militärwesen verinnerlicht, seinem Triumph entgegenginge. Moltke führte bis Ende August sein rund zwei Millionen Mann starkes Heer auf der ganzen Linie siegreich. Er schien nicht nur das Konzept seines Vorgängers voll zu verwirklichen, sondern brillierte durch unkonventionelle eigene Maßnahmen wie die spektakuläre Einnahme Lüttichs durch Kriegslist am dritten Feldzugstage. Von Sieg zu Sieg marschierten die drei Armeen des rechten Schwenkungsflügels, dem Schlieffenplan entsprechend, durch Belgien und Frankreich, erfolgreich begegnete man der in Lothringen erwarteten französischen Offensive. Schwieriger verlief dagegen zunächst der Krieg an der Ostfront. Hier brach General von Prittwitz die Schlacht bei Gumbinnen ab und überließ Ostpreußen den Russen. Ohne zu zögern setzte Moltke ihn ab und übertrug das Kommando im Osten auf Hindenburg und Ludendorff. Moltke entschloß sich auch, zwei Armeekorps von insgesamt ca. 25'000 Mann aus dem rechten Flügel in Frankreich auf den östlichen Kriegsschauplatz zu verlegen, da die Bedrohung Preußens durch die Russen das strategische Konzept zu gefährden drohte. Strategisch und psychologisch war der sofortige Wiedergewinn Ostpreußens unverzichtbar. Allerdings war die russische Armee bei Tannenberg bereits vor der Ankunft der neuen Truppen im Osten vernichtend geschlagen worden. Alexander Solschenyzin hat in seinem *August Vierzehn* auf den mitentscheidenden Einfluß dieses Vorgangs für den gesamten weiteren Verlauf des Krieges hingewiesen. – Zur selben Zeit steht der äußerste rechte Heeresflügel nur noch 30 Kilometer vor Paris, das ohne ausreichende Verteidigung verblieben ist. Die französische Regierung flieht bereits ins Landesinnere. Das deutsche Heer befindet sich in einem unvergleichlichen Siegesrausch. Überall in den Kommandostäben ist die Rede davon, daß es nur noch um ein «kräftiges Nachhauen» gehe, dann sei die Sache beendet. Kein Gedanke in dieser Phase, daß Moltke etwa unfähig oder labil sei! Allerdings weiß der Generalstabschef, daß der moderne Massenkrieg nicht mehr durch einzelne, glorreiche Schlachtensiege entschieden werden kann, sondern nur dadurch, daß die Lebenskraft eines ganzen Volkes gebrochen sein wird. Auf militärischem Gebiet ist Moltke, anders als viele seiner Kollegen und insbesondere als der Kaiser, kein Romantiker. Dem Jubel seiner Generäle hält er entgegen, daß nicht die gewonnenen Schlachten, sondern nur eine größere Anzahl Gefangener Anlaß zu Optimismus geben würden. Ende August notiert er: «Ich bin froh, für mich zu sein und nicht bei Hofe. Ich werde ganz krank, wenn ich dort das Gerede höre, es ist herzzerreißend, wie ahnungslos der hohe Herr über den Ernst der Lage ist. Schon kommt eine gewisse Hurra-Stimmung auf, die mir bis in den Tod verhaßt ist.» Dann zeigt sich, wie berechtigt die Sorgen Moltkes sind: Der vor Paris stehende General von Kluck entschließt sich auf eigene Faust, die Hauptstadt liegen zu lassen und im siegesgewissen Erfolgsglauben mit seiner 1. Armee den fliehenden Franzosen nachzusetzen. Mit seinem zu schnellen Vormarsch behindert er die eigene Nachbararmee und reißt eine Lücke in die einheitliche Front des deutschen Schwenkungsflügels. Sofort erkennt der französische Generalstab die sich bietende Chance, die jetzt in vertikaler Richtung formierte deutsche Front anzugreifen. Mit dem Ruf «Sie bieten uns die Flanke!» zieht der Befehlshaber von Paris, Gallieni, eilig neue Kräfte zusammen und wirft in einer spektakulären Mobilisierungsaktion alles, was er aufbieten kann, den Deutschen entgegen. Am 5. September beginnt die französische Gegenoffensive. Die Meldungen, welche im deutschen Hauptquartier in Luxemburg eintreffen, lassen Moltke zu dem Schluß kommen, daß die 1. Armee unbedingt zurückgezogen werden muß, um die entstandene Lücke wieder zu schließen. Vor Ort hält man, immer noch siegessicher, seine Warnungen für unbegründet. In erschütternden Worten schreibt Moltke in den Stunden des blutigen Ringens, in denen die Schlacht an der Marne entschieden wird, am 7. September 1914 an seine Frau: «Heute fällt eine große Entscheidung, unser ganzes Heer von Paris bis zum oberen Elsaß steht seit gestern im Kampf. Müßte ich heute mein Leben hingeben, um damit den Sieg zu erkämpfen, ich täte es mit tausend Freuden, wie es wieder Tausende unserer Brüder tun und Tausende es getan haben. Welche Ströme von Blut sind schon geflossen, welcher namenlose Jammer ist über die ungezählten Unschuldigen gekommen, denen Haus und Hof verbrannt oder verwüstet ist. – Mich überkommt oft ein Grauen, wenn ich daran denke, und mir ist zu Mute, als müßte ich dieses Entsetzliche verantworten, und doch konnte ich nicht anders handeln, als geschehen ist.»

Da wird am 9. September der Einbruch britischer Truppen in die deutsche Frontlinie gemeldet. Von diesen Einheiten hat später Churchill gesagt, «daß sie es waren, die den Entscheidungsstoß führten – den Stoß in die Leber der Deutschen». In dieser kritischen Situation entsendet Moltke Oberstleutnant Hentsch als Gesandten an die Front, um die genaue Lage vor Ort zu erkunden. Als Hentsch bei der 1. und 2. Armee eintrifft, steht die Schlacht unmittelbar bevor. Doch bei Hentsch – hier macht sich nochmals der Geist Schlieffens bemerklich – überwiegt die Furcht, daß die deutschen Armeen selbst von den eingebrochenen Gegnern isoliert und eingekreist werden könnten. Unter diesem Eindruck ordnet er in Moltkes Namen den Rückzug an; allerdings ohne dazu von diesem bevollmächtigt worden zu sein.

Damit ist der Vormarsch der Deutschen an der Marne zum Stillstand gekommen: der erste Rückschlag nach einer Reihe von Erfolgen. Die Franzosen sprechen überschwenglich von einem Wunder. Bei den Deutschen dagegen machen sich typische Untugenden breit: Statt in der Not zusammenzustehen, sucht der gekränkte Ehrgeiz nach Schuldigen. Die Opposition gegen Moltke, dessen Forderung nach einer Auszeichnung des unbeliebten Ludendorff schon zehn Tage nach Kriegsbeginn zu heimlichen Debatten über seine Ablösung geführt hatten, hält ihre Stunde für gekommen. Am 12. September sieht sich Moltke aufgrund der neuen Lage am Schwenkungsflügel gezwungen, die gesamte, aus fünf Armeen im Westen bestehende Front auf eine verkürzte und geschlossene Linie zurückzunehmen, um sie für eine Entscheidungsschlacht neu formieren zu können. Später bezeichnet Moltke diesen Entschluß als den schwersten seines Lebens, nicht seines Inhalts wegen, sondern weil er ihn ohne Wissen des Kaisers fassen mußte. Als er am folgenden Tag seiner Majestät Meldung erstattet, haben Moltkes Gegner um Lyncker und den Kriegsminister von Falkenhayn bereits ihr Werk vollzogen: es war ihnen gelungen, die Entscheidung zum taktischen Rückzug als Ausfluß von Moltkes angeblich labilem Gesundheitszustand darzustellen. Am 14. September, nur 45 Tage nach Ausbruch des Krieges, setzt der Kaiser Moltke ohne Rücksprache ab.

Zutiefst getroffen, gilt Moltkes erster Gedanke dem Heer. Er versucht dem Kaiser klarzumachen, welch schlechten Eindruck es erwecken müsse, wenn er beim ersten Rückschlag den Stabschef fortschicke. Der Kaiser schlägt vor, daß Moltke «pro forma» zunächst im Amt bleiben solle, übergibt aber die tatsächliche Leitung dessen größtem Opponenten von Falkenhayn. Mit Falkenhayn, der das Heer im Gegensatz zu Moltke nicht zur Vorbereitung einer neuen Offensive zurückziehen, sondern jeden Fußbreit Boden verteidigen will, beginnt die Phase des furchtbar verlustreichen und strategisch sinnlosen Stellungskrieges.

Wie sehr Moltke darunter litt, daß er die Maßnahmen Falkenhayns – um das Ansehen des Kaisers, der ihn verraten hatte, zu schützen! – nach außen hin als die eigenen ausgab, kann man lebhaft nachempfinden. Der ins Abseits Gedrängte versuchte, seiner Verzweiflung zunächst durch äußere Tätigkeit Herr zu werden und nahm an der Belagerung von Antwerpen teil. Nach dem Fall der Stadt ersucht Moltke Mitte Oktober noch einmal um Aussprache mit dem Kaiser. Die Aufregung, die dieses Gespräch mit sich brachte, bewirkte, daß Moltke am 21. Oktober 1914 nun das wurde, was er «nach dem Wunsche des Generals von Lyncker schon lange hätte sein sollen, nämlich krank». Anfang November erfolgte seine offizielle Absetzung.

*

Um Ruhe zu finden, zog sich Moltke nach Bad Homburg im Taunus auf eines der kaiserlichen Jagdschlösser zurück. In dieser Zeit schrieb er sich von der Seele, was er vom Ausbruch des Krieges an bis zur Absetzung nach der Marneschlacht durchgemacht hatte. Durch Vermittlung seiner Gattin suchte ihn hier auch Rudolf Steiner auf. Seit 1904 waren sich Moltke und Steiner des öfteren in Berlin begegnet. Eliza gehörte dem engeren

Schülerkreis um Rudolf Steiner an. Auf ihre Initiative hin, die von ihrem an geistigen Dingen lebhaft interessierten Mann voll unterstützt wurde, führte man in ihrem Hause mit Rudolf Steiner oft stundenlange Gespräche über weltanschauliche Dinge.

Auch während des Krieges war es am 27. August einmal zu einer kurzen Begegnung gekommen, als Steiner auf der Durchreise in Niederlahnstein bei Koblenz Station machte. Wegen der zeitlichen Nähe zur Marneschlacht hat dies später zu unhaltbaren Spekulationen über eine angebliche Beeinflussung Moltkes durch Steiner vor der Marneschlacht Anlaß gegeben. Rudolf Steiner hat solchen Mutmaßungen selbst durch die offenherzige Versicherung den Boden entzogen, «daß Moltke sich gar nicht leicht hätte beeinflussen lassen, selbst wenn er dies gewollt hätte». Die Gespräche berührten rein menschliche Themen.

In den persönlichen Unterredungen mit Rudolf Steiner hatte Moltke bezüglich der geisteswissensschafltichen Inhalte stets eine gewisse Zurückhaltung gewahrt, welche er nur durch eine selbst errungene Gewißheit aufgeben wollte. Steiner machte dazu die Bemerkung, Moltke hätte, gerade weil sein Denken durchaus gesund war, auch gesunde Skepsis gehegt und sei über vieles nicht leicht hinweggekommen. Immer wieder habe er Zweifel gezeigt. Erst unter dem Eindruck der seelischen Erschütterungen, die ihn nach den Ereignissen des Kriegsausbruchs, der Marneschlacht und seiner Absetzung in eine schwere Krise gebracht hatten, nahm Moltkes Beziehung zu Rudolf Steiner eine neue, konkrete Gestalt an, die sogar Züge einer beginnenden Geistesschülerschaft erhielt.

Moltke wollte sich in dieser Zeit noch immer nicht mit seiner unfreiwilligen Tatenlosigkeit abfinden; seit seiner Absetzung hatte er sich energisch für die Sicherung der Ernährungsgrundlagen in Deutschland eingesetzt und versuchte, den Kaiser zur Absetzung von Falkenhayn, zur Beendigung des Stellungskrieges und der Aufnahme einer neuen Offensive im Osten zu bewegen. Mit stärkstem Verantwortungsbewußtsein für sein Volk, aber ohne die Möglichkeit des tätigen Eingreifens verharren zu müssen, hat für Moltke ein Martyrium bedeutet. Sein Sohn Adam, ebenfalls Offizier und während jener Zeit verwundet zu Hause, schrieb später, er habe an seinem Vater gesehen, «daß man an gebrochenem Herzen sterben kann».

Immer wieder zogen die Bilder des Zerwürfnisses mit dem Kaiser an Moltke vorbei, sah er den tragischen Verlauf der Marneschlacht und die schrecklichen Folgen des falsch geführten Krieges vor sich. In dieser aufgewühlten Seelenstimmung fand er in Rudolf Steiner einen Tröster und Rater. Der Geistesforscher versuchte dem Generalstabschef zu helfen, sein inneres Gleichgewicht und seine Zuversicht wiederherzustellen. Ruhestiftende Meditationen entstanden. Doch war dabei nicht etwa nur die persönliche seelische Betreuung das Auschlaggebende. Eine ungleich tiefer greifende Möglichkeit, Moltkes Entwicklungsweg zu unterstützen, begann Steiner zu verwirklichen, als er dem Generaloberst andeutete, in welch besonderer Beziehung zum Genius des deutschen Volksgeists sein Schicksal stand. Äußere Erfolge oder Mißerfolge im Wirken Moltkes waren hierfür unmaßgeblich; was zählte, war Moltkes besondere Fähigkeit, weltgeschichtliche Notwendigkeiten im Innern zu erleben, Notwendigkeiten, in welchen er seit Kriegsausbruch ringend mittendrin gestanden hatte.

Rudolf Steiner wies Moltke auch auf die schicksalhaften Verknüpfungen hin, die den Ost-West-Konflikt des 20. Jahrhunderts mit geistigen Entscheidungen des 9. Jahrhunderts verbinden.

Eine wahrhaft außergewöhnliche Beziehung: Zwei herausragende Repräsentanten ihrer Zeit und des mitteleuropäischen Wesens – Rudolf Steiner, der geistige Lehrer und Verwirklicher der Zeitgeist-Intentionen; Helmuth von Moltke, in seiner Treue und seinem tragischen Scheitern ein charakteristischer Vertreter des wahren deutschen Volksgeistes – finden sich in schicksalschwerer Zeit. Wie anders hätte der Friedensschluß des Jahres 1917 mit Rußland vielleicht ausgesehen, hätte die militärische Entscheidungsmacht nicht in den Händen des mittlerweile machtverfallenen Ludendorff gelegen, sondern in denen Moltkes, den mit Rußland und dem europäischen Osten ein tiefes Schicksal verband? Wenn die von Rudolf Steiner 1917 entwickelte Idee der "Dreigliederung" der Neugestaltung des Ostens zugrunde gelegt worden wäre und nicht die industriellen und militärischen Expansionsträume von Brest-Litowsk? Der frühe Tod Moltkes hat ein solches Wirken unmöglich gemacht. Doch der Einsatz Rudolf Steiners um die Veröffentlichung der in diesem Bande wieder abgedruckten Aufzeichnungen Moltkes über den Kriegsausbruch zeigt, welchen Stellenwert er dem Wirken Moltkes einräumte; hoffte er doch, daß deren Veröffentlichung vor den Versailler Schlußverhandlungen im Frühjahr 1919 von Deutschland und der Welt unermeßlichen Schaden abgewendet hätte.

Helmuth von Moltke starb am 18. Juni 1916, unmittelbar nachdem er im Berliner Reichstag die Totenrede an der Bahre seines Freundes General von der Goltz gehalten hatte. Den Fortgang und die Steigerung der Katastrophe mußte er nicht mehr auf der Erde miterleben.

Quellen- und Literaturhinweise:

Helmuth von Moltke, *Erinnerungen, Briefe, Dokumente,*
Stuttgart 1922; wiederabgedruckt in diesem Buch.

Nachlaß Helmuth von Moltkes im Bundesarchiv/Militärarchiv,
Freiburg i. Breisgau.

Franz Herre, *Moltke, Der Mann und sein Jahrhundert.*
Frankfurt/Berlin 1988.

Adam von Moltke, *Eine Antwort an Herrn Walter Görlitz betr. das Kapitel «Der Krieg ohne Feldherrn» in seinem Buch "Der Deutsche Generalstab",*
1958 Bundesarchiv/Militärarchiv Nr. 78/37.

Erwin Hölzle (Hg.), *Quellen zur Entstehung des Ersten Weltkriegs. Internationale Dokumente 1901–1914.* Darmstadt 1978.

Hinweise in den veröffentlichten Erinnerungen zahlreicher Zeitgenossen Moltkes.

Weitere Literatur in den Anmerkungen zum Kapitel "Helmuth von Moltkes Bild in der Geschichtsschreibung des 20. Jahrhunderts."

I.

MOLTKES GEDANKEN UND SEIN WIRKEN IN TEILEN AUS BRIEFEN AN SEINE BRAUT 1877–1878

Creisau[1], 1 September 1877

Heute ist der 1. September. Heute vor sieben Jahren stand ich auf dem Schlachtfelde und hörte mit beklommenem Herzen auf das Rollen des Feuergefechtes vor uns um die Sedan[2] umgebenden Höhen. – Um dieselbe Stunde, wo ich jetzt schreibe, rollten die eisernen Würfel noch hierhin und dahin, und niemand wußte, wem der Wurf gelingen würde. Jetzt nach sieben Jahren läuten durchs ganze deutsche Reich die Kirchenglocken, und Tausende von Herzen beugen sich vor dem, der mit starker Hand die Geschicke der Nationen leitet und aus abertausend deutschen Herzen steigt ein Dankgebet empor dafür, daß der Traum, den das deutsche Volk seit Jahrhunderten geträumt hat, zur Wahrheit geworden ist und daß wir es erlebt haben, wie die Sonne der Einigkeit voll und strahlend aufging, wenn auch aus blutig dunkler Nacht, die Sonne, für die schon unsere Väter und Urväter geblutet haben und von der sie doch nur die erste Röte des Morgenhimmels erblickten.

Generalstab Berlin[3], 4. Oktober 1873

Es freut mich, daß Dir der «Faust» gefallen hat. Mich zieht es stets mit unwiderstehlicher Gewalt zu diesem Buch zurück, das ich doch schon so unzählige Male gelesen habe, daß ich es fast ganz auswendig weiß. Es ist ein Werk, das alle Töne der Poesie in sich vereinigt, von den Lobgesängen der Erzengel an bis zum Hohngelächter der Hölle – von den Kraftgedanken eines titanisch ringenden Mannesgeistes bis zum naiven Geplauder eines unschuldigen Mädchenherzens. Das Größte, was unsere deutsche Literatur je geschaffen hat.

Generalstab Berlin, 13. Oktober 1877

Es mag für heute genug sein mit dem Arbeiten, meine Gedanken, die ich lange genug auf Bücher und Papier gefesselt habe, wollen nun auch ihren Willen haben und drängen mit Gewalt fort von hier und ziehen gegen Norden, weit in die Ferne. Könnte ich mit ihnen wandern! Es ist jetzt schon spät in der Nacht. Ich habe mich so in meine Arbeiten vertieft gehabt, daß ich es nicht bemerkt habe, wie die Stunden verliefen und der Zeiger der Uhr allmählich weiter und weiter rückte. Rings um mich her herrscht das

Schweigen der Nacht. Der Schlaf ist herabgestiegen auf die Stadt; mit leisem Flügelschlag ist er gekommen und hat das Geräusch des Tages ausgelöscht. Er, der Freund der Armen und Elenden, verschönt nun wohl schon manches Antlitz, das vor wenigen Stunden noch Not und Sorge furchten, durch ein stilles, friedliches Lächeln, und bringt dem Geplagten liebliche Träume, in denen er die Mühen des Tages vergessen kann. – Nichts regt sich in den stillen Zimmern, die an das meinige stoßen, nur meine Uhr tickt ihr geschäftiges Einerlei, und meine Lampe wirft ihren stillen gelben Schein auf dieses Blatt Papier, auf das ich die schwarzen Buchstaben male. Es ist so recht die Zeit, wie ich sie zum Arbeiten liebe. Wenn die Wagen nicht mehr durch die Straßen rasseln und kein lautes Geräusch die Aufmerksamkeit mehr abzieht, dann erwachen die Geisteskräfte, dann kann man alles so leicht und rasch begreifen und auffassen, daß es eine wahre Lust ist, dann fühle ich so recht, was es heißt, mit Lust arbeiten und gegen die Bücher zu Felde ziehen wie gegen einen Feind, der niedergekämpft werden muß, damit man die Freude des Siegesbewußtseins empfinden kann. – Und ich bin ja auch nicht alleine in diesen der Arbeit gewidmeten Stunden. Geistig und bildlich bist Du bei mir, mein treuer Kamerad, Du arbeitest mit mir und hältst mit mir aus, bis ich die Bücher zurückschiebe und sage Stop für heute. – Ich fühle von Tag zu Tag immer mehr, daß ich Kraft habe, es zu etwas zu bringen, und der Gedanke an Dich ist mir der immer sprudelnde Quell, aus dem ich mir Stärke schöpfe, vorwärts zu gehen, vorwärts, vorwärts, wie ich es Dir und meinem Namen schuldig bin.

Generalstab Berlin, 1. November 1877 [4]

Ich habe mir oft gedacht, daß die Gedanken des menschlichen Geistes ihm ein Vorbild sind, wie er später werden wird. So denke ich mir die Seele nach dem Tode. Der Körper ist dann abgestreift und wird zu Staub und Asche, wie es seine Bestimmung ist, er kehrt zurück zu der Erde, aus der er geformt ist und zu der er gehört, aber das Bewußtsein bleibt lebendig, und wie wir jetzt uns in Gedanken von einem Ort zum andern versetzen können im Augenblick, so können wir dann wirklich durch die unendlichen Räume der Schöpfungen wandern; wie wir uns jetzt in Gedanken der Zeit vorausbringen können oder in ihr zurückkehren bis in die Tage unserer frühsten Kindheit, ja sogar bis in die nebelhaften Fernen der ältesten bekannten Geschichte, so können wir uns dann in Wirklichkeit vor- und zurückversetzen, die Zeit hat dann aufgehört, uns mit sich fortzuführen ohne unsern Willen, wir stehen dann über der Zeit, das heißt, sie existiert nicht mehr und das ist die Ewigkeit. – Ich finde die Vorstellung schön, so von Welt zu Welt wandern zu können durch die unendlichen Säulen des Himmels, das zu sehen, was wir jetzt nur ahnen können, und die Seligkeit zu genießen darin, wie es verheißen ist: im Anschauen der Herrlichkeit Gottes, die sich so offenbart, wie wir sie begreifen können, nämlich in den allgewaltigen Werken des allmächtigen Schöpfers. Dieser Gedanke gefällt mir besser als die starre Ruhe des Todes, von der es heißt, daß der Mensch schläft, bis ihn die Posaune des Weltgerichts aus seinem Schlummer aufschreckt. Wir schlafen hier auf Erden schon so viel, sollen wir denn nach dem Tode erst recht anfangen! – Glaube aber nicht, daß ich der Ansicht der Spiritisten bin. Nach meiner Meinung haben wir mit dem Tode mit dieser Erde abgeschlossen und kommen nicht dahin zurück. Ich denke, Du wirst mich verstehen und mich nicht für einen mystischen Schwärmer halten.

Generalstab Berlin, 7. November 1877

Du mußt nicht an diese dummen Kriegsgerüchte glauben. Frankreich hat noch zu sehr an seinen Wunden zu heilen, um Lust zu haben, sich neue zu holen. Aber wenn wir marschieren müssen, dann wirst auch Du die Zähne aufeinander beißen und wirst mich gehen lassen, meine Pflicht zu tun wie alle andern. Mein Blut und Leib gehört dem König und dem Vaterland, mein Herz aber ist mein Eigentum.

Generalstab Berlin, 7. November 1877, abends

Fürchtest Du Dich davor, daß es wieder Krieg werden wird? Wenn das der Fall ist, so sage ich Dir, glaube nichts von dem, was die andern sprechen, denn ich kann Dir versichern, daß es kein Krieg werden wird. Ein Krieg fällt nicht so ohne weiteres vom Himmel, sondern kündigt sich vorher an wie ein Gewitter, das sich an dem politischen Horizont zusammenzieht, und selbst wenn man glaubt, jetzt muß es ausbrechen, bleibt es noch oft bei einem ungefährlichen Wetterleuchten. Hier bei uns weiß kein Mensch etwas von Krieg, sondern es ist alles so friedlich, wie es nur je gewesen ist.

Akademie Berlin, 11. November 1877

Weißt Du, woher Du diesen Brief bekommst? Du kannst es Dir gewiß nicht denken. Höre nur, wie pflichtvergessen ich heute bin. Hier sitze ich in der Akademie an meinem grün angestrichenen Holztisch, rund um mich herum sitzen alle die Offiziere und hören mit den aufmerksamsten Gesichtern dem Vortrag des Majors von A. zu, der uns erzählt, wie der alte Friedrich, der große König, im Siebenjährigen Kriege seine Schlachten schlug. Wie er mit seiner kleinen Armee bald hier-, bald dorthin zog, hier die Österreicher, dort die Franzosen schlug und durch alle Gefahren hindurch das arme kleine Preußen groß und mächtig machte, trotz der Unzahl der ihn umdrängenden Feinde, ohne andere Hilfsmittel als die, welche sein genialer Geist stets von neuem aus sich selbst heraus erschuf. Da sollte ich nun zwar eigentlich meine Augen auf die vor mir ausgebreiteten Karten richten und im Geist den Scharen des großen Königs folgen über Dresden bis nach den böhmischen Gefilden hinein! – Im Vertrauen will ich Dir sagen, daß ich mich dann heute abend zu Hause hinsetze und alles nacharbeite, so daß mir doch nichts verloren geht.

Generalstab Berlin, 13. November 1877

Und nun will ich Dir noch eins sagen: An und für sich gut ist kein Mensch, denn sonst wären wir eben keine Menschen. Es hat jeder seine Fehler und Schwächen. Es kommt nur darauf an, daß man seine Fehler erkennt und sie zu verbessern sucht. – Dieses Streben muß in jedem Menschen vorhanden sein, wenn er nicht immer tiefer in sich versinken will. Mit gutem Willen aber läßt sich viel ausrichten. Wir wollen beide sehen, daß wir uns gegenseitig besser machen und einer dem andern darin helfen.

Weißt Du noch, wie wir einmal über die Hieroglyphen in den ägyptischen Grabmälern sprachen? An sie muß ich denken, wenn ich vor Deinen Zeichnungen sitze und mir zuerst klar zu machen suche, ob es ein Mensch oder eine Landschaft ist, die ich vor mir habe! – Wie oft verweile ich in Gedanken bei den schönen Stunden, wo wir zusammensaßen, uns zusammen freuten und Unsinn machten wie Kinder, und dann wieder, wie Du mir so aufmerksam zuhörtest, wenn ich Dir die Abhandlung über den Chor in der griechischen Tragödie vorlas. Es war so schön, bei Dir Interessen zu finden, die auf alles eingingen.

Generalstab Berlin, 27. November 1877

Wie ich zufällig aufsehe und mein Blick auf die Bücher fällt, die vor mir auf dem Tisch liegen, da sitzt da jemand oben auf einem dicken Buch, sagt gar nichts und hält mir ein Blatt Papier hin, darauf steht: «Weihnacht». – Ich nicke ihm zu und sag': «Schon gut! Dich kenne ich auch schon lange und weiß, daß du da in meinen Büchern wohnst, so daß, wenn ich sie aufschlage, du mir daraus entgegentrittst und dich Tag und Nacht auf meinem Schreibtisch herumtreibst. Schon gut, mein kleiner Freund, wir müssen warten, die Zeit wird kommen. Dann aber, wenn sie da ist, sollst du mit nach Schweden und deinen Kameraden besuchen. Wie werdet ihr beide froh sein!»

Generalstab Berlin, 28. November 1877

Du frägst mich in Deinem letzten Brief, ob ich die Unterhaltung der großen Welt nicht furchtbar finde. Ich kann das nicht sagen. Man kann nicht mit allen Menschen über alles sprechen, und ehe man einen findet, der sich für etwas anderes interessiert als das, was ihn direkt berührt, muß man lange suchen. Du hast ganz recht, wenn Du meinst, wirklich gescheite Menschen gäbe es so wenige. Das ist ja aber ein wahres Glück, daß man dann diese Unterhaltung erfunden hat, die Du so schrecklich findest. Was sollte man anfangen in einer Gesellschaft und mit einem Menschen, der auf etwas, was er nicht alle Tage zu hören bekommt, nur ja oder nein zu sagen weiß, und selbst das nicht immer, wenn man nicht diese Unterhaltung hätte, die man anziehen kann wie ein Paar ausgetretene Pantoffeln und in denen alle Welt einherzuschlürfen versteht. Worüber sollte man mit einem solchen Menschen sprechen? – Wenn mir der Mensch höchst gleichgültig ist, wähle ich mir auch gerne einen höchst gleichgültigen Unterhaltungsstoff, gleich und gleich gesellt sich gern. So spricht man eine halbe Stunde Worte, und nachher meint jeder, er habe sich vortrefflich unterhalten. Alles ist glücklich und zufrieden und jeder denkt von sich: Du bist doch viel bedeutender als der andere! – Und weil das jeder denkt, ist auch jeder liebenswürdig, denn der Mensch ist niemals liebenswürdiger, als wenn er sich über sich selber freut. – Daß man irgend etwas davon hätte, von dieser Art Unterhaltung, will ich nun allerdings nicht behaupten, aber sie ist eben der große Weg, auf dem sich alle zusammen- und zurechtfinden und der so breitgetreten ist, daß keiner ihn verfehlen kann. Diese Unterhaltung ist konventionell festgesetzt wie alle Regeln des Anstandes und der guten Sitte, die doch wirklich bisweilen töricht und wunderbar genug sind, und doch, wenn man sie nicht befolgen wollte, würden wir mit der Zeit wieder dahin kommen, Eicheln zu essen wie unsere Vorfahren und uns mit Knitteln zu erschlagen.

Generalstab Berlin, 8. Dezember 1877

Wie ich heute morgen aufstand, lag der weiße Reif auf den Bäumen und den Rasenplätzen vor dem Hause. Die ersten leichten Truppen, welche der Winter vorausschickt, um zu rekognoszieren, ob er mit der Hauptmacht nachrücken könne oder ob hier und da noch eine unvorsichtige Blume, die der abziehende Herbst zurückgelassen, naseweis sich über der Erde aufhalte. Diese letzten Spätlinge vertreibt der Reif; was noch an grünem Pflanzenleben da war, ist vernichtet, und die Bahn ist freigemacht für den König Winter. Er kann kommen mit Schnee und Nebel und dann mit Frost und klarem Sonnenschein, doch ohne Wärme, gleichsam ein Spiegelbild der heißen Sommersonne; dieselbe Sonne, dieselben Strahlen, aber ohne daß sie Leben wecken, ohne daß sie die starre Erde erwärmen, ohne daß sie aus allen Furchen den feuchten Dampf des knospenden Frühjahrs steigen macht. Und dieser Unterschied bloß deshalb, weil die Sonnenstrahlen etwas schräger auf die Erde fallen als im Sommer, obgleich die Erde im Winter der Sonne näher ist als im Sommer! – Ich will Dir aber keine physikalischen Vorlesungen halten, sondern Dir nur erzählen, wie schwach diese ersten winterlichen Angriffe sind, denn heute mittag schon tropft es wieder von allen Dächern, und der naßfeuchte Dunst, in den wir seit einem Monat eingehüllt sind, liegt wieder auf der Stadt wie ein Witwenschleier. – Es geht mir geradeso wie Dir, ich mag dies Wetter auch nicht leiden und liebe nichts mehr als einen tüchtigen, reellen Frost, wo alle Sinne in der Kälte sich schärfen. Jetzt sieht auch hier alles trübe und schläfrig aus, die Menschen haben langweilige Gesichter und ein ungesundes Aussehen!

Generalstab Berlin, 9. Januar 1878

Setze einen Menschen nach seiner Geburt auf eine wüste Insel und laß ihn dort aufwachsen, ohne mit anderen Menschen in Berührung zu kommen. Was meinst Du, daß aus ihm werden würde? Ein vernünftiges Tier, weiter nichts, ein Geschöpf, das keine anderen Interessen kennt als seinen Bauch, Essen und Schlafen. Was denkst Du, würde dieser Unglückliche sagen, wenn er auf einmal in die Welt käme und anfinge zu begreifen, daß es außer den Dingen, die ihn bisher beschäftigten, noch andere Interessen gibt? Er würde nichts verstehen und sich furchtbar dumm vorkommen. Nun ist aber gar nicht ausgeschlossen, daß dieser Mensch die besten Anlagen von der Welt hat, und wenn er sie hat, werden sie sich entwickeln, sobald sich Gelegenheit bietet, und er wird in kurzer Zeit ebenso klug sein wie die andern. – Je bessere Anlagen er aber hat, um so mehr wird er das Drückende seiner Unwissenheit fühlen, denn wenn er das nicht fühlte, würde er nicht das Bedürfnis haben, sich auszubilden, und würde zeit seines Lebens dumm und einfältig bleiben.

Generalstab Berlin, 12. Januar 1878

Um mich von gestern zu erholen, ging ich heute nach der Akademie in die Gemäldegalerie, wo einige neue, sehr schöne Gemälde aufgestellt sind. Ich habe mich da lange umhergetrieben und habe es versucht, dem Geist auf die Spur zu kommen, mit dem der eine oder der andere Künstler seine Figuren geschaffen hat. Man kann sich bei einigen Bildern so viel, bei anderen so wenig denken, alle aber sehen einen stumm und bedeutsam an, als wollten sie sagen: Willst du mich verstehen, so denke über mich nach. Vergiß dich und die Zeit und Welt, in der du lebst, und versetze dich in meine Welt und in meine Zeit. – Dann werden die Figuren lebendig, und die Geschichten der Vergangenheit, die sie darstellen, werden lebendig und steigen auf aus der alten grauen Zeit mit ihren Freuden und Schmerzen, ihren guten und bösen Taten.

Generalstab Berlin, 24. Januar 1878

Wenn Dir ein Mensch gegenübertritt mit kleinlichen Gedanken, ein Mensch, der im Staube kriecht und der sich wohlfühlt im Schmutz, dann laß den ganzen Stolz deiner Seele aufbrausen wie einen Orkan, wende Dich ab voll Verachtung von allem, was klein und gemein ist, und halte fest an dem Idealen, an dem Wahren und Schönen, dann sei stolz, stolz in Deinem Glauben an Wahrheit und Recht, stolz gegen kleinliche Menschen, stolz gegen Lüge und Verleumdung. Wende Deinen Blick immer nach oben, niemals nach unten. Öffne Dein Herz weit, wo Wahrheit und Schönheit ihm entgegentritt, aber schließe es fest ab gegen alles, was unrecht ist.

Generalstab Berlin, 28. Januar 1878

Welch ein Glück, daß gelegentlich des Turmbaues zu Babel die Musik sich aus der Sprachverwirrung gerettet hat und Gemeingut aller Nationen geblieben ist! Denke Dir, wenn jedes Volk wie seine eigene Sprache so auch seine eigene Musik hätte, die der Fremde nicht verstehen könnte oder erst mühsam erlernen; glücklicherweise steht die Musik über den Völkern, daß alle sich in ihrem gemeinsamen Genuß vereinigen und sie verstehen und sich an ihr erfreuen können.

Generalstab Berlin,10. Februar 1878

Heute war ich in der Kirche, es ist ein sehr guter Kanzelredner, nur hat er den Fehler, daß er nicht lassen kann, die Politik in seine Rede hineinzubringen. Nach meinem Gefühl muß die Predigt frei bleiben von allem, was nicht in direkter Beziehung zu unserem Glauben steht. Eine Ecclesia militans, das heißt eine zum Streit gerüstete Kirche, ist nicht nach meinem Sinn. Unsere Religion ist die der Liebe und der Duldsamkeit, der Humanität und Vergebung, darin liegt nach meiner Auffassung die hohe Schönheit derselben. Der Gott meines Herzens ist kein Gott der Rache, sondern ein Gott, der den Sünder aufnimmt, der sich mit bußfertigem Herzen ihm zuwendet, der Gott, der auf das Herz sieht, und nicht auf das Bekenntnis, ein Gott, der gleich nahe allen Menschen steht und der sich finden läßt von jedem, der ihn sucht. – Wir leben aber in einer Zeit, wo es von unten auf gärt und sich rührt an aller Welt Ecken. Hier in Berlin, in der großen Stadt, wo mit vielen Menschen viel Not und Elend zusammengekommen ist, fangen die Geister mehr und mehr an sich zu erhitzen. Das dringt selbst bis auf die Kanzeln und tönt wider aus dem Munde der Prediger, das dringt ein in die Religion und will sie ersticken. Die aufklärenden Lehren der Wissenschaft üben ihren ganzen gefährlichen Einfluß auf die Massen, welche diese Lehren hören, ohne sie verdauen zu können, und die einzelne herausgerissene Sätze derselben auf die Fahnen ihrer sozialistischen Bestrebungen schreiben. – Es werden schlimme Zeiten kommen, wenn noch nicht bald, so werden sie kommen, wir beide werden noch mitten drin stehen in dem Sturm. – Mein armes Vaterland, du schönes, stolzes Reich, dessen mächtiger Adler seine Schwingen breitet über alle Meere, was werden sie aus dir machen! Solange die Armee nur aushält, ist alles gut, da steckt ein guter und gesunder Stamm darin, und die militärische Ehre ist stark in ihr, aber die Armee formiert sich aus dem Volk, und wenn die Balken morsch werden, stürzt das Haus ein. – Diese unsinnigen Menschen, sie wissen nicht, was sie tun, sie legen die Fackel an das Pulverfaß, ohne zu denken, daß sie sich selber mit in die Luft sprengen; sie glauben, die Bewegung leiten zu können, und bedenken nicht, daß der rasende Strom des entfesselten Pöbels sie hinwegschwemmen wird wie Strohhalme, wenn der Damm gebrochen ist, den sie langsam unterwühlen. Sie nennen sich Volksbeglücker und haben nicht acht auf das namenlose Elend, das sie über dasselbe Volk bringen werden, das sie beglücken wollen; wenn sie sich doch ein Beispiel nehmen wollten an den Girondisten der französischen Revolution, edle Männer mit den besten Absichten, die die Früchte ihrer Volksbeglückung auf dem Schafott der Guillotine fanden.

Jetzt bin ich wohl zu weit gekommen, und Du schüttelst den Kopf über diesen politischen Brief. Magst Du ihn immerhin lesen, warum solltest Du nicht teilhaben an dem, was uns alle so nahe angeht. – Mache Dir übrigens keine Sorge, noch ist alles nur im Anfang, aber ich sehe es kommen, wie es werden wird. – Wärst Du hier, könnten wir besser miteinander sprechen, und Du würdest ebenso gut Deine politische Meinung haben wie ich, denn auch darin sollst Du mit gleichem Verständnis an meiner Seite stehen. Adieu, mein Kamerad. Wir stehen fest auf unserem Posten.

Generalstab Berlin, 10. Februar 1878

Ein Knoten und ein Stück Vaterlandsfarbe, das habe ich nun von Deinen Arbeiten. Soll ich Dir auch einmal von den meinen schicken? Was wird's werden? Einige Gedanken über Taktik und Fortifikation oder ein Stück Kriegsgeschichte, daraus man ersehen kann, daß die Menschen sich bekriegt haben, solange die Welt steht, daß sie ihr Blut vergossen um Phantome, die in ihrer Hand zergingen wie Seifenblasen. – Schwarzweiße Kriegsgeschichte könnte ich Dir auch schicken, so hat jeder seine zweifarbige Arbeit!

Generalstab Berlin, 16. Februar 1878

Wir fangen nachgerade an, die Politik etwas aufmerksam zu betrachten. Was mag sich da noch ausbauen, wenn erst der große Topf der Konferenz[5] kocht, vorausgesetzt, daß er überhaupt soweit kommt und nicht vorher noch die Engländer unter der unglaublichen Leitung ihres israelitischen Premier[6]; sich eine Lektion für die allzu humanen Finger holen. Ich gönnte es ihnen von Herzen, diesem Volk mit der hochmütigen Anmaßung gegen außen, den abgeleierten Phrasen der Humanität auf der Zunge, und im Herzen nichts als Gewinnsucht, Baumwolle und Handelspolitik.

Generalstab Berlin, 22. Februar 1878

Die Blumen haben ja auch eine Sprache, wenn auch nicht in Worten, so sprechen sie doch zum Herzen, es kommt nur darauf an, daß das Herz sie versteht, daß es empfänglich ist für die Sprache der feinen Blätter, die so graziös auf dem Stiele sitzen, die mit ihren lichten Farben das Auge erfreuen, die ihren Duft von Schweden herübertragen und Grüße bringen!

Generalstab Berlin, 28. Februar 1878

Es ist still um mich her, fast könnte man glauben, daß man die Atemzüge des vergehenden Monats hören könnte. Er geht dahin in die endlose Vergangenheit zu der unendlichen Zahl seiner Brüder, ein vorübergeschwundener Sekundenschlag an der großen Uhr der Zeit, und doch wie unendlich viel hat sich in ihm zusammengedrängt. – Was wird sein Nachfolger bringen? Die Wogen der politischen Strömung schlagen hoch. Was wird daraus werden?

Generalstab Berlin, 22. März 1878
An Sr. Majestät des Kaisers Geburtstag!

Möge der gute Gott ihn uns noch lange erhalten, möge er tausend und aber tausend Wünsche für das Heil unseres geliebten Kaisers erhören, die an dem heutigen Tage aus allen Gauen des deutschen Reiches zu ihm aufsteigen, dieses Reiches, das er groß und mächtig gemacht hat, dieses Reiches, dessen Traum, den es geträumt hat seit Hunderten von Jahren, er zur Erfüllung gebracht hat, den Kindheitstraum des jungen Deutschland, an dem es gehalten hat bis in sein Mannesalter hinauf, den seine Dichter gesungen haben in zahllosen Liedern und den es im Herzen getragen hat, trotzdem es zerrissen und zerfallen war, wie seinen köstlichsten Schatz, dieses Ideal des deutschen Volkes, das sein Leitstern gewesen ist in der Nacht der Knechtschaft und Unterdrückung; das Völkermorgenrot, das uns gestrahlt hat in den Befreiungskriegen, jetzt ist die Sonne aufgegangen und leuchtet weithin über alles deutsche Land, soweit die deutsche Zunge klingt, die deutsche Einigkeit ist erkämpft, und unser Kaiser hat sie uns errungen. Durch Blut und Kampf mit unerhörten Opfern ist sie erstritten, die besten der Landeskinder sind geblieben, und ihre Leichen ruhen wie Gedenksteine in fremdem Boden, aber ihr Tod ist nicht verloren, aus der blutigen Saat ist die goldene Ernte aufgesproßt. – «Vergeßt der treuen Toten nicht!» – sie starben einen schönen Tod, wir aber rufen aus vollem Herzen: «es lebe unser Kaiser!» – Auf dem Königsplatze unter der Siegessäule ist eine Batterie aufgefahren, und nun folgt in rascher Folge Schuß auf Schuß! – Wie kenne ich sie, diese Stimmen, die so mächtig zum Herzen sprechen, diese schweren Hammerschläge in der Schlachtenmusik, wie oft hat ihr Klang mich umdröhnt, während wir dastanden auf blutigem Felde, während der Tod seine Ernte hielt, und wenn das menschlich schwache Herz erzittern wollte, wenn es heiß wurde und die Zahl der Kampfgenossen geringer und geringer, dann rollte der frische Klang herüber und rief mit mächtiger Stimme: Noch fliegt der Preußen Adler hoch, steht fest, Kameraden, der Sieg ist unser! – Dein Herz wird auch deutsch fühlen mit dem Manne, dem Du so lieb bist, Dein starkes mutiges Herz versteht es, was es heißt: sein Vaterland und seinen König lieben, und da Du es mir geschenkt hast, dies Herz, wird es auch mit mir jubeln und Gott danken, daß er uns diese Heiligtümer gegeben hat in einer Zeit, wo Materialismus und Nichtachtung sich ausbreiten. – Wie sie auseinanderlaufen, die vielen Menschen, die um die Geschütze standen, in den Straßen zerschlägt sich die Menge, Männer und Weiber und Kinder, ja geht nur hin, wenn auch mancher unter euch ist, der sich auflehnen möchte gegen den Kriegerstand, der so eisern auf dem Volke liegt, ihr seid doch alle Deutsche, und wenn das Vaterland und der Kaiser ruft, seid ihr doch alle da und haltet den Schild der deutschen Ehre hoch und rein in starker deutscher Hand, daß an seiner ehernen Festigkeit zerschellen müssen alle Feinde, die die Hand nach den heiligen deutschen Gütern ausstrecken, ihr liebt es ja doch alle so sehr, euer deutsches Vaterland.

Generalstab Berlin, 1. April 1878

Heute ist also der Tag, auf den ich so lange gewartet habe – nun mögen auch seine Nachfolger sich schleunigst auf die Reise machen in die Regionen der Vergangenheit, aus denen nichts wieder zurückkehrt, das einzige, was Macht hat, diese Toten zu besuchen, ist die Erinnerung. Erinnerung und Hoffnung, diese beiden Gottesgaben, die wir Menschen zur Verschönerung unseres Erdenlebens mitbekommen haben, das eine der Vergangenheit, das andere der Zukunft angehörig. So berühren sie sich immer mit Anfang und Ende, ohne jemals die Gebiete wechseln zu können. – Der Raum der Hoffnung wird enger und enger mit den kommenden Jahren, mit ihnen das Gebiet der Erinnerung weiter und weiter, und mitten zwischen beiden, gerade da, wo die eine anfängt, die andere aufhört, steht der Mensch mit seinem klopfenden Herzen, das unter dem Einfluß beider lebt und bebt. Immer hofft es, und doch wie selten hält die Erinnerung das, was die Hoffnung versprochen hatte, und doch bleibt diese ewig jung und ewig neu, bis mit dem letzten Atemzuge die Hoffnung aufhört und die Erinnerung ihre lange Liste abschließt. – So geht es ja auch mir. Ich habe viel von beiden. Die Erinnerung zeigt mir so schöne Stunden, die Hoffnung malt mir noch schönere vor, und je näher die Stunde rückt, wo sie sich erfüllen soll, um so schneller schlägt das Herz ihr entgegen: Komm doch bald, wie lange ist es noch bis dahin – und dann wieder: Eile nicht so schnell vorüber, du flüchtige Zeit, kann man dich denn nirgends fassen, nirgends halten? – Aber die Vernunft will auch mitsprechen, wie würde es aussehen in der Welt, wenn jeder nach Gelüste und Gutdünken die Zeit stellen könnte wie seine Taschenuhr, wie könnte sich bei solchem Charivari eine ruhige Weltgeschichte abwickeln, die die Menschen aufzeichnen, die die Kinder in den Schulen lernen könnten. – Es ist schon besser so, wie es ist, und doch wie gerne würde jeder den Uhrmacher am unendlichen Zeitengetriebe machen, wenn er nur nicht ein so ohnmächtiger schwacher Mensch wäre. Ein Atom in der langen Kette des Lebendigen, ein Sonnenstaub, der hinweggeblasen wird, und man sieht seine Spur nicht mehr, ein Nichts, dessen Bedeutungslosigkeit man erst daraus erkennt, daß sein Verschwinden keine Lücke zurückläßt. – Und doch, welch eine Welt der Gefühle steht still, wenn ein Menschenherz aufhört zu schlagen. Welch eine Fülle von Gedanken erlischt in dem Momente, wo das lebendige Blut nicht mehr durch die Adern strömt, Gedanken, die weit ausgreifend die Welt umspannten, die eindrangen in alles, was seit Jahrtausenden das Menschengeschlecht bewegte, die im Gigantenfluge der Zeit vorauseilten und in die Ferne schweifend erwogen, was kommen wird des Guten und des Bösen. Wie hat es gebebt in Leid und Schmerz, wie hat es aufgejauchzt zum strahlenden Himmel über das Glück, wenn seine Hand es berührte, wie hat es gehofft und gewartet, wie hat es geduldet und geblutet und wie hat es geliebt – dies kleine Menschenherz, dies Nichts, das verschwindet ohne Weg und Spur, welche Welt hat es in sich geborgen! Die Tage kommen und gehen, in der Perlenschnur der Ewigkeit reiht sich Stunde an Stunde, und wir ziehen mit dem Unbekannten entgegen, wie der Schiffer auf dem Meere, der den Winden folgt, die ihn treiben und nur den Kompaß hat, der ihm seine Richtung weist. – Mein Kompaß zeigt nach Norden, er ist also gut imstande, am Steuerruder meines Lebensschiffes sitzt die Hoffnung, der Wind ist günstig, und die Segel schwellen. Glückliche Fahrt! – Ich weiß es ja, daß ich es nicht alleine rufe. Ich bin ja nicht alleine in dieser öden Welt.

Generalstab Berlin, 3. April 1878

Nun habe ich von allem, was Gesellschaft heißt, genug, mache einen Strich darunter und ziehe das Fazit. Was kommt dabei heraus? Nicht viel Profit, den ich gehabt hätte. Dieselben Menschen wie immer, dieselben Interessen, dieselben Gedankenkreise, die ich schon im vorigen Winter kennenlernte und die mir jetzt wieder entgegengetreten sind. Wie sind sie doch kleinlich, diese Menschen, die nichts im Kopfe haben als ihre liebe Person, denen ihr Ich der Gott ist, dem alles geopfert wird. – Ich weiß nicht, ob ich in diesem Jahre schärfer urteile als früher oder ob vielleicht meine Beobachtung unbefangener ist wie im vergangenen Jahr, aber ich habe noch nie so die Nichtigkeit der Gesellschaftsmenschen bemerkt wie diesen Winter, und wenn ich aufrichtig sein soll, ich selber bin mir noch niemals so töricht vorgekommen als die verflossenen Monate, wenn ich in Gesellschaften den Liebenswürdigen spielte, ohne mit dem Herzen dabei zu sein. Ich will nichts von dieser Gesellschaft, ich finde nichts in ihr, das wert wäre, sich danach zu bücken, wenn man es zu seinen Füßen sieht, sie bietet nichts, an dem man sich erheben könnte, sie ist nur ein Abklatsch des Alltagsmenschen mit allen seinen Fehlern, allen seinen kleinlichen Interessen, all seinem Egoismus, seiner Engherzigkeit, seiner Frivolität. – Jetzt ist all dies untergegangen, alle diese Vergnügungen und Eitelkeiten haben ihren Wert verloren, ich habe den wahren Wert des Lebens gefunden. – Du schriebst mir einmal: Das Leben der großen Welt hat keinen bleibenden Wert. Wahrhaftig, Du hast recht gehabt, ich glaube, daß Du sehr oft recht hast, nur mußt Du es mir auch immer sagen.

Generalstab Berlin, 13. Mai 1878

Von dem Attentat auf den Kaiser[7] hast Du wohl gelesen. Unbeschreiblich war der Enthusiasmus der vor dem Palais versammelten unzähligen Menschenmassen. Ich ging hin, gleich nachdem die Nachricht gekommen war. Kopf an Kopf standen die Mengen, sangen «Heil dir im Siegerkranz», «Ich bin ein Preuße» etc., am ergreifendsten war es, wie die ganze Masse von vielen Tausenden das alte schöne Luthersche Lied anstimmte: «Nun danket alle Gott». – Der Kaiser trat auf den Balkon hinaus, und die Luft erzitterte von endlosem jubelndem Zuruf. – Die Wut auf den Schweinehund von Kerl war kolossal, ich glaube, das Volk hätte ihn zerrissen, wenn ihn nicht die Polizei geschützt hätte. Die ganze Nacht hindurch standen die Menschen vor dem Palais, und als am andern Tag der Kaiser wieder wie immer ausfuhr, standen die Straßen voll jubelnden Volks, der Wagen mußte im Schritt fahren, wenig fehlte, so hätten sie ihm die Pferde ausgespannt, um den geliebten Kaiser selber zu ziehen, den alle sehen, dem jeder zurufen wollte.

Generalstab Berlin, 25. Mai 1878

Wenn die Leute sich in Paris den Krieg wahrsagen lassen, so finde ich, können sie einem nur leid tun. Dann kannst Du ganz sicher sein, daß keiner kommt. Außerdem traue ich mehr auf die politische Lage als auf das Geschwätz, das aus dem Munde eines alten Weibes kommt und mit dem ich meine Ohren nicht beschmutzen möchte. Wie kann man nur so ... sein!

Generalstab Berlin, 31. Mai 1878

Ich denke mir, Ihr seid in den jetzigen Tagen einmal in Versailles gewesen und habt Euch dort im Schloß die wundervollen Gemälde von Horace Vernet angesehen. Wie manches Mal bin ich durch diese Säle gewandert und habe mich an den schönen Bildern erfreut. – Besonders ist mir eins in der Erinnerung geblieben, ein Überfall eines maurischen Lagers durch französische Chasseurs à cheval, ferner die Erstürmung des Malakoff, wo der kleine Tambour so schnell vor der Mauerlücke vorbei läuft, um wieder den schützenden Wall zu gewinnen. – Schön ist diese Sammlung, und es ist zu bedauern, daß nicht auch Deutschland einen Schlachtenmaler hervorgebracht hat, der aus der reichen und ruhmvollen kriegsgeschichtlichen Entwickelung desselben in ähnlicher Art wie Vernet die bedeutendsten Episoden für die Nachwelt fixiert hat. Die Schlachtenbilder, welche unsere Maler gemalt haben, lassen meistens kalt und sind ohne Leben, ohne Aktion und unnatürlich, nur wenige Ausnahmen zum Besseren wüßte ich. Merkwürdig, daß wir es verstehen, die Schlachten zu schlagen, aber nicht den Geist des Gefechtes auf die Leinwand zu übertragen! – Jedenfalls darfst Du Paris nicht verlassen, ohne Versailles gesehen zu haben, besonders Trianon, alle diese Stätten von so großem geschichtlichen Interesse, diese still verborgenen Rasenplätze, auf denen die unglückliche Marie-Antoinette ihre Schäferspiele abhielt, während schon die schwarzen Wolken der Revolution so drohend über ihrem Haupte sich zusammenzogen, diesem Haupte, das noch so harmlos lachte und scherzte und das doch später zum blutigen Denkstein für die entfesselten Gewalten eines lange unterdrückten Volkes werden sollte.

Generalstab Berlin, 3. Juni 1878

Mit welchen Gefühlen ich Dir heute schreibe, kannst Du Dir denken. – Noch kann ich kaum zur Besinnung kommen, kann es nicht fassen und begreifen, wie es möglich ist, daß eine solche Schandtat[8] geschehen konnte. Wie stehen wir da vor den Völkern der ganzen Welt. Die Mörderhand dieses ruchlosen Buben hat unser Volk mit einem Schimpf belastet, der ihm anhängen wird, solange die Geschichte existieren wird. Unser alter Kaiser, der Mann, der Deutschland zu dem gemacht hat, was es ist, der Mann, der einzige in der Welt, der heute die Friedenshoffnungen aller in sich vereinigte, es ist zu niederträchtig, zu gemein. – Wie standen wir da nach dem glücklich vollendeten Kriege, ein neu geeintes Volk, stark und mächtig, stolz auf unsere Kraft, stolz auf unseren Kaiser, den Liebling des Volks, wie hoch schlug das Herz, wenn man sich sagte: Du bist ein Deutscher und du kannst stolz darauf sein – jetzt liegt Schmach und Schande auf uns, unser Kronprinz in England von deutschen Arbeitern verhöhnt, unsere Schiffe zertrümmern sich gegenseitig, unser Kaiser in seiner eigenen Hauptstadt von Mörderhand verwundet, zweimal in so kurzer Zeit. Unser Reichstag schwach und tatlos, elende feige Gesellen, die es nicht wagen, gegen das aufzutreten, was sie die Volksrechte nennen, und dadurch die blutigen Leidenschaften der Kanaille entfesseln, unsere Minister mit dem Liberalismus kokettierend, unsere Industrie liegt brach, ihre Produkte werden im Auslande beiseite geschoben, alles vorbei und aus, und nun noch dieser Schimpf. – Ich war so froh in dem Gedanken, Dich in unser deutsches Land bringen zu können, was mußt Du jetzt von uns denken! Wie kann ich wieder nach Schweden kommen, wo die Leute mit Fingern auf mich zeigen werden und sagen: Das ist einer von denen, die ihren Kaiser erschießen. – Das ist gekommen, wie ein Hagelschlag, der die junge Saat vernichtet, zerknickt und zu Boden drückt, zu Boden tief in den Schmutz. – Was hilft es uns, wenn Tausende auch mit Freuden mit ihren Leibern unseren Kaiser decken möchten, wenn wir jeden Augenblick bereit sind, unser Herzblut für ihn zu vergießen, was hilft es uns! Die feige Mörderhand sucht den Hinterhalt auf, und die Schande der Tat liegt auf uns allen.

Generalstab Berlin, 4. Juni 1878

Hier sitze ich wieder mit dem Schmerz und der Scham im Herzen. Ich kann das Gefühl nicht los werden, daß eine unauslöschliche Schande auf unserer Nation liegt. Das Blut schreit zum Himmel und klagt das Volk an, für das es gesorgt und gearbeitet hat ein Leben von 81 Jahren[9] hindurch. – Diese Buben im Auslande, die den Namen des deutschen Volkes an den Pranger stellen, daß jeder pfui über uns rufen muß, die die Gastfreundschaft, welche ein fremdes Volk unserem Kronprinzen angedeihen läßt, besudeln mit ihren unflätigen Händen, die das in den Schmutz ziehen, was jedem Menschen von Ehre heilig ist, die ihrem Volke Schande machen, Schande und Schimpf auf ewig. Es ist schwer, das zu tragen, wenn man nur einiges Gefühl für Anstand und guten Namen hat. Ja, das ist schlimmer, als wenn Unglück und Armut über einen hereinbricht. Not und Sorge können schmerzen und den Menschen verzehren und aufreiben, aber die Ehre ist wenigstens makellos, was will dann alle Not sagen. – Wir haben unsere deutsche Ehre verloren, wenigstens fühle ich so, und haben sie verloren durch die Schuld dieser Bestien, die nicht: verdienen, daß ein deutsches Weib sie geboren hat, die selbst die Tiere ausstoßen würden, wenn sie Vernunft hätten, denn sie stehen weit unter den Tieren und wälzen sich mit ihren ekelhaften Leibern im Schmutz. – Und wir müssen dabeistehen und zusehen, wie der deutsche Name geschändet wird, und können nichts machen – wir können sie ja nicht fassen, diese Halunken, die im Dunkeln schleichen, die nur von Zeit zu Zeit hervorgrinsen unter dem Schild unserer humanen liberalen Gesetzgebung, wo sie sicher sind, ganz sicher, und lachen können mit ihren häßlichen Satansfratzen. Keine Revolution, kein Aufstand, Angst haben die

Hunde, frei herauszutreten und für ihre Prinzipien zu kämpfen. – Alles wird stille und heimlich gemacht, Stein auf Stein gelöst, wo keine Gefahr ist. Hätte ich nur einen von diesen Burschen unter meinen Fingern, hätte ich zwanzig oder hundert gegen mich, ich wollte meinem Gott auf den Knien danken und mit Freude, wie ich sie nie gekannt, zum Kampfe gehen gegen diesen Auswurf der Menschheit. Aber Handschuhe würde ich mir anziehen, denn man könnte in Versuchung kommen, diesen Schmutz anzufassen.

Was sollen wir noch in diesem Lande, wenn unser Kaiser stirbt, den Kronprinzen werden sie auch erschießen, und unser Reichstag wird sich in den Trauermantel seiner humanen Gesetze wickeln, denen sie das Leben des edelsten Hohenzollern geopfert haben, der je gelebt hat, wird die Achseln zucken und sagen: Wir mußten die liberalen Gesetze aufrecht erhalten. – Sie werden sitzen, diese humanen Schlafmützen, bis auch über ihnen der Staatsbau zusammenbricht und sie unter seinen Trümmern begräbt, bis das Geheul des blutig roten Sozialismus durch die Straßen gellt, bis die Fackeln der Volkshefe das junge Deutsche Reich in Asche legen und unsere Feinde ihren Fuß auf den Nacken unseres zerrissenen Volkes setzen. Es gibt keine Nation, die so wenig Patriotismus hat wie die Deutschen. – Ich telegraphierte gleich an Onkel Helmuth. Gestern ist er gekommen. Er hat auch einen Drohbrief bekommen, der Schreiber sagt ihm: Du hast Dein Leben lang von dem Schweiße der Arbeiter gepraßt usw. – Ein zu gemeines Machwerk, aber doch schmerzlich für einen Mann, der sein Leben lang nur seine Pflicht getan und so viel dazu beigetragen hat, dies Deutschland zu der Höhe zu heben, auf der es stand. – Wahrhaftig, man könnte Ekel empfinden über die Feigheit und Unschlüssigkeit der Gesinnungen, welche zu herrschen scheinen. – Wäre ich ein freier Mann, ich schnürte mein Bündel und wendete dem ganzen Schelmenpack den Rücken, ginge nach Amerika oder nach Afrika zu den Hottentotten.

II.

MOLTKES GEDANKEN
UND SEIN WIRKEN IN TEILEN AUS
BRIEFEN AN SEINE FRAU
1879–1914

Lauban, 19. Juli 1879

Gestern sind wir hier eingerückt. Eine freundliche, kleine Stadt, leider unser letztes Quartier, übermorgen ist unsere Generalstabsreise vorbei. Ich hätte den ganzen Sommer so weiter reiten mögen. Ich fühle mich so gesund, daß ich immer Lust habe, zu singen und zu springen. Mit meinen Arbeiten glaube ich auch zufrieden sein zu dürfen. Von einem Exposé, das ich ausgearbeitet, sagte unser Major sogar: «Ich wüßte nicht, wie man es besser machen könnte.» Du kannst Dir denken, wie stolz ich bin.

Potsdam, 29. Juli 1879

Also: Potsdam! Da sitze ich nun wieder in meiner alten Garnison, aus der ich drei Jahre ausgeflogen war, ein flügge gewordener Vogel, den das Geschick doch wieder in sein altes Nest zurückführt. Mir ist ganz heimatlich zu Mut. Die altbekannten Klänge des Glockenspieles auf der Garnisonskirche klingen mir so vertraut in Herz und Ohren, die schönen Kerls in ihrer strammen Haltung, das Kommando, die straffe Disziplin, das holperige Steinpflaster, die leeren Straßen, lauter gute und liebe alte Bekannte, die mich begrüßen, als hätte sich an ihnen auch nicht eines Haares Breite geändert während der drei Jahre meiner Abwesenheit. Drei Jahre! welch eine lange Zeit! Zehnmal derselbe Zeitabschnitt und ein Menschenleben ist dahin. Verblüht wie die Blumen auf dem Felde und vom Winde verweht.

Am Sonntag kamen wir hier an und meldeten uns beim Regiment zurück. Ich bin kommandiert zur Führung der Leibkompagnie, solange der Hauptmann auf Urlaub ist. Das ist sehr angenehm. Ich kann mir selber den Dienst ansetzen und mich allmählich wieder an die kleinen Finessen des praktischen Soldaten gewöhnen. Gleich am Montag hatten wir eine große Übung im Bataillon. Wir marschierten morgens 1/2 5 Uhr ab. Zuerst wurde ein großes Gefecht gemacht, und dann rückten wir in ein Biwak. Wir hatten herrliches Wetter. Unser Biwakplatz war unter schattigen Eichen, durch deren dunkelgrüne Blätter die Sonne grüngoldige Reflexe warf, die zitternd über die blanken Helme der Soldaten spielten. Bald brannten die Biwakfeuer, und dicht gedrängt standen die Soldaten um ihre Kochkessel, in denen Fleisch und Kartoffeln zur Mittagsmahlzeit brodelten. Wir Offiziere saßen währenddem auf unseren Feldstühlen an unseren kleinen Feldtischen, und während wir abwarteten, bis unsere Mahlzeit, von den Ordonnanzen gekocht, fertig sei, rauchten wir unsere Zigarre und hörten der Regimentsmusik zu, die, im großen Kreise aufgestellt, vor dem Biwak ihre lustigen Weisen spielte. Oder wir lagen der Länge nach auf dem Rücken im Grase und sahen den kleinen blauen Wölkchen unserer Zigarre nach, die leicht und luftig durch die grünen Blätter schwebten, bis sie sich verloren in dem Blau des hohen Himmels, der sich wie eine kristallene Glocke über uns ausspannte. In 1 1/2 Stunden war das Essen fertig, und wir tafelten im Grünen mit einem Appetit, wie ihn nur der Soldat kennt, der schon von Sonnenaufgang an auf den Beinen gewesen ist. Nach dem Essen fingen die Soldaten an, ihre drastischen Tänze aufzuführen. Immer zwei und zwei, Polonaise, Quadrille, immer rund um die Musik herum. Einer hat einen großen Stock in der Hand und kommandiert den Tanz. Er ist ein Lothringer aus der Gegend von Metz, der, wie er zum Regiment kam, nur Französisch verstand. Wunderlich klingen die französischen Worte in dem deutschen Biwak, en avant, changez les dames! etc., aber alle verstehen sie und führen tadellos die vorgeschriebenen Touren aus. An einer anderen Stelle wird ein Rekrut «geprellt» Eine lange Reihe von Soldaten stehen sich vis-à-vis und haben sich fest an den Händen gefaßt. Auf diese Kettenbrücke von Armen wird der Geprellte gelegt, und in taktmäßigem Wurfe wird er hoch in die Luft geschleudert, herunterfallend wieder aufgefangen und wieder hochgeworfen, bis er am Ende der Reihe angekommen ist und – nicht immer auf die sanfteste Weise – endlich nach seiner Luftfahrt den Boden wieder erreicht. Lauter Jubel und Lachen tönt durch die Luft. Wenn die Musik schweigt, stimmen die Soldaten, auf dem Boden gelagert, ihren Chorgesang an. Die alten Lieder, wie gut ich sie noch kannte und wie leicht es wurde, in sie mit einzustimmen. So wird es allmählich dunkel, und wie es Abend geworden, brechen wir auf, um noch eine Nachtübung zu machen. Vorposten werden aufgestellt, Losung und Feldgeschrei ausgegeben, und bald liegt Dunkel und Stille über der vorhin so laut-lustigen Gesellschaft. Die Nacht ist angebrochen. Am Horizont steht eine dunkle Wolkenbank, durch deren Schleier ab und zu der Mond hervorlugt, als wollte er einen erstaunten Blick werfen auf die nächtliche militärische Übung. Tiefe Stille rings umher. – In den Wipfeln der Pappeln flüstert leise der Nachtwind. Die Luft ist warm und weich, erfrischend im Walde. Ab und zu tönt der leise Ruf eines Postens durch die Dunkelheit, der eine zurückkehrende Patrouille anruft. Losung und Feldgeschrei werden ausgetauscht, dann geht die Patrouille weiter, leise, schattenhaft in der Dunkelheit verschwindend. Nun ist wieder alles still. Plötzlich blitzt weit vorne ein kurzes Licht auf. Gleich darauf kommt der Knall eines Schusses durch die Nacht an unser Ohr. Zwei bis drei andere Schüsse knattern hinterher, dann wieder alles still. Jetzt fallen wieder Schüsse, fünf bis sechs, rasch hintereinander. Erst sieht man den Blitz, dann kommt der Knall. Die Feldwache eilt an die Gewehre, in zwei Minuten steht die ganze Kompagnie aufmarschiert, wie eine dunkle Mauer, kein Laut wird dabei vernehmbar, kein Mensch spricht ein Wort, alles geht auf den leisen Zuruf der Offiziere, die wie ein dunkler Punkt vor ihren Zügen stehen. Jetzt kommt eine Meldung von den vorgeschobenen Patrouillen. Der Feind hat eine Rekognoszierung auf der Chaussee gegen unsere Stellung gemacht, ist jedoch wieder abgezogen, wie er auf unsere Patrouillen gestoßen ist. Die Gewehre werden wieder zusammengesetzt, in wenigen Minuten herrscht dieselbe Stille wie vorher. Um 11 Uhr bekommen wir den Befehl, abzumarschieren. Um 1/4 1 Uhr sind wir in unseren Quartieren. Das war der erste Tag meines Hierseins.

Wüstemark, 11. September 1879

Wir liegen sehr gut, in einer Mühle mitten im Walde. Ganz einsam, ich mit meinem ältesten Offizier und dem Fähnrich. Zwei Meilen von Wittenberg. Ich bin mit meiner Kompagnie ganz alleine. Sehr angenehm. Vorige Nacht biwakierten wir bei strömendem Regen. Das war weniger angenehm. Was aber der Mensch nicht alles aushält. Die Kleider sind am nächsten Morgen auf dem Leibe getrocknet. Die Nacht aber war übel. Das Wasser lief einem zum Kragen hinein und aus den Hosen wieder hinaus. Ich war mit meiner Kompagnie auf Vorposten und hatte Glück, wie Du gleich sehen wirst. Mein Major sagte mir: «Wenn Sie angegriffen werden, liegt Ihre Verteidigung naturgemäß in der Lisière.» Ich sah aber mit meinem angeborenen militärischen Scharfblick sofort, daß meine Verteidigung nicht in der Lisière des Waldes, in dem ich biwakierte, lag, sondern auf einem vorliegenden Höhenzug. Ließ den Major Major sein und hob auf der Höhe Schützengräben aus und richtete dort eine Verteidigungsstellung für meine Kompagnie ein. Als wir nun am nächsten Morgen wirklich angegriffen wurden, kam der Oberst und sprach seine Anerkennung aus über die zweckmäßige Einrichtung, und der Major, der das Lob bekommen hatte, kam zu mir und sagte mir, ich möchte nun auch mit meiner Kompagnie die Stellung besetzen, die ich «so gewandt» eingerichtet hätte. Wirklich wurde auch der feindliche Angriff abgeschlagen, und ich war so stolz, daß ein gewöhnlicher Stratege wie Onkel Helmuth mir sehr klein vorkam! – Ich fühle mich so wohl wie nur möglich. Gesund und kräftig und voll Lebenslust und Freude an meiner Tätigkeit.

Wittenberg, 14. September 1879

Hier sitze ich in der alten Luther-Stadt an der Elbe. Heute ist wieder ein Ruhetag. Wir liegen auf einem Dorf Dabrun in der Nähe der Stadt und sind heute hereingefahren, um uns die Sehenswürdigkeiten derselben anzusehen. In der Tat sehr interessant. – Lange stand ich vor der Tür der alten massiven Schloßkirche, an welche Dr. Martin Luther einst seine fünfundneunzig Thesen anschlug und damit den Funken in die aufgeregten Geister warf, der in wenigen Jahren die Riesenfackel des Dreißigjährigen Krieges anfachte, die sengend über Deutschlands blühende Fluren hinging und die Kultur um Jahrhunderte zurückdämmte. Gleichzeitig aber in diesem europäischen Brand die alte verfilzte Religion reinigte und zu neuen, reineren Anschauungen durchläuterte. – Jetzt ist eine Tür von Erz dort eingelassen, in welcher die Sätze Luthers in das Metall eingegraben sind. In altem, schwerfälligem Lateinisch. Damals war ja die deutsche Sprache nicht in dem Munde der Kirchenstreiter zu finden. Die Ecclesia militans stritt mit dem römischen Schwert. Heute ist das anders, und unsere einheitliche Sprache, vielleicht das einzig Einige, was wir besitzen, verdanken wir zum besten Teil jenem Wittenberger Mönch, der unerschrocken den Kampf gegen Papst und Kaiser aufnahm und siegreich durchfocht. – Dann waren wir in Luthers Wohnung in der alten Universität. Sein Wohnzimmer ist noch unverändert erhalten. Die Bänke an den Wänden, der große Tisch, der Ofen. Bildnisse von Luther, von Cranach gemalt. An jenem Fenster mit den trüben bleigefaßten Scheiben saß Frau Katharina Bora, seine Frau, und schaute nach dem Herrn Doktor aus, wenn er aus dem Kolleg nach Hause kehrte. In der Aula des Universitätsgebäudes steht noch der alte hochgebaute Lehrstuhl, von dem herab er Vorträge hielt und auf dem er, fast ein Knabe noch, seine Doktordissertation abhielt und den Doktorhut erlangte. Das alles ist interessant zu sehen. Es umweht einen wie der alte Geist der Reformation, wenn man durch diese Räume schreitet. Altertümlich, kräftig, hausbacken und derbe. Aber gesund und dauerhaft. War doch eine große, gewaltige Zeit, und der Luther ein ganzer Mann.

Potsdam, 22. September 1879

Wenn die unsinnigen und unbegründeten Hetzereien der russischen Presse gegen Deutschland zu einem Konflikt zwischen beiden Staaten geführt hätten, was ja durch die Reise unseres Kaisers glücklich vermieden ist, so wäre natürlich nach der unparteiischen und absolut richtigen Meinung des Auslandes Bismarck[10] wieder der Krakeeler gewesen! Wollt ihr uns armen Deutschen denn nicht einmal das Recht einräumen, das doch sonst durch die Zivilgesetzgebung aller Staaten geht, das Recht der Setbstverteidigung!?

Wildberg, 30. Mai 1880[11]

Wie Du siehst, bin ich nun an dem ersten Ort meiner Bestimmung eingetroffen. – Gestern habe ich meine Vorübung fertiggestellt, und heute morgen fuhr ich hierher ab. Ich hatte einen sogenannten Leiterwagen, auf dem mein großer Koffer und alle meine Instrumente, Max und ich saßen. Ersterer oben auf dem Koffer wie ein Araber auf dem Rücken seines Kamels. Pluto hinterher, so ging es mit Hü und Hott die Chaussee herunter. Schließlich mußten wir den braven Pluto auch noch aufladen, denn er wurde müde und konnte nicht mehr mitkommen. Es war eine herrliche Fuhre, Du hättest uns sehen sollen. Eine halbe Meile vor Wildberg neigte sich plötzlich der Wagen auf die Seite, das eine Vorderrad war abgelaufen. Da saßen wir nun. Glücklicherweise waren wir nicht umgeworfen, so daß die Instrumente keinen Schaden gelitten hatten. Ich ließ Max mit dem Kutscher zurück, um die Sache in Ordnung zu bringen, und ging zu Fuß vorauf. Sie kamen auch bald nach.

Hier traf ich eine tüchtige Fuhrmannskneipe, in der ich mich einlogiert habe. Ein Zimmer, in dem die Tapeten in großen Lappen von der Wand herunterhängen. Das Bett verspricht eine schmerzliche Nacht. Mein Diner bestand in Schweinebraten und Kartoffeln, alles in Fett schwimmend. Dies Etablissement führt den stolzen Namen «Hotel zum alten Zieten»! Nachdem ich diniert hatte, machte ich eine Rekognoszierung rund um das Dorf herum, das seinen Namen mit Unrecht führt, denn es ist weder wild noch bergig, im Gegenteil, die ganze Gegend flach wie ein Teller, ich werde Mühe haben, die Niveaulinien laufen zu sehen. Auf der einen Seite sind weitgestreckte Wiesen, ziemlich sumpfig, mitten in denselben eine eigentümliche Ruine aus alter Zeit. Das heißt, Ruine kann man es eigentlich nicht nennen, denn es ist nur ein Erdwerk, kreisrund, Wälle von Haushöhe und ein Graben mit Wasser rund herum. An einer Seite sieht man noch die Pfeiler einer alten Brücke. Das kolossale Bauwerk ist offenbar von Menschen aufgefahren. Viele tausend Fuhren Erde müssen nötig gewesen sein, um es in dem morastigen Untergrund herzustellen. Aber es muß eine feste Position gewesen sein. Hier wird wohl ein alter Raubritter sein Nest gehabt haben, unangreifbar in den morastigen Wiesen, die nur durch einen Damm, auf dem jetzt die Chaussee läuft, mit dem festen Lande in Verbindung standen. Das Ding macht einen eigentümlichen Eindruck. Man sieht die mächtigen Wälle in den flachen Wiesen von weit her. Rund herum an ihrem Fuße stehen Bäume. Das Ganze ist kreisrund. Ich ging hinein. Inwendig ein großer, leerer Raum, keine Spur von Mauerwerk, daß aber solches dagewesen, erkannte ich bald. Ein Teil des inneren Walles war abgestochen, der Besitzer hatte die Erde gebraucht, um die sumpfigen Wiesen damit auszufüllen. Bei diesem Abstechen war ein Stück eines alten Grundbaues bloßgelegt, aber keine Ziegelsteine, sondern Granit und ohne Mörtel gefügt. Man nennt das Zyklopenmauern, und sie sind immer ein Beweis sehr hohen Alters. Ferner fand ich in demselben Abstich eine durchlaufende Schicht Holzkohlen, woraus ich schloß, daß die Gebäude, die hier gestanden hatten, einmal abgebrannt sein müßten. Dann hatte das Kastell offenbar lange Zeit unbewohnt gestanden, denn es folgte über den Kohlen wieder eine ungefähr drei Meter dicke Erdschicht. Später ist es wieder angebaut und dann abermals abgebrannt, wie mir eine zweite Kohlenschicht bewies, über der dann abermals zwei Meter Erde lagen. In dieser zweiten Schicht fand ich auch bereits Steine, an denen Mörtel klebte, also eine spätere Zeit. Daß die untere Schicht, also der ganze Bau, schon sehr alt sein muß, fand ich bestätigt durch Scherben von Töpfen, die ich herauskratzte. Diese waren aus ungebranntem Ton gefertigt. Ich nahm einen Henkel und den Rand eines Topfes zum Andenken mit. Beide zeigen die grobe Kunstfertigkeit des Altertums. Mit der Hand gearbeitete Verzierungen, Eindrükke und Rillen. Wo mögen die Hände jetzt sein, die diese Scherben gearbeitet haben, die hier vor mir auf dem Tisch liegen und mich so grau und uralt ansehen? Einen Arbeiter, der oben auf dem einen Wall Rüben pflanzte, fragte ich, ob man niemals Münzen gefunden hätte, was er verneinte. Es muß also eine powere Gesellschaft gewesen sein, die hier gehaust hat. – Ein Stückchen Eisen fand ich auch, es war aber so von Rost durchfressen, daß ich nicht erkennen konnte, was es gewesen, es zerbröckelte mir in der Hand. Der Arbeiter zeigte mir die Klinge eines Beils, die er ausgegraben, zwar auch sehr verrostet, aber doch offenbar neueren Ursprungs, so daß ich kein Verlangen danach trug und sie liegen ließ. Die alten Topfscherben, die ich aus der untersten Schicht auskratzte, sind mir viel interessanter, sie sind viele hundert Jahre alt, soweit meine unvollkommene Beurteilung reicht, noch aus heidnischer – wahrscheinlich wendischer Zeit. – Morgen fahre ich das Terrain ab, welches ich aufnehmen soll, zweieinhalb Quadratmeilen. Übermorgen geht die Arbeit an.

Wildberg, 6. Juni 1880

Heute ist Sonntag, und es hat den ganzen Tag, vom Morgen bis zum Abend, ohne eine Pause geregnet. Das ist wirklich fürchterlich. Ich habe den lieben langen Tag gesessen und gezeichnet, bis mir die Augen weh taten, dann bin ich im Zimmer umhergegangen und habe gepfiffen und gesungen und deklamiert, es half alles nichts, ich langweile mich entsetzlich! – Pluto liegt mitten im Zimmer auf dem Rücken und streckt alle vier Beine in die Luft, ihm ist sauwohl, er möchte, daß das Topographieren nie ein Ende nähme. – Eine gute Unterhaltung habe ich doch, nämlich Treitschkes Deutsche Geschichte des neunzehnten Jahrhunderts[12]. Du hast vielleicht schon von diesem Buch sprechen hören, das alle Welt jetzt liest, mir hat es mein Hauptmann als Trosteinsamkeit geliehen, und ich muß gestehen, daß ich mich nicht erinnere, jemals von einem Geschichtswerk so gefesselt worden zu sein. Das ganze Buch ist dramatisch. Man fühlt und lebt mit den Personen, man denkt, hofft und fürchtet mit ihnen, man wird so lebhaft in die Zeit zurückversetzt, die es schildert, daß man sich erstaunt in der Wirklichkeit wiederfindet, wenn man das Buch zuklappt. Und dabei weht ein Geist des Patriotismus und deutscher Vaterlandsliebe durch das Ganze, ohne jedoch der historischen Wahrheit jemals Gewalt anzutun, es ist herrlich.

Vichel, 19. Juni 1880

Ich bekam gestern die Meldung von meinem Hauptmann, er werde heute kommen, um mit mir zu arbeiten. Er bestellte mich an einen bestimmten Ort, wo er aufnehmen wollte, um, wie er schrieb, mir etwas vorwärts zu helfen. Wie er ankam, hatte ich aber schon das ganze umliegende Terrain fix und fertig aufgenommen, so daß er sagte, er sähe, daß ich keiner Hilfe bedürfe, war sehr erstaunt, wieviel ich schon fertiggebracht hatte, und sagte, nach meinen bisherigen Leistungen zweifle er nicht, daß ich einer der ersten fertig sein würde. Er war überhaupt sehr zufrieden und fuhr nach einer halben Stunde wieder ab, ohne mir geholfen zu haben. Ich kann schon auf meinen eigenen Füßen stehen!

Vichel, 11. Juli 1880

Ich habe meinen «Faust» wieder als steten Begleiter. Du solltest mich sehen, wenn ich über meinen Meßtisch gebeugt stehe und einsam mitten im wehenden Buschgras laut Monologe aus «Faust» deklamiere, während ich mit dem Zirkel die Entfernungen abgreife. Bisweilen muß ich selbst über mich lachen, das klingt dann wieder ganz eigen und verloren durch die stille Luft. Ein Mensch, der über sich selbst lacht, ist in der Einsamkeit immer etwas Wunderliches, nur gut, daß es nicht das schneidende Lachen des Hohnes oder der Verzweiflung, sondern das gemütliche innere Lachen über einen Phantasten ist, der mitten in der handgreiflich praktischsten und prosaischsten Arbeit es nicht lassen kann, den Seelendurst nach Schönheit mit einem Schluck aus dem Kristallbronnen Goethischer Poesie zu stillen. So fliegen die Stunden wie Minuten dahin, und immer wieder entdecke ich neue Schönheiten, an denen man bisher achtlos vorübergeeilt ist. Solch ein Arbeitstag von zwölf bis dreizehn Stunden befriedigt mich immer. Wenn ich abends nach Hause gehe, habe ich ein gewisses freudiges Gefühl der Genugtuung.

Nackel, 21. Juli 1880

Siehe, wie schön die Welt ist! Was wäre der Mensch, wenn er nicht hoffen könnte. Eine verkümmerte Existenz, in dunklen, unklaren Schmerzen wühlend und mit geheimem Grauen sich selbst peinigend. Die Vergangenheit, das Verlorene, das Nichterreichte betrauernd und beweinend, mit Selbstvorwürfen in namenloser Qual sich ängstigend. Nein, die Hoffnung, diese wahre Tochter des Himmels, wurde nach der schönen alten Sage den Menschen geschenkt, als aus der Büchse der Pandora alle Leiden über sie dahergeflogen waren, sie alleine wog alle Leiden auf. Vorwärts sind die Augen der Menschen gerichtet, vorwärts soll man auch blicken, dem Licht entgegen, das uns den Morgen bringt. Wer umblickt und zurückschaut, wird zur Salzsäule wie Lots Weib. – Offene Augen und offene Herzen, siehst Du, das ist meine Ansicht und Meinung.

Segeletz, 4. September 1880

Ich habe heute doch einen gewissen kleinen Triumph gefeiert, wie mein Hauptmann mir sagte, daß ich der erste fertig sei. Selbst die alten Topographen, die schon im achten bis zehnten Jahr aufnehmen, sind noch hinter mir zurück. Er fuhr alles sehr genau mit mir ab, ich glaube, eigentlich meinte er, ich hätte bei der großen Leistung von fast dreißig Minuten im letzten Monat flüchtig gearbeitet, er fand aber nichts und drückte mir gerührt die Hand, als er wegfuhr und sagte: «Eine wirklich außerordentlich fleißige Arbeit, die ich manchem alten Topographen als Muster hinstellen kann.»

Wildberg, 6. September 1880

Nun bin ich denn also wieder da, wo ich angefangen habe, nach dreimonatlicher Arbeit im großen Zirkel wieder an dem Ausgangspunkt angelangt. Diesmal bin ich doch mit bedeutend leichterem Herzen hier. Hieß es damals: anfangen, so bedeutet mir mein jetziges Hiersein: aufhören, und das werde ich tun mit tausend Freuden, sobald der letzte Strich der Arbeit getan ist. Es kommt mir so eigentümlich vor, daß meine mühsame Arbeit nun wirklich fast fertig ist, daß ich mich gar nicht in den Gedanken hineinversetzen kann, es schien immer so, als könnte sie nie fertig werden. Der Sommer freilich ist mir vergangen, ohne daß ich eigentlich ein Gefühl davon habe, daß er vorbei ist. Ich meine immer noch, die Lerchen müßten singen und die Erdbeeren da sein, und doch fallen schon die ersten gelben Blätter von den Bäumen, und die Schwalben rüsten sich zum Abzuge. Die Störche sind schon fort, hingezogen über das Meer, der Sonne entgegen. – Unsere Erdensonne, die ja allen scheint, hat es in den letzten Tagen recht gut mit uns gemeint. Sie hat eine solche Glut auf unseren Scheitel gehäuft, daß Tier und Mensch regungslos und lechzend dalag, nur den Moment erwartend, wo der glühende Feuerball unter den Horizont gesunken sein würde und die Schatten des Abends eine wenn auch geringe Kühlung bringen werden. Nur der Topograph zog durch die Glut des Weges, ohne Rock und Weste, mit offenem Hemde, dennoch fast verschmachtend.

Berlin, 18. Juni 1881

Du sollst sehen, wenn wir erst wieder unsere Wohnung hier in Berlin haben und uns ein klein wenig eingelebt haben, wird es Dir auch bald gut hier gefallen. Nur stehst Du jetzt vor einem Ungewissen und siehst nur die Vergangenheit in dem verschönernden Lichte, das sie, dank der gütigen Weltordnung, immer annimmt, wenn sie schöne Stunden aufzuweisen hat. Das Schlimme vergessen wir ja so rasch, das Angenehme setzt sich in der Erinnerung fest, und das ist gut so. Aber auch in die Zukunft sollen wir festen Mutes sehen und die Hoffnung festhalten, diese gute Fee des Menschengeschlechtes, die von der Wiege bis zum Grabe an der Seite des Menschen steht und mit ihrer goldig leuchtenden Fackel helle Streiflichter in das Dunkel der Zukunft wirft. – Und nach diesen Streiflichtern hascht der Mensch sein ganzes Leben lang wie das Kind nach Schmetterlingen. – Wer die Hoffnung verliert, hat alles verloren, denn er hat dann einen gebrochenen Mut und ein totes Herz und ist so gut, als ob er schon gestorben wäre. – Darum, lassen wir der Vergangenheit ihr Recht und freuen uns der sonnigen Erinnerungen, aber vergessen wir über dem, was hinter uns liegt, nicht das, was vor uns liegt. Wenn wir uns der Vergangenheit freuen, so wollen wir auf die Zukunft hoffen und nicht ungerecht werden gegen das, was über kurz oder lang ja doch auch zur Vergangenheit werden wird.

Generalstab Berlin, 21. Juni 1882

Ich bin diesen Moment von oben heruntergekommen, wo ich von 10 bis 7 Uhr gesessen und gearbeitet habe. Ich soll übermorgen einen Vortrag halten über das Geniewesen der österreichischen Armee, und muß das Material dazu aus allen möglichen Instruktionen, Berichten, Verordnungsblättern usw. zusammensuchen. Eine mühselige Arbeit.

Generalstab Berlin, 23. Juni 1881

Heute habe ich meinen Vortrag gehalten. Es ging gut, und meine Herrn Vorgesetzten waren befriedigt. Vom 1. Juli ab bin ich zum Leiter der Übungen im Aufnehmen kommandiert. Wo weiß ich noch nicht.

Charlottenburg, 10. Juli 1881

Könnte ich doch bei Dir sein, um mich mit Dir der herrlichen gigantischen Natur zu freuen, deren ganzer ungeahnter Zauber Dich jetzt schon gefesselt halten muß. – Welche Empfindungen werden Dich wohl bestürmen, wenn Dein Blick zum ersten Male auf diese starren Schneehäupter fällt, die mit ewig unveränderlicher Stille in den blauen Himmel hineinragen, die Wolken wie einen Kranz um ihre Stirne flechtend, herabsehend aus eisiger Ruhe auf das unruhige Gewühl der Menschen unter sich mit ihrem Zank und Hader, ihren Tränen und Freuden, ihrem Hassen und Lieben. Fühlt man sich nicht der Natur gleichsam nähergetreten, wenn man so in die gewaltigen Formen eindringt, die sie geschaffen? Glaubt man nicht, noch den Odem des allmächtigen Schöpfers um diese Bergesgipfel wehen zu spüren, kommt man sich nicht unendlich klein vor, wenn man an den Felswänden hinaufschaut, die schon gestanden haben, lange bevor der erste Mensch sein unbehilfliches Erdenleben zu lernen begann? Wie wundervoll ist doch dies Anschauen der reichen Natur. Freilich nicht lieblich und zart geschwungen. Rauh und zackig tritt sie uns hier entgegen, aber voll Kraft und Mark, voll geheimnisvoller Schauer eines allgewaltigen Weltgeistes und mächtigen Schöpfers. Das stärkt und stählt Herz und Sinne. Du wirst sehen, wie die Nerven fest werden im Anschauen des Großen und wie die Brust weit wird und das Blut rascher pulsiert beim Einatmen der würzigen Bergesluft. – Ihr seid wohl über den Bodensee gegangen und dann das Rheintal hinauf? Du bist ja jetzt dicht an der Quelle dieses uralt deutschen Stromes, um dessen rebenumwachsene Ufer schon so viel deutsches und fränkisches Blut geflossen ist. Später wirst Du diesen Stromfürsten ja auch in seinem unteren Lauf sehen und Dich an der entzückenden Schönheit desselben berauschen. «An den Rhein, an den Rhein, zieh' nicht an den Rhein» – singt der Dichter, denn hast Du ihn erst gesehen, haben seine Zauber Dein Herz umsponnen, so krankst Du an ewiger Sehnsucht nach seinen grünen Ufern! – Wie groß ist das Stück Weltgeschichte, das sich an diesen Strom knüpft, dessen schwache rieselnde Quelle Du gesehen haben wirst. Du thronst jetzt soundsoviel tausend Fuß über uns anderen Sterblichen, die wir in tiefer sandiger Ebene unser Dasein weiterspinnen.

Berlin, 15. Juli 1881

Du schreibst so hübsch und so interessant, daß ich alles, was Du gesehen, mit Dir zusammen noch einmal durchkoste. – Aus Deinem Briefe sehe ich so recht, wie sehr Dein inneres Leben mehr und mehr erwacht ist und zum Lichte, zur Erkenntnis seiner selbst und der Dich umgebenden Außenwelt drängt. Fahre nur so fort, alles was Du siehst, auf Dich wirken zu lassen, öffne Dein Inneres den Großartigkeiten und Schönheiten der Welt, und Du wirst selber fühlen, wie Du täglich reineren Genuß an diesen Freuden haben und täglich besser lernen wirst, mit ungetrübtem Inneren zu genießen und Dich des schönen Lebens zu freuen. Dann, wenn Du Dich selber innerlich glücklich fühlst, wirst Du auch andere glücklich machen und aus dem Bewußtsein, Dich mit Deinen Mitmenschen in Harmonie zu befinden, wieder ein immer neues Moment des Glückes ziehen. Deshalb lege ich auch so sehr großen Wert auf diese Reise, weil ich weiß, daß nichts mehr geeignet ist, einen Geist von sich selber abzuziehen und der Außenwelt zuzulenken, als eine Reise mit ihren täglich neuen Bildern, ihrem Zwang, auf alles zu achten, ihrem Interesse an noch nie Gesehenem und ihrer inneren Wanderlust, die jedem Menschen innewohnt und geweckt wird, sobald das Posthorn bläst und die Räder auf dem Steinpflaster rasseln. Das zwingt den Sinn aus sich selber heraus, und indem täglich neue Eindrücke an ihn herantreten, bleibt ihm keine Zeit, in Grübeleien zu versinken, keine Zeit zum Spekulieren und Brüten, denn die schöne Welt lockt doch gar zu goldig draußen, die Bächlein von den Felsen springen, die Lerchen jubeln laut vor Lust – wer möchte nicht mit ihnen singen mit frischem Sinn aus freier Brust!

Berlin, 20. Juli 1881

Von Onkel Helmuth habe ich heute einen Brief bekommen mit der Anfrage, ob ich zehn Tage Urlaub bekommen könnte, er wollte mich gerne mitnehmen zu einer Reise auf dem Tatragebirge. Ich glaube aber nicht, daß ich Urlaub bekommen werde, da ich vom 22. ab der einzige Offizier in meiner Abteilung bin, da alle anderen auf Urlaub sind.

Creisau, 30. Juli 1881

Laß Dir erzählen, wie alles gekommen ist! Ich schrieb Dir schon von Kandrzin, daß ich ohne alle Sachen hatte abreisen müssen, da der Koffer nicht auf dem Bahnhof war. Ich hatte alles so schön vorbereitet, Briefpapier, Feder und Tinte mit, nun mußte ich reisen, ohne ein Stück davon mitnehmen zu können. L. borgte mir glücklicherweise ein paar Hemden und Strümpfe, die mit in Onkel Helmuths kleinen Handkoffer gepackt wurden, das war unser ganzes Gepäck! Wir fuhren den ersten Tag bis Ratibor, wo wir in einem kleinen Hotel übernachteten, Onkel Helmuth und ich beide in einem Zimmer. Übrigens war er natürlich überall gleich erkannt, obgleich er, wie er sagte, ganz inkognito reisen wollte! Wir kamen abends 7 Uhr an, gingen ins Hotel, ich immer mit dem Koffer, Reisedecke usw. in der Hand – und dann gleich wieder aus, um die Stadt zu besehen. – Auf dem Rückwege kam uns der Bürgermeister in Frack und weißer Binde entgegen, der Onkel Helmuth begrüßte und ihn um die Ehre bat, ihn bis an sein Hotel begleiten zu dürfen. Onkel Helmuth; war ziemlich kurz angebunden, verstand auch nicht, was der Mann sagte, und so zogen wir denn durch die Stadt, der Bürgermeister immer im Rinnstein nebenher mit dem krampfhaften Bemühen, Konversation zu machen, was ihm gänzlich mißglückte! – Am nächsten Morgen auf dem Bahnhof große Versammlung, um Onkel Helmuth abfahren zu sehen. Die Eisenbahnverwaltung hatte einen Salonwagen in den Zug einstellen lassen, was für uns sehr angenehm war, da er rund herum Fenster hatte und man so einen freien Blick auf die wirklich reizende Gegend des Riesengebirges und der Sudeten hatte. Die Ankunft von Onkel Helmuth war immer bereits von der Bahnverwaltung telegraphisch vorausgemeldet, so daß alle Schaffner und Bahnbeamten bereits avertiert waren. – In Oderberg tritt die Bahn auf österreichisches Gebiet über. Auch hier war alles sehr höflich und sehr neugierig. Die österreichische Bahnverwaltung ließ den Salonwagen weiter mitgehen, und so fuhren wir denn bewundert und angestaunt in Österreich hinein! – Nun kam eine wirklich großartig schöne Fahrt durch das immer bergiger werdende Land den Karpaten entgegen. Die Bahn überschreitet, fortwährend steigend, den Tablenkau-Paß in einer Höhe von tausend Meter über dem Meere und steigt dann in das Waagtal hinab, um ferner in diesem Tal wieder ansteigend und immer dem Laufe der Waag folgend an dieser stromauf zu gehen. Die Gegend wird, je weiter wir kommen, immer großartiger. In mannigfachen Windungen dem Flußlaufe folgend, durch Tunnel und in scharfen Kurven um Felsvorsprünge biegend, steigt die Bahn bergan. Auf der anderen Seite des

Tablenkau-Passes, der Wasserscheide zwischen Donau und Weichsel, wird schon alles charakteristisch ungarisch. Die Leute, welche auf dem Felde arbeiten, zeigen das malerische Kostüm der Ungarn, die weiten weißen Hosen und Hemden, mit dem Filzhut mit breiter Krempe, die Weiber alle in hohen Stiefeln mit weißem Hemd und Überwurf oder die Beine bis zu den Knien mit Filzlappen umwickelt. Alles Korn wird mit der Sichel geschnitten und in eigentümlichen Mandeln aufgesetzt. Kleine melancholische Pferde, die doch viel leisten und aushalten, ärmliche mit zerfallendem Strohdach gedeckte Hütten, aber überall eine überreiche Vegetation, die in mächtigen, wogenden Kornfeldern ihr ursprüngliches reiches Schaffen zeigt.

Von Rattek ab verlassen wir die Pester Bahn, um auf der Raschauer Zweigbahn unserem Zielpunkte Poprard zuzueilen. Jetzt zeigen sich schon die höchsten, mit ewigem Schnee bedeckten Spitzen der Tatra zur Linken, während zur Rechten das weniger steile Tatragebirge aufsteigt. Die Fahrt auf dieser letzten Strecke ist bezaubernd schön. Je näher man der Tatra kommt, die als ganz abgesonderte mächtige Gruppe fast unvermittelt aus der flacheren Ebene aufsteigt, desto schöner wird der Anblick, den dies imposante Gebirge bietet. Die Spitzen sind sehr steil. Schroffe Felswände aus grauem Granit, senkrecht steil aufsteigend, bis zum dritten Teil der Höhe kriecht dichtes Nadelholz in den Schluchten hinauf, dann kommen Föhren und Arven, darüber nackter Fels mit langen, schneegefüllten Tälern und den ganz spitzen Gipfeln, die rauh und zerrissen in den blauen Himmel hineinstarren. – Die Beleuchtung der ganzen Partien ist wundervoll. Blaue tiefe Schatten wechseln mit grell beschienenen Wänden, bisweilen hängt eine der ziehenden Wolken sich wie ein wehender Schleier um eines der Bergeshäupter, kann sich nicht von ihm loslösen, verzweigt sich in den Rissen und Schluchten, als wollte sie sich festsaugen, wallt hinauf und zur Seite, gibt aber immer noch nicht den Gipfel frei, der mit seinen spitzen Felszacken ganz in ihr verschwunden ist, kriecht dann hinab und zerreißt, und über ihr starren auf einmal wieder grau zerrissen und unbeweglich die Felsspitzen in den blauenden Himmel hinein. Dies immer wechselnde Schauspiel ist wunderbar schön, und ich kann wohl sagen, daß ich mich schon in das Gebirge verliebt hatte, bevor wir es noch betreten hatten. – Endlich, abends 8 Uhr, kamen wir in Poprard an und stiegen aus. Onkel Helmuth hatte dem Schaffner gesagt, er wollte in Poprard die Nacht bleiben, wie aber neben dem Bahnhof eine Reihe Landwagen, mit den kleinen, mageren ungarischen Pferden bespannt, hielten und mehrere Kutscher im zerlumptesten Kostüm, das sich denken läßt, sich erboten uns zu fahren, da der Abend schön war und die Luft erfrischend kühl nach der heißen Fahrt im Coupé, schlug Onkel Helmuth vor, gleich denselben Abend noch nach Schmeks zu fahren, dem Bad, in dem wir ein paar Tage bleiben sollten und das eine gute Stunde Wegs entfernt war. «Und», setzte er hinzu, «wir haben dann den Vorteil, daß wir so ganz inkognito ankommen!» Den Vorteil hatten wir nun allerdings, und wie uns derselbe bekam, will ich Dir morgen erzählen, denn heute abend, es ist 11 Uhr, fallen mir die Augen zu. Morgen mit frischen Kräften mehr.

Creisau, 31. Juli 1881

Nun sollst Du die Fortsetzung meines gestern abend abgebrochenen Briefes haben. – Also, wir fuhren abends 1/2 8 Uhr von Poprard auf einem kleinen schmierigen Wagen ohne Federn, mit kleinen, schmierigen Pferden bespannt, gen Schmeks – den Gebirgsweg hinan. Da wir nur einen kleinen Handkoffer mithatten, war mit dem Fortbringen keine Schwierigkeit. – Der Weg steigt von Poprard an fortwährend. Schmeks liegt am Fuße der Tatra mitten in dunkelgrünem Tannenwald versteckt, unmittelbar dahinter steigt der steinige, felsige Gebirgskamm auf. Es war ein wundervoller Abend, eine balsamische Luft, die man mit voller Brust einsog und die belebend die Lungen füllte.

Um 1/2 10 Uhr kamen wir in Schmeks an. Wir wandten uns an den Portier um Zimmer und erhielten sofort den wenig tröstlichen Bescheid, daß wahrscheinlich kein Zimmer mehr frei sein würde. Der Direktor wurde gerufen und uns natürlich zuerst die übliche Frage vorgelegt, ob wir längere Zeit oder nur ein paar Tage bleiben wollten. Nachdem wir gesagt, daß letzteres unsere Absicht sei, hatten wir entschieden verspielt. – Wir waren richtig ganz inkognito, wie Onkel Helmuth es gewünscht hatte, und mußten die Folgen tragen! Nachdem wir in zwei falsche Häuser geführt waren, fanden wir endlich in einem dritten, hoch auf einer Lehne liegend, ein dürftiges Unterkommen in einem ganz kleinen Zimmerchen mit einem mäßigen Bett, einem kleinen Fenster nach dem Hof und einer rechten Kellerluft. Onkel Helmuth war sehr indigniert. «Das soll nun das erste Bad Ungarns sein! Das ist ja wie in einer Baude auf dem Riesengebirge. Eine schrecklich unzivilisierte Nation» usw. – Er mußte aber doch aus der Not eine Tugend machen, und ich war froh, wie mir eine Lagerstatt auf dem steinharten Sofa zubereitet wurde. – Nachdem unser Gepäck abgelegt war, gingen wir hinunter in ein tiefer liegendes Haus, auf dessen Außenseite mit großen Buchstaben «Speisehaus» geschrieben stand. Wir traten in einen großen Saal, der gedrängt voll Menschen, Männlein und Weiblein saß. Mit Mühe fanden wir ein Unterkommen an der Ecke eines Tisches gerade vor der offenstehenden Tür im schönsten Zug! – In der Mitte des Zimmers saßen an einem Tisch der Badearzt und der Geistliche, welche eine Menge kleiner Gewinne vor sich stehen hatten, einen Sack mit Nummern, und von Zeit zu Zeit etwas auf ungarisch mit lauter Stimme durch den Saal riefen, von dem wir natürlich keine Silbe verstanden. Fast alle Gäste hatten kleine Lottokarten vor sich, die sie aufmerksam betrachteten, und endlich wurde es uns klar, daß die ganze Gesellschaft in ein Tombolaspiel vertieft war, das eben im besten Gange war, als wir eintraten. – Wie allgemein das Interesse an diesem Spiel sei, sollten wir zu unserer Betrübnis bald dadurch erfahren, daß auch alle Kellner eine Lottokarte in der Hand hielten und ihre Aufmerksamkeit zwischen dieser und den Gästen sehr zu Ungunsten der letzteren teilten. Nach langer Mühe gelang es mir, einen solchen in seine Karte vertieften Buben durch lautes Anschreien dazu zu bewegen, daß er uns in einer Pause, die der Ausrufer machte, ein Backhuhn brachte, welches wir bis auf die allerhärtesten Knochen verzehrten. Mehr zu bekommen glückte uns indessen absolut nicht, wir mußten den Versuch aufgeben und uns in unser kellerartiges Gemach zurückziehen, wo Onkel Helmuth unter manchem Stöhnen und Seufzen in sein viel zu kurzes Bett kroch, während ich mich auf dem Sofa einrichtete. Wir waren eben gründlich inkognito!

Der nächste Morgen fand uns schon früh auf. Es war herrliches Wetter, die Sonne warf ihr grelles Licht auf die steilen Felswände zu unseren Häupten, tiefblau, fast purpurn hoben sich die schattengefüllten Schluchten von den Wänden ab, hie und da ein schmaler Streifen Schnee in die Sprünge des Gesteins hinein verweht. – Ein großartig schöner Anblick. Die Luft dabei so klar und schön, man schlürfte sie ordentlich ein wie den köstlichsten Wein. Es war, als ob das Atmen ganz von selber ginge, als ob jemand anderes für uns atmete und wir nur den Genuß davon hätten. Wir nahmen uns nun einen Wagen und fuhren auf steilem unbequemem Wege, den eben nur diese ungarischen Katzen überwinden können, hinauf in das Kohlbachtal. Hier fanden wir eine Schutzhütte, eine Art Blockhaus, in dem es vortrefflichen Ungarwein und gute Forellen gab, saßen auf einer Terrasse mit schöner Aussicht über das Tal, in dem die Kohlbach brausend hinabkommt, und einem weiten Blick über die getreidewogenden Ebenen zu Füßen des Gebirges. – Während Onkel Helmuth sitzen blieb, machte ich mich auf und stieg noch eine Stunde in dem Tal hinauf auf ziemlich schwierigem Wege bis an den sogenannten Riesenwasserfall der Kohlbach. Derselbe ist zwar sehr schön, verdient aber seinen Namen nicht wegen der zu unbedeutenden Wassermenge. – Wie ich wieder umdrehte, standen die hohen Berggipfel noch gerade so hoch über mir, als sei ich ganz unten in der Ebene geblieben. Das ist das Schöne hier im Gebirge, daß alles noch so ist, wie es die Natur geschaffen hat. Hier sind keine künstlich gestauten Wasserfälle, keine auskostümierten Sennerinnen, keine musikalisch gebildeten und in malerische Bauernkostüme verkleideten Schalmeibläser, keine sorgsam durchgehauenen Fernblicke, keine Ruinen, die uralt verwittert an steilem Fels kleben und die doch erst im vorigen Jahr der Aussicht wegen aufgemauert und künstlich alt gemacht worden sind, keine gußeisernen Brücken und bequemen Fußwege, keine Geländer mit verzierten Knäufen vor jedem zehn Fuß tiefen Abgrund – rein und unverfälscht tritt die Natur uns entgegen, rauh und zackig, wie sie geschaffen. – Die Tannen, die hier mit ausgerissenem Wurzelwerk über die Schlucht gestürzt sind, hat sicher der Wind geworfen, das Wasser braust seit Jahrtausenden über dieselben Felsblöcke, hier hat keine Menschenhand seinen Lauf reguliert, keine Schleuse staut es an, um es gegen 50 Pfennig Entree eine Minute frei zu lassen. – Hie und da zieht sich ein kaum ausgetretener Fußpfad rauh und rücksichtslos über Wurzeln und Felsen an den Hängen hin, es ist nur der Fuß des Menschen, der ihn ausgetreten hat, nicht die Hand hat ihn zur Bequemlichkeit geschaffen. Wo du an einen Abgrund trittst, hemmt kein Geländer deinen Schritt, noch einen, und du liegst zerschellt zwischen den Felsen. Kunstlos sind wenige notdürftige Stege über den Bach geschlagen. Ein paar kaum behauene Tannenstämme, ein harziges Geländer auf der einen Seite genügt, um hinüberzukommen und auf der andern Seite weiterklettern zu können. – Das alles ist wunderbar schön, ergreifend mächtig, wenn man aus unserer erbarmungslosen Zivilisation wie mit Zauberschlag auf einmal so mitten in die urgeschaffene Natur versetzt wird. – Mächtig quillt die Vegetation überall hervor, an den Tannen hängt langbärtig das Flechtenmoos, hoch und üppig wuchern Bickbeeren und Farren um die feuchtdunklen Stämme, und darüber der zackige zerklüftete Granit, himmelansteigend, scharf abgehoben vom Äther und untermischt mit seinem tiefblauen Schatten. Keine Menschenstimme, soweit das Ohr reicht, kaum der Laut eines vorbeihuschenden Vogels. Man könnte glauben, der einzige Mensch in diesen Einsamkeiten zu sein, der erste Mensch vielleicht und der letzte, und das weitgestreckte Bild der fruchtgelben Ebene mit den in den Tälern zusammengekrochenen Dörfern ist eben nur ein Bild, ist keine Wirklichkeit, nur ein Symbol menschlichen Erdenlebens, hier oben in der gottgeschaffenen Einsamkeit umweht uns der starke Hauch der schaffenden Gewalt, uralt, doch ewig jung, milde und süß gleichso, wie starr, kräftig und unbeugsam. Ich sehnte mich hinauf bis dahin, wo die Wolken vergebens strebten, die Bergspitzen zu erreichen, aber – unten saß Onkel Helmuth und wartete, also zurück und wieder im Wagen mit ihm hinab in unser Kellergeschoß!

Unten spielten die Zigeuner vor dem sogenannten Promenadenplatz. Geige, Zymbal und Klarinette ohne Noten, einer spielt vor, die andern wild hinterdrein, wenn auch manch abenteuerlicher Sprung mit unterläuft, die allgemeine Richtung halten doch alle wie eine Herde wilder Pferde, die in rasendem Galopp hinter dem Leithengst über die Pußta brausen.

Wir waren hungrig geworden, und doch war es uns unmöglich, etwas zu essen zu bekommen. Im Speisehause war die Küche «gesperrt», um 1/2 8 Uhr abends wird erst wieder zur Nacht gespeist, jetzt können Sie nichts bekommen! – Da zog sich denn Onkel Helmuth grollend und hungrig in sein Zimmer zurück, um bei einem englischen Roman die Zeit zu verbringen; ich aber strich hinaus die Kreuz und Quer, folgte den brausenden Bächen talab, stieg wieder hinauf, schwärmte unter den Tannen umher und war herzlich froh, keinem Menschen zu begegnen, der mir den Genuß hätte trüben können. – Es ist eine himmlische Natur und nach dem, was ich von den Alpen gesehen, das heißt die Tour über den St. Bernhard vom Luzerner See bis zum Luganer See, steht die Tatra ihnen an wild romantischer Schönheit in keiner Weise nach. – Wie ich müde und abgetrieben zurückkehrte, saß Onkel Helmuth noch immer finster und in sehr schlechter Laune bei seinem Buch. Er hatte noch einen Versuch gemacht, ein besseres Zimmer zu bekommen, aber vergebens. Der Direktor hatte ihm auf die Schulter geklopft und gesagt: «Ja, schauen's, Sie können froh sein, daß Sie überhaupt noch untergekommen sind und nicht haben auf Stroh liegen müssen.» – Wir waren also noch immer im höchsten Grade inkognito. – «Morgen reisen wir ab», sagte Onkel Helmuth, «dann werde ich aber feurige Kohlen auf ihr Haupt sammeln. Sie sehen uns nicht für voll an» – (natürlich, dachte ich), «wenn wir aber abreisen, werde ich mich einschreiben: Graf Moltke, Generalfeldmarschall, Ritter pp. mit allen Titeln und Würden!!!» – Mir tat es leid, schon wieder fort zu sollen, ich wollte gern noch mehr von den Bergen sehen und gebrauchte demnach eine Kriegslist. – Wie wir wieder zum Abendessen hinabgingen, blieb ich zurück und fragte dann einen Kellner, ob er nicht gesehen hätte, ob der Graf Moltke schon hineingegangen wäre. – Nun hättest Du sehen sollen! – Wer? Der Graf Moltke? Der Feldmarschall? Der berühmte – oh! und von Mund zu Mund ging die Kunde! Auf einmal waren alle Kellner geschmeidig und aufmerksam, auf einmal stürzte der Wirt herbei und wies uns Plätze an, auf einmal hieß es: «Was befehlen Exzellenz? Ich werde eigens für Ew. Gnaden kochen lassen, bitte Exzellenz, hier Platz zu nehmen, hier ist ein gepolsterter Stuhl, hier zieht es nicht, dieser Wein ist zu empfehlen, nein, nicht der, Exzellenz, das ist nur ein Landwein.» – Da stand plötzlich hinter jedem Stuhl ein Kellner, ihn zurecht zu rücken, da sprang plötzlich einer nach Zahnstochern, einer nach Wasser, einer nach Wein, da war auf einmal das Tischtuch nicht ganz frisch, da wurde das Brot vom Tisch gerissen, weil es von gestern war, und frisches hingestellt, da fuhr der Wirt mit Donnerstimme einen Kellner an, der zu langsam lief: was das für eine Bedienung sei, ob er nicht gehört habe, daß Exzellenz rasch essen wolle, da rannte er selber in die Küche und kam atemlos zurück mit dem Rehfilet, das er ganz eigens für Exzellenz habe braten lassen! «Bitte, Ew. Gnaden, sind Exzellenz zufrieden? Ist es weich? Soll ich ein anderes machen? Bitte schön, Ew.Gnaden!» – Und Onkel Helmuth, ruhig und behaglich sich fixieren lassend, blinzelt mir über den Tisch zu und flüstert: «Es muß mich doch jemand erkannt haben» – daß er aber nicht unzufrieden war mit dem gebrochenen Inkognito, sah ich an dem leisen Schmunzeln seiner Mundwinkel! – Jetzt auch die Bewegung unter den Gästen. Alle Köpfe drehen sich nach uns um. Jeder, der hereinkommt, hat es schon erfahren und wirft einen langen neugierigen Blick auf Onkel Helmuth. – Nach einer Viertelstunde kommt auch der Direktor, aber nicht um Onkel Helmuth wieder auf die Schulter zu klopfen, sondern um zu sagen, daß ein sehr schönes Zimmer für ihn eingerichtet sei: «das Zimmer vom Minister, Exzellenz! Das beste Zimmer, das wir haben.» «Herr Gott», dreht er sich um, «ich hätt' mir mögen die Haare ausraufen, wie ich gehört hab', daß ich den Grafen Moltke in das Zimmer da oben getan hab'! Halten zu Gnaden, Exzellenz, die Sachen sollen sofort heruntergebracht werden.» – Und drei stämmige Hausdiener werden geschickt, um die Sachen zu holen! Zwei können dann wieder umkehren, denn schon kommt der erste ihnen triumphierend entgegen, in der Hand unseren Koffer schwingend, er hat die «Sachen» von Exzellenz schon alleine hinuntergebracht!

Die Enthüllung von Onkel Helmuths wahrem Wesen brachte uns also den doppelten Vorteil, gut bedient zu werden und ein besseres Zimmer zu erhalten. – Wir saßen noch bei unserem Abendbrot, als aus der Schar der den Saal füllenden Gäste ein älterer Herr sich erhob, auf Onkel Helmuth zuschritt und mit würdevollem Ton sagte: «Exzellenz, ich begrüße Sie im Namen der Badegäste!» – Dieser ältere Herr entpuppte sich als ein katholischer Propst aus Szegedin, der Stadt, die im vorigen Jahr durch die Überschwemmung der Theis fast ganz zerstört wurde. Er war Präses des Vergnügungsausschusses der Gäste und hieß Oltvarrgi Pàl-prépost, pàpai Kamarés, Ferencz Jozsef rend lovag keresztese. – Von dieser langen Mitteilung seiner Visitenkarte ist mir nur verständlich: Propst, päpstlicher Kammerherr. – Dieser wackere Propst redete sehr viel, von dem Onkel Helmuth nur den zehnten Teil verstand, und teilte uns schließlich mit, daß heute Abend im Tanzsalon des Bades der große Annaball gefeiert würde, der am St.-Anna-Tage in allen Bädern Ungarns in gleicher Weise stattfände. Gewiß würde es Exzellenz interessieren, einen echten ungarischen Szardas anzusehen. Exzellenz würden in keiner Weise inkommodiert werden, könnten aus einer Ecke zusehen etc. – Wirklich sagte Onkel Helmuth zu meinem Erstaunen zu, und so gingen wir abends auf den Annaball! – Dieser Ball wurde erst um 1/2 11 Uhr eröffnet und fing mit einem Szardas an, wie alle Bälle in Ungarn, wie mir der vergnügungskundige Geistliche versicherte. – In einer Ecke des großen Tanzsaales hatten sich die Zigeuner postiert und unmittelbar vor diesen sieben bis acht Paare, die zum Szardas angetreten waren. Ich muß sagen, daß ich mir diesen berühmten Tanz ganz anders vorgestellt hatte. Die Herren in Frack und weißer Halsbinde, Lackstiefeln, die Damen in großer Balltoilette. Sehr hübsche Erscheinungen, besonders auffällig durch die wunderhübschen kleinen Füße und das ausgezeichnet sitzende Schuhzeug. – Herr und Dame standen sich vis-à-vis. Der Herr mit beiden Händen seine Dame um die Taille gefaßt, diese ihre Hände auf die Schultern des Herrn gelegt. Die Zigeuner spielten mit sehr viel Feuer die wilden Tanzweisen, und dazu hüpften und sprangen die Paare dicht aneinandergedrängt, ohne sich von der Stelle zu bewegen, voreinander auf und nieder. Bald hoben sie sich auf die Fußspitzen, bald schlugen sie Wirbel mit den Füßen, aber kein Herr ließ seine Dame los, um in wechselnden Pas, Biegungen und Verschlingungen den Tanz durchzuführen, wie er in unserer Einbildung lebt. So machte das Ganze den Eindruck einer Gesellschaft von Tollen, die unermüdlich auf und ab sprangen, bis ihnen der Schweiß in großen Tropfen von der Stirn rann und Herr und Dame keuchend nach Atem rangen. Wunderbar sah es aus, der große Saal ganz leer, nur an den Wänden herum die nicht tanzenden Damen, und dann in der einen Ecke, oft bis so dicht in die Zigeuner hineintanzend, daß diese ihre Geigen erheben mußten, um nicht an die Köpfe der Tanzenden zu stoßen, dieser wirre Knäuel von auf und ab hüpfenden Gestalten in der elegantesten Balltoilette! – Wäre eine solche Szene auf einem deutschen Ballsaal vorgefallen, man hätte sofort nach dem Irrenarzt geschickt, hier saß und stand die ganze Gesellschaft in stummem Staunen den wenigen Paaren zusehend, die sich bei der großen Hitze einer so enorm anstrengenden Beschäftigung hingaben!

Onkel Helmuth, der zehn Minuten durch die Tür dem Spektakel zugesehen, drückte sich kopfschüttelnd nach Hause, während ich noch blieb, da es mich interessierte zu beobachten, wie lange wohl ein Mensch dieses Herumspringen würde aushalten können! – Der ganze Tanz dauerte über eine halbe Stunde. Ab und zu fiel ein Paar ab, immer die Damen zuerst, die sich unter heftigem Sträuben ihres Herrn zurückzogen, um völlig ermattet auf einen Stuhl zu sinken. Hatte sie sich etwas erholt, traten sie wieder ein. Andere, offenbar mit ausdauernden Waden und Lungen versehen, hielten länger durch. – Nach einer Viertelstunde schwitzten alle Herren, als wären sie in einem römischen Bade. Sie ließen eine Hand los, um mit dem Taschentuch über die triefende Stirn zu fahren, ohne jedoch im Hüpfen innezuhalten. Die Damen, gleichfalls immer hüpfend, brauchten stark die Fächer. Dann, als schämten sie sich ihrer Schwäche, sprangen die Herren doppelt so hoch wie vorher, schüttelten die Hand mit dem Taschentuch den Zigeunern bis unmittelbar unter die Nasen, riefen ihnen zu, und diese braunen Kerle spielten dann mit neuem Feuer darauf los. – Allmählich blieben weniger und weniger Paare zurück, die vollständig fertigen lagen und hingen auf Stühlen umher, zuletzt tanzte nur noch ein einziges Paar, doch auch hier war die Dame ganz fertig, nachdem sie vergebliche Versuche gemacht sich loszureißen, dann ihren Tänzer zum Stehen zu bringen, indes mit demselben Erfolg, mit dem ein Unerfahrener, der die Arretierung nicht kennt, es versuchen würde, den stampfenden Kolben einer Dampfmaschine anzuhalten, hatte sie sich resigniert in ihr Schicksal ergeben, stand bewegungslos still und ließ ihren Herren wie ein junges, an einen Pfahl gebundenes Füllen an sich hinauf- und hinunterhüpfen. Ich bin überzeugt, dieser Herr spränge noch heutigen Tags wie ein Gummiball weiter, wenn nicht allmählich auch die Kraft der Zigeuner ermattet wäre, deren zitternde Hände den Bogen nicht mehr zu führen vermochten. Plötzlich brach die Musik ab, und der Herr, der alle anderen geschlagen und sogar die Musik totgetanzt hatte, machte noch einen letzten Hopser und führte seine wankende Dame auf ihren Platz, den sie nach norddeutschem Maß gemessen innerhalb vierundzwanzig Stunden nicht wieder zu verlassen imstande gewesen sein würde. So endigte dieser wüste Hexensabbat, in dem weder Grazie noch Gewandtheit, weder schöne Figuren noch verschlungene Tanzweisen zu bemerken waren, sondern bei dem es bloß darauf ankommt, in einer möglichst kleinen Ecke möglichst dicht zwischen die Zigeuner gedrückt möglichst lange auf und ab zu springen und bei dem eine Menge

Schweiß vergossen wird, der noch nach Aufhören des Tanzes den feuchten Boden dampfen machte, während Zigeuner, Herren und Damen mit lautem Schnaufen schwitzend nach Atem ringend, eine notgedrungene Pause machten! – Die armen Damen taten mir leid. Es waren zum Teil reizende, graziöse Erscheinungen, die auch im Tanze eine gewisse Würde bewahrten, während bisweilen bei den Herren blitzartig eine Bewegung auftauchte, die in unangenehmer Weise an die schlenkernden Verdrehungen des Pariser Cancan par excellence erinnerte.

Ich machte es wie Onkel Helmuth, schüttelte den Kopf, sagte meinem Propst, der mit leuchtenden Augen dem Tanze zugeschaut hatte, ich hätte es sehr schön, jedenfalls sehr originell gefunden, und suchte mein Bett auf, um am andern Morgen um 5 Uhr wach zu sein, wo ich einen Führer bestellt hatte, um auf den sogenannten polnischen Kamm zu steigen, der, die Scheide zwischen Galizien und Ungarn bildend, sich scharf und zackig vom Himmel abhebt. – Denn, siehe da, Onkel Helmuth hatte in Gnaden beschlossen, noch einen Tag in Schmeks zu bleiben, und ich wollte die Gelegenheit ausnutzen.

Schwere trübe Wolken, wallende Nebel, eine schwere schwüle Luft, das gibt sicher einen Regentag, wie ich am Morgen um 5 Uhr vor die Türe trat. Doch, der Tag muß genommen werden, wie er ist, sicher kommt er nicht wieder, also hinauf und ob alle Schleusen des Himmels sich über mich öffnen möchten!

Vor mir stand der bestellte Führer, ein Junge von fünfzehn bis sechzehn Jahren, mit gutmütigem deutschem Gesicht, ein echter Abkomme jener vertriebenen sächsischen Protestanten, die überall im Zipser Komitat angesiedelt noch unverkennbar ihre germanische Abstammung bewahrt haben, sowie auch die Sprache fast überall Deutsch ist. – Er hatte in einem Sack auf dem Rücken Proviant für uns beide; Schnürschuhe, einen Bergstock mit Hammer oben und sah sehr malerisch und nett aus. – Ein anderer Bube, kaum drei Käse hoch, mit einer Jacke angetan, die offenbar vom Vater abgelegt war und durch deren Ärmel er sich vergeblich bemühte die Hände freizubekommen, kam mit einem kleinen Pferdchen gezogen, das mit gesenktem Kopf und hängenden Ohren geduldig dem schrecklichen Schicksal entgegenging, mein Gewicht von zweihundert Pfund die erste Hälfte des Weges bergan zu schleppen. Ich stieg wirklich auf dieses kleine Tier auf, da mir mein Führer versicherte, es hätte schon viel schwerere Lasten getragen. Da ich aber bei jedem Schritt rechts und links mit den fast die Erde streifenden Fußspitzen an Felsstücke und Wurzeln stieß, machte ich der Qual nach zehn Minuten ein Ende, schickte das Roß samt dem

Buben zurück und erklärte meinem Führer, die Tour ganz zu Fuß machen zu wollen. – Hierob sah dieser mich erstaunt an – denn die Tour ist ganz gehörig anstrengend und dauert doch gegen acht Stunden. – Wir also traten den Weg zu Fuß an, er vor mir hersteigend, ich ihm Schritt für Schritt folgend. Jetzt schon will ich Dich daran erinnern, daß ich nur einen Anzug mithatte und nur ein Paar Schuhe, daß also Regen etwas war, das ich sehr zu fürchten hatte, und doch sollte dieser mir nicht erspart bleiben. Vorläufig allerdings war es nur trübe, ja bisweilen trieb ein Luftzug sogar die Nebel zur Seite und ein goldiger Sonnenstrahl fiel über das Gebirge, mir guten Mut zur weiteren Reise machend. – Immer auf einem Fußsteig aufwärts steigend, der vom Wasser ausgewaschen, voll Steine und Geröll liegt, gelangten wir nach eineinhalbstündigem Steigen über die Grenze des Nadelwaldes hinaus. Leider war es wieder so trübe geworden, daß von all den schönen Aussichten, die wir nach Aussage des Führers passierten, nichts zu sehen war. – Nach zwei Stunden kamen wir, das Felkatal, in dem wir bis jetzt aufgestiegen waren, verlassend, an ein roh gezimmertes Blockhaus, welches vom Karpatenverein zum Besten der Touristen erbaut ist und in dem wir Ruhe hielten und frühstückten Der «gute Weg», wie mein Führer sagte, hörte hier auf, und von nun an kamen wir auf den schwierigen Weg. Nach einer halben Stunde ging es weiter. Jetzt kam bald der erste schlimme Weg. Eine steile Felswand, über die in ewigem Regen das Wasser hinuntersprüht. Unter diesen schweren Tropfen hin geht der Stieg hinauf, jetzt wurde es schon bedenklich steil, und wenn man zurückschaute, der Absturz bedenklich tief. Nach Überwindung dieser ersten Schwierigkeit kamen wir in ein Tal, welches den Namen «Der Blumengarten» führt. Und in der Tat verdient es diesen Namen und den großen Ruf, den es wegen seiner Schönheit in der ganzen Gegend genießt.

Ich hatte jetzt schon das Gefühl, daß wir so ungefähr auf dem höchsten Punkt sein müßten, und nun denke Dir mein Staunen, wie ein glücklicher Windstoß plötzlich den Nebel zerriß, der uns einhüllte, und ich folgenden Anblick hatte.

Wir standen auf einer mäßig großen Wiese, auf der das üppigste Gras wucherte, mitten durch dieselbe floß sanft murmelnd mit kristallklarem Wasser die Felka über flache Steine dahin, ringsumher aber blühte und duftete es von Tausenden der buntesten Blumen. Da stand der tiefblaue Enzian, Vergißmeinnicht so tiefdunkel wie das Meer, gelbe gefüllte Wiesenrosen, wer kann sie alle nennen, die vielfältigen Blumen und Kräuter, die hier oben in der berghohen Einsamkeit ihre glühenden Kelche entfalteten und nickend an dem Ufer des glasreinen Wassers standen. Und, ringsum diese blühende Pracht, umschließend, wie der eiserne Kasten des Geizigen seine Schätze hütet, ragten himmelhoch, eisengrau, kahl, zerklüftet und zerrissen die senkrecht steilen Felswände empor. – Wie war mein Gefühl, als ich da hinaufblickte, den Nacken zurückbeugend, ich, der ich schon geglaubt hatte, auf der Höhe zu sein und der nun sah, daß ich tief unter den Spitzen in einem eng umschlossenen Tal stand! Wunderbar schön und ergreifend war dieser Augenblick, das Schönste, was ich gesehen und erlebt, als der Nebel ganz plötzlich zerflog, als habe eine Zauberhand ihn hinweggestreift, gleichsam als wenn im Theater der Vorhang aufgeht und prächtige Dekorationen enthüllt.

Nur nach einer Seite, die, von der wir gekommen, war das Tal offen, hier brauste die Felka im jähen Sturz über hundert Fuß tief hinab, und über den Rand dieses Absturzes, an dessen Wänden wir hinaufgeklettert, senkte sich der entzückte Blick meilenweit hinaus, bergestief hinab über die Ebene da unten, bis ganz hinten am Horizont blaue Bergesschatten, wie mit Feenhänden gemalt, zart und duftig das Bild abschlossen, über das die Sonne rein und goldig ihre warmen Strahlen breitete. Dieses ganze Anblicken und Anstaunen dauerte nur eine Minute, dann kroch schwer und ungeschlachten schon wieder der nasse graue Nebel heran, alle Zauber auslöschend, alle Fernsicht verschleiernd, alle Schönheiten einhüllend. Vielleicht hat sich mir dies wunderbare Bild mit deshalb so tief eingeprägt, weil es mir nur einen kurzen Augenblick vergönnt war, mich an ihm zu erfreuen. So aber steht es vor mir wie umflossen von allen Zaubern einer unbeschreiblichen Schönheit, einer wilden, rauhen Großartigkeit, verbunden mit der lieblichsten Anmut und düftedurchwobenen Blumenpracht, Fels und Gestein, feuchte Wände, steile Klippen und zackige Grate, eine blühende Wiese, ein murmelnder Silberbach und dann ein Blick in die Weite, als könne man die Welt mit seinen Augen überfliegen – wo findet man eine solche Vereinigung wieder, und wann – ja wann werde ich dergleichen wiedersehen! – Ein Glück am Ende, daß der Nebel wieder kam, sonst hätte es mir gehen können wie dem Ritter Toggenburg, und statt heute hier in Creisau zu sitzen und schwache Abklatsche schöner Erlebnisse auf das Papier zu zirkeln, säße ich vielleicht noch immer da oben und würde sitzenbleiben und staunen und schauen, bis mir die Winterkälte über das warme Blut gekommen wäre, bis mir die Blicke erstarrt und gefroren wären, bis ich nach Jahr und Tag den Reisenden als Merkwürdigkeit gezeigt worden wäre, als mißgeformter Stein, als Felszacke oder wer weiß was! – So also kam er gekrochen wie mit tausend Füßen, wand sich um die Felsecken, wickelte uns ein, blies uns kalt ins Gesicht und scheuchte mich aus stummem Staunen auf. – Wir stiegen in dichtem Nebel weiter den Höhen zu. Jetzt hörte jeder Weg und Steg auf, eine Viertelstunde nachdem wir den Blumengarten verlassen hatten, trat unser Fuß schon auf das erste Schneefeld. Weiter ging's über riesige Felsblöcke, über die wir kletterten und sprangen und unter denen unsichtbar, aber in der Tiefe laut brausend das Wasser dahinfloß. Glücklicherweise fiel ich nicht hin, sonst hätte ich mir sicher ein Bein gebrochen, doch wenn im Reisehandbuch steht: «Das Wort ‹Weg› ist aber hier nur sehr euphemistisch zu verstehen, denn es gehört eine Gemsjägergewandtheit dazu, diese Granitblöcke zu erklettern und Klüfte zu übersetzen» – und weiter: «Das Panorama ist zwar sehr lohnend, aber wer nicht schwindelfrei, nervenstark und mit tüchtigen Kniesehnen versehen ist, der unterlasse diesen letzten Teil der Partie» – so trafen Gott sei Dank alle Vorbedingungen bei mir zu, und ich machte den ganzen Weg, ohne eigentliche Ermüdung zu spüren. – Das allerletzte Stück war das schlimmste, hier ging es so steil an glatten Granitwänden hinauf, über vom Nebel naßglattes Geröll, dann wieder nur eine Spalte, um den Fuß hineinzusetzen, nur ein loser Grasbüschel, um sich daran zu halten, daß ich wirklich einen Augenblick dachte: Ja, hinauf geht es schon, wie aber soll man da jemals wieder herunterkommen!

Endlich waren wir oben auf dem eigentlichen Kamm. Ein schmaler Grat, kaum zwei Meter breit, nach beiden Seiten steil in die unendliche Tiefe hinabsinkend. Wie tief es sei, konnte man nicht sehen, denn der Nebel hüllte alles ein. Jetzt pfiff ein scharfer, naßkalter Wind über die Höhen, ich war vom Steigen sehr warm geworden und drückte mich schaudernd in eine Felsspalte, um etwas Schutz zu suchen und zu verschnaufen. In großen Perlen setzte sich der Nebel auf meinen Kleidern ab und überzog mich und meinen Begleiter mit feuchtem, glitzerndem Schleier. – Die Luft war dünn und rauh. Von der so berühmten Aussicht nach Galizien auf der einen, Ungarn auf der andern Seite war nichts zu sehen, nur zu unseren Füßen sah man trübe durch den Nebel blinkend den sogenannten «gefrorenen See» liegen, der, Sommer und Winter hindurch mit Eis bedeckt, Zeugnis gibt für die Höhe, auf der wir uns befanden. Ich mußte mich also mit dem Bewußtsein begnügen, oben zu sein, das Ziel erreicht zu haben, welches ich erreichen wollte, auf die Früchte der Arbeit mußte ich leider verzichten.

Wir warteten eine Viertelstunde, ob nicht der Nebel einen Moment verziehen werde, aber er blieb unbeweglich, undurchdringlich. – So mußte ich denn die Aussicht aufgeben, und wir machten uns an den Abstieg. Das war noch schwieriger wie der Aufstieg. Zuerst mußte mir mein Führer hier und da den Fuß zurechtsetzen, während ich auf den Händen und mit

Erlaubnis zu sagen – Stück für Stück hinunterrutschte. Später ging es besser, und ich kam allein vorwärts, doch oft noch kamen Stellen, wo ich das Bewußtsein hatte, daß ein falscher Tritt mich rettungslos in die Tiefe stürzen würde. – Nach einer halben Stunde war ich doch so sicher geworden, daß ich mit Leichtigkeit meinem gewandten Führer folgen konnte, der mir denn auch das Zeugnis ausstellte, daß ich sehr viel Anlage zum Steigen hätte und er mir sehr riete, die Besteigung der Gerlsdorfer Spitze zu unternehmen, der schwierigsten und halsbrecherischsten Partie in der ganzen Tatra. – Allmählich kamen wir in immer dichter sich lagernden Nebel auf das mit Granitblöcken übersäte Feld zurück. Unterwegs scheuchten wir ein Rudel Gemsen auf, die in wilder Flucht über die scharfen Grate dahinstäubten. Man sah sie nicht, hörte nur den scharfen Schlag der Hufe auf dem Fels, kleine Steine und Geröll lösten sich unter ihren flüchtigen Füßen und rollten, sprangen und hüpften in hundert Aufschlägen kollernd und polternd in die Tiefe. Erst nach einer Weile kam der Ton zu uns herauf, wie sie unten klappernd aufschlugen oder platschend ins Wasser stürzten. – Nach zehn Sekunden war alles wieder totenstill, nur der Nebel um uns her, kein Ton eines lebenden Wesens in der erhabenen Stille der Bergesriesen. – Dann stieß mein Führer einen langgezogenen Juchzer aus, wir standen und lauschten, schwerfällig, wie im Nebel erstickt, kam zwanzigfach das hallende Echo zurück.

Wie wir den Blumengarten zum zweitenmal passierten, pflückten wir einen mächtigen Strauß; blau, gelb, rosa, lila, hundertfarbig faßten wir die Blumen zusammen, ein prächtiger glühender Strauß, wie man ihn wohl in keinem von Menschenhand gepflegten Garten binden könnte! Ein kräftiger Geruch durchströmte die Blumen, würzig, kräuterhaft, echte Kinder der Berge.

Nach vier Stunden, seit wir es verlassen, kamen wir bei dem Blockhause wieder an und setzten uns mit einem urgesunden Appetit zum Frühstücken nieder. Hier wurde alles aufgezehrt, was der Ranzen enthielt und was die Flaschen bieten konnten, und dann, während wir noch saßen und ruhten, fing der Regen an herunterzuströmen. Erst in kleinen Pausen, als wollte er seine Kraft prüfen, dann unablässig, unermüdlich, gerade und gleichmäßig, ein richtiger andauernder Landregen. – Und wir saßen und warteten. Mein Führer machte ein Feuer an und briet, auf ein Stück Holz gespießt, das letzte Stück Speck. – Der Regen strömte ruhig und gleichmäßig weiter. Da faßte ich denn den großen Entschluß, allem zu trotzen und mit aufgeschlagenem Rockkragen, den Hals in die Schultern gezogen, ging es hinein in das fließende Naß, hinunter auf den zweistündigen Heimweg.

Der Blumenstrauß hatte gut davon, frisch, als sei er eben gebrochen, brachten wir ihn hinunter, aber ich –! Aus den Schuhen, aus den Ärmeln und Hosen floß mir das Wasser, wie ich in unser Zimmer trat, und nun – nicht ein Stück zum Umziehen! Ich zog mich aus, rang das Wasser aus meinen Kleidern, stopfte meine Schuhe mit Strümpfen und Taschentüchern aus, hing alles zum Trocknen über Stühle und – legte mich zu Bett! – Ich mußte es machen wie weiland Cato, wenn seine einzige Toga, was übrigens nicht zu oft vorgekommen sein soll, zum Waschen gegeben war!

Onkel Helmuth war unten im Kaffeehaus, es war 3 Uhr. Eben war ich warm geworden, kam er zurück, und nun fing mein Leiden an! – Es regnete immer ruhig weiter, und er setzte sich mit einem Buch zum Lesen. Mit der Zeit wurde es ihm langweilig, daß ich im Bette lag, und er fing an mich zu intrigieren, daß ich aufstehen sollte. – Glücklicherweise hatte ich ja von L. Hemden und Unterzeug mit, so weit ging es also ganz gut, dann aber konnte ich nicht in meine nassen Schuhe hinein. – Die Küche war wie gewöhnlich «gesperrt», Feuer zum Trocknen gab es also nicht. Mit unsäglicher Mühe klemmte ich endlich meine Füße, die doch von dem ungewohnten Steigen etwas geschwollen waren, in das nasse Leder hinein, konnte aber die ersten fünf Minuten keinen Schritt darin machen. Dann sollte ich ein Paar Hosen von Onkel Helmuth anziehen, die mir bis halb unter die Knie reichten und die ich über dem Bauch nicht zukriegen konnte. Onkel Helmuth behauptete zwar, sie säßen wie angegossen, das will ich schon glauben, nur daß der Guß ein gut Stück zu kurz und zu eng geraten ist! Dazu zog ich L.s Sommerpaletot an, der in Weite und Länge das wieder gutmachte, was die Beinkleider verbrachen, und so sollte ich mit Onkel Helmuth hinuntergehen, um zu Abend zu essen! Energisch weigerte ich mich indessen. Naß, wie sie waren, zog ich meine eigenen Sachen wieder an und tröstete mich mit dem Gedanken, daß sie an meinem Leibe am ehesten trocknen würden. Inzwischen hatte Onkel Helmuth beschlossen, auf seinem Zimmer Tee zu trinken, und ich ging, naß und kühl bis ans Herz hinan, alleine hinunter. – Am nächsten Morgen schien hell und klar die Sonne am Himmel und funkelte in den regenschweren Tannenzweigen über die Millionen Tropfen hin, die in ihnen verfangen saßen. Es war ein Glanz und Funkeln, ein Blitzen und Ineinanderschmelzen von Licht und Schatten, wie ich es noch nie gesehen, und dabei eine Luft, so balsamisch rein, so stärkend und belebend, daß man nicht satt werden konnte des wonnigen Vergnügens, sie einzuatmen, unbeschreiblich erquickend. – Wir aber rüsteten uns zur Abfahrt. – Mir wurde das Herz schwer, wie ich lustige Gesellschaften, des schönen Tages froh, in die Berge steigen sah, wie jeder sich beeilte, das im Freien nachzuholen, was ihm der gestrige Regentag an Zimmersitzen gekostet hatte – wir packten unser Kofferchen, stiegen auf einen federlosen Wagen, und fort ging es, den steinigen Bergweg hinab nach der Eisenbahnstation! – Ade du schönes Stück Gotteswelt, du herrliche Bergnatur mit deinem kristallenen Wasser, deinen blaugrauen Felswänden, deinem diamanten blitzenden Tannendunkel, wie gerne wäre ich noch dort geblieben, wie hast du in zwei Tagen, wie ein Kind, das lächelt und weint, mit Sonnenschein und Regen mein ganzes Herz gefangen. – Das aber gelobte ich bei mir selbst, daß wenn uns Gott das Leben läßt, so reisen wir beide, Du und ich, noch einmal auf ein paar Wochen hierher und freuen uns gemeinsam der schönen Natur, atmen gemeinsam die reine Luft der Berge und lauschen zusammen den fremdartigen Klängen der Zymbal und Geige, denen die braunen Zigeuner ihre wilden Weisen entlocken. –

Wir fuhren den ganzen Tag. Um 8 Uhr ging der Zug von Poprard ab, abends um 1/2 11 Uhr waren wir in Neiße, den nächsten Morgen um 6 Uhr ging es weiter, um 12 Uhr waren wir in Creisau – wo ich meinen Koffer vorfand! – So endete also unsere kurze Reise, die trotzdem eine Fülle der herrlichsten Erinnerungen mir gebracht hat. – Die Blumen, welche ich hier oben eingeheftet habe, schickt Onkel Helmuth Dir. Er selbst ist einen steilen Berg hinabgeklettert, um sie zu pflücken, hat sie selber mitgenommen, getrocknet und mir hier gegeben mit den Worten: «Wenn du an Eliza schreibst, grüße sie von mir und schicke ihr dies Bukett aus der Tatra.» – Ich war so gerührt über den alten Herrn.

Creisau, 2. August 1881

Heute haben Onkel Helmuth und ich einen langen Ausflug gemacht, er mit der Baumschere, ich mit einer Säge bewaffnet, und haben furchtbar unter den jungen Schößlingen gewütet!

Generalstab Berlin, 29. August 1881

Ein Generalstabsoffizier, der nicht im Terrain reiten kann, ist nicht zu gebrauchen, und da ich bisher nicht reiten gekonnt habe, muß ich es jetzt lernen. Daß ich mein Genick dabei riskiere, weiß ich wohl, aber lieber den Hals brechen, als auf einem Posten stehen, den man mit Bewußtsein nicht ausfüllen kann. Ich muß reiten können und werde es lernen, und sollte ich noch hundertmal stürzen, das hilft nun einmal nicht.

Die Manöverluft fängt schon an zu wehen und mutet mich eigentümlich an. Man sehnt sich hinaus aus den engen vier Wänden, hinaus ins freie frische Feldleben unter lebendige Soldaten, unter Schweiß und körperlicher Mühe statt dieser papierenen Armeen, die einem täglich dasselbe langweilige Zahlengesicht entgegenhalten. Wie freue ich mich auf die wenigen Tage, wo ich in Holstein dem Manöver beiwohnen soll, es wird zu hübsch werden.

Generalstab Berlin, 8. September 1881

Die Manöver beim X. Korps sind nun beendet, und für die Zwischenzeit, bis sie beim IX. Korps anfangen, ist Onkel Helmuth nach Kiel gegangen. Der Kaiser geht nach Danzig, wo die Zusammenkunft mit dem Kaiser von Rußland stattfinden soll, von welcher alle Zeitungen jetzt voll sind. Bismarck kommt auch hin. Der Kaiser soll in den letzten Tagen bei den Manövern nicht ganz wohl gewesen sein. Er hat einen Tag denselben im Wagen beigewohnt, was er sonst noch nie getan hat.

Itzehoe, 12. September 1881

Die Parade war sehr hübsch. Um 1/2 10 Uhr fuhren wir hinaus nach dem Lockstädter Artillerieschießplatz, einer großen Ebene, auf der das ganze IX. Korps aufgestellt war. Um 11 Uhr kam der Kaiser, der Kronprinz[13], Kronprinzeß[14], Prinz Wilhelm[15] usw. Der Vorbeimarsch war sehr gut, wenngleich nicht so tadellos, wie ich ihn in Berlin vom Gardekorps sah. Die mecklenburgischen Regimenter gefielen mir am besten, wunderschöne große Leute. – Eine riesige Menschenmenge ist hier zusammengeströmt. Wo der Kaiser sich sehen läßt, wird er mit endlosen Hurras begrüßt. Das Wetter hielt sich während der ganzen Parade. Kaum war aber der Kaiser in seinen Wagen gestiegen und abgefahren, so ging ein wahrer Platzregen nieder. Wie merkwürdig, als ob es nur darauf gewartet hätte, bis der Kaiser im trockenen Wagen sei!

Itzehoe, 13. September 1881

Ich kann Dir gar nicht sagen, wie unendlich wohl ich mich fühle in diesem frischen, regen Manöverleben. Mitten unter den Truppen, in freier Luft, im Gefecht, alles sehend, beobachtend, und nicht im beschränkten Gesichtskreise des Frontoffiziers. Zu Pferde, dahin, wo die Hauptmomente des Gefechts sich abspielen, kritisierend, prüfend und beurteilend, es ist zu schön. Nur das Quartier müßte etwas schlechter sein, ein Strohsack oder Biwak, kein Federbett und dann etwas mehr Gefahr. Mit einem Wort, ein richtiges Gefecht, ein wirklicher Feldzug,und dann möchte ich selber nach meinen eigenen Ideen das Gefecht leiten! Und wenn das nicht, nur ein Moment, wo man einmal wieder das Pfeifen der Kugeln hörte und den Erfolg mit Blut und Eisen dem Feinde abringen müßte! Wie das arabische Pferd den heißen Hauch der Wüste, so atme ich in langen, tiefen Zügen den Pulvergeruch ein. Hier ist mein Element, hier mein Leben, Fühlen und Denken. Mit tausend Freuden würde ich einen Feldzug begrüßen und mit wahrer Wollust mich in das Kriegsgetümmel stürzen. Was gibt es Schöneres als das Soldatenleben. Der Mann, der auf seinen eigenen Füßen steht, dem Feinde gegenüber, und nun beginnt der Kampf auf Tod und Leben. Du mußt das aber nicht so ernst nehmen. Ich habe die Nase noch voll Pulverdampf, und das berauscht mich immer wie junger Wein. Doppelt aber fühlt man sein inneres Leben pulsieren. Alle Nerven angespannt, alle Sinne geschärft, du schönes, herrliches Kriegsleben! Ich glaube, ich bin zum Feldsoldaten geboren und danke Gott, daß er mich in eine Karriere gebracht hat, in der man in überfließender Berufsfreudigkeit sein Herz schlagen fühlt.

Itzehoe, 14. September 1881

Das Manöver gestern war sehr schön. Das ganze Armeekorps manövrierte gegen einen markierten Feind. Es fing an mit einem großen Reitergefecht, wo vier Regimenter gegeneinander losplatzten. Da es nicht das mindeste staubte, konnte man das ganze Attackenfeld herrlich übersehen. Dann entwickelte sich die Infanterie, ging zum Angriff vor, unterstützt von einer Artilleriestellung von 12 Batterien, 48 Geschützen. – Der Kaiser sah sehr frisch aus. Es gewährte einen schönen Anblick, wenn er, gefolgt von der glänzenden Suite, über das Feld galoppierte, ungefähr zweihundert Offiziere der verschiedensten Armeen der Welt hinter sich. Onkel Helmuth tauchte auch bisweilen auf. – Prinz Wilhelm ritt gestern lange mit mir. Ich glaube, er ist froh, einen alten Bekannten unter den Massen fremder Menschen zu finden. – Die Kronprinzeß ist auch immer draußen zu Pferde. Der Kronprinz schön und imposant wie immer.

Generalstab Berlin, 25. September 1881

Gestern abend gingen wir alle zusammen, natürlich in Zivil, in eine Volksversammlung, in welcher der Pastor Stöcker reden sollte. Er ist der Begründer der sogenannten Christlich-sozialen Arbeiterpartei und hat öfters gegen das überwuchernde Judentum gesprochen. Ein riesiger Saal, Tivoli, war mit wenigstens zweitausend Menschen gefüllt, die ihn mit Bravo und Händeklatschen empfingen. Ich hatte viel von der hinreißenden Beredsamkeit des Pastors gehört und war sehr neugierig auf ihn. Er sprach denn auch sehr hübsch und stellenweise sogar mit flammender Begeisterung. Als er sagte, daß die soziale Reform von der Familie ausgehen müsse, daß die rechtschaffene, treue alte deutsche Ehe, das feste Zusammengehen zwischen Mann und Frau, wiederhergestellt werden müsse, brach ein unendlicher Jubel, ein minutenlanges Händeklatschen und Bravo aus. Man bekam den Eindruck, daß alle diese Männer, Arbeiter und Kaufleute, mit ganzem Herzen danach streben, ein nationales Deutschland wiederaufzurichten. Gegen Ende der zweistündigen Rede wurde Stöcker etwas zu salbungsvoll und geriet zuletzt völlig in den Kanzelton. Das ist schade, die erste Hälfte war stellenweise von wahrhafter Schönheit und oft hinreißend.

Generalstab Berlin, 26. September 1881

Ich habe jetzt eine Arbeit, die mich sehr interessiert, nämlich eine Berichterstattung anzufertigen über die diesjährigen österreichischen großen Manöver. Man muß sich aus Zeitungsnachrichten und militärischen Blättern das Material zusammensuchen, was ziemlich mühsam ist. Es ist mir privatim gesagt worden, daß ich im Winter die Sektion Skandinavien als Sektionschef übernehmen sollte, doch kommt mir dies unwahrscheinlich vor, da unsere Hauptleute noch nicht Sektionschefs sind, und ich bin doch noch immer der ewige Premierleutnant. –

Onkel Helmuth ist mit seinen Offizieren in einem Zuge von Schleswig nach Eckernförde geritten, eine ganz tüchtige Leistung! Wie gerne hätte ich diese Reise mitgemacht! Doch man muß nicht zuviel verlangen.

Ragaz, 26. April 1882[16]

Wie Du siehst, sind wir nun hier eingetroffen, aber nur um morgen oder übermorgen bereits wieder abzureisen. Das Bad hier ist nämlich noch gar nicht eröffnet, da aber nicht gebadet werden kann, will Onkel Helmuth auch nicht hier bleiben und spricht bereits davon, nach Berlin oder nach Creisau zu gehen. Ich vermute, daß er doch zunächst nach Berlin zurückgehen wird, und da man bei ihm immer darauf rechnen kann, daß er dort, wo er ist, einen oder zwei Tage kürzer aushalten wird, als er vorher sagt, so brauchst Du Dich nicht zu wundern, wenn wir in drei bis vier Tagen schon wieder in Berlin eintreffen! – Nun muß ich Dir doch erzählen, wie und wo wir uns diese Tage umhergetrieben haben. Du kannst glauben, wir haben eine anstrengende Tour gemacht, und um diese Art zu reisen als ein Vergnügen zu bezeichnen, muß man eben Onkel Helmuths Anschauungen über Komfort haben! – Also, von Zürich fuhren Onkel Helmuth und ich morgens 9 Uhr ab nach Luzern. Es war beabsichtigt, daß wir den Tag in Luzern bleiben sollten und am nächsten Tage über den Vierwaldstätter See weitergehen sollten. Da aber so schönes Wetter war, so aßen wir nur etwas Frühstück – ich lief in aller Eile hin und besah mir den Löwen und den Gletschergarten, und dann fuhren wir mittags mit dem Schiff über den See. Prachtvolles Wetter, eine entzückende Fahrt. Gegen Abend kamen wir in Flüelen an, wo wir übernachteten. Am nächsten Morgen hatten wir zwei Plätze auf der Post, Bankett, genommen, bestiegen mit einer Leiter unseren luftigen Sitz und fuhren bei leidlichem Wetter in die Berge hinein, dem Gotthard entgegen. Obgleich die Bahn bereits völlig fertig ist und von Arbeiterzügen auf der ganzen Strecke von Luzern bis Mailand befahren wird, wird sie doch erst im nächsten Monat dem Verkehr übergeben. Bis jetzt muß man mit der Post bis Göschenen fahren, wo der große Haupttunnel, der unter dem Gotthard durchgeht, anfängt. Bis dahin hatten wir Gelegenheit, die kolossalen Bauten zu bewundern, welche ausgeführt sind, um diese Bahnstrecke zu ermöglichen. Auf himmelhohen Viadukten übersetzt die Bahn tiefe Abgründe, um in Tunnel hinter Tunnel zu verschwinden und wieder zu erscheinen. Zweimal macht sie eine vollständige Schleife, das heißt geht über sich selber weg, so daß die beiden Tunnelöffnungen genau übereinander liegen. Es ist wirklich ein Riesenbau, der hier ausgeführt ist, und man weiß nicht, was man mehr anstaunen soll, die gewaltigen Formen, welche die Natur hier geschaffen, oder die Kühnheit der winzigen Menschen, welche alle diese Felswände durchbohrte, diese Abgründe überbrückte und einen dünnen Eisenweg mitten durch das Herz der mächtigen Bergriesen hindurchzog. – In Göschenen stiegen wir in die Bahn und vertieften uns gleich nach dem Anfahren in die Nacht des Gotthardtunnels. Die Lampen waren angesteckt, und so war es genau dasselbe, als ob man in der Nacht führe. Nur wenn man das Fenster öffnete, strömte die dunstige erstickend warme Luft hinein und erinnerte daran, daß die Arbeiter bei Bohrung des Tunnels unter einer Hitze bis zwanzig Grad zu leiden hatten! – Die Fahrt dauerte fast dreiviertel Stunden. In der Mitte des Tunnels ward einen Moment gehalten, und es sah eigentümlich aus, wie bei Fackellicht die Bahnarbeiter sich bewegten, während ihre flackernden Schatten in grotesken Verzerrungen an der dunklen Wölbung dahinhuschten. – Bei Airolo tauchten wir plötzlich wieder in den Sonnenschein der offenen Landschaft hinaus. – Die Augen mußten sich erst an das Licht gewöhnen. – Nun ging es wieder auf die Post, eigentlich wollten wir in Biasca übernachten, da wir aber einmal unterwegs waren, stiegen wir in Biasca wieder in die Bahn und kamen abends 9 Uhr in Bellinzona an, wo wir zur Nacht blieben. Wir waren gerade zwölf Stunden unterwegs, und es war mir nicht möglich gewesen, Onkel Helmuth dazu zu bewegen, daß er etwas zu sich nahm. Nur eine Tasse Kaffee glückte mir ihm einzuflößen und im übrigen ab und zu einen kleinen Schluck von dem aus Berlin mitgenommenen Portwein. In Bellinzona aßen wir wenig und schlecht zu Abend und gingen dann zu Bett. Am nächsten Morgen um 5 Uhr auf, um 6 Uhr mit der Bahn nach Como. Jetzt regnete es schon sachte, aber beharrlich, trotzdem machten wir einen Spaziergang, von dem wir durchnaß nach Hause kamen und es mir dann gelang, Onkel Helmuth, der ganz matt und ausgehungert war, zu Bett zu packen. Er schlief dann bis 12 Uhr, wo wir warm frühstückten. Eigentlich hatten wir in Como einen Tag bleiben und von dort aus einige schöne Punkte am Comer See besuchen sollen, da es aber schlecht Wetter war, beschloß Onkel Helmuth, lieber gleich weiter zu fahren. Wir gingen also um 2 Uhr an Bord und fuhren den Comer See hinauf nach Colico. Trotzdem es nun wirklich abscheuliches Wetter war, entzückte mich dieser See doch in höchstem Maße. Bei Sonnenschein muß es da himmlisch sein. Überall Zypressen, an denen sich blühende Schlingpflanzen hinaufwinden, mit Blüten überdeckte wuchernde Rosen an allen Häusern, es ist wirklich unbeschreiblich schön. Wir passierten die wundervoll gelegene Villa Carlotta, die unserem Kronprinzen gehört. – Abends 8 Uhr kamen wir in Colico an, wo wir übernachten wollten, da wir aber gerade die Post zur Abfahrt fertig stehen sahen, beschloß Onkel Helmuth, noch denselben Abend bis Chiavenna zu fahren, wo wir um 12 Uhr nachts ankamen. Wir waren also achtzehn Stunden unterwegs. Da von Chiavenna die Post über den

Splügen um 2 Uhr nachts weitergeht, blieben wir die Nacht dort, und für den nächsten Morgen 6 Uhr war Extrapost bis Splügen bestellt. – Jetzt hatte ich eine Flasche Wein und etwas kalte Küche heimlich in den Wagen geschmuggelt und hatte den festen Entschluß gefaßt, Onkel Helmuth nötigenfalls auf der einsamen Landstraße unter Anwendung von Gewalt zum Essen zu zwingen! – Unter herrlichem Sonnenschein fuhren wir bergan. Diese Straße ist mit das Schönste, was ich gesehen. In unglaublich steilen Serpentinen steigt sie hinan und eröffnet immer neue Blicke in das Tal und auf die weißen Bergeshäupter, welche vor uns lagen. In der Nacht hatte es oben geschneit, und der Schnee lag bis tief in die Täler hinab auf den grünen Blättern der Nußbäume, die hier unten eben anfingen auszuschlagen. Alles erstrahlte im Sonnenschein, aber der hohe Gipfel des Splügen war in eine kleine graue Wolke gehüllt, und unser Kutscher schüttelte bedenklich den Kopf und meinte, oben würde es nicht sauber hergehen! – Um 12 Uhr mittags waren wir an der Schneegrenze und mußten nun den Wagen verlassen, um in einen kleinen Schlitten gepreßt zu werden. Hier frühstückten wir auch von den mitgenommenen Vorräten. Gut, daß ich etwas mithatte! – Unser eines Pferd wurde vor den Schlitten gespannt, das andere lief wie ein Hund ganz von selber hinterher. So ging es über den Paß fast zwei Stunden im Schnee. Je höher wir kamen, desto ungemütlicher wurde es. Ein heftiger Wind pfiff uns entgegen, dabei schneite es ziemlich stark, stellenweise war es bitter kalt. – Dann wieder kamen wir an eine geschützte Stelle, wo plötzlich die Sonne schien, so grell, daß man kein Auge öffnen konnte, und so heiß, daß man ihre Strahlen ordentlich brennen fühlte. – Dann im nächsten Augenblick wieder alles grauer Dunst und eisiger Schnee gerade ins Gesicht. Bergab ging es in großer Eile. In dem tiefen Schnee, der alle Risse und Klüfte ausfüllte, fuhren wir, die Serpentinen der Straße überspringend, direkt bergab. Unser armes Pferd rutschte auf allen vieren und war immer nahe daran, sich zu überschlagen. Komisch sah es aus, wie das ledige Pferd pflichttreu mit erstauntem Gesicht ebenfalls auf allen vieren hinter uns herrutschte. – Um 2 Uhr hatten wir den Schnee hinter uns und stiegen wieder in den Wagen. Wir passierten dann die romantische wunderschöne Via mala und kamen dann nach Thusis. – Daß ich hier besonders lebhaft an Dich dachte, kannst Du Dir denken[17]. Hier bist Du ja auch gewesen. – Dann kamen wir abends 7 Uhr nach Chur, wo wir ordentlich zu Mittag aßen. Das erstemal seit unserer Abreise von Zürich, aber Onkel Helmuth war jetzt auch so weit, daß er sagte: «Wenn ich jetzt nicht bald etwas zu essen bekomme, klappe ich um.» – Um 8 Uhr fuhren wir dann mit der Bahn nach Ragaz, wo wir um 9 Uhr ankamen nach einer ununterbrochenen Tour von vierzehn Stunden. Hier packte ich Onkel Helmuth gleich mit einer Wärmeflasche zusammen ins Bett, und heute morgen war er wieder ganz munter. Nur im Gesicht sehen wir beide krebsrot aus. Der rasche Wechsel von Sonnenhitze und Schneegestöber macht, daß wir beide uns wie die Schlangen im Gesicht häuten. – Heute morgen haben wir bereits eine lange Spaziertour gemacht, und ich habe mir die schöne Tamina-Schlucht angesehen. Dann haben wir gegessen, und eben hatte Onkel Helmuth sich etwas hingelegt, ist aber jetzt wieder auf. Nun werden wir es nicht lange mehr hier aushalten und, wie ich vermute, in nächster Zeit wieder in Berlin eintreffen!

Was sagst Du zu unserer «kleinen Vergnügungsreise an die oberitalienischen Seen mit einiger Zeit Aufenthalt an irgendeinem schönen Punkt», wie Onkel Helmuth dieselbe vorher bezeichnete? Sollte man glauben, daß er zweiundachtzig Jahre zählt? «Aber» – sagt er – «wenn man so mit allem Komfort reisen kann, wie wir es machen, dann kann es nichts Bequemeres geben!»

Wildbad Gastein, 2. August 1882

Nun sind wir denn glücklich hier. Wir haben viel Schönes gesehen, und ich habe daneben auch schon manchmal meinen gründlichen Ärger gehabt, wie Du Dir denken kannst, ohne diesen geht ja eine Reise mit Onkel Helmuth nun einmal nicht ab! – Meine Karte aus Wien wirst Du erhalten haben. Am nächsten Tage fuhren wir nach Ischl, eine prächtige Tour an dem Ufer des lieblichen Traunsees entlang, leider unter beständigem Regen. Nachmittags kamen wir daselbst an, logierten uns im Hotel «Elisabeth» ein, demselben, in welchem eine Szene aus Ouidas[18] «Motten» spielt, auch der Balkon, auf dem Correz saß und seine Stimme ertönen ließ, war richtig da, darunter die brausende Traun. Alles stimmte! – Nachdem wir gegessen, machten wir einen langen Spaziergang in die schönen Umgebungen dieses reizend gelegenen Ortes. – Bei Tisch saß neben uns die Wegner vom Wallner-Theater, der «jüngste Leutnant», über deren auch im Zivilverhältnis beibleibende Komik Onkel Helmuth und ich uns höchlich ergötzten. Sie studierte Onkel Helmuth offenbar, ich fürchte, sie bringt ihn nächstens auf die Bühne!

Am andern Morgen fuhren wir bis Aussee, wo wir abermals unter strömendem Regen die Umgebung abspazierten, dann aßen und nach Tisch weiter fuhren bis Lend. Auch diese Tour bot viel des Schönen. Die

Berge des Salzkammergutes sind großartig schön. Sie stehen mehr vereinzelt in einzelnen gewaltigen Stöcken, wodurch die gigantischen Massen derselben mehr zum Eindruck kommen, als die Alpen. In Lend blieben wir die Nacht von Montag zum Dienstag im Hotel «Zur Post» mit miserablen Betten, Onkel Helmuth und ich in einem kleinen Zimmer zusammen. Beide fast ohne zu schlafen, obgleich wir uns durch sechs bis sieben Patiencen beruhigt hatten! Eigentlich wollte Onkel Helmuth denselben Abend noch mit der Post hierher, wo wir um 12 Uhr angekommen wären, da dieselbe aber wegen Zugverspätung schon weg war, mußten wir bleiben und fuhren nun heute morgen mit Extrapost hierher, wo wir um 11 Uhr morgens ankamen. Gleich nach Ankunft nahm Onkel Helmuth sein erstes Bad, dann legte er sich schlafen, und ich ging aus, begegnete dem Kaiser, der jugendlich frisch aussieht und sich nach Onkel Helmuth erkundigte. – Dann wurde ich umgehends für heute abend zu einer Soirée dansante bei Graf Lehndorff eingeladen, wo wir dem Kaiser vortanzen sollen.

Wildbad Gastein, 3. August 1882

Gestern abend habe ich mich ganz gut amüsiert. Der Kaiser saß den ganzen Abend in einer Ecke und sah zu. Er amüsierte sich offenbar sehr gut dabei. Er sieht prächtig aus, frisch und gesund. Heute morgen waren wir ein paar Stunden ohne Regen. Onkel Helmuth und ich gingen auf die Promenade, wo wir den Kaiser auf einer Bank sitzend fanden, der Onkel Helmuth sehr herzlich begrüßte. Onkel Helmuth ist heute zum Diner dort. Seit 12 Uhr regnet es wieder, es ist wirklich zum Verzweifeln. Ich habe trotzdem eine Tour in die Berge gemacht. Der Fall der Ach ist wirklich wunderbar schön. Sie kommt sechshundert Fuß hoch in einer ganz engen Schlucht heruntergebraust, lauter weißer Gischt und Schaum. Gerade vor unserem Fenster stürzt sie in ihr Becken mit donnerähnlichem Brausen hinab. Über dem Becken steht haushoch eine Wolke von Wasserstaub, in welchem sich der Dampf der hinabströmenden heißen Wasser mischt. Die schneebedeckten Gipfel der Berge hoben sich herrlich gegen den tiefblauen Himmel ab, wie es einen Moment aufklärte, leider nur so kurze Zeit. – Onkel Helmuth läßt Dich bitten, doch recht viel über Creisau, Wetter und Ernte zu schreiben. Er will achtzehn Bäder nehmen.

Wildbad Gastein, 4. August 1882

Onkel Helmuth war sehr erfreut über die Mitteilungen betreffend Wetter und Ernte. Wir leben hier ruhig weiter. Morgens um 7 Uhr nimmt Onkel Helmuth sein Bad und liegt darauf noch zwei Stunden zu Bett. Dann trinken wir Kaffee und lesen die Zeitung, worauf wir etwa um 1/2 11 Uhr auf die Promenade gehen, dem Kaiser begegnen, der auf irgendeiner Bank sitzt und Onkel Helmuth immer sehr freundlich begrüßt. Um 2 Uhr essen wir zu Mittag, dann trinken wir irgendwo Kaffee und spazieren wieder bis 8 Uhr, wo wir in Onkel Helmuths Zimmer Tee trinken und dann bis 10 Uhr Patiencen legen. – Heute nachmittag nahmen wir einen kleinen Einspänner und fuhren nach einem Ort Bockstein, der eine halbe Stunde höher im Gebirge liegt. Von dort gingen wir zurück. Unterwegs erklärte Onkel Helmuth, die Hauptsache bei der Kur sei, daß man sich ganz ruhig verhalte und sich nicht anstrenge. Dabei waren wir den Morgen schon zwei Stunden bergauf und -ab geklettert und gingen nun eine Stunde zurück. Er war ganz ermattet, und ich habe ihn gehörig ausgescholten und werde von nun an keine solche Extravaganzen mehr dulden. Im übrigen ist er guter Laune und recht mobil. Ich glaube, die Bäder tun ihm gut, wenn er sich nur vernünftig benimmt. – Die Umgegend und das Land selbst sind in der Tat von einer entzückenden Schönheit. Wohin man kommt, immer neue Schönheiten. In jedem Tal ein brausender Wasserfall, doch der König aller, der Achenfall, mitten zwischen den Logierhäusern. Onkel Helmuth kennt hier jeden Schritt und Tritt und weiß immer, wo eine Aussicht oder sonstiger schöner Punkt zu finden ist.

Wildbad Gastein, 6. August 1882

Gestern waren Onkel Helmuth und ich zum Diner beim Kaiser. Heute ist feierlicher Gottesdienst in der kleinen protestantischen Kirche. Ich habe soeben Onkel Helmuth dorthin begleitet. Der ganze Hof ist dort, und die sehr kleine Kirche war zum Ersticken voll. – Wann wir zurückkommen, kann ich ja nicht wissen, doch glaube ich, daß Onkel Helmuth am 20. etwa seine Kur für beendet erklären und dann in forcierten Eilmärschen nach Hause eilen wird; er hat mir einen ganz besonderen Gruß für Dich aufgetragen.

Wildbad Gastein, 8. August 1882

Der Regen fällt ganz fein und ganz gerade herunter mit einem Gleichmut, der einen zur Verzweiflung bringen kann. Alle Wege sind grundlos, die ganze Gegend in ein monotones Grau gehüllt. Das wenige Korn, welches hier oben gebaut wird, steht faulend und ausgewachsen auf den Feldern, es ist zu trübselig. Wenn man hier nicht heraus kann, ist es geradezu zum Auswachsen. Den ganzen Tag mit Onkel Helmuth in der Stube sitzen, der nachgerade auch anfängt schlechter Laune zu werden, gehört nicht zu den größten Annehmlichkeiten! Gestern aßen wir beim Kaiser. Heute fuhr er mit seinem ganzen Gefolge ab. Den Moment, wo er von dem gesamten Bade mit Hochrufen begleitet abfuhr, schien die Sonne, zehn Minuten darauf regnete es wieder los!

Wildbad Gastein, 14. August 1882

Onkel Helmuth will nicht länger als bis zum 19. hierbleiben. Er will dann, wenn es schön Wetter ist, noch eine Tour von einigen Tagen nach Berchtesgaden, dem Königsee, Reichenhall, Salzburg machen und beabsichtigt, etwa am 1. September in Creisau einzutreffen. Doch kenne ich diese Vergnügungstouren schon, die auf acht Tage projektiert und dann in ein oder höchstens zwei Tagen durchrast werden! – Gestern habe ich ein Schachspiel gekauft und mit Onkel Helmuth eine Partie Schach gespielt. Da ich ihn nach heißem Kampf matt setzte, erklärte er, das Spiel rege ihn zu sehr auf, und wir kehrten zur Beruhigung zu der Patience zurück! Diese Nacht hatte er schlecht geschlafen, wie er sagte, noch infolge der Aufregung vom Schachspiel her! Sonst geht es ihm ausgezeichnet. – Die Kur bekommt ihm sehr gut, er geht jeden Morgen zwei bis drei Stunden ohne Beschwerden und sieht vortrefflich aus.

Dresden, Palais, 17. September 1882

Diesen Brief habe ich schon dreimal unterbrechen müssen. Inzwischen sind wir mit dem Kaiser, dem König und dem ganzen Rummel bei Professor Schilling gewesen, wo wir den Gipsentwurf zu dem Nationaldenkmal auf dem Niederwald sahen, dann Kaserneninspektion in der Albrechtstadt und großes Frühstück bei dem Regiment des Kaisers, eben zurückgekommen, und in einer halben Stunde sollen wir wieder fahren, zu einem großen Gartenfest. Danach um 5 Uhr Diner, heute abend Theater und dann Soirée beim Kriegsminister – und das nennt man einen freien Sonntag!

Merseburg, 15. September 1883

Die Parade gestern war sehr hübsch, etwas sehr staubig, aber sonst wohlgelungen. Der Kaiser sieht sehr wohl aus, Prinz Wilhelm in seiner Husarenuniform entwickelt sich immer mehr zu seinem Vorteil. – Onkel Helmuths Stute ging ausgezeichnet, gestern wie heute. Morgen gehen wir alle zusammen in Begleitung des Kaisers nach Halle, wo eine Rundfahrt durch die Stadt und Besichtigung der dortigen Sehenswürdigkeiten vorgenommen werden soll. Übermorgen ist abends ein großes Fest, welches die Stände dem Kaiser geben, verbunden mit einer Theatervorstellung, zu welcher die großherzogliche Truppe aus Weimar herkommen wird. Am 18. ist dann noch ein solches Fest. Am 20. gehen wir nach Homburg.

Merseburg, 18. September 1883

Dem Kaiser ist der gestrige Tag doch zu anstrengend gewesen, so daß er die heute beabsichtigte Fahrt nach Halle aufgeben mußte. Infolgedessen sind wir auch nicht gefahren, sondern haben uns statt dessen den sehr schönen alten Dom, der recht geschickt in letzter Zeit renoviert worden ist, und den recht hübschen Schloßgarten und Hof besehen. Der historische Rabe erfreut sich des besten Wohlseins.

Vor vielen Jahren ließ einer der alten Bischöfe von Merseburg einen seiner Pagen hinrichten, weil er ihn im Verdacht hatte, ihm einen wertvollen Ring gestohlen zu haben, es war dies ein Krosigk. Nach einigen Jahren fand man dann zufällig bei einem Umbau den vermißten Ring in einem Rabennest auf einem der Türme. Zur Entschädigung schenkte der Bischof dem Bruder des Enthaupteten ein ansehnliches Gut, auf dem jedoch die Verpflichtung haftet, zum Andenken an den unschuldig Gerichteten auf der Burg einen Raben zu unterhalten. Gleichzeitig bekamen die Krosigks einen Raben, der einen Ring im Schnabel trägt, ins Wappen. Dieser Rabe wird noch immer in einem großen Käfig gehalten. Wenn er stirbt, muß er sofort ersetzt werden, da an seiner Unterhaltung der Besitz des noch in der Familie befindlichen Majorats hängt.

Im Dom ist eine prachtvolle Orgel, die die ganze Höhe des einen Schiffsflügels einnimmt, einige schöne alte Eichenschnitzereien und das unschöne Broncegrabmal des Kaisers Rudolf, der von der früher katholischen Bevölkerung für einen Heiligen gehalten worden und an einigen Stellen ganz blank geküßt worden ist. Sonst ist an der Stadt selbst absolut gar nichts zu sehen. Gottlob ist der heutige Ruhetag bald überstanden, und morgen gehen die Manöver wieder an.

Merseburg, 18. September 1883

Soeben kommen wir müde und bestaubt vom Manöverfelde zurück. – Das Manöverleben ist von jeher meine höchste Lust gewesen. – An den Tagen, wo Goßler mit Onkel Helmuth zum Diner geht, esse ich mit den Kameraden zusammen und sitze abends mit ihnen in der Kneipe, Bier trinkend und Anekdoten anhörend, was ich richtig genieße, nachdem ich so lange keinen Soldatenmenschen mehr gesehen und mit keinem Kameraden mehr mich harmlos und ungezwungen habe unterhalten können. Onkel Helmuth ist immer sehr liebenswürdig und heiter, ein vollkommen anderer Mensch als sonst. Das Manöver macht auch ihm Freude, und er ist so aufgetaut, wie man es gar nicht bei ihm für möglich halten sollte.

Merseburg, 19. September 1883

Heute abend haben wir einen großen Genuß gehabt. Um 1/2 7 Uhr hatte der Prinz Albrecht sich den Organisten in den Dom bestellt, um ihm auf der wundervollen Orgel vorzuspielen. Onkel Helmuth und ich waren auch da und hörten mit Entzücken ein Adagio von Mendelssohn und mehrere Präludien von Bach. Wenn man die Augen schloß, hatte man förmlich das Gefühl, als ob die mächtigen Tonwellen einen aufhoben und mit sich davontragen könnten. Es war herrlich. – Der heutige letzte Manövertag verlief sehr hübsch.

Homburg, 23. September 1883

Am 20. abends kamen wir hier um 7 Uhr an, um 1/2 8 Uhr mußten wir schon wieder im Schloß sein zum Diner, das ging alles Hals über Kopf. Den nächsten Tag Parade, um 5 Uhr Diner, um 7 Uhr Theater, gestern Korpsmanöver. Das Wetter war trübe, und gegen 12 Uhr fing es an, gehörig zu regnen, so daß wir um 1/2 3 Uhr durchnaß nach Hause kamen. Um 5 Uhr Diner und abends Theater. Heute ist Sonntag, und habe ich so einen freien Vormittag. Um 2 Uhr ist Offiziersrennen, zu dem wir hinauswollen. Am 28. sind wir am Nationaldenkmal bei Rüdesheim, von dort gehen wir abends nach Wiesbaden. – Hier ist eine unglaubliche Versammlung von Fürstlichkeiten. Am meisten Interesse erregt der König von Spanien, der sich als ein vortrefflicher schneidiger Reiter zeigt. Er war zuerst in bayerischer Uniform, die ihm nicht gut stand, in spanischer sieht er viel besser aus. Er ist ein kleiner eleganter Herr mit ein klein wenig jüdischem Typus. Der König von Serbien, größer und ziemlich dick, sieht nicht sehr vornehm aus. – Die Kaiserin sieht sehr wohl aus. Sie ist stärker geworden, was ihr gut steht, und wohnt den Manövern im Wagen bei. Während des Regens hält sie unbekümmert ohne Schirm im offenen Wagen und läßt sich naßregnen, ebenso wie der Kaiser, der in jugendlicher Frische allen Unbilden des Wetters trotzt. Außerdem wimmeln hier eine Menge von Hoheiten und Königlichen Hoheiten umher, von denen man früher nie etwas gehört hat. Diniert wird in den prachtvollen Sälen des Kurhauses, in denen in früheren Zeiten die Bank gehalten wurde. Das Schloß ist klein und unansehnlich, überhaupt Homburg ein kleiner, wenig schöner Ort. Die Umgegend ist hübsch, mit stellenweise schönen Blicken auf die Taunuskette, der Boden außerordentlich fruchtbar. Eigentümlich berühren einen die rot und weißen Grenzpfähle des hessischen Gebiets. – Onkel Helmuth befindet sich vortrefflich.

Homburg, 24. September 1883

Gestern nach dem Offiziersrennen fuhr ich mit unserem Wirt auf die eine halbe Stunde entfernte, auf einem Gebirgssattel liegende Ruine der Saalburg. Im höchsten Grade interessant. Es sind die Überreste eines alten befestigten römischen Lagers, welches etwa im Jahre 30 vor Christi gebaut und über dreihundert Jahre besetzt gehalten worden ist. Das Ganze ist in Form eines Rechtecks gebaut, von einem hohen Wall umgeben, mit gemauerter Brustwehr und doppeltem Graben. Vier Tore führen hinein, jedes von zwei Türmen flankiert. Alle Grundmauern sind noch vollständig erhalten. Man sieht das Exerzierhaus, die Offizierswohnungen, Lazarette, Küchen, Vorratshäuser, ein kleines Amphitheater und ein Badehaus, in dem man noch vollständig die Heizvorrichtungen sehen kann, die in Röhren unter dem

Fußboden hingeführt worden sind. Etwa fünf Minuten vor dem Lager zieht sich noch deutlich erkennbar der uralte römische Grenzgraben hin, den sie gegen die Germanen von der Sieg über den ganzen Taunus bis zur Donau hingeführt hatten. Das Lager soll ganz einzig in seiner Art sein und verdankt seine Erhaltung dem Umstande, daß es mitten im Walde gelegen war. Erst in letzter Zeit ist es freigelegt und zum Teil ausgegraben worden, wobei eine Menge interessanter Funde gemacht worden sind, die in einem Museum im hiesigen Kurhause zusammengestellt sind.

Ragaz, 7. August 1884

Nun sind wir denn glücklich hier. Viel Erzählenswertes ist uns nicht begegnet. Den ersten Tag litten wir sehr unter einer unerträglichen Hitze und kamen halb gebraten und staubbedeckt in Prag an, wo wir den ersten Reiseschmerz dadurch erlebten, daß wir auf dem Staatsbahnhof ankamen und den nächsten Morgen von dem Westbahnhof wieder abfahren mußten, der am entgegengesetzten Ende der Stadt liegt, so daß jede Kombination betreffend Hinterlassung unserer Koffer auf dem Bahnhof ausgeschlossen blieb! – Im Hotel, wo man offenbar über Onkel Helmuths Persönlichkeit seiner Sache nicht ganz sicher war, bekamen wir zwei schauderhafte Zimmer und gingen sofort aus, um uns die Stadt anzusehen. Wir gingen über die historische Nepomuk-Brücke mit ihren zahlreichen Heiligenstatuen, schauten von dem Geländer, wo ein eingelassenes Metallkreuz die Stelle bezeichnet, von der der heilige Nepomuk in die Moldau gestürzt wurde, nachdenklich in die rauschenden Fluten, konnten aber nichts Besonderes bemerken. Vielleicht war das Wasser, welches gerade unter uns dahinbrauste, dasselbe, das einst dem Heiligen in Mund und Nase drang, und nun, im ewigen Kreislauf wiederkehrend, nachdem es im Meere verdunstet, als Wolke aufgestiegen, von Pflanzen aufgesogen, sich in allen möglichen Tier- und Menschenleibern umhergetrieben, als Regen zum tausendsten Male niedergeschlagen, jetzt gerade wieder hier vorbeifloß. Wer weiß! – Wir gingen bis an den altehrwürdigen Hradschin, schwenkten dann links, verloren uns in unzähligen Gassen und Gäßchen und tauchten endlich an der Kettenbrücke wieder auf, die weiter stromauf über den Fluß zur alten Stadt zurückführt. – Hier wurden wir in Verlegenheit gesetzt, als wir pro Person einen Kreuzer Brückengeld bezahlen sollten und über keinen Kreuzer österreichisch Geld verfügten. Ein Fünfzigpfennigstück, das ich anbot, wurde zurückgewiesen, und wir hätten den ganzen langen Weg zurückspazieren müssen, wenn nicht der edle Tscheche, der als Einnehmer fungierte, zu stolz, um seine Hände mit deutschem Gelde zu beflecken, ebenso großmütig wie national gewesen wäre und uns umsonst hätte passieren lassen. Dieser merkwürdige Beweis, daß es auch unter den Tschechen großdenkende Menschen gibt, söhnte uns mit der Bemerkung aus, die wir auf unserem Gange durch die Stadt gemacht hatten, daß das deutsche Element aus Prag mehr und mehr verschwindet, daß fast alle Inschriften tschechisch sind und nur noch hin und wieder wie halb mitleidig verstohlen die deutsche Übersetzung hinter den tschechischen Hieroglyphen steht. – Eine Nation, die, wie gesagt, so großdenkende Männer zu den Ihrigen zählt wie jenen Zöllner, hat entschieden die Berechtigung, die Deutschen, die ihr einst die Kultur brachten, nun aber so weit gesunken sind, mit Fünfzigpfennigstücken sich den Übergang über die Kettenbrücke erkaufen zu wollen, hinauszudrängen und Herr im eigenen Lande zu sein! – Mitten auf der Brücke, die über eine Insel gebaut ist, entdeckten wir unter uns einen Garten mit einem großen Tanzsaal und einer Gartenmusik. Wir kletterten also hinab, der Eingangswächter war hier weniger skrupulös und wechselte uns einen Taler. Wir saßen dann mitten unter dem Volk, anscheinend kleine Handwerker und Bürger, Dienstmädchen usw. vor einem tschechischen Musikprogramm, das uns völlig unverständlich war, und tranken eine Flasche Pilsener Bier. – Am nächsten Tag fuhren wir nach Regensburg. Wir kehrten wie weiland Kaiser Karl V. im «Goldenen Kreuz» ein. Die Stadt ist überhaupt höchst interessant. Das alte Rathaus mit dem unveränderten Saal, in dem früher der Reichstag des Heiligen Römischen Reiches Deutscher Nation tagte, viele alte Häuserfronten, Türme, Giebel etc. Der schönste Schmuck des Ganzen, der prachtvolle Dom, der im vierzehnten Jahrhundert begonnen, ist jetzt ganz fertiggestellt. Im reinsten gotischen Stil gehalten, gibt er an Schönheit wohl kaum dem Kölner Dom etwas nach.

Unerkannt und im tiefsten Inkognito verließen wir am nächsten Morgen die alte Reichstagsstadt, doch schon auf dem Bahnhof wurde Onkel Helmuth rekognosziert, und wie wir in München ankamen, war der Bahnhofinspektor in full dress zur Stelle, ein besonderes Zimmer bereit und ein Salonwagen angeboten. Onkel Helmuth lehnte indessen alles dankend ab. – Nach einer Stunde fuhren wir weiter nach Lindau, wo wir nachmittags ankamen und unter rücksichtsloser Beiseitelegung jedes Inkognitos im «Bayrischen Hof» Wohnung nahmen. Nächsten Morgen fuhren wir über den See nach Rorschach und von dort mit der Bahn hierher, wo wir mittags 2 Uhr ankamen. – Ich hatte sehr recht, Onkel Helmuth zu raten, hierher und nicht nach Gastein zu gehen. Die Freude des Herrn Kinberger über

Onkel Helmuths Ankunft war wirklich rührend, er vertraute mir an, daß ihm ordentlich das Herz geschlagen habe vor Freude, wie er Onkel Helmuth gesehen habe, und der Gärtner Joseph, eine berühmte Persönlichkeit, habe vor Freude förmlich Luftsprünge gemacht. Sehr amüsant war es, wie Onkel Helmuth abends 7 Uhr zur Table d'hôte erschien. Es ist hier eine ganze Kolonie von Franzosen, die zum Teil vor der Cholera geflüchtet sind, und mit ungeheucheltem Interesse wurde Onkel Helmuths Persönlichkeit von ihnen bestaunt.

Ragaz, 12. August 1884

Gestern machten wir eine Tour in die Berge nach einer alten Ruine, dem Wartenstein, in deren Nähe ein spekulativer Unternehmer eine Restauration auf einen überhängenden Felsen geklebt hat. Onkel Helmuth fuhr mit der Bahn hinauf, und ich ging zu Fuß, wobei ich eine Viertelstunde vor ihm oben ankam. Dann ging ich noch eine halbe Meile weiter, um zu der sogenannten Naturbrücke zu gelangen, das heißt der Stelle der Tamina-Schlucht, wo sich dieselbe oben vollständig geschlossen hat, so daß man darüber hinweggehen kann. Um von der oben auf dem Berge hinführenden Chaussee dorthin zu kommen, steigt man eine fast senkrecht abfallende Felswand auf einer Art von Treppe hinab, die über vierhundert Stufen, teils in den Fels gehauen, teils aus Tannenstämmen hat. Es ist die reine Hühnerstiege, die im schärfsten Zickzack hinunterführt. Unten angekommen, steht man auf einigen mächtigen Felsblöcken, die quer über der hier nur etwa zwei Meter weiten Öffnung der Tamina-Schlucht liegen. Man blickt wie durch einen Schornstein in die dunkle Tiefe hinunter, auf deren Grunde die Tamina ihr gräuliches Wasser kochend hinabwälzt. Eigentümlich klingt das Brausen von unten hinauf. – Von hier aus wurden in alten Zeiten, wo man noch keine Fahrstühle, keine Badehotels und Eisenbahnen kannte, die Kranken an einem Strick zu der heilbringenden Quelle hinabgelassen, die aus der Seitenwand der Schlucht dampfend hervorquillt. Über derselben schwebte, auf Balken, die in die Felswände eingehauen waren, das alte Badehaus, in dem die Kranken sich während der drei Wochen ihrer Kur aufhalten mußten, ohne jemals die Sonne zu sehen, um dann nach beendetem Gebrauch des Bades, wie ein Kolli wieder ans Tageslicht gehißt zu werden. Nachdem ich mich genugsam in eine grausliche Stimmung hineingedacht hatte, stieg ich die vierhundert Stufen wieder hinauf und ging zu unserer Restauration zurück, wo ich wie ein Pudel ankam, der für seinen Herrn aus dem Wasser apportiert hat, denn wir hatten 28 Grad Wärme. – Dann aßen wir zu Mittag und spazierten hernach hierher zurück, wo ich voller Bewunderung für Onkel Helmuth ankam, der mit vierundachtzig Jahren noch solche Fußpartien zu machen imstande ist.

Ragaz, 18. August 1884

Heute steht im «Figaro» ein langer Artikel über Onkel Helmuth, den wir mit vielem Vergnügen gelesen haben und der die unglaublichsten Dinge enthält. Unter anderem teilt der Verfasser die besonders für Onkel Helmuth höchst interessante Neuigkeit mit, daß Onkel Helmuth zur Zeit todkrank auf seinem Gut Creisau läge, wo er nur von seinem Neffen Burt, der wie er einem der zahlreichen kleinen mecklenburgischen Adelsgeschlechter entstamme, Besuch empfinge, man erwarte mit Besorgnis sein Abscheiden. Der Artikel wirkt um so drastischer, da er aus Interlaken geschrieben ist, also demselben Lande, dem Onkel Helmuth durch seine Anwesenheit einen greifbaren Beweis seines Wohlseins gibt. Der Verfasser erhebt die Glaubwürdigkeit seiner Mitteilungen dadurch über allen Zweifel, daß er sie einer Unterhaltung mit einem Obersten des Preußischen Generalstabes entnimmt, den er die oben angeführte Mitteilung mit den Worten beschließen läßt: «Der Wille Gottes geschehe!» – Auch das Neue verdankt er diesem pfiffigen Oberst, daß Onkel Helmuth auf einem Bein lahm sei und dasselbe nur mühsam nachziehe und daß er bei Paraden mit Vorliebe einen Küraß trage, der auf ihm schlottre wie auf einem Skelett, während Bismarck immer vor ihm reitet und ihn dadurch, daß er sein Pferd vor ihm stallmeistert, von dem Kaiser abzudrängen versuche, an den Onkel Helmuth sich heranmachen möchte etc. Den hier anwesenden Badegästen scheint diese Farce auch viel Spaß zu machen, wenigstens geht der «Figaro» unablässig von Hand zu Hand.

Gestern machte ich eine sehr schöne, wenn auch ziemlich anstrengende Tour. – Um 9 Uhr fuhr ich nach Chur, von wo ich zu Fuß in dem reizenden Tal der Rabiusa hinaufging bis Passugg, von dort weiter bis Churwalden, wo ich zu Mittag aß, und dann, da die Post erst in eineinhalb Stunden ging, mit der ich nach Chur zurückzufahren gedachte, machte ich mich, des langen Wartens müde, auf und ging zu Fuß nach Chur zurück, wo ich mit der Post gleichzeitig eintraf. So hatte ich gut meine vier Meilen auf zum Teil recht steilen Wegen marschiert und war, wie ich um 1/2 5 Uhr auf dem Bahnhof in Chur ankam, herzlich müde. Um 7 Uhr war ich in Ragaz zurück und fand Onkel Helmuth ausgeflogen. Kein Mensch wußte, wo er geblieben war. Die Teezeit kam, aber kein Onkel Helmuth. Es wurde später und dunkler, um 9 Uhr war er noch nicht zurück. Du kannst Dir denken, welche Angst ich hatte. Schon war ich im Begriff, das gesamte Hotelpersonal aufzubieten und Nachforschungen anzustellen, als er auf einmal ganz vergnügt anmarschiert kam. Wo war er gewesen? In Chur! – Wahrscheinlich in dem Gedanken, mit mir dort zusammenzutreffen. – Da er indessen mich nicht bei Abgang meines Zuges auf dem Bahnhof aufgesucht hatte, sondern außerhalb der Stadt spazieren gegangen war, hatten wir uns «unbegreiflicherweise» verfehlt! Nun kam er mit dem Abendzug wieder zurück und begriff gar nicht, daß ich es mir nicht hätte denken können, daß er in Chur gewesen sei!

Ragaz, 20. August 1884

Der heutige «Figaro» bringt noch einen ergänzenden Nachtrag zu seinem neulichen Artikel, von dem ich Dir schrieb, indem er sich aus Berlin telegraphieren läßt: «Feldmarschall Moltke ist von einer Paralyse des Gehirns befallen, er kann nicht mehr gehen und nur noch mit Mühe Nahrung zu sich nehmen, er stirbt an Altersschwäche und hat nur noch wenige Wochen vor sich» – Ich habe wörtlich übersetzt! Ein ausgezeichnet unterrichtetes Blatt!

Seit Onkel Helmuth mir neulich den Schrecken eingejagt, wo er nach Chur gefahren war, entferne ich mich nicht wieder auf einen ganzen Tag. Er fängt schon an, die Rückreise aus dem Kursbuch herauszustudieren, und hat offenbar von seinem hiesigen Aufenthalt mehr als genug. Ich kann auch nicht leugnen, daß mein Bedarf an Bergluft vollständig gedeckt ist. Ich sehne mich ordentlich danach, einmal wieder ein Pferd zu besteigen.

Ragaz, 25. August 1884

Onkel Helmuth hat mir wieder ein paar reizende Geschichten gemacht, die ich in aller Kürze mitteile, denn zu längerem Schreiben fehlt mir Zeit und Ruhe. Erstens: Vor einigen Tagen saßen wir morgens im Garten, als er mir sagte, er hätte Lust, nach der Ruine Wartenstein hinaufzugehen. Da es etwas anstrengend zu steigen, könnten wir langsam den die hinaufführende Chaussee kreuzenden Fußweg gehen und unterwegs die Post abfassen, die um 10 Uhr hinauffährt. Dann gab er mir Geld, mit dem Auftrag, es zu wechseln. Ich gehe also aufs Büro, er bleibt auf der Bank sitzen. Wie ich nach zehn Minuten zurückkomme, ist er nicht mehr da. Dies wunderte mich nun eigentlich nicht, denn ich hatte, wie ich ihn kenne, nicht erwartet, ihn noch auf demselben Platz vorzufinden. Ich mache mich also resigniert auf die Suche, durchstreife den Garten, das Lesezimmer, suche ihn auf seinem Zimmer, nirgends eine Spur von ihm. Ich denke also, er ist vielleicht schon voraufgegangen, gehe also im Geschwindschritt den steilen Fußsteig hinauf, finde ihn nicht, denke, so weit kann er unmöglich sein, kehre um, suche nochmals die ganze Umgebung ab, frage Portier und Kellner, kein Mensch hat ihn gesehen. Inzwischen ist es fast zehn Uhr geworden, ich denke mir, wenn er die Post noch hat abfassen wollen, muß er schon weit oben sein, renne also wie ein Hirsch, die Krümmungen der Fußsteige abschneidend, direkt bergan, hoch über mir fährt die Post bereits dahin, in fünfzehn Minuten war ich oben am Wartenstein, noch nie in meinem Leben habe ich so geschwitzt, das Wasser lief mir am ganzen Leibe hinunter, aber ich kam noch etwas vor der Post oben an. Onkel Helmuth ist nicht darin! – Jetzt mußte ich alle Hoffnung aufgeben, kehre um und zog mich, zu Hause angekommen, von Kopf bis zu Füßen um. – Um 1 Uhr kommt Onkel Helmuth ganz vergnügt an. Wo ist er gewesen? Quer durch den Garten durch nach Magenfeld, das gerade in der entgegengesetzten Richtung des Wartensteins liegt. Hier hatte er sich ein altes Schloß angesehen und dann, wie er mir mit vielem Vergnügen erzählte, dem Besitzer, der ihm alles gezeigt und den er für den Gärtner gehalten, Trinkgeld geben wollen, und habe seinen Irrtum erst erkannt, als dieser entrüstet die Spende zurückgewiesen habe! –

Zweitens: Gestern, wie ich um 8 Uhr noch mit meiner Toilette beschäftigt bin, klopft Onkel Helmuth, wie er es immer macht, wenn er Kaffee trinken gehen will, im Vorbeigehen mit dem Stock an meiner Tür. Ich komme in etwa fünf Minuten nach und finde ihn bereits mit Kaffeetrinken fertig. Ich sage: «Guten Morgen», er sagt: «Guten Morgen», sitzt noch einen Augenblick, während ich Kaffee trinke, und geht dann in den Garten. Ich trinke ruhig fertig und gehe nach. Kein Onkel Helmuth zu finden. Ich gehe den ganzen Garten durch, keine Spur. – Zufällig komme ich auf den Flur des Hotels zurück, da sagt mir der Portier: «Exzellenz läßt Ihnen sagen, er wäre auf den Bahnhof gegangen, um, wenn es noch Zeit wäre, mit dem Zug nach Glarus zu fahren.» Ich also hinterher und hole ihn ein. Er ist wütend und sagt mir: «Natürlich kommen wir zu spät, Du hättest auch früher aufstehen können.» Ich sage: «Ja, wenn ich nur ein Wort davon gewußt hätte, daß wir nach Glarus fahren sollten!» Nach einigen Schritten sagt er: «Du hättest auch wohl den Baedeker mitnehmen können und dich erkundigen, ob wir wieder Anschluß zurück haben.» – Ich erkläre, beides noch nachholen zu wollen, kehre um, laufe ins Hotel, hole den Baedeker und renne wieder hinter ihm her. Ich begreife nicht, daß ich ihn nicht sehe, bis ich ihn schließlich ganz klein in der Ferne auf einem falschen Wege entdecke. Nun ging ich aber ruhig an den Bahnhof und wartete ihn ab. Er kam denn auch fünf Minuten vor Abgang des Zuges, halbtot vor Asthma und noch immer ärgerlich auf mich, daß ich diese Reise, von der ich kein Sterbenswort wußte, so mangelhaft vorbereitet habe. Den in mir auftauchenden Gedanken: «Warum hast du, als du an meine Tür klopftest, mir nicht ein Wort gesagt?» sprach ich nicht aus! Übrigens ist er immer reizend liebenswürdig, und als wir nun glücklich mit Retourbillett 1. Klasse im Zuge saßen, mit der Gewißheit, Anschluß zur Rückkehr zu haben, war seine gute Laune sehr bald wieder da.

Benrath, 17. September 1884

Wir haben gestern unseren ersten Manövertag mitgemacht, der sehr hübsch verlief. Am Montag abend kamen wir hier an, haben ein sehr gutes Quartier bei dem Bürgermeister Josten gefunden. – Wir fuhren den nächsten Morgen um 7 Uhr per Bahn etwa eine Stunde über Düsseldorf nach Bedburg, wo die Pferde bereitstanden. Ich habe einen Ulanengaul bekommen, der ausgezeichnet geht, wenngleich etwas klein für mich ist. Onkel Helmuth ritt auf der ausgezeichnet gehenden Stute sehr schneidig, so daß er allgemeine Bewunderung erregte. Die Truppen waren ausgezeichnet und machten trotz der großen Hitze und ziemlich anstrengenden Anmärsche einen sehr frischen Eindruck. Der Kronprinz war unermüdlich, ritt das ganze Manöverfeld ab und an alle einzelnen Bataillone heran. Sehr hübsch war eine Attacke der Kavalleriedivision, welche die Arrieregarde des VII. Korps außer Gefecht brachte. Der Anmarsch war sehr geschickt unter Benutzung des Terrains angelegt, das Auftreten völlig überraschend und der Aufmarsch schnell und geordnet. Die Infanterie wurde direkt im Rücken gefaßt und überritten, ehe sie Zeit hatte, sich zu rangieren. Um 12 Uhr wurde das Manöver nach einem allgemeinen Angriff des VIII. Korps gegen das VII., der siegreich ausfiel, beendet. Dann hielt der Kronprinz eine sehr sachgemäße kurze Kritik ab. Er sprach sehr hübsch und treffend, lobte und tadelte ziemlich scharf, etwas ganz Ungewohntes, da der Kaiser sich immer nur lobend ausspricht.

San Remo, 30. März 1885

Heute sind wir nun gerade vierzehn Tage hier, und unser Abmarsch ist nahe bevorstehend. Kein Weg und Steg um San Remo, den wir nicht gewandelt wären, kein Aussichtspunkt, den wir nicht aufgesucht. – Nun geht es zunächst nach Bordighera, wie dann weiter, weiß ich noch nicht.

Die französischen Zeitungen sind wieder ganz kindisch in Mitteilungen über Onkel Helmuth. – Bald heißt es, er wäre in Nizza, wo er jedoch polizeilicherseits scharf überwacht werde. Onkel Helmuth meinte: «Das mag ein netter Kerl sein, den sie da überwachen, hoffentlich stiehlt er keine silbernen Löffel!» – Bald werden Betrachtungen darüber angestellt, warum Onkel Helmuth in einem Privathause wohne. Doch der Korrespondent kann sich dies erklären, denn er hat in Erfahrung gebracht, daß in diesem Hause nur eine Magd ist, die nur Patois spricht, also nichts von den strategischen Arbeiten verraten kann, die in Onkel Helmuths Zimmer angefertigt werden, wenn sie dort aufräumt! Dann wird mitgeteilt, daß der deutsche Konsul eifrigst Karten und statistisches Material für den Feldmarschall herbeischleppe (in Wirklichkeit hat er ihm einige Hefte «Fliegende Blätter» zur Unterhaltung geschickt), und das Bedenklichste ist, daß eine Menge deutscher Offiziere hier sind, die mit einer solchen gegen alle deutschen Gewohnheiten verstoßenden Großartigkeit der Mittel auftreten, daß sie offenbar vom Staat ausgerüstete Generalstabsoffiziere sind. Also die Sache ist klar, Moltke ist hier mit einem Teil seines Generalstabes, und der Zweck ihrer Anwesenheit ist dem schlauen Berichterstatter auch nicht verborgen geblieben: es ist auf Korsika abgesehen, das zur deutschen Kolonie gemacht werden soll. – Es ist wirklich amüsant, diese hirnverbrannten Kombinationen zu lesen, man glaubt, Privatkorrespondenzen aus dem Irrenhaus vor sich zu haben!

Nervi, 17. April 1885

Wer hätte geglaubt, daß sich nach all dem Säbelgerassel England und Rußland nun doch noch friedlich einigen würden. Sie machen mir gerade den Eindruck wie zwei Hunde, die sich mit grimmigem Zähnefletschen gegenseitig anknurren und dann mit gesträubten Rückenborsten auseinandergehen, weil keiner sich traut, den ersten Biß zu tun.

Rapallo, 24. April 1885

Wir befinden uns noch immer sehr wohl in dem schönen Rapallo, in dessen Umgebung wir täglich neue Schönheiten entdecken. Die Gegend hier ist deswegen so viel lieblicher, weil alle Täler mit Maulbeerbäumen, Pappeln, Rüstern und Eichen bewachsen sind, lauter Bäumen, die das Laub abwerfen und sich nun mit dem saftigen jungen Grün der frischen Blätter bekleidet haben, das ja auch dem nordischen Walde jenen eigenen goldigen Frühlingszauber verleiht, den man hier unter den immergrünen südlichen Bäumen und Pflanzen so schmerzlich vermißt. Schön sind auch die Feigenbäume, die bei unserer Ankunft an der Riviera noch ganz kahl waren, jetzt aber ihre mächtigen, großen Blätter fast sichtlich von Tag zu Tag mehr auseinanderfalten, indem sie die unschönen polypenartigen Formen ihrer Äste ganz darunter verbergen. Wundervolle mächtige Pinien heben ihre kugelartigen Kronen von dem lichtblauen Himmel ab; ein Ausrufezeichen, von dem Schöpfer hingesetzt, wie er das herrliche Werk dieser Natur niederschrieb, ragen dunkle Zypressen aus dem bunten Farbenspiel hervor, und wie in einem mächtigen kristallgeschliffenen Spiegel beschaut der Himmel seine strahlende Herrlichkeit in der klaren Tiefe des stahlblauen Meeres. Von den felsigen Landzungen blicken ernsthafte, grau zerfallene Kastelle in die Tiefe, an eine Zeit mahnend, in der das Meer die Straße bildete, auf der Raub und Verderben an diese Küsten herantrat, wo die Schiffe der Sarazenen Tod und Gefangenschaft brachten, wenn nicht das wachsame Auge des Türmers sie rechtzeitig erblickte, oder wo später die immerwährenden Kriege der Bürger untereinander dem Frieden, den Gottes Hand über dies sonnige Land gebreitet, Hohn sprachen. Indes, die dunkel gähnenden Geschützscharten der mächtigen Mauern sind schon seit lange nicht mehr erzittert von dem Knall der Kanonen, hier und da hat sich auf der Plattform ein Engländer angesiedelt, der sich dort oben seine Cottage baute und nun, umgeben von allem Komfort seines aus der nebeligen Heimat mitgebrachten Lebens, vergnüglich über Land und Meer schaut. – An den geborstenen Quadersteinen klettert der Efeu empor, und von den Ecktürmen, von denen einst der Arkebusier Tod und Verderben dem Angreifer heruntersandte, nicken jetzt unzählige Rosen grüßend herab. Die Natur überkleidet alles mit ihrem ewig jungen treibenden Leben, und über dem zerbröckelnden Gebilde von Menschenhand schwenkt sie triumphierend die grüne Fahne ihres blühenden, duftenden Daseins. – Mit leisem Gemurmel plaudern die Wellen zwischen den Felsen, als wollten sie Märchen erzählen, anmutig wiegen sie die Fischerboote auf ihrem Rücken, deren eigentümliche lateinische Segelformen, von sanftem Wind gebläht, als leuchtende Punkte auf dem Wasser schimmern und das Auge weit hinauslocken in die unbegrenzt scheinende Ferne. Ganz hinten, vom weichsten Duft vermählt, schmilzt die scheinbar ansteigende Fläche mit der Kuppel des Himmels zusammen, man glaubt zu sehen, wie sich der Himmel auf die Erde senkt, und jene unbestimmbare Sehnsucht, die in jedes Menschen Brust liegt, wenn sein Gefühl hinauf und vorwärts dringt, berührt mit wundersamem Klingen das Herz. – Wie das alles blüht und duftet! Aus dem üppigen Grase der Wiesenflächen ringen sich Tausende von offenen Kelchen empor, gleichsam die eine über die andere wegkletternd, duften blaue, rote und gelbe Blumen der Sonne entgegen, es ist ein förmliches Kämpfen der überschwenglichsten Üppigkeit; von den Wegrändern nicken gedrängte Glockenblumen, und wo ein gefälliger Wind eine Handvoll Erde zwischen Steinen zusammengetragen, da hat sich auch ein Blümlein eingenistet, das, dankbar des gefundenen Heims, mit Duft und Farbe seine graue Umgebung schmückt. – Wie weitet sich die Brust beim Einatmen dieser Ströme von Licht und Wohlgeruch, behaglich strömt der reine Atem der Natur durch alle Adern und weckt in allen Fibeln das Gefühl unendlichen Wohlbehagens. – Und wenn nun die Sonne sinkt, gleichsam zögernd, als täte es ihr leid, Abschied zu nehmen von ihren verwöhnten Kindern, dann leuchtet noch einmal alles auf in den herrlichsten blauen Tinten. Die Abhänge der Berge heben sich scharf und klar aus der Dämmerung der Täler hervor, wie ausgemeißelt stehen ihre ragenden Spitzen, kein Blatt rührt sich an Bäumen und Büschen, und durch die stille Luft klingt wie ein Dankgebet zum Herrn empor das Ave-Läuten der zahlreichen Glocken!

Rapallo, 26. April 1885

Nun scheint es ja wirklich mit dem englisch-russischen Kriege ernst zu werden. Gott mag wissen, wie weit diese Flamme um sich greifen wird und ob es der Staatskunst Bismarcks gelingen wird, das Deutsche Reich hindurchzusteuern, ohne daß es mit anfängt zu glimmen. – Hier in Italien ist die öffentliche Meinung bereits sehr erregt, besonders da es wirklich scheint, als wollte der Staat die zweifelhafte Erbschaft Englands im Sudan antreten und Suakiu militärisch besetzen, wenn die englische Garnison von dort zurückgezogen werden sollte, um in Indien dem nordischen Feinde gegenüberzutreten. Wenn sich Italien so mehr oder weniger engagiert, wird sich auch die arme, zwischen Hammer und Amboß sitzende Türkei nicht neutral halten können. – Dies kann ein Krieg werden, der die ganzen bisherigen Staatenverhältnisse umgestaltet und bei dem es sich für England um Tod und Leben handelt, denn Indien ist der Lebensnerv Englands, ohne den es ebensowenig leben kann wie ein Mensch ohne Magen. Indessen noch ist ja der Krieg nicht erklärt, und ich glaube, Mr. Gladstone würde gerne seinen kleinen Finger hergeben, wenn er auf eine anständige Weise aus dieser Patsche wieder herauskommen könnte, ohne zum Schlagen genötigt zu sein. – Ob Bismarck sich wohl auf das undankbare Amt eines Vermittlers einlassen wird. Er wohl kaum, aber der Kaiser wird es vielleicht wollen.

Straßburg, 11. September 1886

Nun bin ich da in der alten, vielumstrittenen Stadt. Es ist doch ein eigenes Gefühl, das einen überkommt, wenn man in diese nach jahrhundertlanger Entfremdung dem Deutschen Reiche zurückgewonnenen Orte kommt. Wie viel Blut ist geflossen vor den Wällen der bisher unbezwinglichen Festung, von der es schon in dem alten deutschen Liede heißt: «O Straßburg, o Straßburg, du wunderschöne Stadt, darinnen liegt begraben so mancher Soldat». Und in der Tat, wunderschön ist die Stadt, wie ein mahnend ausgestreckter Finger winkt der schlanke Turm des herrlichen Münsters in die rechtsrheinischen Lande, als ob er sagen wollte: Du deutsches Volk, das mich gegründet und gebaut, willst du mich nicht wieder heimführen zu dir? – und als ein Repräsentant der befolgten Mahnung ziehen in diesem Augenblick mit klingendem Spiel die verschiedenen deutschen Truppen unter meinem Fenster hinaus zur Parade vor dem Kaiser, Preußen, Bayern, Württemberger, Sachsen, ein bunter Anblick in ihren blitzenden Paradeuniformen. – Ich wohne am Ufer des Ill, der sich mit der Aar hundert Schritt weiter mitten in der Stadt vereinigt, zahlreiche Brücken schwingen sich hinüber, und im Hintergrunde hebt sich der noch im Bau begriffene neue Kaiserpalast mit seiner schönen Fassade vom blauen Himmel ab. Links liegt alle Häuser überragend das Münster, wie aus Steinfiligran gewoben mit seinen Tausenden von Spitzen und Säulen, durch die hohen Fenster des leicht sich hinaufschwingenden Turmes blaut der lichte Himmel, die Steinrose der Spitze zittert im Sonnenlicht. Die Gesichter der Einwohner sind unverfälscht deutsch und, wo man geht, hört man nur das breite Elsässer Deutsch, aber über den Läden stehen die französischen Inschriften, an denen niemand etwas geändert hat. – Gestern war ich mit Onkel Helmuth zum Diner beim Kaiser. Eine Menge Fürstlichkeiten sind hier versammelt. Abends war das Münster erleuchtet, ein wahrhaft feenhafter Anblick, der ganze Turm bis zur höchsten Spitze mit Lampen besetzt. Da man in der Dunkelheit den unteren nicht erleuchteten Bau nicht sah, schien es, als ob ein Zauberschloß von Geistern getragen in den Lüften schwebe, es war unbeschreiblich schön. – Die Stadt hatte auch ziemlich durchgehend illuminiert und ist auch sonst reich und schön dekoriert, die Stimmung der Bevölkerung eine recht animierte. Vielfach sieht man Leute mit der Kornblume im Knopfloch, und Onkel Helmuth wurde, wo er sich blicken ließ, mit stürmischen Hochrufen begrüßt. Die Begrüßung des Kaisers war geradezu enthusiastisch. Abends großer Zapfenstreich, bei dem Tausende von Menschen vor dem Palais standen und dem am Fenster stehenden Kaiser zujubelten. Immer und immer wieder schallten die Hochrufe durch die stille Nacht, ein Ausbrechen des uralten Deutschtums, das zwei Jahrhunderte der Fremdherrschaft nicht vermocht haben auszurotten. – In einer Stunde sollen wir nun hinaus zur Parade. Der Himmel ist leicht bewölkt, die Hitze hat etwas nachgelassen, ganz windstill, ein schönes Kaiserwetter.

Straßburg, 12. September 1886

Heute haben wir einen bewegten Tag hinter uns. Es ist nämlich Sonntag, Ruhetag, den wir benutzten, um uns in und vor der Stadt umzusehen. Wir fuhren erst durch allerlei Straßen nach der Orangerie, einem großen öffentlichen Garten, nach der Zitadelle, einem noch von Vauban, dem Festungsbaumeister Ludwigs XIV., gebauten Werk, mit dem dieser die Stadt befestigte, nachdem er mitten im Frieden dieselbe besetzt hatte. – Die Ohnmacht des damaligen Deutschen Reiches war so groß, daß kein ernsthafter Versuch gemacht wurde, dieselbe zurückzugewinnen, und die beiden alten Provinzen Elsaß und Lothringen waren seit der Zeit für Deutschland verloren. – Die Zitadelle, nach dem damaligen Stand der Belagerungsmittel, ein ungemein festes Werk, ist noch heute imposant durch seine massiven Konstruktionen, wenn auch, da größtenteils ungedecktes Mauerwerk, gegen den heutigen Angriff nicht mehr auf die Dauer haltbar. Sie liegt aber auch jetzt innerhalb der Umwallung und ist einem solchen nicht mehr ausgesetzt. – Dann fuhren wir ein ganzes Stück der neuen Befestigungen ab, bestiegen auch den Wall und besichtigten dann in der evangelischen Kirche das berühmte Denkmal des Herzogs Moritz von Sachsen. – Von da in den Dom, wo wir von einem sehr höflichen Priester umhergeführt wurden, der nach Hunderten zählenden Volksmenge wegen, die Onkel Helmuth umdrängte, aber wenig sehen konnten. Überhaupt, wo Onkel Helmuth sich blicken läßt, wird er mit stürmischen Hochrufen begrüßt, und alles rennt hinter ihm her.

Straßburg, 14. September 1886

Gestern war Korpsmanöver, das sehr hübsch verlief. Der Kaiser war im Wagen draußen. Onkel Helmuth ritt sehr flott, und wir sahen alles sehr gut, zwei große Kavallerieattacken von zwölf Kavallerieregimentern gegeneinander. Es sind hundertfünfzig französische Offiziere auf der hiesigen Kommandantur angemeldet, ebensoviel mögen wohl noch unangemeldet hier sein. Jedenfalls müssen diese Herren den Eindruck empfangen, daß die Gesinnungen des hiesigen Volkes gut deutsch sind. Überall sind die Ortschaften reich geschmückt, große Ehrenpforten errichtet und der Kaiser wird überall mit großem Enthusiasmus begrüßt. Ebenso Onkel Helmuth, den alle kennen. Wo man durch ein Dorf kommt, stehen die Leute mit Wasser, Wein und Bier vor den Türen, das sie den vorbeimarschierenden Truppen zureichen, die Offiziere der Front sagen, daß sie sich vor der Liebenswürdigkeit der Bauern, bei denen sie einquartiert sind, kaum zu retten wissen. Es ist ein schöner Volksschlag hier, viele Bauern sieht man in weißen Hosen, hohen Stiefeln, kurzen Jacken und ihrem breitkrämpigen Filzhut zu Pferde auf dem Manöverfeld.

Straßburg, 16. September 1886

Die Reise des Kaisers nach Metz ist noch immer ganz unbestimmt. Die Ärzte möchten ihn gerne davon abbringen, da die Sache für den alten Herrn sehr anstrengend werden dürfte.

Heute morgen haben Onkel Helmuth und ich eine Fahrt nach dem sieben Kilometer vor der Stadt liegenden Fort Moltke gemacht und dasselbe eingehend von innen und außen besichtigt. Es hat mich sehr interessiert, einmal ein nach den neueren Prinzipien konstruiertes Fort zu sehen.

Generalstab Berlin, 24. April 1887[19]

Onkel Helmuth hat sich noch immer nicht darüber geäußert, was er eigentlich vorhat. Ob und wann er abreisen will und ob er dabei auf meine Begleitung rechnet, ist völlig dunkel! – Ich bliebe natürlich am liebsten hier, bis Du zurückkommst, aber der Himmel mag wissen, wo ich hinverschlage, nachdem ich am 1. Mai mein Kommando niedergelegt habe. Wir haben nun nur noch drei Exerziertage. Am Montag und Dienstag werden wir auf dem Tempelhofer Felde im Bataillon exerzieren, am Mittwoch ist die Bataillonsvorstellung. Es wird mir ganz wunderbar vorkommen, wenn ich wieder ohne Zusammenhang mit der Truppe dastehe, die mir während der Monate meiner Dienstleistung doch sehr ans Herz gewachsen ist.

Generalstab Berlin, 30. April 1887

Bei der gestrigen Vorstellung des Füsilierbataillons war auch Prinz Wilhelm zugegen. – Ich hatte bei dieser Vorstellung Gelegenheit, mich gleich bei allen Vorgesetzten abzumelden. Heute nachmittag übergebe ich nun die Kompagnie an ihren alten Chef G., dessen Hoffnung, Major zu werden, sich nun doch nicht erfüllt hat.

Generalstab Berlin, 1. Mai 1887

Gestern war Liebesmahl und zugleich mein Abschied vom Regiment. Der Oberst sagte mir viel schöne Sachen, und alle schienen mich ungern zu verlieren. Am meisten die Unteroffiziere der Kompagnie, die mir mit Tränen in den Augen adieu sagten. Nach Tisch ging ich noch einmal durch alle Stuben der Kompagnie, wo die Leute zum Teil schon zu Bett waren, und sagte ihnen adieu.

Generalstab Berlin, 3. Mai 1887

Gestern war ich um 1/2 5 Uhr bei G. zu Tisch geladen. Ich fand Herrn und Frau v. W. – außerdem Herrn und Frau v. B. vor. – Nach Tisch gingen wir alle zusammen in die Concordia, um die hypnotischen Produktionen des dänischen Magnetiseurs Hansen zu sehen. Diese Vorstellungen sind wirklich interessant, unerklärlich und zum Teil unheimlich. Es meldeten sich aus dem Publikum etwa dreißig Herren und zwei Damen, die alle auf Stühle gesetzt wurden und jeder ein kleines Glasprisma in die Hand bekamen, mit der Weisung, dasselbe scharf anzusehen. Inzwischen ging Hansen von einem zum anderen und machte magnetische Striche. Nach fünf Minuten war die Hälfte eingeschlafen, die andere Hälfte wurde als unbrauchbar entlassen. Die Entschlafenen hatte Hansen nun völlig in seiner Gewalt. Er zwang sie durch den bloßen Blick aufzustehen und, wie der Magnet vom Eisen angezogen, hinter ihm herzulaufen. Er ließ sie sich wie ein Kreisel drehen, legte einen mit dem Kopf und den Füßen auf zwei Stühle und stellte sich auf seinen Bauch, knickte ihn dann zusammen wie ein Taschenmesser und setzte ihn wie ein Scheit Holz auf die Erde. – Es war hier entschieden kein Humbug mit im Spiel, sondern eine bis jetzt noch unerklärliche Kraft, die man nicht deuten, aber auch nicht ableugnen kann.

Generalstab Berlin, 10. Mai 1887

Gestern war ich mit Onkel Helmuth einer Einladung des Vorstandes vom Wagner-Verein gefolgt. Ich habe mich nie mit dem Unternehmen befreunden können, Wagner von der Bühne loszulösen und in den Konzertsaal zu verpflanzen. Man kann gerade so gut eine Eiche aus dem Boden, in dem sie wurzelt, herausheben und ins Zimmer stellen. Sie wird vertrocknen, die Blätter verlieren und von dem herrlichen, winddurchbrausten Baum wird bald nur das Skelett der Äste übrigbleiben, interessant für den, der Baumstudien machen will, aber etwas Totes und Starres für den, der gekommen ist, sich zu freuen an der Schönheit der urgewaltigen Natur. – Ich finde es von den Wagner-Verehrern unbegreiflich, daß sie mit den Werken ihres vergötterten Meisters diese gewagten Experimente machen, und es scheint mir, daß keiner die Absicht Wagners in dessen Sinne verstanden hat, der selber wiederholt betont hat, daß die Musik seiner Werke nur das Gewand ist, welches die lebendige Gestalt des Dramas umhüllt; er nennt ja auch selber seine Werke nicht Opern, sondern musikalische Dramas. Kaum glaube ich, daß er einverstanden sein würde, wenn man diesen seinen gewaltig einherschreitenden Gestalten den Rock auszieht und diesen wie in einem Trödlerladen aushängt.

Stettin, 13. September 1887

Eben kommen wir von der Parade zurück, die bei herrlichstem Wetter sehr schön verlief. Onkel Helmuth führte sein Regiment sehr nett vorbei, kam gut und richtig in Galopp und sah gut aus. Der Kaiser sehr frisch und seelenvergnügt über die vielen Soldaten.

Stettin, 14. September 1887

Das Korpsmanöver ist heute vollständig verregnet. Seit 7 Uhr goß es, um 9 Uhr regnete es, um 10 Uhr war Nebel, und um 11 Uhr schien die Sonne! Der Kaiser fuhr nicht hinaus, schickte Graf Lehndorff und ließ Onkel Helmuth bitten, auch nicht hinauszufahren, da er sich leicht erkälten könne. Onkel Helmuth, der nun einmal in Zug ist, war dies gar nicht recht, er wäre um 10 Uhr gerne hinausgefahren. So mußten wir aber zu Hause bleiben, machten eine Spazierfahrt durch die Stadt und dann nach der großen Schiffsbauanstalt Vulkan hinaus, die wir unter Leitung des Direktors sehr eingehend besichtigten. Sehr interessant, zwischen vier- und fünftausend Arbeiter. Eine Panzerkorvette, der Vollendung nahe, besichtigten wir innen und außen.

Creisau, 29. Mai 1888

Ich habe mir eine Art Maleratelier aufgeschlagen und angefangen, eins von den Landschaftsstücken zu kopieren. Mein Cello kultiviere ich auch dabei, lebe also ganz in den Künsten.

Generalstab Berlin, 16. Juni 1888

Um 10 Uhr fahren Onkel Helmuth und ich nach Potsdam, wo Onkel Helmuth sich bei dem jungen Kaiser melden will. – Nun sind wir wieder zurück aus Potsdam, und ich habe auch diesen toten Kaiser[20] gesehen wie den vorigen[21]. – Wie verschieden aber war der Eindruck. Damals Friede und Ruhe, der Abschluß eines Lebens, das sich ausgelebt hat und still verrinnt, hier die Spuren eines schrecklichen Leidens, das mitten aus seiner vollsten Kraft hinaus einen Mann dahingerafft, der von der Natur bestimmt schien, noch lange zu wirken. – Niemals würde ich diese eingefallenen Züge als die des Mannes wiedererkannt haben, den ich zuletzt in blühender Kraft und Gesundheit gesehen hatte. Die Nase ganz scharf und hervortretend, die Augenhöhlen tief eingesunken, die Backenknochen vorspringend. Um den Mund deutlich, trotz des Bartes erkennbar, zwischen den zusammengezogenen Augenbrauen ein Zug tiefsten Wehs, namenlosen Schmerzes. Etwas ganz Fremdes in dem gelblich blassen, abgemagerten Gesicht, aus dem der Schnurrbart fast struppig hervorstand. Die Haare auf der breiten Stirn dünn geworden, der Kinnbart gräulich schattiert. Aus der ganzen Erscheinung sprach unheimlich, fast teuflisch triumphierend der Dämon der grausigen Krankheit. Dies tote Gesicht erzählte eine erschütternde Geschichte namenlos schmerzlichen Ringens mit dem Würgengel des Todes. – Es war, als ob dieser die sich sträubende menschliche Kraft unter die Füße getreten habe, bis sie aufstöhnend zerbrach, jammervoll, herzzerreißend. Die großen starken Hände bis auf die Knochen abgemagert, fast durchsichtig blaß, über der Brust gekreuzt, hielten seinen schweren Kürassierpallasch, der lang und blank über das Bett hinlag. Es sah aus, als ob er sein eigenes Richtschwert an die Brust drücke. Unter der Bettdecke zeichnete sich die lange starre Gestalt ab. – Ich kann nicht sagen, wie schmerzlich dies alles sich mir einprägte, welch namenloser Jammer aus dem allen sprach. – Wie furchtbar ist über den Zustand des armen Kaiser;s gelogen worden, denn nicht plötzlich und unvermutet ist das Ende an ihn herangetreten, das sieht man nur gar zu gut, langsam und allmählich, Schritt für Schritt, hat es ihn zu Tode gequält; und wenn er repräsentieren mußte und wenn es von ihm hieß: er hat eine gute Nacht gehabt, so zählte er schlaflos die Schläge der Uhr, deren jeder, wie er verhallte, ihn um eine Spanne dem Ende näherbrachte, dem Ende namenloser Qual, das er, Gott allein weiß wie heiß ersehnt und erfleht haben mag. – Armer Kaiser, mit seiner Brust erfüllt von Plänen für die Ausübung einer Macht, auf die er warten mußte über die besten schaffensfreudigen Jahre hinaus, mit seinem warmen Herzen für das Wohl des Volkes, mit dem er gekämpft und gestritten in schwerer, doch so heldenhaft frischer, schöner Zeit, wie grausam ist sein Geschick gewesen. Ist es nicht, als ob er gebüßt habe für alle Sünden dieses Volkes, er, der reine, der ideal denkende Fürst!

Kann die verhältnismäßig kurze Qual am Stamm des Kreuzes furchtbarer gewesen sein als dies monatelange Sterben, als dies grausam erzwungene Verzichtleisten auf alles, was Herz und Gemüt erfüllt, auf die vorbereitende Arbeit eines ganzen Lebens? Armer Kaiser, erschüttert bis ins tiefste Innere wenden wir uns ab, wie eine schmerzliche Betäubung liegt es auf Kopf und Sinnen. – Ich weiß kaum, wie wir zurückgekommen sind, aber mitteilen mußte ich den Eindruck, den ich empfangen, und ich weiß, Du wirst mit mir fühlen.

Generalstab Berlin, 17. Juni 1888

Heute um 1 Uhr hat Onkel Helmuth die Generalstabsoffiziere vereidigt. – Den schönen Erlaß des jungen Kaisers an die Armee wirst Du in der Zeitung gelesen haben. – Es weht jetzt in allem ein bedeutend anderer Wind. Der junge Kaiser ist in beständiger Tätigkeit, hat den ganzen Tag konferiert, Befehle erteilt, Unterschriften erledigt. Schon vorgestern abend kam die erste Kabinettsorder mit der Unterschrift Imperator Rex zu uns.

Generalstab Berlin, 18. Juni 1888

Soeben kommen wir aus Potsdam zurück, wo wir den hochseligen Kaiser zur letzten Ruhestätte geleitet haben. – Wie wir im Saale des Stadtschlosses waren, kam Prinz Heinrich angefahren und suchte Onkel Helmuth auf, um ihm ein kleines Etui zu überbringen, in dem die Orden en miniature lagen, die der Kaiser Friedrich zum Zivil zu tragen pflegte. Die verwitwete Kaiserin Viktoria schickte dieselben als Andenken an Onkel Helmuth, und zwar hatte der junge Kaiser das Etui in der Tasche gehabt, um es selber an Onkel Helmuth zu geben, da er aber keine Gelegenheit dazu gefunden hatte, schickte er den Prinzen Heinrich auf die Suche hinter Onkel Helmuth her.

Generalstab Berlin, 19. Juni 1888

Gott segne den jungen Herrn! Dabei hatte er alle Proklamationen selbst geschrieben, keine fremde Feder darin, alle Vorschläge verworfen und die Sache selbst gemacht.

Generalstab Berlin, 25. Juni 1888

Bei unserer Rückkehr gestern abend aus Ratzeburg fanden wir das Programm der feierlichen Eröffnung des Reichstages vor, die heute stattfinden soll. Onkel Helmuth war in demselben wie auch in dem Programm der Trauerfeierlichkeit überhaupt gar nicht erwähnt. Er war mit Recht auf das tiefste gekränkt und erklärte im ersten Moment, sofort abreisen zu wollen, wollte seinen Abschied nehmen, sagte, er sei in den Skat gelegt usw. Alles ganz richtig. – Heute morgen hat er einen Brief an den diensttuenden Adjutanten geschrieben, worin er sagt: Da er als ältester Feldmarschall, Kanzler des Schwarzen Adlerordens usw. wohl hätte erwarten können, einen Platz im Gefolge Sr. Majestät, und zwar zunächst hinter dem Reichskanzler zu finden, in dem Programm aber gar nicht erwähnt sei, es auch mit seiner militärischen Würde nicht vereinbar finde, als Abgeordneter zu erscheinen, bäte er, Sr. Majestät zu melden, daß er von der Feier fernzubleiben sich gezwungen sähe. – Die ganze Schuld trifft natürlich die Hofschranzen, die denken, laß den Alten laufen, und sich lieber den neuen Sternen zuwenden! Hoffentlich wird es ihnen etwas in die Bude regnen, und Onkel Helmuth in Zukunft, wenn dem Kaiser die Augen geöffnet worden sind, seiner Stellung entsprechend behandelt werden.

Generalstab Berlin, 26. Juni 1888

Das war gestern ein sehr schöner, feierlicher Akt, dem wir mit beiwohnen durften. Um 12 Uhr fuhren: wir, Onkel Helmuth, Goßler und ich, im offenen Wagen, begleitet von den ununterbrochenen Hurrarufen der dicht auf den Straßen stehenden Menschen nach dem Schloß, wo wir dem Gottesdienst in der Kapelle beiwohnten, eine sehr schöne Rede von Kögel hörten. Der gegebene Text war: Durch Gottes Gnade bin ich, was ich bin. Der Kaiser, der, zur Rechten den König von Sachsen, zur Linken den Regenten von Bayern, eintrat, sah sehr schön und würdevoll aus. Nach dem Gottesdienst versammelte sich die ganze Gesellschaft, der gesamte Reichstag im Weißen Saal, Bismarck, der die Mitglieder des Bundesrats wie eine Herde von Lämmern hereinführte, sah in seiner Kürassieruniform vortrefflich aus, das ganze Arrangement machte einen großartigen Eindruck. Das Hereinmarschieren einer Kompagnie der Schloßgarde im Tritt mit Gewehr auf, mit eingetretenen Offizieren mit gezogenem Degen, machte einen großartigen Eindruck. Der Thron mit großen Draperien von gelbem Samt, die rotsamtene Estrade für die Kaiserin, die Sessel für die Fürsten rechts und links des Thrones, alles sehr feierlich. Wie alles versammelt, ging Bismarck es dem Kaiser melden. Dann nahm der Hof seinen Eintritt. Erst Pagen in schwarzen Eskarpins mit Trauerflor an den Knien, dann die Reichsinsignien. – Onkel Helmuth hatte einen besonderen Ehrenplatz erhalten, indem er ganz alleine hinter den Insignienträgern und unmittelbar vor dem Kaiser ging. Er sah in dem großen roten Samtmantel des Schwarzen Adlers sehr gut aus, mit seinem auf die Hüfte gestemmten Marschallstab. – Der Kaiser, wieder mit dem König von Sachsen und dem Prinzregenten zur Rechten und Linken, wie alle Ritter vom Schwarzen Adler, in langem wallenden Purpurmantel, sah ungemein hoheitsvoll und tiefernst aus. Geradezu majestätisch, wie er mit sicherem Schritt auf den Hautpas des Thrones trat und die Versammlung mit feierlicher Neigung des Kopfes begrüßte. – Dann, nachdem alles geordnet und Ruhe eingetreten war, hatte er wieder einen sehr schönen Moment, als der Kanzler ihm die Thronrede überreichte, er dieselbe ergriff, mit einem energischen Ruck den Helm aufsetzte und den Mantel zurückwarf, um hochaufgerichtet den Blick über die lautlos harrende Versammlung gleiten zu lassen. Dann begann er zu lesen. Ich achtete genau darauf und sah, daß das Blatt in seiner Hand nicht zitterte. Dennoch war die Stimme zuerst umflort und undeutlich. Die Sätze kamen ruckweise und mühsam heraus, er war trotz der Totenstille kaum zu verstehen. Nach und nach aber hob sich das Organ, der Vortrag wurde fließend ,und wie er an die Stelle kam: Ich bin gesonnen, Frieden zu halten mit jedermann, soweit es an mir liegt, betonte er das Wort mir so laut und schön, daß es wie ein elektrischer Funke durch alle Hörer fuhr, es lag so viel darin, das volle Bewußtsein der Herrscherkraft, es grollte gleichsam darin die Beteuerung: aber wehe dem, der es wagen sollte, mir zu nahe zu treten, eine ungemeine Stärke und Sicherheit lag in dem einen Wort, so daß spontan alles in lauten begeisterten Beifallsruf ausbrach. – Die letzten Sätze der Rede sprach er mit schöner, durchdringender Stimme, jede Spur von Befangenheit war gewichen, und er stand da, fest und stolz, der kraftvolle, selbstbewußte Herrscher eines mächtigen Reiches.

Du kannst Dir nicht denken, wie wohltuend das Gefühl war, einen jungen, kräftigen Kaiser zu haben, der weiß, was er will. – Es war ein schöner, großartiger Akt. – Nachher sprach beim Auseinandergehen Bismarck Onkel Helmuth an, und beide saßen fast eine halbe Stunde lang nebeneinander in der sonst ganz leeren Bildergalerie, scheu von allen gemieden, die hereinkamen. Was sie verhandelt haben, weiß ich nicht, Onkel Helmuth ist stumm wie das Grab, ich glaube aber, daß Bismarck ihm auseinandergesetzt hat, daß er unmöglich seinen Abschied nehmen dürfe, und Onkel Helmuth wird das wohl eingesehen haben, er ist heute still und feierlich.

Generalstab Berlin, 27. Juni 1888

Gestern schickte der Kaiser durch den Oberstleutnant v. B. seine außerordentlich gut gemachte Büste in Lebensgröße (Gips) an Onkel Helmuth mit einem eigenhändigen Schreiben, in dem er etwa folgendes sagte: Verehrter Feldmarschall! Zum Andenken an den gestrigen Tag (Eröffnung des Reichstags), den wir durch Ihre Taten im Siebziger Kriege als eine Errungenschaft derselben feiern durften, bitte ich Sie, Ihnen meine Büste überreichen zu dürfen, freilich vorerst nur in Gips, bis dieselbe in Erz fertiggestellt ist. In treuer Freundschaft Ihr wohlaffektionierter Wilhelm. – Die Büste ist von Schott gemacht und zeigt den Kaiser in Husarenuniform mit einem sehr schönen, ungemein kühnen Blick.

Heute findet die Vereidigung des Kaisers auf die Verfassung statt, in derselben feierlichen Weise wie die Eröffnung des Reichstages.

In dem gedruckten Programm, das gestern ankam, ist Onkel Helmuth persönlich aufgeführt und ihm wieder der Platz unmittelbar vor dem Kaiser angewiesen. Bei der Gruppierung um den Thronsessel steht Onkel Helmuth auf dem Hautpas hinter dem Thron, ganz alleine, während alles andere rechts und links steht. – Es hat somit die wohltätigsten Folgen gehabt, daß er einmal die Zähne gezeigt hat, und das Hofmarschallamt wird ihn wohl so leicht nicht wieder vergessen. Wie ich nachträglich hörte, soll der Kaiser infolge Onkel Helmuths Brief ganz außer sich gewesen sein, er hatte gleich einen Flügeladjutanten an Bismarck geschickt und fragen lassen, ob es wohl angängig sei, daß er Onkel Helmuth mit den Fürstlichkeiten zusammen gehen lassen könnte, worauf B. geantwortet, jawohl, das ginge sehr gut. – Onkel Helmuth aber hat im Schloß erklärt, nein, da gehöre er nicht hin, und hat sich selber seinen Platz hinter den Kroninsignien vor dem Kaiser gewählt, der ihm denn auch heute offiziell wieder angewiesen ist.

Ganz Berlin, und wie es nach den Zeitungen scheint, so ziemlich das ganze Deutschland aller Parteifärbungen ist entzückt und begeistert von dem Auftreten des jungen Kaisers, alles atmet auf, wie von schwerem Druck befreit, und ein Gefühl der Ruhe und Sicherheit macht sich überall geltend. Auch das Ausland hat ja die Thronrede sehr sympathisch aufgenommen, die ruhige Sicherheit und die vollbewußte Kraft derselben haben allseitig imponiert.

Creisau, 26. Juli 1888

So gern ich Dir auch den unverkürzten Genuß Deiner Ferien lassen möchte, muß ich Dich doch bitten, so bald wie möglich zurückzukommen. Die Sache geht hier nicht mehr ohne Dich. Onkel Helmuth wird, da Du ihn nicht mehr fütterst, von Tag zu Tag kümmerlicher, er ißt so gut wie gar nichts mehr und ist entsetzlich Hypochonder. Um sich zu beschäftigen, arbeitet er täglich fünf bis sechs Stunden im Busch und sinkt immer mehr zusammen. Der Whist en trois ist für alle Beteiligten geradezu vernichtend. Bitte telegraphiere mir, wann ich Dich erwarten kann.

Generalstab Berlin, 28. Oktober 1888[22]

Heute morgen hatte ich per Telephon anfragen lassen, ob und wann sich Onkel Helmuth bei Sr. Majestät melden könne. Als Antwort kam zurück: Se. Majestät bittet den Feldmarschall, um 1 1/2 Uhr bei ihm zu frühstücken. – Ich wollte die Gelegenheit benutzen, um mich gleich beim Kaiser zu melden, und fuhr daher im Paradeanzug mit. In Potsdam angekommen, fuhren wir quer durch den Lustgarten und nach dem Marmorpalais hinaus. Hier wurden wir in ein kleines Zimmer geführt und gebeten zu warten, da Se. Majestät noch Vortrag habe. Nach einer kleinen Weile kam die Kaiserin ganz alleine ohne Damen hinein, sagte Onkel Helmuth sehr freundlich guten Tag und setzte sich mit ihm hin. Es begann nun eine etwas stockende Konversation, die Kaiserin ein wenig verlegen, was ihr reizend stand, sehr liebenswürdig und herzlich, und wenn sie spricht, mit einem außerordentlich gewinnenden Zug im Gesicht. Sie sieht sehr gut aus, sehr wohl und frisch. Sie hat sehr schöne Hände, und ihre Bewegungen sind alle voll Grazie und Anmut. Sie fragte gleich nach Dir und den Kindern und plauderte, nachdem die erste Verlegenheit überwunden, sehr hübsch und harmlos.

Dann kam der Kaiser, der erst Onkel Helmuth begrüßte und dann auf mich zukam, der ich mich in eine Ecke gedrückt hatte. Ich sprang ihm nun sofort mit meiner Meldung ins Gesicht, meldete mich: «Durch Ew. Majestät Gnade zum Major befördert», wobei er mich während der ganzen Zeit an der Hand hielt. – Dann sagte er: «Mein Gott, Sie sind auch schon Major? Man wird alt, wenn ich denke, wie ich Sie noch als ganz jungen Dachs beim Regiment gekannt habe. Na, ich gratuliere Ihnen.» Wir gingen dann gleich zu Tisch. Die Tafel war in einem kleinen Saal serviert, dessen offenstehende Flügeltüren über eine Terrasse hinweg einen herrlichen Blick über den tiefblauen See und das gegenüberliegende Ufer gewährten. Es war prachtvolles Wetter, warm, windstill und ganz heller Sonnenschein. – Der Kaiser saß mit dem Gesicht nach der offenen Tür, die Kaiserin ihm gegenüber rechts vom Kaiser die Gräfin Brockdorff, dann ich. Links die Gräfin Keller, dann Bissing. Onkel Helmuth links von der Kaiserin, rechts von ihr der Oberst v. Villaume, Militärattaché in Petersburg, der mit uns gekommen war. Dann Lyncker und auf der anderen Seite der Flügeladjutant Sr. Majestät v. Scholl. Das war die ganze Tafelrunde. Der Kaiser war sehr lebhaft und angeregt, sprach viel. Er sieht sehr gut aus. Das Gesicht ist markierter geworden und männlicher, die großen blauen Augen noch größer wie früher. Gegen Ende des Menüs sagt die Kaiserin: «Du, Wilhelm, die Jungens könnten wohl kommen und dem Feldmarschall guten Tag sagen.» «Ja, natürlich», erwidert der Kaiser. Dann zu mir: «Sagen Sie mal, Julius, der Feldmarschall hat doch eine Mütze mit?» «Jawohl » – Sie wird gebracht; wir stehen auf und gehen auf die Terrasse, wo ein Tischchen mit Zigarren hingesetzt und der Kaffee serviert wird. – Dann kommen die Jungens! Vier an der Zahl. Die drei ältesten in Samtanzügen mit kleinen Helmen mit Haarbüschen auf. Baby Wilhelm August im weißen Kleidchen und nackten Beinen. Reizende gesunde Kinder, die uns allen die Hand geben und sich dann sofort um Onkel Helmuth gruppieren. Der Älteste hat ganz die Augen des Vaters, ein feines Gesichtchen, etwas blaß; der zweite mit seinem Lockenkopf ist hübscher, ebenso der dritte, das Prachtstück aber Nr. 4, der von seinen Brüdern sehr verzogen wird. Mama findet, daß es für seine übrigens strammen Beinchen zu kalt sei, und sofort entsteht ein Wettrennen nach Hut und Mantel für Baby, aus dem der Älteste als Sieger hervorgeht und sehr stolz mit beiden Sachen antritt, noch ganz außer Atem. Baby wird nun von der Mama angezogen, die Brüder wollen zuknöpfen, er wird umgestoßen, fällt auf die Nase, macht ein schiefes Mäulchen, wird aber sofort von den Brüdern wieder auf die Beine gestellt, abgeklopft und getröstet. Dabei ist weder eine Kinderfrau noch irgendein dienstbarer Geist zu sehen. Die Jungens sind ganz mit ihren Eltern allein. – Der Kaiser steht mit der Zigarre im Munde lachenden Gesichts dabei und freut sich riesig über die Rangen! Es ist eine reizende Familienszene. – Plötzlich stürmt die ganze Gesellschaft auf den Kaiser ein: «Papa, dürfen wir unsere Gewehre holen?» Die Erlaubnis wird gegeben, und nun kommen sie mit feierlichem Ernst und Gewehr im Reihenmarsch an. Baby hat noch kein Gewehr und versucht, ohne dies Tritt zu halten, wird aber von den Brüdern als Posten zur Seite gestellt, wodurch er unschädlich gemacht wird. Nun läßt Onkel Helmuth die drei Ältesten antreten und Wendungen machen, die gewissenhaft ausgeführt werden, dann marschieren sie unter dem Kommando von Bissing, der als Kavallerist Kavalleriekommandos abgibt und dafür von dem kleinen Kronprinzen rektifiziert wird. Dann wird Wache gemacht und an den Kaiser die Aufforderung gerichtet: «Papa, geh einmal vorbei, damit wir heraustreten können.» Schließlich wird Villaume arretiert, einer geht vorne, einer hinten mit gespanntem Gewehr. Er reißt aus, die beiden hinterher, er wird am Kopf verwundet (natürlich fingiert) und muß sich mit seinem Taschentuch verbinden. Dann wird er an die Wand gestellt und zwei Stühle vor ihm, so ist er im Schilderhaus gefangen. «Du darfst als Gefangener nicht rauchen», sagt Nr. 1, er muß seine Zigarette wegwerfen. – Die Kaiserin sieht mit seligem Lächeln auf ihre hübschen Kinder, deren Wangen glühen und deren Augen vor Vergnügen strahlen. – So geht die Zeit hin, bis ich plötzlich sehe, wie mir ein Lakai energisch zuwinkt. Es ist Zeit abzufahren. Ich avertiere Onkel Helmuth, der nicht weg will, bis ihm der Kaiser zu Hilfe kommt und ihm adieu sagt. «Es war sehr liebenswürdig von Ihnen, daß Sie herausgekommen sind.» Mir gibt er wenigstens dreimal die Hand: «Adieu, lieber Julius, grüßen Sie Ihre Frau schön.» Auch die Kaiserin gibt mir die Hand und sagt mir dasselbe: «Grüßen Sie Ihre Frau herzlich.» – Onkel Helmuth ist in heiterster Dejeunerstimmung, hält Frl. v. Gersdorff für die Kaiserin, will ihr die Hand küssen und frägt dann: «Wo ist die Prinzeß?» Dabei steht die Kaiserin einen Schritt hinter ihm und sagt: «Hier bin ich.» – Das tut aber alles nichts, alles wird harmlos genommen, und wir ziehen ab. – Der Lakai ist in allen Zuständen, denn der Zug geht in zehn Minuten. Ich versuche Onkel Helmuth zu etwas größerer Eile zu veranlassen, aber er fängt auf dem Vestibül noch eine längere Konversation mit Major v. Scholl an, steckt sich seine Zigarre wieder an und erklärt, wir haben noch lange Zeit. Endlich kommen wir in den Wagen, der nun wie rasend mit uns abfährt. Wir müssen durch ganz Potsdam durch, wie wir an den Lustgarten kommen, haben wir noch zwei Minuten. Ich rufe es dem Kutscher zu, und Onkel Helmuth erklärt mit größter Gemütsruhe: «Wir kommen sicher zu spät.» – Der Zug will gerade abfahren, wie wir vor dem Perron halten. Onkel Helmuth wird erkannt, die königliche Equipage war schon gesehen worden, und es wird, da alle Coupés voll sind, noch ein Wagen angehängt, in den wir steigen. Kaum sitzen wir, so geht es los, und Onkel Helmuth meint: «Das haben wir gerade richtig abgepaßt!»

Generalstab Berlin, 12. August 1889

Um 5 Uhr fuhren wir, Onkel Helmuth und ich, mit Graf Waldersee nach dem Tiergarten-Bahnhof, wo bald nach uns der Kaiser ankam in österreichischer Uniform, die ihn gar nicht kleidet. Er sieht geradezu schlecht darin aus, sonst sehr blühend, ganz braun und verbrannt, außerordentlich gesund. Er begrüßte Onkel Helmuth, der sich bei ihm meldete, sehr herzlich und sprach lange mit ihm. Prinz Heinrich war auch da. Dann kam der Kaiser von Österreich, sehr gut aussehend, mit blühender Gesichtsfarbe und eleganter Figur, der Herzog von Este ebenfalls ausgezeichnet aussehend. Wir fuhren dann unter den üblichen Hurras die Linden hinauf bis zum Schloß, wo Onkel Helmuth sich einschrieb. – Heute abend sollen wir zum Zapfenstreich, morgen um 7 Uhr zum Diner, übermorgen nach Babelsberg.

Generalstab Berlin, 13. August 1889

Wir waren gestern abend im Schloß zum Zapfenstreich, der wunderhübsch war und in allen seinen Teilen außerordentlich glückte. Der Kaiser von Österreich sagte Onkel Helmuth, daß er ihn zum Chef des 71. Regiments (österr.) gemacht habe. Ich stand zu weit, um genau verstehen zu können, hörte aber, daß von Regiment pp. die Rede war, und sah auch, daß Onkel Helmuth eine seiner zweifelhaften Verbeugungen machte, die er immer macht, wenn er nicht recht verstanden hat. Der Kaiser von Österreich stand eine Weile mit etwas verlegenem Gesicht vor ihm und ging dann weg. Ich fragte nun Onkel Helmuth, ob ihm nicht der Kaiser ein Regiment verliehen habe, und er antwortete mir ganz gleichgültig: «Jawohl.» – «Welches denn?» «Ja, das hab' ich nicht verstanden». Ich erkundige mich also bei dem österreichischen Flügeladjutanten, und er sagt mir, es ist das 71. Regiment, ein sehr schönes ungarisches Regiment. Der österreichische Militärbevollmächtigte geht nun zu Onkel Helmuth und gratuliert ihm und sagt, er freue sich so sehr, Onkel Helmuth nun als Mitglied der österreichischen Armee begrüßen zu können. Onkel Helmuth sieht ihn ganz wild an und sagt: «Was meinen Sie?» Er wiederholt es. Onkel Helmuth steht auf und sagt: «Mich? Wie meinen Sie das?» Steininger sagt: «Exzellenz, Se. Majestät der Kaiser hat Ihnen doch das 71. Regiment verliehen.» – «Mir? Denkt gar nicht dran.» – Schließlich kommt es heraus, daß er verstanden hat, der Kaiser von Österreich habe ihm erzählt, daß er unserem Kaiser ein Regiment verliehen habe. Onkel Helmuth ist nun ziemlich verzweifelt, daß er kein

Wort des Dankes gesagt hat. Ich bitte Graf Wedell, es dem Kaiser mitzuteilen, daß der Feldmarschall ihn mißverstanden habe und daß er bitte, seinen Dank noch nachträglich zu Füßen Sr. Majestät legen zu dürfen. Dies geschieht denn auch. Der Kaiser steht noch einmal auf und geht zu Onkel Helmuth hin, der sich nun gebührend bedankt. Von dem Kaiser ist dieser Akt der Gnade gegen seinen alten Gegner und Besieger wirklich großartig, um so mehr, da es ein in Österreich sehr seltener Fall ist, daß ein Ausländer und nicht Prinz ein Regiment bekommt. – Die österreichischen Herren, die alle einen sehr angenehmen Eindruck machen, sind voll Kampflust. Bismarck soll dagegen aus allen Tonarten die Friedensschalmei blasen. Er war auch mit zum Empfang, sah aber blaß und elend aus.

Generalstab Berlin, 18. November 1889

Ich bin heute um 11 Uhr mit Onkel Helmuth im Exerzierhause des 2. Garde-Regiments bei der Vereidigung der Rekruten der Berliner Garnison zugegen gewesen, bei welcher Gelegenheit Onkel Helmuth sich bei dem Kaiser meldete. – Es war ein ganz feierlicher Akt. Das Exerzierhaus mit Fahnen und Schilden geschmückt, in der Mitte unter einem Purpurbaldachin ein Feldaltar aufgeschlagen, von dem aus erst der protestantische, dann der katholische Garnisonspfarrer eine Ansprache hielt. – Sämtliche Generale der Garnison und alle Fahnen waren zugegen. Der Kaiser sah sehr frisch und gut aus. – Einen Nachgeschmack unserer zerrissenen politischen Verhältnisse bekam man bei Verlesung der verschiedenen Eidesformeln. Da schwuren erst die preußischen Untertanen a) evangelischer, b) katholischer Religion. Dann die Braunschweiger, dann die Württemberger, dann die Untertanen der übrigen kleinen Bundesstaaten, zuletzt die Elsaß-Lothringer, alle ihren besonderen Eid!

Generalstab Berlin, 24. November 1889

Gestern haben wir eine recht mäßige Aufführung des "Lohengrin" gehört. E. mit zuletzt gänzlich versagender Stimme als Lohengrin und eine Frau P., die ich nach ihrer entsetzlichen Aussprache als Engländerin oder Amerikanerin taxiere, gab die Elsa. – Es war jammervoll. Diese Dame hatte einen riesigen Mund, den sie beim Singen so weit aufriß, daß man ihr mit dem Opernglas über eine gewaltige Zunge hinweg bis hinten in den Gaumen sehen konnte. Gleich wie sie anfing: «Mein armer Bruder!» schnappte ihr der Ton über, in allen Bewegungen war sie ungraziös, maniriert unnatürlich und unschön, von dem Wesen der Rolle hatte sie keine Ahnung, es war wirklich schrecklich. Das Orchester bald schleppend, bald in solcher Stärke, daß man von dem Gesang auf der Bühne gar nichts hörte, nur das Auf- und Zuklappen von Elsas riesigem Mund sah, wenn sie nicht gerade in Momenten der Erregung, die sie dadurch veranschaulichte, daß sie mit dem ganzen Kopf zwischen den hochgezogenen Schulterblättern verschwand, so daß man nur eine rote Perücke mehr sah, dem Publikum auch diesen Genuß entzog. Nein, unsere Oper ist wirklich geradezu haarsträubend miserabel.

Generalstab Berlin, 27. November 1889

Onkel Helmuth und ich fahren morgen nach Prutz. – Wir haben jetzt eine recht interessante Lektüre – die "Errichtung des deutschen Kaisertums durch Wilhelm I." von Heinrich von Sybel. Hübsch und interessant geschrieben und aus den Staatsarchiven zusammengestellt.

Kiel, Königliches Schloß, 3. April 1891

Heute morgen um 10 Uhr war Parade der Matrosendivision und des Seebataillons sowie eines Bataillons 85er. Nach dem Parademarsch versammelte der Kaiser die Offiziere und sprach seine Anerkennung über die Parade aus. Dann fuhr er etwa folgendermaßen fort: «Ich habe beschlossen, der Marine einen neuen Beweis meines Wohlwollens zu geben, um dieselbe zu ehren und um ihr einen neuen Ansporn zu verleihen zu immer erneutem Streben und nicht ermattender Tätigkeit und Arbeit. Der Generalfeldmarschall Graf von Moltke hat von jeher ein lebhaftes Interesse der Marine entgegengebracht, und der gewaltige Heerführer hat es nicht verschmäht, unserer wenig zahlreichen und noch im Entstehen begriffenen Flotte immer wieder sein Wohlwollen und seine Sympathie zu zeigen. Um die Marine zu ehren, indem ich Se. Exzellenz den Herrn Feldmarschall in eine noch nähere Beziehung zu derselben bringe, stelle ich Se. Exzellenz hiermit à la suite des 1. Seebataillons, und ich bitte Ew. Exzellenz, Ihre Befehle für das Bataillon erteilen zu wollen.» – Onkel Helmuth war sehr überrascht, hatte aber glücklicherweise, da er neben dem Kaiser stand, verstanden, was er sagte, und machte seine Sache sehr gut. Das Bataillon präsentierte, Onkel Helmuth ließ sich das Offizierkorps vorstellen und ging die Front ab, dann ging er auf den Kaiser zu und dankte ihm für den neuen Beweis seiner Gnade. Hierauf trat der Chef der Admiralität, Admiral Goltz, vor die Front und teilte dem Bataillon mit schallender Stimme mit, was geschehen, schloß mit einem Hoch auf den Kaiser, in das alle, auch das zu Hunderten auf den Dächern und in den Fenstern der umliegenden Häuser gedrängte Publikum (die Parade fand auf dem Kasernenhof der Marine statt) einstimmte. Dann folgte ein Gefechtsexerzieren einer Matrosenkompagnie mit Platzpatronen, was in dem von hohen Kasernen umgebenen Hof gewaltig knallte, und schließlich ein Frühstück im Marinekasino, bei dem der Kaiser eine lange Rede hielt. Der Admiral Goltz ließ dann Onkel Helmuth leben, indem er an ein Wort desselben erinnerte, das er gelegentlich der Anlage der Kieler Hafenbefestigungen gesprochen habe: «Sie sollen hinausfliegen, meine Herrn, damit Sie dies können, bauen wir Ihnen ein sicheres Nest, in das Sie zurückkehren können.» – Wir saßen gegen zwei Stunden bei Tisch, worauf wir ins Schloß zurückfuhren. Nachmittags versuchte Onkel Helmuth mit mir einen Spaziergang auf der vom Schloß am Hafen hinlaufenden Promenade, mußte denselben aber sehr bald wieder aufgeben, vertrieben von dem schneidenden Ostwind und den in Haufen uns folgenden Neugierigen.

Onkel Helmuth befindet sich sehr wohl. Er ißt mit einem riesigen Appetit und hat Interesse für alles.

Kiel, Königliches Schloß, 7. April 1891

Gestern haben wir, leider bei schlechtem Wetter, kaltem Wind und anhaltendem, wenn auch nicht starkem Regen eine Tour nach dem im Bau befindlichen Nord-Ostsee-Kanal unternommen. Zunächst fuhren wir per Wagen nach einem kleinen, in der Nähe von Holtenau gelegenen Ort, wo drei kleine Dampfer bereit lagen, uns aufzunehmen. Der Kaiser kam fünf Minuten nach uns an. Onkel Helmuth war in der Uniform des Seebataillons. – Wir schifften uns ein und fuhren zunächst auf dem alten Eider-Kanal los. Voran ein kleiner Polizeidampfer, dann die Dampfbarkasse mit Sr. Majestät, dem Prinzen Heinrich, dem Chef der Admiralität Goltz und dem Staatsminister v. Bötticher, der zu dieser Fahrt von Berlin gekommen war. Dann folgten wir anderen auf einer größeren Dampfbarkasse. – Der alte Eider-Kanal, der vor etwa hundert Jahren von der dänischen Regierung gebaut worden ist, ist in seiner Weise ein recht großartiges Werk. Wenn man bedenkt, daß damals ohne Hilfe der Maschinen der Jetztzeit gearbeitet werden mußte, daß die ganze zum Teil bedeutende Erdbewegung nur mit dem Spaten und der Schubkarre, nur mit Menschenhänden zustande gebracht worden ist, so kann man wohl sagen, daß diese Arbeit, mit dem Maße ihrer Zeit und ihrer Verhältnisse gemessen, der jetzt von uns unternommenen nicht viel nachsteht. – Der alte Kanal folgt meist dem Lauf der Eider, die ausgegraben und vertieft, an vielen Stellen auch gerade gelegt worden ist. Er steigt mit drei Schleusen über die Wasserscheide und bietet nur kleineren Küstenfahrzeugen die Möglichkeit der Passage. Er ist vielfach gewunden und gekrümmt und vermeidet möglichst das Durchschneiden bedeutender Bodenhebungen.

Der neue Kanal folgt zum Teil seinem Zug, schneidet aber überall die Krümmungen ab und stellt sich dar als eine ziemlich gerade, im ganzen etwas gegen Norden gekrümmte Linie. Er beginnt bei Holtenau im Kieler Hafen und mündet in der Nähe von Brunsbüttel in den Unterlauf der Elbe.

Die Arbeit ist sehr verschieden vorgeschritten, einzelne Strecken sind ganz fertig, andere erst eben begonnen. Der Kanal bekommt eine obere Breite von fünfundneunzig Metern, also hundert Schritten, so daß überall zwei Schiffe einander begegnen und vorbeipassieren können. Es ist eine ganz gewaltige Arbeit, die zurzeit siebentausend Arbeiter und eine Unzahl von Maschinen, hauptsächlich Grund- und Trockenbagger, beschäftigt. Sehr interessant ist eine Strecke, wo der Kanal ein flüssiges Moor durchschneidet. Da hier die Böschungen bei einfachem Ausstechen immer wieder nachsinken und die Tiefe wieder füllen würden, werden zunächst auf beiden Seiten in der Breite des projektierten Ausstichs gewaltige Sand- und Kiesdämme geschüttet. Das Material wird von anderen Stellen entnommen, wo durch hohes Land durchgestochen wird. Beiderseits sind provisorische Eisenbahnschienen gelegt, auf denen mit kleinen Lokomotiven der ausgehobene Boden angefahren wird. Der Ausstich erfolgt meistens mit Trockenbaggern, die den Boden ausheben und direkt in die Eisenbahnloris schütten. Ist ein Waggon vollgeladen, schiebt sich der ganze Bagger, der ebenfalls auf Schienen geht, um einen Wagen weiter und ladet so einen Zug von zwanzig Wagen in etwa zehn Minuten voll. Der Zug fährt nun bis dahin, wo der Damm geschüttet werden soll, worauf alle Wagen an der Seite geöffnet und umgestürzt werden. Der auf diese Weise gebildete Damm sinkt in das flüssige Moor ein, das sich zwischen den beiden Dämmen vollständig heraushebt, von dem Druck derselben, und dann wird zwischen den so erst geschütteten Dämmen der eigentliche Kanal ausgestochen, dessen Ufer nun stehen. – An einer anderen Stelle sahen wir einen sogenannten Spritzbagger. Der arbeitet folgendermaßen: Er hebt vom Grunde unter Wasser den Boden aus, bringt ihn nach oben, wo er durch dieselbe Maschine, die gleichzeitig ein Wasserpumpwerk bewegt, mit Wasser zu einem ganz dünnen Brei gemischt wird, der dann wiederum durch eine Leitung auf ein abseits gelegenes sumpfiges Terrain abfließt. Das Wasser staut sich hier auf, setzt den mitgeführten Boden ab und fließt seinerseits über ein Wehr wieder ab. Auf diese Weise wird nicht nur der Transport des ausgehobenen Materials erspart, sondern gleichzeitig ein nicht benutzbares Stück Land in guten kulturfähigen Boden umgeschaffen. – Ich mußte bei allen diesen großartigen Arbeiten an den zweiten Teil des «Faust» denken. – Wieder an einer anderen Stelle sah man von der Böschung einer durchstochenen Bodenwelle auf ein Stück ausgehobenen Kanal, der noch trocken lag, wie in ein tiefes Tal hinab. Ameisenartig arbeiteten die Menschen da unten, keuchten und pfiffen die Lokomotiven und ächzten die Trockenbagger. – Alle diese Bagger sind groß wie Häuser, und alle natürlich arbeiten mit Dampfkraft. – Sieben Millionen Kubikmeter Erde sind etwa zu bewegen. – Die ganze Strecke ist in sogenannte Lose eingeteilt, die an Unternehmer vergeben sind. Einer derselben hat allein vier Millionen Mark in Arbeitsmaterial stecken. Jedes Los steht unter einem Baubeamten, der die Arbeiten kontrolliert und leitet. Für die Arbeiter sind Baracken aus Wellblech gebaut, kleine, einzeln liegende Häuschen mit je zwei Zimmern, hell und freundlich. Die Verpflegung dieser Armee von Arbeitern wird von der Kanal-Bauinspektion geleitet. Der Mann hat Wohnung, Morgenkaffee und Mittagsbrot für 60 Pfennig täglich, er bekommt 3 Mark Lohn, so daß er also täglich nach Bezahlung seiner Bedürfnisse 2,40 Mark erübrigen kann. – Natürlich mußten wir, um all dies zu sehen, wiederholt aus- und wieder einsteigen, was bei dem feinen Regen, der anfing zu fallen, nicht gerade angenehm war. – Onkel Helmuth hat aber alles sehr gut überstanden und ist ganz wohl.

Bei der Stadt Rendsburg gingen wir durch die Schleuse des alten Eider-Kanals, die an beiden Seiten von Hunderten von Menschen besetzt war, und fuhren noch ein ganzes Stück auf die Untereider hinaus, drehten dann um und kamen um 5 Uhr in den auf dem Rendsburger Bahnhof bereitstehenden kaiserlichen Sonderzug, der uns nach Kiel zurückführte. – Heute morgen waren Onkel Helmuth und ich beim 1. Seebataillon, wo er die Kaserne besichtigte und mit dem Offizierkorps frühstückte, auch ließ er sich mit den Herren zusammen photographieren, zu deren größter Freude. – Dann fuhren wir spazieren und kamen um 1 Uhr zum Frühstück ins

Schloß zurück. Nach demselben waren wir auf der «Moltke», die heute morgen in Dienst gestellt wurde, wo wir eingehend das ganze Schiff besichtigten, das in drei Tagen in See gehen soll. – Es ist ein schönes stolzes Schiff mit 3 Masten und 2 Schrauben, ganz weiß gestrichen, führt 12 schwere Geschütze und 430 Mann Besatzung. Unter dem Bugsprit ist Onkel Helmuths Kopf in riesiger Größe angebracht und die Mannschaft trägt den Namen «Moltke» auf der Mütze.

Neues Palais, 15. Mai 1891[23]

Der Kaiser war sehr gnädig und gütig gegen mich, ich mußte ihm noch viel von Onkel Helmuth erzählen. Ebenso die Kaiserin.

Berlin, 7. November 1891

Um 5 Uhr hatte der Kaiser sich bei dem Reichskanzler zu Tisch angesagt, und wir fuhren um 4 1/4 Uhr mit Sonderzug nach Berlin. Ich aß zum erstenmal in den Räumen, in denen mir noch der Geist des gewaltigen Vorgängers zu wehen schien. Was haben diese Zimmer alles erlebt! Auch dem Kaiser kamen die Erinnerungen mächtig herauf, und wie wir wegfuhren, sprach er sich mir gegenüber wieder einmal mit großer Offenheit aus, voll Bitterkeit und rechtem Herzenskummer über die trüben Erfahrungen, die er mit krassem Undank gemacht hat. Er tat mir so leid, denn kaum jemand versteht es, wie tief ihn das Zerwürfnis mit Bismarck berührt und wie innerlich er den Bruch empfindet.

Wartburg, 23. April 1892

Der Großherzog hat die Burg, die arg zerfallen war, mit großer Pietät restaurieren lassen. Alles, was zu erhalten war, ist erhalten und das Neue genau nach den alten Meistern angefügt. Man glaubt mitten in das Mittelalter hineinzutreten, wenn man das niedrig gewölbte Tor durchschritten hat und nun auf den, von gewachsenem Fels gebildeten Burghof tritt. – So stand die Burg da, wie unter der Regierung des Landgrafen Philipp und der heiligen Elisabeth die Minnesänger aus allen deutschen Gauen zu ihr hinaufzogen, um in dem Festsaal den Sängerkrieg mit Sang und Harfenspiel auszufechten. Das sind die Schwellen, die Heinrich von Ofterdingen, Hartmann von der Aue, Walther von der Vogelweide und Tannhäuser überschritten, das ist derselbe Saal, in dem ihre Weisen ertönten und Widerhall weckten, soweit die deutsche Zunge klang. – Dies ist das Frauengemach, in dem die heilige Elisabeth lebte, da steht die alte Truhe, in der sie das Brot und den Wein für ihre Armen aufbewahrte, das sich in ihrem Korbe in Rosen verwandelte, als der Gemahl sie wegen ihrer verschwenderischen Milde hart anließ. Noch tragen dieselben Säulen die Wölbungen, die sich damals über ihr wölbten, und auf dem zerschlissenen Estrich hat ihr Fuß gewandelt. – Leider reicht meine Zeit nicht aus, um alles zu schildern. Der Großherzog sagte mir aber gestern: «Sagen Sie Ihrer Frau Gemahlin, ich lüde sie ein, mit Ihnen zusammen mich auf der Wartburg zu besuchen. Grüßen Sie sie sehr von mir.»

Weimar, 10. Oktober 1892

Die wenigen freien Stunden, die mir blieben, habe ich benutzt, um mir das Goethe-Haus und die von ihm eingerichtete Bibliothek anzusehen. Das Sterbezimmer, ein kleiner, nach dem Garten zu gelegener Raum, in dem ein Bett mit groben Laken, der vor dem stehende Lehnstuhl, in dem Goethe starb, sein ganz kleiner Waschtisch mit einfachster Waschschüssel und einem braunen irdenen Wassergefäß stehen, ist völlig so erhalten, wie es war. Ein feierliches Gefühl überkommt einen, wenn man in dieses Kämmerchen eintritt, in dem nicht einmal ein Ofen steht, und dies schmucklose, fast ärmliche Zimmer betrachtet, in dem einer der größten Geister sich von der irdischen Hülle loslöste. Das danebenliegende Arbeitszimmer zeigt dieselbe Einfachheit. Steife gradlinige Möbel ohne jede Verzierung, ohne jeden Komfort. Die reichbelebte geistige Welt, in der er lebte, ließ ihn wohl keinen Wert auf die Äußerlichkeiten legen. Gerne hätte ich stundenlang in diesen Räumen geweilt, in denen alle von ihm angelegten und selbst geordneten Sammlungen aufbewahrt werden, aber die Zeit war knapp bemessen, und ich mußte mich mit flüchtigem Durchwandern begnügen.

Berlin, 15. Dezember 1892

Daß Du offenen Sinn hast für die schönen alten Erinnerungen, an denen Weimar so reich ist, weiß ich ja und kann mir Dein heiliges Gruseln vorstellen, mit dem Du die Stätten betrittst, über denen noch ein Hauch der großen Geister schwebt, die dort gelebt und – wie Du meinst – gelitten haben. Gewiß haben sie gelitten, wie hätten sie sonst so Großes schaffen können. – Wie der Mensch mit Schmerzen geboren wird, so gehen auch seine besten geistigen Schöpfungen aus Leid und Schmerz hervor, und was er selber durchlitten hat, wird zur Wohltat für die Mitmenschen. – Die äußere Umgebung dieser Geistesheroen war schlicht und einfach, sie bauten sich ihre Tempel im Inneren, der Mann, der einen «Faust» empfinden und ausdrükken konnte, ist auch nicht vorstellbar inmitten der Bequemlichkeiten unseres modernen Lebens.

KABINETTSORDER.

Ich habe Sie heute zum Oberstleutnant befördert, und gereicht
es Mir zum Vergnügen, Ihnen dies hierdurch bekanntzumachen.
Berlin, den 27. Januar 1893.

Wilhelm R.

An Meinen diensttuenden Flügeladjutanten, Major v. Moltke.

KABINETTSORDER.

Ich ernenne Sie hierdurch zum Kommandeur
der Schloßgarde–Kompagnie.
Potsdam, den 9. Februar 1893.

Wilhelm R.

An Meinen Flügeladjutanten, Oberstleutnant v. Moltke.

Schloß Urville, 3. September 1893

Wir haben eine vollgepfropfte Zeit hinter uns, und es wird ja noch vierzehn Tage so weitergehen. – Die Beleuchtung des Rheins in Koblenz am 1. September war wunderbar schön. – Von Trier haben wir nicht viel gesehen, sind nur durchgeritten, unter anderem auch durch die berühmte Porta nigra, eins der schönsten Bauwerke altrömischer Zeit. – Heute morgen sind wir von Koblenz nach Metz gefahren, wo großer Feldgottesdienst stattfand. Dann ritten wir mit dem Kaiser an der Spitze der gesamten Garnison nach Metz hinein bis auf die Esplanade, wo der Kaiser unter dem Denkmal des alten Kaisers Wilhelm die Truppen an sich vorbeimarschieren ließ.

Man hat von dort oben einen herrlichen Blick auf das Moseltal und die dahinter liegende imposante Höhe des Mont St.-Quentin, ein großartiges Panorama. – Die Beteiligung der Bevölkerung in Metz war mäßig, es waren nicht allzuviel Leute auf den Straßen. Die Fenster dünn besetzt, von der Landbevölkerung fast nichts zu bemerken, dennoch wurde mir gesagt, daß die Beteiligung eine viel regere sei als beim letzten Kaiserbesuch.

Von Kurzell bis hier ans Schloß fährt man keine zehn Minuten. – Die ganze Chaussee war dicht besetzt mit Schulen, Vereinen pp., alle mit deutschen Fahnen und Fähnchen, aber natürlich alles gelieferte Ware. Hier war auch ein größerer Teil der Landbevölkerung zusammengeströmt, der sich spontan an den Huldigungen beteiligte.

Schloß Urville, 5. September 1893

Heute haben wir den ersten Manövertag gehabt. Die Übungen sind sehr interessant. Es klingt merkwürdig, wenn der Kaiser an einer Gruppe Landleute vorbeikommt und dieselben mit Begeisterung «vive l'empereur!» rufen. – Die frische und schöne Erscheinung des Kaisers wirkt sichtlich auf die Leute. Alles spricht hier französisch, und die Leute sehen aus wie Stockfranzosen, Blusen, Jabots und weiße Hosen.

Schloß Urville, 8. September 1893

Es ist 4 Uhr morgens, ich sitze mit Säbel und Schärpe bei der Lampe, um das Tagwerden abzuwarten. Der Kaiser führt heute die zu einem Kavalleriekorps vereinigten beiden Kavalleriedivisionen, und wir sind heute Zuschauer, da er einen Kavalleriestab hat. Wir sind diese Tage sehr matinös, jeden Morgen um 3 Uhr auf und abends nicht vor 11 oder 12 Uhr zu Bett. – Der Kaiser führte gestern das XVI. Korps. Unsere Pferde, Schwadronspferde, sind sehr abgetrieben, der Boden ist ungemein schwierig für sie, steinhart mit großen festen Klumpen und Geröllsteinen, dabei immer bergauf und -ab. Ich staune oft über die Leistungsfähigkeit der Pferde, die zum Teil erst bei Dunkelwerden ins Biwak kommen und morgens um 2 Uhr wieder gesattelt werden, um den ganzen Tag unter dem Sattel zu bleiben ohne Futter und Tränke.

Schloß Karlsruhe, 12. September 1893

Übermorgen ist der letzte Manövertag hier, dann kommen noch die beiden Tage in Stuttgart, und dann ist das Manöver vorübergeflogen, kann ich wohl sagen. Es kommt mir vor, als ob wir eben erst mit demselben angefangen hätten, mich hat noch kaum ein Manöver so interessiert wie das diesjährige. Die nicht unbedeutenden körperlichen Anstrengungen bekommen mir ausgezeichnet, ich fühle mich wohl und frisch und könnte noch Wochen so aushalten.

Besuch des Fürsten Bismarck bei Sr. Majestät dem Kaiser in Berlin am 26. Januar 1894[24]

Am Freitag, den 26. Januar 1894, mittags 1 Uhr, war das Hauptquartier Sr. Majestät des Kaisers und Königs nach dem Berliner Schloß, Portal 5, bestellt, um daselbst bei der erwarteten Ankunft des Fürsten Bismarck anwesend zu sein. Es waren zugegen der Kommandant des Hauptquartiers, General v. Plessen, die Flügeladjutanten Kapitän zur See v. Arnim, Oberstleutnant v. Scholl, v. Arnim II, v. Moltke[25], Major v. Jakobi. Der Oberst v. Kessel, Kommandeur des 1. Garderegiments, war ebenfalls von Sr. Majestät zum Empfang befohlen worden. Außerdem die Kabinettschefs General v. Hahnke, Admiral v. Senden, Geheimer Kabinettsrat v. Lucanus. Um dem Empfang den Charakter des Militärischen zu wahren, hatte Se. Majestät befohlen, daß die Offiziere im Dienstanzug, Achselstücke und hohe Stiefel, erscheinen sollten. Der Flügeladjutant Major Graf Moltke, den der Kaiser drei Tage vorher mit einem Handschreiben, in dem er den Fürsten einlud, als sein Gast nach Berlin zu kommen, nach Friedrichsruh geschickt hatte, war für die Anwesenheit des Fürsten zu ihm kommandiert und erwartete mit Sr. Königlichen Hoheit dem Prinzen Heinrich von Preußen[26], dem Kommandanten Oberst v. Natzmer und dem Gouverneur, Generaloberst v. Pape, die Ankunft des Fürsten auf dem Lehrter Bahnhof. Zur Vertretung des Grafen Moltke, welcher den 2. Dienst bei Sr. Majestät hatte, war ich kommandiert. Ich kam um 12 Uhr ins Schloß.

Vor dem Brandenburger Tor und Unter den Linden wogte bereits eine dichtgedrängte Menge, den Fürsten erwartend, und immer neue Scharen zogen auf der Charlottenburger Chaussee und aus den Nebenstraßen herbei. Überall sah man frohe, erwartungsvolle Gesichter. Das Wetter war schön, die öffentlichen Gebäude hatten auf Allerhöchsten Befehl geflaggt, viele Privathäuser waren festlich geschmückt. In der Einfahrt des Portals 1 im Schloß stand bei meiner Ankunft eine Deputation des 7. Kürassier-Regiments, bestehend aus dem Regimentskommandeur, Grafen Klinkowström, dem Rittmeister v. Zitzewitz, einem Leutnant und sechs Unteroffizieren im Paradeanzug mit Küraß, die Se. Majestät herbefohlen hatte, da er beabsichtigte, den Fürsten zum Chef dieses Regiments zu ernennen. Ich ging ins Adjutantenzimmer hinauf, wo Kapitän v. Arnim, welcher den 1. Dienst hatte, anwesend war. Schon um 12 1/2 Uhr meldete uns der Leibjäger, daß Se.

Majestät sich soeben durch den Nonnengang nach der für den Fürsten bereitgehaltenen Terrassenwohnung bei Portal 5 begebe. Wir eilten rasch hinterher und trafen den Kaiser auf der Theatertreppe. Se. Majestät trugen die Uniform der Gardes du Corps, blauen Waffenrock, hohe Stiefel, Achselstücke, Helm und Schärpe. Der Kaiser wollte gerade die Treppe hinaufsteigen, als wir ihn erreichten und Arnim ihn darauf aufmerksam machte, daß er im Gegenteil hinuntergehen müsse, um nach Portal 1 zu kommen. Er war augenscheinlich nervös und aufgeregt, gab keine Antwort, drehte kurz um und ging rasch die Treppe hinab, während wir ihm folgten. Unterwegs versuchte Arnim ein paarmal, einen Befehl von ihm zu erlangen, wann die Deputation der 7. Kürassiere vorgeführt werden sollte usw., erhielt aber nur kurze, abweisende und unfreundliche Antworten in ungeduldigem Ton. Wie wir in die Wohnung eintraten, waren Kammermädchen und Lakaien noch damit beschäftigt, Blumenkörbe und riesige Sträuße, die von vielen Seiten für den Fürsten abgegeben waren, in den Zimmern zu ordnen. Der Hausmarschall v. Lyncker lief ab und zu und beschleunigte die Arbeit. Der Teppich wurde gefegt und Tische abgewischt, allgemeine Unruhe herrschte, die noch erhöht wurde, als der Kaiser befahl, alle Blumen aus dem Wohnzimmer hinaus und in das Vorzimmer zu bringen, da der Geruch zu stark sei. Derselbe war in der Tat betäubend, die Fenster mußten geöffnet werden. Draußen vor der Rampe stand die Menge Kopf an Kopf, das dumpfe Brausen sich drängender Volksmassen tönte herein, man hörte das Stampfen der Pferde der berittenen Schutzmannschaft auf dem Asphalt. Die Mitte des Schloßplatzes war in breiter Ausdehnung frei gehalten, unter den Fenstern der Wohnung stand eine Kompagnie des 2. Garderegiments mit Fahne und Musik im Paradeanzug als Ehrenwache. Der Kaiser ging unruhig durch die Zimmer. Um ihn herum schleppten Bedienstete die Blumenkörbe und gingen Mädchen mit Staubbesen und Wischtuch, um Teppich und Möbel zu reinigen. Wir drückten uns in eine Ecke und sahen dem Gehaste zu. Endlich war Ordnung geschaffen, und die Leute wurden hinausgejagt. Nach und nach fanden sich die zum Empfang Befohlenen ein. Sie schoben sich hin und her, keiner wußte, wo wir Aufstellung nehmen sollten, und alles flüsterte leise. Der Kaiser sprach diesen und jenen hastig an, hatte aber keine Ruhe, brach kurz ab und ging wieder in ein anderes Zimmer. Plötzlich schritt er rasch auf den Ausgang zu und ging durch das Portal auf den Schloßplatz hinaus. Arnim und ich folgten. Der Kaiser ging an den rechten Flügel der Ehrenkompagnie heran, bot derselben guten Morgen und schritt die Front ab. Dann kehrte er ebenso rasch und ohne ein Wort zu sagen in das Schloß zurück. Dann befahl er, daß eine

Sektion von der Schloßwache die Rampe besetzen und keinen Menschen auf dieselbe hinauflassen sollte. Dies geschah. Es war schon vorher kein Mensch auf der Rampe gewesen. Jetzt traf auch der Oberhofmarschall Graf zu Eulenburg ein, ebenso die Kabinettschefs, als letzter, wie gewöhnlich, der General v. Hahnke. Der Kaiser hatte schon wiederholt nach jedem einzelnen gefragt, ob er noch nicht da sei. Es war inzwischen 1 Uhr geworden, und alle waren versammelt. Tags zuvor hatte der Kaiser befohlen, daß die beiden ältesten Prinzen von einem Flügeladjutanten bei Ihrer Majestät der Kaiserin abgeholt und nach Eintreffen des Fürsten zu seiner Begrüßung hinuntergeleitet werden sollten. Der General v. Plessen hatte den Oberstleutnant v. Scholl hierfür bestimmt. Dieser trat jetzt an den Kaiser heran und fragte, wann Se. Majestät befehle, daß die Prinzen geholt werden. Der Allerhöchste Herr wurde hierauf sehr ungehalten und sagte, er werde schon rechtzeitig befehlen, was geschehen solle, worauf Scholl sich stumm zurückzog. Der Oberhofmarschall traf inzwischen die näheren Anordnungen. Das Hauptquartier sollte sich im Vorzimmer aufstellen, um den Fürsten zuerst zu begrüßen; der Kaiser hatte befohlen, daß der General v. Plessen uns alle vorstellen solle. Se. Majestät verblieben im Vorzimmer. Der Fürst sollte hier alleine zu ihm eintreten. Auf einem Tisch des Vorzimmers lag ein großes Album, auf dessen Deckel in goldenen Lettern gedruckt war: «Der neue Herr». Es enthielt eine Sammlung von Photographien einer Reihe von Szenen aus diesem Schauspiel und mochte wohl schon Jahr und Tag dort gelegen haben. Ich schlug das Album auf und betrachtete das Bild. Es war die Szene, wo der Kanzler Graf Schwarzenberg vor dem Kurfürsten kniet, der, hochaufgerichtet, vor ihm steht. Ich machte den Grafen Eulenburg auf das Album aufmerksam, das hier so wenig à propos war, und er legte es sorgsam in eine Schublade. – Um 1.10 Uhr traf der General v. Plessen, der zum Empfang auf der Bahn gewesen war, mit der Meldung ein, daß der Fürst angelangt sei, daß in seiner Begleitung außer dem Dr. Schwenninger und dem Dr. Chrysander, die erwartet wurden, auch der Graf Herbert Bismarck[26] sich befinde, der nicht erwartet wurde. Dem Kaiser war dies augenscheinlich unangenehm. Er befahl, daß der Graf Herbert im Vorzimmer bleiben und nicht mit dem Fürsten zu ihm hineinkommen solle. Das Hofmarschallamt war in großer Aufregung, wie man sich mit diesem unerwarteten Fait accompli abfinden solle. Der Fürst konnte jetzt jeden Moment eintreffen. Wir hatten im Vorzimmer Aufstellung genommen und blickten in gespannter Erwartung durch das Fenster. Jetzt hörte man brausenden Jubel von den Linden herauftönen. In die vor dem Schloß gestaute Menge kam Bewegung, alles schob und drängte nach vorwärts, alle Köpfe waren der Schloßbrücke zugewandt, über die in schlankem Trabe, mit in der Sonne blitzenden Kürassen, die voranreitende Eskorte daherkam, dahinter der große, geschlossene Galawagen, in dem der Fürst mit dem Prinzen Heinrich[27] saß. Vor der Ehrenwache angekommen, schwenkte die Eskorte ab, der Wagen hielt, unterstützt von dem Prinzen Heinrich stieg der Fürst aus und ging auf den rechten Flügel der Kompagnie zu. Diese präsentierte, und in die jauchzenden Zurufe, den brausenden Jubel der Menge, die die Hüte schwenkte und mit Tüchern wehte, mischten sich die Klänge der Musikkapelle, die den Präsentiermarsch spielte. Während der Fürst mit seinem langsamen, schleppenden Schritt die Front der Kompagnie hinunterging, drückten wir die Nasen an die Fensterscheibe. Im Nebenzimmer, dessen Türen geschlossen waren, war der Kaiser allein. Was mag in diesem Augenblick durch die Seele des Monarchen gezogen sein, wie er den Mann, der ihm so bitter weh getan und dem er so großmütig verziehen, umtost von der Begeisterung Tausender an der Front seiner Garden dahinschreiten sah. Vier Jahre des Grolls lagen zwischen ihnen, und in wenigen Minuten sollten sie sich Auge in Auge gegenübertreten. Nachdem der Fürst die Front der Ehrenkompagnie abgeschritten, bestieg er, vom Prinzen Heinrich unterstützt, wieder den Wagen, der nach wenigen Augenblicken unter dem Portal des Schlosses hielt. Die Türen wurden geöffnet, und am Arm des Prinzen trat der Fürst in das Vorzimmer. Wir alle verneigten uns tief. Die mächtige Figur des Altkanzlers, der seinen sorgsamen Führer um Kopfeslänge überragte, schien ungebrochen, gerade und aufrecht, der runde Kopf mit den gewaltigen, von dichten Brauen überbuschten Augen war von blasser Farbe. Er überflog uns mit einem raschen Blick und nahm die Vorstellung durch den General v. Plessen entgegen, der unsere Namen nannte. Er begrüßte jeden von uns mit einer freundlichen Handbewegung. Dem Oberst v. Kessel gab er die Hand und sah ihm forschend ins Gesicht. «Kessel?» sagte er in fragendem Ton. «Mir scheint, Sie sind kleiner geworden seit damals.» Wie der General v. Plessen den Namen des Geh. Kabinettschefs v. Lucanus nannte, der etwas verlegen schien und sich sehr zurückhielt, machte der Fürst eine steife Verbeugung und sagte: «Ich habe schon von früher her die Ehre.» Nachdem die Vorstellung vorüber, nahm ein Lakai dem Fürsten den Mantel ab. Er hatte den dunklen Waffenrock der Kürassiere an, lange Beinkleider, und knöpfte ruhig an seinen Handschuhen herum. Seine Hände zitterten ein wenig, und er war augenscheinlich gespannt und aufgeregt. Der Prinz Heinrich trat nun an ihn heran und sagte: «Wollen Ew. Durchlaucht nun zu Sr. Majestät hereintreten.» Der Fürst verbeugte sich stumm.

Die Flügeltüren wurden geöffnet, und er trat über die Schwelle. Der Kaiser, welcher mitten im Zimmer stand, trat ihm rasch mit ausgestreckter Hand entgegen, die der Fürst, sich tief verneigend, mit beiden Händen ergriff. Da beugte der Kaiser sich vor und küßte ihn auf beide Wangen. Die Türen schlossen sich, die beiden waren allein. Draußen stand Kopf an Kopf. Die Menge war bis an die Rampe herangedrängt und schrie ihre unaufhörlichen Hochs, die Hüte wurden geschwenkt, mit den Tüchern gewinkt, und immer wieder erneuerten sich die Zurufe. Schließlich fing einer an «Deutschland, Deutschland über alles» zu singen, andere fielen ein, und bald scholl das Lied vielhundertstimmig empor, unterbrochen von immer wiederholten Hurras, sobald jemand sich am Fenster zeigte. – Nach etwa zehn Minuten öffnete der Kaiser wieder die Tür und befahl, daß die beiden ältesten Prinzen geholt werden sollten. Dann winkte er den Prinzen Heinrich hinein. Während Scholl ging, um die Prinzen zu holen, blieben wir im Vorzimmer im Gespräch mit dem Dr. Schwenninger und Herbert v. Bismarck. Dann kamen die Prinzen in der Uniform des 1. Garde-Regiments und mit dem Bande des Schwarzen-Adler-Ordens. Sie blieben etwa fünf Minuten im Zimmer des Fürsten und wurden dann von Scholl wieder zurückgeleitet. Nachdem abermals etwa zehn Minuten verstrichen waren, öffnete der Kaiser wieder die Tür, um uns zu entlassen. Sein Gesicht war hell und heiter, es lag auf demselben wie der Schimmer einer großen Freude. Während die übrigen Herren von den Hofmarschällen zum Frühstück hinausgeleitet wurden, gingen Arnim und ich auf das Adjutantenzimmer, um ebenfalls zu frühstücken. Dann zogen wir uns um zum Reiten. Der Kaiser hatte um 1/2 3 Uhr die Reitpferde bestellt. Im Portal 1 stand noch immer, nun seit über zwei Stunden, die Deputation des 7. Kürassier-Regiments. Erst nachdem das Frühstück beendet, hatte der Kaiser dem Fürsten die Kabinettsorder überreichen lassen, in der er zum Chef dieses Regiments ernannt wurde, und ihm die Deputation vorstellen lassen. Der Fürst soll tief gerührt und dankbar gewesen sein.

Der Fürst war inzwischen mit dem Kaiser und dem Prinzen Heinrich zu Ihrer Majestät der Kaiserin hinaufgegangen, um dieselbe zu begrüßen. Das Frühstück wurde von den beiden Majestäten, dem Prinzen Heinrich und dem Fürsten allein eingenommen.

Es wurde 1/2 4 Uhr, bevor wir abritten. Vor dem Schloß und Unter den Linden wogten noch immer die Menschenmassen hin und her. Wie sie des Kaisers ansichtig wurden, erhob sich ein unendlicher Jubel. Alles drängte ihm zu. Die Schutzmannschaft bemühte sich vergeblich, die Leute zurückzuhalten, die alle Schranken durchbrachen. «Hoch! edler Kaiser!» «Es lebe unser großmütiger Kaiser!» «Hoch! geliebter Kaiser!» scholl es von allen Seiten. Wir mußten rechts und links von Sr. Majestät reiten, um ihn einigermaßen frei zu halten. Die ganzen Linden hinunter begleitete uns der Jubel, direkt aus dem Herzen des begeisterten Volkes strömend. Auf der Charlottenburger Chaussee, wo der Kaiser, den Reitweg benutzend, anfing zu traben, rannten die Leute atemlos neben uns her und begleiteten uns mit ihren Rufen, eine ganze Wagenkolonne fuhr auf der Chaussee neben und hinter uns, und die Insassen wehten unermüdlich mit Tüchern und Hüten. Zuletzt hielten nur noch die Jungens aus, bis auch von diesen einer nach dem andern erschöpft zurückblieb, mit einem keuchenden «Adieu, geliebter Kaiser!» den Lauf aufgebend. Wir ritten nach dem Hippodrom, wo wir unsere viertausend Meter abgaloppierten. Dann ging es in einem Galopp nach dem Brandenburger Tor durch den Tiergarten zurück. Der Kaiser war in sehr gehobener Stimmung. Er sprach lebhaft und scherzte mit uns. Er erzählte, wie er dem Fürsten beim Frühstück von seinem besten Rheinwein vorgesetzt und wie der ihm gemundet habe. Die begeisterten Ovationen, deren Gegenstand er geworden war, hatten ihn augenscheinlich tief ergriffen, und er freute sich des Sieges, den er über sich selbst gewonnen, des schwersten, den ein Mensch erringen kann. Von dem Augenblick an, wo wir uns dem Brandenburger Tor näherten, wo schon eine dichte Menge die Rückkehr des Kaisers erwartete, umbrauste uns wieder derselbe Jubel. Es war fast dunkel, wie wir im Schloß wieder anlangten.

Um 6 1/4 Uhr fand in den Räumen des Fürsten ein kleines Diner statt. Wie wir, dem Kaiser folgend, hinuntergingen, gab der Kaiser mir den Befehl, für den morgigen Tag, seinen Geburtstag, eine Ehrenkompagnie zur Paroleausgabe nach dem Zeughaus zu bestellen. Ich ging auf unser Zimmer, um den Befehl auszufertigen. Wie ich wieder hinunterkomme, öffnet mir ein Lakai eine Tür, ich trete ein und stehe dem Kaiser gegenüber, der mit dem Fürsten und dem Prinzen Heinrich im Gespräch ist. Ich melde dienstlich, daß der Befehl ausgeführt sei, und stehe stramm neben der Tür. Indem sagt der Kaiser zum Fürsten: «Das ist der Oberstleutnant von Moltke, der lange Adjutant des verstorbenen Feldmarschalls war.» Der Fürst nickt freundlich und sagt: «Oh, ich kenne Herrn von Moltke und habe ihn auch schon begrüßt.» Darauf sagt der Kaiser: «Die beiden» (womit er Cuno von Moltke und mich meint) «sind nämlich Vettern.»

Wie ich nun wieder zum Zimmer hinauswischen will, in das ich so unvermutet geraten, sagt mir der Kaiser: «Sagen Sie doch dem Grafen Eulenburg, daß wir hungrig wären und gerne essen möchten.» Die im Vorzimmer gedeckte Tafel hatte elf Kuverts. Rechts vom Kaiser saß Prinz Heinrich, links der Fürst. Außerdem nahmen an dem Diner teil: Herbert v. Bismarck, Graf Eulenburg, Graf Klinckowström, der als Ordonnanzoffizier kommandierte Leutnant von Niesewand von den 7. Kürassieren, v. Arnim, der Adjutant des Prinzen Heinrich, v. Colomb, Cuno v. Moltke und ich. Die Unterhaltung war animiert und zwanglos, der Verkehr zwischen dem Kaiser und dem Fürsten herzlich und ohne alles Gene. Wieder gab es den alten Rheinwein, dem der Fürst kräftig zusprach. Mit seiner leisen, stockenden Stimme erzählte er Geschichten von der Kaiserin Augusta, und wie sein alter Hund Tyras einmal beinahe den Großherzog von Weimar angepackt hätte, der ihn besuchte. Es wurde viel gelacht, und auch Se. Majestät erzählte lebhaft und angeregt. Wie wir beim Braten waren, wurde Sr. Majestät gemeldet, daß Graf Wilhelm Bismarck[28] draußen wäre, worauf der Kaiser befahl, es solle noch ein Kuvert aufgelegt und er hereingerufen werden. Der Graf war aber inzwischen schon wieder fort und wurde von den nachgeschickten Boten erst kurz vor Ende des Diners eingebracht. Kaffee und Zigarren wurden bei Tisch gereicht. Der Fürst rauchte ebenso wie der Kaiser eine Zigarette. Der Kaiser hatte mit dem Fürsten getrunken und ebenso mit den beiden Grafen Bismarck. Um 7 Uhr fuhren wir nach dem Lehrter Bahnhof voraus, wo wieder das ganze Hauptquartier versammelt war. Der Kaiser begleitete den Fürsten im Galawagen, dem eine Schwadron vorausritt. Wie der Wagen vor dem Bahnhofsgebäude hielt, war der Prinz Heinrich, der vorausgefahren, dem Fürsten beim Aussteigen behilflich, dann folgte der Kaiser. Beim Eintreten in die Bahnhofshalle gab der Kaiser dem Fürsten den Arm und führte ihn die Stufen hinab. Donnerndes Hurra der auf dem Perron versammelten Menschenmenge begrüßte beide. Vor dem Salonwagen nahm der Fürst Abschied von seinem kaiserlichen Herrn, der ihn wieder auf beide Wangen küßte, er neigte sich über die Hand des Kaisers und führte sie an seine Lippen. Seine Augen waren feucht. Wie er eingestiegen und noch am offenen Fenster stand, sagte ihm der Kaiser: «Nun, lieber Fürst, werden Sie hoffentlich gut schlafen nach dem anstrengenden Tage.» Und dann fügte er noch hinzu: «Wenn ich im Februar nach Wilhelmshaven gehe, werde ich einmal in Friedrichsruh anfragen, ob ich Sie besuchen kann.» – Dann pfiff die Lokomotive, und der Zug fuhr langsam hinaus, während der Fürst am Fenster stand und mit der Hand winkte. Das Gewölbe hallte wider von den Hurras der Leute, wie wir uns zur Rückfahrt wandten. Uns war den ganzen Tag hochzeitlich zumut gewesen.

Für Liza geschrieben von Helmuth.
Berlin, den 28. Januar 1894.

St. Petersburg, 17. November 1894

Das ging alles so rasch und unerwartet, die Nachricht von dem Tode des Papas[29] und unsere Abreise, an der sich nun nichts mehr ändern ließ. – Nun habe ich an der Bahre eines anderen Toten[30] gestanden, an einer Bahre, um die sich noch einmal aller Pomp und Glanz des Irdischen entfaltet, bevor der stille Mann, der auf ihr ruht, in der Gruft beigesetzt werden wird, und zur selben Zeit liegt in Schweden der andere stille Mann, wohl noch auf seinem einfachen Bett, und welcher Unterschied ist nun geblieben zwischen beiden? Sie sind gleich geworden vor dem allmächtigen Gleichmacher, sie sind dem menschlichen Tun entrückt, und Gott der Herr wird sie wägen ohne Rücksicht auf das, was im Leben der Unterschied zwischen ihnen war.

Hier tönen die Gesänge der Priester, Wolken von Weihrauch steigen gen Himmel, und ein ganzes Volk liegt auf den Knien, für den Toten zu beten – dort spricht vielleicht gerade jetzt der einfache Landpfarrer ein schlichtes Gebet. – Wie rasch war der Wechsel der Geschehnisse auch für mich, die Taufe unter dem frischen Eindruck der Todesnachricht, dann unmittelbar darauf die Abreise, der nächste Tag mit dem Überschreiten der Grenze, die vielen fremdartigen Eindrücke, die Ankunft heute morgen in Petersburg, gleich darauf der Besuch am Katafalk, wo wir den mitgebrachten Kranz des Kaisers niederlegten, dann im Laufe des Tages zwei Seelenmessen am offenen Sarge, dazwischen eine endlose Fahrt mit Einschreiben usw., alles in einem grauen, dampfenden Nebel, in dem die Riesengebäude der Stadt gespensterhaft ausschauen. Der tote Kaiser liegt in seinem prächtigen Sarkophag in der Kathedrale der Peter-Pauls-Festung, über ihm spannt sich ein Himmel von Silberbrokat und Hermelin. Der Kaisermantel bedeckt seine Figur. Der Kopf ist frei. Das Gesicht abgemagert und eingefallen, die Hautfarbe fast braun, das Kopfhaar dünn, die Züge scharf, von Leiden durchfurcht. Es ist, als ob selbst die sonst so mächtige Stirn zusammengesunken wäre, der Kopf sieht klein aus, als ob er sich verstecken wollte in all der Pracht, die ihn umgibt. Die Luft ist von Weihrauch geschwängert, und unaufhörlich tönt die Litanei der betenden Priester. – Das Volk strömt an den Sarg und küßt das Heiligenbild, das auf der Brust des toten Kaisers liegt, und draußen weint der traurige Himmel über die Stadt und über ganz Rußland.

St. Petersburg, 20. November 1894

Die Beisetzung des verstorbenen Kaisers hat heute stattgefunden. Es war eine ergreifende Zeremonie, nur durch die Länge der Handlung etwas monoton. Die Feier dauerte zweieinhalb Stunden. Um 1/2 11 Uhr versammelten wir uns in der Peter-Pauls-Kirche, in deren Mitte der Sarkophag mit der Leiche aufgebahrt steht. Die Kirche ist nicht groß, und die Tausende, welche der Feier beiwohnten, standen dicht gedrängt, ohne sich während der ganzen Zeit bewegen zu können. – Die zahlreiche Geistlichkeit in prunkvollen weißen Silberbrokatgewändern umstand den Sarg. – Der berühmte Chor sang in der ergreifendsten Weise, nie habe ich einen schöneren Gesang gehört, die Bässe von der Tiefe einer Orgel und dazwischen wehklagend weiche Sopranstimmen. Räucherwerk füllt den Raum und steigt in blauen Wolken zur hohen Wölbung hinan. Immer wieder erhebt der Priester seine tiefe Stimme, um Gott um Frieden für den Verstorbenen anzuflehen, und rhythmisch fällt der Chor in die Schlußworte ein. – Endlich nimmt die Familie Abschied von dem Toten. Zuerst die Kaiserinwitwe, dann der junge Kaiser, dann alle Großfürsten und Großfürstinnen treten an den Sarg heran und küssen den Toten auf die Stirn. Dann wird der Sarg geschlossen und vom Kaiser und den Großfürsten von dem Sarkophag herabgehoben und bis dorthin getragen, wo er in die Gruft hinabgesenkt werden soll. Der Kaiser selber legt den Hermelinmantel über den Sarg, und langsam sinkt er in die Tiefe. – Das Gedränge beim Ausgang war fürchterlich. – Nachmittags hatten wir noch das imposante Schauspiel des Zurückbringens der Kronjuwelen in das Winterpalais, fünfzehn vierspännige Wagen, alle vergoldet und mit Scharlachsamt ausgeschlagen, führten die Kleinodien zurück. Alle Wagen mit Schimmeln bespannt, die reiche goldene Geschirre tragen, und von je vier Leuten in langen, goldgestickten Scharlachmänteln am goldenen Zügel geführt werden. Den Zug eröffnet eine Schwadron der Chevaliergarde, alle auf Rappen, mit dem Küraß und dem fliegenden Doppeladler auf dem goldenen Helm. Eine ebensolche Schwadron schließt den Zug. – Das dichtgedrängte Volk läßt diesen märchenhaft schönen Zug schweigend an sich vorbei passieren. Die Entfaltung der Pracht hier ist unbeschreiblich. Alle Maße sind riesenhaft. Die Breite der Straßen, in denen sich Palast an Palast reiht, steht im Einklang mit der Größe der freien Plätze. Von dem Winterpalais, in dem wir wohnen, kannst Du Dir eine Vorstellung machen, wenn ich Dir sage, daß unter anderen hier ein Saal ist, in dem bei großen Festen dreitausend Personen an kleinen Tischen soupieren können. Über all diesen riesigen Massen liegt ein dichter, grauer Nebel, der jede Fernsicht verhindert. – Wir bleiben noch hier bis nach der Vermählung, die am 26. stattfindet.

St. Petersburg, 21. November 1894

Wir waren heute wieder zu einer großen Zeremonie in der Kirche, die diesmal an der geschlossenen Gruft abgehalten wurde. Es war die letzte, und ich kann sagen: Gott sei Dank. Auf die Dauer sind diese Zeremonien ermüdend und fangen an theatralisch zu wirken. Das Wesen verliert sich zu sehr unter äußerem Gepränge und Schein. Ein stilles Gebet würde erhebender sein.

Heute nachmittag bin ich zum erstenmal etwas in die Stadt gekommen, aber einen rechten Eindruck habe ich noch nicht erhalten. Es ist alles zu massig und groß und dabei alles in den ewigen dicken Nebel gehüllt, den selbst London nicht schöner aufweisen könnte.

St. Petersburg , 23. November 1894

Den heutigen Tag haben wir benutzt, um uns zwei Sehenswürdigkeiten von Petersburg anzusehen, die Isaakskirche und den Marstall. Die erstere ist in ihrer Art ein Wunderbau. Sie liegt auf dem schönsten freien Platz der Stadt, die sie mit ihrer vergoldeten Kuppel hoch überragt. Da ganz Petersburg auf Sumpfboden steht, ist man genötigt gewesen, allen Gebäuden durch unzählige eingerammte Baumstämme eine feste Unterlage zu schaffen. Um den Prachtbau der Isaakskirche zu tragen, muß ein ganzer Wald von Mastbäumen nötig gewesen sein. Breite Granitstufen führen zu der Plattform hinan, auf welcher sie sich erhebt. Die beiden Haupteingänge gegen Nord und Süd werden durch zwei von Säulen getragenen Peristylen gebildet. Diese Säulen sind sechsundfünfzig Fuß hoch und sieben Fuß dick und bestehen jede aus einem einzigen Granitblock, der bis zur Glätte des Marmors poliert ist. Sie ruhen auf bronzenen Basen und tragen ein bronzenes korinthisches Kapitäl. Überhaupt ist die ganze Kirche durchweg aus Granit, Marmor und Erz gebaut, im Gegensatz zu den meisten übrigen Petersburger Kolossalbauten, die fast alle aus Backsteinen aufgemauert sind. Mächtige Türen aus Bronze mit reicher Hautreliefarbeit führen in das Innere der Kirche, das in seiner ganzen Anordnung an St. Peter in Rom erinnert. Nur ist dort die Kuppel von doppelt so großer Spannung wie hier. Entsprechend dem byzantinischen Stil, ist hier die Kuppel im Verhältnis zum Unterbau eng und hoch, in Halbkugelform. Ihre in der Höhe angebrachten Fenster lassen nur ein gedämpftes Licht in den Raum dringen, das Auge muß sich erst an das Halbdunkel gewöhnen, und in diesem mystischen Licht, das man übrigens in allen russischen Kirchen liebt, kommt die Pracht des verwendeten Materials nicht voll zur Geltung. Wie es der griechische Ritus vorschreibt, ist auch hier das Allerheiligste von dem übrigen Raum der Kirche durch die Bilderwand getrennt, wodurch der Raum verengert wird. In der Ikonostate stehen zunächst der Kaiserpforte zwei kolossale Säulen aus poliertem Lapislazuli, daneben sechs solche aus Malachit. Zwischen diesen befinden sich Darstellungen von Heiligen in dem schönsten Mosaik, den ich mich erinnere gesehen zu haben. Ein Kirchendiener, welcher sich unserer sofort bemächtigt hatte und mit einem brennenden Wachslicht vor uns herleuchtete, führte uns auch in das Allerheiligste selbst, in dem ein aus Gold ausgeführtes Modell der Kirche von sechs Fuß Höhe steht. Den Hintergrund schließt ein Fenstergemälde, den griechischen Christus in der vorgeschriebenen Haltung darstellend, ab. Das Allerheiligste wird nur während des Zelebrierens der Messe als solches behandelt, sobald der Gottesdienst vorbei ist, verliert es jeden Anspruch auf besondere Berücksichtigung, meistens benutzen die Priester es als Garderobe. Bewunderungswert sind die vielen aus massivem Silber hergestellten Kirchenleuchter, die überall im Schiff umherstehen und zum Teil weit über Mannshöhe sind. Der ganze Bau, von Kaiser Nikolaus I. ausgeführt, ist wohl die schönste griechisch–katholische Kirche, die existiert.

Im Marstall sahen wir eine unendliche Reihe vergoldeter Prachtkutschen, meist aus der Zeit Katharinas II., zum Teil von Boucher und Pesne gemalt und mit Edelsteinen reich verziert, dann die Zeremonienwagen für den Transport der Regalien, von denen zehn ganz gleich sind, aus stark vergoldetem Silberblech und rotem Samt gebildet. Mitten unter dieser goldenen Pracht, die wirklich betörend wirkt, steht das einfache Coupé des Kaisers Alexander II., dessen ganzer Rückteil von der Bombe zersplittert ist, die unter dem Wagen krepierte, ohne den Kaiser zu verletzen, der erst der zweiten Bombe zum Opfer fiel. Eine ernste Mahnung für alle kommenden Herrscher !

St. Petersburg, 24. November 1894

Wir haben heute morgen die hiesige Reitschule besucht, zu der wir gelangten, nachdem wir fast eine Stunde in der Irre gefahren waren. Die uns beigegebenen Lakaien sind das Stupideste, was denkbar ist, der meinige hat mich noch nicht ein einziges Mal richtig an Ort und Stelle gebracht. – Gegen Pferde und Kutscher verfährt man hier mit großer Rücksichtslosigkeit. Keinem Menschen, der ein Diner oder eine Abendgesellschaft besucht, fällt es ein, den Wagen nach Hause zu schicken, er bleibt einfach auf der Straße halten, der Kutscher, in seinen langen Pelz gehüllt, schläft auf dem Bock, indem er den Kopf gegen die Kante des Kutschkastens lehnt und die Pferde stehen mit gesenkten Köpfen regungslos da. – Von der drakonischen Strenge, mit der hier die Polizei gehandhabt wird, habe ich ein Beispiel erlebt. Ich hatte eines schönen Tages einen neuen Kutscher, und auf meine Frage nach dem alten erwiderte mir mein Lakai nur, der sei fortgeschickt. Am nächsten Tage las ich in der Zeitung unter der Rubrik: «Tagesbefehl des Herrn Stadthauptmanns» folgendes: Der Aushilfskutscher des Marstallamts Iwan usw. wurde nachts betrunken im Marstallgebäude angetroffen. Zur Rede gestellt, gab er eine freche Antwort. Er ist deswegen mit vierzehn Tagen Arrest, wovon acht Tage bei Wasser und Brot abzusitzen, bestraft worden, und der Aufenthalt in Petersburg ist ihm auf zwei Jahre verboten. Der Fuhrherr, welcher diesen Kutscher gestellt hat, ist in eine Strafe von fünfzig Rubel zu nehmen. – Ich zweifle nicht, daß dieser Iwan mein Rosselenker war, der die freie Zeit, die ich ihm gelassen, in so verbrecherischer Weise gemißbraucht hat.

Heute, wie gesagt, fuhren wir fast eine Stunde umher, mein Lakai brachte mich zu allen möglichen Reitbahnen, nur nicht zur richtigen, wir landeten auf einem Holzhof, kamen aber schließlich nach unendlichen Fragen an der Reitbahn an. – Hier sahen wir in der sehr schönen, geräumigen Bahn eine Abteilung dorthin kommandierter Offiziere reiten. Die Leistungen waren nach unseren Begriffen recht mangelhaft. – Das Pferdematerial erbärmlich. Das Springen über Hürde und Steinmauer schlecht. Kein einziges Pferd ging in glattem Sprunge über die Hindernisse, fast alle stutzten und machten verhaltene Sprünge. Die Tempos waren unausgeglichen, die Abstände wurden gar nicht gehalten, der Sitz der Reiter war lose, eine Einwirkung der Schenkel gar nicht zu bemerken. Sodann sahen wir das Reiten der Kosakenoffiziere, alle reiten die hohen tatarischen Sättel, auf denen der Reiter in den Bügeln stehend über dem Pferde schwebt. Die Zäumung ist die einfache Trense, infolgedessen gehen alle Pferde mit der Nase in der

Luft und treten im Trabe unter sich. Der Schritt, wo das Pferd sich losläßt, ist geräumig, Galopp wird nicht geritten, nur Schritt, Trab und Karriere. Auch hier war das Springen über die niedrige Hürde höchst mangelhaft. Oftmals mußte das vor dem Hindernis stutzende Pferd durch Hiebe mit der ledernen Kosakenpeitsche, die jeder Reiter am Faustriemen trägt, hinübergebracht werden. – Es wurde dann noch ein Gestell in die Bahn gebracht, auf dem fingerdicke Weidenruten aufgesteckt waren. Die Offiziere ritten mit Rechtsauslage vom Fleck in der Karriere einzeln ab an dem Gestell vorbei, und es kam darauf an, im Vorbeijagen eine der Ruten mit dem Säbel zu durchhauen. Den meisten gelang dies Manöver, einige der Stäbe waren glatt wie mit dem Rasiermesser durchschnitten. Der Kommandeur der Reitschule, der vor einigen Wochen erst aus Hannover zurückgekehrt ist, wo er einem Kursus unserer Reitschule beigewohnt hat, erzählte uns, daß er im vorigen Jahr achtzehn Pferde mit abgeschlagenen Ohren gehabt habe. Wenn der haarscharfe Säbel nicht sehr geschickt geführt wird, ist ein solches Malheur leicht erklärlich Wir sahen dann noch einzelne, wohl besonders aus gesuchte Leute, auf alten Schulpferden voltigieren. Sie machten ihre Sache sehr gut, einer von ihnen hätte gleich im Zirkus als Jockeireiter auftreten können.

Nachdem die Vorstellung beendet war, fuhr ich nach der Kasan-Kathedrale, die berühmt ist wegen ihres ungeheuren Reichtums an gediegenem Silber. Die Kirche, ebenso wie die Isaaks-Kathedrale, im byzantinischen Stil erbaut, liegt auf einem freien Platz am Newski-Prospekt, der größten Straße Petersburgs. Von beiden Seiten wird sie flankiert durch eine offene, halbkreisförmige Säulenkolonnade, einer Nachahmung der großen Kolonnade von St. Peter in Rom. Im Inneren hat sich die Vorliebe der Russen für Säulen Genüge getan, die auch in den privaten und öffentlichen Profangebäuden überall hervortritt, deren Mehrzahl Säulenarrangements, freilich aus Backstein und mit Kalk abgeputzt, zeigen. Im Inneren dieser Kirche sind einige vierzig Granitsäulen aus einem Stück aufgestellt. Da hierfür durchaus kein Platz war und obgleich für die Säulen durchaus nichts zu tragen ist als ihre eigenen Kapitäle, so hat man sie in doppelter Reihe gesetzt.

Ich sah das berühmte Bild der Mutter Gottes von Kasan, das mit Juwelen und Edelsteinen bedeckt ist und vor dem immer einige Menschen auf den Knien liegen, mit der Stirn die Fliesen des Fußbodens berührend. An den Säulen hängen eine Anzahl eroberter französischer Fahnen, ferner der erbeutete Marschallstab des Marschalls Davoust und eine Anzahl Schlüssel von eroberten Städten. An einer Seitenwand befindet sich das einfache Grabmal des Feldmarschalls Kutusoff. Die Ikonostase, mit prächtigen Bildern geschmückt und von ungeheurer Größe, ist fast ganz aus getriebenem Silber hergestellt. Eine massive silberne Barriere, lang und hoch genug für eine mäßige Brücke, trennt sie vom inneren Kirchenraum. Überall stehen hohe, silberne Kirchenleuchter umher, auf denen Wachslichte von der Dünne eines Bleistiftes bis zur Dicke eines Armes brennen. Die Gläubigen stekken dieselben dort auf und bemessen die Stärke derselben nach dem Maßstab ihrer Mittel und – nach der Größe ihres Anliegens an die heilige Mutter Gottes.

Um die wenigen Stunden, die mit bleichem Schein den kurzen Petersburger Tag andeuten, auszunutzen, schenkte ich mir das Frühstück und fuhr in die Eremitage, die größte Sehenswürdigkeit Petersburgs. Wohl an keinem anderen Orte der Welt sind so viele und wertvolle Kunstschätze auf so engem Raum vereinigt wie hier. Hier sind die berühmtesten Meisterwerke der Malerei und Skulptur aller Lande in einer unermeßlichen Reihe von Zimmern und Sälen verteilt, deren jeder selbst ein Kunstwerk an Schönheit und Geschmack ist. Es gibt keinen berühmten Maler, der hier nicht durch seine vorzüglichsten Schöpfungen vertreten wäre. Rubens, - Raphael, Tizian, van Dyck, Ruisdael, Teniers, Wouwerman, Corregio und Murillo füllen ganze Säle aus, leider ist die Beleuchtung eine so schlechte, daß fast keins der erhebenden Meisterwerke zur vollen Geltung gelangt. – Um 2 Uhr war es schon so dunkel, daß man fast nichts mehr sah, der neblige, graue Himmel erstickt alles Licht. – Den Teil der Sammlungen, welcher die Antiken, die Mosaiken, Juwelen und geschnittenen Steine umfaßt, habe ich nicht gesehen, ich konnte von den Bildern nicht loskommen. – Sehr merkwürdig sollen auch die dort aufbewahrten Ausgrabungen von Kertsch in der Krim sein, wo vierhundert Jahre vor Christi griechische Kultur blühte, bis die Völkerwelle der Skythen und die tatarischen Horden sie hinwegspülte.

KABINETTSORDER

Ich habe Sie heute zum Obersten befördert und gereicht es
Mir zum Vergnügen, Ihnen dies hierdurch bekanntzumachen.
Neues Palais, den 18. August 1895.

Wilhelm R.

An Meinen dienstt. Flügeladjutanten, Oberstleutnant v. Moltke.
Kommandeur der Schloßgarde-Kompagnie.

Stettin, 7. September 1895

Wir sind eben aus dem Schloß gekommen, wo wir Manöverbesprechungen gehabt haben. – Dies Leben, so ermüdend es ist, bekommt mir außerordentlich gut. Es ist mir immer, als ob meine Kräfte sich erst entwickelten, wenn größere Anforderungen an sie gestellt werden, und das tröstet mich wieder im Hinblick auf die Zukunft, ich hoffe doch noch meinen Mann stehen zu können, wenn es einmal gilt.

An Bord S.M. Jacht "Hohenzollern", 14. September 1895

Am 15. Oktober werde ich etwa wieder den Dienst bekommen, dann geht das Reisen sogleich wieder an. Nach Urville bei Metz, wo eine Kirche eingeweiht, und nach Wörth, wo ein Denkmal Kaiser Friedrichs enthüllt wird.

Jagdhaus Rominten, 27. September 1895

Ich schreibe Dir nur ein paar Worte, um Dir mitzuteilen, daß ich morgen vormittag nach Petersburg abreise. Der Kaiser schickt mich mit einem Handschreiben an den Kaiser von Rußland[31].

St. Petersburg, 2. Oktober 1895[32]

Am 29. September kam ich hier an, hatte, da die Sendung mir völlig überraschend kam und ich keine Sachen mit hatte, Uniform und Paß telegraphisch aus Berlin requiriert. Die Sachen kamen mit demselben Zuge an, mit dem ich weiterfuhr, und wurden mir in Trakehnen auf dem Bahnhof übergeben. Auf der russischen Grenzstation Wirballen war meine Ankunft mitgeteilt, ich wurde von dem Chef des Zollamts sehr höflich empfangen und ohne alle Schwierigkeiten durchgelassen. – Derselbe Herr hatte mir ein Schlafcoupé reserviert, das, wie er mir sagte, zwar schon verkauft gewesen, aus dem man aber den Inhaber ohne weiteres herausgesetzt hatte, ein Verfahren, das zwar für denjenigen, der davon profitiert, sehr angenehm ist, für denjenigen, der darunter zu leiden hat, aber ebenso unangenehm sein muß. Da mir der Exmittierte unbekannt war und blieb, schlief ich mit ziemlich ruhigem Gewissen auf dem bequemen Schlafsofa des breiten Wagens, das bei dem sehr langsamen Fahren des russischen Zuges ein vortreffliches Lager bot. Um 9 Uhr morgens war ich aus Rominten, um 11 1/2 Uhr aus Trakehnen weggefahren, am nächsten Tage um 12 Uhr mittags lief der Zug mit einer Stunde fahrplanmäßiger Verspätung in Petersburg ein. Auf dem Bahnhof fand ich unseren Botschafter Fürst Radolin und den Militärattaché Hauptmann Lauenstein, die eine volle Stunde auf mich gewartet hatten. Der erstere sagte mir, daß ich von seiten des Kaiserlich russischen Hofmarschallamts in dem Hôtel d'Europe als Gast Sr. Majestät einquartiert sei und daß Hofwagen und Lakai zu meiner Verfügung gestellt wären. – Ich fuhr nun in mein Hotel, wo ich eine hübsche Wohnung, bestehend aus Vorzimmer, Salon und Schlafzimmer bereit fand – dann in unsere Botschaft, um daselbst meinen Besuch zu machen und dort zum Frühstück zu bleiben. – Abends war ich mit Lauenstein zusammen in der Oper. Das riesige, soeben neu restaurierte Haus, macht einen prächtigen Eindruck, es ist in Weiß und Gold gehalten, Vorhänge und Draperien aus blauem Damast. Es wurde das Ballett "Copelia" gegeben, und da die Russen das Ballett besonders lieben, ist auf Ausstattung und Personal ein großer Wert gelegt. Nie habe ich ein dankbareres Publikum gesehen. Jede Leistung wurde mit Stürmen des Beifalls begrüßt, und viele Solotänze mußten wiederholt werden. – Am 30. September, dem folgenden Tage, war ich vormittags 11 Uhr zur Audienz bei Sr. Majestät dem Zaren angesagt. Ich hatte schon tags vorher an den Adjutanten des Großfürsten Wladimir, des einzigen zurzeit hier anwesenden Mitglieds des kaiserlichen Hauses, telegraphiert und gebeten, mich nach meiner Audienz bei Sr. Kaiserl. Hoheit melden zu dürfen. Der Großfürst wohnt in einem besonderen Palais, ebenfalls in Zarskoje Selo, wo der Kaiser residiert. Ich fuhr mit dem um 10 Uhr von hier abgehenden Zuge hinaus. Man fährt dreißig Minuten, wie von Berlin bis Potsdam. Auf dem Bahnhof empfing mich der Adjutant des Großfürsten, Graf Versen, und sagte mir, daß Se. Kaiserl. Hoheit mich empfangen wollten und mich bitten ließen, bei ihm zu frühstücken. Nun fuhr ich nach dem etwa zehn Minuten vom Bahnhof gelegenen kleinen Alexanderpalais, in dem Se. Majestät wohnen, während das große Palais, von der Kaiserin Katharina im Barockstil erbaut, leer steht. Ich wurde sogleich von dem Hofmarschall Grafen Benckendorff empfangen und unmittelbar darauf durch eine Reihe von Zimmern, Sälen und Gängen in das Vorzimmer des Kaisers geleitet. Wie wir einen schmalen Gang durchschritten, an dessen Eingang zwei riesige, pechschwarze Mohren in orientalischem Kostüme und bis an die Zähne bewaffnet Wache standen, öffnete sich, gerade wie wir vorbeischritten, eine Tür, und der Kaiser erschien im weißen Pikeejäckchen, im Begriff, die gegenüberliegende Tür zu erreichen. Sowie er uns erblickte, zog er die Tür rasch wieder zu, und wir machten unsere tiefe Verbeugung vor dem Türflügel! – Nun gelangten wir in das Vorzimmer, in dessen Mitte, gerade wie in dem Adjutantenzimmer in Berlin, ein Billard stand und in dem ein kleiner dicker Herr mit einer großen Rolle Zeichnungen unter dem Arm auf den Moment wartete, wo er zum Vortrag vorgelassen werde. Er wurde mir von dem Hofmarschall als der Marineminister vorgestellt.

Nach wenigen Minuten des Wartens wurde ich durch einen Kammerdiener, den Graf Benckendorff damit beauftragte, bei Sr. Majestät angemeldet. Es war weder ein General noch ein Flügeladjutant zu sehen. Der Kaiser soll so ziemlich ganz ohne militärische Umgebung leben; wie ich hörte, ist im Schloß außer dem Hofmarschall nur der Oberstallmeister und der Kommandeur des Leibkonvois anwesend. – Ich trat nun, ziemlich belastet, in das Arbeitszimmer Sr. Majestät. Ich war natürlich im Paradeanzug, hatte in der einen Hand den Helm und Säbel, in der andern den Brief unseres Kaisers, und unter dem Arm ein aufgerolltes Bild, das nach dem Entwurf unseres Kaisers von dem Professor Knackfuß ausgeführt und im Steindruck vervielfältigt ist. Dieses Bild sollte ich gleichzeitig mit dem Brief übergeben. Der Zar kam mir sogleich mit ausgestreckter Hand entgegen und sagte mir: «Ich freue mich, Sie hier zu sehen, wir kennen uns ja schon.» – Nachdem ich nicht ohne Schwierigkeit alle meine Gegenstände, zu denen noch der ausgezogene Handschuh der rechten Hand kam, in der linken konzentriert hatte, konnte ich die mir gütig dargebotene Hand annehmen. – Ich überreichte dann den Brief und gab sodann eine Erläuterung des Bildes, bei dessen Aufrollung auf einem Tisch Se. Majestät mir selber behilflich waren. – Das Bild zeigt eine Gruppe weiblicher Figuren, die im antiken Kostüm, in der Art der Walküren, auf einem Felsvorsprung stehen und über eine mit blühenden Städten, schiffbefahrenen Flüssen und beackerten Feldern bedeckte Ebene hinwegschauen. Sie stellen die europäischen Staaten vor. Im Vordergrunde Deutschland, eng an dasselbe geschmiegt Rußland, zur Seite Frankreich, dahinter Österreich, Italien, England usw. – Vor ihnen steht, mit der Hand in die Ferne weisend, das Flammenschwert in der anderen, der Cherub des Krieges, über der Gruppe schwebt, von Strahlen umgeben, das Kreuz. Hinter der blühenden Landschaft, die Handel und Gewerbe, europäische Kultur und Gesittung versinnbildlicht, sieht man den qualmend aufsteigenden Rauch einer brennenden Stadt. Der Schwaden zieht in dikken Wolken, die sich zur Form eines Drachens zusammenballen, drohend heran. Aus dem Qualm steigt das Bild Buddhas auf, das mit stieren, kalten Augen auf die Zerstörung blickt. – Der Sinn des Ganzen ist der in der

Zukunft heraufdämmernde Existenzkampf der weißen und der gelben Rasse. – Die Idee zu dem Bilde ist Sr. Majestät gekommen, wie bei Abschluß der Friedenspräliminarien zwischen China und Japan die Gefahr vorlag, daß die ungeheure Masse des chinesischen Reiches, auf dessen Entwicklung Japan einen entscheidenden Einfluß zu gewinnen suchte, durch dieses tätige, nach expansiver Entwicklung strebende Land organisiert und in Gärung gebracht werden könnte und daß dann die Woge der gelben Rasse sich verderbenbringend über Europa ergießen würde. Unter dem Bild stehen, von der Hand des Kaisers geschrieben, die Worte: «Völker Europas, wahrt eure heiligsten Güter.» – Ich verfehlte nicht, nachdem ich die Erläuterung gegeben, hinzuzufügen, daß diese Gefahr durch die Weisheit der Politik und des gemeinsamen Handelns Rußlands, Deutschlands und Frankreichs vorläufig zurückgedämmt sei. – Der Kaiser interessierte sich lebhaft für die Zeichnung, und ich mußte ihm alle Details erklären. – Ich wies darauf hin, wie in den Silhouetten der Städte die Kuppel der orthodoxen Kirche neben dem Turm des protestantischen Münsters aufrage, und als der Kaiser auf eine Stadt deutend fragte, ob das Moskau sein solle, erwiderte ich, daß ich zwar nicht wüßte, ob Se. Majestät, mein allergnädigster Herr, gerade diese Stadt im Auge gehabt habe, daß aber Moskau sicherlich ebenso bedroht sein würde wie jede andere europäische Stadt. – Nachdem das Bild besichtigt, hatte der Kaiser die Gnade, mich noch einer längeren Unterredung zu würdigen, und erteilte mir dann den Auftrag, das Antwortschreiben wieder an unseren Kaiser zurückzubringen. – Nachdem der Kaiser mich dann in gnädigster Weise verabschiedet, sagte er noch zu mir: «Sie wollen gewiß gerne die Kaiserin sehen, lassen Sie sich doch bei ihr anmelden.» Wie ich mich rückwärts zur Tür hinausdienerte, verlor ich einen Handschuh, der mir von dem Kammerdiener nachgebracht wurde. Ein abergläubischer Mensch würde hierin vielleicht ein Omen erblickt haben, was Gott und alle Heiligen verhüten wollen.

Ich ließ mich nun bei Ihrer Majestät anmelden. Nach kurzer Zeit wurde ich zur Kaiserin geführt, die mich ganz allein empfing. Es war auch hier keine Dame zugegen, und die Anmeldung erfolgte ebenfalls durch einen Kammerdiener. Die Kaiserin sah vortrefflich aus. Sie hatte frische Farben, strahlende Madonnaaugen und sah in ihrem faltigen Trauerkleide aus wie eine wahre Kaiserin. – Sie unterhielt sich sehr freundlich mit mir, ich mußte erzählen von dem Kaiser aus Rominten, von der Kaiserin und den Kindern, und wie sie mir zum Abschied die Hand reichte, führte ich sie mit der Empfindung an die Lippen, daß die Russen ihrem orthodoxen Gott wohl dankbar sein können, daß er einen solchen Lichtengel auf den Thron des

Zarenreiches berufen hat. – Von hier fuhr ich nun zu dem Palais des Großfürsten Wladimir, wo Versen mich empfing und mich alsbald zu Sr. Kaiserlichen Hoheit führte, der mich freundlichst begrüßte und sich gegen eine halbe Stunde mit mir unterhielt. Wir gingen dann zum Frühstück, an dem außer dem Großfürsten, Versen und mir noch ein Russe mit einem unaussprechbaren Namen teilnahm. Se. Kaiserliche Hoheit ist ein passionierter Jäger und kannte alle Jagdgründe Deutschlands, hatte früher öfters Hirsche in Rominten und der Schorfheide geschossen und konnte ein leises Bedauern nicht unterdrücken, daß diese Zeiten jetzt vorbei seien. Er ließ auch die Geweihe der zuletzt von ihm geschossenen Hirsche hereinbringen, die ich aufrichtig bewundern konnte, da sie in der Tat kapital waren. – Nachdem das Frühstück, bei dem ausschließlich Deutsch gesprochen wurde, beendet, entließ mich der Großfürst mit den Worten: «Ich hoffe, Sie jedenfalls noch zu sehen, bevor Sie abreisen.» (Daß es ihm damit ernst gewesen, beweist ein Telegramm, das mir gerade gebracht worden ist: «Voulez-vous venir dîner chez moi demain jeudi par train sept heures. Überrock, Mütze. Wladimir.» – Wenige Augenblicke später erhielt ich ein Telegramm vom Hofmarschall Benckendorff: «L'Empereur vous recevra demain jeudi à onzes heures. Train à dix heures.» – So werde ich also morgen, Donnerstag, mein Antwortschreiben erhalten, und kann morgen abend 12 Uhr von hier abreisen.

Nachdem ich mit dem Zuge aus Zarskoje Selo zurückgekehrt war, ging ich auf unsere Botschaft, von wo ich ein zweieinhalb Bogen langes Telegramm an unseren Kaiser richtete, an dem die Chiffreure über zwei Stunden zu arbeiten hatten. – Am Dienstag fuhr ich wieder nach Zarskoje Selo, um einer Einladung des Grafen Versen zum Frühstück zu folgen. – Wir frühstückten sehr nett, und dann ließ er anspannen und fuhr mich eine fast zweistündige Tour durch die herrlichen Parkanlagen von Zarskoje Selo. – Auf die Herstellung der weitläufigen Anlagen ist eine ungeheure Mühe verwendet. Das Terrain ist durchweg sumpfig, nur auf einzelnen festen Inseln, die in dem morastigen Wiesenboden liegen, wachsen schöne Baumgruppen, die freilich schon fast durchweg das Laub verloren hatten. Alle Wege (und es sind meilenlange breite Chausseen, von doppelten Eichenalleen flankiert), sind aufgeschüttet. – Sobald man vom Wege herunterkommt, versinkt man im Sumpf. – Dennoch macht das Ganze, dem viele ausgedehnte Wasserspiegel Abwechslung verleihen, ein landschaftlich schönes Bild. Man fährt an vielen größeren und kleineren Schlössern vorüber, an den Kasernen der Gardekavallerie-Regimenter, an chinesischen Gebäudekomplexen, wo rachensperrende Drachen auf den Dächern und alte pensionierte Generale in den Häuschen sitzen und das Gnadenbrot des Zaren essen. Den Mittelpunkt bildet das große Palais der Kaiserin Katharina, die, wie Peter der Große Petersburg, so ihrerseits Zarskoje Selo aus dem Sumpf hervorgestampft hat. Die Front des mächtigen Schlosses ist wohl zweimal so lang wie die des Neuen Palais. Das niedrige Dach wird getragen von dicken weißen Säulen, zwischen denen enorme Karyatiden, ganz vergoldet, in Form des die Welt tragenden Atlas, sich unter der Last der Fenstersimse bücken. Zwei massive, hochragende Giebel unterbrechen die langgezogene Linie der Front, die zu beiden Seiten in kreisförmige Flügel ausläuft, an deren einen sich die griechische Kirche mit ihren vielen zwiebelförmigen Kuppeln und hohen, blau gemalten Fenstern anschließt. Die mit dicker Goldbronze beschlagenen Kuppeln glänzen in der Sonne, und aus den marmorweißen Wänden treten die himmelblauen Fenster etwas indiskret hervor. Alle Fenster- und Türeinfassungen des Schlosses sind barock geschweift und vergoldet So liegt das Ganze in wuchtiger Macht da, wie ein Stein gewordener Ukas der selbstherrischen Kaiserin, die es geschaffen.

Von dort fuhren wir nach dem Paulowskschen Palais, erbaut von dem unglücklichen Kaiser Paul, der sein Leben unter der drosselnden Schärpe des Generals von Benningsen aushauchen mußte. Ebenso einfach, fast furchtsam zusammengebogen ist dies im beinahe geschlossenen Kreise gebaute Schloß, wie das der Mutter herausfordernd anspruchsvoll, breit und gerade ausgeladen. Auch die Umgebung ist eine ganz andere. Wenn dort weite Flächen sich breiten, gerade gehaltene Chausseen strahlenförmige Ausblicke eröffnen oder mathematisch rechtwinklig einander kreuzen, so liegt das Palais des Kaisers Paul mitten in hochstämmigem Fichtenwald. Keine Hand hat an diesem Waldboden gemodelt, er trägt seine hohen Stämme und sein wucherndes Gestrüpp, wie die Gärtnerin Natur es ihm anweist, und mitten durch diesen Wald schmiegen sich weiche, aber gut gehaltene Wege an die wellenförmigen Bodenerhebungen, zu denen das Gelände hier ansteigt. Es fährt sich herrlich durch diesen Urwald, bald an stillen Waldseen entlang, bald über bescheidene Holzbrücken, die geschickt über rauschendes Wasser führen. In ihrer Art sind diese bequemen Wege, die mitten durch einen Wald führen, in dessen Dunkel und Gewirr ein Durchqueren fast unmöglich ist, ebenso überraschend wie die Fjorde Norwegens, auf denen man glatt und bequem bis mitten in das Hochgebirge fährt.

Von Pawlowsk über Zarskoje Selo führt die älteste Bahn Rußlands nach Petersburg. Es ist die vierte Bahn, die überhaupt in Europa gebaut worden ist, und dadurch ein Unikum, daß ihre Spurbreite noch breiter ist als die der übrigen russischen Bahnen. Die hölzernen Stationsgebäude, die hölzernen Perrons, die unendlich breiten, mit klapprigen Fenstern und schmutzigen, zerschlissenen Sitzsofas ausgerüsteten Wagen, machen den Eindruck, als ob seit Erbauung der Bahn nichts daran geändert und nie etwas repariert worden wäre. Und trotzdem ist dies die befahrenste Bahn, denn im Sommer strömt allnachmittäglich halb Petersburg hier heraus, um unter den taufeuchten, alten Bäumen auf den trockenen Wegen zu lustwandeln oder vor dem riesigen, aus Holz gebauten Musikpavillon zu sitzen, in dem von den besten Kapellmeistern täglich Konzerte gegeben werden. Es war fünf Minuten vor 3 Uhr, wie wir vor dem Bahnhofsgebäude hielten, das ungefähr aussieht, wie ein polnischer Ochsenstall. Um 3 Uhr ging der Zug, der mich nach Petersburg zurückbrachte.

Gestern abend habe ich wieder ein Diner unserer Botschaftsherren gehabt, diesmal aber waren wir unter uns. Graf Pückler, Du kennst ihn ja, und Herr v. Romberg haben sich auf den jenseits der Newa gelegenen Inseln gemeinsam eine Datsche gemietet, in deren kleinen Räumen sie ein gemütliches Sommerleben in friedlicher Ehe führen. Das andauernd gute Wetter gestattet ihnen noch draußen zu bleiben, obgleich die Saison längst vorbei ist. Beide hatten mich eingeladen, abends in ihrer Hütte zu speisen, und außer mir war noch Lauenstein und der erste Botschaftsrat, ein Herr von Tschirschky, dort. Lauenstein holte mich ab, und wir fuhren in meinem Hofwagen hinaus. Trotz des wahnsinnigen Tempos, in dem hier alles und allen voran die kaiserlichen Wagen fahren, brauchten wir über eine halbe Stunde, um hinaus zu kommen. Die Inseln liegen umschlossen von der vielarmigen Newamündung und sind durchweg parkartig gehalten. Zwischen den Bäumen liegen zerstreut die kleinen Datschen, in denen im Sommer alles sich einquartiert, was irgend die Mittel dazu hat. Hier spielt sich an den langen, hellen Sommerabenden der Korso der Petersburger Welt ab, der darin gipfelt, daß jeder an einen bestimmten Punkt, ein weit ausspringendes Rondell, fährt, das die Westspitze der letzten Insel bildet. Hier hält Wagen an Wagen gedrängt, und alles blickt hinaus über eine weite Wasserfläche, die von Bäumen eingerahmt ist und an deren einer Seite ein plumpes Holzhaus in die öde Landschaft eine schwermütige Silhouette zeichnet, und alles wartet auf den Augenblick, wo der Sonnenball, nachdem er seine lange Reise über den nordischen Sommerhimmel zurückgelegt hat, hinter der glänzenden Wasserfläche verschwunden ist. Sobald der letzte Funke verglommen ist, wirrt sich der Knäuel der Wagen auseinander, und jeder fährt stumpfsinnig nach Hause.

Heute morgen bin ich in der Peter-Pauls-Kathedrale gewesen und habe einen Kranz auf dem Sarkophag des verstorbenen Kaisers Alexander III. niedergelegt. Ich hatte einen Kranz ganz aus Lorbeerblättern machen lassen mit großer schwarz-silberner Schleife, auf deren einem Bande ich ebenfalls aus Lorbeerblättern ein W und auf dem andern ebenso eine Krone hatte anbringen lassen. De la part de Sa majesté l'Empereur d'Allemagne – wie ich dem Kommandanten der Festung sagte. Die Kirche war voll Menschen, die mich in meiner preußischen Uniform verwundert anstarrten.

Bericht über die Abschiedsaudienz bei
Sr. Majestät dem Kaiser von Rußland am 3. Oktober 1895.

St. Petersburg, 3. Oktober 1895.

Am Vormittag des 2. Oktober erhielt ich durch Telegramm des Oberhofmarschalls Graf Benckendorff die Mitteilung, daß Se. Majestät der Kaiser mich am folgenden Tage, vormittags 11 Uhr, in Zarskoje Selo empfangen wollten.

Ich fuhr mit dem um 10 Uhr von Petersburg abgehenden sogenannten Hofzug am 3. Oktober nach Zarskoje Selo, wo ein Wagen für mich bereitstand. Wieder – wie bei meiner ersten Audienz – wurde ich, im Alexanderpalais angelangt, durch den Grafen Benckendorff in das Vorzimmer Sr. Majestät geführt und sofort bei Allerhöchstdemselben angemeldet. In dem Vorzimmer fand ich den Minister des Innern und einige Generale, die zum Vortrag befohlen waren und denen ich durch Graf Benckendorff vorgestellt wurde. – Nach wenigen Minuten wurde ich zu Sr. Majestät hereinbefohlen.

Der Kaiser kam mir in liebenswürdigster Weise entgegen, reichte mir die Hand und fragte mich, wie mir Petersburg gefallen habe. Sodann fragte der Kaiser nach Ew. Majestät und ließen Sich von Allerhöchstdero Aufenthalt in Rominten erzählen.

Nachdem das Gespräch sich eine Weile um Jagd gedreht, fand ich Gelegenheit, Sr. Majestät zu melden, daß ich am gestrigen Tage in der Peter-Pauls-Kathedrale gewesen und dort einen Kranz im Auftrage Ew. Majestät auf dem Grabstein des hochseligen Kaisers Alexander III. niedergelegt habe, was Se. Majestät augenscheinlich angenehm berührte.

Dann sagte der Kaiser, sich der französischen Sprache bedienend, während er bis dahin Deutsch gesprochen hatte: «Maintenant, j'ai encore quelques mots à vous dire, mais il me faut parler français, parce que en allemand je ne peux pas exprimer ce que j'ai à vous dire.» Se. Majestät setzten sich sodann an den Schreibtisch seines Arbeitszimmers und forderten mich auf, neben ihm auf einem Stuhle Platz zu nehmen.

Der Kaiser sagte sodann etwa folgendes, das ich mir nach beendeter Audienz sofort notiert habe: «Se. Majestät beunruhigen sich wegen der Anwesenheit meines Ministers Lobanoff in Frankreich. Derselbe hatte von mir Urlaub ins Bad erbeten und telegraphierte mir von dort, ob ich gestatte, daß er der Revue beiwohne, die ihn sehr interessiere. Ich antwortete, daß ich nichts dagegen einzuwenden habe. Ich hatte ihm bei seiner Abreise den Auftrag gegeben, in *beruhigendem* Sinne auf die Franzosen zu wirken. Nachdem ich nun gesehen und auch durch den Brief Sr. Majestät aufs neue darauf hingewiesen worden bin, daß im Gegenteil der französische Chauvinismus lebhaft erregt worden ist, habe ich Lobanoff aufs neue telegraphisch befohlen (und bei dem letzten Wort stießen Se. Majestät energisch mit dem Zeigefinger auf die Tischplatte), sich nicht nur jeden demonstrativen Auftretens zu enthalten, sondern auch den französischen Chauvinismus abzukühlen, wo er ihm entgegentritt. Ich habe ihm ferner befohlen, auf seiner Rückreise eine Audienz bei Sr. Majestät dem Kaiser nachzusuchen, und stelle es Allerhöchstdemselben anheim, ob er ihn empfangen will. Wenn er ihn empfängt, wird er aus seinem Munde dasselbe hören, was ich Ihnen jetzt sage. Es war mir bisher nicht genügend bekannt, wie leicht die Franzosen Feuer fangen. Hätte ich dies gewußt und vorhersehen können, so hätte ich weder Lobanoff noch Dragomirow die Erlaubnis erteilt, nach Frankreich zu gehen, und ich werde in Zukunft vorsichtiger mit meinen Herren sein.»

Se. Majestät kamen sodann auf die französische Presse zu sprechen, äußerten sich darüber, wieviel Unheil die Presse schon in der Welt angerichtet, und fuhren dann etwa fort: «Ich vermute, daß Se. Majestät in der Stille seines Jagdaufenthalts, wo keiner seiner Minister bei ihm war, erregt worden ist durch die Lektüre der Zeitungsausschnitte, und ich kann dies vollkommen begreifen. Wenn man nur in dieser Form die Nachrichten aus Frankreich liest, so kann ich mir denken, daß die Nachrichten von dort alarmierend wirken müssen. Ich selber habe mir die Zeitungsausschnitte verbeten, die man mir zuerst auch vorlegen wollte. Ich fürchte durch sie nur Kenntnis zu erhalten von einer bestimmten Richtung, die zu bestimmen in der Hand desjenigen liegt, der Ausschnitte auswählt und anfertigt. Ich lese statt dessen eine deutsche (ich glaube, es ist die Kölnische, die ich wenigstens im Zimmer Sr. Majestät liegen sah), eine französische – den Temps –, eine englische und eine russische Zeitung – letztere nicht gern, denn sie taugen alle nichts, und indem ich so die verschiedenen Stimmen höre, suche ich mir mein Urteil selber zu bilden. Ich lege aber nicht zu viel Wert auf die Zeitungen, denn ich weiß, wie sie gemacht werden. Da sitzt irgendein Jude, der sein Geschäft dabei macht, wenn er die Leidenschaften der Völker gegeneinander aufhetzt, und das Volk, meist ohne eigenes politisches Urteil, hält sich an die Phrase. Deswegen werde ich auch die russische Presse nie freigeben, solange ich lebe. Die russische Presse soll nur schreiben, was ich will (und dabei stießen Se. Majestät wieder mit dem Zeigefinger auf den Tisch), und im ganzen Lande darf nur mein Wille herrschen.»

Se. Majestät führten sodann aus, wie der Russisch-Türkische Krieg nur den Hetzereien der Presse zu verdanken sei und wie diese auch jetzt die Beziehungen zwischen Deutschland und Rußland sowie Frankreich verderbe und die Empfindungen verbittere, und sagten dann: «Zwischen Deutschland und Rußland ist seit hundertfünfzig Jahren kein Krieg gewesen. Deutschland hat sich mit ungefähr allen seinen Nachbarn geschlagen, nur mit uns nicht, und es ist auch ein Unding, an einen Krieg zwischen Deutschland und Rußland zu denken, da diese beiden Länder gar keine miteinander kollidierenden Interessen haben.»

Sodann erzählte Se. Majestät, daß ihm aus den deutsch-russischen Grenzdistrikten laufend Berichte zugingen, aus denen er zu seiner Freude ersehe, wie das Verhältnis zwischen den beiderseits an der Grenze stehenden Truppen ein ausgezeichnet gutes sei. Die Offiziere machten sich gegenseitig Besuche, lüden sich ein und hielten gute Kameradschaft. Alles Nachrichten, worüber er sich aufrichtig freue. Hier wenigstens sei nichts von der Animosität zu bemerken, die sich in der Presse breit mache.

Ich bemerkte nun: «Wollen Ew. Majestät mir allergnädigst erlauben, noch einmal darauf zurückzukommen, daß wir nach den Gesinnungen, die Ew. Majestät äußern, gewiß keinen Grund haben, Besorgnisse von seiten Rußlands zu hegen. Das, was wir aber befürchten müssen, ist das leicht erregbare Temperament der französischen Nation, das natürlich durch die Anwesenheit der russischen Generale und Staatsmänner noch mehr erhitzt wird.» Der Kaiser erwiderte: «Ich weiß es, aber sagen Sie dem Kaiser, daß ich die Ruhe aufrecht erhalten werde! Vorläufig haben die Franzosen Madagaskar auf dem Buckel. Sie können nicht anders, als um der Ehre willen diese Sache durchführen. Sie müssen neue Kredite fordern und neue Truppen hinschicken. Das wird sie gewiß noch ein Jahr beschäftigen, so lange können sie an nichts anderes denken. Und wenn das Jahr vorbei ist, so garantiere ich Sr. Majestät, daß sie dann auch ruhig sein werden und sich ferner ruhig verhalten werden. Es liegt mir außerordentlich viel daran, daß wir (Deutschland und Rußland) die guten Beziehungen zueinander aufrecht halten. Wir sind gegen Sie noch weit zurück, haben unendlich viel zu tun im Inneren. Wir produzieren hauptsächlich Getreide, Sie industrielle Waren, die wir austauschen müssen. Ein Krieg zwischen uns würde beiden Völkern unendliches Elend bringen.»

Ich sagte: «Ew. Majestät kennen meinen allergnädigsten Herrn selber gut genug, um zu wissen, daß er in nichts anderem seine Lebensaufgabe sieht als darin, seinem Volk eine friedliche Entwicklung zu ermöglichen.» Der Kaiser erwiderte: «Das weiß ich, und ich kann Sie versichern, auch ich will nichts von Krieg wissen und werde streben, den Frieden zu erhalten, bis an das Ende meines Lebens. Ich will fortfahren in der friedlichen Politik meines verstorbenen Vaters.» – Auf den Brief Ew. Majestät zurückkommend, sagte der Kaiser dann noch: «Se. Majestät meinen, daß ich infolge des Trauerjahres keine Gelegenheit hätte, mich genügend zu orientieren. Ganz das Gegenteil ist der Fall. Gerade weil ich so still leben kann, habe ich mich eingehend mit allen Verhältnissen meines Reiches und der Politik beschäftigen können, und ich glaube mir das Zeugnis ausstellen zu können, daß ich fleißig gearbeitet und vor allem gestrebt habe, mir ein eigenes, unbefangenes Urteil zu bilden. Ich weiß, was uns noch alles fehlt, und ich will friedliche Arbeit im Lande, ich will keinen Krieg und werde ihn nie zugeben. Das alles habe ich Sr. Majestät auch in meinem Briefe auseinandergesetzt, aber mir liegt daran, daß Sie es ihm auch mündlich wiederholen.»

Ich erwiderte, daß ich nach allem, was Se. Majestät die Gnade gehabt hätten mir zu sagen, mich sehr glücklich schätze, die kundgegebene Gesinnung Sr. Majestät, meinem Herrn und Kaiser übermitteln zu dürfen.

Se. Majestät erhoben sich sodann und trugen mir, wieder zur deutschen Sprache zurückkehrend, die herzlichsten Grüße an Ew. Majestät sowie auch diejenigen der Kaiserin an beide Majestäten auf. Hierauf verabschiedeten Se. Majestät mich mit einem kräftigen Händedruck.

Die Audienz hatte etwas über eine halbe Stunde gedauert.

In tiefster Ehrfurcht verharre ich als
Ew. Majestät
alleruntertänigster v. Moltke,
Oberst und Flügeladjutant.

Besuch S. M. des Kaisers beim Fürsten Bismarck in Friedrichsruh am 16. Dezember 1895

Am 16. Dezember 1895 war Se. Majestät der Kaiser morgens von Kiel nach Altona gefahren, wo die Werft von Blohm & Voß besichtigt wurde, und hatte dann das Frühstück bei dem Kommandierenden General des IX. Armeekorps, Grafen Waldersee, eingenommen. Um 4 Uhr nachmittags fuhren Se. Majestät wieder von Altona ab, und um 5 Uhr hielt der kaiserliche Sonderzug in Friedrichsruh. Der Fürst Bismarck erwartete die Ankunft Sr. Majestät. Im Überrock und Helm, ohne Paletot, stand die reckenhafte Gestalt des Altreichskanzlers auf dem Perron. Der Kaiser stieg rasch aus und begrüßte den Fürsten mit herzlichem Händedruck, er nötigte ihn, den Mantel umzunehmen, und nach kurzer Begrüßung des Gefolges und der mit dem Fürsten erschienenen Herren, Grafen Rantzau und Professor Schwenninger, schritten wir alle dem Hause zu. In der Tür desselben stand die Gräfin Rantzau und im Vorzimmer ihre beiden jüngsten Söhne.

Der Kaiser hatte für den Fürsten das illustrierte Werk über die deutsche Flotte von Wislicenus mitgebracht, und während er dasselbe aufschlug, um dem Fürsten die Zeichnungen zu erläutern, zogen wir uns in das Nebenzimmer zurück. Der Monarch und der Altreichskanzler blieben alleine. Sie saßen sich gegenüber, jeder in einem großen Fauteuil an dem runden Tisch des kleinen Salons, die große Mappe mit den Zeichnungen der Schiffe lag zwischen ihnen. Von dem, was da etwa drei Viertelstunden lang gesprochen wurde, hörten wir nichts, wir kamen bald in lebhafte Unterhaltung mit der Gräfin Rantzau. So verging die Zeit rasch, bis um 6 Uhr gemeldet wurde, daß serviert sei. Der Kaiser gab der Gräfin Rantzau den Arm, um sie in das anstoßende Speisezimmer zu führen, wohin wir alle folgten. Wir waren zwölf Personen an der Tafel. An ihrer Spitze saß der Kaiser, zu seiner Linken der Fürst, zu seiner Rechten die Gräfin Rantzau. Es folgten dann auf der Seite des Fürsten General von Plessen, Admiral von Senden, Kalckstein, Schwenninger, auf der Seite der Gräfin Exzellenz von Lucanus, Lyncker, Dr. Leuthold, ich. Am unteren Ende des Tisches saß Graf Rantzau. Das Diner war gut, die Weine ausgezeichnet. Das Gespräch drehte sich um die alltäglichen Themata. Ab und zu redete der Kaiser einen der unten sitzenden Herren an oder trank einem derselben zu. Wie der Sekt eingeschenkt wurde, erzählte der Fürst, daß er einmal mit Friedrich Wilhelm IV. über dessen damalige Minister gesprochen habe und dem König gegenüber geäußert hätte, die Minister tränken zu wenig Sekt, sie hätten zu wenig Raketensatz in sich. Zum Nachtisch wurde ein weißer italienischer Wein geschenkt, der im Geschmack etwas an Château d'Yquem erinnerte und von dem der Fürst sagte, daß er ihn jedes Jahr von Crispi geschenkt erhielte. Er fügte dann hinzu: «Er vergißt mich kein Jahr, wir sind ja beide so ein paar alte Seeräuber.»

Nachdem die Tafel aufgehoben war, versammelten wir uns wieder in dem kleinen Salon, es wurden Zigarren gereicht, und der Fürst sprach mit verschiedenen Herren des Gefolges. Der Kaiser hatte ihm bei seiner Ankunft einen Strauß von Flieder und Maiglöckchen überreicht, den der Fürst jetzt wieder in die Hand nahm, daran roch und seine Freude über die frischen Blumen äußerte. Er sprach dann über das Aussehen des Kaisers, meinte, er sähe etwas angegriffen aus, und sagte dann: «Se. Majestät wird sich wohl über seine Minister geärgert haben. Ein König könnte ja sehr viel ruhiger leben, wenn er keine Minister hätte, aber bisweilen ist es doch ganz gut, wenn die Flut kommt und wenn dann so ein Deich da ist.» Er wendete sich dann an Oberst von Kalckstein und fragte ihn, wo er während des Feldzuges gestanden hätte, und als er erfahren, daß Kalckstein beim 1. Garde-Landwehr-Regiment gestanden, fragte er, wie die Leute gewesen wären, ob sie willig gegangen wären und wie sie sich im Gefecht gemacht hätten. Er erinnerte sich mit Vergnügen der prächtigen Erscheinungen der Garde-Landwehr, die an der Seinebrücke Posten gestanden hätten und zu denen die kleinen Franzosen mit scheuer Verwunderung aufgeblickt hätten. – Inzwischen war die lange Meerschaumpfeife des Fürsten gebracht worden, er setzte sich in einen Lehnstuhl an den Tisch, nahm das große Bernsteinmundstück zwischen die Lippen und zündete sie an dem Streichholz an, das Professor Schwenninger bereithielt. Der Kaiser, welcher jenseits des Tisches im Sofa saß, sagte zu mir, ich möchte mich neben den Fürsten setzen und ihm etwas vom Zaren erzählen. Ich setzte mich nun auf einen Stuhl dem Fürsten gegenüber und erzählte ihm, daß Se. Majestät mich vor einiger Zeit nach Petersburg geschickt hätten, um dem Zaren das Bild des Professors Knackfuß zu überreichen, und daß ich gefunden hätte, daß der Kaiser sich sehr zu seinem Vorteil entwickelt hätte Der Fürst unterbrach mich sehr bald mit der Frage: «Was ist denn der Zar für ein Mann? Ich meine, würde er sich entschließen können, vom Leder zu ziehen?» Dabei machte er eine Handbewegung, als ob er das Schwert ziehen wollte. Ich erwiderte, daß nach meiner Ansicht der Zar hauptsächlich ein Gemütsmensch sei, worauf der Fürst sagte: «Damit wird er seine Gesellschaft nicht in Ordnung halten. Hat er denn wenigstens den Willen, Herrscher zu sein?» Ich erzählte nun, wie gelegentlich der Unterredung, die der Zar mir gewährt, das Gespräch auf die Presse gekommen sei und wie der Kaiser dabei geäußert habe: «Ich werde die russische Presse nicht freigeben, solange ich lebe. Eine freie Presse richtet das größte Unheil an. Die russische Presse soll nur schreiben, was ich will, und im ganzen Lande soll nur ein Wille herrschen, und das ist der meinige.» Der Fürst sagte darauf: «Das gefällt mir, und er tut sehr wohl daran, denn wenn er erst die öffentliche Diskussion gestattet, dann wird er bald einem uferlosen Meer gegenüberstehen. Für den russischen Bauer muß der Zar, das Väterchen, ein Halbgott bleiben, ja beinahe ein Gott. Ich kenne Rußland und seine Leute, ich bin volle drei Jahre dort gewesen und habe mich umgesehen. Wenn man die sechzig Millionen Russen ihrem Zaren entfremden wollte, würden sie bald lauter Verrücktheiten machen.» – Nachdem ich gesagt, daß ich fürchte, der Zar werde nicht der Mann dazu sein, seinen Willen rücksichtslos durchzusetzen, fragte der Fürst nach der Zarin, ob sie Einfluß auf ihn habe. Ich sagte, daß die Zarin den allerbesten Eindruck auf mich gemacht hätte, daß sie entschieden Einfluß auf ihren Gemahl habe und daß zu hoffen sei, dieser werde an ihr eine feste Stütze haben. Der Fürst sagte darauf: «Ich habe auch nur Gutes von ihr gehört.» – Hierauf kam der Fürst ohne Übergang auf den Kaiser Napoleon III. Während die Sätze ruckweise, in der Art, wie eine Maschine den Dampf abstößt, aus seinem Munde kamen, sog er in den Zwischenpausen heftig an der immer wieder ausgehenden Pfeife. Der mächtige Kopf war scharf von der Lampe beleuchtet, und die gewaltigen Augen blickten starr vor sich hin. Er wendete sich an keinen einzelnen, sondern sprach gerade hinaus. Die ganze Gesellschaft stand dicht zusammengedrängt, aller Augen hingen an seinem Munde, aller Sinne standen unter dem Bann seiner Persönlichkeit.

«Ich erinnere mich, daß, wie ich im Jahr 1856 in Paris war – da ließ mich der Kaiser Napoleon einmal rufen und legte mir die Frage vor, ob er absolut oder konstitutionell regieren solle. – Ich sagte ihm: ‹Solange Ew. Majestät die Garde haben, können Sie sich den Luxus dieses Experiments ja erlauben – aber wenn einmal die Flut kommt – dann ist es doch ganz gut, wenn ein Damm da ist, der zwischen Ihnen und dem Volk steht. Aber solange die Garde da ist, können Sie ja das Experiment machen. – Mit den fünfzigtausend Mann Garde konnte Paris beherrscht werden und damit Frankreich. Das waren lauter ausgesuchte Truppen, große, schöne Leute, die den Hut fürquer aufgesetzt hatten und die wußten, daß sie Paris beherrschten. Die Leute waren gut gestellt – sie konnten bei einer Veränderung nur verlieren –, es konnte ihnen gar nicht besser gehen. – Wenn sie auf der Straße gingen, wichen sie keinem Menschen aus, sie gingen immer zu zweien – und wichen keinem beladenen Wagen aus.» – Der Kaiser fragte: «Wer kommandierte doch das Gardekorps damals?» Der Fürst erwiderte: «Darauf kommt es gar nicht an. Der Kaiser konnte sich unter allen Umständen auf sie verlassen. Wer sie kommandierte – darauf kommt es gar nicht an. Ich erinnere mich, daß, wenn ich damals zum Vortrag ging, ich bisweilen einen verbotenen Weg benutzte. Wenn da einer von den kleinen Südfranzosen auf Posten stand, so sagte ich bloß: ‹Le ministre de Prusse› – wenn aber einer von den Gardisten dastand, so sagte der mir: ‹Cela m'est tout à fait égal.›» – Alles lachte, und der Fürst lachte selber herzlich mit, mit großen, offenen Augen, und nur den Mund ein wenig verziehend, gleichsam wie erstaunt darüber, daß er einen Witz gemacht habe.

Der Fürst fuhr dann fort: «Ja – also – solange er diese fünfzigtausend Mann Garde hatte, da sagte ich Napoleon, könnte er das Experiment machen. Aber es wäre doch gut, wenn er einen Wall von Ministern um sich hätte, um den ersten Stoß aufzufangen. Sonst würde das Volk ihn für jedes schlechte Wetter verantwortlich machen, c'est l'art de régner! Der Kaiser war damals schon kränklich – er hatte keine rechte Energie mehr –, und dann fühlte er sich auch gedrückt durch die überwiegende Intelligenz der Kaiserin. Sie war die schönste Frau, die ich gesehen habe.» –

Der Kaiser sagte, sie sei noch immer eine schöne Frau, mit ganz weißen Haaren und trotz ihres Alters von tadelloser, schlanker Figur. Bismarck erwiderte: «Ja, sie war eine energische Frau – viel energischer wie der Kaiser – ich sprach zu ihm, wie man zu einem gesunden, energischen Menschen redet – aber er mag mir wohl nicht recht geglaubt haben – er war kränklich und fühlte sich seiner Frau gegenüber inferior.» – Ich warf ein, daß er dies doch wohl mit Unrecht getan habe, worauf der Fürst erwiderte: «Wenn er unverheiratet gewesen wäre, würde er nie den Krieg gegen uns angefangen haben.»

Irgend jemand fragte, ob der Kaiser Deutsch gesprochen habe, worauf der Fürst erwiderte: «Er soll es sehr gut gesprochen haben, mit mir hat er aber nie ein Wort anders als französisch gesprochen, und selbst wenn er einmal ein deutsches Wort interkalieren mußte, so sprach er es affektiert französisch aus, so zum Beispiel das Wort Kreuzzeitung.» –

Inzwischen war es 1/2 8 Uhr geworden, die Abfahrt war auf 7 Uhr festgesetzt gewesen, und der Graf Rantzau meldete dem Kaiser, daß die Zeit bereits verstrichen sei.

Se. Majestät standen auf. Die Säbel wurden umgeschnallt, und es wurde Abschied genommen. Irgend jemand fragte den Fürsten nach einem in Gips ausgeführten reizenden Entwurf zu einem Bismarckdenkmal für Rudolstadt, der im Nebenzimmer auf dem Tisch stand. Auf einem Sockel ist der Fürst als Student sitzend dargestellt. Die geschmeidige Figur lehnt lässig in einem Sessel, ein Knie über das andere geschlagen; die herabgesunkene rechte Faust hält den Schläger. Jugendliche Kühnheit, gepaart mit sicherer Energie sprechen aus der Figur. Ein großer Hund strebt von unten an dem Sockel zu seinem Herrn empor. – Der Fürst nannte den Namen des Künstlers und erzählte, wie er sich dadurch hauptsächlich zur Annahme habe bewegen lassen, daß der Hund auf dem Halsband den Namen Ariel trage – «und» – fügte er hinzu – «so hieß mein Hund damals. In meinem Alter», fuhr er dann fort, «muß man die Fluten im guten wie im schlimmen über sich ergehen lassen.»

Als ihm jemand sagte, die im guten könne er sich schon gefallen lassen, sagte er: «Nein, gegen die schlimmen kann man sich wehren, aber gegen die guten ist man machtlos.»

Der Kaiser verabschiedete sich nun von der Gräfin Rantzau und ging, von dem Fürsten geleitet, zum Zuge. Nachdem er dem Alten wiederholt die Hand gedrückt, bestieg er den Zug, der sich alsbald in Bewegung setzte. – Der Fürst stand hochaufgerichtet da, die Hand zum militärischen Gruß an den Helm gelegt.

Palermo, 2. April 1896

Der alte Graf Roger von der Normandie, der sein nordisches Schwert in diesen Boden stieß und ihm alle Wunder der edelsten Kunst entsprossen ließ, ist mir jetzt so vertraut, als hätte ich mit ihm zusammengelebt, und vor wenig Tagen noch ahnte ich nichts davon, daß er existiert habe. Welch entsetzliches Stückwerk ist doch unser Wissen, und wie viel kostbare Zeit verschwendet man, die man besser verwendete, um sich in etwas zu orientieren über die Zeiten, die Großes geschaffen, und die Männer, die Großes vollbracht haben. Erst dann erwacht das wahre Interesse an einem Land, an einer Örtlichkeit, wenn man sie sich als Schauplatz der Begebenheiten denken kann, sie sich vorstellen kann als das große Theater, auf dem sich das große Drama des Lebens abgespielt hat. Dann fangen die alten Steine an zu reden, aus zerfallenem Gemäuer bauen sich Paläste und Kirchen neu auf in ihrer längst versunkenen Herrlichkeit, der Blick, der Anfang und Ausgang einer Epoche umfaßt, schärft sich für die Spuren, die der Gang gewaltiger Ereignisse hinterlassen hat, und die alten Fürsten, ihre Trabanten, ihre Künstler und Gelehrten treten greifbar deutlich aus dem Dunkel der Vergangenheit hervor.

Syrakus, 7. April 1896

Es ist ein entsetzlich heruntergekommenes Geschlecht, das auf den Stätten alten Glanzes wohnt. Damals muß es ein anderes gewesen sein, denn nur kraftvolle Menschen können imstande gewesen sein, so Großes zu schaffen.

Wenn Jehova einst zu Moses sprach: «Zieh deine Schuhe aus, denn der Boden, auf den du trittst, ist heiliges Land», was soll man da von diesem Hafen sagen, von diesen Felshöhen, in die die Weltgeschichte ihre unvergänglichen Spuren eingegraben hat!

Moskau, 18. Mai 1895

Nun sind wir glücklich hier bei strömendem Regen angekommen.[33] – Die Reise war sehr nett. Im übrigen ist die Tour selbst unglaublich öde, man fährt sechsunddreißig Stunden lang durch Sumpf und verkümmertes Holz, sieht elende Hütten auf flacher Gegend und könnte meinen, immer am selben Ort zu sein, so sehr gleicht ein Teil der weiten Landschaft dem andern. Seit heute morgen, wo wir Smolensk um 5 Uhr passierten, hat es geregnet, stellenweise etwas geschneit.

In Warschau – gestern morgen – meldete sich der Ehrendienst, ein General Graf Puschkin und ein Admiral Fürst Scharawskoy beim Prinzen Heinrich. Wir wechselten hier den Zug, da wir von dort ab auf die breitspurige russische Bahn kamen. Der russische Sonderzug, der uns von dort ab gestellt wurde, war bequem und gut eingerichtet, hatte aber furchtbar schlechte Achsen, so daß wir entsetzlich gerüttelt worden sind. – Nun sind wir in unserem Quartier, einem hübschen Hause, das einem reichen Kaufmann gehört und von ihm gemietet worden ist. Wir wohnen hier: General v. Villaume, General v. Bülow, Klinckowström und ich. Von den Besitzern ist kein Mensch da. Der Prinz wohnt uns schräg vis-à-vis. – Außer Wasser und Schmutz habe ich bis jetzt von Moskau nichts gesehen.

Moskau, 20. Mai 1896

Wir waren gestern nachmittag im Petrofsky-Palais, um uns beim Kaiser zu melden. Man fährt fast eine Stunde bis hinaus. In dem Palais wohnte Kaiser Napoleon bei seiner Anwesenheit in Moskau[34]. – Der Kaiser und die Kaiserin empfingen beide unsere gesamte Deputation. Sie ist viel stärker geworden, sie sah sehr schön aus in einem einfachen, grauen Kleid. Der Kaiser sah sehr elend, blaß und angegriffen aus, es mag auch eine anstrengende Zeit für ihn sein. Beide Majestäten sprachen mit jedem einzelnen von uns. – Gegenüber dem Palais liegt das ungeheure Übungsfeld der Garnison, auf dem zurzeit das Grenadier- und ein Teil des Gardekorps im Sommerlager in Baracken liegt. Am Abend sollte ein Umritt durch das Lager gemacht werden, an dem wir uns beteiligen wollten, dann sollte ein großer Zapfenstreich sich anschließen. Wie wir aber hinauskamen, war alles wegen des schlechten Wetters abgesagt, so daß wir unverrichteter Sache wieder zurückfuhren. – Klinckowström und ich benutzten den freien Abend, um noch rasch auf den Kreml zu fahren, von wo man einen herrlichen Blick auf die vielgekrümmte Moskwa und die Stadt mit ihren Hunderten von Kirchtürmen hat. Dieser Blick ist überwältigend schön, groß und eigenartig. Hier erst sieht man, was Moskau eigentlich ist. – Der Kreml selbst ist eine Stadt für sich mit Palästen und Kirchen, riesenhaft ins Große gehend, wie es eben nur in einem solchen Riesenreich wie Rußland möglich ist.

Moskau, 22. Mai 1896

Über den feierlichen Einzug der Majestäten vom Petrofsky-Palais nach dem Kreml wirst Du schon lange in der Zeitung gelesen haben, bevor dieser Brief in Deine Hände kommt.

Wir hatten glücklicherweise herrliches Wetter. Es ist, als ob der Sommer mit einem Schlage hier eingekehrt sei, schöner warmer Sonnenschein und milde Luft. Der Glanz des Einzugs war großartig und imposant. Wir mußten schon morgens 1/2 12 Uhr nach Petrofsky hinausfahren, da später alle Straßen abgesperrt waren. Das Leben in der Stadt war ein ungeheures. Ganze Menschenströme fluteten durch die Straßen und stauten sich an allen Orten, wo der Zug vorüberkommen sollte. Die Truppen, zirka fünfzigtausend Mann, bildeten Spalier auf dem ganzen acht Kilometer langen Wege bis zum Kreml. Draußen im Palais versammelten sich alle Suiten, die ein Gefolge von gegen dreihundert Reitern bildeten. Wir mußten fast drei Stunden warten, bevor der Zug sich in Bewegung setzte. Endlich kamen die Pferde, auf die wir gesetzt werden sollten. – Nun fuhren die goldenen, mit edlen Steinen geschmückten Kutschen für die Kaiserin und die Kaiserinmutter vor, jede mit acht Schimmeln bespannt, dann setzte sich der Kaiser zu Pferde. Er ritt ebenfalls einen Schimmel. Da wir uns gleich den Fürstlichkeiten anschließen mußten, die ihm unmittelbar folgten, sahen wir von dem Zuge nur einen Teil, um so interessanter war es, die Truppen und das Volk im Vorbeireiten zu sehen. Erstere sahen sehr gut aus. Die schönen Uniformen der Chevaliergarde, der Garde à cheval, der Grenadiere zu Pferde, der Gardekosaken, die lange scharlachrote Röcke tragen, der Uralschen Kosaken, die himmelblau angezogen sind, mit blauen Lanzen und dito Schabracken, leuchteten in der Sonne. Dann kam das Paulowsksche Grenadierregiment, mit Grenadiermützen, in das zur Erinnerung an den Kaiser Paul nur Leute mit Stumpfnasen eingestellt werden, schließlich das Preobratschenske Regiment, das unserem 1. Garderegiment entspricht. – Die ganze lange Straße war dick mit Sand bestreut, zu beiden Seiten standen die Tausende, die herbeigeströmt waren, um zu schauen. Alle Bäume saßen voll Menschen, es sah aus, als ob sie mit riesigen Raupen bedeckt wären.

Alles Volk stand entblößten Hauptes da und rief seinem Väterchen ein rollendes Hurra zu. Die Begeisterung leuchtete den Leuten aus den Augen. Wahrhaft imposant war der Blick auf die Straße der Stadt, nachdem wir die Porta triumphalis passiert hatten, wo dem Kaiser Brot und Salz gereicht wurde.

Alle Fenster voll Menschen, überall große Tribünen errichtet, die von Damen in hellen Toiletten besetzt waren, wie Riesentreibhäuser von weißen Azaleen. Alle Häuser in reichem Flaggenschmuck, zwischen dem der glänzende Zug sich langsam, aber ohne Stockung fortbewegte. Vierundzwanzig goldene Kutschen, mit rotem Samt ausgeschlagen, alle mit Schimmeln bespannt, goldstrotzende Uniformen, eine märchenhafte Pracht. – Vor den Kirchen stand die Geistlichkeit in überladener Pracht, weihrauchdampfend, in der Mitte das große, goldene Heiligenbild der Kirche, Fahnen und Goldmonstranzen in den Händen. Es ist unmöglich, den ganzen Pomp dieses Einzugs zu schildern. – Vor dem Tore des Kremls erwartete der Metropolit, umgeben von den höchsten geistlichen Würdenträgern, die Majestäten, die hier auf purpurner Estrade den Segen empfingen.

Wir ritten inzwischen durch das Tor auf den weiten Schloßhof, wo alle Deputationen aus dem weiten Reich aufgestellt waren. – Da standen Samojeden aus den eisigen Gefilden Finnlands, Kirgisen vom Ural, Tataren vom Don, vom Asowschen und Kaspischen Meer hatten die Stämme ihre Abgesandten geschickt, aus den Steppen Sibiriens waren sie gekommen, das ganze ungeheure Reich war hier auf engem Raum vertreten. Die Gemeindevorsteher aus dem Inneren standen in langen, gescheitelten Haaren, breite Bauerngesichter neben den braunen, verschmitzten Kaufleuten aus Kasan, es war eine Ausstellung der verschiedensten Menschenrassen, wie sie wohl auf der Welt nicht wieder zu sehen ist. – Der Kaiser ritt die lange Front ab, dann ging es durch das Heilige Tor, wo alles das Haupt entblößt, in das Innere des Kremls. – Hier wurde vom Pferde gestiegen, und nun betrat das Kaiserpaar die beiden inneren Kirchen nacheinander, um eine kurze Andacht zu verrichten. Damit war die Zeremonie für uns beendet.

Abends waren wir in der Oper und machten dann eine Rundfahrt durch die illuminierte Stadt. Was illuminieren heißt, habe ich erst hier kennengelernt. Tausende und Abertausende von bunten Glaslämpchen bedekken die Gebäude. Ganze Kirchen ragen, aus Licht bis zur höchsten Turmspitze gebaut, in den dunklen Nachthimmel, ein feenhafter Anblick. Mitten durch die dichtgedrängte Menge fuhren wir. Man hört kein lautes Wort, kein Schreien, kein Schimpfen. Alles macht dem Hofwagen als selbstverständlich Platz, viele Leute ziehen den Hut und machen tiefe Verbeugungen, während unser Wagen sie zur Seite drängt!

Moskau, 25. Mai 1896

Jetzt haben wir angefangen, uns Kirchen, Galerien und andere Sehenswürdigkeiten anzusehen. Ich versuche meine Eindrücke, wenn auch nur in skizzenhafter Form, in meinem Tagebuch festzuhalten, aber sie stürmen so massenhaft auf mich ein, daß ich schwer Ordnung hineinbringe. Wir haben das Innere des Kremls wenigstens zum Teil gesehen. Der Kreml ist eine Stadt für sich mit zwei großen Schlössern, Kaserne, Arsenal, fünf bis sechs Kirchen, drei Klöstern, Kavalierhäusern, Stallungen usw. Das Ganze umschlossen von hoher, kremelierter Mauer mit fünf Toren. Hier ist das Heilige Tor, das Sspassky-Tor, durch das kein Russe bedeckten Hauptes gehen darf. Vor demselben stets eine dichtgedrängte Menge Pilger, armes Volk, das aus dem weiten Zarenreich zusammenströmt, um im heiligen Moskau seine Andacht zu verrichten, und das vor allem, sogar vor der Viktoria auf dem Tor sich andächtig bekreuzt. Die Männer in groben Kitteln, die Weiber mit filzumwundenen Beinen, den Pilgerstecken in der Hand, das Bündel auf dem Rücken.

Das große Schloß im Kreml hat die schönsten Säle, die vielleicht je eines Menschen Auge gesehen. Daneben der älteste Teil mit den kleinen, engen Gemächern der alten Zaren, die in historischer Treue erhalten und restauriert sind.

Dann waren wir in der schönsten Kirche Moskaus, der Erlöserkirche, die zur Erinnerung an 1812[35] gebaut ist und eine Bauzeit von fünfzig Jahren und ein Kapital von fünfzig Millionen Mark gekostet hat. – Von ihrer Höhe, die wir erstiegen, habe ich den ersten umfassenden Blick auf die Stadt tun können, von der ich mir bis jetzt gar keine Vorstellung machen konnte, obgleich wir tagelang in ihr herumgefahren waren. Von hier oben sieht man deutlich, wie die Stadt sich um den Kreml herumkristallisiert hat. Wie die Jahresringe um das Mark des Baumes legen sich die Stadtteile um die Höhe des Kremls. Die Straßen sind kreisförmig um diesen Mittelpunkt gezogen, von radial auslaufenden Straßenzügen durchschnitten. Einen klaren Überblick gewinnt man aber auch von hier oben nicht. Um Moskau ganz sehen und erkennen zu können, müßte man in einem Luftballon ein paar hundert Meter über der Stadt schweben. Endlos dehnen sich nach allen Seiten die grünen Dächer der meist niedrigen Häuser, die wieder einzeln in Gärten und zwischen freien, grünen Plätzen liegen, und aus dem Gewirr des ganzen, ungeheuren Bildes steigen unzählbar die Kuppeln und Türme der vierzigmal vierzig Kirchen und Kapellen der Stadt auf. Sie glänzen als goldene Zwiebeln oder tiefblau gefärbt, als Zinnen und Spitzen in verwirrender Masse, ganz unmöglich, sie zu zählen. Im Hintergrunde liegen die dunkel bewaldeten Sperlingsberge, von denen aus Napoleon einst auf die Stadt blickte, die ihm so verhängnisvoll werden sollte; bis in die weiteste Ferne leuchten Klöster von Mauern umschlossen herüber. – Unaufhörlich durchtönt Glockenklang die Luft, und auf den Straßen flutet ein gedrängtes Leben von Droschken, Drei- und Vierspännern, alle Pferde nebeneinander gehend.

Heute morgen hatte der berühmte Li-Hung-Tschang Audienz beim Prinzen. Wir waren alle zugegen und wurden dem großen Chinesen vorgestellt. Die Unterhaltung ging per Dolmetsch. Ich interessierte ihn besonders wegen Onkel Helmuth. Er sieht äußerst interessant aus, ein kluges, geistvolles Gesicht. Die berühmte gelbe Jacke hatte er an. – Nachher haben wir die Wiege der Romanows, das alte Bojarenhaus besucht, in dem der Stammhalter des jetzt regierenden Geschlechts geboren wurde, höchst interessant. – Dann die wüsteste Ausgeburt architektonischer Phantasie, die Kirche Wassily-Blashenyi, die von Iwan dem Schrecklichen gebaut wurde. Ferner sahen wir eine Gemäldegalerie, in der nur russische Künstler vertreten sind, mit einem interessanten Porträt Tolstois.

Moskau, 27. Mai 1896

Gestern fand die Krönung bei herrlichstem Wetter statt. Die Russen haben wirklich Glück mit diesen Veranstaltungen. Ebenso wie der Tag des Einzugs war es auch gestern am Krönungstage das herrlichste Wetter. Die Sonne brannte mit fast südlicher Glut vom wolkenlosen Himmel. – Bei Regenwetter würde auch die Krönung eigentlich gar nicht stattfinden können, da der ganze Umzug mit all seinem Pomp sich zum größten Teil unter freiem Himmel bewegt. – Wir mußten schon um 1/2 8 Uhr morgens nach dem Kreml hinausfahren, wo wir Plätze auf einer Tribüne hatten, die in dem weiten Schloßhof errichtet war. – Um 1/2 9 Uhr begann der feierliche Akt mit dem Kirchgang der Kaiserinmutter, die unter einem goldenen, mit Straußenfedern geschmückten Baldachin mit der Brillantkrone auf dem Kopf und den von zehn Kavalieren getragenen Hermelinmantel um die Schultern vom Palais aus nach der Uspenskyschen Kathedrale schritt, in der die Krönung stattfindet. – Wir hatten einen sehr guten Platz, von dem aus wir den ganzen Schloßhof übersehen konnten. In demselben waren kreuzweise zwei Wege für den Aufzug aus Bretterplanken hergestellt, die mit rotem Tuch überkleidet waren. Der eine führte von der großen Treppe des Palais zur Kathedrale, ein paar hundert Schritt, der andere durchschnitt den Hof quer. Ein dritter führte im Umgang von der Krönungskathedrale zu dem Iwan Weliky, von diesem zur Archangelschen Kathedrale, von dort zur Kirche Mariä Verkündigung und von da zurück zur Freitreppe. – Diesen Weg hat der Zar nach vollzogener Krönung zurückzulegen und in jeder der genannten Kirchen, die um den Schloßhof herumliegen, eine Andacht zu verrichten. – Der ganze weite Hof war Kopf an Kopf gefüllt mit den Deputationen des gesamten Volks, alle Völker, die das russische Zepter vereinigt, waren hier vertreten, vom turbantragenden Bucharen an bis zum pelzbekleideten Finnländer. Die Chevaliergarde in Helm und Küraß bildete Spalier auf der einen Seite des Hofes, die in lange Scharlachröcke gekleideten Leute des kaiserlich kaukasischen Leibkonvois auf der anderen. – Gegen 9 Uhr verkündeten Trompetenstöße, daß der Zug sich in Bewegung setze. Alles entblößte die Häupter. Ein rollendes Hurra stieg aus den hundertsprachiger Kehlen der Massen, die in Erregung durcheinanderdrängten. Der ganze weite Hof, umsäumt von zahlreichen Tribünen, auf denen die hellen Toiletten der Damen schimmerten, dazwischen die leuchtenden Uniformen der spalierbildenden Truppen, das Ganze umstanden von den goldgedeckten Türmen und Kirchen und von der hohen Front des alten Zarenschlosses und überflutet von glühendem Sonnenlicht, machte schon an und für sich einen zauberhaften Eindruck. – Und auf der mitten durch das Gewirre führenden roten Plankenbahn zog nun der Krönungszug in seiner ganzen orientalisch märchenhaften Pracht an uns vorüber nach der Kathedrale, an deren Portal der Metropolit von St. Petersburg, umgeben von der hohen Geistlichkeit mit dem heiligen Bilde der Mutter Gottes stand, um den Eingang des Kaiserpaares zu segnen.

Fast eine Viertelstunde dauerte es, bis der ganze Zug vorüber war. Da kam zuerst eine Abteilung Chevaliergarde, dann die Pagen, die Zeremonienmeister, die Syndikate des ganzen Reiches, die Munizipalitäten, Delegierte des Adels, der Bürgerschaft, des Handelsstandes, der Künstlerschaft, dann endlose Kammerherren in goldüberladenen Uniformen, die Vertreter der Universitäten, der Ministerien, die Delegierten der verschiedenen Kosakenstämme, die Adelsmarschälle, die Generalsynode, die Senatoren, der Staatsrat, Herolde, die Schloßgarde, dann in feierlichem Pomp die Reichsinsignien, die Reichsfahne und Schwert, Krone, Zepter, Apfel, Mantel usw., ein Peloton der Chevaliergarde der Kaiserin, die Oberhof- und Hofmarschälle und endlich der Kaiser und die Kaiserin unter einem goldenen Baldachin mit Straußenfedern, der von zwanzig Generalen getragen wurde. – Nach altem Zeremoniell schritt die Kaiserin unter demselben Baldachin hinter dem Kaiser. – Nun folgte der lange Zug aller russischen Großfürsten und aller der Fürstlichkeiten, die zur Krönung hier versammelt sind, dann der lange Zug der Hof-, Ehren- und Palastdamen in der russischen Hoftracht, dem rotsamtenen Überkleid, den Kokoschnik auf dem Kopf, wieder eine Abteilung Chevaliergarde und dann noch eine Menge Generale, Flügeladjutanten, Vertreter des erblichen Adels usw. – Das alles zog wie ein Märchen an uns vorüber und verschwand in der Kathedrale. Dazu Geläute aller Glocken, Kanonendonner und brausendes Hurra, in der Tat ein Bild von unbeschreiblichem Eindruck. – Die Zeremonie in der Kirche dauerte von 9 bis 1/2 2 Uhr. – Nach Beendigung derselben trat der Zug wieder heraus zum Umgang. Jetzt trug der Kaiser die schwere Brillantkrone, den Mantel und in der Hand das Zepter, an dessen Spitze der größte Diamant der Welt, der Orloff, funkelt, und den Reichsapfel, ein Anblick, den man sonst nur auf Bilderbogen sieht. – Er hatte sich selber und dann die Kaiserin gekrönt, hatte die heilige Salbung empfangen und als höchstes kirchliches Oberhaupt das Abendmahl in beiderlei Gestalt genossen. Nun trat er erst als rechtmäßiger Kaiser im ganzen Glanz seiner riesigen Macht vor sein Volk. – Es liegt etwas Großes in diesen Feierlichkeiten, deren Kunde von allen den Deputationen, die ihnen beiwohnten, hinausgetragen wird in die endlosen Steppen des Reiches, die erzählen werden, wie sie den Weißen Zaren gesehen haben in dem ganzen Glanz seiner Macht, gefolgt von Hunderten unterworfenen Fürsten, gesegnet von Gott, der für ihn die Sonne scheinen ließ und gebenedeit von der Geistlichkeit, angejubelt vom ganzen Volk, bedeckt mit den Schätzen der Erde, ein höheres Wesen, in dessen Hand das Wohl und Wehe ungezählter Millionen liegt. – Dies Volk und dies Reich braucht eine solche äußere Schaustellung, und man tut weise daran, sie in allen Stücken nach altgeheiligtem Ritus aufrechtzuerhalten. Religion und Weltherrschaft sind hier so innig verschmolzen, daß keins vom anderen zu trennen ist, ohne daß beide sich verbluten. – Man muß dies alles gesehen haben, um zu begreifen, weshalb in Rußland die orthodoxe Kirche oft mit drakonischer Strenge durchgeführt wird, um zu verstehen, wie es möglich ist, dies endlose Reich, das vom ewigen Eis des Nordens bis zum ewigen Sommer des Südens reicht, in einem Gedanken zusammenzufassen und zu erhalten. Nur die absolute Gewalt, getragen von der allgemeinen orthodoxen Kirche, kann Rußland regieren, und jeder Riß zwischen diesen beiden Grundpfeilern würde das ganze riesige Gebäude zum Einsturz bringen.

Nachdem der Krönungszug alle Kirchen passiert, steigen Kaiser und Kaiserin die rotbelegte Freitreppe zum Schloß hinauf. Oben angekommen, wandten beide sich um und grüßten das Volk mit dreimaliger Verbeugung. Die beiden Majestäten sahen prächtig aus, die edlen Steine auf ihren Häuptern blitzten in der Sonne, die Figuren umwallten die weiten Falten der Hermelinmäntel, es schien, als ob der Himmel einen segnenden Kuß über sie hinhauchte, und alle die Tausende, die draußen auf den Knien gelegen hatten, während in der Kirche ihr Kaiser gesalbt wurde, jubelten zu dem Herrscherpaar hinauf, man fühlte sich umströmt von der Flut der Segenswünsche, der Begeisterung und der monarchischen Treue eines ganzen Volkes. – An diesem Tage wurden gegen dreitausend Menschen auf dem Kreml gespeist, in Zelten, in Sälen und Hallen waren die endlosen Tafeln gerichtet. – Wir entzogen uns dem Gedränge und fuhren zu Haus, wo wir gegen 5 Uhr ankamen. Neun Stunden hatte die ganze Zeremonie gedauert!

Die Kaiserin sah reizend aus. Das feine Gesicht blaß von Erregung und Anstrengung. Sie trug ein Kleid aus Silberbrokat. – Die Kaiserkrone, ganz aus Diamanten gearbeitet, die ihr der Kaiser in der Kirche aufgesetzt, nachdem er sich selber gekrönt und mit seiner Krone die vor ihm Kniende an der Stirn berührt hat, saß wie ein Strahl des Himmelslichtes selber auf ihrem reichen Haar. Auch der Kaiser trug die schwere Krone mit kaiserlichem Anstand. Sie muß furchtbar schwer sein, denn auch sie besteht ganz aus Brillanten. Die Spitze bildet ein Rubin von der Größe eines Hühnereis, in dem das Sonnenlicht sich mit blutigrotem Schein brach.

Abends war Moskau illuminiert. Was das heißen will, ist schwer zu beschreiben. Der ganze Kreml erstrahlte in elektrischem Licht. Die Türme und Tore bauten sich aus Millionen von Lampen auf, vom Fuß bis zur höchsten Kreuzspitze. Sie standen da wie Erscheinungen einer anderen Welt. Die ganze acht Kilometer lange Umfassungsmauer war in ihrer Kremelierung von Lampen umfaßt. Dieses ganze Feuermeer entzündet die Hand der Kaiserin. Sie ergreift ein Bukett, und im selben Nu flammt alles auf. Von der Terrasse des Kemls sahen wir hinab auf eine Stadt von Feuer. Blau, rot, grün erstrahlten die Häuser, Brücken, Türme in blitzenden Funken. Girlanden von Lampen zogen sich an den Ufern der Moskwa hin, soweit das Auge reichte. Es war eine so unbeschreibliche Pracht, daß wir ganz betäubt waren. Es ist auch ganz unmöglich, den Eindruck wiederzugeben. Laß Deine Phantasie ins Ungemessene schweifen, und Du wirst noch lange nicht die Wirklichkeit erreichen. Hier hört jedes Denken auf. Selbst wenn man diese Illumination sieht, hält man sie für unmöglich. Man faßt sich an die Stirn und frägt sich, ob man bei klarem Verstande ist oder ob man Fieberphantasien hat. Und drei Abende hintereinander soll sich dies Schauspiel erneuern!

Moskau, 30. Mai 1896

Der Trubel der letzten Tage war groß. Wir waren permanent unterwegs von morgens bis abends, ohne Pause. – Wir hatten große Gratulationscour, die Stunden dauerte. Einzeln vorbeidefiliert mit zwei Verbeugungen. Die Kaiserin reichte mir die Hand zum Kuß, nie habe ich einer Fürstin mit mehr Freude die Hand geküßt! – Gestern waren wir mit dem Prinzen Heinrich im Lager. Wir fuhren morgens nach dem Petrofsky-Palais, wo wir Pferde vom Marstall bekamen. Es war interessant, das Lager zu sehen, in dem drei Infanterie- und eine Kavalleriedivision sowie zwei Brigaden Artillerie liegen. Die Leute sind teils in Holzbaracken, teils in Zelten untergebracht. Wir ritten gegen drei Stunden durch das Lager. – Abends war Galaoper. Das riesige Haus sah prächtig aus. Die Ränge mit juwelengeschmückten Damen, das Parterre mit Offizieren besetzt. Brausendes Hurra und Nationalhymne begrüßte die Majestäten, die, gefolgt von allen Großfürsten und Prinzen, in die große Hofloge traten. – Es wurde ein Akt aus der Oper «Das Leben für den Zaren»[36] gegeben. Die Pracht der Kostüme war ungeheuer, wie überhaupt der Luxus, der hier entwickelt wird, alles hinter sich läßt, was ich bisher gesehen. Am Schluß wurde wieder die Nationalhymne gespielt, die der ganze Chor des Theaters, zu einer gold- und silberglänzenden Gruppe vereinigt, mitsang. Wir kamen um 1/2 2 Uhr nach Hause.

Heute ist großes Volksfest, bei dem hunderttausend Menschen unter freiem Himmel gespeist werden. Jeder nimmt sein Geschirr und einen Becher mit dem Bild des Zaren mit nach Hause.

Moskau, 1. Juni 1896

Seit ich Dir zuletzt schrieb, haben wir ein Massenfest auf der französischen Botschaft mitgemacht. Das merkwürdigste an diesem Fest war das, daß es uns gelang, ohne erdrückt worden zu sein, wieder hinauszukommen. Fast wäre es uns gegangen wie den armen Tausenden des Volkes, die elend zu Tode gedrückt worden sind. Nach offiziellen Berichten sind 1'365 Tote und 320 Verwundete gemeldet. Man kann sich nichts Grausigeres denken als ein Volk, das sich gegenseitig zerquetscht und unter die Füße tritt. Auf dem riesigen Platz sollen gegen eine Million Menschen versammelt gewesen sein.

Berlin, 1. September 1896

Jetzt heißt es allgemein, ich werde das Alexander-Regiment[37] bekommen, und zwar nach dem Manöver. Das ist auch wahrscheinlich, denn Se. Majestät liebt es, dergleichen Dinge am letzten Manövertage abzumachen. Daß ich als Kandidat für das Alexander-Regiment genannt werde, hängt wohl mit meinen russischen Beziehungen zusammen. – Ich freue mich darauf, hinauszukommen. Für meine Zukunft ist es nötig, daß ich nach langer, zwanzigjähriger Pause einmal wieder in die Front komme. Der Gedanke, auf einem Posten alt und überständig zu werden und schließlich nur noch aus Gnade so weiter mitgeschleppt zu werden wie ein ausgedienter Gaul, dem man widerwillig ein Gnadenbrot gibt, würde mir unerträglich sein. Dann lieber vorher von selber gehen. – So habe ich die Zuversicht zu mir selber, daß ich mein Examen als Regimentskommandeur gut bestehen und mir damit die Berechtigung erwerben werde, mit gutem Gewissen auf der militärischen Stufenleiter weiterzuklettern, solange Kraft und Gesundheit ausreichen.

Breslau, 6. September 1896

Gestern morgen 6 1/2 Uhr nach Brieg gefahren, wo wir warteten, bis der russische Sonderzug einlief. Wir wurden in einem sehr schön ausgestatteten Salonwagen verstaut, wo wir die Bekanntschaft der russischen Begleitung machten. Nach einer halben Stunde erschienen der Kaiser und die Kaiserin, um uns zu begrüßen. Der Kaiser hatte die Uniform des Alexander-Regiments an, die ihn nicht besonders kleidet. Er sah blaß und kränklich aus, war sehr liebenswürdig und sprach mit jedem einzeln von uns. – Auf dem Bahnhof Breslau war großer Empfang, unser Kaiser und Kaiserin standen auf dem Perron. Die Begrüßung sehr herzlich – Ehrenwache, ein Gewimmel von Fürsten, Prinzen, Generalen usw. – Wir begaben uns in das Landeshaus, wo wir eine Stunde hatten, um uns zur Parade fertig zu machen. Diese fand bei schönem Wetter statt. Der russische Kaiser führte das Alexander-Regiment zweimal sehr nett vorbei. Abends Paradediner und dann großer Zapfenstreich.

Die Anrede des Kaisers beim Diner wirst Du in der Zeitung gelesen haben, sie war sehr gut, maßvoll und doch warm. – Die Antwort des Zaren geben die Zeitungen nach russischer Redaktion etwas abgeschwächt wieder, er sagte wirklich: «Je remercie votre majesté et la ville de Breslau pour le bon accueil qu'elle a bien voulu me préparer. Je partage sincèrement les relations traditionelles, qui unissent nos deux pays. Je bois à la santé usw.» – In der Zeitung ist dies dahin abgeändert: «Je partage les sentiments traditionels, qui existent entre nous.» – Das ist ein großer Unterschied und klingt viel kühler. Die Abänderung ist sicher eine Konzession an Paris!

Görlitz, 11. September 1896

Wir haben nun morgen unseren letzten Manövertag und gleichzeitig für mich den letzten Tag eines sich nun abschließenden Lebensabschnitts. Der Vorhang fällt, ein neues Stück beginnt!

So laß uns denn den neuen Weg gehen, als gute, treue Kameraden. Im Anfang wird es uns beiden nicht leicht werden. Wir sind des Lebens in der Truppe seit langen Jahren zu ungewohnt geworden, aber bei gutem Willen werden wir auch die schönen Seiten bald empfinden, und wir werden, jeder in seiner Art, einen dankbaren Wirkungskreis haben. Es ist wohl das letzte Mal, daß ich Dir als diensttuender Flügeladjutant Sr. Majestät schreibe. – Heute hat der Kaiser das V. und VI. Korps geführt und natürlich einen glänzenden Sieg erfochten.

KABINETTSORDER

Ich ernenne Sie hierdurch, unter Belassung in dem Verhältnis als Mein Flügeladjutant und unter Entbindung von der Stellung als Kommandeur der Schloßgarde-Kompagnie, zum Kommandeur des Kaiser-Alexander-Gardegrenadier-Regiments Nr. 1
Görlitz, den 12. September 1896.

Wilhelm R.

An Meinen diensttuenden Flügeladjutanten Obersten v. Moltke.

Berlin, 14. September 1896

Mich selber findest Du nicht mehr vor, ich bin mittags ins Manöverterrain des Gardekorps abgereist, um mein Regiment zu übernehmen. Ich komme gerade zum großen Korpsmanöver zurecht, fasse gleich zwei Biwaknächte und werde so mit einem Schlage mitten in die Praxis des Soldatenlebens hineinversetzt, die ich seit zwanzig Jahren nicht mehr kennengelernt habe. Ich bin Flügeladjutant geblieben. Daß ich das Regiment bekommen hätte, sagte mir der Kaiser am letzten Manövertage. Er war sehr gütig, sagte mir: «Nun, ich denke, der Zar wird mit dem neuen Kommandeur zufrieden sein.» – Nicht wahr, Du siehst ein, daß ich recht habe, wenn ich etwas «auf die Front» gedrängelt habe. Der Kaiser hat's mir nicht übel genommen, das fühle ich gut genug. Es wird sehr wunderbar für mich werden, wenn ich zum erstenmal den Degen vor der Front des Regiments ziehe und fünfundvierzig Offiziere und zweitausend Mann auf mein Kommando hören. Ich freue mich sehr darauf und besonders, daß ich gleich im Manöver führen kann.

St. Petersburg, 9. März 1897

Durch meine Depesche hast Du ersehen, daß ich wohlbehalten hier angekommen bin. Ich hatte gerade Zeit, mich umzuziehen, um dann sofort wieder auf die Bahn und nach Zarskoje Selo zu fahren, da Se. Majestät der Kaiser mich noch am selben Nachmittag empfangen wollten. – Heute wurde ich von der alten Großfürstin Konstantin in einer langen Audienz empfangen und darauf von ihrem Sohn, dem Großfürsten Konstantin, und dessen Gemahlin, einer Prinzeß von Anhalt – Morgen hat mich der Großfürst Wladimir zum Frühstück eingeladen.

St. Petersburg, 11. März 1897

Die Woche geht so sachte hin, ich sitze unbeweglich hier und weiß noch nicht einmal, wann ich überhaupt zurückkommen kann. Gestern beim Großfürsten Wladimir, ganz en famille, als ob ich mit dazu gehörte! Ich mußte von Berlin erzählen, als ob es nur diese Stadt auf der Welt gäbe! Dann war ich bei dem alten Großfürsten Michael, der sich wohl dreiviertel Stunden mit mir unterhielt, es war, als ob man in einem alten Tagebuch läse, so aus den sechziger Jahren, wo Preußen und Rußland noch Arm in Arm durch die Welt gingen wie zwei lustige Studenten, Schmollis tranken und alles anrempelten, was ihnen in den Weg kam.

Petersburg ist still und tut Buße, geht zur Beichte und Kommunion und hat alles abgestreift, was an die Vergnügungen dieser Welt erinnern könnte. Kein Musikton erklingt, kein Theater ist offen, dafür drängt das Volk in Scharen in die Kirchen.

Ich war heute in der Peter-Pauls-Festung, dann besuchte ich das kleine Holzhäuschen, in dem der große Peter wohnte, während die Stadt, die seinen Namen trägt, aus den Sümpfen des Newaufers hervorwuchs, während er sein Fenster in die Mauer der Unkultur brach, die damals das russische Reich umschloß, damit das Licht europäischer Kultur in sein riesiges Reich hineinfalle.

Döberitz, 1. Juli 1897

Morgens wird Gefecht exerziert. Der ganze Übungsplatz ist eine Quadratmeile groß, abwechselnd Wald und abgeholzte Flächen. – Man kann alle möglichen Gefechtsbilder auf demselben aufführen, und da man keine Rücksicht auf Flurschäden zu nehmen braucht, ist man in allen Bewegungen ganz unbehindert. – Die armen Pferde leiden sehr unter den unzähligen Bremsen. Vorgestern bekam «Nyalka» einen Kolikanfall. Ich ließ gleich einen Tierarzt holen, sie bekam einen halben Liter Hoffmannsche Tropfen, wurde massiert und mit Prießnitzschem Umschlag behandelt. Nach einigen Stunden war der Anfall vorüber. – Übermorgen habe ich Regimentsbesichtigung, da kannst Du mir den Daumen halten, denn natürlich werde ich für meine Person besichtigt, damit meine Herren Vorgesetzten ein Urteil darüber gewinnen, wie töricht ich etwa bin.

Berlin, 3. Juli 1897

Meine heutige Regimentsvorstellung ist sehr gut verlaufen. Der Divisionskommandeur und eine Menge Zuschauer waren zugegen. Die Kritik fiel sehr gut aus, und alles war befriedigt. Ich habe dann meinen Offizieren adieu gesagt und bin mittags hierher gefahren. Von hier geht es morgen früh weiter nach Travemünde. Ich kann es noch nicht verwinden, vom Regiment fortzumüssen.

Norwegen, Odde, 12. Juli 1897

Gestern wurde Se. Majestät von einem herunterfallenden Tauende am Auge verletzt, und am selben Nachmittags kam der Leutnant von Hahnke, der Sohn des alten General v. Hahnke, der auf der "Hohenzollern" im Dienst war, ums Leben. – Die Matrosen sagen, das ganze Unglück kommt daher, daß ein Pastor an Bord ist.

Die Verletzung des Kaisers ist eine ganz unbedeutende, die Sache wird in ein paar Tagen vorüber sein, er kommt heute schon wieder an Deck. – Das Unglück mit dem jungen Hahnke hat sich folgendermaßen zugetragen. Einige der Schiffsoffiziere wollten eine Partie nach dem zwanzig Kilometer von Odde entfernten Lotefoß machen. Hahnke und ein Leutnant v. Levetzow per Rad, ein anderer Offizier mit einem Beamten fuhr mit Karriol hinterher. Leutnant v. Hahnke fuhr als erster auf der schmalen, zum Teil in den Fels gesprengten Straße voraus, etwa vierhundert Meter hinter ihm folgte Levetzow, ebenfalls auf dem Rade, dann die anderen. Nachdem sie etwa eine Stunde gefahren, kamen sie an eine Stelle, wo der Weg sehr schmal ist. – An der einen Seite steiler Fels, rechts das felsige Bett des mit reißender Gewalt dahinströmenden Elfs. Die Straße liegt hier etwa vier Meter über dem Flußbett. Gerade hier sind starke Stromschnellen und Wirbel, das Wasser kocht zwischen großen Felsblöcken und bildet tiefe Strudel. Dicht über der Stelle führt eine schmale Holzbrücke über den Fluß zu einem Bauernhaus, das auf dem andern Ufer der Straße gegenüberliegt. – Wie Leutnant v. Levetzow, der abgestiegen war und sein Rad führte, da die Straße hier ansteigt, an diese Stelle kam, kamen ihm über die Holzbrücke laufend, zwei Jungen im Alter von zehn und sieben Jahren entgegen, Söhne des gegenüber wohnenden Bauern, und sagten ihm, sie hätten am andern Ufer gestanden und hätten gesehen, wie ein Mann, der auf einem Rad gefahren sei, eben von der Straße herab in den Fluß gestürzt sei, mit seinem Rade. Glücklicherweise versteht Levetzow Dänisch. – Er hatte Hahnke, der wie gesagt, etwa vierhundert Meter vor ihm fuhr, wegen der Straßenkrümmung nicht sehen können. Hahnke ist seitdem spurlos verschwunden, der reißende Strom hat ihn verschlungen und nicht einmal ein Stück seiner Kleidung, Hut oder irgend etwas wieder herausgegeben. – Die Jungen sagen, der Herr wäre ganz langsam auf der Straße entlang gefahren, auf der dem Fluß zuliegenden Seite. Wie er gerade ihnen gegenüber gewesen, habe er sein Taschentuch herausgezogen, um sich den Schweiß abzuwischen, dabei sei das Rad ins Schwanken gekommen, er habe noch rasch mit der Hand an die Stange gegriffen, das Rad sei aber vorne an einen Prellstein gestoßen, habe sich überschlagen und der Herr sei kopfüber hinabgestürzt. Im Fallen habe er einen lauten Schrei ausgestoßen. Eine kurze Strecke abwärts sei er noch einmal aus dem Strudel aufgetaucht, habe beide Arme in die Luft geworfen und nochmals einen Schrei ausgestoßen, im selben Augenblick sei er verschwunden. – Seit gestern nachmittag wird der Fluß von Matrosen mit Netzen und Greifankern abgesucht. Heute sind hundertzwanzig Mann an der Arbeit, es ist keine Spur des Verunglückten gefunden. Wenn die beiden Jungen nicht wären, verschwand Hahnke von der Erde, ohne daß jemals ein Mensch gewußt hätte, wo er geblieben sei. – Der arme Vater, der in Karlsbad zur Kur ist, ist durch den ältesten Sohn, der telegraphisch benachrichtigt wurde, von dem Unglück unterrichtet. Der Kaiser, selber liegend, war tief ergriffen und will hier bleiben, bis die Leiche gefunden. Stahlheim usw. ist natürlich aufgegeben, und tiefe Niedergeschlagenheit herrscht auf dem ganzen Schiff.

Odde, 14. Juli 1897

Wir sind drei Tage hier geblieben, um Nachforschungen nach der Leiche des jungen Hahnke anzustellen. Es ist mit hundertvierzig Mann tagaus, tagein gearbeitet worden, um sie zu finden, doch völlig resultatlos. Der reißende Gebirgsstrom, der ihn verschlungen, hat nichts wieder herausgegeben. Es sind in dem felsigen Flußbett so tiefe Wirbel und unterhöhlte Felsen, daß sie aller Versuche spotten, mit Greifankern usw. hinabzugelangen. So muß die Hoffnung aufgegeben werden, der Leiche ein Grab in deutscher Erde bereiten zu können, der Elf hält ihn fest und umrauscht ihn mit seinem kühlen Wasser in dunkler Felskluft, ein Grab von düsterer Majestät. Heute hatten wir einen ergreifenden Gedächtnisgottesdienst an Bord. Der Kaiser wird an der Unglücksstelle einen Gedenkstein an der Felswand errichten lassen.

Norwegen, Digarmulen a.d. Lofoten, 20. Juli 1898

Wir passierten mittags den Polarkreis an Deck sitzend, von der warmen Sonne geliebkost, die so heiß auf das Verdeck niederbrannte, als ob man tief im Süden wäre. – Wir sahen Walfische, die ihre stäubenden Wasserstrahlen aufspritzten, Pamorane und Eidergänse strichen über die Fläche, und weit gebreitet lag zu unserer Rechten das bergige Gestade Norwegens in tausendfacher Abwechslung der Formen und Farben, meilenweit streckte sich zwischen den violetten Berggestalten der schimmernde Rücken des größten Schneefeldes der Welt, des Svart Jisen, hin. Es ist unbeschreiblich schön hier oben, wenn der Himmel klar ist. Die Weite der Ausblicke zieht den Geist ins Unendliche, die Großartigkeit der Natur, die um ihrer selbst und nicht der Menschen wegen gemacht zu sein scheint, stimmt das Gemüt zu feierlicher Empfindung. Unbeschreiblich ist auch das wechselnde Spiel der Farben, die von den tiefsten Tönen durch zarte Vermittlung bis zur lichtesten Färbung übergehen. – Man sieht sich nicht satt an dem Panorama, wohin der Blick sich wendet, trifft er neue Schönheiten, und trunken von Sonnenglanz und Klarheit eilt er über das unendliche Meer, das in endloser Ferne mit dem Himmel zusammenschmilzt.

Norwegen, Lofoten, 23. Juli 1898

Sehr schön war die Mitternachtssonne, die unter einer Wolkenbank bis auf etwa dreißig Bogenminuten über den Horizont herabsank, dann etwa zehn Minuten stehen blieb, das Schiff und die fernen Bergspitzen der Lofoten mit purpurnem Schein überflutete und dann wieder langsam emporstieg. – Der Fürst von Monaco kam zu uns an Bord, um den Fang zu zeigen, den er mit seinem Schleppnetz gemacht hatte. Er brachte mehrere große Glasgefäße mit, in denen in Spiritus abermals eine Anzahl gräßlicher Tiere waren. Da waren große Seespinnen, mit Beinen so lang wie dieser Briefbogen hoch ist, Seegurken, die aussehen wie greuliche, dicke Blutegel, die vorne und hinten eine Öffnung haben, damit der Schlamm des Meeres durch sie hindurchfließen kann. Usw. usw. – Mit einem Wort, eine Sammlung von Gräßlichkeiten, die aber höchst interessant war. Man frägt sich, wozu alle diese Bestien existieren. Was ist die Absicht der Schöpfung mit ihnen? Wird man vielleicht zur Strafe schlechten Lebens später in eine Seegurke verwandelt und muß nun in tiefer Finsternis den Schlamm schlucken?

Auf der Fahrt nach Kiel, 1. August 1898

Die Nachricht vom Tode des Fürsten Bismarck kam gestern morgen in Bergen an, ganz unerwartet, denn die Depeschen, die Se. Majestät über den Fürsten von Professor Schwenninger zuletzt erhalten hatte, lauteten durchaus beruhigend. So hatten wir keine Ahnung von dem, was ganz Deutschland wußte, daß es mit dem alten Recken zu Ende ging. Der Kaiser befahl nun die beschleunigte Rückkehr.

Die Depesche des Kaisers an den Sohn Bismarcks, in welcher derselbe sagt, daß er den Fürsten in der Hohenzollerngruft neben seinen Ahnen beisetzen wolle, wirst Du wohl schon in der Zeitung gelesen haben. Die Söhne antworteten dankend, daß der Fürst selber den Platz im Sachsenwald bestimmt habe, wo er beigesetzt sein wolle.

Berlin, 10. August 1898

Heute war ich in der Kunstausstellung, um mir die großen Wandgemälde von Prell anzusehen, die als Fresken nach der deutschen Botschaft Villa Caffarelli nach Rom kommen. Sie sind sehr schön, von großer Wirkung und zum Teil von bestrickendem Liebreiz. – Die Motive sind der altgermanischen Mythologie aus der Edda entnommen. – Im ersten Bilde ist der junge Frühlingsgott Baldur zur Erde herabgestiegen, um die von den Eisriesen gefesselte Göttin der Erde – Gerda – zu befreien. Er wird von Schwanenjungfrauen begrüßt. – Im zweiten Bilde kämpft er gegen die Riesen, die ins Hochgebirge zurückgeworfen werden (Sommer). Gewitter. Der alte Winter in seiner Schwäche, zieht sich in rauhe Berge zurück. – Im dritten versinkt die Sonne im Meer (Winter). Die verlassene Erdgöttin trauert ihrer Gefangenschaft entgegen. Baldur ist erschlagen, nur der Sänger ist übriggeblieben, um von der Schönheit des Sommers zu singen. – Ihm zur Seite steht eine Norne, die auf dem Arm das Knäblein der Gerda hält, den künftigen Frühling. Du mußt diese Bilder sehen, wenn Du kommst.

Berlin, 12. August 1898

Ich werde in etwa acht Tagen wieder einmal nach Rußland fahren müssen. Am 27. findet die Enthüllung des russischen Nationaldenkmals in Moskau für Kaiser Alexander III. statt, und es soll dazu eine Deputation vom Regiment hingehen.

Paris, 22. Februar 1899

Wir haben eine sehr gute Reise gehabt, wurden an der Grenze tadellos behandelt und bei unserer Ankunft in Paris auf dem Bahnhof von einem eigens dazu geschickten Obersten en parade von dem Maison militaire des Präsidenten und einem höheren Zivilbeamten empfangen. Wir fanden zwei Wagen, die vom Elysée für uns gestellt waren. Gegen vierzig Polizisten waren aufgeboten, die einen ununterbrochenen Ring um uns bildeten und sofort jeden beim Kragen kriegten, der nur den Hals vorstreckte, um uns anzusehen! Einige Pfiffe ertönten aus der dichtgedrängten Menge, sonst blieb alles ruhig.

Wir wollen jetzt ausfahren und auch in den Dome des Invalides. Nachmittag ist Empfang beim Präsidenten und beim Minister des Äußeren Delcassé. – Morgen sollen wir den ganzen Zug mitmachen, zirka acht Kilometer. – Es haben jetzt auf das Beispiel Deutschlands hin alle anderen Staaten auch Deputationen geschickt, die Hals über Kopf ankommen.

KABINETTSORDER

Ich ernenne Sie hierdurch, unter Beförderung zum Generalmajor, zu Meinem General à la suite und zum Kommandeur der 1. Garde-Infanterie-Brigade. Gleichzeitig beauftrage ich Sie mit Wahrnehmung der Geschäfte der Kommandantur von Potsdam.
Es gereicht Mir zum Vergnügen, Ihnen dies bekanntzumachen.

Berlin, den 25. März 1899.

Wilhelm R.

An Meinen Flügeladjutanten, Obersten v. Moltke, Kommandeur des Kaiser-Alexander-Gardegrenadier-Regiments Nr. 1.

TELEGRAMM

Oberst von Moltke,
Kommandeur Kaiser-Alexander-Gardegrenadier-Regiments Nr. 1,
Regimentsbureau, Alexanderstraße 56.
Ich ernenne Sie zum 1. April zu Meinem General à la suite und Kommandeur der 1. Garde-Infanterie-Brigade. Indem Ich Sie mit schwerem Herzen von Ihrem vortrefflichen und unter Ihrer bewährten Leitung hervorragend ausgebildeten Regimente abberufe, wünsche Ich Ihnen durch die Beförderung Meine vollste Zufriedenheit darüber auszudrücken, wie Sie es verstanden haben, Meinen Intentionen in Ihrer bisherigen Stellung völlig zu entsprechen und dadurch ein so glänzendes Resultat erzielt haben.

gez. Wilhelm R.

Döberitz, 29. Juni 1899

Am Montag halte ich die Besichtigungen des 3. Garde-Regiments, am Dienstag die des 1. Garde-Regiments ab. – Dann beginnen die Brigadeexerzitien unter meiner Leitung, und am 12. Juli werde ich mit meiner Brigade durch den Herrn Divisionskommandeur besichtigt. So überzeugt sich immer einer von den Leistungen des andern.

Potsdam, 19. Juli 1899

Die einsame Höhe des Kommandanten und Brigadekommandeurs ist recht langweilig. – Gestern habe ich lange Manöverarbeiten gemacht.

Potsdam, 23.Juli 1899

Da ich nun einmal in Berlin war, ging ich in die Ausstellung, wo ich noch nicht gewesen war, und besah mir zwei Stunden lang die recht mäßigen Bilder. Mit der Kunst scheint es mir rapide zurückzugehen, das Beste dort sind alte bekannte Bilder, von dem Neueren habe ich nichts Bemerkenswertes gefunden.

Potsdam, 30. Juli 1899

Mit großem Interesse habe ich Bebels Buch über die Frau gelesen, das ich unter Deinen Büchern fand. Gott behüte uns und unsere Kinder davor, daß wir diesen Staat erleben, in dem das Leben in trostloser Monotonie verlaufen wird und die ganze Erde in einen großen Fabriksaal umgewandelt wird, in dem alle gleichmäßig unglücklich sein sollen, bloß damit nicht einige glücklich sind.

Potsdam, 23. August 1899

Die Kanalangelegenheit ist eine recht betrübende und ernste Sache. Ich fürchte, sie wird noch unangenehme Folgen haben in bezug auf die Stellung der Konservativen zu Sr. Majestät. – Daß im Ministerium Veränderungen eintreten werden, betrachte ich als sicher. Meines Erachtens nach wäre es auch nicht weiter schade um ein ganz Teil der Herren. Wie sich alles noch entwickeln wird, weiß ich nicht. Die Ablehnung war doch wohl eine große Dummheit, denn kommen wird der Kanal doch.

Potsdam, 25. August 1899

Der Kaiser setzte sich mit mir hin und sprach lange über die Kanalvorlage usw. Ich habe getan, was in meinen Kräften stand, um zu mildern und versöhnlich zu stimmen. Die Erregung Sr. Majestät war aber sehr tiefgehend, und ich fürchte, daß bereits Anordnungen erlassen waren, die nicht mehr rückgängig zu machen sind.

Potsdam, 5. September 1899

Da ich die Manöver selber leite, habe ich sehr viel zu tun und werde so ziemlich den ganzen Tag zu Pferde sein müssen. Ich bin selber neugierig, wie es gehen wird, es ist das erste Mal, daß ich solche Manöver selber angelegt habe.

Döberitz, 14. Juni 1900

Vorgestern und gestern habe ich das 1. und 3. Garderegiment besichtigt, im Beisein des Divisionskommandeurs und des Kommandierenden Generals. Alles ging herrlich, und am Schluß bekam ich noch ein Lob vom Kommandierenden, der mir seine besondere Anerkennung aussprach über die hübsche Art meiner Besichtigung. Er sagte noch: «Ich empfehle Ihnen allen, meine Herren, die kriegsmäßige und interessante Art der Besichtigung, wie sie der Herr Brigadekommandeur uns vorgeführt hat.»

Wilhelmshaven, 4. Juli 1900

Heute abend soll die "Hohenzollern" in See gehen. Der Kaiser will die Panzerdivision, die nach China gehen soll, vor dem Auslaufen noch sehen. – Bülow gefällt mir sehr gut, er ist ruhig, klar und bestimmt. Sein Einfluß auf den Kaiser, wie mir scheint, ein günstiger. Leicht ist seine Aufgabe nicht, seine große Klugheit und Gewandtheit kommt ihm sehr zustatten. Gestern abend spät kam Schlieffen noch an, heute kommt Hahnke.

Es kribbelt mir in allen Gliedern, die China-Expedition mitzumachen. Es muß riesig interessant werden, wenn ich auch glaube, daß das Ganze weniger auf einen Einzug in Peking als auf einen Schutz von Schantung hinauslaufen wird. Ich vermute, daß letzteres nötig geworden sein wird, bis wir dort sein können, denn daß die ganze Bewegung so rasch erstickt sein wird, glaube ich nicht. Die politischen Verwicklungen zwischen den europäischen Mächten werden wohl noch kommen.

Kiel, 7. Juli 1900

Die politischen Verhältnisse scheinen bis jetzt günstig zu liegen. Die Anlässe zu Zerwürfnissen zwischen den europäischen Mächten werden ja auch erst später eintreten. Der Aufstand in China[38] scheint sich inzwischen mit rapider Gewalt auszubreiten, in einigen Wochen wird wohl das ganze ungeheure Reich in Flammen stehen. – Was man sich eigentlich bei einem Unternehmen gegen Peking denkt, ist mir völlig unklar, und ich fürchte den Herrn Metteur en scène ebenso. Die paar Mann, die wir dorthin (nach Taku) schaffen können, werden nutzlos sein dem Ansturm von Hunderttausenden fanatisierter Horden gegenüber, und nun eine Kriegsführung von zehn verschiedenen Kontingenten unter einer Führung, der sich keiner wird unterordnen wollen, der Franzose wird nicht unter deutschem, der Deutsche nicht unter russischem, der Russe nicht unter japanischem Oberbefehl stehen wollen, dazu kein Kriegsobjekt, keine legale Regierung, mit der man selbst im günstigsten Fall Frieden schließen könnte, nichts als ein grundloser Abgrund von Menschen, in dem die europäischen Häuflein ertrinken werden. Keine Ausrüstung mit Trains usw., keine Basis als fünf bis sechs Schiffe, keine geregelte Nachfuhr von Lebensmitteln usw. – Ich sehe dies ganze Unternehmen als ein wüstes Abenteuer an und hoffe, daß der Druck der Verhältnisse uns vor demselben bewahren und dahin führen wird, uns auf das einzige zu beschränken, das wir tun können und meiner Meinung nach tun müssen, nämlich unsere Kolonie Kiautschou[39] zu schützen, dann den chinesischen Riesenbrand sich ausbrennen zu lassen und uns später durch Kompensationen schadlos zu halten. – Was wollen wir in Peking? – Wir müssen darauf hoffen, daß die Zeit, die gottlob verstreichen *muß*, bevor unsere ersten Transporte anlangen können, Ruhe und Überlegtheit auch bei uns die Oberhand gewinnen lassen. Vorläufig sind wir jeden Moment einer unvermuteten Willensexplosion ausgesetzt, die gänzlich unberechenbar ist. Die Ratgeber haben einen schweren Stand. – Mit Besorgnis sehe ich den unvermeidlich kommenden Vorwürfen in der Presse entgegen, die mit dem Vorwurf kommen werden, daß übereiltes Handeln uns in kopflose kriegerische Verwicklungen gestürzt hat im Fernen Osten, wo wir eigentlich nichts zu suchen haben. – Das wird sicher kommen, wenn wir auf Peking aventurieren und uns unser Schutzgebiet darüber verloren geht, wenn unser Häuflein in dem Riesenreich allmählich zerschmilzt und aufgezehrt wird, wie ein Schneeball auf einem Ofen, wenn wir dann genötigt sein werden, neue Kräfte heranzuziehen, um die alten womöglich noch zu retten, wenn dann der Reichstag, den man jetzt völlig beiseite liegen läßt, mitreden wird und die enormen Mittel dargelegt werden müssen, die wir an die Erreichung eines Phantoms gesetzt haben und noch setzen müssen, das man nicht anders bezeichnen kann als: Rache[40]. Ich sehe mit trüber Besorgnis in die Zukunft. Doch ich bin ja Pessimist, und vielleicht wird noch alles besser.

Kiel, 9. Juli 1900

Hier ist in den letzten zwölf Stunden ein völliger Umschwung eingetreten, und ich bin sehr froh darüber, denn die Entschlüsse, die der Kaiser jetzt gefaßt hat, decken sich völlig mit dem, was ich als richtig angesehen habe. Der Rachezug nach Peking ist aufgegeben. Alle Truppen, die unterwegs sind und noch abgehen sollen, werden nach Kiautschou beordert. Dort wird eine sichere Basis geschaffen und Ruhe und Ordnung hergestellt resp. aufrechterhalten. Damit begnügen wir uns fürs erste, sehen die Entwicklung der Dinge an, lassen den Brand in China ausbrennen und halten nur mit dem Wasserschlauch in der Hand Wache, daß das Feuer nicht unser eigenes Haus ergreift. Damit sind wir aus allen politischen Wirren heraus, brauchen es weder mit Rußland noch mit England zu verschütten und können später unsere Rechnung präsentieren. Ich habe diesen Standpunkt von Anfang an vertreten. Nun ist der Kaiser ganz dafür gewonnen, wie ich zu Gott hoffe, wird er festhalten zum Wohle des Vaterlandes. Es war eine aufregende Zeit, die tollsten Projekte wurden gemacht, und die Zukunft stand oft auf des Messers Schneide. Ich bin sehr froh, daß alles so gekommen. Der Kaiser hat sehr nett mit mir gesprochen, und ich habe auch unverfroren meine Meinung gesagt. Über unsere Abreise ist noch immer nichts bestimmt. Ich hoffe stets noch, sie unterbleibt ganz, aber wenn wir auch nun noch hinausgehen, so tue ich es doch mit leichterem Herzen.

Kiel, 10. Juli 1900

Ich kann Dir noch sagen, daß ich gebeten hatte, mir das Kommando nach China zu geben, gestern war Hahnke hier und hatte in den Sachen Vortrag, da bat ich ihn noch einmal, mich dem Kaiser in Vorschlag zu bringen, was er auch getan hat, aber ohne Erfolg. Der Kaiser hat mich nicht gehen lassen, nicht wie ich glaube, weil er mich für unfähig hält, sondern weil er, wie er sagt, mich nicht entbehren kann. Eine wunderliche Idee, ich habe auch gesagt, daß meine Brigade jeder führen könne und daß ich mit der größten Leichtigkeit zu ersetzen wäre, aber umsonst. Ich war recht enttäuscht, denn ich hatte mir schon einen großen Feldzugsplan zurechtgelegt, und der alte Soldatengeist mit seinem Drang nach Gefahr und Tätigkeit war wieder ganz in mir erwacht. Nun habe ich ihn fein sanft wieder schlafen gelegt und werde fortfahren, meinen Beruf zu pflegen und mir im übrigen recht überflüssig vorzukommen.

Norwegen, Kopervik, 11. Juli 1900

Die Stellenbesetzung der nach China gehenden Truppen ist wohl inzwischen veröffentlicht. Als Oberkommandierender General v. Lessel. Das ist die Stellung, die ich gerne gehabt hätte. Da ich aber «unentbehrlich» bin, habe ich ja darauf verzichten müssen. Es ist sehr komisch, so ganz unentbehrlich zu sein und sich dabei so ganz überflüssig vorzukommen. – Du findest meine Idee gewiß abenteuerlich und doch, wie gerne hätte ich die schwarzweißrote Fahne gegen die gelben Halunken geführt, die unsere Landsleute umgebracht haben. – Auf das eigentlich treibende Motiv der ganzen Expedition muß man freilich nicht eingehen, denn wenn wir ganz ehrlich sein wollen, so ist es Geldgier, die uns bewogen hat, den großen chinesischen Kuchen anzuschneiden. Wir wollten Geld verdienen, Eisenbahnen bauen, Bergwerke in Betrieb setzen, europäische Kultur bringen, das heißt, in einem Wort ausgedrückt, Geld verdienen. Darin sind wir keinen Deut besser als die Engländer in Transvaal!

Norwegen, Molde, 21. Juli 1900

Von China haben wir keine neuen Nachrichten von Bedeutung. Nachdem Tientsin von den Europäern genommen, wird zunächst wohl ein Stillstand eintreten. Unsere Truppen haben sich brav benommen, wie es nicht anders zu erwarten war. Von hier aus werden Orden über Orden hingeschickt, ich glaube, kein Offizier ist mehr undekoriert. Der Kapitän U. ist Flügeladjutant geworden, es ist das gewohnte Übermaß in allem, das stets wieder hervortritt.

Potsdam, 28. Juli 1900

Politisch kann ich Dir nichts mitteilen, da ich nichts weiß. Bülow und der Reichskanzler kamen, wie ich von Bord ging, so weiß ich nicht, was abgemacht worden ist. Die Lage ist aber, glaube ich, für uns nicht ungünstig.

Potsdam, 2. August 1900

Die Ermordung des armen Königs von Italien[41] ist eins der gemeinsten Bubenstücke, die es je gegeben. Er war ein wahrer Vater seines Volks und tat nur Gutes. Der Halunke, der ihn niedergeschossen, sollte öffentlich gepfählt werden. Ich denke so oft mit Besorgnis an unseren Kaiser, über dessen Haupt doch auch immer der Mordstahl schwebt und der so außerordentlich unvorsichtig ist. – Ich begreife nicht, warum man alle Anarchisten nicht einfach als allgemeingefährlich hinter Schloß und Riegel setzt. Wenn ein Geisteskranker herumläuft und Menschenleben bedroht, so steckt man ihn ein, wenn diese Verbrecher aber öffentlich erklären, daß sie morden wollen und ihre Worte auch gelegentlich zur Tat werden lassen, so behandelt man sie wie eine gleichberechtigte politische Partei. Die Menschen sind eben mit Blindheit geschlagen und werden selbst dann nicht klug werden, wenn ihnen das Dach überm Kopf angezündet wird.

Potsdam, 8. August 1900

J. sagte mir heute, daß die Entsendung des Grafen Waldersee nach China auf Wunsch Rußlands erfolge, das gebeten habe, Deutschland möge den definitiven Oberbefehl dort übernehmen. Ich halte dies für ein sehr glückliches Omen als Beweis für den Zusammenschluß Deutschlands und Rußlands, dem sich natürlich Frankreich angliedern wird.

Potsdam, 9. August 1900

Heute morgen war ich in Berlin, wo in der Hedwigs-Kirche ein Hochamt für König Humbert[42] zelebriert wurde. Auf mich machte die ganze Handlung mit den unverständlichen Manipulationen der Priester vor dem Altar, den Weihrauchwolken und dem näselnden Gesang einen fast abstoßenden Eindruck. Es ist doch genau wie ein Götzendienst. – Ich kann mir nicht denken, daß Christus mit dieser Art Gottesdienst einverstanden sein kann, er, der seine Predigten unter Gottes freiem Himmel hielt und der alles verwarf, was an die ritualen Gebräuche des alten Gesetzes erinnerte und der selber sagte, wenn ihr betet, so sollt ihr nicht plappern wie die Heiden.

Döberitz, 19. Mai 1901

Gestern bin ich besichtigt worden. Es verlief alles glatt und gut, und ich habe von allen Seiten Glückwünsche über die gute Besichtigung empfangen. Ich bin froh, daß dieser Tag glücklich verlaufen ist, der einzige im Jahr, wo man vom Lehrer zum Schüler degradiert wird und zeigen muß, daß man nicht nur anderen sagen kann, wie sie es hätten machen müssen, sondern auch selber seine Sache zu machen versteht. Ich habe das Glück gehabt, alle Aufgaben, die der Brigade gestellt wurden, in zufriedenstellender Weise zu lösen.

Neu-Ruppin, 19. September 1901

Morgen würde es schlimm aussehen, wenn es weiter gießt, denn morgen ist der erste Korpsmanövertag, wo alle Truppen biwakieren müssen. Wie ich in der Zeilung sehe, hat der Kaiser wegen Regen die großen Manöver für einen Tag unterbrochen. Der Laie wird sich kaum eine Vorstellung davon machen können, was das für die Manöverleitung sagen will. Alle die Dispositionen werden über den Haufen geworfen. – Die Eisenbahntransporte, die mit den Bahnverwaltungen lange vorher vereinbart worden sind, müssen innegehalten werden, alles geht drüber und drunter, und abgesehen von allen Schwierigkeiten wird in der Armee die Empfindung erweckt, als ob die Soldaten keinen Regen mehr vertragen könnten. – Man denke sich die Folgen, wenn im Ernstfall ein solches gewaltsames Eingreifen stattfinden sollte.[43]

KABINETTSORDER

Ich habe Sie heute, unter Beförderung zum Generalleutnant, zu Meinem Generaladjutanten und zum Kommandeur der I. Garde-Infanterie-Division ernannt. Es gereicht Mir zum besonderen Vergnügen, Ihnen dies hierdurch bekanntzumachen.
Berlin, den 27. Januar 1902.

Wilhelm R.

An Meinen General à la suite, Generalmajor v. Moltke,
Kommandeur der I. Garde-Infanterie-Brigade und beauftragt mit Wahrnehmung der Geschäfte der Kommandantur von Potsdam.

Madrid, 16. Mai 1902

Ich hätte so viel zu erzählen, aber wir sind schon wieder in der gewöhnlichen Hetze, und ich weiß nicht, wie weit ich kommen werde. Darum vorweg, daß es mir ausgezeichnet geht, daß die Reise glücklich überstanden ist, daß wir gestern, am 15., nachmittags, hier angekommen sind und daß ich mit noch zwei anderen Herren des Gefolges in unserer Botschaft wohne, wo wir ganz vorzüglich untergebracht sind. – Also am 13., mittags, Abfahrt von Berlin. In Braunschweig meldeten wir uns im Reiseanzug bei dem Prinzen Albrecht, der von dort aus mitfuhr. Wir wurden abends 7 Uhr zum Prinzen in den Speisewagen befohlen und saßen dann zusammen, bis wir abends 10 Uhr in Köln ankamen, wo wir den Zug wechselten und uns in den Luxuszug Köln–Paris einschifften. Am nächsten Morgen um 8 Uhr war wieder mit dem Prinzen und seinen Herren zusammen Frühstück, und um 1/2 9 Uhr kamen wir in Paris an, wo der Botschafter Fürst Radolin uns auf dem Bahnhof empfing. Wir bestiegen nun sofort bereitstehende Wagen und fuhren zunächst nach dem Palais de Justice, wo wir die reizende Sainte Chapelle besahen mit ihren alten, wundervollen Glasfenstern und ihren herrlichen Mosaik- und Emailbildern, die alte venezianische Arbeit sind. Sodann sahen wir die unteren Räume, von denen am meisten das kleine Kellerloch interessiert, in dem die unglückliche Königin Marie-Antoinette das letzte Jahr ihres Martyriums verlebte. Von dort fuhren wir in den Louvre, durch den wir einen Run machten, die Venus von Milo besuchten und die schönsten Stücke der Gemäldesammlung besichtigten. Dann eine Fahrt über den Place de la Concorde, die Elysées, über den Pont Alexandre II nach der Botschaft, wo ein großes Frühstück mit allen Mitgliedern derselben stattfand. Paris war wunderschön, das Wetter klar, alles grün, ich war doch wieder überrascht von der Großartigkeit der Stadt, die, seit ich sie zuletzt gesehen, noch durch die beiden großen Paläste erhöht worden ist, die vor der Alexanderbrücke gelegentlich der Weltausstellung gebaut worden sind. Unmittelbar nach dem Frühstück ging es auf die Bahn. Um 12 Uhr mittags fuhren wir ab, über Orléans, Bordeaux nach der spanischen Grenzstation Irun, wo wir um 11 Uhr abends ankamen. Leider war es schon dunkel, wie wir an die Pyrenäen herankamen, so daß wir von den schönsten Gegenden, San Sebastian und Biarritz nichts gesehen haben. – Die Tour durch Frankreich war aber herrlich, es ist ein wundervolles Land, Reichtum und Kultur zeigen sich überall, Weinbau und sorgsam bestellte Felder mit sauberen Ortschaften. Alles grünt und blüht, der erste Klee war schon gemäht, das Korn hatte schon Ähren und das Vieh war auf der Weide.

Von Irun ab hatten wir einen spanischen Extrazug, der als Fürstensammelzug gestellt war. Außer uns wurden in demselben verstaut Großfürst Wladimir, der Prinz Christian von Dänemark, der Kronprinz von Siam, Prinz Eugen von Schweden, der Prinz von Monaco usw. – Ich bekam noch ein kleines Coupé für mich, wo ich auf der Bank leidlich geschlafen habe. Die Herren des Prinzen waren zu viert in einem Abteil. Auch bei dieser Fahrt ging uns der schönste Teil der Nacht wegen verloren. Ich wachte um 7 Uhr morgens auf. Wir fuhren durch kahles, ödes Land, und es wurde auch nicht anders, bis wir in Madrid ankamen. Weite, öde, unbebaute Strecken, nackte Berglehnen, die Felder unbeschreiblich lotterig bestellt, das Getreide so dünn wie meine Haare, ab und zu eine Schafherde oder ein Trupp Maulesel, die zwischen den Steinen weideten. Die Häuser elend, aus ungebrannten Lehmziegeln aufgebaut, verfallen, zum Teil ohne Dächer. Die Bevölkerung zerlumpt, schmutzig. Dazwischen feiste Pfaffen mit fettglänzender Soutane. Ein elendes Land. Ab und zu etwas Weinbau in der Ebene. Alle Wohnungen in Ortschaften zusammengedrängt, auf den weiten Landstrecken kein Haus, kein Bauernhof, kein Baum, alles heruntergeschlagen. Später einige dürre Pinienwälder oder Balsamfichten, alle mit aufgeschnittener Rinde und unter der Wunde ein Topf, um das herausfließende Harz aufzufangen, es sah aus, als ob das Wild geschält hätte. Natürlich gehen alle Bäume mit der Zeit aus. Fast kein Vogel, kein Stück Wild, öde Verlassenheit unter der strahlenden Sonne. In der Nähe von Madrid einige Olivenpflanzungen, alles grau. Dabei schwerer, schöner Boden, auf dem alles von selber wachsen würde, wenn die Felder ordentlich bestellt würden. Es ist traurig, dieses dem Verfall entgegengehende Land zu sehen.

Um 4 Uhr nachmittags kamen wir in Madrid an, bereits im Paradeanzug, in der Bahn umgezogen. – Große Auffahrt nach dem hochgelegenen, sehr schönen Schloß, das wirklich hervorragend schön ist. Auf der breiten Treppe im Inneren Empfang durch die Königin, Hatschiere mit Hellebarden, Musik, Fanfaren. Alles sehr prächtig und zeremoniell. Feierliche Begrüßung der sukzessive nach dem Rang eintreffenden Fürstlichkeiten. Dann allgemeine Vorstellung der Gefolge. Wir schlagen alle anderen durch Kopfzahl und Körperlänge. Die Königin sehr liebenswürdig, der kleine König schmächtig, zart, noch ein Kind, aber in guter Haltung und von anerkennenswerter Sicherheit. Dann fahren wir, die wir hier wohnen, nach unserer Botschaft, die am anderen Ende der Stadt liegt, sehr schön, mitten in einem blühenden Garten, umgeben von blühenden Rosen, Akazien, Kastanien, dazwischen hohe dunkle Zedern. Es ist die hübscheste Botschaft, die ich bisher gesehen, und wir sind vortrefflich hier aufgehoben. Abends

8 Uhr großes Galadiner im Schloß. Prachtvoller Saal, elektrisch beleuchtet, mit einer Fülle von Blumen auf der Tafel. Alles erster Klasse. – Abends 11 Uhr zu Hause. Am 16. Fahrt mit dem Prinzen in den Prado (Museum) mit seinen massenhaften Meisterwerken von Murillo, Velázquez, Tizian, Raphael, herrlich schön. Um 3 Uhr im Paradeanzug im Schloß. Der König hat preußische Uniform angezogen und bedankt sich beim Prinzen für die Verleihung des Regiments. Dann Visitenfahren. Gegen Abend Spazierfahrt in dem großen, schönen Park Buen retiro. Hunderte von sehr schönen Equipagen, darin angemalte Spanierinnen mit Glutaugen und semitischen Nasen. Abends großes Diner auf der Botschaft. Um 3 Uhr zu Bett.

Madrid, 18. Mai 1902

Wir festen inzwischen weiter. Gestern um 1 Uhr waren wir in Parade im Schloß, um an der großen Auffahrt zur Eidesleistung des Königs[44] teilzunehmen. Diese fand mit dem ganzen Pomp statt, den der Hof aufbringen kann. Staatskarossen, Galageschirre, alle Pferde mit Riesenfederbüschen, die ganzen Truppen in den Straßen als Spalier. Wir versammelten uns in dem Saal der Cortes, einem verhältnismäßig kleinen Sitzungssaal, in dem ein Podium für den Hof hergestellt war. Während wir noch auf den König warteten, wurde die Nachricht eines Attentats verbreitet, große Aufregung. Der Präsident steht auf und sagt, daß ein Verrückter oder ein Halunke ein Attentat versucht habe, Hoch auf den König. Endlich kommt er. Riesige Akklamation, Händeklatschen, Hochs. Er sieht ganz vergnügt aus und hat eine gute Haltung. Mit klarer Stimme verliest er die Eidesformel. Hochs. Rückfahrt nach der Kirche. Tausende von Menschen auf der Straße. Alles nach der Kirche, die gepfropft voll ist. Tedeum. Wundervolle Musik, herrlicher Gesang, es war das Schönste von allem. Nach der Kirche ist es kaum möglich, den Prinzen in seinen Wagen zu bekommen. Alles verfahren. Die wüsteste Unordnung. Keine Spur von irgendeinem Freihalten der Straßen oder Ordnung im Auffahren. Wir sitzen beinahe eine Stunde im Volksgewühl fest, ohne Rücken und Rühren, in der brennenden Sonne. Endlich kommen wir ins Schloß. Hier Gratulation. Dann alle auf den Balkon. Vorbeimarsch der Truppen vor dem Schloß. Volksmenge Kopf an Kopf, ein hübscher Anblick von oben. Die Truppen sehr gut angezogen, sehr farbenreicn und malerisch. Schöne Pferde in ganz spanischem Typus. Abends großer Ball bei einem Granden, wo viele Beautés mit gemalten Augenbrauen und zum Teil prachtvollem falschem Schmuck. Große Illumination In der Botschaft geht auf einmal das gesamte elektrische Licht aus und läßt sich den ganzen Abend nicht mehr sehen. Wir müssen uns mit Stearinkerzen behelfen. Unsere Wirte sehr liebenswürdig. – Die Nächte sind sehr kalt, die Tage meist sehr heiß. Madrid ist eigentlich eine ganz moderne Stadt, Häuser sehr hoch, ohne charakteristischen Stil. Eine schöne breite Avenue, an der die Botschaft liegt, und dann der große, schöne Park Buen retiro. Viele Akazien in der Stadt, die ganz von dem süßlichen Geruch ihrer Blüten durchduftet ist. Der Manzanares ist ein kleines Wässerchen in einem breiten Bett. – Wir sollen jetzt zu einem Polospiel. Um 4 Uhr Grundsteinlegung des Denkmals Alfons' XII. Paradeanzug. Abends Galaoper.

Madrid, 19. Mai 1902

Uns geht es andauernd gut, wir sind aber in permanenter Hetze, so daß ich zum ordentlichen Schreiben nicht kommen kann. – Gestern abend Oper. Ein Riesenhaus mit fünf Rängen, dreitausend Menschen. Sehr schöne Toiletten und schöne Frauen. Das Haus sah sehr hübsch aus, wenn es auch gar nicht dekoriert war wie bei uns üblich bei solchen Gelegenheiten. Die Vorstellung – "Don Juan" – war recht gut. Hübsche Stimmen. Die Mise-en-scène miserabel, auch hier gänzlicher Mangel an dekorativer Ausstattung. Die Vorstellung dauerte von 9 Uhr bis 1/2 1 Uhr mit endlosen Pausen. – Die gestrige Grundsteinlegung war wieder eine Komödie mit Volksmassen und gräßlicher Unordnung. Keine Spur von irgendwelchem Freihalten oder Ordnung in den Wagenkolonnen, die alle wüst durcheinander fahren Es ist immer fast lebensgefährlich, an seinen Wagen zu gelangen, wenn man ihn überhaupt findet. – Heute nachmittag 1/25 Uhr Parade, die in den Straßen der Stadt abgehalten werden soll.

Paris, 24. Mai 1902

Gestern abend 11 Uhr sind wir hier nach fünfundzwanzigstündiger Fahrt von Madrid angekommen und im Hôtel Quai d'Orsay abgestiegen. Wir fahren heute nachmittag 2 Uhr weiter nach Berlin, wo wir am 25. morgens ankommen.

Berlin, 25. Mai 1902

Ich bin um 9 Uhr heute morgen angekommen. Gestern mittag 2 Uhr aus Paris abgefahren. Ich hoffe noch Zeit zu finden, über das eine und andere zu schreiben, besonders über die große Corrida, der wir beiwohnten, bei der neun Stiere, einige zehn bis zwölf Pferde und zwei Menschen umgebracht wurden, sodann über unseren Besuch des Escorial, der Burg Philipps II., des Vaters der Inquisition. Jetzt komme ich nicht dazu. Ich habe soeben zwei Stunden Vortrag gehabt und soll um 7 Uhr zum Diner zum Prinzen Albrecht, der sehr gütig und liebenswürdig war. Morgen habe ich Brigadebesichtigung in Döberitz, am Dienstag Prüfungsschießen daselbst. Am Mittwoch Exerzieren der Kaiserbrigade daselbst, am Donnerstag soll ich morgens den Kronprinzen von Siam und nachmittags den Schah von Persien in Potsdam auf dem Bahnhof empfangen, am Freitag ist Parade hier in Berlin, am Sonnabend Parade in Potsdam. Die Woche ist also rund ausgefüllt!

Berlin, 26. Mai 1902

Bis zum Juli bin ich sehr besetzt, und dann kommt die Nordlandreise, und dann gleich das doppelte Manöver, dann ist der Herbst da, und der Wind streicht über die Stoppeln. So geht ein Sommer nach dem andern wie im Fluge dahin, und aus dem Sommer unseres Lebens wird auch bald der Herbst.

Berlin, 31. Mai 1902

Nun ist die zweite Parade auch glücklich überstanden, bei glühendem Sonnenbrand unter den blühenden Kastanien des Potsdamer Lustgartens. Ich kommandierte die Parade, und alles ging gut. Der Kaiser war sehr zufrieden und lobte die Truppen besonders. – Am Montagnachmittag muß ich nach Beeskow fahren, wo den Dienstag Besichtigung ist. Dienstag nachmittag nach Lübbenau ins Manövergelände. Mittwoch abend hier zurück.

Norwegen, Bergen, 15. Juli 1902

Morgens machten Cuno, Se. Majestät und ich einen langen Spaziergang an Land, besuchten einen alten Schleswig-Holsteiner, der eine niedliche Villa auf einem Bergvorsprung hat, mit schöner Aussicht über die Reede der Stadt, und dann seinen Nachbarn, einen alten norwegischen Schiffskapitän. Wir saßen lange in den am Steilhang hinaufkletternden Gärten und schwatzten mit den Leuten und ihren Frauen. Der Kaiser ist bei solchen Gelegenheiten von einer bezaubernden Liebenswürdigkeit, harmlos wie ein Kind, es macht ihm Freude, mit diesen einfachen schlichten Leuten ohne alle Zeremonie zu verkehren, ihre Ansichten über die Zustände ihrer Heimat zu hören und sich ihre kleinen Freuden und Sorgen erzählen zu lassen. Diese Menschen sind dann immer in einem Zustand der grenzenlosesten Begeisterung.

Norwegen, Molde, 18. Juli 1902

Wir gingen von Bergen am Dienstag nach Gudvangen, wo wir Mittwoch ankamen. Hier machten wir eine Partie nach Stahlheim, wo gegessen wurde, am selben Nachmittag an Bord zurück. Ich fuhr mit dem Kaiser in seinem Karriol, das mit einem mutigen kleinen norwegischen Pferdchen bespannt war. Er kutschierte selber, und ich hatte ab und zu etwas Herzklopfen, wenn wir herabkommenden Wagen begegneten, denen wir auf der schmalen Landstraße ausweichen mußten, und er hart am Absturz vorbeifuhr, in dessen Grunde das Wasser über die Felsen braust, die Zügel mit der Linken haltend und mit der Rechten den Hut abnehmend, um die Grüße zu erwidern. Wir kamen aber glücklich oben an. Hinab ließ er mich fahren, was mir lieb war, denn der kleine Gaul ging wie das Donnerwetter und lag hart auf den Zügeln, so daß ich wieder froh war, ihn ohne Unfall unten abliefern zu können. – Er ist immer sehr nett und freundlich zu mir, gab mir neulich einen Beweis besonderen Vertrauens, indem er mich in sein Arbeitszimmer holen ließ und mir einen Brief vorlas, den er soeben geschrieben hatte an den Kronprinzen, und meine Meinung hören wollte. Er ist eigentlich noch nie so freundlich gewesen wie auf dieser Reise, ich habe ihn überhaupt noch nie so liebenswürdig und gleichmäßig gesehen. Er bespricht jetzt oft militärische Fragen mit mir und will oft meine Ansicht hören In solchen Augenblicken kann man ihm alles sagen, dann ist er reizend wie ein guter Kamerad, und man kann ganz ungezwungen das sagen, was man meint, wovon ich auch weitgehenden Gebrauch gemacht habe.

Berlin, 5. August 1902

Ich habe sie (E.) für morgen abend nach «Alt-Heidelberg» eingeladen, damit sie auch einmal einen Spaß hat. Die kleine ... war auch da. Sie behandelt augenblicklich einen Mann, der seit Jahren blind ist, und hat sich damit meiner Meinung nach gleich von Anfang an vor eine unlösbare Aufgabe gestellt. Natürlich hat sie, wie alle Scientisten, die beste Hoffnung und behauptet, daß er bereits den berühmten «Schimmer» habe, den alle Blinden, die scientistisch behandelt werden, unfehlbar bekommen und über den hinaus – wenigstens soweit ich erfahren habe – ebenso unfehlbar bisher noch nie einer gekommen ist. Wir haben lange über das Thema der Science gesprochen, sie hat viel verständigere Ansichten als die waschechten Scientisten und sieht selber ein, daß in der ganzen Bewegung der Keim des Erstarrens in einem neuen Dogma enthalten ist.

St. Petersburg, Palais d'Hiver, 16. Januar 1903

Wir sind vor zwei Stunden hier wohlbehalten angekommen nach sehr angenehm verbrachter Reise. Nach Ankunft hier fuhren wir ins Winterpalais, wo Kaiser und Kaiserin uns begrüßten. Letztere sieht außerordentlich wohl aus und ist noch hübscher geworden, als sie früher schon war. Von dort zur Kaiserinmutter, die uns ebenfalls sämtlichst begrüßte. Wir wohnen alle im Winterpalais. Die ganze Reise war sehr nett und harmonisch. Mir ist ganz so zumute, als ob ich nach einiger Abwesenheit wieder in altbekannte Gegenden käme. Ich kenne nun ja auch fast den ganzen hiesigen Hof.

Palais d'Hiver, 17. Januar 1903

Gestern abend war große Galatafel, sehr schön und prunkvoll. Ich saß links neben der Großfürstin Maria Georgiewna, Tochter des Königs von Griechenland, rechts von ihr saß der Zar. Wir unterhielten uns sehr angeregt, sie spricht fließend Deutsch. Mir gegenüber der Kronprinz, neben ihm die beiden Kaiserinnen. Der arme Kronprinz war sehr aufgeregt wegen seiner zu haltenden Rede. Erst nachdem sie vorüber war, wurde er lebhaft. Nach Tisch unterhielt sich die Kaiserinmutter lange mit mir und war außerordentlich gnädig. Ebenso die regierende Kaiserin und die Großfürstin Wladimir. Der Großfürst Wladimir ist leider krank. Er ließ mir durch die Großfürstin sagen, er wolle mich gerne sprechen und ich möchte einen der nächsten Tage zu ihm kommen. Die regierende Kaiserin imponierte wieder durch ihre Schönheit. Sie ist etwas stärker geworden, was ihr sehr gut steht. Der Kaiser sah wohler aus als morgens. Heute morgen waren wir in der Eremitage und sahen leider nur sehr im Galopp die herrlichen Kunstschätze, die einzig in ihrer Art sind.

Palais d'Hiver, 18. Januar 1903

Wir waren heute in der evangelischen Kirche, wo wir eine entsetzlich langweilige Predigt hörten, der eine endlose Liturgie folgte. Sodann Frühstück hier im Palais. Gestern abend im Französischen Theater, wo ein namenlos dummes Stück gegeben wurde. Nach dem Theater saß ich noch bis 1 Uhr mit dem Kronprinzen, der mir von seinen russischen Eindrücken erzählte. Er ist sehr gerne hier und gefällt allgemein. Ich glaube, die ganze Reise wird sehr nett und harmonisch verlaufen und den guten Erfolg haben, daß persönliche Beziehungen gebildet werden.

Palais d'Hiver, 19. Januar 1903

Heute war das Fest der Wasserweihe Da die Erkältung des Kaisers noch nicht ganz behoben ist, ging er nicht hinaus, und wir konnten uns den gefürchteten zweiten Teil der Feier, der im Freien mit bloßem Kopf stattfindet, von einem Fenster des Palais aus ansehen. Die ganze Sache war höchst interessant. Im Palais Deputationen aller Garderegimenter mit den Fahnen durch eine lange Flucht von Sälen aufgestellt. Wunderschöne Leute, brillant angezogen. Ein wahrer Staat von Truppen. Großer Gottesdienst in der Schloßkirche, dann die Feier am Ufer der Newa, dann Vorbeimarsch der Fahnen vor dem Kaiser und sodann Frühstück. Die Sache dauerte von 1/2 11 bis 3 Uhr. Gestern war ein großes Galadiner auf der Botschaft. Abends um 10 Uhr hörten wir ein wundervolles Konzert von dem kaiserlichen Sängerkorps, achtzig Knaben und vierzig Männer, das Idealste von Gesang, das man sich denken kann, die reine Sphärenmusik. Bässe, die wie Orgeln klingen, und dazu die feinen Stimmen der Knaben, die wie mit Engelstönen singen.

Brief Moltkes an eines seiner Kinder[45]

Berlin, 29. Januar 1903

Die Mama sagte mir, daß Du gerne etwas Näheres über Rußland, Land und Leute, hören willst, und als gehorsamer Vater, der von seiner Tochter gut gezogen ist, beeile ich mich, Deinem Wunsche nachzukommen und Dir zu berichten, was ich dort erlebte.

Wir waren unserer sieben, die den Kronprinzen[46] begleiteten, drei Regimentskommandeure, die die Regimenter kommandieren, von denen der Kaiser Nikolaus Chef ist, nämlich Oberstleutnant v. Schwerin von den 6. Kürassieren, Oberstleutnant v. Lyncker von den 8. Husaren und Oberst v. Schenck vom Alexander-Regiment, außerdem der Flügeladjutant v. Friedeburg und ich, ferner Oberst v. Pritzelwitz, der militärische Gouverneur des Kronprinzen und sein Adjutant Stülpnagel. Am 14. Januar, abends, meldeten wir uns bei ihm auf dem Bahnhof Friedrichstraße, wohin auch der Kaiser kam, um seinem Sohn adieu zu sagen. Es war ein Schlafwagen für uns reserviert, in dem jeder seinen Abteil hatte, ich als Exzellenz und pièce de résistance der Gesellschaft zwei! Nach ruhig durchschlafener Nacht kamen wir am 15. gegen 10 Uhr in Eydtkuhnen, unserer Grenzstation, an, von wo unser Zug sofort nach dem russischen Grenzort Wirballen oder wie die Russen sagen: Wirballowo, überführt wurde. Hier erwartete uns der russische Ehrendienst und, was auch nicht zu verachten war, ein kaiserlich russischer Extrazug. Ersterer bestand aus dem Generaladjutanten Fürsten Dolgoroucki, dem Rittmeister im Regiment Gardes à cheval, Flügeladjutant Graf Schuwalow und dem Leutnant vom Regiment Chevaliergarde, Fürst Kantacouzeme; letzterer aus einem Salonwagen mit Schlafzimmer für den Kronprinzen, einem Küchenwagen, einem Speisesalon, einem Versammlungssalon, drei Wagen mit kleineren Wohn- und Schlafzimmern für das Gefolge, drei Wagen für die Dienerschaft und einigen Gepäckwagen, alles elektrisch beleuchtet. Zwei Lokomotiven vorne zum Ziehen und eine dritte hinten zum Schieben sollten diesen Zug, der den Größenverhältnissen des russischen Reichs entsprach, nach Petersburg befördern. – Die russischen Bahnen haben bekanntlich breitere Geleise wie die unsrigen und fahren bedeutend langsamer, nicht über fünfzig Kilometer in der Stunde, beides trägt sehr zur Bequemlichkeit des Reisens bei. Die Maschinen werden nur mit Holz geheizt, was bei Dunkelheit ein prächtiges Feuerwerk gibt, indem der ganze Zug in ein Meer von fliegenden Funken eingehüllt ist, die wie Tausende kleiner, leuchtender Kometen in langen Streifen vor den Fenstern vorbeiziehen. Mir wurde eine Kammer angewiesen, die ein breites Bett, ein bequemes Sofa, Waschtoilette, Schreibtisch und Kleiderschrank enthielt und so geräumig war, daß sie füglich als Empfangsraum für Besuche dienen konnte. Alles war mit hellfarbigem Seidenstoff ausgeschlagen, und ich würde in diesem luxuriösen Gemach gerne die Reise über die sibirische Bahn nach Wladiwostock gemacht haben, zu der man nur acht Tage gebraucht. – Die unerreicht dastehende russische Gastfreundschaft nahm uns von nun an völlig in ihren Wirkungsbereich auf. Kaum hatten wir uns in Bewegung gesetzt, so wurden wir schon zum Frühstück gebeten, das, wie alle russischen Mahlzeiten, mit der Sakkuska anfing, das heißt einem sogenannten Imbiß, bei der der ungesalzene Kaviar mit Löffeln gegessen wird und alle möglichen Delikatessen den Neuling dazu verleiten, sich schon völlig sattzuessen, bevor man dazukommt, sich zum eigentlichen Frühstück niederzusetzen. Hier tranken wir zur Begrüßung unserer neuen russischen Freunde unseren ersten Schnaps, um dann beim Frühstück sofort zum Sekt überzugehen, einem Getränk, das auf dem russischen Tisch eine ähnliche Rolle spielt wie bei uns der Moselwein, das Liter zu fünfzig Pfennig. Die Sektflasche blieb denn auch unser unzertrennlicher Genosse, wo wir in die Nähe eines gedeckten Tisches kamen bis zu dem Augenblick, wo wir auf der Rückreise die Grenze wieder überschritten und sie sofort von dem Seidel «echt Münchener» abgelöst wurde. Den ganzen Tag verbrachten wir mit Frühstücken, Dinieren und Soupieren und hatten uns nach den ersten zwölf Stunden schon so an den Kaviar gewöhnt, daß wir kaum noch begreifen konnten, wie es für einen anständigen Menschen möglich sei, tage-, ja wochenlang ohne denselben zu leben. Wie herrlich hätte man in dem seidenen Bett schlafen können. leise gewiegt von dem sanften Rütteln des breiten, langsamen Zuges, wenn man nur nicht so unendlich viel gegessen hätte. Ich lag lange wach und sah auf das Feuerwerk der sprühenden Funken, die vor meinen Fenstern vorbeizogen. Endlich schloß ich die Vorhänge und löschte das elektrische Licht, dann verfiel ich in einen Halbschlummer, in dem alle Pasteten, Haselhühner, Wachteln und geräucherten Fische, die ich gegessen, mir als Vision erschienen, während dickbäuchige Champagnerflaschen mit einem Kranz von Kaviarkörnern im Haar mich umgaukelten, um endlich im Dunkel des tiefen Schlafes zu verschwinden.

So fuhren wir Kilometer um Kilometer durch das heilige Rußland, durch öde, schneebedeckte Flächen, durch Moraste und Gestrüpp, durch Winter und Einsamkeit, hinein in das unendliche Riesenreich, dessen unermeßlicher Raum uns enggewohnten Westeuropäern die Empfindung gibt, als ob man den Planeten verlassen hätte und hinaussteuerte in die Unbegrenztheit des Weltenraumes. – Am nächsten Morgen, den 16., um 10 Uhr, kamen wir in Petersburg an. Unser Botschafter, Graf Alvensleben, hatte eine Stunde vorher in Gatschina den Zug bestiegen und brachte die letzten Bestimmungen über den Empfang.

Der Kaiser konnte nicht, wie er beabsichtigt hatte, auf dem Bahnhof erscheinen, da er an einer Ohrenentzündung litt, die ihn ans Zimmer fesselte. Alle nicht an der Influenza erkrankten Großfürsten waren zum Empfang erschienen. Auf dem Bahnsteig stand eine Ehrenkompagnie vom Regiment Preobratschensk, das unserem 1. Garderegiment entspricht. Wunderschöne, riesengroße Leute mit den offenen, gutmütigen russischen Bauerngesichtern. Alles ging nun nach internationalem Muster. Abgehen der Front, Vorstellung des Gefolges usw. Ich bin ja nachgerade schon ein alter Bekannter in diesen Kreisen geworden. – Dann fuhren wir in das Winterpalais, in dem wir alle untergebracht waren. Hier wurde der Kronprinz vom Kaiser und der Kaiserin empfangen und in seine Gemächer geleitet. Dann wurden wir von den Majestäten begrüßt. Im Vorzimmer war der ganze Hofstaat aufgestellt. Da war die Oberhofmeisterin, die alte, dicke Fürstin Galitzin, die immer, wie die Juden in der Synagoge, den Hut auf dem Kopf haben muß, unter dessen großer Krempe sie mit müden, hängenden Augen vor sich hinblinzelt, der Oberhofmarschall Fürst Dolgoroucki, ein Bruder unseres Begleiters, und eine ganze Reihe von Hofdamen, alle mit der Brillantchiffre der Kaiserin auf der Achsel. Vor den Türen stehen je zwei Mohren in phantastisch bunter Tracht, die mich ebenfalls als alten Bekannten mit weißen Zähnen grinsend begrüßten. Ein leiser Geruch nach Weihrauch schwebt durch alle Räume, in einer Ecke jedes Zimmers hängt das Heiligenbild, dem die spezielle Überwachung dieses Gelasses obliegt, und das Licht der elektrischen Lampen, die bei der trüben Petersburger Atmosphäre den ganzen Tag brennen, glitzert in den Kristallen der Kronleuchter und wirft glänzende Reflexe auf das kunstvolle, spiegelglatte Parkett.

Die Majestäten begrüßten uns in freundlichster Weise. Der Kaiser sah elend aus, er hatte ein Geschwür im Ohr gehabt, das erst kürzlich aufgegangen war und ihm viel Schmerzen gemacht hatte. Die Kaiserin sah blühend aus. An den feinen Mundwinkeln haben sich ein paar allerliebste Grübchen gebildet, die schön gezeichneten Augenbrauen stehen herrlich auf der weißen Stirn. Endlich ist alles vorüber. Die Hofstaaten werden entlassen. Mit einem tiefen Seufzer und einer leichten Verbeugung verabschiedet die imposante Oberhofmeisterin ihre Damen, die ihrerseits mit einer tiefen Verbeugung und einem leichten Seufzer hinausgleiten. Wir werden auf unsere Zimmer geführt. Ich sehe sofort die Unmöglichkeit ein, ohne ortskundigen Führer jemals den Weg wieder zurückzufinden. Glücklicherweise habe ich einen deutsch sprechenden Lakaien. Ich wohne wieder recht bescheiden. Wenn man vom Korridor durch die Tür tritt, ist rechts ein Badezimmer, links mein Schlafzimmer. Geradeaus kommt man in mein Arbeitszimmer mit unendlichen Polsterstühlen, Chaiselongues, Sofas, Schreibtisch usw. Daran stößt mein Speisesaal, an diesen mein Empfangszimmer. Ich brauche allein eine ganze Weile, um mich in meiner Wohnung zurechtzufinden.

Wir sind frei bis zum Diner um 7 Uhr. Es soll große Galatafel sein. A. mit meinen Sachen ist schon da und packt aus. Dann steige ich ins Bad, um den Reisestaub abzuwaschen. Wie ich zurückkomme, ist A. verschwunden und hat mich meinem Schicksal überlassen. Er geht mit unerschütterlicher Konsequenz von der Ansicht aus, daß dergleichen Reisen zu seiner Unterhaltung unternommen werden und daß ich eine höchst überflüssige und nebensächliche Zugabe dazu bin, von der man am besten so viel wie möglich absieht. Das ist von seinem Standpunkt eine sehr verständige Anschauung, und ich bin auch schon so daran gewöhnt, daß ich mich auch diesmal nicht darüber aufgeregt haben würde, wenn nur nicht jetzt gerade einige russische Herren gekommen wären, die mich besuchen wollten, und wenn ich nur meine Hosen hätte finden können. – Die aber waren ebenso spurlos verschwunden wie A. – Vergebens durchsuchte ich alle Schränke, ohne etwas zu finden, mit dem ich meine untere Blöße hätte bedecken können. Röcke, Helm, Mütze, alles war da, aber nicht eine einzige Hose! – Immer wieder klopfte der Lakai an meine Tür, um mir zu sagen, daß er den Grafen Lüttke, einen mir bekannten Offizier vom Preobratschensk, in den Empfangssalon geführt habe. Auch er wußte weder, wo A. noch wo meine Hosen geblieben wären. Erst später entdeckte ich sie in einem Wandschrank des Vorzimmers, in dem A. sie als ordentlicher Mann, unter Vermeidung aller im Schlafzimmer selbst befindlichen Schränke, untergebracht hatte. Da liegen sie friedlich eine neben der andern, wie die Bücklinge im Rauch. – Wie ich die Hoffnung aufgab, sie jemals zu finden, überlegte ich kurz, ob ich den Waffenrock ohne Beinkleider anziehen sollte oder ob ich die Konsequenzen meiner Lage bis aufs Äußerste ziehen sollte, entschied mich für letzteres und empfing meine Visiten in Hemd und Unterhose! Erst wie der Fürst Orloff sich bei mir melden ließ, der im Auftrag des Kaisers kam, um mir einen Orden zu überbringen, sank mir der Mut meiner Nacktheit, und ich verhandelte mit ihm durch die Türspalte, ohne ihn zu sehen, so daß ich mich ihm erst am Abend vorstellen konnte. Durch diese Türspalte nahm ich ein rotes Saffiankästchen in Empfang, in dem ein blitzender Diamantstern lag. Die Hand, welche es mir darreichte, war groß und fett, woraus ich schloß, daß der dazugehörige Fürst groß und wohlbeleibt sei. Wie ich abends feststellen konnte, hatte ich mich nicht getäuscht, er war groß und fett. – Ich legte mich schließlich zu Bett und wartete auf A. Er erschien nach einigen Stunden und erklärte, daß er zu Mittag gegessen habe. Ich wagte nicht in diesem natürlichen Vorgang etwas Ungeziemendes zu finden und suchte seine Freundschaft wieder zu gewinnen.

Die Galatafel war prächtig. Alle Großfürsten und Großfürstinnen waren erschienen, alle Würdenträger des Reichs zur Stelle. Ich saß in der Mitte der Tafel, zu meiner Rechten die Großfürstin Marie Georgiewna, Tochter des Königs von Griechenland, rechts neben ihr der Kaiser. Zu meiner Linken die Oberhofmeisterin der Kaiserinmutter, die ein unverständliches Französisch vor sich hinmurmelte. Mir gegenüber die beiden Kaiserinnen, die den Kronprinzen zwischen sich hatten, der vis-à-vis dem Kaiser saß. – Die griechische Großfürstin sprach fließend Deutsch und war sehr lebhaft, liebenswürdig und unterhaltend. Der arme Kronprinz sah blaß und präokkupiert aus und aß so gut wie nichts. Erst wie er seine Rede gehalten hatte, lebte er auf. Die beiden Kaiserinnen strahlten in den herrlichsten Brillanten. Beide sind sehr vorteilhafte Erscheinungen. Die Kaiserinmutter ist nicht gerade hübsch, sie hat aber ein Paar wunderbare Augen, deren Glanz die Jahre nicht verdunkelt haben und über denen man den zu großen Mund vergißt. Sie hat von ihrem Vater, dem König von Dänemark, die Kunst der ewigen Jugend geerbt, man würde ihr kaum vierzig Jahre geben. Geistig bedeutend, klug und, wenn sie will, bestrickend liebenswürdig, hat sie einen großen Einfluß auf den Kaiser. Sie ist bei allen offiziellen Anlässen die erste Dame, die selbst der regierenden Kaiserin vorgeht, solange diese keinen Sohn hat. Bis jetzt ist die Kaiserinmutter als Mutter des Großfürsten-Thronfolgers Nummer eins. – Die regierende Kaiserin ist geschaffen dafür, einen Thron zu zieren und in großer Parade die wallnußgroßen Diamanten des Kronschatzes auf ihrem weißen Busen zu tragen. Ihre blendende Erscheinung paßt so sehr zu diesem Schmuck, daß man meinen könnte, sie sei mit demselben geboren. – Nachdem die Tafel aufgehoben war, wurde Cercle gemacht. Die Großfürstin Wladimir, eine geborene Prinzeß von Mecklenburg, die mir, ebenso wie ihr Mann, stets mit größter Freundlichkeit entgegengekommen ist, nahm mich in Beschlag. Sie bat mich, ich möchte einen der nächsten Tage den Großfürsten besuchen, der an Influenza erkrankt zu Bett läge. Dann unterhielt sich die Kaiserin mit jedem einzelnen von uns. Währenddem stellte der Kaiser dem Kronprinzen die Hauptpersonen vor. Da waren recht interessante Gestalten. Der Graf Lambsdorff, ein kleiner, kahlköpfiger Mann, der immer so aussieht, als ob er auf den Zehenspitzen stände, um größer zu erscheinen, selbst die spärlichen Haare hat er hinter den Ohren nach oben gebürstet, daß sie in die Luft stehen, und dabei macht er ein halb finsteres, halb wohlwollendes Gesicht und schiebt die Unterlippe vor. – Der Minister Witte, der allmächtige Finanzminister des Reiches, der das Kunststück fertig gebracht hat, in Rußland die Goldwährung einzuführen, ohne daß das Land Bankrott machte, ein Mann von meiner Größe, mit einem klugen kleinen Kopf und dunklem Vollbart. Sehr bescheiden, etwas verlegen, drückt er sich am liebsten in verborgenen Ecken. – Der Kriegsminister Kuropatkin, der seinen Blick so fest auf Asien gerichtet hält, daß er das bißchen Europa in seiner Flanke mit wohlwollender Gleichgültigkeit behandeln kann – sein Antipode, der Chef des Generalstabs, Sacharin, ein kleiner, fetter Mann mit listigen Augen, großer Franzosenfreund und Deutschenfresser, der lieber heute wie morgen gegen uns losschlüge. Ja, wenn Kuropatkin mit seinem Asien und wenn Witte mit seinen Reformplänen nicht wären! Diese beiden aber brauchen uns, denn sie brauchen den Frieden! – Der kleine Kronprinz müht sich tapfer ab, mit allen den ihm Vorgestellten Unterhaltung zu machen. Er sieht sehr nett aus in seiner kleidsamen russischen Uniform, seine schlanke, elegante Figur und sein offenes, freundliches Gesicht gefallen allgemein. – Um 1/2 11 Uhr ziehen die Herrschaften sich zurück, und wir gehen – selbstverständlich geführt von Ortskundigen – über die endlosen Treppen und Korridore nach oben, um in einem meiner Salons noch ein Glas Bier zu trinken. Ich werde dann, eben oben angelangt, zum Kronprinzen heruntergerufen, der wohl das Bedürfnis hat, sich über seine Eindrücke noch etwas auszusprechen, und mit dem ich bis 1 Uhr zusammensitze. Wie ich wieder auf mein Zimmer komme, sind alle fort, sie haben mir nur einen dicken Tabakrauch und eine Batterie geleerter Flaschen zurückgelassen!

Dies war unser erster Petersburger Tag. Wenn ich aber in demselben Stil fortfahren wollte, Dir die folgenden acht Tage zu schildern, so würde dieser Brief ein Buch werden, und ich fürchte, Du würdest darüber einschlafen. Ich muß also etwas kursorischer verfahren.

Am zweiten Tag nach unserer Ankunft war das Fest der Wasserweihe. Dies in ganz Rußland gefeierte Fest wird stets in glänzendster Weise begangen. Es wird von allen Beteiligten gefürchtet, denn im allgemeinen gilt der 18. Januar als der kälteste Tag des kalten russischen Winters, und es ist ein zweifelhaftes Vergnügen, an einem Tage von zwanzig Grad Reaumur unter

Null eine halbe Stunde mit unbedecktem Kopf im Freien zu stehen. Diesem Fest zu Ehren hatten wir uns alle mit Pelzen und Filzstiefeln ausgerüstet. Wir sollten sie nicht gebrauchen. Die ganze Zeit unseres Petersburger Aufenthaltes fiel das Thermometer nicht unter acht Grad. Es war den Graden nach wärmer, als es gleichzeitig in Deutschland war, auch lag wenig Schnee, so daß täglich große Fuhren Schnee von außerhalb in die Stadt gebracht wurden, wo der Schnee auf den Straßen ausgebreitet wurde, wie bei uns Sand gestreut wird, um die Schlittenbahn zu verbessern. Auch an dem Tage des Festes waren nur sieben Grad Kälte, aber die Luft ist trotzdem schneidend, und jeder Windzug scheint verdoppelte Kälte mitzubringen. Die Newa, dieser gewaltige, stolze Strom, der die Stadt in einer Breite von zwei Kilometern durchschneidet, lag vom Eis gebändigt. – Elektrische Bahnen, Straßen für Schlitten und Wagenverkehr gehen über die Eisdecke, Gasleitungen sind über das Eis gelegt, und abends sind alle Straßen erleuchtet, unter denen das schwarze Newawasser gurgelt. – Das Fest der Wasserweihe ist das Erinnerungsfest an die Taufe Christi im Jordan. Am Ufer des Stroms ist ein Pavillon für die Geistlichkeit und den Hof erbaut, von dem aus eine Treppe zum Eis hinabführt, in das ein Loch geschlagen wird. In dieses Loch wird unter Gesang und Segen das Kreuz getaucht und damit das Wasser geweiht. – Um 11 Uhr fing die Zeremonie im Palais an. Da standen in den endlosen Sälen, die sich in langer Flucht aneinanderreihen, Deputationen von allen Petersburger Regimentern. Immer sechzig Mann von jedem Regimente in Paradekostüm. Ein schöner Anblick. Lauter ausgesuchte Leute. Da waren zum Beispiel die Gardes à cheval, lauter Leute in meiner Größe, alle mit schwarzem Haar und kurz gehaltenem schwarzem Vollbart, was zu den weißen Waffenröcken prächtig aussah. Daneben die Chevaliergarde, lauter blonde Leute, das Regiment Paulowsk, in dem nur Leute mit Stumpfnasen eingestellt werden, zur Erinnerung an Kaiser Pauls Stumpfnase, der das Regiment begründete. Da sind die Kosaken des Leibkonvois, in ihren bis auf die Füße fallenden scharlachroten Röcken mit silberbeschlagenen Wehrgehenken, die schwarze Kirgisenmütze schief auf dem rechten Ohr, während um das linke sich eine große Locke des dichten krausen Haares legt. Die Donschen Kosaken in himmelblauen Röcken, die Grenadiere zu Pferde mit langen Roßschweifen auf den altertümlichen Bärenmützen, die Gardeequipage der Marine, zu der nur die ausgesucht schönsten Leute kommen, die dort sieben Jahre dienen – wer kennt die Truppen, nennt die Namen! –, eine Blütenlese der Garde, wie sie schöner wohl kein Volk der Erde stellen kann. In Rußland wird jährlich nur etwa ein Drittel der gestellungspflichtigen Mannschaft eingestellt, man kann sich denken, welche Auswahl man da hat, und zur Garde kommt nur das Allerbeste. – Durch diese spalierbildenden Truppen schreitet nun in langem, feierlichem Aufzug der Hof in die Kapelle des Winterpalais. Die Kaiserinnen im Schmuck ihrer Brillanten, alle Damen im rotsamtenen, goldgestickten Hofkleid mit langer Schleppe, auf dem Kopf den Kokoschnik, den altrussischen, halbmondförmigen Kopfschmuck. Voran die Geistlichkeit in ihren silberstarrenden Gewändern, der Patriarch mit der Bischofsmütze, auf der ein Vermögen von Steinen funkelt, goldene Monstranzen, Weihrauchgefässe, gestickte Fähnchen, ein überwältigendes Bild des äußersten Prunkes und der denkbar größten Pracht. Mit dem Erlös der Steine, die hier vor unseren Augen vorbeiziehen, könnte man ein Königreich kaufen. Und vor all diesem Pomp, in dem sich das Höchste vereinigt, das das russische Riesenreich an weltlicher und geistlicher Macht, an irdischem und himmlischem Glanz aufzubieten vermag, steht mit präsentiertem Gewehr der russische Bauernsohn in seiner Paradeuniform und starrt mit aufgerissenen Augen auf all den Schimmer. Ist es ein Wunder, wenn er meint, Gott selber und seine Heiligen vorüberziehen zu sehen, ist es ein Wunder, wenn in seinem treuherzigen Bauernsinn sich die Begriffe der Göttlichkeit und der Monarchie verschmelzen und daß er in die Knie sinkt vor seinem Zar Väterchen, der nicht nur sein weltlicher Herrscher, sondern auch der Träger der höchsten geistlichen Gewalt ist! – Hier liegt die Riesenkraft der russischen Monarchie. Die beiden Säulen, auf denen das ganze russische Staatswesen ruht: Kirche und Kaisertum vereinigen sich in der Person des Zaren. Unzertrennbar ist der eine Begriff vom anderen, und sie beherrschen alles, was es Heiliges und Mystisches in der Seele des russischen Bauern gibt. – Und wie ist es bei uns, wo zwei verschiedene Bekenntnisse sich bekämpfen und wo der Titel eines Summus Episcopus alles ist, was dem Inhaber des Thrones geblieben ist, ein Titel, den kaum jemand kennt oder versteht!

Nun beginnt in der Kapelle das Hochamt. Diese Kapelle ist mindestens so groß wie die Garnisonskirche in Potsdam. Unbeschreiblich schön tönt von ihrer hohen Wölbung der Gesang des kaiserlichen Sängerchors wieder. Dieser berühmte Chor, wohl der schönste A-cappella-Chor, den es auf der Welt gibt, besteht aus achtzig Knaben und ebensoviel Männern. Wie auf Engelsfittichen schweben die silberklaren Knabenstimmen über den orgelartigen Bässen. Um solche Bässe zu hören, muß man nach Rußland kommen, man kann es kaum glauben, daß sie einer menschlichen Brust entstammen und doch, es gibt kein Instrument, das so weich klingen könnte. Der ganze Chor ist in Scharlach gekleidet, vorne stehen die Kinder mit andächtigen Gesichtern, wie mystische Verzückung klingt es aus dem

Gesang. Allmählich füllt sich die Kirche mit Weihrauch. Was hier aufgeführt wird, ist nach unseren nüchternen Begriffen kein Gottesdienst mehr, es ist ein Schaugepränge, Gottesdienst aber, und zwar erhabenster Art, ist der Gesang. Und doch, wie ich mir das Gebaren der Geistlichkeit ansah, wie sie kommen und gehen, den Patriarchen schmücken, die heiligen Geräte mit geheimnisvollen Zermonien umgeben, kam es mir zum Bewußtsein, wie in dem allen nur das Bestreben des Menschen liegt, das, was ihm das Heiligste ist, in einer Weise der äußeren Feier zu gestalten, in die er alles hineinlegen will, was ihm an Schönem und Feierlichem gegeben ist. Aller Glanz und alle Pracht soll vor dem Altar des Höchsten niedergelegt werden in dem Gedanken, daß das Herrlichste, was wir besitzen, nur gerade gut genug ist, um das Göttliche zu verehren. Dieser Gedanke mag irdisch genug sein, aber er ist begreiflich für die große Masse der Menschen, die noch nicht gelernt haben, Gott anzubeten im Geist und in der Wahrheit.

Ein solches russisches Hochamt dauert gut eineinhalb Stunden, und alle Teilnehmer müssen während der ganzen Zeit stehen, wenn sie nicht zur Abwechslung einmal hinknien. Das ist eine anstrengende Sache und, wenn sie vorbei ist, sind die meisten Andächtigen kreuzlahm. Nachdem die Feier beendet war, ging der feierliche Zug wieder zurück, und nun begann die Feier draußen am Newaufer. – Der Kaiser ging nicht hinaus seines Ohrenleidens wegen, und so blieb auch der Kronprinz und mit ihm wir im Inneren. Wir sahen die Zeremonie von einem Fenster des Palais an und hatten herzliches Mitleid mit den Armen, die entblößten Hauptes um das Loch im Eis der Newa herumstanden. Nachdem auch dies vorüber, ließ der Kaiser in einem Saale alle Fahnen des Gardekorps an sich vorbeimarschieren. Alle kamen einzeln hintereinander, jede von einem Offizier geführt. Dazu spielte die Musik einen Parademarsch. Es war eine höchst eigenartige Parade. – Dann wurde gefrühstückt. Gegen zweitausend Personen an kleinen Tischen. Alle plaziert. Das russische Hofmarschallamt ist großartig in solchen Arrangements.

Nach dem Frühstück übergab der Kronprinz dem Kaiser ein von uns mitgebrachtes Schiffsmodell. Er klagte mir gegenüber dabei schon über Erschöpfung und Müdigkeit. Nachmittags hatte er sich denn auch richtig zu Bett gelegt und war krank. Influenza, wie die Ärzte sagten. Ich glaube, es war nur Überanstrengung, denn nach zwei Tagen war er wieder ganz munter.

Diese Erkrankung machte natürlich einen Strich durch unser Programm, aber sie ist dem Zweck der Reise, eine persönliche Annäherung herbeizuführen, nur dienlich gewesen. Der Kaiser und die Kaiserin waren rührend in ihrer Fürsorge für den Kranken. Sie saßen stundenlang an seinem Bett, brachten ihm kleine Geschenke, aßen in seinem Zimmer und gewannen ihn, wie ich glaube, wirklich lieb. Ebenso knüpfte sich ein sehr hübsches Verhältnis zwischen ihm und dem Thronfolger an, der ein sehr sympathischer, offener und liebenswürdiger Mensch ist.

Ich fuhr am nächsten Tage, dem Wunsch der Großfürstin entsprechend, zum Großfürsten Wladimir. Wie ich ankam, wurde mir gesagt, daß er gerade schlafe, aber die Großfürstin lasse mich bitten, zu ihr heraufzukommen. Ich saß dann etwa eine Stunde mit ihr zusammen. Sie wollte mich nicht fortlassen, da sie behauptete, der Großfürst würde böse werden, wenn ich fort sei, daß man ihn nicht geweckt habe. Dann wurde die Kaiserinmutter angemeldet und kam schon ins Zimmer, bevor ich mich verabschieden konnte. Sie sagte mir gleich: Ihr Kronprinz ist ein ganz charmanter junger Mann. Er hat mir ein sehr schönes Bukett geschickt. Sehr aufmerksam usw. – Ich freute mich, daß er bei der wichtigsten Dame des Hofes sich in ein so gutes Licht gesetzt hatte. – Nachmittags mußte ich wiederkommen und wurde alsbald zum Großfürsten hereingeführt. Er lag im Bett und sah recht elend aus. Es war mir schmerzlich, diesen Mann, den ich noch in der Fülle seiner Kraft und männlichen Schönheit gekannt habe, so gebrochen und gealtert zu sehen. Ich fürchte, er wird nicht lange mehr leben, und wir werden einen guten Freund an ihm verlieren. – Die Großfürstin saß mit einer Handarbeit an seinem Bett. Er begrüßte mich sehr freundlich und reichte mir seine fieberheiße Hand. Dann mußte ich mich setzen und erzählen, wie Petersburg dem Kronprinzen gefalle. Es dauerte eine ganze Weile, bis ich mich sammeln konnte, immer durchforschte ich dies Krankengesicht, über dessen eingefallenen Wangen die mit grünem Schirm verdeckte Lampe unsichere Lichter warf. – Nachdem ich etwa eine halbe Stunde gesessen und erzählt hatte, wurde ich entlassen.

Am Abend desselben Tages aßen wir alle in dem berühmten Restaurant Cubat, das meines Wissens an der Spitze aller unverschämtesten Preise der Welt marschiert. – Dann waren wir im Deutschen Theater, wo eine Wiener Posse aufgeführt wurde, und machten dann spät in der Nacht eine Schlittenfahrt in Troikas nach den Inseln, wo wir auf einer russischen Rutschbahn im Schlitten hinabsausten, daß einem Hören und Sehen verging. Sodann fuhren wir ins Aquarium, ein großes Vergnügungslokal außerhalb der Stadt, wo in reserviertem Zimmer ein lukullisches Mahl für uns bereitet war, während ein für uns engagierter Chor in russischem Nationalkostüm musizierte. – Um 4 Uhr morgens kamen wir nach Hause. – Das Hübscheste sind die Troikafahrten. Ein großer Schlitten mit breit ausladenden Schneeflügeln. Bis an die Ohren sitzt man im Pelz, warm und mollig, wie die Dotter im Ei. Der Kutscher steht vorn unmittelbar vor dem Sitz, er trägt das russische Kutscherkostüm, den langen Pelz mit buntgesticktem Leibgurt und das Pelzbarett. Von den drei mit silberbeschlagenen Geschirren reich aufgezäumten Pferden geht das mittelste unter dem hohen Bügel, an dem Glöckchen hängen. Die beiden Seitenpferde, die ohne Deichsel gehen, sind scharf nach rechts resp. links angebunden, so daß sie mit ganz seitwärts gebogenem Hals galoppieren, während das Mittelpferd nur traben darf. Zu ihm werden die besten Harttraber genommen. Man sagte mir, daß die Seitenpferde nicht länger als zwei bis drei Jahre aushalten. So geht die Fahrt in einem rasenden Tempo vorwärts. Das laute Rufen des Kutschers, der bald zu den Pferden spricht, bald andere Schlitten anruft, ihm Platz zu machen, tönt mit den Glocken zusammen, und alles weicht ehrerbietig aus und macht der Troika Platz, in der nur ein Barim, ein "Herr", fahren kann. Ein solches Gespann, mit nachtdunklen Rappen bespannt, ist wirklich ein herrlicher Anblick, es kann allerdings nur auf den breiten russischen Straßen fahren, bei uns würde es fast die ganze Chaussee sperren. Man sitzt prachtvoll in dem tiefen, bequemen Schlitten, die kalte Luft weht einem ums Gesicht, an dem ganze Schneeklumpen, von den Hufen der galoppierenden Pferde geschleudert, vorbeisausen, während ein feiner Schneestaub einen von oben bis unten bepudert.

Alles, was wir erlebt und gesehen, kann ich Dir nicht erzählen, ich müßte tagelang am Schreibtisch sitzen. – Wir waren in der Eremitage, diesem einzig dastehenden Museum, mit seinen auserlesenen Kunstschätzen, wir besuchten die Nikolaus- und die Kasansche Kathedrale, wir waren in einer Industrieausstellung, wir dinierten auf der Botschaft, wir fuhren und gingen über das Eis der Newa, wir besuchten die Kasernen des Preobratschensk-Regiments und frühstückten mit den Offizieren in ihrem schönen Kasino, wir waren bei den Gardes à cheval, die uns in ihrer großen, geheizten Manege oder, wie wir sagen, Reitbahn ein Schwadronsexerzieren vormachten, wir dinierten einmal bei ihnen und frühstückten einmal dort, genug, wir standen immer einige Zoll hoch unter Sekt, und ich mußte Reden halten auf die russischen Kameraden. – So vergingen die Tage wie im Fluge. – Am 23. war großer Ball beim Großfürsten Michael. Der Kronprinz war wieder gesund und freute sich sehr auf das Tanzen. In dem großen Saal war die Creme der Petersburger Gesellschaft vereinigt, es wimmelte von Fürstinnen, Gräfinnen usw. – Wie der Kotillon getanzt wurde, ließ mich die regierende Kaiserin rufen, und ich mußte mich neben sie setzen. So tanzten wir einen Sitzkotillon zusammen, rechts und links von uns ein leerer Raum von zehn Schritt, angefüllt nur von Ehrfurcht, und wir beide mitten darin. Wir unterhielten uns sehr gut, und ich lernte sie auch einmal als Mensch kennen und fand Gelegenheit, ihre natürliche Liebenswürdigkeit und ihren einfachen geraden Sinn zu bewundern. Ich gab ihr alle Buketts, Schleifen, Körbe und sonstigen Sachen, die die Touren brachten, und sie nahm alles fröhlich an, um, wie sie sagte, es ihren Kindern mitzubringen. Dann kamen die Schleifen für die Damen, und nun bekam ich eine von ihr. Ich sagte ihr: «Majestät, das ist das erstemal in meinem Leben, daß ich eine Kotillonsschleife von einer regierenden Kaiserin bekommen habe.» Der Kotillon dauerte fast eine Stunde, und unsere Unterhaltung riß nicht einen Augenblick ab. – Tanzen wollte sie aber nicht, obgleich der alte Großfürst Michael kam, um ihr zu sagen, sie möchte doch einmal mit mir tanzen. Er sagte, auf mich zeigend: «Je suis sûr, que Monsieur est un bon marcheur!» – aber sie wollte nicht. – Mir war's auch lieber so. Dann kam das Souper, bei dem ich neben die Kaiserinmutter gesetzt wurde, so daß ich diesen Abend fast nur mit Kaiserinnen verkehrte. – Am nächsten Morgen verabschiedeten wir uns von den Majestäten und fuhren nach Nowgorod zum Wyborgschen Regiment. Von der dicht herbeigeströmten Bevölkerung wurde der Kronprinz mit endlosen Hurras begrüßt. – Von dort zurück im selben bequemen Hofzug bis Eydtkuhnen, wo wir uns von unseren russischen Freunden verabschiedeten. Am 26., morgens 6 Uhr, waren wir in Berlin.

Nun nur noch eine kurze Mitteilung über die Art, wie man Bären schießt. Ich habe ja nur die einmalige Erfahrung, die ich zugrunde lege. – Also man steht morgens 8 Uhr auf. Das ist sehr früh für die russischen Verhältnisse. Dann fährt man in leichtem Jagdkostüm auf den Bahnhof, wo ein Extrazug bereitsteht. In diesem wartet bereits ein Frühstück mit Tee, Kaffee, kaltem Aufschnitt und Sekt, natürlich Kaviar. Der Zug setzt sich in Bewegung, und man fährt zwei Stunden, das ist sehr lange, aber der Bär hat nun einmal die Marotte, so weit von Petersburg zu überwintern. Kurz bevor man ankommt, zieht man die bereitgehaltenen warmen Sachen an. Einen Pelz, eine Pelzmütze und weiße, weiche Filzstiefel, in die man bloß mit Strümpfen hineinfährt. Dann hält der Zug, man steigt aus und setzt sich in einen bereitstehenden Schlitten, der ganz mit Pelz ausgefüttert ist. Für jeden von uns steht ein Schlitten da. Der Oberjägermeister Fürst Galitzin nimmt die Tete, und man hat nun auf glatter Bahn zehn Minuten zu fahren. Im Walde sind alle Zweige, die unbequem werden könnten, ausgehauen. Man kommt auf einen freien Platz, auf dem der Schnee sorgfältig festgetreten ist, damit man keine nassen Füße beim Aussteigen bekommt, und steigt aus. Dort sind bereits die Treiber versammelt, etwa hundert

Mann, die uns mit abgezogenen Mützen begrüßen. Etwa zwanzig Mann tragen rote Kittel, Mützen und Handschuhe. Dies sind die Spezialtreiber, die den Bären «heben» sollen, wenn er nicht freiwillig aufsteht. Von diesem Platz führt ein sauber festgetretener Weg ins Innere des Dickichts. Im Gänsemarsch gehen wir vor. Jetzt darf nicht mehr laut gesprochen werden. Alles bewegt sich schweigend vorwärts, Jäger und Treiber. Nach zwei Minuten sind wir an den numerierten Ständen. Ich bekomme den für den Kronprinzen bestimmten. Eine starke Brustwehr aus Tannenreisern geflochten, der Boden mit kleinen Tannenzweigen belegt. Ein kaiserlicher Leibjäger stellt eine Doppelbüchse neben mich, glatte Läufe und Rundkugel. Meine Büchse stellt er als Reserve seitwärts. Er selber ist ebenfalls mit Doppelbüchse bewaffnet sowie mit einem armdicken Speer. Ein Treiber mit einer Dogge so hoch wie ein Tisch, bleibt hinter uns, sie ist darauf dressiert, einen attackierenden Bären sofort an der Gurgel zu fassen. Man fühlt sich also einigermaßen sicher. Nachdem die Jäger aufgestellt sind, ist auch schon der «Ring» durch die Treiber gebildet. Sie umstehen das Lager des Bären im Halbkreis von etwa dreihundert Schritt Durchmesser. Ein Hornsignal, und der Spektakel geht los. Alle schießen mit Pistolen, schreien, quitschen, kreischen, lassen Kanonenschläge los. Das dauert zehn Minuten, kein Bär kommt. Hornsignal: Der Bär muß gehoben werden. Die roten Treiber gehen mit Hunden vor. Diese bellen den Bären in seiner Höhle an, die Treiber rücken vor und stoßen mit langen Stangen in das Lager. Plötzlich Explosion, Schnee, Eisstücke, Zweige und Blätter fliegen umher, der Bär ist aufgestanden und hat sein Lager gesprengt, er ist «gehoben». Hornsignal macht dies den Jägern bekannt. Weitere zehn Minuten. Die Hunde bellen hinter dem Bären her, der langsam in dem Kreise der Treiber einherzieht und einen Ausweg sucht. Plötzlich kommt er gerade spitz auf mich zu. Er watet langsam durch den knietiefen Schnee. Vierzig Schritt vor mir bleibt er stehen und sichert. Ich kann den Kopf nicht freikriegen, der durch einen Baum gedeckt ist, aber ich halte auf die Schulter und reiße Feuer. Der Bär sinkt zusammen, macht einen Sprung nach der Seite, ich bekomme das Blatt frei und gebe ihm dorthin die zweite Kugel. Er fällt, versucht wieder hochzukommen, mir ist bereits eine andere Büchse in die Hand geschoben, und ich feuere noch zwei Kugeln auf den armen Petz, der nun mausetot ist. Die Jagd wird abgeblasen, der Bär herausgeschleppt. Es ist ein schönes Exemplar, fast schwarz, ein Männchen. Nun wieder zurück zur Bahn. In dem Zuge wartet schon das Frühstück, das mit Kaviar und Sekt beginnt. Dann wieder in den Schlitten und zum zweiten Bären, der allerdings sechzehn Kilometer weit lieg. Hier genau dasselbe. Ich habe meinen Platz an Pritzelwitz abgetreten, und er schießt den Bären. Diesmal war es eine Bärin mit zwei Jungen, die kaum acht Tage alt sind und die die Hunde totbissen. Dann wieder in den Zug, wo Tee und Kaffee serviert wird. Um 6 Uhr sind wir in Petersburg zurück und sitzen um 7 Uhr beim Diner.

Wohl bekomm's, wirst Du sagen. Und ich sage Dir: Wohl bekomm's, nämlich die Lektüre dieses Werks.

Berlin, 31. März 1903

Glaube mir, daß mir nichts ferner liegt, als Dir Deinen Glauben nehmen oder auch nur antasten zu wollen. Nur zur Vorsicht möchte ich Dich mahnen, denn Dein gutes Herz wird nur zu leicht mißbraucht, und Du siehst die Menschen in der Verklärung gemeinsamen Anschauungskreises, nicht objektiv, wie sie wirklich sind. – Das, was wirklich schön und tröstlich in diesem Glauben ist, will ich gerne mit Dir teilen, in dem aufs Ideale gerichteten Streben, glaube ich, werden wir uns immer finden, nur in diesen häßlichen Äußerlichkeiten kann ich nicht mit. Du idealisierst sie Dir, ich sehe immer die nackte und oft abstoßende Wirklichkeit und vermag sie mir nicht einzureihen in die Vorstellungen, die ich vom Geist und Geisteswesen habe. Sie sind ja unklar, diese Vorstellungen, aber ich muß suchen, ihnen ein gewisses Klares zu unterlegen, etwas, was über unserem Erdendasein liegt und nicht in die trüben Tiefen desselben hinabtaucht. – Wer einen Edelstein besitzt, soll denselben nicht an die Brust stecken und damit auf den Markt gehen, sonst greifen schmutzige Hände nach ihm, und er kann leicht in den Kot fallen und unter die Füße getreten werden.

Kopenhagen, 2. April 1903

Nun sitze ich hier in dem alten Kopenhagen, in dem Schloß, an dem ich in alten Zeiten so oft vorbeigegangen bin, mit dem Blick aus meinem Fenster auf den Schloßplatz mit seiner alten Reiterfigur! – Es ist ganz eigenartig. Unsere Reise war vortrefflich. Wir gingen heute morgen 7 Uhr an Bord in Kiel, das Wetter war kalt und unfreundlich. Je mehr wir uns der dänischen Küste näherten, desto heller wurde es aber, und wie wir an die Forts herankamen, die uns mit Kanonendonner begrüßten, war es ganz klar geworden, und die Sonne schien freundlich. Viele Tausende von Menschen standen dicht gedrängt am Ufer, wie wir bei Tre Kroner vorbei in den Hafen hineinfuhren und Anker warfen. – Der König kam mit allen Prinzen an Bord, wo wir im Paradekostüm aufgebaut standen. – Der Kaiser fuhr mit dem König in einer Glas-Staatskarosse, eskortiert von einer Schwadron Husaren. Auf dem ganzen Wege waren Truppen als Spalier aufgestellt, und eine unzählige Menge drängte sich in den Straßen.

Kopenhagen,6. April 1903

Wir sind die ganzen Tage unterwegs gewesen und haben viel gesehen. Die Stimmung ist gut, der Kaiser hat sehr gewonnen durch seine Leutseligkeit, und seine Rede hat einen vortrefflichen Eindruck gemacht.

Kiel, 6. April 1903

Die Zeit in Kopenhagen war sehr hübsch und in jeder Beziehung geglückt. Das Verhältnis zwischen den beiden Monarchen war vortrefflich und gestaltete sich sehr herzlich. Die Stimmung war ausgezeichnet und wurde auch im Publikum von Tag zu Tag wärmer, bei der Abfahrt bekam der Kaiser sogar ein ganz nettes Hurra. – Der Kaiser war dauernd sehr guter Laune und immer sehr freundlich gegen mich. Ich frühstückte jeden Morgen mit ihm und den beiden Flügeladjutanten vom Dienst. Die dänischen Herrschaften waren rührend liebenswürdig.

Zum erstenmal habe ich bei der Gelegenheit dieses Besuches, obgleich ich schon so oft in Kopenhagen war, Rosenborg und Frederiksborg zu sehen bekommen, beides höchst interessante Schlösser mit sehr wertvollem Inhalt. Wir waren auch in dem Sanatorium von Professor Finsen, was zwar interessant, aber gräßlich anzusehen war. Nie in meinem Leben habe ich so viel Menschen ohne Nasen gesehen.

Berlin, 10. April 1903

Heute waren E. und ich in der Kaiser-Friedrichs-Kirche, wo wir eine sehr schöne Predigt hörten. Selten ist mir eine Predigt so zu Herzen gegangen und die Erhabenheit des reinen christlichen Glaubens in ihrer undefinierbaren Gewalt so zum inneren Bewußtsein gekommen. Wie beneidenswert sind doch die Menschen, die aus voller innerer Überzeugung diesen friedebringenden Erlöserglauben haben, der dem tief innerlichen Bedürfnis der ringenden und suchenden Menschenseele volles Genügen gewähren muß, wenn er sich wirklich zur ganzen Höhe unerschütterlicher Gewißheit erhebt. Du weißt, daß diese Wohltat mir nicht gegeben ist und daß ich vergebens nach ihr gerungen habe und noch ringe. Wenn ich meinen sogenannten Verstand ausschalten könnte, würde es mir vielleicht gelingen, den Frieden zu erringen, der höher ist als alle Vernunft. Aber das Dogma der Erlösung steht vor mir unverständlich und unfaßbar. Ich kann es nicht begreifen, weshalb es für einen Gott, der die Liebe sein soll, nötig war, ein blutiges Opfer des Unschuldigen zu verlangen, um sich mit den Schuldigen zu versöhnen, und wie es möglich sein soll, daß mir meine Schuld erlassen werden soll, weil ein anderer gelitten hat. Aus diesem Konflikt komme ich nicht heraus, und da ich somit die Erlösung nicht begreifen und daher nicht für mich beanspruchen kann, kann ich auch nicht auf den Felsengrund des Glaubens kommen und wate stetig weiter in dem Triebsand der grübelnden Zweifel. Ich hoffe aber, daß Gott mir helfen werde, und wenn nicht in diesem, dann in einem anderen Leben einen Lichtstrahl schenken werde, dem ich folgen kann. –

Um 2 Uhr hatten wir Deine Mama zu Tisch bei uns. E. hatte ihr einen kleinen Geburtstagstisch aufgebaut – ein Bild, das sie besorgt, der durch blühenden Mohn schreitenden Blinden, war mir wie ein Gleichnis meiner Seele, auch sie geht blind und tastend ihren Weg, Dunkelheit bedeckt die Augen, und doch weiß sie, daß die Sonne scheint und daß der Mohn blüht in roter Pracht, der Mohn, das Sinnbild des Schlafes – jenes Schlafes, der auch der Blinden Augen öffnen wird.

Berlin, 15. April 1903

Gewiß sollen wir nach immer größerer Vergeistigung streben, aber meiner Ansicht nach nicht dadurch, daß wir das Materielle einfach negieren und verachten, sondern dadurch, daß wir aus ihm die ideellen Momente immer reiner hervortreten lassen, dadurch, daß wir es verklären und durchleuchten mit dem Geistigen, als da ist: Liebe, Sorge für den Nächsten, Zartheit der Empfindung, Nachsicht mit den Fehlern anderer. So werden wir uns im materiellen Kleide eine geistige Welt schaffen, wir werden nicht das Irdische verachten, sondern es veredeln, nicht die Welt, in der wir leben, gewaltsam aus den Angeln heben wollen, sondern unser materielles Dasein als das erkennen, was es sein soll, eine Durchgangsstufe zum besseren Dasein. Wenn wir diese Stufe aus der Leiter der Weltentwicklung herausbrechen wollen, so tritt unser Fuß ins Leere, und wir fallen, da wir noch keine Flügel haben. Ich meine, wir sollen fest und sicher auf dieser Stufe stehen, den Blick nach oben gerichtet, im Bewußtsein, daß noch weitere Stufen kommen, aber auch in dem klaren Bewußtsein, daß wir zur nächsten erst weiterschreiten können, wenn wir das Gleichgewicht auf der jetzigen erlangt haben.

Berlin, 16. April 1903

Ich habe die letzten Tage ein recht interessantes Buch von Chamberlain gelesen, es heißt "Dilettantismus – Babel und Bibel – Rom", laß es Dir doch kommen. Unter anderem fand ich darin, als Beleg für die mangelhafte Übersetzung der Bibel durch Luther, und damit den Schlußfolgerungen, die man dem Buch- stabenglauben machen kann, den Nachweis, daß der erste Vers der Genesis, der nach der Lutherschen Übersetzung lautet: «Im Anfang schuf Gott Himmel und Erde» – Punkt –, ersteres nur der Vordersatz zu dem dann folgenden Nachsatz: «und die Erde war wüst und leer» – ist, daß also kein Punkt stehen darf; zweitens, daß es wörtlich aus dem Hebräischen übersetzt lauten müßte: «Wie die Dämonen anfingen die Luft und das feste Land auseinanderzutrennen, war die Erde noch leer und unbewohnt.» Es steht nämlich «elohim» im Text, was Plural ist und «die Dämonen» bedeutet. Im Singular müßte stehen «êl», was Gott bedeutet. So ist also schon der erste Vers zugunsten des Monotheismus gefälscht usw. Ob Chamberlain recht hat, kann ich natürlich nicht beurteilen, möchte es aber glauben.

Berlin, 23. April 1903

Ich war gestern im Kleinen Theater, wo ich "Pelléas und Mélisande" von Maeterlinck sah, eine vortreffliche Aufführung dieses merkwürdigen märchenhaften Stückes, das wenig dramatisch, aber sehr poetisch ist. Ich kannte es von der Lektüre her, hatte selbst einmal die Absicht, es zu übersetzen, kam nicht dazu.

Berlin, 25. April 1903

Abends war ich im «Nachtasyl»[47]. Das ist ein schreckliches Stück! Nichts wie Elend und Verkommenheit, eine Photographie des versumpften menschlichen Daseins. Dabei ist es unbefriedigend, ohne dramatische Steigerung und ohne Schluß, zwecklos wie die Misere des Lebens, und trostlos, weil kein einziger sich aus dem Elend herausarbeitet, sondern alle drin zugrunde gehen oder hoffnungslos drin sitzen bleiben. Die wenigen, die einen schwachen Anlauf zu ihrer eigenen Errettung machen wollen, werden aufs neue in Schuld verstrickt, kein einziger Lichtstrahl in all der erstickenden Dunkelheit, das Leben zermahlt gleichgültig und schwer wie Mühlsteine diese elenden Menschen, die mit all ihrem Menschentum nicht über die stumpfsinnige Frage hinauskommen: Wozu bin ich auf der Welt? Das Stück hat mir einen tiefen und häßlichen Eindruck hinterlassen, und ich kann die Berechtigung dieser Lebensanschauung nicht anerkennen. – Wenn immer nur gesagt wird: Weshalb arbeiten? Es hat ja gar keinen Zweck, ist ja ganz sinnlos, so ist das der Pessimismus in seiner häßlichsten Gestalt. Wäre auch nur eine Figur in dem Stück, die sich durch Arbeit frei machte, so wäre es etwas anderes. Der alte vertrottelte Pilger ist auch kein Lichtpunkt, seine Bemühungen trösten zwar eine Sterbende, treiben aber einen Lebenden in den Tod, und seine Theorie, daß die Menschen nur für den Tüchtigsten da sind, ist wertlos, da kein einziger sich findet, der nun aus eigener Kraft dieser Tüchtigste werden will.

Berlin, 27. April 1903

Daß der Anblick einer solchen Verwüstung übelerregend auf Dich wirkt, kann ich mir wohl erklären. Es ist das Sinnlose, das Du als solches empfindest, die Zerstörung als solche, ohne denkbaren Grund; man ist gewohnt, Ursache und Wirkung zu verknüpfen, wenn man diese logische Folgerung nicht konstruieren kann, fehlt die Festigkeit der Gedankenverbindung, die Begriffe kommen ins Schwanken, man wird geistig seekrank.

Berlin, 27. April 1903

Morgen ist der Tag, dem wir alle mit Besorgnis entgegensehen, die Besichtigung der Bataillone des 1. Garde-Regiments durch den Kaiser. Kein Mensch freut sich auf diesen Tag, wie es früher war, wenn der alte Herr kam, um sein Regiment zu sehen. Jetzt herrscht im besten Fall eine dumpfe Resignation wie dem Fatum gegenüber, und wenn es glücklich vorbei ist, ohne Windbruch, atmet alles auf wie erlöst. Wo ist die Freudigkeit geblieben, mit der früher jeder seinen Dienst tat!

Berlin, 30. April 1903

Du wunderst Dich über die Ernennung H.s zum Feldmarschall, er war aber schon Generaloberst, was etwa dasselbe ist. Er ist an allen drei letzten Kriegen beteiligt gewesen und hat sich stets ausgezeichnet. – Du meinst wohl, daß er nicht im Anschluß an einen Krieg dazu ernannt ist, das ist ja richtig. Solange Onkel Helmuth der einzige Feldmarschall war, hatte man eine andere Vorstellung von diesem Titel, da wir aber keine Kriege mehr haben, muß man eben Friedensmarschälle machen – wenn man sie überhaupt für nötig hält.

Berlin, 4. Mai 1903

Wie lange wird's dauern, dann steht man vor der Beantwortung aller der ungelösten Fragen, mit denen man hier im Leben sich so andauernd abgeplagt hat. Inzwischen ist es ja schön, wenn es um den alten Stamm sprießt und wächst, ein neues Geschlecht mit neuen Anschauungen, neuen Leiden und Freuden und neuen ungelösten Fragen!

Berlin, 6. Mai 1903

Alle Bäume mit Ausnahme der alten Eichen sind grün, die Buchen sind prachtvoll in ihrem frisch grünen Laub. Ich kann so eine frühlingsfrische Buche nicht sehen, ohne an meine Kinderzeit zu denken, an die Buchenwälder in Ranzau, die mir unvergeßlich sind. Ich sehe mich selber als Junge durch den Wald streifen, die Tiere beobachten und auf den Gesang der

Vögel lauschen, deren Stimmen ich alle kannte, und ich habe die Empfindung, als ob ich heute mich für das moosbekleidete Nest eines Buchfinken noch ebenso lebhaft interessieren könnte wie vor – einem halben Jahrhundert.

Berlin, 14. Mai 1903

In militärischen Kreisen zerbricht man sich den Kopf darüber, wer das VI. Korps bekommen wird. Genannt wird in erster Linie der Herzog Albrecht von Württemberg. Auch Prinz Friedrich Leopold wird stark gehandelt. Ich glaube, für Breslau wäre es am besten, wenn einmal kein Prinz hinkäme, damit die Leute sich erst einmal wieder beruhigen und das Wettrennen nach Fürstengunst aufhört.

Berlin, 31. Mai 1903

Ich habe heute morgen Kirchweih gehabt, das heißt eine Kirche eingeweiht, zusammen mit M., der die Kaiserin vertrat. Wir hörten zwei Predigten, die erste von F., sehr interessant wie immer, mehr philosophisch als dogmatisch. Der Mann macht mir immer den Eindruck, als ob er sich selber davon überreden wollte, daß alles wahr sei, was er sagt, und daß er selber daran glaubt. Aber er ist geistvoll und fesselnd, wenn auch nicht zu Herzen gehend, sondern sich mehr an den Verstand wendend. – Dann kam der Pastor loci mit einer endlosen, inhaltslosen Rede, viel Worte und wenig Sinn. Er versuchte mehr durch Betonung als durch Gedanken die Herzen seiner Zuhörer zu rühren!

Norwegen, Molde, 21. Juli 1903

Heute bei Tisch erklärte mich der Kaiser für einen Heiden, da ich behauptete, es wären drei Jünger nach Emmaus gegangen, während es nur zwei gewesen sein sollen! Ich sagte ihm, ich glaube nicht, daß ich wegen dem einen Jünger in die Hölle komme, außerdem kann man ja nicht wissen, ob nicht noch einer mitgegangen ist! – Der Kaiser ist immer gleichmäßig nett und freundlich mit mir, und hier auf dem Schiff wird behauptet, ich sei der einzige, dem er nicht grob geworden sei.

Norwegen, Insel Florö, 4. August 1903

Dabei fällt mir ein, daß heute ja der neue Papst[48] gewählt ist, wie zu erwarten war, ein Outsider, ein Kompromißpapst. Die Kardinäle haben sich über die markanten zur Wahl stehenden Persönlichkeiten nicht einigen können und wählen schließlich den, der ihnen allen am wenigsten unbequem ist. – Welche Ungeheuerlichkeiten ergeben sich doch, wenn man dieser Sache nachdenkt. Jetzt ist der Mann, der aus solchen Gründen gewählt wurde, der Unfehlbare![49] – Der souveräne Beherrscher des Seelenheils von Millionen von Menschen, denen er die Tür des Paradieses öffnen oder vor der Nase zuschlagen kann. Es ist doch ganz unfaßbar, wie ein denkender Mensch glauben kann, daß Gott in dieser Weise seine Stellvertretung auf Erden angeordnet habe. Und welche Macht verkörpert doch dieser Glaube, der sich auf die breite Basis der Denkunfähigkeit der großen Masse der Menschen gründet!

Norwegen, Odde, 8. August 1903

Wir leben so ruhig weiter, als ob es keinen Tod gäbe, und wissen nicht, wie nahe uns der unsrige ist – Wie zart und vergänglich ist doch ein Menschenleben, wenn man es an der vieltausendjährigen Dauer dieser granitenen Berge mißt. Und doch werden auch sie einst vergehen, der Unterschied liegt nur in der Spanne der Zeit, und was ist Zeit, wenn man sie mißt an der Ewigkeit!

Das ist so ein Leben, wie ich es mir wünschen möchte, den Tag, der seine Last gehabt hat, abschließen mit einem Vortrag tiefen Gehalts und dann vielleicht eine Diskussion zur Klärung der Meinungen, in der jeder einmal hinabsteigt in seine eigene Gedankenwelt und forscht nach der Perle der Wahrheit.

KABINETTSORDER

Ich kommandiere Sie hierdurch bis auf weiteres zur Dienstleistung zum Chef des Generalstabes der Armee.
Berlin, den 1. Januar 1904.

Wilhelm R.

An Meinen Generaladjutanten, Generalleutnant v. Moltke, Kommandeur der 1. Garde-Division.

KABINETTSORDER

Ich ernenne Sie hierdurch, unter Belassung in dem Verhältnis als Mein Generaladjutant und unter Versetzung in den Generalstab der Armee, zum Generalquartiermeister.
Berlin, den 16. Februar 1904.

Wilhelm R.

An Meinen Generaladjutanten, Generalleutnant v. Moltke, Kommandeur der 1. Garde-Division und kommandiert zum Chef des Generalstabes der Armee.

Berlin, 5. März 1904

Wie hübsch wäre es, wenn wir alle hätten zusammmen sein können. Ja, wenn man frei wäre ! Nicht bloß meine ungewisse Stellung und Zukunft lastet auf mir, ich empfinde wie einen Druck die ganze Unwahrheit und Unhaltbarkeit unserer vaterländischen Verhältnisse. Das deutsche Volk ist doch in seiner Gesamtheit eine erbärmliche Gesellschaft. Lauter Kirchturmspolitiker, ohne eine Spur von Großzügigkeit, kleinlich, hämisch, voller Neid und Mißgunst, gehässig und kurzsichtig, daß es zum Erbarmen ist. Überall wird heruntergerissen, mit Schmutz beworfen, verleumdet und gelogen, und das alles unter dem Mantel tugendhafter Entrüstung. Heuchelei, wohin man sieht, engherziger Egoismus und krasser Materialismus.

Keine Ideale gelten mehr, alles ist äußerer Schein. Was noch Bestand hatte, wird heruntergerissen, jeder will sich selbst erheben, und wenn der große Trümmerhaufen fertig ist, wird das Strafgericht über uns kommen. – Klingt es nicht wie eine Äußerung aus dem Narrenhause, wenn im Reichstag gesagt wird, wir dürften jetzt keine Schiffe mehr bauen, sondern müßten erst die Erfahrungen des Seekrieges in Ostasien abwarten. Und das sagen Männer, die sich für weise halten. Sie wollen abwarten, welcher Deckel wohl am besten auf den Brunnen passen wird, in den das Kind fallen wird. – Keiner hat einen Begriff davon, welches Gewitter sich über uns zusammenzieht, statt mit heiligem Ernst sich auf Schweres vorzubereiten, zerhackt sich die Nation gegenseitig. Wie lange wird es dauern, bis die Säulen in dem stolzen Reichsbau krachen, der mit Blut und Eisen aufgebaut ist und der nun in kleinlichem Gezänk untergraben wird.

Berlin, 6. März 1904

Waldersees Tod[50] ist doch sehr überraschend gekommen. Ich habe ja keinen Freund und Gönner an ihm verloren, aber ich bedaure seinen Abgang doch. Er war immerhin eine der alten Standarten der Armee. Im Generalstab ist man der Ansicht, daß Graf Schlieffen jetzt an Stelle von Waldersee Armeeinspekteur werde und ein Nachfolger für ihn demnächst ernannt werden wird. – Hoffentlich spricht wenigstens Se. Majestät mit mir vorher und schickt mir nicht wieder einfach einen blauen Brief ins Haus. Ich hatte gehofft, die Entscheidung würde sich hinziehen, bis ich zum Korps heran wäre, darüber können aber noch Gott weiß wie viele Jahre vergehen, da gar kein Avancement mehr ist und die höheren Stellen wie gerammt feststehen.

Ich lese jetzt ein sehr interessantes Buch von Dr. Steiner[51] über Nietzsche, der mir bisher völlig unverständlich war. In diesem Buch ist seine Entwicklung und sein Gedankengang so klar und faßlich dargelegt, daß es eine wahre Freude ist. Wie Schopenhauer alles menschliche Tun und Denken auf den transzendentalen Willen zum Leben zurückführt, so behauptet Nietzsche, daß das Grundmotiv aller Handlungen der reale Wille zur Macht sei. Die Schwachen, die sich fürchten, diesem Willen zur Macht zu folgen, konstruieren sich einen fremden (göttlichen) Willen, dem sie sich unterwerfen. – Daher die Begriffe von Gut und Böse, während in Wirklichkeit gar nicht bewiesen ist, was eigentlich Gut und Böse sei. Jenseits von Gut und Böse. Du mußt das Buch auch einmal lesen. Man bekommt doch einen Begriff davon, was der Mann eigentlich sagen will.

Berlin, 8. März 1904

Gestern abend habe ich noch ein Buch von Steiner gelesen über Haeckel[52], das mich, wie alle seine Schriften, sehr interessiert hat. Er bekennt sich in demselben ganz zu der monistischen Naturphilosophie Haeckels (nicht zu verwechseln mit monotheistisch), und es ist mir ganz unbegreiflich, wie er von ihr aus den Sprung zur Theosophie gemacht hat. Ich bin sehr begierig, ihn einmal wiederzusehen, um ihn danach zu fragen. Nach diesem seinem Werk kann man ihn getrost mitten in Phalanx der Materialisten stellen, und dabei ist es eins seiner neueren Schriften. Aber klar und fesselnd ist er immer. Kein philosophierender Schriftsteller ist mir bisher so verständlich gewesen wie er.

Saarunion, 16. Juni 1904

Wir ritten heute 6 Uhr früh ab und kamen hier nach 12 Uhr an. Wir haben heute den ganzen nördlichen Ausläufer der Vogesen durchquert von Zabern bis Saarunion an den Ufern der Saar. Hier ist bereits Lothringen, und ein charakteristischer Unterschied macht sich bemerkbar. Die Häuser sind anders gebaut, alle haben den Misthaufen nach der Straße zu. Die französischen Inschriften mehren sich. Mitten darunter steht immer als stattlichstes Gebäude die «Kaiserliche Post». Das Gelände wird hier weniger bergig, breite, flache Höhenzüge haben die waldbestandenen oft recht steilen Kuppen des Gebirges abgelöst. Morgen kehren wir noch einmal in dieses zurück, indem wir unser Quartier nach der kleinen Bergfestung Bitsch verlegen, die uns im Kriege 1870/71 bis zum Friedensschluß widerstand. Damit kommen wir in die Gegend, die damals die 3. Armee, zu der ich gehörte, nach der Schlacht bei Wörth[53] durchzog. Oft muß ich an diese nun so weit hinter mir liegende Zeit denken. Damals ein junger Fähnrich, heute, wo ich zum erstenmal wieder in diese Gegend komme, ein alter, kahlköpfiger General. Sic transit gloria mundi !

Du kannst Dir denken, wie diese Ritte mich interessieren. Mit Schlieffen[54] komme ich sehr gut aus. Er ist höflich und bisweilen sogar liebenswürdig gegen mich. Bisweilen erzählt er sogar etwas. Ich bewundere aufrichtig seine Rüstigkeit. Nicht viele in seinem Alter würden diese Ritte mehr machen, und dabei arbeitet er fleißig im Quartier. Die Offiziere werden gehörig herangenommen, müssen Rekognoszierungen und Erkundungen machen und haben viel zu reiten und zu schreiben.

St. Avold, 18. Juni 1904

Ich wohne im «Hotel zur Post» in dem Zimmer, in dem der alte Kaiser Wilhelm 1870 vom 11. bis 13. August gewohnt hat. Onkel Helmuth hat auch hier gewohnt. Heute ist Sonntag, und die Pferde haben Ruhetag, der ihnen sehr angenehm sein wird. – Von 4 Uhr ab wurde das Kriegsspiel im Zimmer fortgesetzt bis 7 Uhr, wo wir aßen. Graf Schlieffen frägt mich ab und zu um meine Ansicht, und diese deckt sich fast nie mit der seinigen. Man kann sich keine größeren Gegensätze denken als unsere beiderseitigen Ansichten. Ich sage aber die meinige rund heraus, und er nimmt meine Äußerungen mit Anstand und Würde entgegen.

Berlin, 29. Juni 1904

Der vierzehntägige Ritt durch die Reichslande hat mich sehr interessiert. Elsaß und die Vogesen sind ein herrliches Land. In Lothringen verkommt die Bevölkerung in Schmutz und Indolenz. Ich habe mit Kummer gesehen, daß eine dreiunddreißigjährige Zugehörigkeit zum Deutschen Reich ohne die mindeste Einwirkung geblieben ist, die dortigen Landräte oder, wie sie da heißen, Distriktsdirektoren, müßte der Teufel holen. Es ist rein gar nichts geschehen, nicht mal eine ordentliche Verwaltungsbehörde ist eingerichtet, und alles geht im gröbsten Schlendrian, wie es eben mag. Von der Liederlichkeit der Felderbestellung macht man sich keine Vorstellung, meist weiß man nicht, ob die Leute Weizen oder Unkraut bauen, dabei ist es ein herrlicher, fruchtbarer Boden, auf dem alles von selber wächst, die Rebe und der Nußbaum gedeihen. Die Dörfer bestehen zur Hälfte aus Misthaufen, die alle vor den verlumpten Häusern nach der Straße zu liegen, mitten zwischen ihnen die Ziehbrunnen. Typhus grassiert infolgedessen. Es ist ein Herrgottsjammer um das schöne Land. Die Leute haben sehr schönes Vieh, ähnlich wie die Simmentaler, nur etwas kleiner, dabei bekommt man nur ranzige Butter. In den Gärten wächst der Kohl wie auf den Osdorfer Rieselfeldern, überall gebeugt volle Kirschbäume und Aprikosen, aber die Gasthöfe starren von Schmutz, alle Zimmer mit herabhängenden Tapeten, das Essen schauderhaft bis auf die guten frischen Kartoffeln. Es ist ein Jammer, anzusehen, wie dies gesegnete Land verlumpt und verludert, ohne daß etwas geschieht.

KABINETTSORDER

Ich habe bestimmt, daß Sie bei den in diesem Jahre vor Mir stattfindenden Manövern des Garde- und IX. Armeekorps als Schiedsrichter Verwendung finden, wovon Ich Sie hierdurch in Kenntnis setze. Gleichzeitig lasse Ich Ihnen beifolgend ein Verzeichnis der übrigen von Mir bestimmten Schiedsrichter zugehen.
Kiel, an Bord M. J. «Hohenzollern», den 30. Juni 1904

Wilhelm R.

An Meinen Generaladjutanten, Generalleutnant v. Moltke, Generalquartiermeister.

Norwegen, Bergen, 10. Juli 1904

Ich lese jetzt ein Buch von dem Philosophen Hartmann[55]: «Religionsphilosophie». Er versucht nachzuweisen, daß die Religion sich ebenso wie die Weltanschauung entwickeln muß, wenn sie nicht rückständig werden und absterben will.

Norwegen, Bergen, 12. Juli 1904

Gestern nach Tisch las der Kaiser einen hübsch geschriebenen Artikel aus einer englischen Zeitschrift vor, den er gleich ins Deutsche übersetzte, über das Radium und seine merkwürdigen Eigenschaften. Zur Begrifflichmachung des Atoms, des kleinsten, nicht mehr zerlegbaren Teiles eines Körpers, war folgendes Bild gebraucht. Man denke sich einen Wassertropfen bis zur Größe der Erde vergrößert, dann würde ein Atom etwa die Größe einer Walnuß haben. In diesem Atom sind etwa hundertfünfzigtausend sogenannte Elektronen enthalten. Wenn man sich nun dieses Atom in der Größe der Peterskirche vorstellt, so würde jedes Elektron die Größe eines Punktes in einer Druckschrift haben. Diese hundertfünfzigtausend Elektronen sind durch Zwischenräume getrennt, die sich zu ihrer Größe verhalten wie die Abstände der Planeten von der Sonne, und alle diese Elektronen bewegen sich mit rasender Schnelligkeit um den Zentralpunkt des Atoms. Die größte bisher bekannte Schnelligkeit eines Körpers ist diejenige des Sterns Arkturus, der hundert Meilen in der Sekunde zurücklegt. Die Bewegungsschnelligkeit der Elektronen beträgt etwa das Dreifache davon. Sie werden unablässig von dem Radium hinausgeschleudert und durchdringen ungehindert eine fünfzöllige Panzerplatte. – Bei der merkwürdigen Erscheinung, daß sich das Element Radium in das Element Helium umwandelt, eine Erscheinung, die die Wissenschaft bisher für unmöglich hielt, war gesagt, hierin läge eine Ehrenrettung für die alten Alchimisten, die dasselbe erreichen wollten und über die so viel gespottet sei. – Im Atom wiederholt sich also im Kleinsten die Erscheinung des Sonnen- und Planetensystems im Großen. Alles ist Bewegung, alle Materie ist Bewegung und im letzten Grunde elektrische Kraft, also Materie gleich Kraft. Man braucht nun bloß noch zu folgern: Kraft ist Geist, so hat man die spiritualistische Weltauffassung. – Interessant war auch die gemachte Folgerung, daß die gesamte Materie in Evolution begriffen sei, die dauernd in ungemessenen Zeitläuften zu einer Verfeinerung, das heißt Vergeistigung führen müsse. Merkwürdige Schlüsse, zu denen eine rein materialistische Anschauung kommt, und das alles hat ein Körnchen Radium bewirkt, das nicht größer ist als ein Stecknadelkopf. Der alte L., als Vertreter der alten Wissenschaft, schüttelte ungläubig den grauen Kopf und bestritt zunächst alles. Er gehört zu der Richtung derWissenschaft, die alles ergründet zu haben meint und in deren scharf umgrenztem Gebiet kein Raum für etwas Neues ist.

Norwegen, Molde, 17. Juli 1904

Ich lese jetzt die "Geschichte der französischen Revolution" von Carlyle[56]. Das Buch ist geistvoll geschrieben, wenn auch etwas manieriert. – Daneben beschäftige ich mich mit Steiners "Theosophie"[57]. Gestern kam zufällig das Gespräch auf die theosophische Weltauffassung. Wir saßen unserer fünf oder sechs zusammen, und da ich der einzige war, der von diesen Dingen etwas wußte, mußte ich das Wort führen. Erst lachten einige, dann wurden sie immer ernster, und zuletzt hörten sie mir zu wie dem Pastor in der Kirche. Es ist merkwürdig, wie dieses Thema die Menschen alle interessiert, wenn sie auch so tun, als ob sie hoch darüber erhaben wären.

Hier ist ein Prinz an Bord, dessen Bruder ein eifriger Spiritist ist, und schließlich hatte fast jeder das eine oder andere erfahren, selber oder in seiner nächsten Umgebung etwas erlebt. Kaum einer aber hatte versucht, sich darüber Rechenschaft abzulegen oder den Dingen nachzudenken. Die Menschen sind so denkfaul und legen beiseite, was ihnen Kopfzerbrechen machen könnte und in das gewohnte Lebensschema nicht paßt.

Norwegen, Trondhjem, 23. Juli 1904

Der Kaiser harangierte mich unterwegs wegen der Manöver usw., ich mußte dem Grafen Schlieffen die Stange halten. Immer mehr sehe ich ein, wie schwierig die Erbschaft sein wird, die sein Nachfolger anzutreten haben wird. Daß dem so ist, ist gewiß zum großen Teil Schlieffens Schuld.

Bis es dahin kommt, daß die Menschen so vergeistigt sind, um die Naturgewalten zu beherrschen, hat es noch gute Wege. Viele Tausende von Jahren werden wohl nötig sein. Du lebst in Deiner eigenen Welt, unter lauter gleichgestimmten Büchern und manchen gleichgestimmten Menschen, da verlierst Du die große Masse der Menschheit aus den Augen, hast gar keine rechte Vorstellung von der riesigen Rückständigkeit derselben und meinst schon Licht zu sehen, wo nichts ist als faustdicke Finsternis. Dein Licht brennt in Deinem Innern, in der schwerlastenden Masse ist's dunkel und wird noch dunkel bleiben in undenkbare Zeiten. Indes, aller Anfang ist klein. Auch der höchste Menschengeist mußte sich aus dem Ei der Mutter entwickeln und langsam ausreifen, und sicher ist, daß die Wahrheit siegen wird, wenn auch nach langen und schweren Kämpfen. – Es freute mich so, daß Du mir mal wieder philosophisch geschrieben hast.

Norwegen, Trondhjem, 25. Juli 1904

Unser Hauptverkehr besteht in Amerikanern. Alle Finanzgrößen der neuen Welt lauern dem Kaiser hier auf und wissen ganz genau, daß er zu ihnen an Bord kommt. Und der Allerhöchste Herr glaubt wirklich, daß er mit diesem Entgegenkommen gegen ein paar amerikanische Geldprotzen eine Einwirkung auf das gegenseitige politische Verhältnis der beiden Staaten ausüben könne, glaubt, daß er, wenn er an Bord eines Mr. Vanderbilt, Drexel oder Goelette besucht oder zu Mittag speist, wenn er diese Leute mit ausgesuchter Höflichkeit auf der "Hohenzollern" empfängt und bewirtet, die widerstreitenden wirtschaftlichen Interessen von hundert Millionen Menschen schlichten könne, die alle im Kampf ums Dasein stehen, die alle leben und reich werden wollen, jeder auf Kosten des anderen, die um ihre Existenz ringen in Landbau, Handel, Industrie, die hungrig und durstig sind und die sich den Teufel um etwas anderes bekümmern als um die günstigsten Lebensbedingungen.

Die gestrige Predigt, die besser war als ihre fadenscheinigen Vorgängerinnen, hatte zum Thema: Wenn das Leben köstlich gewesen ist, so ist es Mühe und Arbeit gewesen. – Wie wahr das ist, empfinden wir alle in unserem aufgezwungenen Müßiggang. Alle bis auf einen leider.

Ich habe jetzt die Carlylesche "Geschichte der französischen Revolution" beendet, drei Bände. Es ist geistvoll und dramatisch geschrieben, vom Standpunkt des Philosophen, der in dem bunten Wirrsal der Erscheinungen nach den treibenden Motiven sucht und sie tief unter der schäumenden, blutigen Oberfläche in den Menschenherzen findet. – Das ist ja das Schlimme bei den meisten Monarchen und bei den herrschenden Klassen, daß sie vergessen, wie in der Brust jedes, auch des Geringsten ihrer Untertanen, ein Herz schlägt voll Verlangen nach Glück und Daseinsfreude, daß sie alle Menschen sind mit menschlichem Empfinden und dem Willen zum Leben. – Hier liegen wir wir nun und essen und trinken, als ob es weiter auf der Welt nichts zu tun gäbe, und dort oben in Schlesien verdurstet das Land, versagt sogar die Erde das einzige, was sie umsonst herzugeben pflegt, das Wasser, müssen die wirtschaftlich Schwachen ihr Vieh verkaufen, vielleicht Haus und Hof verlieren, wieviel vernichtete Existenzen, wieviel verbitterte Herzen, Jammer und Elend, dessen Notschrei freilich nicht hineindringt in die eleganten amerikanischen Decksalons, in denen wir Tee trinken und Zigaretten rauchen. – In solcher Umgebung ist es gut, ein Buch wie das Carlylesche zu lesen!

Norwegen, Molde, 31. Juli 1904

Alle unsere Gottesdienste fangen mit einem Weheruf des alten Jehova an, wehe dir, daß du dies tust, wehe dir, daß du das tust! – Dann wird das Evangelium verlesen, aber nicht erklärt, sondern der Predigt wird wieder ein alttestamentlicher Spruch unterlegt. Heute hörten wir das Evangelium vom ungerechten Haushalter, eines der verworrensten Gleichnisse aus der ganzen Bibel, das von den Abschreibern der alten Handschriften augenscheinlich völlig mißverstanden oder verstümmelt ist und die Gedanken darüber wohlweislich dem eigenen Scharfsinn der Hörer überläßt. Ich habe vor einigen Tagen ein Buch gelesen, das Du unbedingt lesen mußt, es wird Dich sehr interessieren, es heißt: "Die Quellen des Lebens Jesu" von Professor Dr. Paul Wernle, Basel. Es ist das Beste, was ich bisher über die Entstehung der Evangelien gelesen habe, und wirkt geradezu überzeugend durch seine Gedankenklarheit und logischen Schlüsse. Für mich war es interessant, meine Ansicht bestätigt zu finden, die ich durch das Lesen der Evangelien gewonnen hatte, daß das Markusevangelium in seiner naiven Darstellung das ursprünglichste ist.

Eine andere Schrift in demselben Genre habe ich auch gelesen: "Was wissen wir von Jesus?" von Bossuet. Sie steht aber nicht auf der Höhe der ersteren, ist mehr eine Polemik gegen eine Schrift von Kalthoff, der in der Geschichte Jesu nichts weiter sehen will als eine postume Einkleidung der Geschichte der christlichen Kirche in das Gewand der Person Christi. Kalthoff will also den historischen Christus überhaupt beseitigen, was meiner Ansicht nach unbedingt falsch ist.

Norwegen, Bergen, 5. August 1904

Die armen Russen, es geht ihnen doch gar zu schlecht. Die Mandschurei ist so gut wie verloren für sie, und ich fürchte, daß es noch zu einer Katastrophe kommt und Kuropatkin[57], wenn nicht mit seiner ganzen Armee, so doch mit beträchtlichen Teilen derselben kapitulieren muß. – Er ist von den Japanern schon fast ganz umstellt, und ich halte es für sehr unwahrscheinlich, daß er noch wird zum Abmarsch auf Mukden und weiter nach Charbin kommen können.

Berlin, 1. September 1904

Der «kluge Hans» fängt an eine ähnliche Rolle zu spielen, wie seinerzeit die Rote. – Der Streit der Meinungen ist heftig entbrannt, doch scheint mir die Partei, die nur Dressur sehen will, allmählich obzusiegen. – Daß auch diese Sache mit einem leidenschaftlichen Fanatismus pro und contra behandelt und beurteilt wird, ist bedauerlich. Fanatismus trübt immer Blick und Urteil, und wenn man nicht einmal einem Pferde gegenüber objektiv und leidenschaftslos bleiben kann, wie soll man es dann einem Menschen gegenüber sein. – Es ist mir völlig unbegreiflich, weshalb man sich über ein Problem in so hohem Maße aufregt, das weder neu noch von welterschütternder Bedeutung ist. Von Hunden, Papageien und Staren hat man schon ganz andere Sachen erzählt, und schon in "Brehms Tierleben" kann man viele Züge von diesen Tieren lesen, die unverkennbar auf einen gewissen Grad von Intelligenz deuten, und wer wollte leugnen, daß ein Hund, der viel mit Menschen verkehrt, bis zu einem gewissen Grade die menschliche Sprache versteht? Das ist doch eigentlich ganz selbstverständlich.

Berlin, 4. September 1904

Ich hatte immer noch gehofft, Kuropatkin würde in dieser Hauptschlacht obsiegen. Nun wird es wohl zunächst mit ihm alle sein, und die Russen müssen einen ganz neuen Feldzug auf neuer Basis anfangen, wenn sie nicht einen demütigenden Frieden auf sich nehmen und damit ihr Prestige vor Europa und Asien in unheilvoller Weise schädigen wollen.

Berlin, 5. September 1904

Ich habe gestern lange in Chamberlains "Grundlagen"[59] gelesen und gefunden, daß ich viele Erörterungen jetzt viel besser verstehen und beurteilen kann wie früher. Ein Satz fiel mir als sehr treffend auf. Er spricht von der Dualität der Erscheinungen, etwa, wie man sagen könnte, der materiellen und der geistigen Welt und sagt, man könne diese beiden Seiten des Daseins am besten definieren als die Erscheinungen, die mechanisch erklärbar sind und diejenigen, die nicht mechanisch erklärbar sind. Das finde ich sehr gut ausgedrückt. "Die vier Religionen" von A. Besant[60] habe ich mit großem Interesse gelesen. Es wundert mich, daß sie sich auf diese vier, Hinduismus, Zoroastrismus, Buddhismus und Christentum, beschränkt und die Religion gar nicht erwähnt, die nächst dem Buddhismus wohl die meisten Bekenner auf der Erde hat, die mohammedanische. Vieles in ihren Äußerungen über das Christentum deckt sich mit denjenigen Chamberlains. Wenn man diese Sachen liest, wird es einem immer unerklärlicher, wie es möglich war, daß das Zerrbild von Religion, das die Menschheit aus den Lehren Christi gemacht hat, ihr selber so lange genügen konnte. Ein Beweis dafür, wie gedankenlos die Masse an der äußeren Form hängt und wie mächtig doch das geistige Leben dieser Lehre sein muß, wenn es darin nicht ganz erstickte.

Berlin, 6. September 1904

Der arme ... Ich zweifle nicht daran, daß er ein wahrheitsliebender Mann ist, und nach seinen Darlegungen ist der größte Teil dessen, was ihm vorgeworfen wird, einfach erlogen. Wehe dem Mann, auf dessen Spur die Bluthunde einer gewissenlosen Presse gehetzt werden, sie hetzen ihn zu Tode, und je anständiger er ist, um so wehrloser ist er. Er hatte das Unglück, Unbequemlichkeiten zu verursachen, und damit war ihm der Boden unter den Füßen weggezogen, auf dem er so fest zu stehen meinte. Ein redendes Menetekel für alle, die meinen, einen festen Rückhalt zu haben. – Es ist schon gut, wenn man sich immer darüber klar bleibt, daß es heutzutage nur einen Maßstab gibt, nach dem man gemessen wird, ob man bequem oder unbequem ist. Was einer sonst leistet, ist weniger wichtig.

Berlin, 18. Dezember 1904

Ich lese jetzt ein Buch von General Bonval: "Le manœuvre de Saint Privat", aus dem ich einige Stellen ausziehe und ins Deutsche übertrage, die recht lehrreiche Einblicke in die Art und Weise gewähren, wie sich einer der hervorragendsten französischen Militärschriftsteller einen künftigen Krieg zwischen Deutschland und Frankreich denkt.

Berlin, 20. Dezember 1904[61]

Daß E.[uch] die alten säugenden Madonnen nicht sonderlich gefallen, kann ich mir denken. Sie sind ja auch zum überwiegenden Teil nicht schön, sondern nur interessant als ein Zeugnis dafür, wie sich die Kunst allmählich an der Hand des religiösen Empfindens entwickelte, bis sie schließlich, dieser Lehrmeisterin entwachsen, selbständig wurde und ihre fester werdenden Schritte nun in das große Gebiet der Natur lenkte, wie das Kind es tut, wenn es gelernt hat, alleine zu gehen, und nun in den Garten läuft, um Blumen zu pflücken. – In dieser ersten Zeit des Erwachens der Kunst betätigte sich in ihr ein Drang, das tiefste Empfinden, dessen die Menschen damals fähig waren, das religiöse, dies bewegte sie am tiefgründigsten, und sie fühlten den Drang, ihm sichtbaren Ausdruck zu verleihen. Daher hielten sich alle alten Maler an religiöse Themen, und so wurde die Madonnenmalerei die Mutter der heutigen Malerei wie die christliche Baukunst diejenige der heutigen Architektur. Wie diese alten Maler malten, hatte man noch keine Kunde von den längst verschollenen Meisterwerken griechischer Kunst, das in den mitteleuropäischen Völkern erwachende Bedürfnis nach künstlerischem Ausdruck mußte sich selber tastend seinen Weg bahnen und erst im langsamen Werden viele Roheiten und Kindlichkeiten überwinden.

Hannover, 8. Januar 1905

Ich war gestern abend bei Sr. Majestät. Ich habe eine dreiviertelstündige Unterredung mit ihm gehabt und ihm alles gesagt, was ich auf dem Herzen hatte. Ich glaube, so hat noch nie ein Mensch mit ihm gesprochen. Ich schreibe Dir darüber ausführlich, wenn ich Ruhe finde.

Berlin, 25. Januar 1905

Ich machte bei einem Diner in Rom, bei Rotenhan, die Bekanntschaft eines Priesters, dessen Name mir leider entfallen ist, der bekannt geworden ist durch sein Werk über die Katakomben Roms. Er ist Autorität auf diesem Gebiet und ist vom Kaiser pekuniär unterstützt worden, ein sehr interessanter Mann, Deutscher, das wäre so einer für Dich.

Bei unseren Nachbarn, den Russen, sieht es übel aus. Daß Arbeiterrevolten in Petersburg gewesen, die mit Waffengewalt niedergeworfen worden sind und bei denen viel Blut geflossen ist, hast Du wohl gelesen. Solange das Militär treu bleibt, werden sie in Rußland wohl damit fertig werden, aber die «Ideen» breiten sich immer weiter aus und ergreifen immer breitere Schichten der Bevölkerung, und mit denen wird man nicht mit Soldaten fertig. Ich fürchte, daß die Ära der Attentate wieder anfangen wird. Kuropatkin steht noch immer unbeweglich den Japanern gegenüber. Eine so verrückte Art der Kriegsführung war noch nicht da, solange die Welt steht.

Berlin, 26. Januar 1905

Ich denke mir, es müßte interessant sein, etwas römische Geschichte zu lesen, die man gleich an den Örtlichkeiten nacherleben könnte. Doch wohl interessanter als ein Roman irgendeiner Art. Wenn Ihr Euch z.B. Mommsens «Römische Geschichte» verschaffen könntet, vielleicht hat sie jemand von der Botschaft.

Berlin, 29. Januar 1905[62]

Vor etwa vier Wochen ritt ich eines Morgens mit dem Reichskanzler zusammen im Tiergarten. Das Gespräch kam auf die politische Lage, die damals sehr gespannt war. – Er frug mich, wie wir uns trennten, ob ich nicht bald den Grafen Schlieffen ersetzen würde, mit dem er anscheinend nicht übereinstimmte, worauf ich ihm sagte, ich hoffe, daß dieser Kelch an mir vorübergehen werde. Einige Tage darauf kam ... zu mir, um mir folgendes zu sagen: Der Reichskanzler habe in einem Gespräch mit Sr. Majestät diesem gesagt, daß ich nicht geneigt wäre, die Stellung eines Chefs des Generalstabs zu übernehmen. Se. Majestät sei hierüber aufs äußerste erstaunt und beunruhigt gewesen, er schicke nun ... zu mir, um mir zu sagen, daß er unbedingtes Vertrauen zu mir habe. Es habe ihm leid getan, daß, wenn ich nicht annehmen wolle, ich ihm dies nicht selber gesagt habe und daß er es erst durch den Reichskanzler erfahren habe. Ich hatte nun eine längere Besprechung mit ..., in der ich ihm meine Gründe entwickelte, die mir die Übernahme dieser Stellung erschwerten. Er war auch mit mir einverstanden und frug mich, ob er Sr. Majestät dies sagen solle, worauf ich ihm erwiderte, es wäre mir das liebste, wenn ich mich selber Sr. Majestät gegenüber aussprechen könne, und ich würde Sr. Majestät dankbar sein, wenn er mich empfangen und anhören würde. – Zwei Tage darauf erhielt ich eine Einladung zum Abendessen im Schloß und gleichzeitig die Mitteilung, ich möchte eine halbe Stunde früher kommen und mich bei Sr. Majestät melden lassen. – Daß ich mit ganz eigenen Gefühlen ins Schloß fuhr, kannst Du Dir denken. Ich war fest entschlossen, Sr. Majestät alles gerade heraus zu sagen, und wußte nicht, wie die Sache ablaufen würde. Ich sagte mir aber, daß es hier gar nicht auf die Person ankomme, daß ich verpflichtet sei, mich, wenn es sein müßte, der Sache zum Opfer zu bringen und daß ich Sr. Majestät nur wirklich nutzen könne, wenn ich ihm einmal sagte, was überall in den Offizierskreisen geredet und heimlich gemunkelt wird, ohne daß je einer den Mut gefunden hätte, es Sr. Majestät auszusprechen. Ich wurde von dem Flügeladjutanten in das Arbeitszimmer Sr. Majestät geführt, ich stand, wie lange, weiß ich nicht, und wartete! – Endlich kam der Kaiser herein und begrüßte mich sehr freundlich. Er lehnte sich an den Arbeitstisch, als ob er sagen wollte: nun laß einmal hören, was du vorzubringen hast!

Ich fing nun damit an, ihm zu sagen, daß meine Äußerung dem Reichskanzler gegenüber eine rein private gewesen und daß es mir nicht in den Sinn gekommen sei, daß dieser sie Sr. Majestät wieder überbringen werde. – Weiter kam ich nicht, denn der Kaiser unterbrach mich mit großer Lebhaftigkeit und sagte mir: «Nun will ich Ihnen mal erzählen, wie das zusammenhängt. Wie der Reichskanzler neulich abends bei mir war, sprachen wir von der schwierigen politischen Lage, in der wir uns England gegenüber befänden und daß wir darauf gefaßt sein müßten, eines schönen Tags von dort angegriffen zu werden. Es ist klar, daß dieser Krieg nicht lokalisiert werden kann, sondern, daß er weitere europäische Verwicklungen nach sich führen wird. – Da sagte der Reichskanzler, er fände, daß der Graf Schlieffen recht alt werde, worauf ich ihm erwiderte ‹Wenn der nicht mehr kann, dann ist Moltke da.› – Darauf sagte er: ‹Ew. Majestät, der nimmt die Stellung nicht an.› – Sie können sich denken, daß ich durch diese Äußerung völlig verblüfft wurde. Ich habe Sie vor einem Jahr zum Generalstab kommandiert, damit Sie sich orientieren sollen, und ich hatte natürlich sicher darauf gerechnet, daß Sie da wären, um einzuspringen, wenn der Graf Schlieffen aus irgendeinem Grunde zurücktreten muß. Er ist alt, und es kann ihm etwas passieren, er kann krank werden oder dergleichen, und dann muß jemand da sein, der ihn ersetzen kann. Nun ist mir noch der General v. der Goltz vorgeschlagen, den ich nicht will, und dann der General v. Beseler, den ich nicht kenne. Sie kenne ich, und zu Ihnen habe ich Vertrauen. Ich weiß wohl, daß Sie zu bescheiden sind, um zu glauben, daß Sie der Stellung genügen könnten. Der Graf Schlieffen, den ich gefragt habe, sagt mir, er habe Sie nun ein Jahr beobachtet und könne mir keinen besseren Nachfolger vorschlagen als Sie in erster Linie. Ihr verstorbener Onkel hat einmal geäußert, es komme bei der Wahl zu dieser Stellung viel weniger darauf an, daß der Betreffende genial sei, als darauf, daß man sich unter allen Umständen auf ihn verlassen könne, der Charakter sei die Hauptsache, dieser ist es, der im Kriege auf die Probe gestellt wird. Ich kann Ihnen nur sagen, daß ich zu Ihnen völliges Vertrauen habe. Sie sind eine bekannte Persönlichkeit in der Armee, jeder schätzt Sie und wird Ihnen wie ich Vertrauen entgegenbringen. Wie ich als junger Mensch auf einmal auf den

Thron kam, da habe ich mir auch gesagt, die Aufgabe übersteigt deine Kräfte. Ich war ganz auf mich allein gestellt, niemand konnte mir helfen, und wie ich nun das Schwerste gleich vollbringen mußte, den Abschied von dem alten Reichskanzler, da habe ich mir gesagt, es muß gehen, und ich habe das durchgeführt, was ich tun mußte. So wird es Ihnen auch gehen. Wenn Sie an die Aufgabe herantreten, werden Sie die Kraft in sich selber finden.»

Dies war in kurzem der Inhalt dessen, was Se. Majestät sagte. Er sprach in seiner Lebhaftigkeit sehr lange und führte alles viel mehr aus, als ich es hier wiedergegeben habe. Ich sah es kommen, daß er mir keine Gelegenheit geben werde, meinerseits das zu sagen, was ich zu sagen hatte, aber ich war fest entschlossen, nicht fortzugehen, bis ich es getan hätte. Ich hörte also ehrerbietig zu, bis er ausgeredet hatte. Dann sagte ich: «Ew. Majestät wollen mir gestatten, meinen tiefempfundenen Dank auszusprechen für den ehrenden Ausdruck des Vertrauens, dessen Ew. Majestät mich würdigen, um so mehr aber fühle ich mich verpflichtet, mich Ew. Majestät gegenüber ganz offen und ehrlich auszusprechen. Es kommt nicht nur darauf an, daß Ew. Majestät Vertrauen zu mir haben, sondern auch darauf, ob ich dies Vertrauen verdiene oder nicht. Das werden Ew. Majestät erst dann beurteilen können, wenn Ew. Majestät meine Ansichten genau kennen, und ich bitte daher alleruntertänigst um die Erlaubnis, Ew. Majestät gegenüber meine Bedenken so offen darlegen zu dürfen wie meinem eigenen Gewissen gegenüber. Sollte ich dabei etwas sagen, was Ew. Majestät vielleicht nicht gefällt, so wird dies jedenfalls die Folge haben, daß Ew. Majestät mich ganz und völlig beurteilen und danach abschätzen können. – Ew. Majestät haben mich als eventuellen späteren Chef des Generalstabes in Aussicht genommen. Wie ich mich als solcher im Fall eines Feldzuges bewähren würde, weiß ich nicht. Ich beurteile mich selber sehr kritisch. Meiner Meinung nach ist es überhaupt sehr schwierig, wenn nicht unmöglich, sich jetzt schon ein Bild davon zu machen, wie sich ein moderner europäischer Krieg gestalten wird. – Wir haben jetzt eine über dreißigjährige Friedensperiode hinter uns, und ich glaube, daß wir in unseren Anschauungen vielfach sehr friedensmäßig geworden sind. Wie und ob es überhaupt möglich sein wird, die Massenheere, die wir aufstellen werden, einheitlich zu leiten, kann, glaube ich, kein Mensch vorher wissen. Auch unser Gegner ist ein anderer geworden, wir werden es nicht mehr wie früher mit einem feindlichen Heer, dem wir mit Überlegenheit entgegentreten können, zu tun haben, sondern mit einer Nation in Waffen. Es wird ein Volkskrieg werden, der nicht mit einer entscheidenden Schlacht abzumachen sein wird, sondern der ein langes, mühevolles Ringen mit einem Lande sein wird, das sich nicht eher überwunden geben wird, als bis seine ganze Volkskraft gebrochen ist, und der auch unser Volk, selbst wenn wir Sieger sein sollten, bis aufs äußerste erschöpfen wird. Wenn ich nun sehe, wie die strategischen Kriegsspiele, die Ew. Majestät Jahr für Jahr unterbreitet werden, regelmäßig mit der Gefangennahme feindlicher Armeen von fünf- bis sechshunderttausend Mann, und zwar nach Verlauf weniger Operationstage enden, so kann ich mich der Empfindung nicht verschließen, daß dieselben den Verhältnissen des Krieges in keiner Weise gerecht werden. Solche Kriegsspiele kann ich nicht machen. Ew. Majestät wissen selber, daß die von Ihnen geführten Armeen regelmäßig den Gegner einkesseln und so angeblich den Krieg mit einem Schlage beenden. Diese Resultate sind meiner Meinung nach nur dadurch zu erreichen, daß den Verhältnissen in einer Weise Gewalt angetan wird, die dem Grundsatz, daß das Kriegsspiel eine Studie für den wirklichen Krieg sein soll und daß es alle Reibungen und Hindernisse, die im Kriege auftreten, möglichst berücksichtigen muß, in keiner Weise entsprechen. Diese Art des Kriegsspiels, bei dem der Gegner Ew. Majestät gewissermaßen von vorneherein mit gebundenen Händen ausgeliefert wird, muß ganz falsche Vorstellungen erwecken, die verderblich werden müssen, wenn der Krieg wirklich kommt. Doch ist dies meines Erachtens nach noch nicht das Schlimmste. Für noch bedenklicher halte ich es, daß durch die Gewalt, die dem Kriegsspiel angetan wird, dem ganzen großen Kreis der daran beteiligten Offiziere das Interesse an der Sache genommen wird. Jeder hat die Empfindung, es ist ganz gleichgültig, was Du machst, ein höheres Fatum dirigiert die Sache und führt sie so oder so zum gewollten Ende. Ew. Majestät werden bemerkt haben, daß es immer schwieriger wird, Offiziere zu finden, die gegen Ew. Majestät führen wollen. Das kommt daher, weil jeder sich sagt, ich werde ja doch nur abgeschlachtet. – Das, was ich aber am allermeisten beklagen und was ich Ew. Majestät sagen muß, das ist, daß das Vertrauen der Offiziere zu ihrem Allerhöchsten Kriegsherrn dadurch aufs tiefste erschüttert wird. Die Offiziere sagen sich, der Kaiser ist viel zu klug, als daß er nicht merken sollte, wie hier alles zurechtgemacht wird, damit er siegen soll, er muß es also doch so haben wollen.»

Hier unterbrach mich der Kaiser und versicherte, er habe keine Ahnung davon gehabt, daß nicht auf beiden Seiten mit gleichen Waffen gekämpft worden sei. Er sei ganz bona fide gewesen. – Ich solle Schlieffen sagen, daß er beim nächsten Kriegsspiel ihn nicht besser behandele wie seinen Gegner.

Ich erwiderte ihm: «Der Graf Schlieffen sagt, wenn der Kaiser spielt, muß er siegen, er kann als Kaiser nicht von einem seiner Generale geschlagen werden. Das ist auch ganz richtig. Ew. Majestät dürfen daher überhaupt nicht führen. Lassen Ew. Majestät sich doch ein Kriegsspiel vorlegen, in dem Ew. Majestät die Oberleitung haben und so über den Parteien stehen, statt selber Partei zu sein.»

Der Kaiser pflichtete mir hierin bei. – Ich sagte ihm dann noch: «Wenn Ew. Majestät sich bei den Herren erkundigen wollten, ich glaube, alle würden bestätigen, was ich hier gesagt habe, das heißt, wenn sie den Mut haben, Ew. Majestät die Wahrheit zu sagen.

Und dasselbe, was ich vom Kriegsspiel gesagt habe, gilt auch von den Manövern. Der Wert der großen Manöver als Vorbereitung für den Krieg liegt in der Übung der höheren Führer einem Gegner gegenüber, der eigenen Entschluß hat. Die Truppe als solche lernt in den großen Manövem weniger als in den Detachementsübungen, bei denen man auf alle Details achten kann. Wenn nun die Entschlüsse der kommandierenden Generale immer durch das Eingreifen Ew. Majestät beeinflußt werden, so wird ihnen die Lust zur Initiative genommen, sie werden unlustig und unsicher gemacht.»

Hier unterbrach mich der Kaiser wieder und sagte, er habe den kommandierenden Generalen immer die Freiheit des Entschlusses gelassen. Ich erwiderte: «In dem letzten Kaisermanöver bin ich als Schiedsrichter verwendet worden, war daher nicht selber zugegen, aber es ist mir gesagt worden, daß Ew. Majestät an einem Tage dem kommandierenden General des ... Armeekorps den Befehl für sein Korps, entgegen seinen Absichten wörtlich diktiert hätten.» – Das mußte Se. Majestät zugeben. Er sagte: «Ach ja, das war, wie er mit seinem Korps zurückgehen wollte, so daß es an dem Tage zu gar keinem Gefecht gekommen wäre.» – Ich: «Da hätten Ew. Majestät ihm doch einfach sagen lassen können, ich wünsche morgen ein Gefecht zu sehen, und ihm dann die Art der Ausführung überlassen können, oder Ew. Majestät hätten ihm irgendeine Supposition geben können, die ihn zum Stehenbleiben veranlaßt hätte. So weiß es die ganze Armee, daß Ew. Majestät einem kommandierenden General die Befehle für sein Korps einfach diktiert haben, und das trägt nicht zur Hebung des Ansehens des Generals seinem Korps gegenüber bei und muß deprimierend auf ihn wirken. Ein kommandierender General hat vielleicht während der ganzen Zeit, wo er in seiner Stellung ist, nur einmal bei den Kaisermanövern Gelegenheit, sein Korps gegen einen Gegner zu führen, und das sind meistens nur drei Tage. Wenn nun Ew. Majestät noch selber im Manöver ein Korps führen, so geht ihm einer von den drei Übungstagen verloren. Im Kriege führen Ew. Majestät doch kein Korps.» – Se. Majestät: «Nein, das ist richtig.» – Ich: «Da soll es der kommandierende General machen, und er muß jede Stunde ausnutzen, in der er sich darin üben kann.» – Se. Majestät: «Ich führe, um den kommandierenden Generalen zu zeigen, wie ich wünsche, daß es gemacht werden soll.» – Ich: «Das können Ew. Majestät bei der Besprechung zum Ausdruck bringen. Die Manöver können meines Erachtens nach nur kriegsmäßig und dadurch von Nutzen sein, wenn sie sich ohne gewaltsamen Eingriff von oben abspielen. Werden Fehler gemacht, so schadet das nichts, denn man lernt nie mehr als aus seinen Fehlern. Wenn aber Ew. Majestät führen, so weiß jeder, Se. Majestät muß siegen, und die ganze Gegenpartei fühlt sich von vorneherein als Schlachtopfer und wird mißmutig. Die Manöver werden in der ganzen Armee besprochen, das gesamte Offizierskorps beurteilt sie, und die Kritik wird immer schärfer. – Und dann kommt noch eins hinzu. Die Truppen bekommen Ew. Majestät nicht zu sehen, was von der größten Wichtigkeit ist, denn der Soldat, den Ew. Majestät im Manöver gesehen hat, vergißt das sein ganzes Leben lang nicht. – Ew. Majestät wollen zu Gnaden halten, wenn ich mich freier ausgesprochen habe, als Ew. Majestät es zu hören gewohnt sind. Ich würde es nicht gewagt haben, wenn es sich nicht um das handelte, was mir das höchste ist, Ew. Majestät und der Armee Wohl.» – Der Kaiser sagte mir nun: «Warum haben Sie mir das alles nicht schon längst gesagt?» – Ich: «Ich habe mich nicht berechtigt gefühlt, Ew. Majestät meine Ansicht aufzudrängen. Es kann doch nicht jeder zu Ew. Majestät kommen und sagen: ‹Ich finde dies nicht richtig, was Sie tun, und das nicht richtig.› » – Se. Majestät: «Sie sind aber Generaladjutant, und da wissen Sie, daß Sie immer kommen können.» – «Ich: Wenn Ew. Majestät mich um meine Ansicht befragen, werde ich sie immer freimütig äußern.»

Der Kaiser gab mir darauf die Hand und sagte: «Ich danke Ihnen.» – Ich sagte ihm dann: «Wenn Ew. Majestät es wirklich mit mir versuchen wollen, dann geben Sie mir doch Gelegenheit, mich einmal zu erproben. Lassen Ew. Majestät mich doch in diesem Jahr einmal die Kaisermanöver anlegen. Geht es gut, können Ew. Majestät mich ja behalten, zeigt es sich, daß es nicht geht oder werden die Schwierigkeiten zu groß, dann stellen Ew. Majestät mich einfach beiseite und nehmen einen anderen. Hier liegt wirklich nichts an einer Person, es kommt nur darauf an, daß der Sache gedient wird.» – Der Kaiser war ganz damit einverstanden und sagte: «Ich werde es dem Grafen Schlieffen sagen.» – Ich: «Wenn Ew. Majestät gestatten, melde ich dies selbst dem Grafen Schlieffen und bitte um seine Einwilligung.» – Dann gab Se. Majestät mir nochmals die Hand und ging voraus in den Empfangssalon, wo die Kaiserin und die Tischgesellschaft schon lange gewartet hatten. – Der Kaiser war den ganzen Abend sehr schweigsam und nachdenklich. Er tat mir eigentlich furchtbar leid, aber weiß Gott, ich konnte nicht anders.

Ich war sehr gespannt, wie er gegen mich sein würde, wenn ich ihn wiedersehen würde, nachdem eine Zeit verflossen und die erste Überraschung überwunden war. Er zeigte sich aber auch dann gleichmäßig freundlich. Wie dies alles nun weiterwirken wird, weiß ich nicht. Vielleicht ist es von Dauer, vielleicht verwischt es die Zeit wieder.

Wie ich das wegen der Manöver dem Grafen Schlieffen meldete, machte er ein sehr verdutztes Gesicht. Es war ihm offenbar äußerst unangenehm, und er versuchte auszuweichen, sagte, wie ich ihn direkt fragte: «Sind Ew. Exzellenz damit einverstanden, wenn ich die Manöver in diesem Jahr anlege?» – «Darüber können wir ja noch sprechen.» – Geht er nicht darauf ein, so nehme ich den Kampf auf. Ich habe die Zusicherung Sr. Majestät, und die lass' ich mir nicht wieder nehmen.

So, nun weißt Du Bescheid. Bitte, laß mich gleich wissen, daß dieser Brief in Deine Hände gelangt ist, denn ich möchte nicht, daß irgend jemand sonst davon erfährt, und bin eigentlich unruhig, ihn auf die Post zu geben. Bewahre ihn so auf, daß er in keine unrechten Hände kommt.

Berlin, 1. Februar 1905

Die Zustände in Rußland sind sehr bedenklich.[63] Bis jetzt waren es nur Arbeiterunruhen, die mit leichter Mühe vom Militär unterdrückt worden sind, wobei ziemlich viel Blut geflossen ist. Das waren aber wohl nur die Ballons d'essai. Es gärt überall, besonders in den Kreisen der Intelligenz. Wenn der Zar nicht vernünftig ist und seinem Volk mehr Freiheit gewährt, wird's schlimm werden. Für eine Konstitution und allgemeines Wahlrecht ist Rußland wohl noch nicht reif. Aber er muß eine Habeas-corpus-Akte geben, das heißt einen Schutz gegen Willkür und Gewalt, und eine ständische Vertretung. Damit würden alle zufrieden sein, und er würde der Vater des Vaterlandes sein. Tut er das nicht, sondern beharrt auf dem Standpunkt der brutalen Gewalt, so wird er diese gegen sich selber herausfordern und über kurz oder lang dem Fanatismus zum Opfer fallen. Die Truppen haben sich bisher überall zuverlässig bewiesen, die Gerüchte von Meuterei sind englische Erfindungen. Rußland wird die allerschärfsten Gesetze willig ertragen, aber es müssen eben Gesetze sein und nicht Willkür, bei der kein Mensch sicher ist. – Gebe Gott dem armen Zar verständige Ratgeber. – Der Oberst Schebekow sagte mir neulich, er wäre schon verschiedene Male gefragt worden, ob keine Aussicht wäre, daß ich hingeschickt würde! Wie findest Du das!?

Mit der Kriegsführung steht es auch schlecht für die Russen.[64] Kuropatkin hat einen wieder verunglückten Versuch gemacht, vorzugehen, hat eins auf die Nase bekommen und ist wieder hinter den Hunho gekrochen. Es ist der reine Jammer. Übrigens glaube ich, daß wir indirekt der großen Schwäche Rußlands es verdanken, wenn England jetzt so friedfertig gegen uns ist. Ich denke mir, daß Frankreich in England vorstellig geworden ist, Frieden zu halten. Die Franzosen wissen es ganz genau, daß sie es mit uns zu tun bekommen, wenn der Krieg zwischen England und Deutschland anfangen sollte, und da ihr guter Freund Rußland zurzeit ganz ohnmächtig ist, würden sie es alleine mit uns aufnehmen müssen, und davor haben sie einen höllischen Respekt. Wäre es nicht so, könnte ich mir die englischen Friedensschalmeien nicht erklären. Nun aber genug der Politik. Ein garstig Lied, pfui, ein politisch Lied, sagt der Student in "Auerbachs Keller".

Berlin, 4. Februar 1905

Der Zar scheint wirklich die Absicht zu haben, ein etwas liberaleres Regime einzuführen, was für ihn und das Land ein Segen sein würde. Vorläufig empfängt er Arbeiterdeputationen, was nicht viel zu bedeuten hat. In der Mandschurei ist es nach dem neulichen kläglichen Versuch einer russischen Offensive wieder still geworden. Die Kriegsführung dort ist gleich miserabel von beiden Seiten.

Bei uns zu Hause wirkt der nun schon wochenlang währende Streik der Kohlenarbeiter im Ruhrrevier störend weiter. Die Kohlennot wird dringlich. Viele Fabriken müssen die Arbeit einstellen, englische und belgische Kohle wird massenhaft importiert, deckt aber den Bedarf nicht. Man sieht wieder mal, wie künstlich unser modernes Kulturleben aufgebaut ist, wenn ein Faktor versagt, kommt alles ins Stocken. Die Ruhe und Ordnung ist übrigens nirgends gestört, und die streikenden Arbeiter haben reichlich zu leben von den Hilfsmitteln, die ihnen von allen Seiten zufließen. Sogar unsere brave Geistlichkeit sammelt für sie. Die Leute sind recht töricht, ihre Politik reicht nicht weiter als ihre Nasenspitzen, auch hier wird alles von Schlagwörtern regiert.

Berlin, 6. Februar 1905

Ich habe jetzt ein sehr interessantes Buch, "Paulus, die Anfänge des Christentums und des Dogmas" von Professor Weinel. Ein ganz klein wenig riecht es doch nach Orthodoxie, wenn auch der Professor darüber empört sein würde, wollte man ihm das sagen, denn er ist bekannt als der freisinnigste aller freisinnigen Theologen, aber kein Mensch kann aus seiner Haut, und wenn er auch meint, die christlich-dogmatische Haut, die ihm wohl in der Jugend anerzogen war, ganz abgestreift zu haben, so ist doch noch hier und da ein Läppchen hängengeblieben, so fein, daß man's nicht sehen kann, nur fühlen, wenn man mit dem Finger des Geistes den Aufbau seines Werkes nachfühlt.

Berlin, 7. Februar 1905

Daß dies Volk (die Italiener), das einst die Welt beherrschte, so heruntergekommen ist, daß sie zu Dieben und Lumpen geworden sind, das ist traurig genug, liegt aber wohl im Lauf der Welt. Sie sind auf dem absterbenden Ast, wir Germanen sind ja noch jünger, werden aber seinerzeit wohl denselben Weg gehen, um Jüngeren Platz zu machen. In der Beziehung ist es mit den Nationen wie mit dem einzelnen Menschen.

Berlin, 9. Februar 1905

Der gestrige Hofball hat mich nicht weiter gefesselt. Es macht mir immer wieder einen ganz merkwürdigen Eindruck, wenn ich den Einzug des Hofes in den Weißen Saal sehe, der Kaiser bringt immer so ein Stück Mittelalter hinter sich her.[65] S. in Perücke, ebenso den alten Süß, den Offizier der Leibwache der Kaiserin ebenso; es ist, als ob die Toten auferstehen mit Zopf und Puder.

Berlin,12. Februar 1905

Ich lege Dir ein paar Worte bei, die ich aus dem Weinelschen Werk über Paulus ausgezogen habe. Es ist nur kurz und gedrängt. Die Entwicklung frappierte mich, weil sie genau meiner Ansicht über den Opfertod Christi entspricht. Ich stimme ihr durchaus bei. Hoffentlich kannst Du es lesen und wird es Dich auch interessieren. – *Paulus*: Zwei Wege, auf denen die Menschheit zu ihrem Gott zu gelangen versucht: *Offenbarung, Sakrament* – Gebet und Opfer. – In Paulus seit Damaskus ist Christus lebendig geworden, hat sich ihm offenbart. Nun lebe ich, aber nicht ich, sondern Christus lebt in mir. Jetzt spricht sein Gott zu ihm nicht mehr aus den Papieren der Gesetzesvorschriften, sondern aus der Feuerflamme, die in seinem Herzen lodert. Er hat damit lebendige Religion, er hat sie als persönliches Erlebnis.

Berlin, 14. Februar 1905

Die Beerdigung des alten Menzel[66] wurde mit großem Pomp in der Rotunde des Alten Museums abgehalten. Vor dem Portal die Leib-Kompagnie des 1. Garde-Regiments mit Grenadiermützen, auf der Freitreppe die Schloßgarde-Kompagnie und die kunststudentischen Vereine in Wichs mit ihren Fahnen, ein farbenprächtiges Bild. Im Innern eine gedrängte Versammlung aller Stände und Berufsklassen, sogar Singer war da als Reichstagsdeputation! Auf der Balustrade oben Joachim[67] mit seinem Quartett und der Sängerchor der Hochschule. Neben dem kleinen Sarg, der aussah wie ein Kindersarg, Dryander. Nachdem Kaiser, Kaiserin und sämtliche Prinzen eingetroffen, wurde eine sehr schöne Kantate von Beethoven gesungen, dann hielt Dryander eine schlichte und daher wirkende Ansprache, darauf Quartett, ein Satz von Haydn und dann Einsegnung, worauf wieder Chorgesang. Dann wurde der Sarg von sechs Unteroffizieren des 1. Garde-Regiments herausgetragen und auf den Leichenwagen gesetzt, der mit sechs Marstallpferden bespannt war und von kaiserlichen Kutschern eskortiert wurde. An der Tete des Zuges die Leib-Kompagnie, dann die Chargierten der studentischen Verbindungen mit ihren bunten Trachten und Federhüten. Hinter dem Sarg der Kaiser mit der ganzen Generalität, und dann ein endloses Gefolge schwarzer Zylinder. Vor dem Schloß schwenkte der Kaiser links, die Kompagnie rechts ab und ließen den Zug an sich vorüberdefilieren. So ist wohl noch kein Künstler geehrt worden, und die kleine Exzellenz wird ihre Freude daran gehabt haben, wenn er sein eigenes Leichenbegängnis etwa hat sehen können!

Berlin, 20. Februar 1905

Die geistige Ära, auf die Du hoffst, wird, glaube ich, noch nicht so bald kommen. Ich fürchte, daß die Menschheit noch durch viel Blut und Elend wird gehen müssen, bis sie so weit kommt. Wir werden das Tausendjährige Reich wohl nicht mehr anbrechen sehen, auf das die Menschheit schon seit Christi Zeiten hofft. – Die neue schreckliche Bluttat in Rußland ist auch wie eine blutrote Fackel, die in eine dunkle Zukunft leuchtet. Der arme Zar, der selber jeden Augenblick das neue Opfer sein kann! Und dabei keine Energie, um neue Bahnen einzuschlagen und sich und sein Volk zu retten! Ich glaube, daß Rußland und Japan bald Frieden machen werden. Der Krieg ist für ersteres hoffnungslos.

Berlin, 4. März 1905

Es freut mich, daß Du Bekanntschaft mit dem Katakombenpriester gemacht hast und daß er Dir etwas zeigen wird. Er ist Autorität auf diesem Gebiet und wird Euch gewiß interessant erzählen können.

Vielleicht triffst Du bei Rotenhan mit dem Kardinalstaatssekretär Merry del Val zusammen, der mich sehr interessiert hat. Er ist der Mann an der Spritze, der die ganzen weitverzweigten Fäden der vatikanischen Diplomatie in der Hand hat.

Berlin, 7. März 1905

Ich habe heute einen ersten Strauß mit Graf Schlieffen durchgefochten. Ich schrieb Dir doch, daß der Kaiser mir erlaubt habe, in diesem Jahr die Manöver anzulegen. Dies hatte ich dem Grafen Schlieffen gemeldet, worauf er mir sagte, er wolle sich es noch überlegen. Seitdem habe ich ihn zweimal wieder gefragt, ob er es sich nun überlegt habe, was er immer verneinte, sagte, es wäre ja noch lange Zeit usw. und immer Ausflüchte machte. Vor einigen Tagen hat er nun dem Kaiser, ohne daß ich vorher etwas erfahren hatte, eine Manöveranlage, die er gemacht hatte, vorgetragen. Wie ... mir sagte, habe der Kaiser gesagt: «Ich denke, Moltke macht die Anlage?» Worauf Graf Schlieffen etwas Unverständliches gemurmelt habe. Ich ging darauf zu H. und bat ihn, Sr. Majestät den Sachverhalt mitzuteilen, damit dieser nicht von mir glaube, daß ich mich drücken wolle oder dergleichen.

Heute hat nun der Kaiser H. zu Graf Schlieffen geschickt mit dem Befehl, daß ich die Manöver zu bearbeiten hätte. Letzterer kam ziemlich bedrückt zu mir herein und sagte mir, er habe den Befehl bekommen, mir die Anlage des Manövers zu überlassen.

Dann machte er allerlei Entschuldigungen, er habe mich nicht richtig verstanden gehabt usw. – Ich sagte ihm nur, daß ich ihm alles klar und deutlich damals gemeldet hätte. Es war ihm offenbar sehr unangenehm, ich konnte es ja aber nicht ändern, und mir blieb nach den Vorgängen ja gar nichts anderes übrig, als eine Entscheidung Sr. Majestät herbeizuführen. Er hätte sich das ersparen können, wenn er loyaler gegen mich verfahren wäre. Wenn er es auf Biegen oder Brechen ankommen lassen will, so ist mir's auch recht, jedenfalls hat er mich falsch taxiert, wenn er meint, mich einfach beiseite drücken zu können. In diesem Fall habe ich nun gesiegt, was er sich hätte anders und ohne alle Unannehmlichkeiten einrichten können, wenn er sich auf den Standpunkt gestellt hätte, einem Mann, den er selber als seinen Nachfolger bezeichnet hat, zu helfen, statt ihn gewissermaßen zu behumpsen. Ich bin übrigens nicht nachträgerisch, und an mir wird's nicht liegen, wenn mein Verhältnis zu ihm gestört werden sollte. – Dies mußt Du natürlich für Dich behalten. Ich weiß, daß Du das sowieso tust, und sage es nur für mich, nicht für Dich.

Berlin, 11. März 1905

Ich traf Frau v. B., deren Mann, wie Du weißt, mit dem Prinzen Friedrich Leopold in der Mandschurei bei den Japanern ist, wo er in diesen Tagen wohl Zeuge des großen Sieges gewesen ist, den die Japaner über die Russen erfochten haben. Mit letzteren ist es nun wohl definitiv vorbei. Es scheint, als wenn die Armee vollständig geschlagen und zersprengt ist und wohl zum größten Teil in Gefangenschaft geraten. Eine fürchterliche Blamage für die Russen, die gegen hunderttausend Mann stärker waren als die Japaner. Meiner Meinung nach bleibt ihnen nun nichts anderes mehr übrig, als coûte que coûte Frieden zu machen. – Die Folgen dieses Krieges werden im Osten sich sehr bald fühlbar machen und in einer unbeschränkten Vorherrschaft der Japaner bestehen. Ich hoffe nur, daß wir nicht mit ihnen wegen Kiautschou aneinander geraten, denn wir würden ihnen gegenüber noch ohnmächtiger sein als die Russen, und wenn sie wollen, können sie uns jeden Moment aus China hinauswerfen, wozu unsere Freunde, die Engländer, bereitwillig die Hand bieten würden. – Aus diesen Gründen bedauere ich den völligen Mißerfolg der Russen, sosehr ihnen sonst eine ordentliche Tracht Prügel zu gönnen ist. Die Zustände in diesem Lande sind doch zu verrottet.

Berlin, 12. März 1905

Wenn ich dies Friedensbild sehe, muß ich immer an die armen Russen in der Mandschurei denken, die zerstreut, geschlagen und verfolgt durch die öden Berge irren oder verstümmelt in ihrem Blut liegen. Die Niederlage muß entsetzlich gewesen sein. Ich glaube nicht, daß die Armee als solche überhaupt noch existiert. Der Zar sollte nur schleunigst Frieden machen, Aussicht auf Erfolg hat er nicht mehr, das ist sicher.

Berlin, 13. März 1905

Die Russen scheinen den Krieg trotz aller Niederlagen doch noch fortsetzen zu wollen. Ich halte sie aber fast für unfähig dazu. Sie können nicht viel Truppen mehr aus dem Lande ziehen, wo sie sie brauchen, um überall die Unruhen niederzuhalten, und ich bin überzeugt, daß mit dem Frühjahr die Unruhen auch unter den Bauern anfangen werden, die dem Beispiel der Städte folgen werden. Bei der letzten Niederlage bei Mukden haben sie den dritten Teil ihrer Armee an Toten, Verwundeten und Gefangenen eingebüßt, gegen 150'000 Mann und 60 Geschütze.

Berlin, 21. März 1905

Ich habe im Generalstab jetzt eine andere Quartiermeisterstelle als bisher. Ich wollte gern tauschen und bat Graf Schlieffen darum, der es sofort genehmigte. Jetzt habe ich die Abteilungen, in denen Rußland, Japan, Frankreich, England, Österreich, Italien, Schweiz, Türkei usw. bearbeitet werden, was ungleich interessanter ist als meine bisherige Stellung. So bekomme ich alle Berichte aus erster Hand und die Nachrichten aus der ganzen Welt.

Was aus dem russischen Feldzug werden soll, ist mir ganz unklar. Es scheint wirklich, daß die Russen den Krieg fortsetzen wollen. Menschen haben sie ja genug, aber es wird allmählich knapp mit dem Gelde werden, was nicht so leicht zu beschaffen ist. – Nach ungefährer Schätzung müssen sie in ein bis zwei Monaten mit ihrem Gelde fertig sein. Vorläufig befindet sich die gesamte Armee in ununterbrochenem Rückzug, und die Japs sind immer feste hinterher. Zu einer Vernichtung der Russen, oder selbst nur Gefangennahme größerer Teile derselben, haben sie es aber auch diesmal nicht gebracht.

Berlin, 31.März 1905

Ich habe immer ein Gefühl der Beschämung als Europäer, wenn ich mit diesen kleinen gelben Leuten zusammenkomme, die seit ihren Erfolgen im Kriege auf uns alle mit souveräner Verachtung herabsehen. – Es scheint übrigens, als ob die Russen jetzt Frieden machen wollen, es heißt, der Zar wäre umgefallen, nachdem er eben erst aufs äußerste kriegerisch und zum Äußersten entschlossen war. – Daß Japan geneigt sein wird, unter billigen Bedingungen Frieden zu machen, glaube ich gerne, es kann eigentlich kaum mehr erreichen, als es schon erreicht hat, und wird mit seinen Geldmitteln wahrscheinlich ziemlich fertig sein.

Ich bin begierig, wie der Besuch des Kaisers in Tanger[68] ablaufen und was für Resultate er zwischen Deutschland und Frankreich zeitigen wird. Die Stimmung in Frankreich ist ziemlich gereizt, wenn Rußland nicht so elend am Boden läge, würde es sicher mit Freuden die Gelegenheit als Casus belli ergreifen. So ist es freilich immerhin etwas gewagt, jetzt mit uns anzubinden, da aber Frankreich das Land der Launen und Leidenschaften ist, kann man nie wissen, wie sich dort die Dinge gestalten.

Berlin, 12. April 1905

Neugierig bin ich, wie sich die Marokko-Sache zwischen Frankreich und uns entwickeln wird. Daß sie zu einem Säbelziehen ausarten wird, glaube ich nicht, wenn auch von beiden Seiten etwas geschnaubt wird. – Ebenso gespannt bin ich auf den Ausgang des russischen Argonautenzuges, ich habe jedes Vertrauen zu einem glücklichen Ausgang für die Russen verloren. Die dortigen Verhältnisse sind doch, wenn man Näheres über sie erfährt, noch verrotteter, als ich geglaubt hätte. – Da sind mir unsere Verhältnisse, soviel daran zu mäkeln ist, doch noch lieber.

S. M. Jacht "Hohenzollern", 10. Juli 1905

Ich habe eben dem Kaiser meine Manöveranlage für das Kaisermanöver vorgetragen, mit der er ganz einverstanden war und die er sehr hübsch und interessant fand. – Ich bin sehr froh, daß alles gut eingeleitet ist, und habe die verwegene Hoffnung, daß es gelingen wird, einmal ein kriegsmäßiges Manöver ohne gewaltsame Eingriffe und ohne unnatürliche Kavallerieschlachten usw. zu machen. – Gelingt mir dies, so habe ich nicht umsonst gelebt. Übrigens würde ich keinen Moment zögern, meine Person der Sache wegen einzusetzen, wenn es nötig werden sollte. Ich hoffe aber, daß alles gut gehen wird. Der Kaiser wollte augenscheinlich mir in allem entgegenkommen und war überaus gnädig und zufrieden. Damit ist mir eine Besorgnis, die ziemlich schwer auf mir lag, abgenommen, und ich habe Hoffnung und Vertrauen. – Ich weiß, daß wenn es mir gelingt, den Kaiser von unmilitärischen Unnatürlichkeiten abzuhalten, ich der Armee einen großen Dienst erweise, und nicht bloß ihr, sondern auch Sr. Majestät selber. Das ist ein Ziel, das wohl des Strebens wert ist und neben dessen Erreichung die Person des einzelnen nicht ins Gewicht fallen kann.

Schweden, Hernösand, 18. Juli 1905

Die norwegische Krise scheint sich dahin aufzulösen, daß Prinz Karl von Dänemark als Prätendent kandidieren wird, da der König von Schweden keinen Prinzen geben will. Damit würde der englische Einfluß in Norwegen dominierend werden, da der Prinz ein Schwiegersohn König Eduards[69] ist. Ob die Norweger ihn wollen, weiß ich nicht, ich glaube aber, daß der Ehrgeiz dieses Volkes dahin geht, einen eigenen König zu haben. Ein Wiederzusammenschluß mit Schweden scheint mir ganz ausgeschlossen. Auch diese Angelegenheit ist ein Teil des großen Unsicheren und Ungewissen, das rings umher aufsteigt. Wer doch in die Zukunft sehen könnte, und doch, man würde sie vielleicht ebensowenig verstehen, wie man die Gegenwart versteht, die auch meistens erst klar wird, wenn sie Vergangenheit geworden ist.

S.M. Jacht "Hohenzollern", 21. Juli 1905

Der Kaiser will mich absolut zum Chef des Generalstabs machen, gleich nach dem Manöver. Ich habe ihm geraten, erst das Resultat des Manövers abzuwarten, um zu sehen, ob es überhaupt mit uns beiden ginge. Ich werde meinem Geschick wohl nicht mehr entgehen. – Der Kaiser wollte heute, ich sollte bei der Enthüllung von Onkel Helmuths Denkmal diesen Herbst die Rede halten, ich habe ihm aber gesagt, daß er das dem alten Schlieffen nicht antun könne, und er ging dann auch darauf ein, ihn noch so lange in seiner Stellung zu belassen. Ich habe nur zu tun, daß er ihn nicht Hals über Kopf fortschickt, was gegen den verdienten General sehr unrecht wäre.

Schweden, Wisby, 26. Juli 1905

Wir kamen um 7 Uhr hier an, direkt von Björkö im Finnischen Meerbusen, wo wir das Rendezvous mit dem Kaiser von Rußland hatten. – Wie wir aus Hernösand abfuhren, wußten wir nichts anderes, als daß wir nach Gotland steuern sollten. Wir waren aber, wie wir morgens erwachten, auf offenem Meer und merkten bald, da wir östlich Kurs liefen, daß wir nicht auf dem Wege nach Gotland seien. Über das Ziel unserer Fahrt wurde aber tiefstes Schweigen beobachtet. Stunde um Stunde verging, und noch immer fuhren wir mit achtzehn Knoten Geschwindigkeit nach Osten. Da wurde es uns allmählich klar, daß wir in den Finnischen Meerbusen fahren mußten, sonst hätten wir längst eine Küste erreichen müssen. Unsere Spannung wuchs dauernd im Laufe des Tages. Alle möglichen Kombinationen wurden laut, aber wir erhielten keine Aufklärung. Es wurde Nachmittag, noch immer kein Land in Sicht, und immer der Kurs nach Osten. – Plötzlich kam ein Schiff in Sicht, ein Kriegsschiff, das salutierte, es führte die russische Flagge. Nun wurde unsere Vermutung zur Gewißheit, wohin wir aber fuhren, ahnte keiner von uns. Der Kaiser war undurchdringlich geheimnisvoll. Die Seeoffiziere hatten strenge Order, keine Auskunft zu geben. – Um 6 Uhr, wie wir alle im Salon saßen und hin und her rieten, ob Reval, ob Riga, ob Kronstadt, kam der Kaiser herein und sagte: «Nun, Kinder, macht euren Paradeanzug in Ordnung, in zwei Stunden steht ihr vor dem Kaiser von Rußland». – Kein Mensch sagte ein Wort, wir waren wie erschlagen, Totenstille im ganzen Raum. Keiner von uns ahnte die Motive dieses plötzlichen und so geheimnisvoll eingeleiteten Besuchs, wir alle aber empfanden die ungeheure politische Wichtigkeit der kommenden Stunden, deren Folgen niemand berechnen konnte. – Um 9 Uhr liefen wir in eine Bucht ein, flache einsame Ufer, mit dürftigen Tannen bestanden, felsige Höhen dahinter, keine menschliche Wohnung, soweit das Auge reichte, kein lebendes Wesen, grauer Himmel, graues Wasser und eine unendliche Einsamkeit. Vor uns im herabsinkenden Dunkel ein mächtiges dunkles Schiff, der "Polarstern" mit dem Zaren an Bord. Wir gingen in geringer Entfernung von ihm vor Anker, die Boote wurden zu Wasser gelassen, und der Kaiser fuhr hinüber. Bald darauf wurde nach uns geschickt, wir sollten alle hinüberkommen. Wenige Minuten später standen wir auf dem Deck des "Polarstern" und wurden von dem Kaiser dem Zaren vorgestellt. Er sah ernst, aber nicht gebrochen aus, wie er so oft geschildert worden ist. Uns alle redete er auf deutsch an, mir sagte er: «Es ist mir eine große Freude, Sie wiederzusehen». – Sobald die Vorstellung beendet war, fuhren wir wieder auf die "Hohenzollern", wohin kurz darauf auch die beiden Monarchen mit dem russischen Gefolge kamen. Dann wurde auf der "Hohenzollern" diniert. Ich war ganz erstaunt über den Zaren. Je länger wir bei Tisch saßen, desto mehr taute er auf, zuletzt war er ganz vergnügt, lachte und unterhielt sich lebhaft, man merkte ihm deutlich an. daß er sich wohl fühlte in einer Umgebung, in der er sicher war. Er sowohl wie alle Herren seines Gefolges waren von ausgesuchter Liebenswürdigkeit, alle sprachen auf einmal deutsch, sie waren gar nicht wiederzuerkennen. Nach Tische unterhielt sich der Zar lange mit jedem einzelnen von uns. Er sprach ganz fließend Deutsch, wann und wie er das gelernt hat, ist mir ein Rätsel. – Es war 3 Uhr nachts, wie er mit seinen Herren auf den "Polarstern" zurückfuhr.

Wie wir am nächsten Morgen erwachten, hatten sich um uns herum sechs bis acht russische Torpedoboote eingefunden, die dauernd patrouillierten. – Der Kaiser fuhr um 9 Uhr alleine auf den "Polarstern" zum Frühstück, um 11 Uhr mit dem Zaren auf den Kreuzer "Berlin", unser Begleitschiff, und um 1 Uhr waren wir alle zum Frühstück auf den "Polarstern" befohlen. Wir wurden wiederum mit ausgezeichneter Liebenswürdigkeit empfangen. – Der Bruder des Zaren, Großfürst Michael, hatte ihn begleitet, sonst waren mit ihm der Hofmarschall Graf Benckendorff, der General Frederiks, der alte Leibarzt Dr. Hirsch, ein prächtiger alter Herr, Deutschrusse, siebenundsiebzig Jahre alt, aber ganz rüstig, der Marineminister Birilew, der Generalgouverneur von Finnland, Fürst Obolenski, und einige Flügeladjutanten von der Marine. – Beim Frühstück saß ich neben dem Dr. Hirsch, der sich sehr offen aussprach. Er sagte, es sei eine große Freude für den Zaren gewesen, zu sehen, daß sich in seinem Unglück noch jemand um ihn bekümmere, und man könne unserem Kaiser nicht dankbar genug für diesen Freundschaftsbeweis sein. – Der Zar habe alle Unglücksfälle standhaft und ruhig ertragen, seine Gesundheit sei gut und seine Nerven vollkommen in Ordnung. Mit großer Verachtung sprach der alte Herr von der Umgebung seines Monarchen. «Sie können sich denken», sagte er, «daß es für den Zaren eine wahre Erholung sein muß, sich in einem Kreise anständiger Menschen zu fühlen. Sehen Sie doch seine Umgebung an, keine Intelligenz, alle unter Mittelmäßigkeit, kein Herz und Gefühl.» – Im Verkehr zwischen den beiden Kaisern herrschte eine große Herzlichkeit, unser Kaiser erzählte uns nachher, der Zar sei ihm, wie sie alleine gewesen, wiederholt um den Hals gefallen und habe ihn umarmt und geküßt. – Unter allen russischen Herren herrschte eine unglaubliche Energielosigkeit in bezug auf den Krieg. Keiner kam über den Gedanken hinaus, daß man abwarten müsse, was die Japaner weiter unternehmen würden, keine Spur von Offensivgeist. Auf die Frage, ob die Russen, wenn die Armee nun, wie behauptet wurde, wieder ganz retabliert sei, nicht die Japaner angreifen und werfen würden, wurde erwidert, das sei nicht möglich, denn beide Heere hätten so feste Stellungen inne, daß der Teil, der angreifen werde, unfehlbar abgeschlagen werden würde. Was denn nun werden solle, wenn die Japaner auch ihrerseits nicht angriffen? Dann würde der Krieg so lange dauern, bis Japan erschöpft sei. – Über die innerpolitischen Verhältnisse waren die Meinungen im ganzen sehr optimistisch, Rußland habe schon wiederholt dergleichen Krisen durchgemacht und habe sie immer glücklich überwunden, so zum Beispiel nach dem Krimkriege. Im Jahre 1858 seien die Verhältnisse genau so gewesen wie heute. Dies bestätigt in der Tat ein Brief Bismarcks, den er damals als Gesandter von Petersburg aus an den Minister Schleinitz schrieb und der in dem letzten Heft der "Preußischen Jahrbücher" mitgeteilt wird. Man könnte glauben, der Brief sei heute geschrieben. Bismarck ist schon damals der Ansicht, der Zusammenbruch Rußlands sei unvermeidlich, er hat sich geirrt. – Heute ist allerdings die Aufklärung mehr vorgeschritten, und die internationale revolutionäre Propaganda ist organisiert, die Bomben spielen ihre Rolle, und breitere Schichten des Volkes sind von Freiheitsideen durchdrungen. Der Zar scheint dem Frieden zuzuneigen. Gebe Gott, daß er bald zustande kommt und wir wieder in ruhigere Zeiten kommen, damit endlich die drohende Brandfackel eines allgemeinen europäischen Mordkrieges vom Horizont verschwinde. – Ich kann mir denken, wie die Zeitungen diese neueste kaiserliche Überraschung hin und her zerren werden. Stoff genug für mehrere Monate zu den ausschweifendsten Kombinationen! Auf den Gedanken des rein menschlichen Empfindens, den Wunsch, einem gedemütigten und vom Unglück erdrückten Monarchen einen Beweis der Teilnahme zu geben, ihm Mut zuzusprechen, vielleicht auch zum Frieden zuzureden, ihm vorzustellen, wie nötig es für Rußland sei, Recht und Gerechtigkeit dem Volk zu geben, wird wohl keiner der Zeitungsschreiber und Artikelschmiede kommen.

Diesen Abend und den folgenden Tag werde ich nie vergessen. Das Ganze war zu eigenartig, fast märchenhaft. Die bedeutsame Begegnung, die umgewandelte Stimmung der früher so hochmütigen Russen, die graue Einsamkeit, die weltferne Bucht, ein Aufflackern der Dankbarkeit bei dem Herrscher, der vor Jahr und Tag das stolze Wort sprach: «Man greift Rußland nicht an, es ist kein Staat, dem man den Krieg erklärt, es ist ein Kontinent» – und der nun mit suchender Hand nach dem festen Stab Deutschlands greift – das alles machte einen tief ergreifenden Eindruck. – Und dann am Nachmittag des zweiten Tages Abschied, Salut, Umarmung, Dank und abermals Dank, daß Du gekommen! – Die Schiffe dampfen langsam an, fahren eine Zeitlang nebeneinander her, die Kaiser stehen auf Deck, winken und grüßen, die Klänge der russischen Nationalhymne und das «Heil Dir im Siegeskranz» mischen sich, die Matrosen rufen ihre Hurras hinüber und herüber, dann dreht der "Polarstern" nach Norden, wir nach Westen, noch einmal werden Signale getauscht: Glückliche Reise! – dann verschwindet das mächtige, dunkle Zarenschiff allmählich unseren Augen und taucht in die graue, neblige Ferne, während wir dem offenen Meere zusteuern. Die Entrevue ist vorüber, und vor uns steht riesengroß und dunkel wie die Sphinx die Frage: Was wird die Folge dieser Stunden sein?

Wie anders ist diese Reise als die Fahrten in den norwegischen Fjorden. Wir suchen diesmal nicht die Stille der Gletscherwelt und der hellen Nächte. Wir fahren umher und drehen das Seil der Politik, dessen Ende sich im Finstern der Zukunft verliert und das unser Vaterland mit seinen sechzig Millionen Menschen dem Unbekannten entgegenführen wird. Gebe Gott, daß es zu seinem Heil ist.

Danzig, 30. Juli 1905

Die Mißstimmung zwischen Deutschland und England verschärft sich leider in einer bedrohlichen Weise. Der von England annoncierte Besuch der Kanalflotte in der Ostsee ist nicht anders als eine Demonstration aufzufassen. Wie diese Angelegenheiten auslaufen und sich entwirren sollen, weiß ich nicht. Es wird von englischer Seite in der unglaublichsten Weise gehetzt, die scheußlichsten Lügen werden in die Welt gesetzt und Deutschland als der böse Geist der ganzen Welt dargestellt. Der erste Schuß, der zwischen England und Deutschland gewechselt wird, wird sicher das Signal zu einem allgemeinen europäischen Massaker werden, an dessen Greuel man nur mit Schauder denken kann. Und dabei liegt absolut kein eigentlicher Grund vor, kein vitales Interesse, keiner der beiden Staaten ist bedroht oder verletzt, und wenn es zum Schlagen kommt, wird niemand wissen, weswegen es so weit gekommen ist. – Die Zukunft steht dunkel vor uns. Möge Deutschland die Kraft haben, auch schwere Zeiten zu ertragen.

S. M. Jacht "Hohenzollern", 3. August 1905

Wie Du weißt, begleitete ich den Kaiser nach Bernstorff. Der alte König[70] war wie immer von einer rührenden Liebenswürdigkeit, er war frisch und munter, von unverminderter Elastizität und Rüstigkeit. Außer ihm waren anwesend der Kronprinz[71], der Dich sehr grüßen läßt, mit Frau und allen Kindern. Unter diesen interessierte der Prinz Karl am meisten wegen seiner Kandidatur auf Norwegen und seine Gemahlin Maud von England. Er ist ein sehr gut aussehender schlanker Mensch. – Dann Prinz Harald, den der Kaiser zu den Manövern eingeladen hat. – Der Prinz und Prinzessin Waldemar mit ihren fünf Kindern. Alle Herrschaften sind von ausgesuchter Liebenswürdigkeit. Ich glaube, man findet auf der Welt keinen zweiten Hof von gleicher natürlicher Menschlichkeit und Freundlichkeit, von einer so wohltuenden, vornehmen Atmosphäre. Kaiser und König waren gegenseitig sehr befriedigt voneinander. Gestern abend war ein Diner bei unserem Gesandten Schön. Der Kaiser war in strahlender Laune. Wir kamen erst gegen 12 Uhr an Bord zurück. Heute morgen 10 Uhr sind wir in See gegangen und fahren jetzt bei Sonnenschein und stillem Wetter durch den Sund nach Saßnitz.

Saßniz, 3. August 1905

Daß wir in ernsten politischen Zeiten leben, ist gewiß. Man braucht ja nicht gleich das Schlimmste zu befürchten, aber Zündstoff genug ist da, darin hast Du ganz recht. – Das Schlimmste für uns ist die Eifersucht Englands auf unseren aufstrebenden Handel und unsere industrielle Entwicklung.[72] Wenn man die englischen Zeitungen einsieht, erschrickt man vor der systematischen und gehässigen Deutschenhetze, die durch die Blätter aller Parteien geht. Die Presse ist geradezu blutdürstig und möchte uns am liebsten mit Stumpf und Stiel ausrotten, um unbeschränkt die Welt beherrschen und ausbeuten zu können. Diese Zeitungsschreiber und Schreier richten viel Unheil an und spielen gewissenlos mit dem Feuer. Wenn's zum Schlagen kommt, brauchen sie ihre Haut freilich nicht zu Markte zu tragen, bleiben hübsch daheim, tauchen die Feder in Gift und Galle und lassen die anderen sich totschlagen.

Saßnitz, 5. August 1905

Ich werde wohl erst am 8. oder 9. nach Berlin zurückkommen, da ich noch einen Tag nach Norderney muß, wo ich einen kaiserlichen Auftrag an Bülow auszurichten habe.

Berlin, 9. August 1905

Heute bin ich im Generalstab gewesen, habe aber den Grafen Schlieffen nicht gesehen, der am heutigen Morgen beim Reiten im Tiergarten von dem Pferde eines Bereiters beim Vorbeireiten einen Schlag gegen das Schienbein erhalten hat, der den Stiefel durchschlagen und eine mehrere Zentimeter lange Wunde hinterlassen hat. Es ist ein Glück, daß der Knochen nicht zerschlagen ist, so daß die Sache wohl in nicht allzulanger Zeit überstanden sein wird. Der alte Herr mußte die Treppe hinaufgetragen werden, da er nicht mehr gehen konnte.

Berlin, 10. August 1905

Die politische Situation scheint sich in letzter Zeit etwas geklärt zu haben. Der Versuch, eine Zusammenkunft zwischen König Eduard und dem Kaiser herbeizuführen, ist von englischer Seite ausgegangen. Nachdem der unzweifelhaft gehegte Plan, Frankreich in einen Konflikt mit Deutschland zu bringen, an der Unlust der Franzosen zum Kriege gescheitert ist, werden nun in England die Friedensschalmeien geblasen. Die guten Engländer hätten gar zu gerne als Tertius gaudens im trüben gefischt. Während Deutschland und Frankreich sich die Köpfe eingeschlagen, hätten sie in aller Gemütsruhe unseren gefährlichen Handel ruiniert, vielleicht unsere kleine Flotte vernichtet und unsere afrikanischen Kolonien eingesteckt, um ihren Plan eines neuen südafrikanischen Weltreichs unter britischer Flagge zu verwirklichen. Die Sache war nicht übel ausgedacht, und der gefällige Gefolgsmann Englands, M. Delcassé, war im besten Zuge, sie zu verwirklichen, bis die Franzosen infolge des deutschen Einspruchs in der Marokko-Angelegenheit mit einem Mal erkannten, daß sie benutzt werden sollten, den Engländern die Kastanien aus dem Feuer zu holen, und daß sie, wenn die Sache schief ging, alleine die Zeche zu bezahlen haben würden. Mit dem Sturz Delcassés fingen die schönen Pläne an zu zerfließen, denn die Franzosen wollen keinen Krieg, in dem sie es alleine mit Deutschland zu tun haben. Die russische Hilfe, auf die sie seit Jahren gerechnet haben, versagt wegen der russischen Schwäche. So ist England auf sich alleine angewiesen und findet nun auf einmal, daß eigentlich gar kein Grund vorliegt, sich mit dem deutschen Vetter zu zanken! So liegen die Sachen, und es ist das unbestreitbare Verdienst Bülows, das Gewebe, das sich um Deutschland spann, erkannt und mit kräftigem Griff zerrissen zu haben. Die Marokko-Sache, die bei uns vielleicht kaum begriffen wurde, war die Staroperation für Frankreich. Das deutsche Volk ahnt aber gar nicht, wie nahe das Verhängnis über seinem Haupte schwebte.

Berlin, 11. August 1905

Dem alten Schlieffen geht es verhältnismäßig gut. Er muß aber noch längere Zeit liegen, da der Beinknochen leicht angeknackst ist. Zum Glück war das Pferd, das ihn schlug, hinten nicht beschlagen, sonst wäre fraglos der Knochen zersplittert worden. Das Manöver wird er wohl nicht mitmachen können. – Ich habe für die Kavallerie-Aufklärungsübung in Preußen ein Automobil gestellt bekommen. Für die Manöver haben wir einige vierzig Maschinen zur Verfügung, die auf die Korps und Divisionen verteilt werden, so daß wir mit ganz modernen Hilfsmitteln arbeiten können.

Berlin, 12. August 1905

Anliegendes Telegramm[73] bekam ich heute vom Kaiser. Du kannst aus demselben sehen, daß ich wieder einmal etwas habe in die Reihe bringen müssen, es ist aber nett von ihm, daß er mir Mitteilung macht.

Berlin, 21. August 1905

Graf Schlieffen ist nun auf die Chaiselongue übergesiedelt, wie mir der Adjutant sagt. Er läßt niemanden vor, so daß auch ich ihn noch nicht gesehen habe.

Onkel Helmuths Bildsäule ist nun aufgestellt. Er steht da in ein großes Laken gehüllt wie in ein Sterbelaken. An der äußeren Umgebung werden anscheinend allerlei Allotria gemacht, ohne die unsere moderne Bildnerei nun einmal nicht mehr schaffen kann. Die Figur selbst ist einfach und ohne Brimborium, ohne Genius der Kriegskunst und sonstige Götter gehalten. Das ist wenigstens etwas.

Mit den Friedensverhandlungen in Portsmouth sieht es schlecht aus. Die Russen wollen nicht zahlen, weil sie nicht können, und Japan will absolut Münze haben, da es selber fast bankerott ist. Ich glaube fast, es geht noch einmal wieder los, die Russen verstärken ihr Heer in der Mandschurei dauernd und schicken jetzt wieder drei neue Korps hinaus, womit sie ihre Armee auf fünfhunderttausend Mann bringen. – Das Manifest des Zaren ist für die Konservativen zu viel, für die Freiheitshoffer zu wenig. Immerhin ein Anfang. Es ist nicht unmöglich, daß sich die einzuberufende Duma in derselben Weise mausert wie dazumal die Nationalversammlung in Paris. Eine feste Hand wird jedenfalls dazu gehören, diesen riesigen Staatskörper zu leiten, wenn er in abschüssige Bahnen gerät. Nicki wird sie wohl nicht haben! – Der freundnachbarliche Besuch der englischen Flotte in der Ostsee steht uns bevor. Hoffentlich behalten wir kaltes Blut von oben bis unten, zwar ist meine Hoffnung darauf minimal. Ein Regierungskommuniqué, das den Deutschen Verhaltungsmaßregeln vorschreibt und ihnen wohlanständiges Benehmen anempfiehlt, ist gut gemeint, wird aber an der politischen und Bildungsunreife unseres Volkes spurlos vorübergehen. Unsere leider so ganz ungebildete Presse wird wohl Orgien feiern.

Berlin, 22. August 1905

Ich mache die Übungen J. P. Müllers[74] gewissenshaft jeden Morgen, und sie bekommen mir ausgezeichnet. Dieser Müller würde ein Segen für die Menschheit sein und zahllosen Ärzten das Handwerk legen, wenn er allgemein befolgt würde. Aber dazu sind die meisten Menschen wieder zu bequem, sie lassen es gehen, solange es geht, und wenn der vernachlässigte Körper sich rächt und krank wird, dann müssen Medizin und Bäder heran, um die Symptome zu bekämpfen, während das Grundübel unbeachtet bleibt.

Die japanisch-russischen Friedensverhandlungen scheinen sich endgültig zu zerschlagen, und bald wird das Gemetzel in der Mandschurei wohl wieder anfangen. – In der allgemeinen politischen Stimmung hat sich bei uns und um uns nichts geändert. Alle anderen Nationen sind ziemlich einstimmig darin, auf Deutschland zu schimpfen und die ausgestunkensten Lügen über uns in die Welt zu setzen. Ich glaube, nichts würde eine so allgemeine Weltfreude zu erregen imstande sein, als wenn Deutschland gehörig verhauen würde. Alles behauptet, daß wir der Störenfried seien, und niemand sieht ein, daß Deutschland nichts weiter will, als in Ruhe gelassen werden.

Berlin, 25. August 1905

Ich gehe schon am 6. September, morgens, nach Homburg, wo der Kaiser am 7. früh eintrifft. Am 8. ist dort die Parade des XVIII. Korps. Am 10. bin ich in Koblenz, wo die Parade des VIII. Korps am 11. ist. Am 13., 14. und 15. sind die Manöver. Wahrscheinlich wird sich die zweite Generalstabsreise unmittelbar an das beendete Manöver anschließen. Das hängt davon ab, ob Graf Schlieffen bis dahin wieder felddiensffähig ist, was ich glauben möchte, da er schon wieder auf ist und im Stuhl sitzt. Gesehen habe ich ihn noch nicht, er läßt außer seinen Adjutanten niemanden vor. – Am nächsten Sonntag ist hier große Fahnennagelung im Zeughaus. Wir meinen noch immer, daß wir in einem Kampf auf Leben und Tod den Sieg mit einem Lappen gestickten Tuches erringen werden! Wir sind in einer schrecklich friedensmäßigen Anschauung befangen, es graut mich, wenn ich all diesen Unfug mit ansehe, über dem die Hauptsache, sich ernsthaft und mit bitterlicher Energie auf den Krieg vorzubereiten, völlig vergessen wird. – Da werden den Leuten bunte Schnüre als Schützenabzeichen angehängt, die sie nur in der Handhabung des Gewehrs hindern, durch alle möglichen äußeren Auszeichnungen wird der Ehrgeiz angeregt, statt das Pflichtgefühl zu entwikkeln, die Uniformen werden immer glänzender, statt feldmäßig unscheinbar gestaltet zu werden; die Übungen werden zu parademäßigen Theaterstücken, dekorativ ist die Losung des Tages, und hinter all diesem Firlefanz grinst das Gorgonenhaupt des Krieges hervor, der über uns hängt wie eine Wetterwolke. Und keine Einsicht und keine Umkehr auf diesem Wege, es wird nur immer schlimmer.

Ich traf heute ... im Tiergarten, der schrecklich nervös herunter und fast fertig ist. Er klagte, daß es kaum mehr zum Aushalten sei. Ja, er hat viele Leidensgefährten. Wieviel guter Wille ist da bei so vielen, und wie schwer wird es jedem gemacht, der gerne sein bestes Können einsetzen möchte und der nie mit Freuden ja sagen kann. Wir alle leben unter einem dumpfen Druck, der die Schaffensfreude ertötet, und kaum jemals kann man etwas beginnen, ohne die innere Stimme zu hören: Wozu, es ist ja doch vergebens. – Nun aber genug mit diesem Jeremiasbrief. Das sind Wolken, die vergehen, und die Sonne steht doch am Himmel, und sie ist der Glaube an die Zukunft unseres Volkes und Vaterlandes.

Was Du über die Notwendigkeit eines gesunden Seelenlebens sagst, ist gewiß richtig. Leider sind wir äußerst weit von einem solchen entfernt. Der Lateiner hat das Sprichwort: «Mens sana in corpore sano», das heißt: «ein gesunder Geist in einem gesunden Körper». Wo beides zusammentrifft, ist das Höchste erreicht. Ich finde, wir sollen nur immer mit dem Körper anfangen, und es scheint mir, daß Müller ein guter Wegweiser dazu ist.

Berlin, 31. August 1905

Graf Schlieffen kann noch immer nicht wieder gehen. Er wird das Manöver nicht mitmachen. Es ist ja gut, daß ich es in diesem Jahr angelegt habe. Gesehen habe ich ihn noch immer nicht. Die Abteilungschefs kommen nun mit allen Vorträgen und Unterschriftsachen zu mir, so daß ich dauernd in Anspruch genommen bin.

Berlin, 1. September 1905

Ich bin heute zum ersten Male bei Schlieffen gewesen. Er lag auf dem Sofa und sah miserabel aus. Die Sache ist doch nicht unbedenklich, er hat gestern einen neuen Gipsverband bekommen, der vom Oberschenkel an das ganze Bein heruntergeht. Er klagte über die Qual eines so festgenagelten Beines. – Seine Stimmung war ziemlich deprimiert, er sprach mit mir über seinen Abschied, wollte gleich gehen, ich habe versucht, ihm Mut zuzureden, und wie ich ihn verließ, schien er mir etwas getröstet. Ich war fast zwei Stunden bei ihm, und zuletzt waren wir beide sehr nett gegeneinander. Der alte Herr tut mir doch leid, er hängt mit allen Fasern seines Denkens an seiner Stellung, und da muß es allerdings nicht leicht sein, sie aufzugeben. Übrigens sagte er mir, er hätte sowieso nicht mehr lange bleiben können, denn seine Augen und Ohren würden zu schlecht.

Berlin, 3. September 1905

Du frägst, ob der Friede halten wird. Das ist schwer zu beantworten. Alle Vorbedingungen für einen neuen Ausbruch der Feindseligkeiten sind gegeben, aber einige Jahre lang wird es wohl dauern. – Die Teilung der Insel Sachalin ist recht bedenklich, ebenso die Teilung der Mandschurischen Bahn, von der von nun ab jeder Staat seinen Teil bewachen soll. Streitpunkte wird es viele geben. Zum Wiederausbruch der Feindseligkeiten wird auch die Stimmung in Japan drängen. Das Land ist mit den milden Bedingungen des Friedens nicht zufrieden, es soll eine sehr tief gehende Mißstimmung herrschen. Daß Japan in allen Forderungen nachgegeben hat, ist ein Beweis dafür, daß es mit seinen Leistungen dicht am Schluß angekommen war, es konnte eben nicht weiter kriegen, wohl hauptsächlich aus Mangel an Geld, und ich glaube, ein taktischer Erfolg der Russen im Felde hätte genügt, um die ganze Situation umzuwerfen. Daß die Russen sich zu einer energischen Anstrengung nicht aufraffen konnten, war ein Glück für Japan. Die hochmütige Eingebildetheit der Russen, die jetzt bereits erklären, sie hätten zwar etwas Unglück gehabt, aber geschlagen wären sie nicht, hat sich bei den Friedensverhandlungen[75] in schönstem Licht gezeigt, hat aber diesmal einen guten Erfolg gehabt, sie scheint ein Bluff für die Japaner gewesen zu sein. – Welche weiteren Folgen der Friedensschluß in der großen internationalen Politik haben wird, ist wohl kaum schon jetzt zu übersehen. England scheint mir den größten Nutzen aus der Sache zu ziehen. Wie gewöhnlich, wenn sich zwei Völker die Köpfe einschlagen, hat es still im Hintergrund gestanden, um seinen Vorteil abzupassen. Nach dem neuen Bündnisvertrag mit Japan hat England sich die Beihilfe der Japaner für den Fall gesichert, daß es in Indien angegriffen werden sollte. Damit hat es eine erhebliche Sicherung für diese seine Achillesferse erreicht und würde mit vielem Vergnügen sehen, wie die Japaner sich für es totschießen lassen, während England nur einige Schiffe und einiges Geld zu der Sache beizusteuern brauchte. Die Gegenleistung soll angeblich in einer englischen Hilfe bestehen, wenn die Errungenschaften Japans aus dem russischen Kriege bedroht werden sollten. Daß Rußland das einzige Land ist, das dies unternehmen könnte, daß es aber auf lange Jahre hinaus dazu nicht in der Lage sein wird, wissen die Engländer nur zu gut. – Es wird also gute Weile haben, bis ihr Teil des gemeinsam ausgestellten Wechsels eingeklagt werden wird. – Im übrigen kann man sich ja nur darüber freuen, daß der Krieg zu Ende ist. – Ich glaube aber, daß die inneren Schwierigkeiten in Rußland jetzt noch viel größer und sich nun erst entfalten werden. Der Krieg, den das Zarentum gegen den Freiheitsdrang seiner Untertanen, zunächst gegen die Vorläufer durchgreifender Reformen, die Räuber- und Mörderbanden der Umsturzparteien zu führen haben wird, wird viel erbitterter werden als der Krieg gegen die Gelben.

KABINETTSORDER

Am Schluß der von Mir abgehaltenen Manöver, deren Leitung Ich Ihnen in vollem Vertrauen zu Ihren Fähigkeiten zum ersten Male übertragen habe, nehme ich gerne Veranlassung, Ihnen Meine lebhafte Anerkennung für die kriegsgemäße Anlage und den belehrenden Verlauf der Übungen auszusprechen. Ich wünsche Ihnen Meinen Dank hierfür und Meine gnädige Wohlgeneigtheit dadurch zu betätigen, daß Ich Ihnen den Roten-Adler-Orden I. Klasse mit Eichenlaub und der Königlichen Krone verleihe, dessen Insignien Ich Ihnen hiermit zugehen lasse.
Koblenz, den 15. September 1905.

Wilhelm R.

An Meinen Generaladjutanten, Generalleutnant v. Moltke, Generalquartiermeister.

Berlin, 16. September 1905

Ich habe mit den Manövern viel Glück gehabt. Sie werden wohl entscheidend auf mein ferneres Geschick einwirken. Der Kaiser hat alles getan, was ich in der Sache verlangen zu müssen glaubte; er hat nicht selber geführt, obgleich es ihm bitterlich schwer geworden ist, er hat nicht gewaltsam in den Gang der Gefechte eingegriffen, und es ist jede Unnatürlichkeit damit vermieden worden. Ich habe manchen Strauß mit ihm durchgefochten, aber immer habe ich in ihm den gleich gütigen Herrn gefunden, und niemals hat er mir es nachgetragen, wenn ich ihm freimütig entgegentrat. Ich würde nach diesen Erfahrungen beruhigter der Zukunft entgegensehen, wenn ich nicht genau wüßte, daß die Hauptschwierigkeiten für mich erst beginnen werden, wenn ich definitiv die Stellung übernommen habe, die der Kaiser mir zugedacht hat. Bisher war ich ihm ein unsicherer Kantonist, der immer auf dem Sprung stand, ihm auszubrechen, mit dem Amt aber wird mir die Kette angelegt, an der meine Überzeugungen sich wundscheuern und -zerren werden, und es ist schwer, eine Fessel zu brechen, die man sich freiwillig hat anlegen lassen. – Der Kaiser hat mir einen sehr hohen Orden verliehen, der mir ziemlich gleichgültig sein würde, aber er hat, entgegen allem Gebrauch, die Verleihung mit einer Kabinettsorder verbunden.

Wie das Manöver schloß, rief mich der Kaiser heran, gab mir die Hand und sagte mir: «Es ist mir ein Bedürfnis, Ihnen zu danken. Es ist das keine Redensart, es ist aufrichtig gemeint. Ich habe noch nie so interessante und so wirklich kriegsmäßige Manöver gehabt wie diesmal. Ich hätte gerne in meiner Besprechung Ihnen diesen Dank zum Ausdruck gebracht, aber ich fürchtete, es würde Ihnen nicht angenehm sein.»

Ich sagte dann dem Kaiser: «Ich danke Ew. Majestät, daß Sie meiner keine Erwähnung getan haben, denn es liegt nichts an der Persönlichkeit. Wenn aber Ew. Majestät sagen, daß die Manöver kriegsmäßig verlaufen sind, so ist dies nur dadurch ermöglicht worden, daß Ew. Majestät mir volle Freiheit gelassen, daß Sie mich in allen meinen Ansichten unterstützt und daß Ew. Majestät sich jeden Eingriffs in den Gang derselben enthalten haben.»

Schweden, Tulesbo, 28. September 1905

Gestern war der Pastor loci hier, um M. zu besuchen, ein sehr angenehmer Mann, durchaus liberal, gescheit und belesen. Wir hatten ein langes religiöses Gespräch zusammen an M.s Bett, und ich freute mich über die Ansichten, die er entwickelte. Er würde mit diesen bei uns wahrscheinlich längst vor das Konsistorium gefordert worden sein. Er ist der Ansicht, daß die Entwicklung der Menschenseele nach dem Tode weitergeht, daß ein Zwischenreich existiert; er meinte, daß die Seele nach dem Tode durch Sympathie in Kreise gezogen werde, die ihr gleichgestimmt seien, daß höhere Geister sich der Seelen der Verstorbenen annehmen, sie belehren und sie allmählich von Sphäre zu Sphäre heben. Was würde Pastor H. zu diesem

Amtsbruder sagen! – Er hat viel gelesen, auch die Schriften der deutschen Theologen, kannte alle die Alten, Origines usw., die buddhistische Lehre, war sehr beschlagen in allen verschiedenen Religionssystemen und hatte einen klaren Blick für alle. Ich war äußerst erstaunt, einen solchen Mann hier in der Einsamkeit einer kleinen Landpastorenstelle zu finden.

KABINETTSORDER

Es gereicht Mir zur aufrichtigen Freude, Sie hierdurch, unter Belassung in dem Verhältnis als Mein Generaladjutant, zum Chef des Generalstabes der Armee zu ernennen. Ich übertrage Ihnen diese für die Armee so hochwichtige Stellung, da Ich zu Ihrer Mir wohlbekannten Einsicht, zu Ihren militärischen Eigenschaften und Kenntnissen, wie zu der Energie und Zuverlässigkeit Ihres Charakters, das unbedingte Vertrauen habe, daß es Ihnen gelingen wird, die vielfachen und schwierigen Aufgaben des Generalstabes, insonderheit diejenigen, welche Ihnen als Chef des Generalstabes zufallen, in einer für die Wohlfahrt der Armee, wie des Vaterlandes ersprießlichen Weise zu lösen.
Berlin, den 1. Januar 1906.

Wilhelm R.

An Meinen Generaladjutanten, Generalleutnant v. Moltke,
Generalquartiermeister.

KABINETTSORDER

Ich nehme gern Veranlassung, Ihnen heute bei Beendigung der diesjährigen großen Herbstübungen, die in Anlage und Verlauf voll Meinen Erwartungen entsprochen haben, einen erneuten Beweis Meiner Zufriedenheit und Meiner gnädigen Wertschätzung zu geben und Ihnen den beifolgenden Stern der Komture des Königlichen Haus-Ordens von Hohenzollern zu verleihen.
Liegnitz, den 13. September 1906.

Wilhelm R.

An Meinen Generaladjutanten, Generalleutnant v. Moltke,
Chef des Generalstabes der Armee.

KABINETTSORDER

Ich habe Sie heute zum General der Infanterie befördert und gereicht es Mir zum besonderen Vergnügen, Ihnen dies hierdurch bekanntzumachen. Bonn, den 16. Oktober 1906.

Wilhelm R.

An Meinen Generaladjutanten, Generalleutnant v. Moltke, Chef des Generalstabes der Armee.

Generalstab Berlin, 19. Mai 1907

Du hast ja Verständnis dafür, daß die Dinge dieser Welt, für die ich in meiner Stellung so schwer verantwortlich bin und möglicherweise noch einmal in allerernstester Weise werde aufkommen müssen, mir zurzeit noch näher liegen als Dein Streben. – Ich habe immer das Bewußtsein, daß ich mein Leben nicht so einrichten darf, wie ich es vielleicht tun würde, wenn ich nur für mich lebte, ich muß mein eigenes Interesse hierin zurückstellen und so leben und arbeiten, wie es meine Stellung erfordert. – Da ich nun einmal auf diesen Posten gestellt bin, muß ich seine Forderungen über alles stellen, das weißt Du ja auch.

Generalstab Berlin, 24. Mai 1907

Der Kaiser hat mich am 20. Mai gelegentlich des Schrippenfestes à la suite des Alexander-Regiments gestellt, was mir eine große Freude gewesen ist, da ich nun wieder dem Regiment angehöre und seine Uniform tragen kann. Bei der Parade am 1. Juli werde ich das Regiment vorbeiführen können.

Freiburg i. B., 17. Juni 1907

Meine Stute ist in Müllheim stehen geblieben, der Tierarzt ist der Ansicht, daß sie vor acht bis vierzehn Tagen nicht transportfähig sein wird. Der große Fuchs ist heute mit den Handpferden hierhermarschiert. Wie er ankam, war er stocklahm, wurde untersucht, und es fand sich, daß er sich einen fingerlangen Nagel in den Huf getreten hatte. Zwei Tierärzte habe ich also in Tätigkeit und zwei kaputte Pferde. Es ist mein altes Pferdepech, das ich trotz bestem Willen nicht ableugnen kann, wenn Du mich auch als Pessimisten bezeichnest.

Generalstab Berlin, 1. Juli 1907

Diese Nordlandsreise liegt mir etwas auf dem Magen, ich werde mich nicht so leicht mehr in den mir schon ungewohnt gewordenen Lokalton derselben hineinfinden, außerdem habe ich ein schlechtes Gewissen, wenn ich an die kostbare Zeit denke, die ich zu vertrödeln gezwungen sein werde. Indessen auch dies ist ja Dienst fürs Vaterland.

Norwegen, Bergen, 7. Juli 1907

Der Kaiser ist sehr munter und sehr liebenswürdig. Die politischen Aussichten scheinen auch besser zu sein als das Wetter. Die sehr freundschaftlich gehaltene Einladung Onkel Eduards bedeutet fraglos einen Wendepunkt in der englischen Richtung gegen uns. Was diesen Wandel veranlaßt hat, ist mir noch nicht ganz klar, ob es die Verhältnisse in Frankreich sind, ob diejenigen in Indien oder ein Widerstand der Regierung in London, weiß ich nicht. Irgendein gewichtiger Grund muß aber vorliegen, jedenfalls ist diese Einladung ein Symptom. Ich glaube daher, daß die nächsten Wochen ruhig verlaufen werden.

Es ist Sonntag heute, und wir haben den Gottesdienst mit der obligaten Verfluchung aus dem Alten Testament eingeleitet und dann zum Trost eine Predigt über den Glauben gehört unter Zugrundelegung des Wortes: «Wer da glaubt, wird selig, wer aber nicht glaubet, wird verdammt werden.» – Der Verfasser der Predigt wies nach, wie man sich selber den Glauben nicht geben könne, also im Grunde die ausgesprochenste Prädestinationslehre, daß nämlich Gott nur gewissen Menschen den Glauben und damit die Seligkeit gibt, während die andern, mögen sie sich quälen soviel sie wollen, verloren bleiben, eine der barbarischsten und trostlosesten Lehren, die es gibt. Ich habe mal wieder einen wahren Horror vor dieser Art Religion bekommen und möchte nur wissen, was die armen Matrosen sich bei der Auseinandersetzung gedacht haben – wenn sie überhaupt etwas gedacht haben!

Ich muß mich allmählich erst wieder in dies Leben hineinfinden, dessen ich mich schon so ziemlich entwöhnt hatte, es ist aber doch ganz gut, daß ich die Reise mitmache, aus mancherlei Gründen, als Vergnügungssache fasse ich sie ja auch nicht auf, es ist eben Dienst wie jeder andere, und dem Kaiser ist es, glaube ich, auch lieb, daß ich mit bin, da er sich mir gegenüber sehr offen ausspricht, was ihm ein Bedürfnis ist.

Norwegen, Bergen, 9. Juli 1907

Morgens waren wir mit dem Kaiser an Land und machten den programmäßigen Besuch bei der Witwe des alten Schiffskapitäns, die in einem kleinen Häuschen auf dem äußersten Klint vorm Hafen wohnt und die wir nun seit zehn Jahren immer besuchen. Der alte Mann ist vor drei Jahren gestorben. Seine Witwe lebt mit ihrer Schwester und zwei bereits ältlichen Töchtern dort oben. Ihr Bruder ist Schirmfabrikant in Bergen, die eine Tochter Ladenmamsell. Der Kaiser sitzt alle Jahre auf demselben Stuhl, ich auf demselben Puff, und alle Jahre wird dieselbe Konversation gemacht. Es gibt ein Glas selbstgemachten Johannisbeerwein und selbstgebackenen Kuchen, die alten Damen reden wie Wasserfälle, und ich muß den Dolmetsch machen.

Norwegen, Victoriahavn, 17. Juli 1907

Ich weiß nicht mehr, ob ich Dir schon schrieb, daß ich am 1. August mittags in Swinemünde entlassen werde, also am 1. abends in Berlin zurück sein werde.

Ich sehne diesen Tag herbei. Unter diesen klimatischen Verhältnissen ist die Reise einfach eine Pönitenz, auch gewöhne ich mich nicht mehr in den auf den Kalauer gestimmten Grundton unseres Kreises und vermisse meine ernste Arbeit. So friere ich innerlich und äußerlich. Ich vertrage die Sache aber von dem Standpunkt der Pflichterfüllung, und meine Gesundheit hat nicht gelitten. Gottlob, daß ich kein Karlsbad oder dergleichen gebrauche.

Generalstab Berlin, 4. August 1907

Wie ich eben das Datum schrieb, fiel mir ein, daß eine gewisse Ähnlichkeit mit dem heutigen 4. August 07 und demselben Tag vor siebenunddreißig Jahren, 4. August 70, ist, nur die beiden letzten Ziffern sind umgestellt. Am 4. August 1870 hatte ich mein erstes Gefecht, bei Weißenburg. Wie lange das her ist, und wie deutlich doch alles vor mir steht.

Die Entrevue zwischen dem Kaiser und Zaren scheint programmäßig zu verlaufen. Natürlich knüpfen sich an sie die abenteuerlichsten Kombinationen in der Presse. Sie ist meiner Meinung nach von keiner erheblichen politischen Bedeutung. Die Interessen der Länder werden nicht durch die Zusammenkünfte von Monarchen bestimmt, sie gehen ihren eigenen Gang und führen konsequent und unerbittlich zu Kollisionen oder zu Verständigungen. – Zurzeit sieht die Weltlage, soviel ich es beurteilen kann, nicht bedrohlich aus. Unser westlicher Nachbar hat zuviel im eigenen Hause zu tun, um aggressive Politik zu machen, und England scheint sich allmählich in seinen weit gespannten Koalitionen selber zu verstricken. – Solange wir ruhig und stark bleiben, brauchen wir nichts zu fürchten, beides ist allerdings nötig, besonders das letztere. Ein schwaches Deutschland wäre die größte Gefahr für den europäischen Frieden.

KABINETTSORDER

Ich verleihe Ihnen in dankbarer Anerkennung Ihrer unausgesetzten und erfolgreichen Bemühungen um die kriegsgemäße und lehrreiche Anlage und Leitung der in diesem Jahre von Mir abgehaltenen großen Manöver das Großkreuz des Roten-Adler-Ordens mit Eichenlaub und der Königlichen Krone, dessen Insignien Ihnen beifolgend zugehen.
Wilhelmshöhe, den 11. September 1907.

Wilhelm R.

An Meinen Generaladjutanten, General der Infanterie v. Moltke, Chef des Generalstabes der Armee.

Norwegen, Odde, 14. Juli 1908

Daß Du die Freude haben wirst, in Bayreuth Dich in die reine Atmosphäre der Kunst zurückzuziehen, gönne ich Dir von ganzem Herzen. Es gibt so weniges, an dem Du wirklich Freude hast. Die Stimmung an Bord ist eine gute, nicht so blödsinnig albern wie sonst wohl. Der Ernst der Weltlage macht sich auch in unserer Gesellschaft unbewußt geltend. Auch die Allerhöchste Stimmung gefällt mir recht wohl.

Norwegen, Bergen, 18. Juli 1908

Wenn ich nicht auf allen Deinen Wegen mitgehe, so liegt es daran, daß ich eben einen sehr realen Beruf habe und mit beiden Beinen auf dieser Erde stehen muß, solange ich ihm gerecht werden will. Das weißt Du ja auch und hast Verständnis dafür.

Generalstab Berlin, 12. September 1908

Die Manöver sind gut verlaufen, wir haben vier Tage lang gutes Wetter gehabt, was bei dem schweren lothringischen Boden, der bei Nässe unergründlich wird, fast eine Notwendigkeit ist, um dort zu manövrieren. Alles ist nach Wunsch gegangen, und die Manöver haben, glaube ich, allgemein befriedigt. Der Kaiser war guter Laune und enthielt sich jeden Eingreifens. Der Erzherzog Franz Ferdinand, der nach dem Tode des alten Kaisers den österreichischen Thron besteigen wird, hat mir sehr gut gefallen. Er hat wiederholt und lange mit mir gesprochen, ist ein kluger und scharfblickender Herr, der augenscheinlich weiß, was er will.

Die lothringische Bevölkerung war sehr enthusiasmiert, wo sie den Kaiser zu sehen bekam. – Die Truppen waren hervorragend gut. Die Gefechtsausbildung tadellos, alles ordentlich und von großer Ruhe. Dabei gutes Ertragen der zum Teil enormen Marschleistungen. Die militärischen Eisenbahntransporte verliefen ohne Störung, die Eisenbahnabteilung des Generalstabes bewährte sich vorzüglich. In seiner Schlußbesprechung erteilte der Kaiser beiden Korps das größte Lob. – Nun weißt Du wohl genug von den Manövern.

Moltkes Bitte um Enthebung von der Stellung als Chef des Generalstabes[76]

Berlin, 25. Februar 1909

Am 25. hatte ich Vortrag bei Sr. Majestät im Neuen Palais. Ich bat Se. Majestät um eine Aussprache unter vier Augen, die Se. Majestät mir sofort gewährten. Ich sagte Sr. Majestät, daß in dem Allerhöchsten Schreiben ein Vorwurf für mich enthalten sei, wie er schwerer nicht erhoben werden könnte, der Vorwurf der Indiskretion und Preisgabe von geheimen Dingen, und fügte hinzu, daß Se. Majestät, da Allerhöchstderselbe mit der Leitung der Ausbildung nicht einverstanden seien und mir diesen Vorwurf machten, wohl nichts anderes von mir erwarten könnten, als daß ich um Enthebung von meiner Stellung als Chef des Generalstabes bitte.

Nachdem Se. Majestät darauf erklärten, daß ihm nichts ferner gelegen habe als ein Vorwurf, daß ich seine Worte falsch aufgefaßt hätte und daß er mit meiner Leitung vollkommen einverstanden sei, daß von meinem Fortgang keine Rede sein könne, erklärte ich, daß ich «in Anbetracht der kritischen politischen Lage nach dieser Erklärung Sr. Majestät mein Amt weiterführen werde».

Kiel, 8. Juli 1909

Wenn dieser Brief in Deine Hände gelangt, wird wohl schon alles erledigt sein, und Du wirst dann klüger sein, als ich es jetzt bin, denn ich weiß bis jetzt noch nicht, wer Reichskanzler werden soll. Ich bedauere es aufrichtig, daß Bülow fortgeht. Er hat trotz aller Schwächen und Fehler doch seine großen Verdienste, und es ist sehr die Frage, ob er durch einen besseren Mann ersetzt werden wird.

T., unser Gesandter in Christiania, ist der einzige, mit dem man über ein ernsthaftes Thema sprechen kann. Der Kaiser ist wohlauf und guter Dinge. Man sollte nicht glauben, daß wir vor einer Entscheidung stehen, die denn doch von einiger Wichtigkeit für das Reich ist. Wahrscheinlich am Sonntag oder Montag wird er nach Berlin gehen, um Bülow zu verabschieden und den Nachfolger zu ernennen, dann soll's nach Norwegen gehen.

Kiel, 16. Juli 1909

Ich traf auf der Bahn Bülow-Botkamp, der eben von einer Mutung auf Petroleum in Hannover zurückkam. Er sagte, er hätte große Petroleumquellen mit der Wünschelrute festgestellt, es soll nun gebohrt werden. Er kann nun mit der eisernen Rute Petroleum feststellen, mit der Holzrute Wasser. Es muß sich bald zeigen, ob er richtig gemutet hat.

Karlsruhe, September 1909

Die Tage in Österreich waren sehr hübsch. Herrliches Wetter, interessante Manöver. Ich bin äußerst kameradschaftlich aufgenommen, und man hat mir alles gezeigt, was ich sehen wollte. Der alte Kaiser war rührend gütig. Ich traf T., der bei einem Divisionsstabe kommandiert war. Ich war an dem Tage dreizehn Stunden unterwegs, teils zu Pferde, teils per Auto, kam zu spät zur Hoftafel, wo ich dem Kaiser Franz Joseph gegenüber plaziert war. Er freute sich, daß ich so viel Interesse für die Manöver zeige. Es geht mir ausgezeichnet.

KABINETTSORDER

Die von Ihnen wohl vorbereitete Anlage der diesjährigen großen Herbstübungen und ihr besonders lehrreicher Verlauf haben Meinen Erwartungen durchaus entsprochen. Ich freue Mich deshalb, Sie heute bei Beendigung der Manöver Meiner im hohen Maße verdienten Anerkennung und Meines Königlichen Dankes versichern zu können. Als ein Zeichen dieses Dankes verleihe Ich Ihnen Meinen hohen Orden vom Schwarzen Adler, dessen Insignien Ihnen beifolgend zugehen.
Mergentheim, den 17. September 1909.

Wilhelm R.

An Meinen Generaladjutanten, General der Infanterie v. Moltke, Chef des Generalstabes der Armee.

Frankfurt a. M., 19. September 1909

Meine Manöver sind gut verlaufen, ich bin im allgemeinen zufrieden. Mit Sr. Majestät bin ich gut ausgekommen, habe mich ab und zu schwer geärgert, aber auch das ging. Er war sehr zufrieden, hat mir, wie Du wohl gelesen hast, den Schwarzen-Adler-Orden verliehen. Ich habe mich förmlich geschämt. Onkel Helmuth gebrauchte einen siegreichen Feldzug dazu, um diese höchste preußische Auszeichnung zu erringen. Wir Epigonen machen das mit drei Manövertagen ab!!!

Gesundheitlich geht es mir ausgezeichnet. Man hat mir viel Komplimente über das Manöver gemacht, indessen gebe ich nicht viel darauf. Die Beurteilung der Presse habe ich noch nicht erfahren. Mein Freund G. wird bei mir wohl wieder den Gipfel des Idiotismus festgestellt haben. – Der Erzherzog Franz Ferdinand, der österreichische Thronfolger, war ganz begeistert, was er mir einmal über das andere sagte, besonders freute es mich, daß mein österreichischer Kollege, General Conrad von Hötzendorff, sehr zufrieden war. Über den Kaiser habe ich mehrmals Gelegenheit gehabt, mich aufrichtig zu freuen. Er tat das, was ich ihm sagte, und besonders in der Schlußbesprechung sagte er genau das, was ich ihm vorgetragen hatte, blieb durchaus sachlich und hielt die beste Kritik ab, die ich je von ihm gehört habe, so daß alles ganz entzückt war. – Ich lege den reichen Ordenssegen, der sich von allen Seiten über mich ergossen hat, zu dem übrigen – in der zweiten Schublade meiner Kommode!

Rede Moltkes bei der Enthüllung der Moltke-Büste in der Walhalla[77] am 10. Mai 1910

Voll Dankbarkeit, daß die Gnade Sr. Königlichen Hoheit des Prinzregenten es uns gestattet hat, an der erhebenden Feier des heutigen Tages teilzunehmen, und tief bewegt in der Erinnerung an unseren großen Schöpfer und einstigen Chef, sind wir, die Vertreter des Generalstabes, in diesen weihevollen Raum eingetreten, der eindringlicher, als Worte es vermöchten, von deutscher Geisteskraft und Größe zu uns spricht.

Das, was die Männer geschaffen haben, deren Namen dieser stolze Bau geweiht ist, das haben sie uns, den jetzt Lebenden, als heiliges Vermächtnis hinterlassen, uns liegt es ob, das schwer Errungene treu zu wahren. In Ehrfurcht und Bewunderung blicken wir zu ihnen auf, und unverrückbar steht vor unserem Geist das Beispiel und die Lehre, die sie uns gegeben.

Mit dem Generalstab, in dem wie in keiner anderen militärischen Organisation die Angehörigen aller deutschen Kontingente vereinigt sind, feiert das gesamte deutsche Heer und in ihm das deutsche Volk das Andenken seines unsterblichen Führers und Lehrers, des Feldmarschalls Grafen Moltke.

Mit vollem Recht hat ihn der Herr Kriegsminister eine Nationalgestalt genannt. Unberührt von der Parteien Haß und Gunst steht sein Bild in reiner Größe vor den Augen der Nation, das Bild eines Mannes, gleich bewundernswert als Feldherr wie als Mensch, ein Vorbild jedem Strebenden und Kämpfenden, sei er Soldat oder Bürger. War er doch selber ein Kämpfer sein Leben lang, der Tapfersten und der Edelsten einer, die je gerungen und gestritten haben. Als Siebzigjähriger führte er den Kampf, der den tausendjährigen Traum der Deutschen zur Wirklichkeit machte, als Siebzehnjähriger mußte er den Kampf mit dem Leben aufnehmen, das ihn vor Mangel und Entbehrungen stellte. In harter Schule stählte er den Charakter, lernte er die Entsagung, die Selbstzucht und die Verachtung alles äußeren Scheins, lernte er das Leben zu besiegen und zu beherrschen, dessen wechselnde Erscheinungen sein klarer und durchdringender Verstand nach ihrem Wert und Unwert sonderte, errang er sich die Fähigkeit, das Vielseitige und Widersprechende unter wenige, einheitliche Gesichtspunkte einzuordnen. In dieser kristallklaren Erkenntnis der Dinge und Verhältnisse liegt die nur dem Genie erreichbare Größe seines Feldherrntums.

Und dieser Mann, der still und bescheiden den Ruhm trug, den die bewundernde Welt seinen Taten zollte, blieb sich selber treu bis zum letzten Atemzuge. Die Pflicht war die Richtschnur seines langen Lebens, seine Begleiterin die Arbeit, sein Wesenskern die Treue. Nie suchte er eigenen Vorteil, stets ordnete er seine Person der Sache unter, der er diente. Seinem König, seinem Volk, dem Heer, dem er angehörte, galt sein Mühen und Sorgen, sein Schaffen und Arbeiten.

Das sind die idealen Güter, die er uns hinterlassen hat, der von den Strahlen seines Genius erhellte Weg, den er uns vorgezeichnet hat. Diese Güter zu wahren, auf diesem Wege ihm nachzustreben bleibt unsere ernste Aufgabe.

Dem Andenken unseres großen Chefs weihen wir diesen Kranz, den ich namens des Generalstabes zu Füßen seiner Büste niederlege, und mit ihm bringen wir dar die nie verlöschenden Gefühle unserer Liebe und unserer Dankbarkeit.

Plön, 19. Juni 1910

Seit gestern sind wir hier auf diesem schönen Fleck Erde. Ich bekomme freilich wenig davon zu sehen, da ich gestern und heute den ganzen Tag nicht vom Schreibtisch fortkomme. Ich habe schon zwei Besprechungen der bisher stattgehabten Operationen abgehalten, was immer eine tüchtige Arbeit ist, da ich alles im Kopf haben, wiedergeben und beurteilen muß. Gestern abend die zweite, zu der uns der große Saal des hiesigen Kadettenhauses zur Verfügung gestellt war. Morgen vormittag ist die dritte, die Schlußbesprechung, die die ganze Reise abschließt.

Generalstab Berlin, 26. Juni 1910

Daß Du alle diese alten Stätten einmal wieder sehen kannst, ist mir eine große Freude. Mit diesen Orten geht es genau so wie mit uns Menschen, die wir uns im Laufe der langen Jahre verändert haben und doch dieselben noch sind wie vor dreißig Jahren. – Wie wunderbar einen die Kinderheimat umfängt, wenn man nach langen Jahren als älterer Mensch sie wieder betritt, habe ich bei meinem vorjährigen Besuch in Ranzau und auch gelegentlich meiner diesjährigen Generalstabsreise in Holstein so tief empfunden. Es ist, als ob die alten Orte dic Arme nach einem ausstreckten, als ob die Bäume einen grüßten als alten Bekannten, als ob die Luft sich leichter und wohliger atmete und der Erdgeruch einem entgegenduftete. Wie schön das alles ist, wie lieb und vertraut, und welche Flut von Erinnerungen strömt aus den Stätten der Kinderzeit! Wie wir durch die herrlichen Buchenwälder Holsteins ritten, da fühlte ich mich wieder als Kind, lauschte auf die hundert Vogelstimmen und nickte den Sonnenstrahlen zu, die goldig durch den stolzen Dom der grünen Laubkronen flimmerten. Wie bekannt war das alles und wie schön!

Norwegen, Bergen, 14. Juli 1910

Es ist 1/2 11 Uhr abends, ich sitze bei offenem Fenster und schreibe ohne Licht. Auf den höchsten Berggipfeln glüht noch die Sonne, unser Schiff liegt im Schatten. Nie in meinem Leben habe ich ein schöneres Panorama gesehen als heute abend, es läßt sich ja nicht beschreiben. Die tiefvioletten Schatten der Berge, die rotstrahlenden Gipfel, die rosigen Schneefelder – wie Goethe sagt: «Entzündet alle Höh'n, beruhigt jedes Tal» –, ich hatte den Eindruck, als ob diese Berge übergossen von Licht, glühend vor Liebe ihrem Schöpfer entgegenleuchteten und als ob sein Auge mit stillem Entzükken auf ihnen ruhen müßte. Wie zauberhaft schön ist dies Norwegen, wenn es sich in Sonnenlicht und Gottesliebe badet.

Norwegen, Molde, 22. Juli 1910

Wir waren alle an Bord der "Nassau" und besahen dies Riesenschiff in allen seinen Teilen. Es ist höchst interessant, die Summe von Intelligenz zu bewundern, die in dem komplizierten Mechanismus zur Tat geworden ist. Ein solches Schiff hat sein Gehirn und seine Nervenstränge, wie ein Lebewesen. Die elektrischen Leitungen beherrschen jedes Glied, und mit derselben Leichtigkeit, mit der wir einen Arm ausstrecken oder ein Bein heben, bewegt das Schiff seine Riesengeschütze rechts und links; hinauf und hinab und setzt seine Maschinen in Tätigkeit.

KABINETTSORDER

Ich bewillige Ihnen hierdurch einen vierwöchigen Urlaub von Mitte April bis Mitte Mai 1911 nach Karlsbad.
Venedig, den 27. März 1911.

Wilhelm R.

An Meinen Generaladjutanten, General der Infanterie v. Moltke, Chef des Generalstabes der Armee.

Karlsbad, 19. April 1911

Ich mußte dem Arzt meine Krankheitsgeschichte erzählen, und er sagte sofort, daß durch die gewaltsame Behandlung meiner Mandeln der Krankheitsstoff in den Körper getrieben worden sei und daß ich wahrscheinlich noch immer an den Folgen laboriere. Er war von der Herztätigkeit durchaus befriedigt. Meinte, es wäre – nachdem er mich lange beklopft hatte – nur eine leichte Indisposition des Magens und eine leichte Schwellung der Leber zu konstatieren.

TELEGRAMM

General v. Moltke, Königsplatz 6, Berlin.
Magdeburg, den 23. Mai 1911.

Zu Ihrem Geburtstage sende Ich Ihnen, mein lieber Julius, den herzlichsten Glückwunsch. Ich freue Mich zu hören, daß der Aufenthalt in Karlsbad den letzten Rest Ihrer Krankheit beseitigt hat, und hoffe, daß Ihre unvergleichliche Arbeitskraft Mir noch lange erhalten bleiben wird zum Besten des Vaterlandes. Möchte die Uhr, die Ihnen als Zeichen meines Gedenkens heute zugeht, Ihnen nur glückliche Stunden schlagen.

Wilhelm R.

Molsheim, 19. Juni 1911

Mir bekommt das Herumziehen im Lande ausgezeichnet, ich fühle mich vollkommen frisch und wohl, habe keine Spur von irgendwelchen Beschwerden, weder beim Reiten noch bei den langen Fahrten im Auto, noch bei dem gelegentlichen Steigen bergan. Heute morgen ritt ich zunächst bis Oberehnheim[78]. Die Luft war so klar, daß man deutlich die Höhen des Schwarzwaldes sah, während zu unserer Rechten sich die Kette der Vogesen hinzog mit ihren schönen waldigen Kuppen und zahlreichen Burgruinen. – Wir fuhren dann nach dem weit und breit berühmten Kloster Odilienberg[79], das, oben auf der Bergspitze gelegen, einen wundervollen Rundblick über die Rheinebene und die Ausläufer der Vogesen bietet. Es ist eine uralte Niederlassung, die schon im Jahre 800 unter Karl dem Großen erwähnt wird. In weitem, zehn Kilometer langem Bogen zieht sich um die Bergspitze die sogenannte Heidenmauer, eine Zyklopenmauer aus urkeltischer Zeit, mit riesigen Quadern aufgetürmt, man begreift kaum, wie Menschenkräfte sie haben bewegen können, es ist eines der merkwürdigsten Bauwerke seiner Art, sowohl was Ausdehnung als auch Mächtigkeit betrifft, die Mauer ist stellenweise zehn Meter dick und ebenso hoch, es ist unverständlich, wie die Leute es angefangen haben, die Steine, die zum Teil ein Gewicht von hundert Zentnern haben, zu heben. – In dem Kloster ist jetzt eine Art Sommerfrische mit Pension eingerichtet, die viel besucht wird. Es ist ein Kloster für Laienschwestern, die in ihrer schwarzen Ordenstracht und weißen gesteiften Hauben die Gäste bedienen. – Nachmittags waren wir auf der Feste Kaiser Wilhelm[80], wo unsere Vorträge gehalten werden. Morgen gehen wir nach Zabern[81], übermorgen nach Dieuze, dann nach Metz. Ich denke am Montag, den 26., die Schlußbesprechung zu halten, am Dienstag nach Köln zu einer Besichtigung der Bahnkommandantur zu gehen und am 28. nach Berlin zurückzukommen.

Kiel, 4. Juli 1911

Wir haben uns gestern abend beim Kaiser gemeldet, der sehr vergnügt und gnädig war. Heute morgen haben wir alle die Arbeiten an der Erweiterung des Kaiser-Wilhelm-Kanals besichtigt, die ebenso großartig wie interessant sind. Es wird eine ganz neue Schleuseneinfahrt gebaut, in der die Schleusentore von bisher dreißig auf fünfundvierzig Meter Breite angelegt und die Kanalstrecke dahinter geradegelegt wird. Der ganze Kanal wird entsprechend verbreitert und vertieft. Die ungeheuren Mauerungen der neuen Schleusen stehen schon zum Teil, und mit Staunen blickt man auf die gewaltige Erdbewegung, die hier ausgeführt wird. Die verschiedenartigsten Maschinen arbeiten überall. Hier schaufelt ein Erdgrubber den Boden aus; als ob er ein vernunftbegabtes Wesen wäre, beißt er mit eisernem Rachen in den Boden, frißt Erde, Sand, Steine, ja ganze Felsblöcke in sich hinein, erhebt dann das bodengefüllte Maul und speit nach leicht gemachter Drehung den ganzen Inhalt in einen bereitstehenden Eisenbahnwagen, ihn mit einem Happen füllend. Dann wendet er sich wieder dem Boden zu, reißt das Maul auf und frißt wieder, während der Eisenbahnzug um eine Wagenlänge weiterrückt. So wird mit einem solchen Zug in einer halben Minute die sonst stundenlange Arbeit von hundert Menschen geleistet. Das ganze bodenfressende Ungetüm wird von zwei Mann bedient. – Dort rollt auf einem Stahlseil ein Riesenkorb, gefüllt mit Zement, heran. Über der Stelle angekommen, wo das Material gebraucht wird, macht er halt, senkt sich herab, öffnet sich und entleert seinen Inhalt. Sofort schwebt er wieder in die Höhe und läuft auf seinem Seil eilig davon, um neue Ladung zu holen, während die erste mit mechanischen, elektrisch angetriebenen Stampfen eingestampft und geglättet wird. Man sieht auf dem ganzen Arbeitsfeld fast keine Menschen. Hier arbeitet der menschliche Geist, umgesetzt in Maschinen, und die Materie folgt willig, wenn auch pustend und stöhnend, dampfend und sprühend den ihr vorgezeichneten Gesetzen. Das ist wirklich imposant, und es muß für den Ingenieur ein stolzes Bewußtsein sein, seine Gedanken so in Arbeit umzusetzen.

In See, 9. Juli 1911

Die Stimmung an Bord ist gut. Der Kaiser verhältnismäßig ruhig. Die politischen Verhältnisse sind ja noch in der Schwebe. Daß etwas Ernsthaftes aus dem Erscheinen unserer Schiffe an der marokkanischen Küste folgen sollte, glaube ich nicht. Es wird dazu beitragen, klare Verhältnisse zu schaffen.

Baleholm, 16. Juli 1911

Vor einigen Tagen hatte ich eine sehr interessante Unterhaltung mit Sr. Majestät über religiöse Fragen. Er war aufs äußerste schlecht zu sprechen auf die Pastoren, ihre Engherzigkeit und Orthodoxie. Er war der Meinung, daß der Tod nur den Beginn einer weiteren Entwicklung bedeute, hat überhaupt viel über diese Dinge nachgedacht und ist viel freier in seinen Ansichten, als man glauben sollte. Er sucht nach Wahrheit, und alles öde Formelwesen ist ihm ein Greuel. Er will keinen Stillstand in der religiösen Entwicklung, sondern ein Fortschreiten und fühlt das Bedürfnis, Religion und Wissenschaft in Einklang zu bringen. Er erzählte, wie er den Pastoren gesagt habe, wenn die Kinder in der «Urania» die Weltentwicklung sehen und hören und ihnen dann im Religionsunterricht gesagt werde, in sechs Tagen habe Gott die Welt geschaffen, so müsse der Zweifel in ihr Herz gesät werden. Wenn ihr Pastoren nicht fortschreitet, wird die Wissenschaft über euch hinweggehen, und wenn ihr nichts Neues zu sagen wißt, werden die Steine reden.

Generalstab Berlin, 19. August 1911

Die unglückselige Marokko-Geschichte[82] fängt an, mir zum Halse herauszuhängen. Es ist gewiß ein Zeichen lobenswerter Ausdauer, unentwegt auf Kohlen zu sitzen, aber angenehm ist es nicht. Wenn wir aus dieser Affäre wieder mit eingezogenem Schwanz herausschleichen, wenn wir uns nicht zu einer energischen Forderung aufraffen können, die wir bereit sind mit dem Schwert zu erzwingen, dann verzweifle ich an der Zukunft des Deutschen Reiches. Dann gehe ich. Vorher aber werde ich den Antrag stellen, die Armee abzuschaffen und uns unter das Protektorat Japans zu stellen, dann können wir ungestört Geld machen und versimpeln. – Du wirst wohl zurzeit wenig Interesse für Politik haben, Deine Beschäftigung ist auch jedenfalls interessanter und nützlicher.

Bukowina, Koszczuja, 1. Oktober 1911

Bin neugierig, wie sich die Sache zwischen Italien und der Türkei[83] weiterentwickeln wird. Wenn die kleinen Balkanhunde anfangen zu bellen, kann man nicht wissen, was daraus entsteht.

Karlsbad, 16. April 1912

Der Dr. H. hat mich heute sehr eingehend untersucht und ist sehr zufrieden. Das Herz ganz in Ordnung. In den Nieren ist noch eine leise Gereiztheit bemerkbar, aber, wie er sagt, so wenig, daß er es gar nicht bemerken würde, wenn er nicht wüßte, daß im vorigen Jahr eine Reizung da war. Er meint, im Laufe des jetzigen Jahres würde sie völlig verschwunden sein. Der Befund bestätigte seine Annahme, daß es sich bei mir um eine Infektion gehandelt hat. Er sagt, die Nieren brauchen immer am längsten Zeit, wieder ganz frei zu werden, meistens etwa zwei Jahre, was also auch bei mir stimmen würde. – Schonen brauche ich mich nicht, kann gehen und steigen. Ich bin sehr froh über das günstige Resultat der Untersuchung, um so mehr, da der Dr. H. ein sehr penibler und genauer Untersucher ist.

Karlsbad, 24. April 1912

Politisch ist anscheinend alles ziemlich ruhig. Der italienisch-türkische Krieg schleppt sich mühsam weiter, ohne daß ein Ende abzusehen wäre. Im deutschen Reichstag ist nun endlich die Wehrvorlage zur Verhandlung gekommen, von einer Rede Bethmanns äußerst schwach eingeleitet. Dieser Mann wird sich nie zu einem klaren und energischen Wort aufraffen. Auch hier wieder die alte Milchsauce. Kein Mensch denkt an Krieg, Deutschland ist ganz friedfertig, und die anderen Mächte ebenso, dennoch kann man nicht wissen, was einmal passieren könnte, und daher ist eine Verstärkung der Wehrmacht nötig. – Es wäre zum Lachen, wenn's nicht zum Weinen wäre! – Trotzdem wird die Vorlage anscheinend glatt angenommen werden. Das Volk hat ein gesünderes Empfinden von der Weltlage als seine berufenen Leiter.

Telegramm Moltkes an den Kaiser

Berlin, 23. Mai 1912

Ew. Majestät wollen meinen tief empfundenen Dank für das mir allergnädigst zum Geburtstag übersandte Tintenfaß und die huldvollen Begleitworte entgegennehmen. In dem Vertrauen, das Ew. Majestät mir so oft betätigt und auch heute wieder ausgesprochen haben, liegt die Wurzel meiner Kraft[84]*, ihm ist alles zu verdanken, was ich habe leisten können. Ich bitte Gott, er möge mir Kraft geben, mich dieses höchsten Gutes auch fernerhin würdig zeigen zu können.*

Ew. Majestät treu gehorsamster
General v. Moltke

Norwegen, Baleholm, 18. Juli 1912

In den mit dem Kurier gekommenen Zeitungen stand, daß ich zum Herbst meine Entlassung nehmen und durch General v. W. ersetzt werden würde. Ich weiß nicht, wer diesen Unfug ausgeheckt hat. Der Kaiser hatte neben die Nachricht geschrieben: «Unverschämt!» Im übrigen rege ich mich nicht darüber auf. Wenn's sein soll, werde ich es am besten wissen. Noch ist es nicht so weit.

Norwegen, Baleholm, 20. Juli 1912

Gestern nachmittag war der Kaiser mit vier Herren, darunter ich, auf einer hier eingelaufenen englischen Jacht, die einem Sir Wächter gehört, ein alter Herr, der die verrückte Idee des allgemeinen Weltfriedens propagiert!

Generalstab Berlin, 18. August 1912

Obgleich das Wetter nicht sehr günstig war, haben wir den Flug mit der "Hansa" doch unternommen; leider konnte er nicht in der ursprünglich geplanten Ausdehnung stattfinden. Wir fuhren am Sonnabendmorgen nach der Halle hinaus, in der das mächtige Schiff untergebracht ist. – Mit hundertzehn Meter Länge nahm es fast die Gesamtlänge der Halle ein. Das Wetter war trübe und wolkig, der Wind ziemlich frisch, aber es regnete wenigstens nicht. Der Führer des Schiffes sagte mir, daß durch Versuchsballons festgestellt sei, daß in der Höhe von achthundert Metern ein starker Wind wehe von fünfzehn bis sechzehn Sekundenmetern und daß er annehme, gegen Mittag werden starke Böen herunterkommen, wir könnten daher nur eine Fahrt von einigen Stunden machen und müßten gegen Mittag wieder in der Halle sein. Um 8 Uhr gingen wir an Bord, und das Schiff wurde aus der Halle herausgezogen. Es hat eine sehr geräumige Kabine, in der sechzehn Personen bequem sitzen können, wir waren nur acht. – Man hat einen bequemen Korbsessel zur Benutzung, in dem man am großen offenen Fenster sitzt und auf die Welt herabschaut. Man merkt keinen Zug und absolut keine Erschütterung. Es ist ein Steward an Bord, der eine kleine Pantry mit kalter Küche und einen kleinen Eiskeller hat, in dem der Wein auf Eis liegt. – Auf kleinen Tischen kann man die Karten vor sich ausbreiten oder seine Mahlzeit halten. Die Kajüte ist sehr hübsch in hellem Lack gehalten und so hoch, daß ich bequem darin stehen konnte.

Wundervoll war der Aufstieg. Nachdem das Schiff mit der Spitze gegen den Wind gedreht war, wurden auf ein Kommando die Haltetaue von den Mannschaften losgelassen, die Propeller begannen sich zu drehen, und langsam stieg das Riesenfahrzeug in die Luft. Man merkte es nur daran, daß die Menschen, Häuser, Bäume usw. immer kleiner, der Rundblick immer größer wurde. In wenigen Minuten hatten wir die Höhe von dreihundert Metern erreicht, die wir nun dauernd, mit geringen Abweichungen innehielten. Die Fahrt ging quer über Hamburg weg, das in einen trüben Dunst von Rauch und Nebel gehüllt war, die Alster blitzte hell durch die verqualmte Luft. Der Wind war stark, etwa zehn Meter in der Sekunde, trotzdem kamen wir, da das Schiff eine Eigengeschwindigkeit von einundzwanzig Metern hat, schnell vorwärts. Die "Hansa" hat an ihren zwei Gondeln vier Propeller, in der Mitte zwischen den beiden Gondeln liegt die Kajüte, durch einen schmalen Gang mit der vorderen und hinteren Gondel verbunden, der aber nicht von den Passagieren betreten werden darf. Man sitzt in der Kajüte genau wie in einem Salonwagen, das Geräusch der Propeller stört gar nicht, man kann sich in Ruhe unterhalten. Jetzt sind wir über dem Hafen mit seinen zahllosen Schiffen und kleinen Dampfbooten, die hin und her schießend das Wasser unablässig aufwühlen. Alle Schiffe grüßen die "Hansa" mit ihren Dampfpfeifen, wir winken aus den Fenstern mit Taschentüchern, unten stehen die Menschen mit nach oben gedrehten weißen Gesichtern und winken zurück. Dann fahren wir die Elbe hinab. Reizvoll ist der Blick auf die begrünten Höhen von Blankenese, die zahlreichen, hell schimmernden Villen, die unter uns die Flut durchziehenden Schiffe. Überall zusammengelaufene Menschen, die heraufgrüßen; aus den Fenstern, von den Dächern wehen sie mit weißen Tüchern. Mit einem Blick übersieht man die vielen Einschnitte des Hafens, die Docks die Kais, überall dampfen die Essen, und das Kreischen der Kräne tönt herauf. – Unablässig dröhnt das Geräusch der Arbeit, webt und wirbelt der Handel, die Industrie. Schiffe werden entladen und beladen, Warenballen verfrachtet, die Eisenbahnlinien glänzen, und die Züge kriechen auf ihnen dahin wie schwarze Raupen. – Allmählich schwindet die Stadt hinter uns, wir folgen dem Lauf des mächtigen Stromes, sehen seine beiden Ufer, die Baggerarbeiten, die Inseln und Stromzeichen. Auf der großen Welthandelsstraße ziehen die Schiffe, der Schnelldampfer rauscht durch das Wasser, die ablaufende Ebbe benutzend, wir überholen ihn spielend, die Züge am Ufer können nicht die gleiche Fahrt mit uns halten. So geht es den Strom hinab bis Kuxhaven, und vor uns liegt das Meer in bleigrauer Farbe. Wir haben in zwei Stunden hundertdreißig Kilometer zurückgelegt. Aber uns entgegen kommt eine blauschwarze Wand über das Meer herüber, die Wolken jagen an uns vorbei, uns oft einhüllend, daß die Aussicht verschwindet, der Wind wird allmählich stärker, und wir müssen umdrehen, wenn wir nicht von der herankommenden Böe erfaßt werden wollen. Schade, schade, aber es hilft nichts, denn wir machen keine Kriegsfahrt, sondern eine Lustfahrt, und wir dürfen das Schiff nicht gefährden. Also zurück. – Jetzt treiben wir vor dem Winde. Die Maschinen gehen mit halber Kraft, dennoch zieht die Landschaft unter uns dahin wie ein Wandelpanorama. Wir haben eine Geschwindigkeit von hundertzwanzig Kilometern in der Stunde. Bewunderungswürdig gehorcht das Schiff dem Steuer. Wir senken uns hinab bis auf wenige Meter über den Wasserspiegel, dann steigen wir wieder hinauf in die Lüfte. Ein herrliches Gefühl, so in der Luft zu schweben, dem Vogel gleich, sich zu erheben, sich zu senken, wie es beliebt, und immer in gleichmäßigem Fluge, ohne alle Erschütterung. – Nun fahren wir in nordöstlicher Richtung über das Land, lassen den Strom hinter uns. Unter uns liegen in regelmäßigen Vierecken die Felder, stehen die Häuser und Höfe, weidet das Vieh. Interessant ist die Wirkung des Schiffes auf die Tiere. Die auf den Koppeln grasenden Pferde heben den Kopf, und mit wehendem Schweif und Mähnen jagen sie in gestrecktem Galopp davon, ebenso die Kühe und Schafe, alles reißt aus, als wenn es gälte, das Leben zu retten. Die Hühner in den Hühnerhöfen gebärden sich wie toll. Sie flattern und fliegen durcheinander, ducken sich platt an die Erde, rennen in die Ställe, sich zu verbergen. – Von oben schauen wir in die Wälder hinein, sehen die Gestelle wie gerade Linien, hier und da ein paar Rehe, die in schnellster Flucht ein Dickicht aufsuchen, einige Störche, die angstvoll über den Wiesen davonflattern. Überall Angst und Schrecken bei den Tieren, nur die Menschen stehen und grüßen und winken hinauf! – Über die holsteinische Geest fliegen wir hin, Heide, Felder, Gehölze, Ortschaften und einzelne Höfe wechseln miteinander ab. – Jetzt sind wir über Elmshorn, dann nehmen wir die Richtung nach Barmstedt, dessen flachen Kirchturm ich von weit her erkenne. Da ist Voßloeh, wo wir als Kinder Warmbier und Butterbrot aßen, dann der Buchenwald, in dem wir uns herumtrieben, in dem unklaren Gefühl seiner unermeßlichen Größe! Jetzt überblicken wir ihn mit einem Blick, eine grüne Insel in der Landschaft. Jetzt sehen wir die vielgekrümmte Pinau, und jetzt kommt Ranzau. Da liegt das alte Haus unserer schönen Jugend auf seiner kleinen Insel, umgeben von Grün und von Wasser. Jeden Fleck kann ich erkennen, jeden Fleck, auf dem wir gespielt, die Bäume, in die ich meinen Namen geschnitten. Die Fenster, hinter denen ich gewohnt habe, die Brükken, über die wir gegangen sind. Wie unverändert ist alles, und wie tief in die Erinnerung eingegraben. Da ist der Garten, in dem ich so manche Winternacht im Schnee gesessen habe, um den Hasen zu schießen, der nächtens zum Kohl kam, der Teich, in dem die vielen Karauschen waren, die alten Tannen, in deren Gipfel W. und ich uns bargen, wenn wir die Zeichenstunden schwänzten, die Bornholter Mühle, das Gerichtshaus, die Amtsgerichtsrats-Wohnung, alles ist da, alles von oben gesehen, alles wie ein Spielzeug aufgebaut, und auch hier wieder Kinder wie damals, die heraufstarren, im Spielen unterbrochen, die wohl glücklich sind, wie wir es waren, und die denken, daß dies herrliche Dasein nie ein Ende nehmen werde, wie wir es dachten!

Die Propeller der "Hansa" knattern über dem alten lieben Fleck Erde und Wasser, wir machen eine Schleife und fahren noch einmal das ganze Stück Vergangenheit ab. Die Propeller knattern, und in ihren Tönen höre ich den Kinderjubel der alten Zeit, die Stimme der Eltern, das Rauschen der Blätter, das Raunen der vergangenen Tage. Wie fern, wie weltenfern liegt diese Zeit hinter dem, der jetzt da oben in den Lüften schwebt und fühlt, wie Vergangenheit, Gegenwart und Zukunft sich mischen. – Wenn's nicht so trivial klänge, möchte ich sagen: Wer uns das damals gesagt hätte! – Doch wir müssen uns losreißen, denn auf den Flügeln des Sturmes reitet das Wetter hinter uns her. Wir drehen ab, und in zehn Minuten sind wir über Altona, dann über Hamburg, jetzt schon über der Halle. Auf dem Platz davor liegt ein weißes Laken mit einem roten Pfeilstrich, der die Windrichtung bezeichnet, denn wir müssen gegen den Wind landen, damit dieser nicht den Riesenkörper des Schiffes von der Seite faßt. Die Mannschaften stehen bereit, den herabschwebenden Vogel einzufangen. Nun drehen wir gegen den Wind. Die Spitze des Schiffes senkt sich, und in schrägem Gleitflug sinken wir hinab, bis dicht über den grünen Rasen. Die Haltetaue werden ausgeworfen, von den Leuten gefaßt, die Maschinen stehen still. Im Laufschritt ziehen die Soldaten das Schiff vor die Halle, richten es, und dann drehen sich die Propeller noch einmal, und in raschem Zug taucht die «Hansa» durch die mächtige Pforte in das Innere der Halle, stoppt ab und wird festgemacht. Wir steigen aus, alle in dem Bewußtsein, das war eine herrliche Fahrt. – Zwei Minuten darauf kommt das Wetter, dem wir so rasch entflohen sind, heran, und der Regen prasselt auf das Blechdach der Halle. Gerade zur rechten Zeit unter Dach und Fach! Meisterhaft abgepaßt.

Generalstab Berlin, 14. September 1912

Das Manöver ist gut und glatt verlaufen. Der Kaiser war sehr zufrieden und sprach mir seine Anerkennung in besonders warmer Weise aus; auch sonst habe ich gehört, daß das Manöver allgemein befriedigt hat. Zu der von mir befürchteten Komplikation ist es nicht gekommen, ich hatte mich schon auf der Nordlandsreise mit Sr. Majestät ausgesprochen, und er hat sich mit großer Aufopferung im Zaume gehalten. – Se. Majestät der Kaiser hielt eine sehr hübsche Besprechung ab. Morgen vormittag fahre ich nun nach Wilhelmshaven, um am Montag auf der "Hohenzollern" den Flottenübungen beizuwohnen.

Generalstab Berlin, 17. September 1912

Der Tag auf der Flotte war sehr schön. Ein stolzer Anblick, 66 Torpedoboote, 14 Unterseeboote und 46 große Schiffe. Die Vorbeifahrt dauerte fast eine Stunde. Ich war mit dem Kaiser auf dem Linienschiff "Deutschland". – Mir geht es gut. Wie mir gesagt wird, hat das Manöver in der Presse viel Beifall gefunden. Von militärischer Seite habe ich viel Anerkennung gehört.

Bankau, 21. September 1912

Was die Manöver anbetrifft, so habe ich – wie man zu sagen pflegt – eine «gute Presse» gehabt. Die Zeitungen haben es sich offenbar jetzt abgewöhnt, mich als Trottel zu bezeichnen!

Generalstab Berlin, 16. Mai 1913

Es scheint, daß der Tanz auf dem Balkan wieder losgehen wird. Serbien und Bulgarien können sich nicht über die Verteilung des Bärenfelles einigen und stehen sich mit den Waffen in der Hand gegenüber. Griechenland ist ebenso im Konflikt mit Bulgarien, das einen gewaltigen Heißhunger nach Land hat. – Wenn's zum Kriege unter den bisherigen Verbündeten kommt, werden Serbien und Griechenland gegen Bulgarien stehen.
Inwieweit dieser Krieg auf das Verhalten der Großstaaten einwirken wird, kann kein Mensch voraussehen. – Wir sind also noch ziemlich weit von definitiven friedlichen Verhältnissen.[85]

Generalstab Berlin, 16. Juni 1913

Der Kaiser hat mich heute zum Chef des Füsilier-Regiments Generalfeldmarschall Graf Moltke Nr. 38 ernannt. Das Regiment stand früher in Schweidnitz, jetzt in Glatz.

KABINETTSORDER

Es macht Mir besondere Freude, Ihnen an dem heutigen Tage Meines fünfundzwanzigjährigen Regierungsjubiläums erneut Mein gnädiges Wohlwollen dadurch zu betätigen, daß Ich Sie hierdurch auch zum Chef des Füsilier-Regiments Generalfeldmarschall Graf Moltke (Schlesischen) Nr. 38 ernenne. Das Regiment bewahrt mit seinem Namen eine tiefe verehrungsvolle Dankbarkeit für den verewigten Feldmarschall, und somit bestehen in der Erinnerung und in der Gegenwart Beziehungen an den Namen «Moltke», die Mich annehmen lassen, daß Sie in der Ernennung zum Chef dieses Regiments einen Beweis Meiner besonderen Anerkennung Ihrer Mir in allen Dienststellungen, insonderheit als Chef des Generalstabes der Armee, geleisteten stets bewährten, treuen und guten Dienste erkennen werden.
Ich habe das Regiment anweisen lassen, Ihnen den Rapport und die Offiziers-Rangliste vorschriftsmäßig einzureichen.

Berlin, den 16. Juni 1913.

Wilhelm R.

An Meinen Generaladjutanten, General der Infanterie v. Moltke, Chef des Generalstabes derArmee, à la suite des Kaiser-Alexander-Gardegrenadier-Regiments Nr. I.

Generalstab Berlin, 17. Juni 1913

Berlin feiert und jubiliert noch immer; vom frühen Morgen an ziehen Vereine, Innungen, Studenten usw. mit Musikkorps und Fahnen durch die Straßen, vollführen einen Mordsspektakel und sperren jeglichen Verkehr. Der Kaiser war gestern sehr frisch und guter Laune. Es liegt doch etwas Großartiges in dieser Riesenbeteiligung an seinem Jubiläum, und das mag er wohl empfinden.

Kuxhaven, 9. Juli 1913

Heute meldet sich der neue Kriegsminister, General von Falkenhayn. Ich weiß nicht, ob Du ihn erinnerst; er war lange im Generalstab.

Norwegen, Bergen, 11. Juli 1913

Die Ereignisse auf dem Balkan verlaufen nicht so, wie ich es eigentlich gewünscht hätte. Die Bulgaren scheinen überall im Nachteil zu sein. Ihr Verhalten ist mir unbegreiflich. Der König [Ferdinand I.] scheint ganz eliminiert zu sein; man hört nichts von ihm. Seine vielgerühmte diplomatische Geschicklichkeit scheint völlig zu versagen. Ich habe den Eindruck, daß er willenlos der Militärpartei ausgeliefert ist. Bulgarien spielt va banque, es kann unmöglich den Krieg gegen Serbien, Griechenland und Rumänien durchführen. Auch die Türkei scheint sich wieder zu regen; es wäre auch dumm, wenn sie keinen Vorteil aus der Lage zöge. Die Meldungen vom Kriegsschauplatz sind übrigens so widersprechend, daß es fast unmöglich ist, sich ein klares Bild der Lage zu machen.

Norwegen, Baleholm,19. Juli 1913

Gegen die Ereignisse auf dem Balkan sind wir alle etwas abgestumpft. Kein Mensch weiß mehr, was daraus werden soll. Nun fangen die Türken auch wieder an, benutzen die Wehrlosigkeit Bulgariens und marschieren auf Adrianopel. Bulgarien hat zu unsinnig alles aufs Spiel gesetzt, um, wie es scheint, alles Gewonnene wieder zu verlieren. Qui trop embrasse, mal étreint![86] – Ich denke mir, das nächste Ereignis wird, wenn Bulgarien abgetan ist, der Krieg zwischen Serbien und Griechenland, den beiden jetzt Verbündeten, werden. Man täte am besten, den ganzen Balkan mit einem Gitter zu umgeben, und es nicht eher wieder aufzumachen, bis alles dort sich totgeschlagen hat. – Solange Österreich und Rußland sich nicht in die Wirren einmischen, sehe ich keine Gefahr eines europäischen Konflikts. – Das unglückliche Land, in dem die Kriegführenden abwechselnd die Bewohner hinschlachten, je nachdem sie irgendwo hinkommen, kann einem leid tun. Was für fürchterliche Greuel werden dort verübt, einer ist des andern würdig; die Serben schlachten die Einwohner genau so regelmäßig wie die Bulgaren, und die Griechen scheinen es nicht besser zu machen.

Norwegen, Baleholm, 22. Juli 1913

Was die Entwicklung der kriegerischen Ereignisse auf dem Balkan und ihre politische Rückwirkung betrifft, so glaube ich, daß wir mit dem Verlauf ganz zufrieden sein können. Rußland, das so gerne die Rolle des Protektors der Balkanstaaten gespielt hätte und eine entscheidende Vermittlung ausüben wollte, hat sich stark in die Nesseln gesetzt. Die Kriegführenden haben ihm einfach einen Korb gegeben und erklärt, sie würden ihre Sache ohne Vermittlung unter sich ausmachen. – Griechenland tritt durch seine Erfolge den Bulgaren gegenüber immer mehr in den Vordergrund, und wenn eine Verständigung zwischen ihm und Rumänien zustande kommt, was anscheinend der Fall ist, dann wird damit ein Gegengewicht gegen die panslawistischen Bestrebungen auf dem Balkan geschaffen und eine Mächtegruppe hergestellt, die nicht auf russisches Kommando hin marschieren wird.

Auch Österreich scheint endlich einzusehen, daß es mit den Verhältnissen rechnen muß, wie sie sind, und nicht mit solchen, die es sich wünschen möchte. Die unerfreuliche Spannung zwischen ihm und Rumänien scheint behoben, das ist für uns, in Anbetracht eines eventuellen Zusammenstoßes zwischen Germanen- und Slawentum, von großer Bedeutung. – Bulgarien sitzt in einer hoffnungslosen Klemme. Die rumänische Kavallerie streift schon in die Gegend von Sofia, und König Ferdinand mag das Herz wohl recht tief in die Hosen gefallen sein! Es bleibt ihm nichts übrig, als Frieden zu machen und alles zu bewilligen, was seine Gegner verlangen. – Ein solcher Umschwung vom größten Erfolg zu völliger Ohnmacht ist ohne Beispiel in der Weltgeschichte. Übrigens ist das den Bulgaren zu gönnen. Sie sind nach den von ihnen verübten Greueltaten nicht mehr als kriegsführender Staat, sondern als eine Horde von Verbrechern zu betrachten. In der Stadt Serres haben sie beim Rückzug von 2'700 Einwohnern nur ein paar hundert am Leben gelassen und alles verbrannt, die reinen Hunnen. Ich glaube, daß der Friede bald geschaffen werden wird, denn sie sind am Ende.

In China ist auch wieder der Teufel los. Der Süden empört sich gegen Peking und Yuan Shi Kai. Der Krieg ist im Gange, und schon streckt Rußland seine gierige Hand nach der Mongolei und der nördlichen Mandschurei aus. Wieviel Menschen werden täglich umgebracht!

Posen, 27. August 1913

General Pollio, der hier ist, hat mir gut gefallen, er spricht nur Französisch, scheint für unsere Armee eine aufrichtige Bewunderung zu haben.

Generalstab Berlin, 22. Dezember 1913

Das Kommando des Kronprinzen ladet mir eine nicht leichte und verantwortungsvolle Aufgabe auf. Nicht persönlich, denn er ist ein sehr charmanter und liebenswürdiger Herr, aber sachlich. Er muß zur Arbeit, wenigstens zur Wertschätzung der Arbeit erzogen werden, er muß einsehen lernen, daß Pflichterfüllung wichtiger ist als Sporttreiben.

Rede Moltkes am Geburtstag Sr. Majestät des Kaisers 27. Januar 1914.

Meine Herren!

Ich möchte namens des Generalstabes unserer Freude darüber Ausdruck geben, daß es uns heute vergönnt ist, den schönsten Festtag der Armee, den Geburtstag unseres Allerhöchsten Kriegsherrn, im Verein mit einer großen Zahl früherer Angehöriger des Generalstabes feiern zu können, und ich möchte den Herren dafür danken, daß sie durch ihr zahlreiches Erscheinen das Gefühl kameradschaftlicher Zusammengehörigkeit betätigt haben.

Für diese kameradschaftliche Zusammengehörigkeit, die alle Teile des gesamten Heeres umfaßt, ist ja der Generalstab der prägnanteste Ausdruck, denn er vereinigt in sich die Angehörigen aller deutschen Bundeskontingente zu gemeinsamer Arbeit für Kaiser und Reich.

Aber nicht nur die Kameradschaft ist es, die uns heute zusammengeführt hat, es ist die uns allen gemeinsame, uns alle umfassende, treue Hingabe an unseren kaiserlichen Herrn.

Meine Herren, lassen Sie uns als Geburtstagsgabe für unseren Kaiser das Gelübde erneuern, fest zu ihm zu stehen in guten und schlimmen Tagen. – Je mehr eine vaterlandslose Demagogie an der Arbeit ist, Unfrieden und Zwietracht zu säen zwischen den deutschen Stämmen und Ständen, je mehr sie daran arbeitet, die letzte und festeste Stütze von Staat und Monarchie, das Heer, zu untergraben, desto mehr wird es unsere Pflicht, uns fest zusammenzuschließen zur Wahrung der heiligen Güter[87], die eine große Vergangenheit uns überliefert hat.

Lassen Sie uns in dem Bewußtsein, daß das gesamte Heer, getragen von dem Geist der Treue und der Pflicht, geschlossen hinter unserem Allerhöchsten Kriegsherrn steht, unsere Gläser erheben auf die Zukunft Deutschlands und auf das Wohl unseres Kaisers und Herrn.

Generalstab Berlin, 22. Februar 1914

Mit dem kommenden Frühling fängt es wie alljährlich wieder an, politisch zu kriseln. Man sieht in Österreich einer politischen Aktion Rußlands entgegen, und Österreich hat sich militärisch durch seine unverständliche Politik gegen Rumänien selber in eine schwierige Lage gebracht. – Nun soll Berlin das wieder gut machen. Ist aber nicht so leicht!

Generalstab Berlin, 7. März 1914

Heute morgen habe ich einer Anzahl von Reichstagsabgeordneten einen Vortrag über Photostereoskopie im Bibliotheksaal des Generalstabes halten lassen, mit Lichtbildern. Es handelt sich darum, daß ich einen Abteilungschef mehr beantragt habe und daß im Reichstag für diese Materie kein Verständnis vorhanden war. Um ihnen dies beizubringen, fand diese Veranstaltung statt. Sie haben alle viel Interesse gezeigt und ihrem Erstaunen über die technischen Möglichkeiten der Ausnutzung der Photographie Ausdruck gegeben.

Generalstab Berlin, 9. März 1914

Morgen habe ich ein Diner zu zwölf Personen aus Anlaß der Anwesenheit einer italienischen Militärmission.

Generalstab Berlin, 11. März 1914

Ich trank bei Tisch dem italienischen General Zuccari zu, ohne eine Rede zu halten, worauf er aufstand und eine Rede auf mich hielt, in der er sagte, daß ich mir das größte Verdienst erworben habe, daß man in Italien und in Österreich mit dem größten Vertrauen auf mich blicke usw. usw. – Es war mir recht peinlich, wie Du Dir denken kannst.

Generalstab Berlin, 22. März 1914

Ich war heute vormittag bei der Eröffnungsfeier der Neuen Bibliothek. Das Gebäude ist sehr schön, mit mächtigem Kuppelsaal, dessen Kuppel etwas größer sein soll als diejenige der Peterskirche. Ganz aus Eisenbeton erbaut, der genau so aussieht wie grauer Sandstein. Es wurden eine ganze Reihe von Reden gehalten, unter denen diejenige des Kaisers die beste war.

Karlsbad, 27. April 1914

Die Geschichte in Mexiko wird, soweit ich es beurteilen kann, ein Reinfall für die Union werden, denn das ganze Land schließt sich gegen die Amerikaner zusammen, und es wird ihnen nicht leicht werden, mit dem Lande, das etwa viermal so groß ist wie Deutschland, fertig zu werden.
Ich glaube, Präsident Wilson wird froh sein, wenn er mit einem blauen Auge aus der Affäre herauskommt. Zu internationalen Verwicklungen wird die Sache nicht führen.

Baden-Baden, 30. Mai 1914

Wir waren heute auf den Schlachtfeldern von Weißenburg und Wörth, auf denen ich vor vierundvierzig Jahren die Feuertaufe erhielt. Du kannst Dir denken, daß auf diesen blutgetränkten Geländen die Erinnerungen an die große Zeit lebhaft wieder erwachen. Mir wurde der Gefechtsbericht überreicht, den ich als Fähnrich am Abend der Schlacht von Weißenburg im Biwak geschrieben hatte und den man in den Kriegsakten, merkwürdigerweise, vorgefunden hatte. Ich mußte ihn damals schreiben, da alle Offiziere der Kompagnie gefallen waren und ich die Kompagnie führte. Hatte es ganz vergessen. Der Bericht, auf einen Bogen groben Papiers geschrieben, gefiel mir ganz gut, er ist einfach, sachlich und ganz verständig, ohne Prahlerei, von mir selber sprach ich bescheidenerweise nur in der dritten Person als: der Fähnrich. – Das Papier machte mir Spaß. Es ist interessant, die Striche im Gelände wieder aufzufinden, die ich damals im Feuer gegangen bin.

Metz, 5. Juni 1914

Es macht mir Freude, den Kronprinzen in die Verhältnisse unserer Grenzlande einzuführen. Er ist voller Interesse bei der Sache. Es steckt viel gute Anlage in ihm, der junge Most kann einmal einen guten Wein geben.

Kyllburg, 7. Juni 1914

Du hast gewiß recht mit Deinen Ausführungen über die Entwicklung der Seelenfreiheit, ich habe sie mit großem Interesse gelesen. Du weißt, daß heute (Sonntag) mein Arbeitstag ist, ich habe viel zu tun, habe schon stundenlang geschrieben und muß mich kurz fassen, kann daher auf Dein Thema heute nicht näher eingehen. – Ich denke am 11. in Köln die Schlußbesprechung abzuhalten. Nachmittags will ich dann nach Homburg und von dort am 12. einen Tag ins Manövergelände fahren. Am 13., morgens, denke ich in Berlin einzutreffen.

Generalstab Berlin, 16. Juni 1914

Wir sind lange getrennt gewesen, seit langer Zeit, laß uns hoffen, daß uns mal wieder ein längeres Zusammensein beschieden werde. Am Donnerstag hoffe ich Vortrag bei Sr. Majestät zu haben, dann will ich ihn bitten, mich von der Nordlandsreise zu dispensieren. Es muß eben mal ohne mich gehen.

Generalstab Berlin, 18. Juni 1914

Wenn ich von der Nordlandsreise dispensiert werde, denke ich am 2. Juli nach Karlsbad zu kommen. Ich kann vorher nicht gut weg, da ich noch zu viel dienstliche Dinge zu erledigen habe. Wenn Ihr fünf Wochen dort bleibt, würden wir ja auch dann noch etwa drei Wochen zusammen sein.

Generalstab Berlin, 19. Juni 1914

Gestern abend habe ich nun Se. Majestät gebeten, mich von der Nordlandsreise zu dispensieren. Die Sache machte keine Schwierigkeiten, er bedauerte es zwar sehr, daß ich nicht mitkäme.

Karlsbad, 17. Juli 1914

Was Deine Reise nach Bayreuth anbetrifft, so wirst Du sie nach den neuesten Nachrichten, die ich erhalten habe, ruhig machen können. – Vor dem 25. wird nichts Entscheidendes geschehen.

Karlsbad, 18. Juli 1914

Ich hoffe sehr, daß Du an Deiner Bayreuther Reise nichts ändern wirst. Wenn ich auch zwei Tage alleine in Berlin bin, so schadet das wirklich gar nichts. Ich freue mich sehr auf unser Zusammensein im August, wenn Du aus Bayreuth zurückkommst.

Karlsbad, 19. Juli 1914

Ich glaube noch nicht recht an ein ungestörtes Zusammenleben im August. Entweder wirst Du zu Olga[88] gehen oder, wenn es mit der Mama schlecht gehen sollte – nach Gvesarum [in Schweden], oder es wird irgend etwas anderes kommen.

Karlsbad, 21. Juli 1914

Es freut mich, daß Du Dr. Steiner gesehen und gesprochen hast, es ist Dir ja immer eine solche innere Erfrischung und Stärkung, mit ihm zu reden. Ich würde mich auch freuen, ihn im August zu sehen, wenn er nach Berlin kommen sollte.

Nun soll also der Donnerstag die Entscheidung bringen! Ich fange allmählich an, etwas skeptisch in dieser Sache zu werden!

Generalstab Berlin, 26. Juli 1914

Hier im Generalstab wartete W. auf mich, und wir hatten eine längere Besprechung. – Ich will nachher – es ist jetzt 10 Uhr – aufs Auswärtige Amt gehen, um mich mit J. zu besprechen. Die Lage ist noch ziemlich ungeklärt. Die weitere Gestaltung der Dinge hängt lediglich von der Haltung Rußlands ab, unternimmt dies keinen feindlichen Akt gegen Österreich, so wird der Krieg lokalisiert bleiben.[89] Gestern abend zogen Tausende von Menschen vor der österreichischen Botschaft vorbei und brachten Ovationen aus, bis spät in die Nacht dauerten die Hurrarufe, die Leute sangen patriotische Lieder, es war beinahe so, als ob wir selber mobil gemacht hätten. Die Stimmung in der Presse ist gut, sogar das "Berliner Tageblatt" schreibt energisch in österreichischem Sinne. Du wirst aber wohl am Dienstag zurückkommen. Bis dahin wird auch kaum eine größere Entscheidung gefallen sein. Genieße das Schöne, das Dir noch geboten wird.

Generalstab Berlin, 27. Juli 1914

Heute morgen war ich lange bei Bethmann, komme eben von dort zurück und muß in einer Stunde nach dem Neuen Palais, wo der Kaiser um 3 Uhr eintreffen wird. Die Lage ist dauernd recht unklar. Sehr schnell wird sie sich nicht klären, es werden noch etwa vierzehn Tage vergehen, bevor man etwas Bestimmtes wissen oder sagen kann. Du kannst diese Zeit in Bayreuth ruhig zu Ende bleiben, meinetwegen brauchst Du keine Sorge zu haben.[90] – Ich habe den gestrigen Tag, der allerdings etwas anders war als der Karlsbader Kurtag, ausgezeichnet durchgehalten, fühle mich wohl und frisch.

III.

EIN MEMORANDUM MOLTKES

ZUR BEURTEILUNG DER POLITISCHEN LAGE

Berlin, den 28. Juli 1914

Es ist ohne Frage, daß kein Staat Europas dem Konflikt zwischen Österreich und Serbien mit einem anderen als wie menschlichem Interesse gegenüberstehen würde, wenn in ihn nicht die Gefahr einer allgemein politischen Verwickelung hineingetragen wäre, die heute bereits droht, einen Weltkrieg zu entfesseln. Seit mehr als fünf Jahren ist Serbien die Ursache einer europäischen Spannung, die mit nachgerade unerträglich werdendem Druck auf dem politischen und wirtschaftlichen Leben der Völker lastet. Mit einer bis zur Schwäche gehenden Langmut hat Österreich bisher die dauernden Provokationen und die auf Zersetzung seines staatlichen Bestandes gerichtete politische Wühlarbeit eines Volkes ertragen, das vom Königsmord im eigenen[91] zum Fürstenmord im Nachbarlande[92] geschritten ist. Erst nach dem letzten scheußlichen Verbrechen hat es zum äußersten Mittel gegriffen, um mit glühendem Eisen ein Geschwür auszubrennen, das fortwährend den Körper Europas zu vergiften drohte. Man sollte meinen, daß ganz Europa ihm hätte Dank wissen müssen. Ganz Europa würde aufgeatmet haben, wenn sein Störenfried in gebührender Weise gezüchtigt und damit Ruhe und Ordnung auf dem Balkan hergestellt worden wäre, aber Rußland stellte sich auf die Seite des verbrecherischen Landes. Erst damit wurde die österreichisch-serbische Angelegenheit zu der Wetterwolke, die sich jeden Augenblick über Europa entladen kann.

Österreich hat den europäischen Kabinetten erklärt, daß es weder territoriale Erwerbungen auf Kosten Serbiens anstreben noch den Bestand dieses Staates antasten wolle, es wolle den unruhigen Nachbar nur zwingen, die Bedingungen anzunehmen, die es für ein weiteres Nebeneinanderleben für nötig hält und die Serbien, wie die Erfahrung gezeigt hat, trotz feierlicher Versprechungen ungezwungen niemals halten würde.

Die österreichisch-serbische Angelegenheit ist eine rein private Auseinandersetzung, für die, wie gesagt, kein Mensch in Europa ein tiefer gehendes Interesse haben würde, das in keiner Weise den europäischen Frieden bedrohen, sondern im Gegenteil ihn festigen würde, wenn nicht Rußland sich eingemischt hätte. Das erst hat der Sache den bedrohlichen Charakter gegeben.

Österreich hat nur einen Teil seiner Streitkräfte, 8 Armeekorps, gegen Serbien mobilisiert. Gerade genug, um seine Strafexpedition durchführen zu können. Demgegenüber trifft Rußland alle Vorbereitungen, um die Armeekorps der Militärbezirke Kiew, Odessa und Moskau, in Summa 12 Armeekorps, in kürzester Zeit mobilisieren zu können[93] und verfügt ähnliche vorbereitende Maßnahmen auch im Norden, der deutschen Grenze gegenüber, und an der Ostsee. Es erklärt, mobilisieren zu wollen, wenn Österreich in Serbien einrückt, da es eine Zertrümmerung Serbiens durch Österreich nicht zugeben könne, obgleich Österreich erklärt hat, daß es an eine solche nicht denke.

Was wird und muß die weitere Folge sein?

Österreich wird, wenn es in Serbien einrückt, nicht nur der serbischen Armee, sondern auch einer starken russischen Überlegenheit gegenüberstehen, es wird also den Krieg gegen Serbien nicht durchführen können, ohne sich gegen ein russisches Eingreifen zu sichern. – Das heißt, es wird gezwungen sein, auch die andere Hälfte seines Heeres mobil zu machen, denn es kann sich unmöglich auf Gnade oder Ungnade einem kriegsbereiten Rußland ausliefern. Mit dem Augenblick aber, wo Österreich sein ganzes Heer mobil macht, wird der Zusammenstoß zwischen ihm und Rußland unvermeidlich werden. Das aber ist für Deutschland der Casus foederis. Will Deutschland nicht wortbrüchig werden und seinen Bundesgenossen der Vernichtung durch die russische Übermacht verfallen lassen, so muß es auch seinerseits mobil machen. Das wird auch die Mobilisierung der übrigen Militärbezirke Rußlands zur Folge haben. Dann aber wird Rußland sagen können, ich werde von Deutschland angegriffen, und damit wird es sich die Unterstützung Frankreichs sichern, das vertragsmäßig verpflichtet ist, an dem Kriege teilzunehmen, wenn sein Bundesgenosse Rußland angegriffen wird. Das so oft als reines Defensivbündnis gepriesene französisch-russische Abkommen, das nur geschaffen sein soll, um Angriffsplänen Deutschlands begegnen zu können, ist damit wirksam geworden, und die gegenseitige Zerfleischung der europäischen Kulturstaaten wird beginnen.

Man kann nicht leugnen, daß die Sache von seiten Rußlands geschickt inszeniert ist. Unter fortwährenden Versicherungen, daß es noch nicht «mobil» mache, sondern nur «für alle Fälle» Vorbereitungen treffe, daß es «bisher» keine Reservisten einberufen habe, macht es sich so weit kriegsbereit, daß es, wenn es die Mobilmachung wirklich ausspricht, in wenigen Tagen zum Vormarsch fertig sein kann. Damit bringt es Österreich in eine verzweifelte Lage und schiebt ihm die Verantwortung zu, indem es doch Österreich zwingt, sich gegen eine russische Überraschung zu sichern. Es wird sagen: «Du, Österreich, machst gegen uns mobil, du willst also den Krieg mit uns.»

Gegen Deutschland versichert Rußland, nichts unternehmen zu wollen, es weiß aber ganz genau, daß Deutschland einem kriegerischen Zusammenstoß zwischen seinem Bundesgenossen und Rußland nicht untätig zusehen kann. Auch Deutschland wird gezwungen werden, mobil zu machen, und wiederum wird Rußland der Welt gegenüber sagen können: «Ich habe den Krieg nicht gewollt, aber Deutschland hat ihn herbeigeführt.» – So werden und müssen die Dinge sich entwickeln, wenn nicht, fast möchte man sagen, ein Wunder geschieht, um noch in letzter Stunde einen Krieg zu verhindern, der die Kultur fast des gesamten Europas auf Jahrzehnte hinaus vernichten wird.

Deutschland will diesen schrecklichen Krieg nicht herbeiführen. Die deutsche Regierung weiß aber, daß es die tiefgewurzelten Gefühle der Bundestreue, eines der schönsten Züge deutschen Gemütslebens, in verhängnisvoller Weise verletzen und sich in Widerspruch mit allen Empfindungen ihres Volkes setzen würde, wenn sie ihren Bundesgenossen in einem Augenblick nicht zu Hilfe kommen wollte, der über dessen Existenz entscheiden muß.

Nach den vorliegenden Nachrichten scheint auch Frankreich vorbereitende Maßnahmen für eine eventuelle spätere Mobilmachung zu treffen. Es ist augenscheinlich, daß Rußland und Frankreich in ihren Maßnahmen Hand in Hand gehen. – Deutschland wird also, wenn der Zusammenstoß zwischen Österreich und Rußland unvermeidlich ist, mobil machen und bereit sein, den Kampf nach zwei Fronten aufzunehmen. Für die eintretendenfalls von uns beabsichtigten militärischen Maßnahmen ist es von größter Wichtigkeit, möglichst bald Klarheit darüber zu erhalten, ob Rußland und Frankreich gewillt sind, es auf einen Krieg mit Deutschland ankommen zu lassen. Je weiter die Vorbereitungen unserer Nachbarn fortschreiten, um so schneller werden sie ihre Mobilmachung beendigen können. Die militärische Lage wird dadurch für uns von Tag zu Tag ungünstiger und kann, wenn unsere voraussichtlichen Gegner sich weiter in aller Ruhe vorbereiten, zu verhängnisvollen Folgen für uns führen.

IV.

BRIEFE AN ELIZA VON MOLTKE VOR DER MARNESCHLACHT

Luxemburg, 29. August 1914

Ich sitze hier in der Schule, in der wir auch hier unsere Bureaus errichtet haben. Es ist alles noch unfertig und bei weitem nicht so bequem wie in Koblenz. Wir haben weder Gas noch elektrisch Licht, nur trübe Petroleumlampen. Desto helleres Licht erstrahlt mir aus den Meldungen, die von unseren Armeen heute eingelaufen sind. Im Osten ist ein voller Sieg erfochten[94], so viele Gefangene, daß die Armee nicht weiß, wie sie sie fortschaffen soll. – Im Westen meldet die 2. Armee unter Bülow[95] einen vollen Sieg, der heute gegen fünfeinhalb französische Korps erfochten worden ist.

Wir wohnen alle zusammen, das heißt meine Herren und ich, in dem Hôtel de Cologne, das einen deutschen Wirt hat. Es ist nicht sehr schön, aber man muß im Felde vorliebnehmen. Es kommt ja auch nicht darauf an, ob man's ein bißchen besser oder schlechter hat.

Ich bin froh, für mich zu sein und nicht am Hofe. Ich werde ganz krank, wenn ich dort das Gerede höre, es ist herzzerreißend, wie ahnungslos der hohe Herr über den Ernst der Lage ist. Schon kommt eine gewisse Hurrastimmung auf, die mir bis in den Tod verhaßt ist. – Nun, ich arbeite mit meinen braven Leuten ruhig weiter. Bei uns gibt es nur den Ernst der Pflicht, und keiner ist sich darüber im unklaren, wie viel und Schweres noch getan werden muß.

Luxemburg, 31. August 1914

Der Erfolg im Osten ist groß und wird unsere unglückliche Provinz hoffentlich von den Russen säubern. Die Verwüstungen, die sie angerichtet haben, muß eine spätere Zeit heilen, wenn wir wieder Frieden haben. – Auch im Westen wieder ein Erfolg bei der 2. Armee unter Bülow, zu der das Gardekorps gehört. Es soll schwere Verluste gehabt haben. Heute und morgen kämpfen die Armeen der Mitte, es wird ein Entscheidungskampf sein, von dessen Ausgang unendlich viel abhängt.

Luxemburg, 1. September 1914

Heute, am Schlachttage von Sedan, haben wir wieder einen großen Erfolg über die Franzosen errungen. Der Kaiser war auf meinen Wunsch heute draußen bei dem Oberkommando der 5. Armee, bei dem Kronprinzen, und bleibt die Nacht draußen. Es ist gut für ihn, daß er einmal zur Truppe kommt und daß sie ihn sieht, auch, daß er auf französischem Boden ist.

Luxemburg, 2. September 1914

Ich bin eben aus Frankreich zurückgekommen. Ich war auf dem Fort Longwy, das gleich nach dem Einmarsch zusammengeschossen wurde. Die Wirkung unserer schweren Artillerie ist vernichtend. Das ganze Fort, das eine kleine Stadt umschloß, ist ein Trümmerhaufen. – Der Kaiser kam heute von den Truppen zurück, in Hurrastimmung. – In Österreich geht es schlecht. Die Armee kommt nicht vorwärts. Ich sehe es kommen, daß sie geworfen wird.

Luxemburg, 3. September 1914

Heute ist nichts Neues vorgefallen. Mit den Österreichern geht es schlecht, und wir können ihnen zur Zeit nicht helfen, müssen Gott danken, wenn wir mit unseren Gegnern fertig werden. Gott gebe, daß bald irgendein Ereignis in Rußland eintritt, das uns von den moskowitischen Massen entlastet.

Luxemburg, 7. September 1914

Heute fällt eine große Entscheidung, unser ganzes Heer von Paris bis zum oberen Elsaß steht seit gestern im Kampf. Müßte ich heute mein Leben hingeben, um damit den Sieg zu erkämpfen, ich täte es mit tausend Freuden, wie es wieder Tausende unserer Brüder heute tun und Tausende es getan haben. Welche Ströme von Blut sind schon geflossen, welcher namenlose Jammer ist über die ungezählten Unschuldigen gekommen, denen Haus und Hof verbrannt und verwüstet ist. – Mich überkommt oft ein Grauen, wenn ich daran denke, und mir ist zumute, als müßte ich dieses Entsetzliche verantworten, und doch konnte ich nicht anders handeln, als geschehen ist.

Luxemburg, 8. September 1914

Ich kann es schwer sagen, mit welcher namenlosen Schwere die Last der Verantwortung die letzten Tage auf mir gelastet hat und noch lastet. Denn noch immer ist das große Ringen vor der gesamten Front unseres Heeres nicht entschieden. Es handelt sich hierbei um Wahrung oder Verlust des bisher mit unendlichen Opfern Errungenen, es wäre furchtbar, wenn all dies Blut vergossen sein sollte ohne einen durchschlagenden Erfolg. Die schreckliche Spannung dieser Tage, das Ausbleiben von Nachrichten von den weit entfernten Armeen, das Bewußtsein dessen, was auf dem Spiel steht, geht fast über menschliche Kraft. – Die furchtbare Schwierigkeit unserer Lage steht oft wie eine schwarze Wand vor mir, die undurchdringlich scheint. – Heute abend sind etwas günstigere Nachrichten von der Front eingetroffen. Gott gebe, daß wir noch einmal mit unseren zusammengeschmolzenen Truppen einen Erfolg haben. Das Gardekorps ist wieder schwer im Kampf gewesen, es soll fast bis auf die Hälfte seines Bestandes heruntergekommen sein.

Es ist eine schwere Zeit, und namenlose Opfer hat dieser Krieg schon gefordert und wird sie weiter fordern. Die ganze Welt hat sich gegen uns verschworen, es sieht so aus, als ob es die Aufgabe aller übrigen Nationen wäre, Deutschland endgültig zu vernichten. – Die wenigen neutralen Staaten sind uns gegenüber nicht freundlich gesinnt. Deutschland hat keinen Freund in der Welt, es steht ganz alleine auf sich angewiesen.

Von der heutigen Entscheidung hängt es ab, ob wir noch hier bleiben. – Lange jedenfalls nicht mehr. Der Kaiser muß nach Frankreich hinein, näher an die Armee heran, er muß wie seine Truppen in Feindesland sein.

Luxemburg, 9. September 1914

Es geht schlecht. Die Kämpfe im Osten von Paris werden zu unseren Ungunsten ausfallen. Die eine unserer Armeen muß zurückgehen, die andern werden folgen müssen. Der so hoffnungsvoll begonnene Anfang des Krieges wird in das Gegenteil umschlagen. – Ich muß das, was geschieht, tragen und werde mit meinem Lande stehen oder fallen. Wir müssen erstikken in dem Kampf gegen Ost und West. – Wie anders war es, als wir vor wenigen Wochen den Feldzug so glanzvoll eröffneten – die bittere Enttäuschung kommt jetzt nach. Und wie werden wir zu zahlen haben für alles, was zerstört ist.

Der Feldzug ist ja nicht verloren, ebensowenig wie er es bisher für die Franzosen war, aber der französische Elan, der auf dem Punkt stand, zu erlöschen, wird mächtig aufflammen, und ich fürchte, unser Volk in seinem Siegestaumel wird das Unglück kaum ertragen können. – Wie schwer dies mir wird, kann niemand besser ermessen – als Du, die Du ganz in meiner Seele lebst.

TELEGRAMM S.M. DES KAISERS UND KÖNIGS

Mit bestem Glückwunsche
Luxemburg, 14. September 1914. *Wilhelm*

Chef des Generalstabes.

Die Wilnaer Armee, II., III., IV., XX. Armeekorps, drei bis vier Reserve-Divisionen, fünf Kavallerie-Divisionen, ist durch die Schlacht an den Masurischen Seen und die sich daran anschließende Verfolgung vollständig geschlagen. Die Grodnoer Reserve-Armee, XXII. A.-K., Rest des VI. A.-K., Teile des III. Sibirischen Korps, hat im besonderen Gefecht bei Lyk schwer gelitten. Der Feind hat starke Verluste von Toten und Verwundeten. Die Zahl der Gefangenen steigert sich. Die Kriegsbeute ist außerordentlich. Bei der Frontbreite der Armee von über hundert Kilometern, den ungeheuren Marschleistungen von zum Teil hundertfünfzig Kilometern in vier Tagen, bei den sich auf dieser ganzen Front und Tiefe abspielenden Kämpfen kann ich den vollen Umfang noch nicht melden. Einige unserer Verbände sind scharf ins Gefecht gekommen. Die Verluste sind aber doch nur gering. Die Armee war siegreich auf der ganzen Linie gegen einen hartnäckig kämpfenden, aber schließlich fliehenden Feind. Die Armee ist stolz darauf, daß ein Kaiserlicher Prinz in ihren Reihen gekämpft und geblutet hat.

gez. Hindenburg.[96]

VI.

BRIEFE UND DOKUMENTE NACH DER MARNESCHLACHT

Mézières, 27. September 1914

Ich fahre heute mittag wieder von hier ab nach Brüssel, um dort die Sache in Schwung zu bringen. Unsere Lage in Frankreich ist noch immer unverändert. Wir brauchen einen Erfolg an irgendeiner Stelle, er kommt und kommt nicht.

Mézières, 3. Oktober 1914

Unsere Lage ist noch immer kritisch, aber auch hier in Frankreich kann jeden Tag eine Wendung eintreten, wie wir gestern vor Antwerpen einen schönen Erfolg gehabt haben. Ein solcher Erfolg im Westen, und alles ist gerettet. – Du weißt, daß ich mich gesträubt habe, mich krank zu melden[97] und abzureisen, Du weißt, daß ich Dir sagte, mein Platz ist hier, ich stehe und falle mit dem Heere. – Ich werde vielleicht schon morgen nach Brüssel zurückkehren, wo die Entscheidung heranreift und es gut ist, wenn ich dort bin, damit die Einheitlichkeit gewahrt bleibt. – Das Gardekorps ist an eine andere Stelle gezogen und wird wohl wieder neue Kämpfe zu bestehen haben.

TELEGRAMM DES KAISERS

Generaloberst v. Moltke, Gouvernement Brüssel.

Den 10. Oktober 1914

Ich spreche Ihnen Meinen Königlichen Dank aus für Ihre
erfolgreiche Mitwirkung bei der Einnahme von Antwerpen,
die für immer eine der ruhmreichsten Waffentaten sein wird,
und verleihe Ihnen in hoher Anerkennung Ihrer Mir bisher
geleisteten vortrefflichen Dienste das Eiserne Kreuz erster Klasse.
Ich bin voll Dank gegen Gott für diesen herrlichen Erfolg.

Wilhelm I. R.

Mézières, 11. Oktober 1914

Ich versuche, soviel wie möglich, mich zu orientieren über alles, was gemacht wird, und das Verhältnis zwischen Falkenhayn und mir aufrecht zu erhalten, es ist nicht leicht, aber ich tue, was ich kann. Ich glaube, eine schwerere Prüfung kann einem Menschen kaum auferlegt werden.[98] – Gestern bin ich von Antwerpen zurückgekommen. Ich habe dort wenigstens etwas helfen können, während ich hier nur Zuschauer bin. – Der Fall Antwerpens war seit langem wenigstens mal wieder ein Erfolg.

Mézières, 22. Oktober 1914

Ich bin nun doch zusammengeklappt, nachdem mein Körper sich bisher so gut gehalten hatte. Es ist eine Entzündung der Gallenblase und Stauung im rechten Leberlappen. An und für sich ist die Sache nicht schlimm, ich muß aber liegen. Dr. N. vom Kaiser behandelt mich in netter und angenehmer Weise, er rechnet damit, daß die Sache in noch acht Tagen ganz überwunden sein wird. – Für mich war diese Erkrankung ein harter Schlag, gerade am Tage vorher hatte ich mit Sr. Majestät gesprochen. Es war so, wie ich es gedacht hatte. Der Kaiser war in der Idee, daß ich eigentlich die Sache leitete und Falkenhayn nur gewissermaßen Hilfsarbeiter sei. Ich habe ihm die Sache nun klargelegt und gesagt, daß ich ganz ausgeschaltet bin. Er sagte, er wolle «Remedur» eintreten lassen.

Mézières, 24. Oktober 1914

Der Kaiser war gestern eine Stunde bei mir, sehr gütig, persönlich ist er augenscheinlich der Alte mir gegenüber geblieben. Einen klaren Einblick in die Lage, in die er mich gebracht hat, hat er wohl nicht. Ich konnte gestern auch nicht darüber sprechen, muß es aber tun, wenn ich gesund bin, in drei bis vier Tagen denke ich. – P. sagte mir, der Kaiser wollte mir eins seiner Jagdschlösser anbieten, wenn ich mich einige Zeit erholen wollte. Vielleicht ist dies der einzige Weg, um zu einer Änderung zu kommen, ich weiß es noch nicht, möchte es sehr ungern. – Der Erfolg, auf den wir hofften, ist nicht eingetreten, immer wieder Enttäuschung. Es ist, als ob uns nichts mehr glücken sollte, und doch muß endlich der Erfolg kommen, wenn wir nicht in der Masse unserer Gegner ersticken sollen.

Mézières, 26. Oktober 1914

Es geht nicht vorwärts mit unseren Operationen. Alle unsere Hoffnungen, die wir auf die neuen Korps gesetzt haben, sind trügerisch gewesen. Wir kommen zu keiner Entscheidung, der Feldzug quält sich hin wie ein stagnierender Sumpf. – Körperlich geht es täglich besser.

Mézières, 28. Oktober 1914

Die Verhältnisse Rußland gegenüber machen mir schwere Sorge. Ich sehe es kommen, daß, nachdem die Österreicher wieder geschlagen sind, unsere Armee zurückgehen muß[99]. – Diese österreichische Niederlage ist der schwerste Schlag, den wir erleiden konnten.

KABINETTSORDER S.M. DES KAISERS

Infolge Ihrer Erkrankung habe Ich Mich zu Meinem größten Bedauern in die Notwendigkeit versetzt gesehen, die Stelle des Chefs des Generalstabes des Feldheeres in andere Hände zu legen, und habe Ich den Kriegsminister Generalleutnant von Falkenhayn zu Ihrem Nachfolger ernannt. Es berührt Mich im höchsten Grade schmerzlich, daß Sie Ihre langjährige, unermüdliche und segensreiche Friedensarbeit nun nicht mehr selbst in weitere Taten umsetzen und an dem Erfolge Ihres Wirkens aus nächster Nähe teilnehmen können. Ihr Verdienst um den Generalstab bleibt aber deshalb doch ungeschmälert und wird Ihre Persönlichkeit und Ihre Tätigkeit an der Spitze des in der ganzen Welt ruhmreich bekannten deutschen Generalstabes bei Mir und Meiner Armee unvergessen bleiben. Von Herzen wünsche Ich Ihnen baldige Genesung und hoffe, daß Sie Ihre bisherige Rüstigkeit völlig wieder erlangen werden. – Ihrem Wunsche um Begleitung durch einen Generalstabsoffizier habe ich gern entsprochen, und betreffs des weiteren Bezugs Ihrer bisherigen Gebührnisse an den Kriegsminister verfügt.
Großes Hauptquartier, den 3. November 1914.

Wilhelm R.

An Meinen Generaladjutanten und Chef des Generalstabes des Feldheeres Generalobersten v. Moltke.

VORWORT MOLTKES
FÜR "DAS DEUTSCHE SOLDATENBUCH".[100]

Geschrieben November 1914

Euch, deutsche Krieger, die ihr Eltern, Geschwister, Weib und Kind, Haus und Hof verlassen habt, um hinauszuziehen in den Krieg, ist dies Buch gewidmet: Es soll euch einen Gruß aus der Heimat bringen, die ihr mit eurem Blute und Leben schützt. Es ist eine heilige Sache, um die ihr im Felde steht. Nicht aus selbstsüchtigem Interesse hat Deutschland diesen Krieg unternommen. Wir wollten Frieden halten mit aller Welt, und wir trachteten nicht nach fremdem Gut oder Land. Der Krieg ist uns aufgezwungen worden durch den Neid und den Haß unserer zahlreichen Feinde, die das Reich, deutsches Leben, deutsche Kultur und Friedensarbeit vernichten wollten. Die Deutschland austilgen wollten aus der Reihe der Kultur und uns das verderben wollten, was wir in langer, stiller Friedensarbeit geschaffen haben. Zur Verteidigung unseres nationalen Lebens, für die Existenz unseres Landes führen wir diesen Krieg[101], und wir werden die Waffen nicht eher niederlegen, bis wir einen Frieden erkämpft haben, der es unseren Kindern und Enkeln ermöglicht, sicher vor neuen Angriffen das wieder aufzubauen und weiterzuführen, was der Krieg zerstört hat. Aber es handelt sich nicht nur um materielle Güter, das wollen wir nicht vergessen, es handelt sich um etwas Höheres. darum, der gesamten Welt das führende deutsche Geistesleben zu erhalten. Deshalb ist es ein heiliger Krieg, den wir führen, das weiß und fühlt das ganze deutsche Volk, und es steht einmütig in treuer Brüderschaft hinter seinem Heere. Es wird aushalten mit euch und jedes Opfer bringen, bis der Sieg errungen ist. Und wenn ihr dann heimkehrt, werdet ihr als kostbarstes Gut aus dem Felde die Gewißheit mitbringen, daß Deutschland unbesiegbar war, mit allen seinen Stämmen und Parteien wie Brüder zusammenstand, und ihr werdet in eurem Herzen das Bewußtsein tragen, daß die deutsche Volksseele unendliche Kräfte birgt, wenn sie ideale Ziele in sich aufleben läßt. Daß dieses Gut dem deutschen Volke auch nach dem Kriege erhalten bleibe in aller Zukunft, ist der heiße Wunsch aller, die eurer heute und täglich gedenken. Haltet aus, ihr deutschen Krieger, wenn der Kampf auch noch so schwer ist. Bleibt treu und fest, wie ihr es bisher gewesen seid, und ihr werdet siegen.

AUSZUG AUS EINEM BRIEF VON KRONPRINZ WILHELM AN MOLTKE

Stenay, den 15. Dezember 1914

Euer Exzellenz

habe ich schon lange einmal schreiben wollen, wie sehr ich mit Ihnen fühle in dieser für Sie so schweren Zeit. Es hat mir ins Herz geschnitten, wie ich Sie damals in Mézières so vereinsamt und krank sehen mußte. Von alten Zeiten her habe ich stets so riesig viel von Euer Exzellenz gehalten und speziell als wirklich treuer, aufrichtiger Freund meines Vaters, der ja leider wenig von dieser Art besitzt. – Während meiner Zeit im Generalstab habe ich nur Güte und Nachsicht und Verständnis, was den Verlust meines Regiments anbetrifft, bei Euer Exzellenz gefunden. Endlich verdanke ich Ihnen allein mein jetziges Kommando, und sollte Gott mich gesund nach dem Kriege in die Heimat zurückkehren lassen, so werden die Schlachten von Longwy, an der Lotaine, dem Maasübergang und den Kämpfen bei Varennes und in den Argonnen bis zu meinem letzten Augenblick herrliche, erhebende Erinnerungen für mich immer bleiben. – Alles dieses gibt mir das Recht jetzt, in den für Sie trüben Tagen, an Ihre Seite zu treten und Ihnen die Hand fest zu drücken in dem Gefühl der Hochachtung und der treuen Anhänglichkeit, ich bin gewiß, daß ich verstanden werde, auch wenn ich mich ungeschickt ausdrücke, viel Worte habe ich nie machen können, aber das Gefühl ist warm und echt. – – –

Nun auf Wiedersehen, Euer Exzellenz, und einen herzlichen Gruß an Ihre liebe Frau, die in dieser Zeit die einzige wirkliche Trösterin sein kann.

In alter Treue
Wilhelm

KABINETTSORDER S. M. DES KAISERS

Ich ernenne Sie hierdurch für die Dauer des mobilen Verhältnisses zum Chef des Stellvertretenden Generalstabes der Armee.

Großes Hauptquartier, den 30. Dezember 1914.

Wilhelm R.

An Meinen Generaladjutanten, Generalobersten von Moltke, Chef des Füsilier-Regiments Generalfeldmarschall Graf Moltke (Schlesisches) Nr. 38, à la suite des Kaiser-Alexander-Gardegrenadier-Regiments Nr. 1.

MOLTKE AN DEN REICHSKANZLER VON BETHMANN HOLLWEG

Berlin, 8. Januar 1915

Ew. Exzellenz

wollen verzeihen, wenn ich durch handschriftliche Antwort auf Ihr Schreiben vom 5. d.M. Schwierigkeiten beim Lesen mache, ich möchte aber dies Schreiben keinem Abschreiber anvertrauen.

Ich spreche mich im Vertrauen auf den von Ew. Exzellenz gewählten Weg rein persönlicher Mitteilung so offen aus, wie es mir die Schwierigkeit der Sache gestattet.

Es ist keine Frage, und es ist mir hier von den verschiedensten Seiten entgegengetreten, daß die Vereinigung des Amtes des Chefs des Generalstabes und des Kriegsministers in einer Hand in weiten Kreisen des Landes in ungünstigem Sinne beurteilt wird. Ich persönlich halte diese Vereinigung nicht für günstig. Generalstab und Kriegsministerium sind zwei Behörden, die ein Gegengewicht gegeneinander bilden müssen, wenn in zweckdienlicher Weise gearbeitet werden soll. Außerdem gehört der Kriegsminister nach Berlin, an die Zentralstelle seiner Wirksamkeit. Persönlich ist die Vereinigung beider Stellen für den Inhaber gewiß sehr bequem, wo sich entgegenstehende Auffassungen gegenüberstehen, kann er diktatorisch entscheiden. Das hat sich kürzlich gezeigt, wie es sich um die Frage der Neuaufstellung der Korps handelte, wo das Kriegsministerium und, wie mir gesagt ist, auch der General v. Falkenhayn als Kriegsminister *gegen* die Neuaufstellung und *für* die Stärkung unseres Westheeres war, während General v. Falkenhayn kurz darauf als Chef des Generalstabes die Aufstellung befahl. Ich würde mich in diesem Falle der Ansicht des Kriegsministeriums angeschlossen haben. – Es ist aber sehr schwer für mich, über diese Dinge ein begründetes Urteil abzugeben, da mir jede Orientierung über die tatsächliche Lage des Heeres fehlt. Von dem Augenblicke an, wo Se. Majestät mir durch den Chef des Militärkabinetts sagen ließ, ich solle mich krank melden und nach Berlin fahren, da dem General v. Falkenhayn die Leitung der Operationen übertragen werden solle, habe ich keinen Einfluß auf die Führung des Krieges mehr gehabt. Da der General v. Falkenhayn mir gleichzeitig erklärte, er könne die Verantwortung nur übernehmen, wenn ich mich in keiner Weise einmischte, habe ich mich zurückgehalten und bin seitdem weder um meine Ansicht gefragt noch über die beabsichtigten Maßnahmen der Heeresleitung vorher unterrichtet worden. Seitdem ich am 1. November auf Wunsch Sr. Majestät nach Homburg gegangen war und dort nach zwei Tagen die Order über meine Entlassung von meiner bisherigen Stellung erhalten hatte, habe ich mich auch nicht mehr über die Lage durch Umfrage im Generalstab orientieren können, da ich nun völlig ausgeschaltet war. – Ich sage dies nicht, um mich zu beklagen, sondern nur, um darzulegen, wie schwer es für mich ist, ein begründetes Urteil über die operativen Geschehnisse und eine Bewertung derselben abzugeben.

Das einzige, was ich sehe und was ebenso wie ich alle Welt sehen kann, ist das Ergebnis der letzten Kriegsmonate. – Ich sehe, daß unser ganzes Westheer im Schützengraben liegt und daß eine operative Kriegsführung nicht mehr stattgefunden hat. Der Unterschied zwischen der Kriegsführung im Osten und im Westen muß auch dem militärischen Laien klar sein. – Es ist einleuchtend, daß die Wiederherstellung der Operationsmöglichkeit im Westen nur durch ein Loslösen vom Feinde und in einer Konzentrierung der Heeresgruppen weiter rückwärts bewirkt werden kann. – Zu dieser Maßregel, die eine Entscheidung in offener Feldschlacht gegen den Gegner suchen würde, der unbedingt folgen muß, hat man sich bisher nicht entschlossen. – Über die Gründe bin ich ebensowenig unterrichtet wie über die jetzt im Westen verfolgten Ziele. Ebensowenig kenne ich die Ansichten der Armeeführer hierüber und weiß nicht, ob sie darüber befragt worden sind. – Ich würde die Kriegsführung im Westen verstehen, wenn sie von dem Gedanken getragen würde: im Westen zunächst hinhalten, im Osten eine Entscheidung herbeiführen. – Es ist mir unverständlich, daß die Wichtigkeit der letzteren nicht schon vor langem erkannt worden ist. – Wären wir mit Rußland zu einem Frieden gekommen, so wäre meiner Ansicht nach alles gewonnen gewesen. Ob es jetzt noch möglich sein wird, diese Entscheidung herbeizuführen, kann ich von hier aus nicht beurteilen. Bei dem Versagen der österreichischen Kriegsführung ist es jedenfalls viel schwerer geworden, als es vor zwei Monaten gewesen wäre. – Ew. Exzellenz sagen, daß Se. Majestät und der General v. Lyncker den General v. Falkenhayn unter allen Umständen als Chef des Generalstabes behalten wollen, selbst wenn die beiden jetzt vereinigten Funktionen getrennt werden sollten. – Damit ist die Frage ja von vorneherein entschieden.

General Ludendorff ist zum Chef des Generalstabes wohl zu jung. – Er würde ausgezeichnet am Platze sein als Chef der Operationsabteilung oder als Oberquartiermeister, aber er ist eine eigenwillige Persönlichkeit, die mit dem Kopf durch die Wand geht, und er würde niemals mit dem jetzigen

Chef des Generalstabes zusammenarbeiten können. – Er ist sehr befähigt und ehrgeizig, hat auch dafür eine Berechtigung, aber er würde sich nur einer Persönlichkeit unterordnen, die er achtet.

Generaloberst v. Bülow ist nach meinem Urteil der befähigtste unserer Armeeführer.

Darüber, ob General v. Falkenhayn Vertrauen in den Kreisen der letzteren entgegengebracht wird, habe ich kein Urteil. Es wäre sehr zu wünschen, daß es geschehe, denn Vertrauen ist eine wichtige Sache.

Ew. Exzellenz werden von meinen Ausführungen kaum befriedigt sein, das fühle ich selber. Es ist mir aber unmöglich, mich bestimmt auszusprechen. Ew. Exzellenz werden das verstehen. – Wenn Sie ein kompetentes Urteil haben wollen, setzen Sie sich mit dem General v. Bülow in Verbindung. Ob dies möglich ist, ohne daß Sie den Anschein erwecken, sich in militärische Fragen einzumischen, weiß ich nicht.

In den letzten Tagen sind mehrfach Herren bei mir gewesen, die schwere Besorgnisse über die Nahrungsmittelfrage zur Sprache gebracht haben. Ich werde Ew. Exzellenz demnächst über diese Angelegenheit berichten, die von vitaler Wichtigkeit ist. Es waren Vertreter der Landwirtschaft, der Industrie und der Getreideaufkaufsgesellschaft, die alle die gleichen Besorgnisse äußerten.

Mit der größten Hochachtung bin ich Ew. Exzellenz

sehr ergebener v. Moltke.

MOLTKE AN DEN REICHSKANZLER VON BETHMANN HOLLWEG

Berlin, 10. Januar 1915

Ew. Exzellenz bitte ich, von tiefer Sorge um das Vaterland getrieben, die nachstehenden Zeilen unterbreiten zu dürfen.

Ich bin in betreff der Nahrungsversorgung unseres Volkes mit den verschiedensten Autoritäten: Geheimrat Sering, Professor Eltzbacher, Professor Ballod u.a. in Verbindung getreten, außerdem sind zu mir gekommen, ohne gerufen zu sein: Herr v. Wangenheim, Klein-Spiegel, ferner Vertreter der Großindustrie, Herr Stinnes, Müllheim, Geheimrat Hugenberg, Essen, sowie viele Private, alle von der gleichen Sorge um das Land getrieben.

Wenn nicht sofort, und zwar mit rücksichtsloser Energie eingegriffen wird, werden wir, nach Ansicht aller, einer Katastrophe entgegengehen. – Die in der Anlage beigefügten Richtlinien sind das Ergebnis des gemeinsamen Urteils aller Herren, mit denen ich gesprochen habe. – Ew. Exzellenz werden vielleicht der Ansicht sein, daß ich mich hier um Dinge bekümmere, die mich nichts angehen. Die Frage der Volksernährung ist aber von so einschneidender Bedeutung für die Kriegsführung, daß ich mich verpflichtet fühle, sie zur Sprache zu bringen. Unsere Heere nützen uns am letzten Ende nichts, wenn wir genötigt sind, aus Mangel an Nahrungsmitteln, vor allem an Brotgetreide, um Frieden zu bitten, bevor eine Entscheidung durch die Waffen herbeigeführt ist, und niemand kann wissen, wie lange der Krieg noch dauern wird. – Ich habe gehört, daß von der Durchführung radikaler Maßnahmen durch den Bundesrat bisher Abstand genommen worden ist, um keine Unzufriedenheit bei den linksstehenden Parteien zu erregen. – Unser Volk wird jetzt noch energische Maßnahmen ruhig hinnehmen, es ist noch opferbereit und fordert sogar in weiten Kreisen, daß die Regierung mit starker Hand eingreift, aber dasselbe Volk wird Rechenschaft von der Regierung fordern, wenn Notstände eintreten, die noch in letzter Stunde hätten vermieden werden können. Auf die Regierung wird die ganze Verantwortung mit voller Schwere fallen, wenn nichts geschieht. – Ich beschwöre Ew. Exzellenz daher, sofort einzugreifen. – Wenn jetzt erst wieder Kommissionen einberufen und endlose Beratungen abgehalten werden, werden erfahrungsmäßig alle ergebnislos verlaufen, geht die kostbare Zeit verloren, und wie Ew. Exzellenz aus der Anlage ersehen, haben wir keine Zeit mehr zu verlieren. Es kommt nicht darauf an, das absolut

Beste zu machen, man kann nicht alle Sonderinteressen berücksichtigen, die sich dauernd widersprechen werden. Hier handelt es sich nicht um Einzelinteressen, sondern um die Gesamtheit des Volkes und um die Existenz des Staates und der Monarchie.

Das Bewußtsein, daß es sich um die Wahrung unserer höchsten Güter handelt, hat mich zu diesem Schreiben veranlaßt.

Eine zweite wichtige Frage, über deren Entscheidung ich nicht unterrichtet bin, ist die, ob die in nächster Zeit verfügbar werdenden Streitmittel im Osten oder im Westen eingesetzt werden sollen. Darüber müssen Ew. Exzellenz orientiert sein, um danach die Politik des Reiches leiten zu können. – Ich glaube mit Ew. Exzellenz derselben Ansicht darin zu sein, daß das einzige große Ziel, das wir jetzt noch verfolgen müssen, trotzdem die Gelegenheit schon einmal versäumt ist, die Herbeiführung einer Entscheidung gegen Rußland ist, die uns die Möglichkeit eines Friedens mit ihm eröffnet. Ich habe Ew. Exzellenz schon vor Wochen gesagt, daß, wenn dies gelingt, meines Erachtens nach der Krieg so gut wie gewonnen ist. – Ich halte den hier zu fassenden Entschluß für den sowohl *militärisch* wie *politisch* wichtigsten der gesamten bisherigen Kriegsführung.

In größter Verehrung
Ew. Exzellenz sehr ergebener v. Moltke

Anlage
An den Reichskanzler eingesandt am 10. Januar 1915.

Eingehende Berichte und Rücksprachen mit namhaften Persönlichkeiten der Finanz, Industrie und Volkswirtschaft haben ergeben, daß wir nur noch geringe Vorräte an Brotgetreide in Deutschland haben, und zwar Weizen nur noch für ein bis zwei Monate, Roggen in so beschränkter Menge, daß er für die beiden letzten Monate des Erntejahres voraussichtlich völlig fehlen wird.

Die Vorschriften des Bundesrates über die stärkere Ausmahlung des Brotgetreides sind hierbei schon berücksichtigt.

Die erweiterte Vorschrift des Einbackens von Kartoffelmehl in Brot vermag den Mangel keineswegs zu beheben.

Die Aufgabe besteht jetzt darin, jede Verschwendung und jeden Luxuskonsum mit allen, selbst den schärfsten Mitteln, zu beseitigen.

Ferner ist der Vorrat menschlicher Nahrungsmittel dadurch zu vergrößern, daß die Verfütterung von Roggen und Kartoffeln mit aller Energie verhindert wird. Jede Verfütterung menschlicher Nahrungsmittel bedeutet eine Verschwendung wertvollen Nationalvermögens. Die riesenhaften Schweinebestände können daher nicht durchgehalten werden.

Das einzig Erfreuliche ist, daß unsere große Rauhfutterernte gestattet, die Milchkühe einigermaßen vollständig zu erhalten, so daß der Milch-, Käse- und Butterverbrauch voraussichtlich keine über das erträgliche Maß hinausgehende Einschränkung erfahren wird.

Überfluß besitzen wir nur an Zucker. Dieser muß dazu nutzbar gemacht werden, den Ausfall an aus Übersee eingeführten Fetten auszugleichen, sowie Lücken in der Getreideversorgung auszufüllen. – Es ist durchaus unzulässig, daß die bisher ausgeführten Zuckermengen eingesperrt bleiben, um den Besitzern nach dem Friedensschluß große Spekulationen zu ermöglichen. Es darf sich hier nicht um Vorteile einzelner, sondern um die Gesamtheit des Volkes handeln. – Im einzelnen werden von allen Autoritäten auf dem Gebiet der Volkswirtschaft folgende Maßnahmen für unbedingt nötig erachtet:

1. Sofortige Aufhebung der Höchstpreise für Weizen.
2. Ermächtigung an Kriegsgetreidegesellschaften, höhere Preise als Höchstpreise für Roggen, Weizen, und Gerste zu zahlen, und zwar ohne jede Bindung.
   Anweisung an K.-G.-G., alle Getreide-, insbesondere sämtliche Weizenvorräte, soweit es irgend möglich ist, an sich zu bringen.
3. Höchstpreise für Roggen sind vorläufig um dreißig Mark zu erhöhen, die der Speisekartoffeln um dreißig bis vierzig Prozent.
4. Schweine sind bis um fünfzig Prozent des Bestandes durch große Ankäufe der Stadtgemeinden mit Unterstützung des Reiches einzuschlachten und zu konservieren. Kontingentierung nach der Bevölkerungsziffer. – Die Heeresverwaltung hat sich an dem Ankauf zu beteiligen.
5. Vollständige Verhinderung jeder Ausfuhr von Nahrungsmitteln an das Ausland. – Österreich-Ungarn hat die bisher empfangenen Getreidemengen durch andere Nahrungs- oder Futtermengen, z. B. Hülsenfrüchte, als Bohnen usw., zu ersetzen.
   Die Heeresverwaltung kann die bisher durch Deutschland erfolgende Verpflegung der österreichisch-ungarischen Truppen in Polen nicht weiter übernehmen.

6. Nutzbarmachung der Zuckervorräte:
   a) durch Erhöhung der sperrfreien Kontingente derart, daß dem Verbrauch um monatlich eine gegen das Vorjahr um wenigstens die Hälfte erhöhte Zuckermenge zur Verfügung gestellt wird,
   b) durch Herabsetzung der Zuckersteuer von vierzehn auf sieben Mark für den Doppelzentner,
   c) durch Ankauf von einer Million Doppelzentner Zucker seitens der Heeresverwaltung für die Truppen,
   d) durch Beimengung von Zucker zu dem Haferfutter seitens der Heeresverwaltung, auf zehn Pfund Hafer zwei Pfund Rohzucker.
7. Die Eisenbahnverwaltung hat statt Kohlen, soweit noch nicht geschehen, Koks zum Verbrauch heranzuziehen, dies gilt besonders auch für die Militärtransporte.
8. Weit stärkere Heranziehung der Gefangenen als bisher zum Urbarmachen der Ödländereien und Moorkulturen, um sie im Frühjahr ausbauen zu können.
9. Sicherstellung der Hülsenfrüchte (auch von Sommergetreide) zur Aussaat durch Verleihung des Enteignungsrechtes an die Landwirtschaftskammer.
10. Die Gefangenen sind in viel weiterem Maße mit Fisch (Stockfisch) zu ernähren, der in großen Mengen aus Norwegen bezogen werden kann.

v. Moltke[102]

MOLTKE AN SEINE MAJESTÄT DEN KAISER

Generalstab Berlin, 10. Januar 1915

Ew. Majestät

melde ich alleruntertänigst, daß ich heute an den Herrn Reichskanzler einen Bericht über die Nahrungsmittelfrage eingereicht habe. Ich bitte Ew. Majestät alleruntertänigst, Sich über die in demselben angeregten Fragen und Vorschläge Vortrag halten zu lassen. Die Sicherstellung der Versorgung des Heeres und des Volkes ist so ernst, daß ich mich verpflichtet gefühlt habe, sie zur Sprache zu bringen.

Ich habe mich mit vielen maßgebenden Persönlichkeiten auf dem Gebiete der Lebensmittelversorgung in Verbindung gesetzt, überall ist mir die Ansicht entgegengetreten, daß wir einer schweren Krisis entgegengehen, wenn nicht unverzüglich mit den energischsten Maßnahmen vorgegangen wird.

Ich habe die Richtlinien, in denen diese sich zu bewegen hätten und die von allen Herren, die teils mit der Bitte zu mir gekommen sind, Ew. Majestät die Lage darzulegen, teils von mir gebeten sind, mir ihre Ansichten zur Kenntnis zu geben, übereinstimmend als nötig bezeichnet sind, dem Herrn Reichskanzler unterbreitet. – Von allen Seiten ist mir übereinstimmend gesagt worden, daß es die zwölfte Stunde sei, wenn noch geholfen werden soll. – Ew. Majestät brauche ich nicht darzulegen, daß diese Angelegenheit von vitalster Bedeutung für die Kriegsführung ist. Das stärkste Heer wird Ew. Majestät nicht den glücklichen Ausgang des Krieges sichern können, wenn Ew. Majestät gezwungen werden, wegen Mangel an Nahrungsmitteln Frieden zu schließen, bevor eine endgültige Waffenentscheidung herbeigeführt ist. – Das Volk wird jetzt noch bereit sein, selbst das schärfste Eingreifen der Regierung als berechtigt anzuerkennen, es wird sogar in weiten Kreisen gefordert. Tritt der von den maßgebenden Autoritäten auf dem Gebiet der Nahrungsmittelversorgung befürchtete Notstand ein, der durch rechtzeitiges Eingreifen hätte verhindert werden können, so sind die schlimmsten Folgen zu erwarten.

Die Sorge um die Zukunft der Monarchie und des Vaterlandes drückt mir die Feder in die Hand. Ich bitte Ew. Majestät inständigst zu befehlen, daß hier mit eiserner Hand eingegriffen wird, nur dadurch wird Hilfe geschaffen werden können.

Ich habe mich in früheren Zeiten des Vertrauens Ew. Majestät erfreuen dürfen, und in der Gewißheit, daß Ew. Majestät mir auch jetzt noch glauben, daß ich keine anderen Motive kenne als Kaiser und Vaterland, bitte ich noch das Folgende über die großen Ziele des Krieges, wie sie sich mir darstellen, hinzufügen zu dürfen.

Nach meiner innersten Überzeugung liegt die Entscheidung des Krieges im Osten. Gelingt es, auch jetzt noch, die Russen so zu schlagen, daß man zu einem Friedensschluß mit ihnen gelangen kann, so wird Frankreich sehr bald den Widerstand aufgeben. Ew. Majestät werden dann den Krieg so gut wie gewonnen haben. Solange Rußland im Felde steht, wird Frankreich keinen Frieden schließen. Es wird auch dann nicht Frieden schließen, wenn es gelingen sollte, seine Linien zu durchbrechen oder ihm eine Teilniederlage beizubringen, es wird und es kann den Krieg nicht aufgeben, solange Rußland nicht erledigt ist und solange ein englischer Soldat auf französischem Boden steht. Dafür wird England sorgen. Ist aber die Hoffnung auf die russische Hilfe vernichtet, wird auch die Macht Englands über Frankreich gebrochen sein. – Ich halte es daher für unbedingt erforderlich, alle verfügbaren Kräfte einzusetzen, um Rußland niederzuwerfen, und dies um so mehr, da Österreich augenscheinlich militärisch mehr und mehr versagt. Nicht Österreichs wegen, aber um der Gefahr zu begegnen, daß nach einem Separatfrieden[103] Österreichs uns die gesamte Heeresmacht Rußlands gegenübersteht.

Ich bin nicht darüber unterrichtet, wie Ew. Majestät entscheiden wollen, und ich bitte Ew. Majestät, es zu verzeihen, wenn ich meine Ansicht ungefragt Allerhöchstdenselben ausspreche. Ich habe es aber stets für meine Pflicht gehalten, Ew. Majestät offen und ohne Rücksicht auf meine Person zu dienen, und an dieser Auffassung werde ich festhalten bis zu meinem Tode.

In tiefer Ehrfurcht verharre ich als Ew.Majestät alleruntertänigster

v. Moltke, Generaloberst.

MOLTKE AN GENERAL ...

Generalstab Berlin, 12. Januar 1915

Ew. Exzellenz

Schreiben vom 3. d.M. ist mir erst am 10. d.M. durch Major ... überbracht worden. – Ich ersehe aus demselben, daß der Reichskanzler sowie Ew. Exzellenz den Versuch gemacht haben, den Kaiser über die allgemein herrschende Stimmung gegen den General v. Falkenhayn aufzuklären.

Daß diese Stimmung nicht nur in der Armee, sondern auch im Volk dieselbe ist, tritt mir von Tag zu Tag mehr entgegen. Ich habe bis jetzt geschwiegen, da Se. Majestät mich nie um meine Ansicht befragt hat und da ich nach den Orders, die ich von ihm erhalten habe, annehmen muß, daß ich für ihn abgetan sei, aber die Sorge um Kaiser und Reich drückt mir fast das Herz ab. Ich fürchte, daß wir, wenn kein Wandel geschaffen wird, der schwersten Katastrophe entgegengehen.

Wenn ich auch völlig ausgeschaltet worden bin, so sehe ich doch die Ergebnisse der Kriegsführung der letzten Monate. Sie sind geradezu erschreckend. – Wir haben unseren Gegnern drei Monate Zeit geschenkt und jede eigene Initiative verloren. General v. Falkenhayn hat großen persönlichen Ehrgeiz; die Fähigkeit, die großen Verhältnisse dieses gewaltigen Krieges richtig zu beurteilen, kraftvolle Entschlüsse zu fassen, den Augenblick und den Ort zu erkennen, wo ein Erfolg von Bedeutung zu erringen ist, sich große Ziele zu stecken und sie energisch zu verfolgen fehlt ihm augenscheinlich. Es wird seit drei Monaten gewurschtelt. Seit Monaten liegen einige vierzig Armeekorps in den Schützengräben. Von einer Operation ist nicht mehr die Rede. General v. Falkenhayn hat sich nicht entschließen können, das Heer wieder bewegungsfähig zu machen.

Man hätte dies auf zwei Wegen erreichen können. Entweder indem man die Armeen gruppenweise nach rückwärts konzentrierte, um die Entscheidung gegen den Gegner, der folgen mußte, in der Feldschlacht zu suchen, oder indem die jetzt gehaltene Linie durch Zurücknehmen des nach Westen ausspringenden Bogens verkürzt und damit die Möglichkeit geschaffen würde, starke Kräfte freizubekommen. Wäre dann erkannt worden, daß die Entscheidung des ganzen Feldzuges zunächst im Osten lag, denn eine vernichtende Niederlage der Russen würde uns wahrscheinlich den Frieden mit ihnen gebracht haben, wären die so verfügbar gewordenen

Kräfte rechtzeitig dort eingesetzt worden, so hätte unendlich Großes erreicht werden können. Das hat General v. Falkenhayn nicht erkannt. Er hat sich vielleicht davor gescheut, einen Teil des gewonnenen Geländes aufzugeben. Es kommt aber nicht darauf an, einige Kilometer Boden zu behaupten, sondern eine Entscheidung herbeizuführen. – Das Stillstehen im Westen hat nur einen Sinn, wenn man hier die Entscheidung im Osten zunächst abwarten wollte. Seit Monaten erfährt man nichts weiter, als daß hier ein Schützengraben genommen, dort einer verloren ist, das ist alles. – Im November konnte im Osten Großes erreicht werden. Die Bitten und Vorstellungen des Feldmarschalls Hindenburg sind ungehört verhallt. – Ob es jetzt noch möglich sein wird, dort das zu erreichen, was versäumt ist, kann ich von hier aus nicht beurteilen. In schrecklicher Weise ist unsere militärische Kraft verzettelt worden. Wir gehen einer Katastrophe entgegen, wenn nicht Wandel geschaffen wird.

Ew. Exzellenz wissen, daß ich dieses Urteil nicht abgebe, um etwa durch Kritik meines Nachfolgers mich selbst in empfehlende Erinnerung zu bringen. Ich habe mit meinem Leben und Wirken abgeschlossen und würde nie wieder auf meine alte Stelle zurücktreten können. – Aber ich sehe die Dinge, wie sie liegen, und ich glaube, daß so wie ich die ganze Armee urteilt. Fragen Sie einmal die ehrlichen und urteilsfähigen Leute im Generalstab, Oberst H. und Oberst B., Sie werden entsetzt sein, wenn diese Ihnen offen ihre Ansicht sagen. Das Vertrauen ist zum Teufel, und das Vertrauen ist eine Riesenkraft.

Möge Se. Majestät den General Ludendorff nehmen, vielleicht kann er noch retten, was zu retten ist. Er ist keine bequeme Persönlichkeit, aber darauf kommt es doch, weiß Gott, nicht an. Hier handelt es sich um Thron und Land und um die Zukunft eines Volkes, das schon unendliche Opfer gebracht und Ströme von Blut vergossen hat. – Gott helfe uns weiter.

Treulich der Ihrige
v. Moltke

MOLTKE AN
GENERALFELDMARSCHALL VON HINDENBURG

Berlin, 14. Januar 1915

Ew. Exzellenz

bitte ich, meinen besten Dank entgegennehmen zu wollen für Ihr letztes Schreiben[104] und die Beteuerung Ihrer kameradschaftlichen Gefühle, die mir eine herzerquickende Freude war. Seien Sie versichert, daß ich dieselben Empfindungen Ihnen gegenüber hege und bewahren werde, wie auch mein ferneres Lebensschicksal sich gestalten sollte.

Ich weiß, wie schwer Ihrem königstreuen Herzen es geworden ist, den Gedanken, den Sie über General v. Falkenhayn haben und Ihr Urteil über ihn in die Tat Ihres Schreibens an Se. Majestät den Kaiser umzusetzen. – Gott gebe, daß Ihr Vorgehen Erfolg habe. Dieser Mann stürzt uns alle, Thron und Vaterland ins Verderben. Wenn Ihr Schritt sein Ziel erreicht, werden Sie nicht nur der Retter Preußens und Schlesiens, sondern der Retter unseres ganzen Landes sein. – Ich kenne den Inhalt Ihres Schreibens nicht, aber ich kenne und teile die Gedanken, denen Sie Ausdruck gegeben haben. Nur Sie konnten und mußten so schreiben. Was kann es Höheres geben, als sein ganzes Selbst für das Vaterland einzusetzen. – Ich drücke Ihnen die Hand, Exzellenz. Ich stehe und falle mit Ihnen. Halten Sie unbeirrbar und unbeeinflußbar durch. Das Wohl und Wehe des Landes steht auf dem Spiel.

Treulichst der Ihrige
v. Moltke

MOLTKE AN SE. MAJESTÄT DEN KAISER

Berlin, 15. Januar 1915

Ew. Majestät

bitte ich alleruntertänigst, nachstehende Gedanken über die weitere Durchführung dieses über das Schicksal Deutschlands entscheidenden Weltkrieges vortragen zu dürfen.

Wie ich Ew. Majestät in meinem Schreiben vom 10. d.M. bereits anzuführen wagte, muß, nachdem die Kriegsführung im Westen seit Monaten zum völligen Stillstand gekommen ist, das nächste Ziel der Operationen die Niederwerfung Rußlands und Serbiens sein, um hierdurch die Möglichkeit für einen Sonderfrieden mit Rußland zu erlangen. Sollte es gelingen, zu einem erfolgreichen Abschluß des Krieges mit Rußland zu kommen, so halte ich auch den Anschluß der neutralen Balkanstaaten und Italiens an unsere Sache für möglich. – Es erscheint mir sehr wahrscheinlich, daß Frankreich dann nicht lange mehr gewillt sein wird, den Krieg in der Gefolgschaft Englands weiterzuführen. – Die durch einen Frieden mit Rußland gewährte Möglichkeit, alle bisher im Osten stehenden Streitkräfte im Westen einzusetzen, wird Frankreich sicher zu einem Frieden geneigt machen.

Daß England sich einem friedlichen Ausgleich Deutschlands mit Frankreich anschließen wird, halte ich dagegen für durchaus unwahrscheinlich. Es wird meiner festen Überzeugung nach den Krieg auch dann allein gegen uns weiterführen, um ein rasches Wiederaufblühen unseres Wirtschaftslebens und unseres Außenhandels zu verhindern.

Die Wahrscheinlichkeit der Weiterführung des Krieges gegen England müßte schon jetzt ins Auge gefaßt werden. Mit unserer Flotte kann meines Erachtens nach ein vernichtender Schlag gegen England nicht geführt werden.

Ist eine Blockade nach Ew. Majestät maßgebendem Ermessen nicht ausführbar, so müßte – vorausgesetzt, daß wir mit unseren übrigen Gegnern zu einem Abkommen gekommen sind – der alte Napoleonische Gedanke eines Angriffs gegen die verwundbarste Stelle Englands, Ägypten, wieder aufgegriffen werden. – Der Plan Napoleons ist gescheitert, weil er damals keine Bahnen hatte. Heute besitzen wir dieses gewaltige Kriegsmittel. Der Ausbau der noch im Taurus und Amanos vorhandenen Lücken der

Bagdadbahn sowie die Herstellung einer Zweiglinie der Hedschasbahn bis zum Suezkanal würde einen direkten Schienenweg von Deutschland bis nach Ägypten herstellen und uns die Möglichkeit bieten, eine große Entscheidung gegen England auf dem Lande herbeizuführen, die von dem mit unzureichenden Mitteln augenblicklich ausgeführten türkischen Unternehmen nicht zu erwarten ist. Immerhin darf man hoffen, daß das türkische Expeditionskorps sich im Sinai halten kann, um einen Bahnbau zu decken. Die Fertigstellung der Bagdadbahnstrecken im Taurus und Amanos nimmt bei äußerster Anstrengung aller Kräfte etwa ein Jahr in Anspruch. Ihre Kosten belaufen sich auf etwa fünfzig Millionen Mark. Ein provisorischer Bau würde etwa die Hälfte der Zeit und Kosten beanspruchen. Ist auch dies zurzeit nicht ausführbar, so würde der Ausbau der vorhandenen Straßen für einen Lastkraftwagenbetrieb großen Stils in Aussicht zu nehmen sein.

Die Früchte der gewaltigen Opfer, die Deutschland in diesem Kriege hat bringen müssen, können, neben wirtschaftlichen Vorteilen auf dem Kontinent, nur von England durch den Ausbau eines deutsch-zentralafrikanischen Kolonialreiches gefordert werden. – Frankreich und Rußland haben Deutschland großen Gewinn – insbesondere territorialen – nicht zu bieten.

Die Inangriffnahme des Baues der besprochenen Bahn würde auch für den Fall, daß England früher zu einem Frieden mit Deutschland geneigt ist, ein wertvolles Instrument für etwaige Friedensverhandlungen bieten, bei denen wir durch diese Bahn einen gewaltigen Druck auf England auszuüben imstande wären.

Ich halte es für so wichtig, die Gedanken über die eventuelle Weiterführung des Krieges rechtzeitig klarzulegen und ihre Durchführung rechtzeitig einzuleiten, daß ich es gewagt habe, Ew. Majestät das Vorstehende zu unterbreiten.

Ich bitte Ew. Majestät alleruntertänigst, die Vorschläge zu prüfen, und falls Ew. Majestät denselben zustimmen, ihre unverzügliche Inangriffnahme zu befehlen.

In tiefer Ehrfurcht verharre ich als Ew. Majestät alleruntertänigster
v. Moltke, Generaloberst

MOLTKE AN SE. MAJESTÄT DEN KAISER

Berlin, 17. Januar 1915

Ew. Majestät!

Durch den Feldmarschall v. Hindenburg erfahre ich, in welch schwerer Krisis sich augenblicklich die Monarchie und das Vaterland befinden. Als ältester treuester Diener Ew. Majestät muß ich, selbst auf die Gefahr hin, daß mein Schritt, wenn auch nicht von Ew. Majestät, so doch von anderen, mißdeutet werden könnte, es wagen, Ew. Majestät in aller Ehrfurcht rückhaltslos und offen meine Ansicht auszusprechen.

General v. Falkenhayn ist nach meiner festen Überzeugung weder nach seinem Charakter noch nach seiner Befähigung geeignet, der erste Ratgeber Ew. Majestät auf militärischem Gebiet in diesen schweren Zeiten zu sein. – Seine Person bildet eine ernste Gefahr für das Vaterland. – Trotz eines äußerlich starken Willens und geschickter äußerer Aufmachung besitzt er nicht die innere Kraft des Geistes und der Seele, großzügige Operationen zu entwerfen und durchzuhalten. – Die von ihm im Westen Ew. Majestät vorgeschlagenen und zur Ausführung gelangten Operationen haben zu keinem Ergebnis geführt, sie sind eine Strategie der verpaßten Gelegenheiten. – Durch seine Kurzsichtigkeit – ich sage absichtlich nicht seinen Ehrgeiz – haben wir einen schweren Mißerfolg an der Yser erlitten und dabei die sich damals bietende Gelegenheit versäumt, den Feldzug gegen Rußland durch einen schnellen, entscheidenden Schlag zu beendigen. Es liegt die ernste Gefahr vor, daß im jetzigen Augenblick der gleiche Fehler begangen wird.

Unsere gesamte Kriegslage ist jetzt so kritisch, daß nur ein ganzer und voller Erfolg im Osten sie retten kann. Es ist keine Zeit zu verlieren, wenn die Gefahr beschworen werden soll, daß Rumänien und Italien sich auf die Seite unserer Gegner stellen[105]. Sie wird abgewendet werden, wenn es gelingt, die Russen entscheidend zu schlagen und zu einem Frieden mit ihnen zu kommen. Ich glaube, daß dies zu erreichen ist, wenn wir billige Forderungen stellen. Es ist aber nur möglich, wenn wir alle irgend verfügbaren Kräfte, auch unter Heranziehung der im Westen etwa noch entbehrlichen Gewehre, im Osten einsetzen, selbst auf die Gefahr hin, dort in eine schwierige Lage zu kommen, ja zu einer Verkürzung unserer Linien gezwungen zu sein.

Wie ich Ew. Majestät schon dargelegt habe, können wir im Westen jetzt nur Teilerfolge erringen, die ohne Einfluß auf die Beendigung des Krieges bleiben werden. Setzen wir jetzt auch im Osten unzureichende Kräfte ein, so können auch dort nur Teilerfolge errungen werden, und Ew. Majestät werden binnen kurzem, bei der unzuverlässigen Haltung der Neutralen, gezwungen sein, noch stärkere Kräfte als jetzt erforderlich aus dem Westen nach dem Osten zu ziehen. Das führt, wie es schon einmal geschehen, zu einem tropfenweisen Einsetzen, ohne einen entscheidenden Erfolg zu haben. Bleibt ein solcher jetzt aus, so werden Rumänien und Italien gegen Österreich vorgehen und es zu einem schimpflichen Frieden zwingen, der auch uns um die Früchte der schweren und blutigen Opfer dieses Krieges bringen muß.

Durch einen Zufall ist es zu meiner Kenntnis gelangt, daß Feldmarschall v. Hindenburg Ew. Majestät vorgeschlagen hat, mich wieder in meine alte Stellung zurückzuberufen. Ich bitte Ew. Majestät inständigst, hiervon unter allen Umständen Abstand nehmen zu wollen. Nicht meiner Gesundheit wegen, die wieder vollkommen hergestellt ist, sondern weil ich die Empfindung habe, daß Ew. Majestät mir nicht mehr das alte Vertrauen bewahrt haben.[106] – Ew. Majestät haben von dem Tage ab, wo Allerhöchstdieselben mir die Leitung der Operationen abnahmen, keine Meinungsäußerung mehr von mir verlangt, und es würde unmöglich für mich sein, diesen Brief zu schreiben, wenn eine selbstsüchtige Absicht ihm zugrunde läge. Auf meine Person kommt es jetzt gar nicht an. Darauf kommt es an, das Vaterland aus seiner schweren Krisis zu erretten. Im jetzigen Augenblick ist zum Chef des Generalstabes jede Persönlichkeit geeignet, welche die Fähigkeit besitzt, die Forderungen der strategischen Lage zu erkennen, und den Charakter, sie mit Entschlossenheit durchzuführen, ein Mann, dem Ew. Majestät berechtigt sind Vertrauen zu schenken.

Aus den vorstehenden Darlegungen wollen Ew. Majestät erkennen, daß es nur sachliche Gründe sind, die mir die Enthebung des Generals v. Falkenhayn von seiner Stellung als Chef des Generalstabes im eigensten Interesse Ew. Majestät und des Vaterlandes geboten erscheinen lassen.

General v. Falkenhayn hat so wenig Vertrauen in der Armee, daß neue Operationen unter seiner Leitung nicht begonnen werden dürfen. – Selbst wenn er jetzt, unter dem Druck der Verhältnisse, geneigt sein sollte, alle Forderungen des Oberkommandos Ost zu erfüllen, so wird er morgen seine Versprechungen nicht halten, und es besteht die Gefahr, daß er der Kriegsführung im Osten neue Schwierigkeiten bereiten wird, statt sie mit allen Kräften zu unterstützen.

Falls Ew. Majestät diese offenen Ausführungen nicht als den Ausdruck meiner unbedingten Hingabe an Ew. Majestät Person und an mein Vaterland auffassen, sondern als eine unbefugte Einmischung in die Kriegsführung und die Entschlüsse Ew. Majestät, so bitte ich, mich in Gnaden entlassen zu wollen. – Meine Worte werden dann der letzte warnende Rat eines treuen Dieners gewesen sein, der sich mit schwerem Herzen, aber getrieben vom Gefühl der Pflicht, zu diesem Schritt entschlossen hat.

In tiefer Verehrung verharre ich als Ew. Majestät alleruntertänigster
v. Moltke

Zusatzbemerkung Moltkes

Auf vorstehenden Brief hat Se. Majestät in dem anliegenden uneröffneten Schreiben geantwortet. Bevor dasselbe in meine Hände kam, erhielt ich ein Telegramm von Generaloberst v. Plessen, ich sollte den Brief auf Befehl Sr. Majestät nicht öffnen, bevor Generaloberst v. Plessen bei mir gewesen sei, um mir mündlich Erläuterungen zu machen. Generaloberst v. Plessen traf am 24. Januar, vormittags 10 Uhr, bei mir ein. – Eine Stunde nach seinem Eintreffen wurde mir der anliegende Brief überbracht. Ich erklärte Generaloberst v. Plessen, daß ich, nachdem ich seine Erläuterungen entgegengenommen hätte, den Brief Sr. Majestät nicht öffnen werde, da ich nach Kenntnisnahme seines Inhaltes – wie mir nach den mündlichen Mitteilungen des Generalobersten v. Plessen klargeworden sei – gezwungen sein würde, die Konsequenzen zu ziehen. Ich werde den Brief uneröffnet zu den Akten geben und bäte, dies Sr. Majestät zu melden. Damit wäre ich so weit gegangen, wie mir möglich sei, um dem Lande noch weiter dienen zu können.

Berlin, 24. Januar 1915
v. Moltke

TELEGRAMM

Dringend!
Generaloberst v. Moltke, Berlin, Königsplatz, Generalstabsgebäude.
Großes Hauptquartier, 23. Januar 1915.
Bin morgen, 24. Januar, vormittags 10 Uhr, bei Ihnen in Berlin.
Bitte Brief Sr. Majestät vor meiner Ankunft nicht eröffnen.
Auf Allerhöchsten Befehl

v. Plessen, Generaladjutant

MOLTKE AN GENERALFELDMARSCHALL VON HINDENBURG

Streng vertraulich. Berlin, 23. Januar 1915

Hochgeehrter Herr Feldmarschall!

Major v. ... ist gestern abend aus dem Großen Hauptquartier zurückgekehrt. Bevor er hier ankam, war bereits ein Telegramm hier mit seiner Versetzung in den Generalstab des Gouvernements ... und dem Befehl, sofort dorthin abzureisen. – Er ist heute abgefahren, konnte also seine Absicht, Ihnen persönlich Bericht zu erstatten, nicht ausführen. Mir ist mit ihm meine beste Hilfskraft genommen; er war mein Ludendorff in den hiesigen Verhältnissen.

Seine Mission ist gescheitert, vollkommen. Sie ist sehr ungnädig aufgenommen, ohne Verständnis. Der brave Mann, der seine Existenz für sein Vaterland eingesetzt hat, ohne alle Rücksicht auf seine Person, der bereit war, alle Folgen auf sich zu nehmen, ist nun von mir getrennt. – Der Schritt, den er, Sie, Herr Feldmarschall, ich und die Kaiserin unternommen hatten, alle geleitet von der gleichen Sorge um das Land und das Ergebnis des Krieges, hat immerhin die Wirkung gehabt, daß Ihnen nun vier Korps zur Verfügung gestellt werden. Meine Bitte, alles, was irgend entbehrlich sei, aus dem Westen herauszuziehen und nach dem Osten zu schicken, bleibt unerfüllt. Ob es Ihnen möglich sein wird, mit diesen vier Korps einen so großen Erfolg zu erringen, wie wir ihn brauchen, wenn wir diesen Krieg überhaupt beenden wollen, kann ich nicht beurteilen. Gott gebe es. – Sie kennen ja meine Ansichten, die sich mit den Ihrigen decken. – Der zweite Erfolg ist die Rückkehr des Generals Ludendorff zu Ihnen. Darüber bin ich sehr froh. – Mir scheint, man muß jetzt weitere Schritte unterlassen, die nur die Stimmung verschlechtern können. Es kommt ja doch nur auf die Sache an.

H. meinte, daß die volle Selbständigkeit Ihrer Operationen gewahrt bleiben werde. Auf Ihren Vorschlag, mich in meine alte Stellung zurückzuberufen, hat Se. Majestät kurzweg erklärt, ich wäre zu krank, wie ihm der Oberst v. M. gemeldet habe, der sich bei meinem Arzt erkundigt habe. Letzteres ist gelogen, er ist weder bei ihm gewesen, noch hat er schriftlich angefragt. Im übrigen geht es mir gut, ich bin wieder ganz auf dem Posten.

Auf meinen Brief an Se. Majestät habe ich bisher keine Antwort bekommen. Morgen kommt P., der sie mir wohl bringen wird. Ich sehe ihm mit Ruhe entgegen und bin ebenso wie H. bereit, alle Konsequenzen zu tragen.

Ich bitte um Verzeihung, wenn ich rate, etwaigen ferneren Abgesandten gegenüber recht vorsichtig zu sein. Ihre Äußerungen über Stimmung im Generalstab sind Sr. Majestät berichtet worden und haben zu scharfen Reprimanden geführt.

Herr Feldmarschall, ich habe getan, was in meiner Macht stand, um Ihnen und dem Vaterlande zu helfen. Das Geschick des letzteren liegt nun in Ihrer Hand. Möge unser Gott im Himmel sein deutsches Volk nicht verlassen und möge er mit Ihnen sein in den Entscheidungsstunden.

Treulich der Ihrige
v. Moltke[107]

REDE MOLTKES AM GEBURTSTAG SE. MAJESTÄT DES KAISERS AM 27. JANUAR 1915

Unter ganz anderen Verhältnissen haben wir uns heute versammelt an dem Geburtstag des Deutschen Kaisers, als wir es unter früheren Verhältnissen gewohnt waren. Wir sind mitten im Kriege, in einem Kriege, der wie noch kein früherer über das Schicksal unseres Vaterlandes entscheiden wird. Da sind unsere Seelen nicht in der friedensmäßigen Jubelstimmung, die an Kaisers Geburtstag zu herrschen pflegt, einer Stimmung, die sich kaum über den Gedanken des Liebesmahles oder der sonstigen zu veranstaltenden Festlichkeiten erhebt – heute sind wir tiefernst, denn wir stehen heute dem Schicksal gegenüber, das über Tod und Leben eines ganzen Volkes entscheidet. Ich denke, diese ernste Stimmung ist gerade am heutigen Tage besonders am Platz. Wir stellen das Schicksal unseres Volkes vor unsere Seele, wenn wir uns heute hier in schlichter Weise versammelt haben. Millionen deutscher Herzen vereinigen sich heute in einem gemeinsamen Gedanken. Er richtet sich auf den Kaiser, und indem er gewissermaßen in ihm die Gesamtheit des deutschen Volkes begreift, bildet er den Zentralpunkt, in dem alles zusammenströmt, was an Wünschen für unser Land in der Gesamtheit der deutschen Volksseele lebt. So wollen auch wir heute unsere Wünsche auf unser Volk und unser Land richten. Wir wollen hoffen, daß es aus der schweren Prüfung, die ihm Gottes Ratschluß auferlegt hat, gestärkt im Innern und gereinigt von vielen häßlichen Seiten des langen Friedenslebens hervorgehen wird. – Heute wollen wir nicht in ein Hurra einstimmen, wir wollen ernst und still auseinandergehen, und an diesem Kaisergeburtstag wollen wir geloben, dem Vaterlande zu dienen mit aller Kraft, und wir wollen alle sagen: Gott segne, Gott schütze, Gott erhalte unser deutsches Vaterland.

MOLTKE AN GENERAL LUDENDORFF [108]

Berlin, 29. Januar 1915

Lieber Ludendorff!

Ich bin Ihnen herzlich dankbar für Ihren Brief und dafür, daß Sie bei Ihrer Arbeitsüberlastung sich die Zeit abgerungen haben, mir so ausführlich zu schreiben. Sie wissen wohl kaum, welche Wohltat Sie mir mit diesem Zeichen des Vertrauens erwiesen haben. Wer wie ich ausgeschaltet, mit Füßen getreten, verleumdet ist, der empfindet das doppelt dankbar.

Mein Herz ist zerrissen, wenn ich an die Monate der Kriegsführung denke, die dahingegangen, die verloren sind, seit ich abgesetzt wurde. – Ich will nicht behaupten, daß ich es besser gemacht hätte, aber anders jedenfalls. Aber kein Mensch, weder der Kaiser noch sonst jemand, hat seitdem nach mir gefragt. Der Kaiser hat es nicht einmal der Mühe wert gehalten, sich zu erkundigen, ob ich gesund oder krank sei, ob ich den Wunsch hätte, wieder in meine alte Stellung zurückzukehren oder nicht.

Mein Nachfolger und das Militär-Kabinett haben mich zu den Toten geworfen. Vom Kaiser habe ich, seit General P.[lessen] mit meiner Antwort nach dem Großen Hauptquartier zurückgekehrt ist, nichts mehr gehört.

Ich versuche nun hier der Not des Landes zu steuern, soviel ich kann. Ich weiß, daß ich mir viele neue Feinde damit mache, das ist mir völlig gleichgültig.

Mein lieber Ludendorff, auf Ihnen und dem Feldmarschall [von Hindenburg] ruht jetzt die Zukunft Deutschlands. – Wenn wir in zwei Monaten nicht Frieden mit Rußland haben, weiß ich nicht, was aus uns werden soll. Nicht militärisch, aber wirtschaftlich. In frevelhafter Weise sind die Hilfsquellen des Landes vergeudet. Monat nach Monat ist dahingegangen, ohne daß etwas Durchgreifendes geschehen ist, immer ist das Volk in der Illusion erhalten, daß wir Überfluß an Nahrungsmitteln hätten. Jetzt zeigt sich die traurige Wahrheit. Ich habe an den Kaiser, an den Reichskanzler geschrieben, gestern noch zum zweitenmal, und die bevorstehende Gefahr schonungslos aufgedeckt. Aber was hat die Stimme eines Abgeschobenen für einen Wert! Ich erwarte nun, als Querulant entfernt zu werden – in Gottes Namen!

Ich habe wenigstens das Bewußtsein, meine Pflicht getan zu haben, ohne jede Rücksicht auf meine Person. – Sehen Sie, lieber Ludendorff, deshalb ist es von so unendlicher Bedeutung, daß Sie rasch und mit rücksichtsloser Energie handeln. Wir müssen mit Rußland zu einem Abkommen gelangen, wir müssen wenigstens Rumänien durch einen Erfolg dahin bringen, daß es uns die Einfuhr von Brotgetreide gestattet. Es hängt unendlich viel von der Gestaltung der militärischen Lage im Osten ab, daß dies nicht schon seit Monaten von leitender Stelle erkannt ist, ist ein Fehler, der sich in schwerster Weise an Land und Volk, an Thron und Monarchie rächen kann. – Gegen fünfzig Armeekorps liegen im Westen im Schützengraben, jeder Gedanke, dies Riesenheer wieder operationsfähig zu machen, ist aufgegeben. Man kann sich nicht entschließen, einen Meter Land aufzugeben und die Entscheidung in der offenen Feldschlacht zu suchen. Das ist keine Kriegsführung mehr, es ist ein vollständiges Fiasko.

Ich kann Ihren Operationen nur in Gedanken und mit heißen Wünschen folgen. Was Sie beabsichtigen, finde ich durchaus richtig. Die Operation auf das rechte Weichselufer zu verlegen ist meiner Meinung nach das einzig Richtige. Wenn es gelingt, müssen die Russen aus ihrem Mauseloch heraus. Sie werden ja alle Mittel anwenden, um ihnen die Lebensader, die Bahn nach Warschau zu durchschneiden. – Gott sei mit Ihnen.

Ich weiß, wenn es jemanden gibt, der das Vaterland noch retten kann, so sind Sie es und Ihr Feldmarschall.

Treulichst wie in alter Zeit der Ihrige
v. Moltke

CHEF DES GENERALSTABES DES FELDHEERES
NR. 227

Großes Hauptquartier, den ... Februar 1915.

Bei Gelegenheit einer Konferenz habe ich zufällig von einer Denkschrift über die Ernährungsfrage Deutschlands in ihrer Beziehung zum Kriege erfahren, die der stellvertretende Generalstab an den Herrn Reichskanzler gerichtet hat. Ich weiß nicht, von welcher Stelle im besonderen die Schrift bearbeitet ist, habe mich auch nach ihrem Inhalt im einzelnen nicht erkundigen wollen. – Indessen möchte ich Ew. Exzellenz bitten, sehr gefälligst Maßnahmen zu treffen, die es verhindern,daß Auslassungen des stellvertretenden Generalstabs, die für Entschlüsse der Obersten Heeres- oder Staatsleitung von Einfluß sein könnten, nach außen gelangen, ehe sie mir vorgelegen haben.

An den Chef des stellv. Generalstabes Herrn Generaloberst v. Moltke, Exzellenz.

*

Ohne Datum und ohne Unterschrift
eingegangen am Freitag, den 5. Februar 1915. *v. Moltke*

MOLTKE AN GENERAL VON PLESSEN

Berlin, 4. Mai 1915

Ew. Exzellenz
sage ich meinen besten Dank für Ihren Brief vom 30. v. M.

Die Offenheit, mit der Sie mir geschrieben haben, ist mir der beste Beweis Ihrer aufrichtigen Freundschaft. Nichts ist schlimmer, als unklaren Verhältnissen gegenüberzustehen. – Jetzt weiß ich, woran ich bin, und kenne den mir bisher unerklärlichen Grund meiner dauernden Ausschaltung.

Ich kann nicht leugnen, daß Ihre Mitteilung, meine Tätigkeit in Sachen der Volkserährung werde als Zeichen der Nervosität gedeutet, mich doch überrascht hat, und ich muß offen gestehen, daß ich ohne Ihre Aufklärung auf diesen Gedanken nie gekommen sein würde. – Sie macht mir etwa den Eindruck, als ob man von einem Menschen, der das Haus brennen sieht und der die Feuerwehr alarmiert, sagen würde, er tue dies aus Nervosität! Ich glaube, daß man im Großen Hauptquartier über die Zustände in der Heimat nicht sehr eingehend unterrichtet ist. Das ist ja auch begreiflich, da die Kriegsführung selbstverständlich im Vordergrund der Interessen steht und da die Zeitungen infolge der Zensur völlig gebunden sind. Dadurch ist es vielleicht erklärlich, daß die Notwendigkeit dessen, was ich getan habe, nicht erkannt worden ist. Ich kann aber versichern, daß es sehr nötig war, den verantwortlichen Behörden die Augen zu öffnen, wenn Unheil verhütet werden sollte. Da kein anderer da war, der dies übernehmen wollte, habe ich es getan. Von außerordentlich vielen Seiten ist mir auch dafür Dank geworden. – Wenn in der Umgebung Sr. Majestät mein Eingreifen gegen mich ausgenutzt worden ist, so bedauere ich dies, kann es aber nicht ändern und würde in einem zweiten Fall genau ebenso handeln. – Allerdings war es schon zu meiner Kenntnis gekommen, daß man neuerdings auch den Rückzug von der Marne im September vorigen Jahres auf Nervosität meinerseits zurückführen will. Diese Unterstellung ist ebenso falsch wie die obige. Der Rückzug war eine nach Lage der Dinge unvermeidlich gewordene Notwendigkeit, die ich – wenn auch schweren Herzens – mit voller Überlegung habe anordnen müssen, und ich bin sicher, daß die Kriegsgeschichte mir einmal Recht geben wird.[109] – Doch dies bemerke ich nur nebenbei.

Wie ich Ende September hierher kam, haben mich zahlreiche Herren aus den Kreisen der Industrie, der Landwirtschaft, der Wissenschaft aufgesucht. Sie kamen alle unabhängig voneinander, aber alle mit derselben Bitte um Hilfe, und alle in derselben Überzeugung, daß wenn so weiter gewirtschaftet werde wie bisher, eine wirtschaftliche Katastrophe unvermeidlich sein würde. Das war nicht Schwarzseherei von mir, sondern die Ansicht der kompetentesten Beurteiler unserer Volkswirtschaft. Es war eben in den verflossenen fünf Kriegsmonaten so gut wie nichts geschehen, alles ging weiter wie im Frieden, und alle mahnenden Stimmen verhallten ungehört. Ich wurde gedrängt, an Se. Majestät zu berichten und ihn um sein Eingreifen zu bitten, in dem von vielen Seiten die einzige Rettung gesehen wurde. – Ich habe mich nicht leicht dazu entschlossen, mich in diesen Dingen, denen ich doch als Laie gegenüberstand, einzusetzen und habe es erst getan, nachdem ich zu der Überzeugung gekommen war, daß im Interesse des Landes eine radikale Änderung des bisherigen Verfahrens nötig sei. Es war nötig, daß ein einheitlicher und großzügiger Wirtschaftsplan und eine dem Kriege angepaßte Organisation der Volkswirtschaft coûte que coûte herbeigeführt wurde.

Ich wußte, daß ich in ein Wespennest greifen würde, das war mir aber gleichgültig, hier kam es auf die Sache an.

Ich glaube auch den richtigen Weg beschritten zu haben, indem ich eine Denkschrift an den Reichskanzler richtete, in der ich die Lage schilderte und gleichzeitig Se. Majestät bat, sich über dieselbe Vortrag halten zu lassen. Damals haben Se. Majestät mir seinen Dank aussprechen lassen. Das scheint vergessen zu sein. – Nicht alles, aber doch die Hauptsache dessen, was ich nach eingehender Beratung mit unseren bedeutendsten Nationalökonomen in dieser Denkschrift vorgeschlagen habe, ist heute – allerdings leider erst nach Monaten – zur Einführung gekommen. Manche Schwierigkeiten, zum Beispiel die Haferkalamität, hätten vermieden werden können, wenn der schwerfällige Apparat unserer Zivilverwaltung rascher in Bewegung zu setzen gewesen wäre. Immerhin ist das, was ich herbeiführen wollte, im wesentlichen erreicht, und ich bin befriedigt in dem Bewußtsein, meine Pflicht getan und dem Kaiser und dem Lande einen guten Dienst geleistet zu haben.

Daß ich bei der Wichtigkeit der Sache sehr energisch vorgegangen bin, halte ich nicht für einen Fehler. – Ich glaube, hier zu Hause wird man schwerlich, außer vielleicht bei denjenigen, die in meinem Vorgehen eine Verletzung ihrer Privilegien gesehen haben, die Ansicht vertreten finden, ich habe aus Nervosität gehandelt.

Wenn dies jetzt dem Kaiser so dargestellt wird, so kann ich wohl vermuten, von welcher Seite das kommt, und ich werde mich auch hiermit gleichmütig abfinden. – Ich kann Ew. Exzellenz versichern, daß nach den Erfahrungen, die ich vom ersten Mobilmachungstage an habe machen müssen, meine Ruhe und mein inneres Gleichgewicht durch nichts mehr erschüttert werden können.

Verzeihen Sie dies lange Schreiben. Ich bin dankbar, daß Sie mir gute Kameradschaft immer bewahrt haben, und es lag mir nur daran, daß nicht auch Sie zu falschen Vorstellungen über mich kommen. Es soll aber das letztemal sein, daß ich Sie mit meiner Person belästige.

Treulich der Ihrige
v. Moltke

TELEGRAMM DES KAISERS AN MOLTKE

Neues Palais, 23. Mai 1915.

Generaloberst v. Moltke, Königsplatz, Berlin.
Mein lieber Moltke! Empfangen Sie meine herzlichsten Glückwünsche zu Ihrem Geburtstage. Das vergangene Jahr brachte uns den schwersten Krieg der Weltgeschichte ! Daß Meine Armee für denselben mustergültig vorbereitet war und im ersten Teil des Feldzuges glänzende Erfolge erkämpfte, das war wesentlich mit Ihr Verdienst, für welches Ich und das Vaterland Ihnen für alle Zeiten tief dankbar bleiben. – Seitdem hat die Vorsehung unsere Aufgaben immer gesteigert, Gottes Gnade half uns, sie glücklich zu vollbringen. Unser festes Gottvertrauen wird uns auch weiter he!fen. In dieser Zuversicht wünsche Ich Ihnen für Ihr kommendes Lebensjahr Gottes Segen.
Es ist mir eine besondere Freude, Ihnen die Briefe Friedrichs des Großen zu schenken, der auch wie Ich gegen eine Welt von Feinden zu kämpfen hatte und sich durch schwerste Zeiten durchringen mußte.

Wilhelm I. R.

TELEGRAMM DES KAISERS AN MOLTKE

Pleß, Schloß, 7. August 1915.

Generaloberst v. Moltke, Königsplatz, Berlin.
Bei der Wiederkehr des Tages, an dem vor einem Jahre die Festung Lüttich im Ansturm heldenhaft vorwärtsdrängender Truppen genommen und der Aufmarsch an der Westfront sichergestellt war, gedenke Ich dankbar Ihrer Verdienste. Ihr Werk war es, daß die Armee mustergültig in diesen uns aufgezwungenen größten aller Kriege zog, daß Mobilmachung und Aufmarsch ungeheurer Massen sich in tadelloser Weise vollzog und daß in raschem Anlauf der größte Teil von Belgien und Nordfrankreich mit großen, für unbezwinglich gehaltenen Festungen in unsere Hand fiel. In langen Friedensjahren haben Sie es verstanden, im Geiste Ihrer Vorgänger, deren Wirken Ich in hoher Anerkennung gedenke, den Generalstab weiterzubilden und für die ihm jetzt obliegenden großen Aufgaben zu schulen, so daß der Generalstab überall, wo unsere Waffen kämpfen, seine Pflicht vortrefflich erfüllt. – Ich und das Vaterland sind Ihnen allezeit dafür dankbar. – Ich verleihe Ihnen am heutigen Gedenktage den Orden Pour le mérite.

Wilhelm I. R.

MOLTKE ÜBER DEN RÜCKZUG AN DER MARNE

Berlin, Sommer 1915

Ich habe mich nie über die Schwere des Kampfes getäuscht, den Deutschland durchzufechten haben würde, wenn einmal der Brand in Europa zum Ausbruch kommen sollte. – Meine alljährlich dem Reichskanzler eingereichten Denkschriften über die militärpolitische Lage, nicht am wenigsten diejenige, in der ich vor drei Jahren die letzte Armeeverstärkung forderte, die leider nicht in dem Maße, wie ich sie wollte, zur Durchführung gekommen ist, könnten darüber Auskunft geben.

Die schwerwiegendste Entscheidung, vor die ich als Chef des Generalstabes gestellt war, war diejenige, ob Deutschland den zu erwartenden Zweifrontenkrieg defensiv oder wenigstens nach einer Seite offensiv führen solle. – Ich habe mich nach eingehenden Prüfungen und Studien für das letztere entschieden und den Aufmarsch so angelegt, daß die Offensive im Westen mit möglichst starken, die gleichzeitige Defensive im Osten mit einem Mindestmaß von Kräften geführt werden konnte. – Es war zu erhoffen, daß im Westen eine schnelle Entscheidung herbeigeführt werden würde. Eine solche war nötig, um Freiheit des weiteren Handelns zu gewinnen, sie war aber nur zu erwarten, wenn man die französische Armee im freien Felde treffen konnte. Ein Angriff gegen die befestigte Ostgrenze Frankreichs mußte aller Voraussicht nach zu einem langwierigen Positionskrieg führen und eine Entscheidung hinausschieben. – Die Kriegsereignisse bei der 6. und 7. Armee sprechen für die Richtigkeit dieser Ansicht. – Daraus ergab sich die Notwendigkeit, den französischen Festungsgürtel zu umgehen, was der Raum- und Heeresstärkeverhältnisse wegen nur unter Benutzung belgischen Gebietes geschehen konnte.

So weit stimmte meine Auffassung mit derjenigen des Grafen Schlieffen überein. Wesentlich unterschied sie sich in der Ausführung. Der von meinem Vorgänger ausgearbeitete Aufmarsch war so angelegt, daß der deutsche rechte Heeresflügel über Roermond vorgehen, also nicht nur belgisches, sondern auch holländisches Gebiet durchschreiten mußte. Graf Schlieffen war der Ansicht, daß Holland sich auf einen Protest beschränken, die Verletzung seines Gebietes im übrigen ungehindert geschehen lassen würde. – Ich habe gegen diese Auffassung die schwersten Bedenken gehabt, ich glaubte nicht, daß Holland eine Vergewaltigung ruhig hinnehmen werde, dagegen sah ich voraus, daß dem deutschen Heeresflügel durch ein feindliches Holland so starke Kräfte entzogen werden würden, daß er die nötige Schlagkraft gegen den Westen einbüßen müßte. Der Vormarsch durch Belgien konnte meiner Ansicht nach nur unter der Voraussetzung eines strikt neutralen Hollands ausgeführt werden.

Wenn ich auch nicht wußte, welche Haltung England bei einem Kriege Deutschlands gegen Rußland und Frankreich einnehmen werde, so hielt ich es doch für mehr als wahrscheinlich, daß dieser Staat an die Seite unserer Gegner treten würde, sobald wir die belgische Neutralität verletzten, um so mehr, da England schon im Jahre 1870 dies als Casus belli erklärt hatte. Es war mir klar, daß die Wahrung der Neutralität Hollands schon deswegen unbedingtes Erfordernis sei, und ich habe alle Schwierigkeiten in den Kauf genommen, die unserem Aufmarsch und Vormarsch erwachsen mußten, wenn wir keinen holländischen Boden betreten wollten. Gleich nach dem Ausspruch der Mobilmachung habe ich dem holländischen Gesandten in Berlin erklärt, daß ich mich für eine strikte Achtung der holländischen Neutralität von seiten Deutschlands feierlich verbürge. Ich glaube, daß die Verhältnisse mir recht gegeben haben. Man braucht sich nur zu vergegenwärtigen, wie sie sich gestaltet haben würden, wenn wir es mit einem feindlichen Holland, dessen Küsten einer englischen Landung offen standen, zu tun gehabt hätten, was aus dem Unternehmen gegen Antwerpen unter der Voraussetzung einer nicht neutralen Schelde geworden wäre, wieviel Truppen zu unserer Rückendeckung bei dem Vormarsch nach Westen erforderlich gewesen sein würden.

Ich war und bin noch heute der Überzeugung, daß der Feldzug im Westen scheitern müßte, wenn wir Holland nicht geschont hätten. – Außerdem war ich mir klar darüber, daß dieses Land gewissermaßen als Luftröhre für unser wirtschaftliches Leben unter allen Umständen erhalten werden mußte. – Schonten wir dagegen Holland, so konnte England, nachdem es angeblich zum Schutz der kleinen Neutralen uns den Krieg erklärt hatte, seinerseits die holländische Neutralität unmöglich verletzen.

Allerdings komplizierte sich der geplante Vormarsch durch Belgien in hohem Maße durch die Ausschaltung Hollands: unser durch die Bahnlinien bedingter Aufmarsch mußte mit dem rechten Flügel bis in die Gegend von Krefeld ausgedehnt werden. Es wurde nötig, die starke 1. Armee, die beim weiteren Vormarsch den Umfassungsflügel bilden sollte, nach Süden über Aachen vorzuziehen. – Zwischen Lüttich und der holländischen Grenze gab es nur den einen Übergang bei Visé, der außerhalb des Feuers der Festung lag.

Um den ungeheuren technischen Schwierigkeiten begegnen zu können, die bei diesem Vorgehen zu erwarten waren, habe ich jahrelang theoretische Arbeiten über den Vormarsch unserer Armeekorps auf einer Straße und die Regelung der rückwärtigen Verbindungen ausführen lassen, und ich glaube, daß in dieser Hinsicht die von mir ins Leben gerufenen Verwaltungs-Generalstabsreisen sich belohnt haben.

Von allergrößter Bedeutung für die Ausführung der geplanten Operation war die frühzeitige Inbesitznahme von Lüttich. Die Festung mußte in unserer Hand sein, wenn der Vormarsch der 1. Armee überhaupt ermöglicht werden sollte. Diese Erwägung ließ mich den Entschluß fassen, Lüttich durch Handstreich zu nehmen.

In allen früheren Operationsentwürfen war mit einer ordnungsmäßigen Belagerung Lüttichs gerechnet, erst sollte der Aufmarsch planmäßig erfolgen, dann der Vormarsch auf der ganzen Linie angetreten, Lüttich eingeschlossen und artilleristisch angegriffen werden. – Aber auch hierfür war der früher geplante Vormarsch des rechten Heeresflügels durch Holland Voraussetzung. – Sicherlich würde die Belagerung viel Zeit und Truppen gekostet haben, die belgische Armee hätte inzwischen Mobilmachung und Aufmarsch vollendet, wir hätten ein kriegsmäßig ausgebautes Lüttich vorgefunden, unbedingt hätte man dann ferner mit der Zerstörung der Bahn Verviers–Lüttich rechnen müssen, deren Erhaltung für unseren Vormarsch durch Belgien von der allergrößten Bedeutung sein mußte. Bei dem von mir beabsichtigten Handstreich kam alles auf Schnelligkeit des Handelns an. – Ich hatte die Verhältnisse bei Lüttich auf das genaueste rekognoszieren und alle Wege festlegen lassen, auf denen Kolonnen gegen die innere Stadt vorgehen konnten, ohne in das Gesichtsfeld der Außenforts zu kommen. Es waren fünf solcher Straßen festgestellt, Offiziere zur Führung der Kolonnen auch bei Nacht waren durch örtliche Erkundungen ausgebildet und wurden dauernd ergänzt. Trotz des allgemein herrschenden Vorurteils gegen Unternehmungen mit immobilen Truppen habe ich fünf Friedensbrigaden für das Unternehmen bestimmt. Es kam darauf an, den Handstreich auszuführen, bevor die Zwischenwerke in der Fortlinie ausgebaut sein konnten.

Ich war mir völlig darüber klar, daß, wenn das Unternehmen mißglückte, mir von der gesamten militärischen Welt der Vorwurf gemacht werden würde, etwas Unmögliches gewollt und mit dem Wagnis eines infanteristischen Angriffs auf eine moderne Festung meine völlige Unfähigkeit bewiesen zu haben. Aber gerade der Umstand, daß Lüttich eine moderne Festung war, das heißt eine solche ohne innere Umwallung, ließ mich den Plan fassen, durch die Zwischenräume der Außenforts hindurch direkt in das Innere der Festung vorzustoßen.

Ich habe mit diesem Unternehmen alles auf eine Karte gesetzt und dank der Tapferkeit unserer Truppen das Spiel gewonnen. – Man wird in Zukunft keine solche modernen Festungen mehr bauen.

Erst mit dem Falle von Lüttich war die Bahn für das Vorgehen der 1. Armee frei, außerdem war den Belgiern keine Zeit geblieben, die Maasbahn zu zerstören. Damit war ungeheuer viel gewonnen, wie im späteren Verlauf der Ereignisse in die Erscheinung trat, wo die Bahn über Lüttich die einzige verfügbare Linie für unsere Truppenverschiebungen bildete.

Der den nun folgenden Operationen zugrunde liegende Gedanke war der, das belgische Heer wenn irgend möglich von Antwerpen, ebenso das französische Heer, das ich an der Maas und Sambre zu finden erwartete, unter Umfassung seines linken Flügels, von Paris ab und nach Südosten zu drängen. – Während die 1. bis 5. Armee mit dem Drehpunkt Metz–Diedenhofen eine Schwenkung nach Süden ausführten, sollten die 6. und 7. Armee zwischen Nancy und Epinal die Maas überschreiten, um südlich Verdun den Anschluß an die 5. Armee wieder zu gewinnen.

Über die Absichten der Franzosen war uns vor Eröffnung des Krieges nichts bekannt geworden, ebenso hatten wir keine sicheren Nachrichten über ihren geplanten Aufmarsch. Die starke Betonung des Offensivgedankens, die in den letzten Jahren in der französischen Militärliteratur hervortrat, war bei uns nicht unbeachtet geblieben. Anzeichen dafür, daß dieser Gedanke durch den Versuch eines mit starken Kräften zu unternehmenden Vorstoßes beiderseits Metz sich verwirklichen würde, lagen uns nicht vor. Die starke 6. Armee war aber durch die Aufmarschanweisungen so in Lothringen bereitgestellt, daß sie sowohl nördlich wie südlich Metz eingesetzt werden konnte. Erst das Vorgehen starker französischer Massen zwischen Metz und den Vogesen nach vollendetem französischem Aufmarsch brachte Klarheit.

Ich hatte die 6. Armee, der die 7. unterstellt wurde, angewiesen, vor dem Vormarsch der Franzosen zunächst auszuweichen, es lag mir daran, den Gegner möglichst weit südlich Metz vorkommen zu lassen, um dann womöglich seine beiden Flügel von Norden und Süden her mit um so größerer Aussicht auf einen entscheidenden Erfolg anzugreifen.

Die Erklärung des Führers der 6. Armee, daß er seine Truppen nicht weiter zurückgehen lassen könne, ohne ihren inneren Halt zu gefährden, daß er angreifen müsse, ließen diese Absicht nicht zur Ausführung kommen.

Die Schlacht in Lothringen wurde geschlagen, bevor die 7. Armee und die der 6. Armee zur Verfügung gestellten Ersatzdivisionen vollzählig eingetroffen waren. Sie brachte einen vollen taktischen Erfolg, aber die Verfolgung kam an der Maas zum Stehen, und der geplante Durchstoß zwischen Nancy und Epinal gelang nicht. – Zum erstenmal zeigte sich hier die Stärke der Defensive in feldmäßig vorbereiteten Stellungen, die dem ganzen Verlauf des Krieges nach der Schlacht an der Marne seinen Charakter aufgedrückt hat. – Bald wurde es klar, daß die von den Franzosen errichtete Verteidigungslinie zwischen Nancy und Epinal nur durch den Vormarsch der 5. Armee geöffnet werden würde.

Während die 1. bis 5. Armee in siegreichem Vorgehen über Maas und Sambre waren, machten die Verhältnisse im Osten, wo die Russen gegen Erwarten schnell in Ostpreußen eingedrungen waren, eine Entsendung von Verstärkungen dorthin nötig, bevor eine endgültige Entscheidung gegen das französisch-englische Heer hatte erreicht werden können. – Ich beabsichtigte, diese Verstärkungen der 7. Armee zu entnehmen, die ebensowenig wie die 6. trotz langem schwerem Ringen an der Maas vorwärts kommen konnte. Die bestimmten Meldungen beider Armeen, daß der Feind ihnen dauernd mit überlegenen Kräften gegenüberstehe und daß die eigenen Verluste so groß seien, daß eine andere Verwendung von Teilen der 7. Armee erst nach Wiederauffüllung möglich sei, waren Veranlassung, nach dem Fall von Maubeuge dem deutschen rechten Flügel zwei Korps zu entnehmen und sie nach dem Osten zu führen. Ich erkenne an, daß dies ein Fehler war, der sich an der Marne rächte.

Die über die Gruppierung der französischen Streitkräfte während des Vormarsches nach Nordfrankreich hin einlaufenden Nachrichten lauteten stets dahin, daß Paris von Truppen so gut wie entblößt sei. In den Meldungen der Armeen war bisher dauernd von «fluchtartigem Rückzug» und von «beginnender Auflösung» des Gegners die Rede gewesen, die Armee-Oberkommandos hatten wiederholt betont, daß «rücksichtsloseVerfolgung» dieVernichtung des Gegners vollenden würde. Erst in den letzten Augusttagen kamen Meldungen über Transporte französischer Truppen vom Osten in Richtung Paris, der Gegner schien sie vor der Front der 6. und 7. Armee herauszuziehen. Der Abtransport der 7. Armee nach St-Quentin wurde nun angeordnet, es war beabsichtigt, sie auf dem rechten Heeresflügel einzusetzen.

Ein französischer Vorstoß von Paris aus gegen den rechten Flügel der 1. Armee wurde jetzt wahrscheinlich. Die Nachrichten hierüber wurden den Armeen des rechten Flügels mitgeteilt, sie wurden – wenn ich nicht irre

– am 28. oder 29. August – über das Aktenmaterial verfüge ich nicht – angewiesen: die 1. Armee zwischen Oise und Marne, die 2. Armee zwischen Marne und Seine halt zu machen. – Gleichzeitig wurde die 1. Armee darauf hingewiesen, sie solle nicht näher an Paris herangehen, als es die Wahrung der Operationsfreiheit gestatte. – Als die obige Weisung die 1. Armee erreichte, hatte sie mit Teilen die Marne bereits überschritten. Sie beantragte, die Verfolgung noch einen Tag fortsetzen zu dürfen, um die Früchte ihrer Siege zu ernten. Das wurde ihr zugebilligt, die Notwendigkeit der Staffelung und Sicherung gegen Paris aber gleichzeitig nochmals betont.

Es erfolgte nun der französische Gegenangriff gegen den rechten Flügel der 1. und die Front der 2., 4. und 5. Armee. Die 1. Armee zog, um die Bedrohung ihres rechten Flügels abzuwehren, ihre beiden linken Flügelkorps hinter ihre Front herum auf den rechten Flügel. Dadurch entstand eine 25 Kilometer breite Lücke zwischen der 1. und 2. Armee, in die drei englische Divisionen eindrangen, worauf die 2. Armee ihren rechten Flügel zurücknahm.

Am 7. September kamen Nachrichten, die erkennen ließen, daß die 1. Armee einen sehr schweren Stand habe. Es erschien nötig, eine Anweisung zu geben für den möglichen Fall, daß sie geworfen werden sollte. Ich schickte deshalb den Oberstleutnant Hentsch[110] zur 2. und 1. Armee. Er sollte sich über die Lage orientieren, hatte aber nicht den Auftrag, die 1. Armee zurückzuführen, sondern sollte sie nur anweisen, für den Fall, daß sie sich nicht halten könne, in die Linie Soissons–Fismes auszuweichen, um so wieder den Anschluß an den rechten Flügel der 2. Armee zu gewinnen – um so die entstandene Lücke zu schließen. Wie wenig ich daran gedacht habe, dem Oberstleutnant Hentsch den Befehl für die 1. Armee zum einfachen Rückzug hinter die Aisne mitzugeben, geht aus meinem Funkspruch vom 10. September, 10 Uhr nachmittags, an A.-O.-K. 1 und 2 hervor: «1. Armee stellt sich als rückwärtige Staffel bereit. Umfassung des rechten Flügels der 2. Armee ist durch Angriff zu verhindern.» Die 1. Armee behauptet, Oberstleutnant Hentsch habe ihr den Befehl zum Zurückgehen überbracht, Oberstleutnant Hentsch bestreitet dies, er meldete mir bei seiner Rückkehr, daß die Anordnungen für den Rückzug der Armee bei seiner Ankunft dort bereits ausgearbeitet gewesen wären. – Daß die l. Armee nicht mehr in der Lage war, frei zu handeln, geht daraus hervor, daß es ihr nicht gelang, den Anschluß an die 2. Armee bei Fismes zu erreichen. Sie mußte statt mit dem rechten, mit dem linken Flügel auf Soissons zurückgehen, so daß die Lücke zwischen ihr und der 2. Armee nicht geschlossen wurde und später die inzwischen eintreffende 7. Armee hier eingesetzt werden mußte.

Ich fuhr am 11. September zu den Armee-Oberkommandos. – Ich hatte angeordnet, daß die 3., 4. und 5. Armee stehen bleiben sollten. Ich glaube, daß der Befehl, den ich bei der 4. Armee diktierte, in den Akten der 4. Armee enthalten sein muß. Ich habe ihn dann aber aus folgenden Gründen nicht weiter gegeben. Wie ich zum Oberkommando der 3. Armee kam, erklärte mir der Oberbefehlshaber, daß seine Armee nicht mehr imstande sei, die zwischen der 2. und 4. Armee befindliche Geländestrecke zu halten, wenn die Franzosen ihn angreifen sollten. Die Armee habe so starke Verluste gehabt und sei durch ihr Eingreifen teils auf dem linken Flügel der 2., teils auf dem rechten Flügel der 4. Armee so ermüdet, daß sie keine Gefechtskraft mehr habe. – Ich fuhr nun zur 4. Armee zurück, um nochmals die Lage zu besprechen. Hier erreichte mich eine Meldung der 2. Armee folgenden Inhalts: «Feind scheint Hauptdruck gegen rechten Flügel und Mitte 3. Armee zu richten, um hier durchzubrechen. Dies bei Breite der Armeefronten und verminderten Gefechtsstärken bedenklich. Durch Zurücknahme der deutschen Mitte unter fester Anlehnung an linken Flügel 2. Armee bei Thuizy bis in Höhe von Suippes–St-Menehould und östlich kann dem begegnet werden. Später neue Offensive vom rechten Flügel aus dann aussichtsvoll.» – Wenn die Auffassung der 2. Armee richtig war, und ich hatte keinen Grund sie anzuzweifeln, so mußte ich nach den bei der 3. Armee empfangenen Eindrücken befürchten, daß sie nicht mehr imstande sein werde, den bevorstehenden feindlichen Durchbruchsversuch abzuwehren. Gelang derselbe, so mußten die 4. und 5. Armee in eine so schwierige Lage kommen, daß eine Katastrophe zu befürchten stand. – Bei einer Besprechung, die ich am 11. September abends mit dem Oberbefehlshaber der 2. Armee in Reims hatte, bestätigte mir derselbe seine dem Telegramm vom 11. früh zugrunde liegende Ansicht, er rechnete bestimmt mit einem schon am 13. zu erwartenden Angriff der Franzosen auf die 3. Armee.

Ich mußte mich daher entschließen, der 3. Armee eine verkürzte Linie zuzuweisen, in der sie sich meiner Ansicht nach mit Bestimmtheit halten konnte. Das war nur durch Zurücknehmen der Armee möglich. Damit wurde auch das Zurücknehmen der 4. und 5. Armee bedingt. Die Versammlung der 3., 4. und 5. Armee in der Linie Reims–Verdun bedeutete eine erhebliche Verkürzung der Frontlinie und mußte es ermöglichen, nachdem sie erreicht war, Truppen aus der Front zur Verstärkung des bedrohten rechten Heeresflügels herauszuziehen. – Ich gab daher, da hier rasch gehandelt werden mußte, am 11. September, 4 Uhr nachmittags, den Befehl aus, nach dem die 3. Armee die Linie Thuizy (ausschl.) – Suippes (ausschl.), die 4. Armee die Linie Suippes (einschl.) – St-Menehould (ausschl.), die 5. Armee die Linie St-Menehould (einschl.) – und östlich erreichen sollten. Die erreichten Linien sollten ausgebaut und gehalten werden. Die somit der schwachen 3. Armee zugewiesene Linie hatte nur 20 Kilometer Frontbreite, die Gesamtausdehnung für die 1. bis 5. Armee betrug nach ihrer Zusammenfassung etwa 150 Kilometer.

Da die französischen Angriffe der letzten Tage vor der Front des linken Heeresflügels abgewiesen waren, ließ sich erwarten, daß die Armeen die angewiesenen Stellungen ohne Schwierigkeiten würden erreichen können. Leider gelang es, wie erwähnt, der 1. Armee nicht, den Anschluß an den rechten Flügel der 2. zu gewinnen. Ebenso erklärte die 5. Armee, bei St-Menehould nicht stehen bleiben zu können, sondern bis nördlich des Argonnenwaldes zurückgehen zu müssen. (Siehe Operationsakten der 5. Armee vom 11. September.)

Somit kam der Zusammenschluß des Heeres in der Linie, die ich beabsichtigt hatte, nicht zur Ausführung.

Am 13. September ordnete ich das Herausziehen von je einem Korps der 3., 4. und 5. Armee und den Abmarsch dieser Korps nach Westen an, um den rechten Heeresflügel zu verstärken und um die Lücke zwischen der 1. und 2. Armee zu schließen. Dies wurde nötig, da die 7. Armee erst mit den Anfängen St-Quentin erreicht hatte.

Am 14. September wurde die weitere Leitung der Operationen dem General v. Falkenhayn übertragen, gleichzeitig wurde mein Oberquartiermeister, General v. Stein, zum Kommandierenden General des XIV. Reservekorps ernannt.

Somit endete meine militärische Tätigkeit.[111]

MOLTKE UND DIE GRÜNDUNG DER «DEUTSCHEN GESELLSCHAFT 1914»

Ansprache Moltkes bei Eröffnung der «Deutschen Gesellschaft 1914» am 28. November 1915

Als Ältester des Ausschusses zur Gründung der «Deutschen Gesellschaft 1914» fällt mir die ehrenvolle Aufgabe zu, die Versammlung zu eröffnen, und übernehme ich zunächst den Vorsitz.

Meine Herren, während wir uns hier in gesicherter Ruhe versammeln können, tobt draußen der Krieg, stehen unsere Brüder und Söhne im Kampf gegen eine Welt von Feinden, bereit, täglich und stündlich ihr Leben hinzugeben, um durch das Opfer ihres individuellen Lebens das Leben der Gesamtheit, der Nation vor dem Untergang zu bewahren, den unsere Gegner uns zugedacht haben, um in heißem, blutigem Ringen dem Deutschen Reich einen siegreichen und dauernden Frieden zu erkämpfen. Schulter an Schulter stehen und kämpfen sie, ohne Unterschied des Standes, des Berufs, der Geburt, der politischen Richtung – eine große, einheitliche Masse, die gesammelte Kraft des Volkes, zusammengehalten und durchglüht von dem einen großen Gedanken des Vaterlandes. Geeint wurde unser Volk, das von Parteiungen zerrissen schien, das so oft seine beste Kraft in kleinlichem Zank vergeudet hatte, durch diesen Krieg. Die heilige Flamme der Vaterlandsliebe zerschmolz die Schranken, die der Egoismus des Wohllebens unter uns aufgerichtet hatte, wir lernten uns als Brüder kennen, wir erlebten das Wort Lagardes: «Ein Volk sein heißt eine gemeinsame Not empfinden», und diese Einigkeit ist es, die uns unüberwindlich macht.

Wohl reißt der Krieg auch vieles nieder, vernichtet er viel Wertvolles, Leben und Güter, aber er erzeugt und offenbart auch Kräfte und Fähigkeiten, mit deren Hilfe nicht nur Bewährtes wieder aufgerichtet werden kann, sondern dem Menschenwerk neue, Größeres verheißende Bahnen gewiesen werden. Wer sollte es nicht fühlen, daß dieser Krieg einen der großen Wendepunkte der Weltgeschichte bedeutet, daß sein Ausgang entscheidend sein wird für die Richtung, die der Menschheitsentwicklung, der Menschheitskultur auf Jahrhunderte hinaus gegeben werden wird. Eine neue Zeit, neue Entwicklungsmöglichkeiten, ein neues gefestigtes Gemeinleben, neue Betätigungsformen des geistigen Lebens muß dieser Krieg uns bringen. Wir werden manches hinter uns lassen müssen, das uns vorher der höchsten Mühe wert erschien und das sich doch als wertlos erwiesen hat, in dieser großen, eisernen Zeit. Aber wir haben die Überzeugung, daß in unserem Volk die Zauberkraft lebt, die furchtbaren Spuren des Kampfes zu tilgen und neues, schaffendes Leben an den Stätten des Todes und der Verwüstung wachzurufen.

Diese schöpferische Kraft, die sich schon jetzt so vielfach und so herrlich offenbart hat, diese Einigkeit der Gesinnung, die uns gelehrt hat, Sonderwünsche und Sonderinteressen einem großen gemeinsamen Ziele unterzuordnen, müssen wir pflegen und bewahren als unser höchstes Gut, als die sicherste Gewähr einer aufwärtsstrebenden Zukunft. 1871 wurden wir ein Reich, jetzt gilt es, daß wir ein Volk werden.

Das sind die Gedanken, die der Gründung der «Deutschen Gesellschaft 1914» zugrunde gelegen haben. Daß sie ein wohlvorbereitetes Feld gefunden haben, beweist die Anzahl unserer Mitglieder und die stattliche Zahl, in der Sie heute abend zu unserer Eröffnungssitzung erschienen sind. Ich danke Ihnen und heiße Sie herzlich willkommen.

BRIEF MOLTKES AN DEN HERAUSGEBER DER "TAT" VOM 1. JANUAR 1916[112]

Mit großer Aufmerksamkeit habe ich Ihren Aufsatz über die Gründung der Deutschen Gesellschaft gelesen. Ich habe auch die anderen Artikel der Nummer der "Tat" gelesen, und ich will gerne erklären, daß der Geist und die Gesinnung, die in ihnen walten, in mir freudige Zustimmung gefunden haben. Das Programm Ihrer Zeitschrift: alles umfassend, was ernsthaft der Erneuerung des Lebens zustrebt, die Erneuerung Deutschlands aus den irrationalistischen Anlagen seines Volkstums heraus – umfaßt die Gedanken, die auch mich bewogen haben, mich an der Gründung der Deutschen Gesellschaft zu beteiligen. Daß uns eine Erneuerung des geistigen Lebens bitter not tut, war mir Gewißheit, schon lange bevor dieser Krieg unser Volk auf die Goldwaage der Weltentwicklung legte, und mit ganzer Seele habe ich gehofft, daß es sich wert erweisen möge der hohen Aufgabe, die ihm die Weltenlenkung gestellt hat. – Hier handelt es sich um geistige Waffen, nur mit ihnen kann die Zukunft bezwungen werden. Es liegt so unendlich viel Ideales, nach oben Strebendes in der Seele unseres Volkes. Lange war es unterdrückt durch die dicke Schrift materiellen Lebens, es durchbrach sie, als der Krieg die Äußerlichkeiten des Daseins verschwinden ließ vor dem idealen Sturm der Vaterlandsliebe, der alle Herzen durchbrauste. – Wenn Gott unser Volk lieb hat, wird er diese geistige Erhebung ihm bewahren. Aber jeder muß dazu mitarbeiten. – Das wollen Sie mit Ihrer Zeitschrift, und das wollte ich mit dem Ins-Leben-Rufen einer Gesellschaft, die nicht, wie Sie sagen, ein «politischer Klub» sein soll, sondern ein Versammlungsort aller der Geister, die die Kraft haben, Einzelwünsche und Bestrebungen im Dienste des deutschen Einheitsgedankens zurückzustellen. In Klassen geschieden, in Parteien getrennt, haben wir uns vor dem Kriege kaum gekannt. Die Schranken, die der Egoismus der Einzelexistenz zwischen uns aufgerichtet hatte, wollten wir niederlegen und Mensch dem Menschen nahebringen. Gewiß, Sie haben recht, es wird darauf ankommen, dem Seelenadel zum Sieg über den Geschäftsgeist zu verhelfen, die Pflänzlein zu pflegen, die schon seit Jahren in vielen Menschen wuchsen und von deren stiller Entfaltung sich jeder überzeugen konnte, der mit offenen Augen in unser Volksleben hineinsah. Über die Schwierigkeiten, die uns seit Jahren anerzogene mechanische Lebensauffassung zu überwinden, sind wir alle uns von Anfang an klar gewesen. Aber man darf vor den Schwierigkeiten nicht zurückscheuen, wo es sich um Großes handelt. Immerhin wird ein idealer Gedanke einmal in die Realität hineingeboren gewesen sein. Es ist bekannt, daß, wenn man einen Wald auf einem Boden aufforsten will, der vorher kein Waldboden war, die erste Anpflanzung oft nach einer Reihe von Jahren zugrunde geht, aber die zweite gedeiht dann. Man muß nur nicht verzagen. Gelingt der Wurf diesmal nicht, so wird eine spätere Generation den einmal geborenen Gedanken wieder aufnehmen. Wir müssen für die Zukunft arbeiten. Wir gehen bald dahin, aber unser Volk soll in die kommenden Jahrhunderte hinein leben, es soll nach oben leben, und jedes Samenkorn, das jetzt gelegt wird, wird einmal aufgehen. Das ist meine Hoffnung und Zuversicht und mein Glauben an die Weltmission unseres Volkes.

AUSZUG AUS EINEM BRIEF MOLTKES

Berlin, 20. März 1916

Die Jetztzeit bietet viele wenig erfreuliche Erscheinungen, zu denen im Innern in erster Linie der Streit zwischen der Regierung und den Parteien des Reichstags gehört. Wo bleibt der berühmte Burgfriede und wo die Einigkeit zwischen Volk und Regierung. Mir scheint, letztere ist sich durchaus nicht klar über die tiefgehende Mißstimmung weiter Kreise, und, was das Schlimmste ist, sie macht Versuche, einerseits durch schärfstes Anziehen der Zensur die Zeitungen zu knebeln, andererseits durch offiziöse Mitteilungen einzuwirken, die nicht immer ganz den Tatsachen entsprechen. Ich sehe darin einen bedauerlichen Mangel an Vertrauen zum Volk. Gebe Gott, daß uns bald eine Entscheidung auf militärischem Gebiet zufällt, es wird Zeit, der Krieg muß zu Ende gebracht werden, wenn wir nicht alle mit ihm versumpfen und versauern wollen.

Zuschauer zu sein, wie es mir beschieden, ist schwer. Ich bin oft am Rande der Verzweiflung gewesen, besonders wenn ich sah, wie manches anders gemacht wurde, als es meiner Meinung nach hätte gemacht werden müssen. Erst nach langen und schweren Kämpfen habe ich mich selbst bezwingen können und habe gelernt, die Schwere des Drucks zu tragen. Ich denke nicht an mich, sondern nur an unser Vaterland. Ihm nicht dienen zu können ist das Opfer, das ich täglich wieder bringen muß.

Gestern war ich bei Tirpitz, auch einem Schicksalsgenossen. Er fühlt es wie eine Erlösung, aus dienstlichen Verhältnissen heraus zu sein, die ihm unerträglich geworden waren. Möge der Kaiser es nie bereuen, Männer beiseite geschoben zu haben, die doch vielleicht ihm hätten nutzen können.

Bethmann wird einen schweren Stand haben im Reichstag. Wie unsinnig handelt dieser Mann, indem er es versäumt, Fühlung zu nehmen mit dem Volk und seiner Vertretung.

AUSZUG AUS EINEM BRIEF MOLTKES

Berlin, 21. April 1916

Es war mir eine große und herzliche Freude, nach langer Zeit wieder eine Nachricht von Ihnen zu erhalten und aus Ihren Worten den alten Ton herzlicher Zuneigung herauszuhören, der alle Wechselfälle des Lebens überdauert. Haben Sie Dank für diese treue Freundschaft, die ich, wie Sie wohl wissen, von Herzen erwidere.

Ich danke Ihnen auch für das, was Sie mir über Ihre Unterredung mit Sr. Majestät schreiben. Wenn der hohe Herr mir so freundschaftliche Empfindungen entgegenbringt, wie Sie meinen, so hat er dieselben jedenfalls nur rein platonisch betätigt. – Ich habe mich Weihnachten 1914 persönlich bei ihm gesund gemeldet und auch telegraphisch gemeldet, daß ich zu jeder Verwendung, wo und wann Se. Majestät es befehlen, bereit sei. Seitdem ist nichts erfolgt, man hat sich so wenig um mich gekümmert, als ob ich schon längst begraben wäre. Ich habe nie in meinem Leben um etwas für mich gebeten und werde dies auch nie tun.

Wollte Se. Majestät mich wirklich verwenden, hätte er wohl bei mir selber anfragen können, ob ich mich befähigt hielte, diese oder jene Stellung zu übernehmen, er hätte das Vertrauen zu mir haben können, daß ich rein sachlich geantwortet hätte. Ich habe aber nie ein Wort von ihm gehört. Wenn er jetzt sagt, ihm wäre immer, wenn er mich hätte verwenden wollen, gesagt worden, meine Gesundheit verbiete eine Verwendung, so weiß ich nicht, wer so über mich orientiert war, um dies wissen zu können. Bei meinem Arzt ist niemals nach mir gefragt worden.

Ich habe in den ersten Monaten meiner Inhaftierung einige Male an Se. Majestät geschrieben. Nachdem General ... [von Plessen?] mir mitgeteilt hat, ich möchte mich dem Kaiser gegenüber nicht zur Kriegslage äußern, da ihn dies vielleicht unsicher machen könnte, habe ich die Korrespondenz unterlassen. Über das Wetter zu schreiben hatte keinen Reiz für mich.

Ich habe im vorigen Frühjahr mein möglichstes getan, um durch Schreiben an den Reichskanzler die ganz im argen liegende Volksernährungsfrage in Fluß zu bringen. Schon damals war es für den Vorausschauenden zu erkennen, daß die traurigen Verhältnisse eintreten mußten, die nun wirklich gekommen sind und die durch eine großzügige, das ganze Wirtschaftsleben umfassende einheitliche Organisation und Vorsorge hätten vermieden werden können. Von vielen Seiten aus den Kreisen der Landwirtschaft, der Industrie, der Nationalökonomie ist mir Dank geworden, daß ich eingegriffen habe, wo unsere Verwaltungsbehörden versagten; von dem General ... habe ich dagegen gehört, daß an höchster Stelle meine Bemühungen als Nervosität, Schwarzseherei und unzulässige Einmischung bewertet worden seien. Der Kaiser könne einem so kranken Mann nicht die Verantwortung einer Heerführung anvertrauen. Damit war die Sache für mich erledigt, und ich habe mich nicht weiter vorgedrängt.

Übrigens habe ich Sr. Majestät zu den Erfolgen in Russisch-Polen seinerzeit meinen Glückwunsch telegraphisch ausgesprochen. Sie sehen, lieber ..., daß ich keine Veranlassung habe, mich erneut an Se. Majestät heranzudrängen.

Betteln habe ich in meinem Leben nicht gelernt.

Ich weiß sehr wohl, daß der Kaiser persönlich nicht den Willen hat, mich links liegen zu lassen, aber er ist ebenso machtlos gegen die Einflüsse, die gegen mich gerichtet sind, wie ich.

Hätte er nicht z. B. jetzt mir den Oberbefehl in Schleswig-Holstein anbieten können? Auch hier wieder kein Wort an mich. Meine Vergangenheit ist ausgelöscht, für mich hat sie nur den Wert des Bewußtseins, meine Pflicht getan zu haben.

Gott helfe unserem Lande und unserem unvergleichlichen Volk, wir werden noch viel Schweres durchzumachen haben. Möge es dem Kaiser dann nicht an Männern fehlen, die nur den Gedanken haben, ihm und dem Lande zu dienen, und die ihre Person der Sache unterordnen.

Leben Sie wohl, lieber ..., Sie tun meinem schwergeprüften Herzen wohl, wenn Sie mich ab und an etwas von sich hören lassen. Ich bleibe immer Ihr alter Freund

Moltke.

REDE MOLTKES BEI DER TRAUERFEIER FÜR DEN GENERALFELDMARSCHALL FREIHERRN VON DER GOLTZ AM 18. JUNI 1916

Hochverehrte Anwesende!

Das Bild des Mannes, zu dessen Gedächtnisfeier wir uns hier versammelt haben, ist in einer so ausführlichen, glänzenden und wahrheitsgetreuen Weise geschildert worden, daß Sie es von mir nicht als Vermessenheit ansehen wollen, wenn ich Sie bitte, mir zu einem ganz kurzen Worte ein geneigtes Ohr zu schenken. – Es sind zwei Gründe, die mich dazu bewegen, zu Ihnen zu sprechen: Erstens meine langjährigen persönlichen, kameradschaftlichen, ich darf wohl sagen freundschaftlichen Beziehungen, die mich mit dem Verstorbenen verbunden haben. Und zweitens die Empfindung, daß an dem Grabe eines Soldaten auch aus soldatischem Munde ein Wort für ihn erklingen muß; denn Soldat war er doch in erster Linie.

Ich war ein junger Offizier, wie ich von der Kriegsakademie zum Generalstab kommandiert wurde und mit dem damaligen Major v. d. Goltz in Beziehungen trat. Er hatte die reichen Erfahrungen, die er im Verlaufe des Feldzuges 1870/71 bei der Armee des Prinzen Friedrich Karl gesammelt hatte, bereits schriftstellerisch verwertet zum Segen der Armee, und wir sahen schon mit einer gewissen scheuen Ehrfurcht zu ihm auf. Diese Ehrfurcht wich aber bald einer aufrichtigen Verehrung und Hingebung. Wie rasch lernten wir den Mann kennen, der uns nicht als Vorgesetzter, sondern als Kamerad entgegentrat, in dem Bestreben, wir alle wollen dasselbe, wir alle wollen arbeiten für die Armee und für unser Land. – Ich glaube, wenn auf irgend jemand der lateinische Spruch «Homo sum, nihil humani mihi alienum esse puto» zutrifft, so war es der Verstorbene. Seine hervorragenden menschlichen Eigenschaften, seine Herzensgüte gewannen ihm die Herzen aller, die mit ihm in Berührung traten. Diese kameradschaftlichen Empfindungen sind allen denjenigen geblieben, die das Glück gehabt haben, mit ihm in persönliche Beziehungen zu treten. Bei mir haben sie angedauert bis an sein Ende, und sie sind ausgeklungen in einem Briefwechsel, der erst kurze Zeit vor dem Tode des Feldmarschalls seinen Abschluß gefunden hat.

Meine hochverehrten Herrschaften! Ich darf das nicht wiederholen, was hier gesagt worden ist. Sie wissen ja den Lebensgang des Verstorbenen, Sie wissen, daß er als junger Offizier bereits nach der Türkei ging, daß er dort zwölf Jahre lang dem Sultan gedient hat und daß er damals den Grundstein gelegt hat zu den freundschaftlichen Beziehungen, die heute das Osmanische Reich und das Deutsche Reich in gemeinsamen Kriegsunternehmungen vereinigen. Sie wissen, daß er, von dort zurückgekehrt, die Geschäfte als Generalinspekteur der Pioniere übernahm, und alle diejenigen, die damals mit ihm gearbeitet haben, bewahren ihm noch heute ein Andenken, denn auch diese ihm fremde Materie wußte er nach kurzer Zeit entsprechend zu beherrschen. – Dann kam seine schönste Zeit, als er von Sr. Majestät zum Kommandierenden General des I. Armeekorps berufen wurde. Wie freute sich sein Herz, da war er in seinem Element, unermüdlich im Zusammenleben mit der Truppe, die höchsten Anforderungen an sich selbst stellend. Keine Mühen scheuend, lebte er mit seinen Soldaten zusammen, als Vater, Freund und Kamerad. Er mußte dann die Stellung eines Generalinspekteurs übernehmen, die ihm die Truppen in die Ferne rückte, und erst nach Eröffnung des jetzigen Feldzuges, als ihm das Generalgouvernement von Belgien übertragen wurde, trat er wieder in aktive Tätigkeit. Ich habe damals Gelegenheit gehabt, des öfteren mit ihm zusammenzutreffen. Wenn ich nach Brüssel kam – während der Belagerung von Antwerpen –, man traf ihn selten zu Hause; stets hieß es: «Der Feldmarschall ist draußen an der Front.» – Es hielt ihn nicht an dem Schreibtisch, er mußte hinaus, und diejenigen, die mit ihm waren, erzählten, mit welch unbeschreiblicher Tapferkeit und Todesverachtung er mitten im Gefecht stand in den Reihen seiner Soldaten, als wenn er auf dem Exerzierplatze stand. Und wenn er abends zurückkam, besprach er die Ereignisse des Tages, wie man ein Manöver bespricht mit vollständiger Ruhe und Objektivität. Und mancher von denen, die mit ihm im Schützengraben waren, kehrte nicht mehr zurück; der Feldmarschall selbst war auch verwundet. – Aber wenn er auch mit unermüdlicher Treue und Aufopferung durch seinen scharfen Verstand es wohl verstanden hat, die zerrütteten Teile des okkupierten Landes zunächst wieder in geordnete Verhältnisse zu bringen, so war doch sein Herz nicht bei der Sache, er war Soldat, und ich glaube, er ist nicht ungern von seinem schwierigen und undankbaren Posten zurückgetreten, als er dann auf Wunsch des Sultans von dort als oberstes Bindeglied zwischen der osmanischen und deutschen Armee nach der Türkei berufen wurde. Er erlebte den gewaltigen Kampf unserer Bundesgenossen auf Gallipoli, er sah die Früchte seiner jahrelangenTätigkeit greifbar vor sich, und dann kam der Augenblick, wo er selbst das Kommando übernehmen mußte und hinauszog nach Bagdad, um den Kampf gegen die Engländer aufzunehmen. Als er in Bagdad eintraf, fand er die Engländer in starker Stellung bei

Kut el Amara. Seine Aufgabe war, sie zurückzuschlagen. Mit wie schwierigen Verhältnissen, mit welch schlechten Zufahrtsstraßen, mit einer wie großen Entfernung mußte er rechnen, bis überhaupt Verstärkungen herangeführt werden konnten.

Meine verehrten Herrschaften! Es wiederholt sich in der Geschichte öfters, daß Heldentum und Tragik nebeneinander stehen. – So war es auch hier. So wie es Moses einstmals zwar vergönnt war, einen Blick in das Gelobte Land zu tun, nicht aber es zu betreten, so war es auch dem Generalfeldmarschall nicht vergönnt, den letzten Kampf seiner Armee zu erleben, aber sein scharfer Blick hat wohl den Ausblick in das Gelobte Land getan, denn sicher hat er den Sieg von Kut el Amara vorausgesehen.

Meine verehrten Herrschaften! Ich habe dem Bilde des Feldmarschalls nur noch eine persönliche Note hinzufügen können. Ich habe es getan, weil ich glaube, daß ich in diesem Falle wohl im Namen der Armee und namens des Generalstabes sprechen darf, dem wir beide lange Jahre angehört haben.

Ich will nicht sprechen von dem tiefen Schmerze, der auch mich ergriffen hat, als die Kunde von dem tragischen Ende des Feldmarschalls eintraf, und ich möchte nicht, daß dieser Tag vorbeigeht, ohne daß wir an diesem Tage ein Lorbeerblatt auf die Bahre gelegt haben.[113]

TELEGRAMM SR. MAJESTÄT DES KAISERS

18. Juni 1916

Exzellenz Frau von Moltke,
Berlin, Generalstabsgebäude.

Ich erhalte soeben die erschütternde Nachricht vom plötzlichen Tode Ihres Gemahls. Mir fehlen die Worte, um Meinen Empfindungen dabei vollen Ausdruck zu geben. Tief bewegt gedenke Ich seiner Erkrankung im Beginn dieses Krieges, dessen glänzende Vorbereitung der Inhalt seines rastlosen Wirkens als Chef des Generalstabes der Armee gewesen ist. Das Vaterland wird seine hohen Verdienste nicht vergessen, und Ich werde, solange Ich lebe, in dankbarem Gedächtnis behalten, was dieser aufrechte, kluge Mann mit dem goldenen Charakter und dem warmen treuen Herzen für Mich und die Armee war.

In aufrichtiger Trauer spreche Ich Ihnen und Ihren Kindern Meine herzliche Teilnahme aus. Ich weiß, daß Ich an ihm einen wahren Freund verloren habe.

Wilhelm I. R.

Der am 24. Januar 1915 von Sr. Majestät dem Kaiser und König an Generaloberst v. Moltke in meiner Gegenwart eingetroffene Brief ist mir heute von Ihrer Exzellenz der Frau v. Moltke nach dem Tode Ihres Gemahls uneröffnet zurückgegeben worden, behufs Rückgabe in die Hände Sr. Majestät.

Berlin, 23. Juni 1916

v. Plessen,
Generaladjutant

BRIEF VON KRONPRINZ WILHELM

8. Juli 1916

Liebe gnädige Frau!

Mit Absicht schreibe ich erst jetzt, nachdem einige Zeit verstrichen ist. Viel Worte brauche ich nicht zu machen. Sie wissen, wie sehr ich Ihren Mann geliebt und verehrt habe. Die Hand möchte ich Ihnen drücken, um Ihnen mein inniges Mitgefühl zum Ausdruck zu bringen. Nie werde ich vergessen, daß der zu früh verblichene alte Chef es war, der mir das Kommando über die herrliche 5. Armee verschaffte, indem er Sr. Majestät sagte: «So wie die anderen macht der Kronprinz die Sache noch lange.» Und dann, wie mein Vater mir gesagt hatte, ich müßte das tun, was Knobelsdorff mir riete, drückte mir Ihr Mann warm die Hand und sagte: «Lassen Sie sich nur nicht Ihr gesundes eigenes Urteil ausschalten, Sie sind und bleiben der Armeeführer, der allein Sr. Majestät verantwortlich ist!» – Ich habe diese Worte den ganzen Feldzug über beherzigt und bin gut dabei gefahren.

Sein Andenken bleibt groß und rein in meinem Herzen. – Es küßt Ihre Hand, liebe gnädige Frau, Ihr getreuer

Wilhelm,
Heeresgruppe Kronprinz

VI.

"DIE 'SCHULD' AM KRIEGE"

MOLTKES AUFZEICHNUNGEN VOM NOVEMBER 1914 ÜBER DIE EREIGNISSE AM 1. AUGUST 1914

VORBEMERKUNGEN VON ELIZA VON MOLTKE[114]

Im Frühjahr 1919 faßte ich den Entschluß, die Aufzeichnungen meines Mannes, des Generalobersten von Moltke, über den Kriegsausbruch zu veröffentlichen, damit noch rechtzeitig vor dem Abschluß der Friedensverhandlungen in Versailles die Wahrheit bekannt werde. Denn ich besaß in diesen Aufzeichnungen den Beweis, daß Deutschland nicht in dem Sinn am Weltkriege schuldig sei, wie seine Gegner behaupten, um einen Gewaltfrieden zu ihren Gunsten herbeiführen zu können. Aus diesen Aufzeichnungen geht zwar die Unfähigkeit und Hilflosigkeit der politischen Leitung Deutschlands in der entscheidenden Zeit in ihrem ganzen Umfang hervor, zugleich aber wird durch Darstellung bisher unbekannter, wichtigster Tatsachen und Vorgänge der unumstößliche Beweis erbracht, daß die deutsche Regierung den Krieg nicht gewollt hat. Glaubte doch diese Regierung noch in den Tagen des Kriegsausbruchs an den Willen Englands, die Ausdehnung des Krieges zu verhindern, so daß Kaiser und Reichskanzler, die in diesem Irrtum befangen waren, hemmend in den Gang der Mobilmachung eingriffen.

Der Versuch, diesen Beweis von Deutschlands Friedenswillen in Versailles vorzubringen und dadurch den Gewaltfrieden, der sich auf Deutschlands Schuld[115] aufbaut, unmöglich zu machen, scheiterte. – Die Aufzeichnungen sollten damals erscheinen, um vor die Menschen und Völker die nackten Tatsachen hinzustellen und dadurch eine Gegenwirkung gegen die Verschleierung der Wahrheit zu schaffen. Auch dieser Versuch eines Appells an die Öffentlichkeit scheiterte, da das Erscheinen der Aufzeichnungen durch das Eingreifen gewisser Persönlichkeiten[116] verhindert wurde.

Seitdem dieses im Jahre 1919 sich abspielte, hat sich manches zugetragen. Der Frieden von Versailles, dessen Schuldartikel deutsche Unterhändler unterschrieben haben, hat das größte Unheil über Deutschland und die Welt gebracht. In Deutschland ist inzwischen eine ganze Literatur entstanden, die sich mit den Gründen des Kriegsverlustes beschäftigt. Immer wieder wird auf die Marneschlacht und das Versagen der ersten Obersten Heeresleitung, insbesondere auf die angebliche Unfähigkeit Moltkes hingewiesen. Heißt es doch in dem von Karl Rosner herausgegebenen Buch "Erinnerungen des ehemaligen Kronprinzen Wilhelm", Moltke habe «in einem mißverstandenen Pflichtgefühl, wider Willen und in Erkenntnis seiner

Unzulänglichkeit» eine Aufgabe, die über seine Kräfte ging, auf sich genommen. Das sei sein Verhängnis geworden. Seines und der Unsrigen.

Sätze dieser Art sind es, die mir die Herausgabe des vorliegenden Buches zur Pflicht machen. Mit Moltkes eigenen Worten soll ein Bild seines Wirkens und seiner Anschauungen gegeben werden, und zwar durch die Veröffentlichung von Briefen aus seiner Frühzeit bis zu den Aufzeichnungen während des Krieges. Nur hierdurch können die ungeheuerlichen Vorwürfe zurückgewiesen werden. Diese Briefe und Dokumente werden zeigen, wo die «Unzulänglichkeit» lag und wie sich in Moltkes Persönlichkeit größtes Verantwortungsbewußtsein mit einem umfassenden Überblick über die Verhältnisse und dem Willen zum Handeln unter Zurückstellung aller persönlichen Bedenken vereinigte. Als am 7. Januar 1905 die Unterredung zwischen dem Kaiser und Moltke über die Annahme des Postens des Chefs des Generalstabes stattfand, für welchen der Kaiser ihn auf den Rat des Grafen Schlieffen ausgesucht hatte, machte Moltke die Annahme davon abhängig, daß der Kaiser nicht persönlich in die militärische Leitung eingreifen solle. Acht Friedensjahre hindurch hat der Kaiser seine Natur bezwungen. Er tat es, weil er wußte, daß er keinen treueren Berater als Moltke hatte. Da wo es sich um den wirklichen Krieg, nicht nur um Manöver handelte, am 1. August 1914, hörte er zum erstenmal nicht auf den erprobten langjährigen Mitarbeiter, er griff ein in militärische Notwendigkeiten und gab über den Kopf Moltkes hinweg einen Befehl, der den gesamten Aufmarsch gefährden mußte.

Es ist nicht wahr die immer wiederkehrende Behauptung, Moltke sei schon lange vor dem Kriege schwer krank gewesen. Auch sein letzter Besuch in Karlsbad kurz vor Kriegsausbruch erfolgte aus Familiengründen und hatte mit seiner längst verheilten Krankheit nichts zu tun. Moltke ging in voller Gesundheit frisch und tatkräftig am 1. August ins Schloß. Erst, was er dort in den Nachmittagsstunden des 1. August erleben mußte, hat ihn auf das schwerste getroffen. Dem Generalstabschef oblag es, die militärischen Maßregeln so zu ergreifen, daß das Vaterland inmitten eines Walles von Feinden nicht zertrümmert werde; die Politik, die auf Sand gebaut war, versagte, und darum war die militärische Verfügung die einzig mögliche. Auf Moltke, der seit Jahren mit klarem Blick die politische, wirtschaftliche und militärische Lage Deutschlands erkannt hatte, der immer auf die Gefahren hingewiesen hatte, die Deutschland drohten, lastete in diesen Stunden, in denen er um die Ausführung des Mobilmachungsplanes kämpfen mußte, ganz allein die Verantwortung. Nach diesen Stunden, in denen alle seine Einwände überhört wurden, war Moltke ein anderer Mensch. Seine

Zuversicht war erschüttert. Das Vertrauensverhältnis zwischen ihm und dem Kaiser war zerstört. Seine Überzeugung war von da ab: Wo solche Verhältnisse in einem Lande möglich sind, muß Unglück daraus entstehen. Zwar hat Helmuth von Moltke die einschlägigen Verhältnisse seit langer Zeit sachgemäß ernst beurteilt, aber stets gemeint, der Ernstfall werde in den maßgebenden Persönlichkeiten die notwendigen Kräfte auslösen, was leider nicht eingetroffen ist. «Ich kann wohl Krieg führen gegen den äußeren Feind, aber nicht gegen den eigenen Kaiser», waren seine Worte nach den vorangegangenen Erlebnissen. Der einzige Mann, der am 1. August nach dem völligen Versagen der deutschen Politik die militärisch notwendigen Verfügungen treffen mußte, der in diesen Augenblicken kämpfen mußte gegen Unverstand und Kurzsichtigkeit in militärischer und politischer Hinsicht, dieser Mann war, als ihm endlich am Spätabend des 1. August 1914 die Handlungsmöglichkeit zurückgegeben wurde, bis ins Mark hinein getroffen durch dasjenige, was er an diesem Nachmittage erlebt hatte. Das ist die furchtbare Wahrheit. An dem Eindruck dieser Erlebnisse, der nicht aus seinem Bewußtsein auszulöschen war, krankte Moltke noch in der nächstfolgenden Zeit, und die Wirkungen dieser Stunden machten sich geltend, als der erste große Rückschlag im Kriege eintrat.

Wer gerade Moltkes Verantwortungsgefühl und -bewußtsein gekannt hat, wird verstehen, daß diese Erfahrungen des 1. August eine tiefgehende Wirkung auf ihn ausüben mußten. Darin, daß das Verständnis für solche «Imponderablien» unseren Zeitgenossen verlorenging und sich ihr Denken und Urteilen so sehr vergröberten, liegt der Grund zu der falschen Beurteilung der Persönlichkeit Moltkes, wie auch meines Erachtens eine Hauptursache für die trostlosen Verhältnisse unserer jetzigen Zeit.

Moltkes Absicht, neue Operationen einzuleiten, nachdem durch den Rückzug an der Marne die Armeen wieder Bewegungsfreiheit erlangt hatten, wurde unter der Leitung des Generals von Falkenhayn nicht ausgeführt. Statt dessen fing der Stellungskrieg an, den Moltke unter allen Umständen vermeiden wollte, da er darin die größte Gefahr für das deutsche Heer erkannte. Die Entscheidung fiel nicht an der Marne, sondern einige Wochen später im Osten. Da fing der Kampf um die Leitung des Krieges zwischen Ost und West an. General von Falkenhayn verweigerte als Chef des Generalstabes dem Feldmarschall von Hindenburg die von ihm im November 1914 angeforderten Truppen; der sicher erhoffte Sieg über die Russen wurde dadurch vereitelt. Vielleicht wird einst die Geschichte über dieses dunkle Kapitel strenger urteilen, als man jetzt gewillt ist, es zu tun, und dann die Ursachen erkennen für vieles, das daraus folgte.

Moltke war seit Anfang Dezember 1914 wieder in Berlin. Er fing nun an, in die wirtschaftlichen Verhältnisse sich einzuarbeiten; er sah die Gefahren und Übelstände im Lande, er erhob seine warnende Stimme. Dies erregte den Unwillen derjenigen Männer, die jetzt die Macht in Händen hatten und die versuchten, seine Tätigkeit zu verhindern. Zur selben Zeit entschlossen sich mehrere Persönlichkeiten, an den Kaiser heranzutreten mit dem Hinweis, daß General von Falkenhayn ein Unglück für das Land sei, daß die Armee kein Vertrauen zu ihm habe. Feldmarschall von Hindenburg verlangte seinen Abschied, wenn General von Falkenhayn weiter die Leitung behalten würde. Moltke schrieb an den Kaiser, auch der Kronprinz setzte sich für die Angelegenheit ein. Aber alles war damals umsonst. Die Klarsehenden drangen nicht durch. Zwanzig Monate später, im September 1916, drei Monate nach Moltkes Tod, wurde ausgeführt, was er zur rechten Zeit zu unternehmen geraten hat. Damals war er der einzige, der für das Verlangen der im Osten führenden Persönlichkeiten an maßgebender Stelle ausführlich den strategischen Plan vorschlug; später, als andere auf dasselbe verfielen, war es für vieles leider zu spät. Denn die Gefahren für Deutschland, die Moltke hatte kommen sehen, wenn alles so blieb, wie es damals war, die waren eingetreten und hatten eine verzweifelt ernste Lage gegenüber der Übermacht der Feinde geschaffen. Was hätte erreicht werden können, wenn im Jahre 1915 Moltkes Rat befolgt worden wäre, wie hätte sich die Kriegslage gestaltet, wenn im November 1914 oder später im August 1915 die nötigen Truppen nach dem Osten geschickt worden wären? Unzählige Male hat Moltke 1915 gesagt, mit dem, was vom Großen Hauptquartier für den Osten an Truppenmassen zur Verfügung gestellt werde, ließen sich zwar schöne taktische Erfolge, nicht aber ein durchgreifender strategischer Hauptschlag, wie er im Osten notwendig wäre, erreichen.

Bequem und entlastend für viele, die heute über diese einschneidenden Fragen hinweggehen, ist es gewiß, Moltke alle Schuld aufzubürden. Da er heute tot ist und sich nicht verteidigen kann, was er sonst gewiß sehr kräftig tun würde, obliegt mir die schwere Verpflichtung, für ihn einzutreten. Es ist die Verpflichtung, ihn zu verteidigen gegen diejenigen, die immer wieder von dem «entschlußschwachen», «unfähigen» Moltke, der seiner Aufgabe nicht gewachsen gewesen sei, reden und schreiben. Moltke faßte den schwersten Entschluß seines Lebens, eine neue wirksame Kriegshandlung im Westen nach den entstandenen Schwierigkeiten dadurch einzuleiten, daß er den Hauptteil der Armeen weiter rückwärts in neuer Frontgestaltung sammeln wollte. Daß sich seine Überzeugung, auf diese

Art den Krieg wirksam weiter fortzuführen, nicht ausführen ließ, liegt daran, daß ihm vor der Ausführung die Führung abgenommen worden ist. In seinem ganzen Leben hat Moltke bewiesen, daß er sich nicht scheute, zu handeln und rücksichtslos seine Person einzusetzen, wo es des Landes Wohl galt. Seine Überzeugung von der Unzulänglichkeit anderer hat ihn zu Beginn des Krieges gelähmt, seine Kräfte in entscheidender Zeit nicht voll zur Entfaltung kommen lassen.

So mag, was Moltke gedacht, gefühlt, gewirkt und gelitten hat, für ihn zeugen, und alle die, denen es unbequem sein wird, mögen bedenken, daß sie die Veröffentlichung durch ihr eigenes Verhalten verursacht haben; denn wahrlich, nicht leichten Herzens ist der Entschluß zu diesen Veröffentlichungen gefaßt worden, sondern aus der Erkenntnis heraus, daß es die Pflicht fordert, für einen Mann einzutreten, der in der unerhörtesten Weise verleumdet wird.

Moltke war der treueste Diener seines Königs und Vaterlandes, der an gebrochenem Herzen starb aus Sorge um sein Volk und Land, weil er genau voraussah und voraus erlebte, wie alles kommen und werden müsse in Anbetracht der Verhältnisse, die in Deutschland herrschten. Diese Veröffentlichungen sollen dazu beitragen, daß die Wahrheit erkannt werde und so der Weg gefunden werden kann, um die Unwahrhaftigkeit zu besiegen, die als zerstörende Kraft alles wahre Leben vernichten möchte, die Deutschland mehr und mehr in einen Trümmerhaufen verwandeln wird, wie Moltke es bereits im Frühjahr 1904 voraus empfand und niederschrieb.

Möchten doch die Deutschen endlich aufhören, sich selber zu zerfleischen, ihre besten Männer zu verunglimpfen. Nur so kann in Erfüllung gehen, woran Helmuth von Moltke fest glaubte: die Neugeburt des echten wahren Deutschtums, aufgebaut auf Wahrheit und Erkenntnis. Dann sind seine Leiden um sein Vaterland nicht umsonst gewesen, dann verwandelt sich seine «Tragik» in ein für das Deutschtum segenbringendes «Heldentum», dessen Früchte spätere Geschlechter ernten werden. «Ihr werdet die Wahrheit erkennen, und die Wahrheit wird euch frei machen.»

Unter diesem Leitmotiv stehen meine Veröffentlichungen.

Weil ein übersichtliches Bild von Moltkes Wirken und Persönlichkeit gegeben werden soll, ist die folgende Anordnung des Inhaltes dieses Buches getroffen worden.

Vorangestellt sind die Dokumente, die der Gegenwart ein sachgemäßes und wahres Bild der Vorgänge von Ende Juli[117] und Anfang August 1914 in Berlin geben. Im Mittelpunkt dieses ersten Teiles steht Moltkes eigene Niederschrift seiner Erinnerungen an die entscheidenden Vorgänge und deren politische und militärische Bedeutung. Durch die Erinnerungen wird, wie man überzeugt sein kann, eine Darstellung des Kriegsausbruches gegeben, die trotz ihrer Kürze mehr und Wichtigeres enthält als alles, was bisher darüber erschienen ist. Das Bild der künftigen Geschichtsschreibung wird, wie man weiter überzeugt sein kann, dieser Darstellung viel ähnlicher sein als den anderen.

Dann folgen alle diejenigen Dokumente, die Moltkes Entwicklung in anschaulicher Art zeigen, bis zu dem Zeitpunkte seines Lebens, in dem er bewußt eine so schwere Entscheidung treffen mußte wie keine andere ihm bekannte Persönlichkeit der Gegenwart oder Vergangenheit.

Den Abschluß bilden Äußerungen seines Lebensernstes nach seiner Enthebung aus der Stellung des Chefs des Generalstabes, die in jeder Zeile ein Beweis dafür sind, daß er bis zu seinem Tode als treuester Diener seines Volkes seine besten Kräfte zum Opfer bringen wollte.

Berlin, Oktober 1922.

Eliza von Moltke
geb. Gräfin Moltke-Huitfeldt

Schriften des Bundes
für Dreigliederung des sozialen Organismus

Die „Schuld" am Kriege

Betrachtungen und Erinnerungen des Generalstabchefs H. v. Moltke über die Vorgänge vom Juli 1914 bis November 1914

Herausgegeben vom „Bund für Dreigliederung des sozialen Organismus" und eingeleitet in Übereinstimmung mit Frau Eliza v. Moltke durch Dr. Rudolf Steiner

Druck und Verlag von Greiner & Pfeiffer, Stuttgart 1919

VORBEMERKUNGEN RUDOLF STEINERS ZUR BROSCHÜRE "DIE 'SCHULD' AM KRIEGE"[118]

Das deutsche Volk muß sich der Wahrheit über den Kriegsausbruch gegenübergestellt sehen. Kraft zu dem Handeln, das ihm jetzt notwendig ist, kann es aus dieser Wahrheit schöpfen. Der Ernst der gegenwärtigen Lage gebietet, *alle* Bedenken zu unterdrücken, die von der einen oder andern Seite erhoben werden gegen die Enthüllung der Ereignisse, die in Deutschland dem Beginn des Krieges vorangegangen sind.

Mit dieser Veröffentlichung soll ein Beitrag zur Darstellung der Wahrheit über diese Ereignisse gegeben werden. Er rührt von dem Manne her, der Ende Juli und Anfang August 1914 im Mittelpunkt dessen gestanden hat, was in Berlin damals geschehen ist, dem Chef des Generalstabes, dem Generalobersten *Helmuth von Moltke.* Man wird aus dem Beitrag ersehen, *wie* stark von diesem Manne behauptet werden darf, daß er im Mittelpunkte dieser Ereignisse gestanden hat.

Die Witwe des Herrn von Moltke, Frau Eliza von Moltke, erfüllt eine ihr von der Geschichte auferlegte Pflicht, indem sie diese Aufzeichnungen der Öffentlichkeit nicht vorenthält. Wer sie liest, wird wohl die Meinung gewinnen können, daß sie das wichtigste historische Dokument sind, das in Deutschland über den Beginn des Krieges gefunden werden kann.

Die Stimmung kennzeichnen sie, aus der in militärischen Kreisen der Krieg für unvermeidlich gehalten worden ist. Die militärischen Gründe legen sie dar, aus denen heraus er diejenige Entfaltung in seinem Anfange genommen hat, die dem deutschen Volke die Verurteilung der ganzen Welt gebracht hat.

Die Welt will ein ehrliches Wahrheitsbekenntnis des deutschen Volkes. Hier hat sie eines, niedergeschrieben von dem Manne, dessen Aufzeichnungen in jedem Satze das Gepräge der Ehrlichkeit tragen, der – man wird es aus den Aufzeichnungen ersehen – in dem Augenblicke, als er schrieb, gar nichts anderes wollen konnte, als die lauterste subjektive Wahrheit seiner Feder entströmen lassen.

Und *diese* Wahrheit: sie ergibt, recht gelesen, die restlose Verurteilung der deutschen Politik. Eine Verurteilung, die schärfer nicht sein könnte. Eine Verurteilung, die auf noch ganz andere Dinge hinweist, als diejenigen sind, die bei Freund und Feind angenommen werden.

Nicht die eigentlichen Ursachen des Krieges wird man in diesen Aufzeichnungen geschildert finden. Diese sind in Ereignissen zu suchen, welche natürlich weit zurückreichen. Aber zur rechten Beleuchtung dieser Ereignisse führt, was Ende Juli 1914 geschehen ist. Das Zusammenbrechen des Kartenhauses, das deutsche Politik genannt worden ist, zeigt sich in dieser Beleuchtung. Personen sieht man an dieser Politik beteiligt, bei denen jeder Beweis, daß sie den Krieg haben vermeiden wollen, überflüssig ist. Man kann ihnen ruhig glauben, daß sie den Krieg haben vermeiden wollen. Er hätte nur vermieden werden können, wenn *sie* niemals hätten auf ihre Posten kommen können. Nicht, was sie getan haben, hat zur Herbeiführung des Unheils beigetragen, sondern das ganze Wesen ihrer Persönlichkeiten.

Es ist erschütternd, in diesen Aufzeichnungen zu lesen, wie deutsches militärisches Urteil deutschem politischem Urteil im entscheidenden Augenblicke gegenübersteht. Das politische Urteil steht ganz außerhalb jeder Beurteilungsmöglichkeit der Lage, steht im Nullpunkte seiner Betätigung, und es ergibt sich eine Situation, über welche der Generalstabschef schreibt: «Die Stimmung wurde immer erregter, und *ich stand ganz allein da.*»

Man bedenke doch, was in diesen Aufzeichnungen steht von diesem Satze an bis zu dem andern: *«Nun können Sie machen, was Sie wollen.»*

Ja, so war es: Der Chef des Generalstabes *stand ganz allein da.* Weil die deutsche Politik im Nullpunkte ihrer Betätigung angekommen war, lag Europas Schicksal am 31. Juli und am 1. August 1914 in der Hand des Mannes, der *seine militärische Pflicht tun mußte.* Der sie tat mit blutendem Herzen.

Wer beurteilen will, was da geschehen ist, der muß sachgemäß, ohne Voreingenommenheit die Frage sich vorlegen: wodurch ist es gekommen, daß Ende Juli 1914 in Deutschland keine andere Macht da war, über das Schicksal des deutschen Volkes zu entscheiden, als allein die militärische? War es einmal so, dann war der Krieg für Deutschland eine Notwendigkeit. Dann war er eine europäische Notwendigkeit. Der Generalstabschef, der «allein dastand», konnte ihn nicht vermeiden.

Wie auf die Spitze des militärischen Urteiles in den Zeiten, die dem Kriegsausbruch vorausgingen, alles in Deutschland gestellt war, das zeigt der unglückselige Einfall in Belgien, der eine «militärische Notwendigkeit» und eine politische Unmöglichkeit war. Der Schreiber dieser Zeilen hat Herrn von Moltke, mit dem er jahrelang befreundet war, im November 1914 gefragt: Wie hat der Kaiser über diesen Einfall gedacht? Und es wurde geantwortet: Der hat vor den Tagen, die dem Kriegsausbruch vorangingen, nichts davon gewußt. Denn bei seiner Eigenart hätte man befürchten müssen, daß er die Sache aller Welt ausgeschwätzt hätte. Das durfte nicht geschehen, denn der Einfall konnte nur Erfolg haben, wenn die Gegner unvorbereitet waren. Und wußte der Reichskanzler davon? Ja, der wußte davon.

Diese Dinge *darf* heute nicht verschweigen, wer sie weiß, auch wenn er sie noch so ungerne mitteilt. Nur zum Überflusse will ich bemerken, daß ich, nach der ganzen Art meiner Aussprachen mit Herrn von Moltke, nicht die geringste Verpflichtung habe, diese Dinge zu verschweigen, und daß ich weiß, ich handle in seinem Sinne, wenn ich sie mitteile. Sie zeigen, wie die deutsche Politik in den Nullpunkt ihrer Betätigung hineintrieb.

Man *muß* auf diese Dinge weisen, wenn man von der «Schuld» des deutschen Volkes sprechen will. Diese «Schuld» ist doch von ganz besonderer Art. Es ist die Schuld eines gänzlich unpolitisch denkenden Volkes, dem die Absichten seiner «Obrigkeit» durch undurchdringliche Schleier verhüllt worden sind. Und das aus seiner unpolitischen Veranlagung heraus gar nicht ahnte, wie die Fortsetzung seiner Politik der Krieg werden mußte.

Unbegreiflich muß es ja auch erscheinen, daß an offizieller Stelle sogar einige Zeit vor dem Kriege von einer Persönlichkeit Worte gesprochen worden sind, aus denen man schließen mußte, daß in Deutschland *nicht* die Absicht bestehe, die belgische Neutralität jemals zu verletzen, während Herr von Moltke mir ebenfalls im November 1914 sagte, daß diese Persönlichkeit von der Absicht, durch Belgien zu marschieren, gewußt haben müßte. – *Die* Frage, ob das deutsche Volk im Jahre 1914 in den Kriegsausbruch hätte verhindernd eingreifen können: sie beantworten diese Aufzeichnungen restlos. Weit zurück hätten die Taten liegen müssen, durch die bewirkt hätte werden können, daß die Ereignisse dieses Jahres Deutschland in einem anderen Zustande angetroffen hätten, als er da gewesen ist. Nachdem dieser Zustand einmal da war, konnte anderes nicht geschehen, als geschehen ist. So muß das deutsche Volk heute sein Schicksal ansehen. Und aus der Kraft, die ihm diese Einsicht gibt, muß es seinen weiteren Weg finden. Die Ereignisse *während* der furchtbaren Kriegskatastrophe beweisen dies nicht minder, als die in diesen Aufzeichnungen über den Kriegsanfang enthaltenen. Doch ich habe hier nicht *darüber zu* sprechen; denn mir obliegt es hier nur, diese Aufzeichnungen einzuleiten.

Man sieht aus den Aufzeichnungen, daß nicht die Annahme, Frankreich oder England werde die belgische Neutralität verletzen, wenn dies nicht Deutschland tun werde, das Maßgebende war, sondern die andere, daß Frankreich hinter seiner starken Ostfront einen Defensivkrieg führen werde, der vermieden werden sollte. Dieser Ausgangspunkt bestimmte für

Deutschland die ganze Gestaltung des Krieges schon seit vielen Jahren. Und dieser Ausgangspunkt mußte die Entscheidung auf die Spitze des militärischen Urteiles stellen, wenn nicht seit ebenso langer Zeit von einer Politik daran gearbeitet wurde, für eine solche Entscheidung andere Kräfte ins Feld führen zu können. Das ist nicht geschehen. Man hatte einer Entwickelung entgegengetrieben, die im entscheidenden Augenblicke notwendig machte, jedes politische Urteil vor dem militärischen zurücktreten zu lassen. Hinter dem, worauf die Aufzeichnungen an diesem Punkte weisen, liegt das eigentlich Maßgebende. Der Aufruf «an das deutsche Volk und an die Kulturwelt» hat darauf hingewiesen. Das Deutsche Reich war «in den Weltzusammenhang hineingestellt ohne wesenhafte, seinen Bestand rechtfertigende Zielsetzung». Diese Zielsetzung hätte nicht so sein dürfen, daß nur militärische Macht sie zu tragen hatte, konnte überhaupt nicht auf *Machtentfaltung* im äußeren Sinne gerichtet sein. Sie konnte nur auf die *innere* Entwickelung seiner Kultur gerichtet sein. Durch eine solche Zielsetzung hätte Deutschland niemals sein Wesen aufzubauen gebraucht auf Dinge, die es in Konkurrenz und dann in offenen Konflikt bringen mußten mit anderen Reichen, denen es in der Entfaltung der äußeren Macht doch unterliegen mußte. Ein Deutsches Reich hätte eine von dem äußeren Machtgedanken absehende Politik, eine wahre Kulturpolitik entwickeln müssen. Es hätte niemals dürfen gerade in Deutschland der Gedanke aufkommen, daß ein «unpraktischer Idealist» ist, wer diese Kulturpolitik für die einzig mögliche hält. Denn alle Machtentfaltung mußte wegen der allgemeinenWeltlage schließlich sich verwandeln in die rein militärische Macht; und dieser durfte das Schicksal des deutschen Volkes nicht allein anheimgestellt werden.

In schlichter Art erzählt in diesen Aufzeichnungen die maßgebende Persönlichkeit, was sie Ende Juli und Anfang August 1914 erlebt und getan hat; und diese Erzählung wirft ein helles Licht auf die Tragik des deutschen Schicksals. Sie zeigt, «wie die deutsche Politik damals sich als die eines Kartenhauses verhielt, und wie durch ihr Ankommen im Nullpunkt ihrer Betätigung alle Entscheidung, *ob* und *wie* der Krieg zu beginnen war, in das Urteil der militärischen Verwaltung übergehen *mußte.* Wer maßgebend in dieser Verwaltung war, konnte damals aus den militärischen Gesichtspunkten heraus *nicht anders handeln,* als gehandelt worden ist, weil von *diesen* Gesichtspunkten aus die Situation nur so gesehen werden konnte, wie sie gesehen worden ist. Denn außer dem militärischen Gebiet hatte man sich in eine Lage gebracht, die zu einem Handeln gar nicht mehr führen konnte.»[119]

Der vollgültige Beweis dafür liegt in den Aufzeichnungen Helmuth von Moltkes. Ein Mann spricht da, der den «kommenden Krieg» als das größte Unglück des deutschen, ja der europäischen Völker ansah; dem er so jahrelang vor der Seele gestanden hat und der im entscheidenden Augenblicke davor steht: seine militärische Pflicht zu verletzen, wenn er den Kriegsbeginn auch nur um Stunden hinausschieben läßt. Ich habe durch viele Jahre vor dem Kriege gesehen, wie dieser Mann den höchsten geistigen Ideen mit inbrünstiger Sehnsucht zugewandt war, wie seine Gesinnung eine solche war, daß das kleinste Leid eines jeden Wesens ihm herzlich nahe ging; ich habe ihn viele Dinge sprechen gehört; kaum irgend etwas Erhebliches über militärische Dinge. Wahrhaftig nicht *er*, sondern die militärische Denkart *durch* ihn spricht aus einem Satze wie dem folgenden der Aufzeichnungen: «Die höchste Kunst der Diplomatie besteht meiner Ansicht nach nicht darin, den Frieden unter allen Umständen zu erhalten, sondern darin, die politische Lage des Staates dauernd so zu gestalten, daß er in der Lage ist, unter günstigen Voraussetzungen in einen Krieg eintreten zu können.» Und wie überschattet militärisches Denken die Aufklärungen, die sich Helmuth von Moltke gewissermaßen beim Niederschreiben dieser Aufzeichnungen selbst gibt über die geschichtliche Entwickelung der Menschhheit und Europas.

Man wird verstehen, warum aus solchen Voraussetzungen heraus in diesen Aufzeichnungen der Satz steht: «Deutschland hat den Krieg nicht herbeigeführt, es ist nicht in ihn eingetreten aus Eroberungslust oder aus aggressiven Absichten gegen seine Nachbarn. – Der Krieg ist ihm von seinen Gegnern aufgezwungen worden, und wir kämpfen um unsere nationale Existenz, um das Fortbestehen unseres Volkes, unseres nationalen Lebens.»[120] Ich konnte nie einen andern Eindruck haben, als dieser innerlich so vornehme Mann hätte lange vor dem Kriege seinen Abschied genommen, wenn er sich über den «kommenden» von ihm für unvermeidlich gehaltenen Krieg hätte etwas anderes sagen müssen als das in den obigen Sätzen ausgedrückte. So wie die Verhältnisse lagen, konnte militärisches Denken in Deutschland zu einem andern Urteil nicht kommen. Und durch dieses Urteil war es *verurteilt*, sich in Konflikt mit der ganzen übrigen Welt zu bringen. Aus dem Unglück wird das deutsche Volk lernen müssen, daß *sein* Denken in der Zukunft ein anderes sein muß. Militärisch mußte der Krieg für notwendig gelten, politisch war er nicht zu rechtfertigen, nicht zu verantworten und aussichtslos.

Wie tragisch ist es doch, daß ein Mann sich zu einer Tat wenden *muß*, deren Verantwortung ihm das Herz bluten macht, die er als seine heilige

Pflicht betrachten muß; und die außerhalb Deutschlands als moralische Verfehlung, als beabsichtigtes Herbeiführen des Krieges aufgefaßt werden *mußte.* So stoßen die Weltereignisse in einer Lebenssphäre aufeinander, wo die Idee der «Schuld» in ein ganz anderes Licht gerückt werden müßte, als dies jetzt von allen Seiten so häufig geschieht.

Man hat von den deutschen «Kriegshetzern» gesprochen. Und mit Recht, sie waren da. Man hat davon gesprochen, Deutschland habe den Krieg nie gewollt. Und mit Recht. Denn das deutsche Volk hat ihn nicht gewollt. Aber die «Kriegshetzer» hätten den Krieg in den letzten Tagen nicht wirklich herbeiführen können; ihre Bemühungen wären in eine Sackgasse eingelaufen, wenn ihn militärisches Denken nicht hätte für notwendig halten müssen. In den Aufzeichnungen steht doch der Satz: «Ich habe die Überzeugung, daß der Kaiser die Mobilmachungsordre überhaupt nicht unterzeichnet haben würde, wenn die Depesche des Fürsten Lichnowsky eine halbe Stunde früher angekommen wäre.» Die politische Stimmung war *gegen* den Krieg; allein diese politische Stimmung war zur Null geworden gegenüber den militärischen Erwägungen. Und zur Null war sie selbst geworden gegenüber der Frage, *wie* man gegen Osten oder gegen Westen vorgehen solle. Das hing gar nicht von der politischen Lage des in Betracht kommenden Zeitpunktes, sondern von militärischen Vorbereitungen ab. Man hat auch viel gefabelt von einem Kronrat oder dergleichen, der am 5. Juli in Potsdam abgehalten worden sein soll, und der den Krieg planvoll soll vorbereitet haben. Nun, Herr von Moltke, in dessen militärischen Willen Ende Juli die Entscheidung gelegt war, ging noch im Juni zur Kur nach Karlsbad; er kam von da erst gegen Ende Juli zurück. Er hat bis zu seinem Lebensende *nichts* von einem solchen Kronrate gewußt. Er hat die Entscheidung rein aus militärischen Gesichtspunkten herbeigeführt. Gewiß, was sich im Juli 1914 in der europäischen Lage zum Ausdruck brachte und was schließlich die Grundlage dafür abgab, daß die militärischen Erwägungen so ausfielen, wie sie ausgefallen sind: es geht auf Ereignisse zurück, die durch Jahre liefen. An diesen Ereignissen tragen viele deutsche Persönlichkeiten die Schuld; aber sie haben diese Ereignisse herbeigeführt, weil sie das Wesen Deutschlands in äußerer Macht- und Glanzentfaltung sahen; nicht weil sie zum Kriege «hetzen» wollten. Und diejenigen, welche zum Kriege hetzten: mit ihnen wäre in den verhängnisvollen Julitagen die politisch friedliche Stimmung fertig geworden; ihre Bestrebungen wären blind ausgelaufen, wenn nicht nach dem 26. Juli die Dinge eingetreten wären, welche in Deutschland die Kette der unmittelbaren Kriegsursachen von vorne an geschmiedet haben. Auf Herrn von Moltke lag die Entscheidung;

und er hatte – das geht aus den Aufzeichnungen hervor – mit irgendwelchen Kriegshetzern nichts zu tun. Wie oft konnte ich, nach seiner Verabschiedung, aus seinem Munde Worte hören, die deutlich sagten: nie hätte man auf Kriegshetzer gehört, aus welchem Lager sie auch gekommen wären. Gefragt um Bernhardi [121], hatte er nur jene Abweisung, die deutlich besagte: der hätte Bücher schreiben können, wieviel er gewollt hätte: auf dergleichen hat bei uns nie jemand gehört, auf den es angekommen ist. So etwas schriebe ich hier nicht hin, wenn die Aufzeichnungen nicht das volle Recht dazu gäben; und wenn mir dieses Recht nicht auch zahlreiche Gespräche mit Herrn von Moltke während des Krieges gäben. – Vorher hat er, wie schon erwähnt, über Militärisches kaum etwas mit mir gesprochen. – Ich weiß, durch wie viele Kanäle solche Stimmungen wie die Bernhardischen auch auf die maßgebenden Persönlichkeiten übergehen können, und wie maßgebend solche sein können, die nicht an den «maßgebenden» Stellen stehen. Aber Herr von Moltke war maßgebend; und was er tat, stammte aus seiner unbeeinflußten Überzeugung. – Man kann von aller – durchaus hier nicht geleugneten – Kriegshetzerei absehen: die *unmittelbare* Ursachenströmung, die in die Kriegserklärungen Deutschlands auslief, setzte mit den Urteilen ein, die nach seiner Ankunft in Berlin Herr von Moltke sich vom rein militärischen Gesichtspunkte aus der europäischen Situation heraus gebildet hat. Alles andere, das man unter die *unmittelbaren* Kriegsveranlassungen zählen will, verlief blind und hätte nicht zu dem führen können, was geworden ist.

Damit sind die Aufzeichnungen der vollgültige Beweis dafür, daß *nicht* das militärische Urteil als solches und *nicht* das völlig unzulängliche politische Urteil 1914 von deutscher Seite her den Krieg veranlaßt hat, sondern die Tatsache, daß keine deutsche Politik vorhanden war, welche die *Ausschließlichkeit* des militärischen Urteiles verhindern konnte. Nur durch eine solche Politik hätte im Jahre 1914 anderes geschehen können, als geschehen ist. So sind diese Aufzeichnungen eine furchtbare Anklage dieser Politik. Diese Erkenntnis darf nicht verborgen bleiben.

Man wird gegen die Veröffentlichung dieser Aufzeichnungen vielleicht einwenden wollen, es stehe am Schlusse der Satz: «Sie sollen nur für meine Frau bestimmt sein und dürfen niemals der Öffentlichkeit bekannt werden.» Das hat Herr von Moltke im November 1914 in Homburg geschrieben, wo diese Niederschrift entstanden ist. Es steht in diesen Mitteilungen nichts, was ich nicht im November und später von Herrn von Moltke gehört habe und wofür ich niemals eine Verpflichtung des Verschweigens auferlegt erhielt. Im Gegenteil: ich würde meine Pflicht gegen die notwendige Mitteilung dessen, was nicht verschwiegen werden darf, verstoßen, wenn ich auch jetzt noch mit dem von mir Gewußten zurückhielte. Ich *müßte* sagen, was in diesen Mitteilungen steht, auch wenn sie nicht vorhanden wären; und *könnte* es sagen, denn ich kannte die Dinge *alle,* bevor ich die Aufzeichnungen gelesen hatte. Und Frau von Moltke zeigt durch die Veröffentlichung, daß sie Verständnis hat für geschichtliche Pflichten; und sie weiß aus der schweren seelischen Leidenszeit, die für ihren Mann mit seiner Verabschiedung begann, daß sie mit der Veröffentlichung in seinem Sinne und nicht gegen seinen Sinn handelt.[122] Dieser Mann hat Unsägliches gelitten. In seiner Seele lebte er jede Schwingung im Kriegsschicksale seines Volkes bis zu seinem Tode mit. Und so werden die Worte, die Aufzeichnungen sollen nur «für meine Frau bestimmt sein», zum Beweise für die absolute Ehrlichkeit und Lauterkeit des Niedergeschriebenen. Im Augenblicke des Niederschreibens glaubte dieser Mann, daß er nur für seine Frau schreibe: wie konnte das geringste Unlautere in die Aufzeichnungen einfließen! Das sage ich nur der Öffentlichkeit gegenüber, denn ich habe den Mann gekannt, von dessen Lippen eine subjektive Unwahrheit niemals gekommen ist.

Warum sind diese Aufzeichnungen nicht früher bekannt geworden? So wird man vielleicht fragen. Oh, man hat sich lange genug bemüht, sich für ihren Inhalt Gehör zu verschaffen bei denen, die ihn hätten hören sollen, um ihrem Handeln die Richtung zu geben. Man *wollte* ihn nicht hören. Man interessierte sich nicht dafür. Das gehörte nicht zum «Ressort». *Jetzt* muß ihn die Öffentlichkeit kennenlernen.

Geschrieben zu Stuttgart, Mai 1919
Rudolf Steiner

HELMUTH VON MOLTKE: BETRACHTUNGEN UND ERINNERUNGEN

Homburg, November 1914

Der europäische Krieg des Jahres 1914 kam dem nicht unerwartet, der ohne diplomatische Befangenheit in die Welt blickte. Seit Jahren stand er wie eine Wetterwolke am politischen Himmel, die gespannte europäische Lage drängte nach Entladung, und es konnte keinem Zweifel unterliegen, daß der Konflikt zwischen zwei europäischen Großstaaten den Krieg fast des gesamten Europas entfesseln werde. Das mußte schon die Folge der zwischen den Angehörigen der beiden Mächtegruppen abgeschlossenen Verträge und Vereinbarungen sein, die im Kriegsfalle Staat an Staat banden. Es war sicher, daß Deutschland aktiv an einem Kriege teilnehmen werde, der die Existenz der österreichisch-ungarischen Monarchie ernstlich bedrohte, und ebenso sicher, daß Frankreich an der Seite Rußlands stehen werde. Seit Jahren stand die Entente dem Dreibund feindlich gegenüber. Daß letzterer bei der Probe des Ernstfalles versagen, daß Italien seinen bindenden Verpflichtungen nicht nachkommen werde, war allerdings nicht zu erwarten. Noch im Vorjahr des Krieges waren die schon früher bestehenden Abmachungen zwischen Italien und Deutschland revidiert und erneuert worden, noch im Frühjahr 1914 waren diese Abmachungen in bindender Form erneut festgelegt. Italien hatte sich verpflichtet, im Falle des Krieges zwischen Deutschland und Frankreich 2 Kavallerie-Divisionen und 3 Armeekorps Deutschland zur Verfügung zu stellen; der als Führer dieser Hilfstruppen bestimmte General Zuccari hatte mich in Berlin aufgesucht, der Transport der Truppen war unter Mitwirkung des österreichischen Generalstabes ausgearbeitet. Alles war genau besprochen. Ebenso war ein Marineabkommen zwischen Deutschland, Italien und Österreich formell abgeschlossen und unterzeichnet, nachdem eine gemeinsame Aktion der österreichischen und italienischen Flotte unter Hinzutritt der bei Ausbruch des Krieges im Mittelmeer anwesenden deutschen Schiffe stattfinden sollte. Alle diese Abmachungen waren so klar und so bindend getroffen, daß ein Zweifel an der Bundestreue Italiens kaum entstehen konnte. Die darüber entstandenen Aktenstücke, die von italienischer Seite namens der Regierung abgegebenen Erklärungen, die die Zustimmung des Königs erhalten hatten, liegen in unseren Archiven. – Trotzdem hat Italien sein Wort gebrochen. Es erklärte seine Neutralität und setzte sich gleichmütig über alle Verträge hinweg. Ein schmählicherer Wortbruch ist vielleicht in der Geschichte nicht zu finden. Deutschland und Österreich standen allein, als der Krieg ausbrach.

Die englische Diplomatie hatte es verstanden, sich von bindenden Verträgen freizuhalten, sich die Politik der freien Hand zu wahren. Es waren allerdings Verabredungen zwischen England, Frankreich und Belgien für den eventuellen Fall einer Kooperation getroffen, aber England konnte mit Recht behaupten, daß es keine bindenden Staatsverträge eingegangen sei. Blieb somit die Haltung Englands bei Ausbruch des Krieges zweifelhaft, so sprach doch alle Wahrscheinlichkeit dafür, daß es auf seiten der Gegner Deutschlands zu finden sein werde, wenn der Krieg zwischen Deutschland und Frankreich ausbrechen sollte. Die Gelegenheit, den unbequemen Konkurrenten auf dem Weltmarkt aus dem Wege zu räumen, mit einzugreifen, wo die Aussicht vorlag, im Verein mit Rußland und Frankreich Deutschland mit Übermacht zu erdrücken; die langjährige, von König Eduard VII. eingeleitete Wühlarbeit zur Einkreisung Deutschlands[123], die Hoffnung, die gefürchtete deutsche Flotte zu vernichten und damit die unbeschränkte Herrschaft der Weltmeere, die Weltherrschaft kurzhin zu erlangen, machten es von vorneherein wahrscheinlich, daß England in der Reihe unserer Feinde zu finden sein werde.

Die Hoffnung unserer Diplomatie, ein gutes Verhältnis zu England anbahnen zu können, die jahrelang die Magnetnadel war, nach der unsere Politik eingerichtet wurde, mußte sich als verfehlt erweisen, sobald die brutalen englischen Interessen Gelegenheit finden konnten, sich durchzusetzen. – England hat es immer verstanden, seinen selbstsüchtigen Handlungen ein moralisches Mäntelchen umzuhängen.[124] So mußte auch hier die Verletzung der belgischen Neutralität durch Deutschland als Vorwand dienen, um letzterem den Krieg zu erklären.[125] Es mag dahingestellt bleiben, ob England sofort aktiv in den Krieg gegen uns eingetreten sein würde, wenn diese Neutralitätsverletzung nicht erfolgt wäre. Jedenfalls würde es eingegriffen haben, sobald Gefahr sich zeigte, daß Frankreich von uns überwältigt werde. Keine der kontinentalen Mächte, am wenigsten Deutschland, hätte nach der alten Praxis englischer Politik so stark werden dürfen, daß die Gefahr einer Hegemonie vorlag. – Vielleicht wäre es für England bequemer gewesen, mit seinem Eingreifen zu warten, bis die kontinentalen Staaten sich im Kriege erschöpft hätten, vielleicht hat dieser Gedanke der englischen Staatsleitung zunächst vorgeschwebt. Damit aber, daß England immer, sei es früher oder später, gegen Deutschland aufgetreten sein würde, mußte von jedem unbefangenen Beobachter unter allen

Umständen gerechnet werden. Alles Liebeswerben unserer Diplomatie war einem Staate gegenüber, der wie England nur eine selbstsüchtige Interessenpolitik befolgt, von Anfang an verloren. – Das zu erkennen wäre vielleicht auch schon vor dem Ausbruch des Krieges nicht so schwer gewesen. Ich glaube, man hätte eher zu einem Abkommen mit Frankreich oder zu einer Verständigung mit Rußland als zu einer zuverlässigen Neutralität Englands kommen können. Unsere Blicke aber waren wie hypnotisiert auf England gerichtet, und als dies sich gleich bei Beginn des Krieges gegen uns erklärte, standen wir mit Österreich ohne jeden weiteren Bundesgenossen, ja selbst ohne Vorbereitung, einen solchen zu gewinnen, der Übermacht unserer Feinde gegenüber.

Der Ausbruch des europäischen Krieges ist durch Jahre hindurch hinausgeschoben worden durch die Furcht der Menschen. Sie war es, die alle Kabinette zu den immer wiederholten Beteuerungen veranlaßte, daß alle Bestrebungen auf Erhaltung des Friedens gerichtet seien.

Es wäre besser für uns gewesen, wenn wir in den letzten Jahren den kommenden Ereignissen, dem Kriege, der unverkennbar vor der Türe stand, fest ins Auge geblickt und uns auch diplomatisch auf ihn vorbereitet hätten. – Die höchste Kunst der Diplomatie besteht meiner Ansicht nach nicht darin, den Frieden unter allen Umständen zu erhalten, sondern darin, die politische Lage des Staates dauernd so zu gestalten, daß er in der Lage ist, unter günstigen Voraussetzungen in einen Krieg eintreten zu können. –

Das war das unsterbliche Verdienst Bismarcks vor den Kriegen von 1866 und 1871. Seine stete Sorge war eine Koalition Frankreichs und Rußlands, die jetzt eingetreten ist und uns zu dem Kriege nach zwei Fronten zwingt. – Daß das deutsche Volk eine klare Empfindung darüber gehabt hat, daß dem Vaterlande schwere Zeiten bevorständen, beweist die Annahme der vom Generalstab und Kriegsministerium geforderten Wehrvorlage des Jahres 1912.

Mit dem Kriege nach zwei Fronten war seit Jahren im Generalstab gerechnet worden. Daß er notwendig werden würde in dem Augenblick, wo die Rivalität Rußlands und Österreichs auf dem Balkan zum offenen Konflikt führen werde, war klar genug. Wir wußten alle, daß Frankreich an der Seite des Zarenreichs, dem es seine Milliarden zur besseren Vorbereitung für den Krieg zur Verfügung gestellt hatte, unbedingt an demselben teilnehmen würde. – Man könnte die Frage aufwerfen, ob Deutschland nicht weiser getan hätte, Österreich seinem Schicksal zu überlassen, statt bundestreu die ungeheure Schwere des zu erwartenden Krieges auf sich zu nehmen. Mehrfach ist die Ansicht geäußert worden, daß der Zerfall der österreichisch-ungarischen Monarchie doch nicht mehr aufzuhalten sei und daß für Deutschland eigentlich keine Veranlassung vorläge, sich Österreichs wegen in das Abenteuer eines Krieges zu stürzen, über dessen Schwere sich jedermann klar war. Die Möglichkeit, daß Deutschland, wenn es die verbündete Monarchie preisgab, zunächst vor dem Kriege hätte bewahrt werden können, muß zugegeben werden. Aber abgesehen davon, daß das deutsche Volk für eine solche Felonie kein Verständnis gehabt haben würde, wäre meiner Ansicht nach das Fallenlassen Österreichs ein politischer Fehler gewesen, der sich binnen kurzem schwer gerächt haben würde. Die englisch-französische Einkreisungspolitik richtete sich in erster Linie gegen Deutschland. Sie wäre bestehen geblieben, wenn Deutschland sich von Österreich getrennt hätte, und in wenigen Jahren würden wir vor dem Kriege mit derselben Koalition gestanden haben, die uns jetzt angreift, dann aber ohne, oder vielleicht sogar mit einem feindlichen Österreich. Dann würden wir ganz allein gestanden haben. Dieser Krieg, den wir jetzt führen, war eine Notwendigkeit, die in der Weltentwickelung begründet ist. Unter ihrem Gesetz stehen die Völker wie die einzelnen Menschen. Wenn diese Weltentwickelung, die man gewöhnlich als Weltgeschichte bezeichnet, nicht vorhanden wäre, wenn sie nicht vom Weltentwickelunsplan aus nach höheren Gesetzen geleitet würde, wäre die Entwickelungstheorie, die man in bezug auf die Lebewesen der Erde anerkennt, auf das höchste Lebewesen, den Menschen, in seiner Zusammenfassung als Volk, nicht anwendbar. Dann wäre die Weltgeschichte nichts weiter als das wirre Ergebnis von Zufälligkeiten, und man müßte ihr jede planvolle Entwickelung abstreiten. Daß aber eine solche stattfindet, lehrt meiner Ansicht nach die Geschichte selber. Sie zeigt, wie die Kulturepochen sich in fortschreitender Folge ablösen, wie jedes Volk seine bestimmte Aufgabe in der Weltentwickelung zu erfüllen hat und wie diese Entwickelung sich in aufsteigender Linie vollzieht.

So hat auch Deutschland seine Kulturaufgabe zu erfüllen. Die Erfüllung solcher Aufgaben vollzieht sich aber nicht ohne Reibungen, da immer Widerstände zu überwinden sind; sie können nur durch Krieg zur Entfaltung kommen. Wollte man annehmen, daß Deutschland in diesem Kriege vernichtet würde, so wäre damit das deutsche Geistesleben, das für die spirituelle Weiterentwickelung der Menschheit notwendig ist, und die deutsche Kultur ausgeschaltet; die Menschheit würde in ihrer Gesamtentwickelung in unheilvollster Weise zurückgeworfen werden.

Die romanischen Völker haben den Höhepunkt ihrer Entwickelung schon überschritten, sie können keine neuen befruchtenden Elemente in die Gesamtentwickelung hineintragen. – Die slawischen Völker, in erster Linie Rußland, sind noch zu weit in der Kultur zurück, um die Führung der Menschheit übernehmen zu können. Unter der Herrschaft der Knute würde Europa in den Zustand geistiger Barbarei zurückgeführt werden. – England verfolgt nur materielle Ziele.[126]

Eine geistige Weiterentwickelung der Menschheit ist nur durch Deutschland möglich.[127] Deshalb wird auch Deutschland in diesem Kriege nicht unterliegen, es ist das einzige Volk, das zur Zeit die Führung der Menschheit zu höheren Zielen übernehmen kann.

Es ist eine gewaltige Zeit, in der wir leben.

Dieser Krieg wird eine neue Entwickelung der Geschichte zur Folge haben, und sein Ergebnis wird der gesamten Welt die Bahn vorschreiben, auf der sie in den nächsten Jahrhunderten vorzuschreiten haben wird.

Deutschland hat den Krieg nicht herbeigeführt, es ist nicht in ihn eingetreten aus Eroberungslust oder aus aggressiven Absichten gegen seine Nachbarn.

Der Krieg ist ihm von seinen Gegnern aufgezwungen worden, und wir kämpfen um unsere nationale Existenz, um das Fortbestehen unseres Volkes, unseres nationalen Lebens.[128] Damit kämpfen wir um ideale Güter, während unsere Gegner es offen aussprechen, daß ihr Ziel die Vernichtung Deutschlands ist.

Nie ist von einem Staat ein gerechterer Krieg geführt worden, und nie hat er ein mehr von idealen Empfindungen bewegtes Volk betroffen. Wie mit einem Schlage traten bei ihm alle Entzweiung, alle Parteiunterschiede, alle materiellen Interessen zurück, einmütig stand das Volk zusammen, und jeder war bereit, Gut und Blut für das Vaterland zu opfern. Der hohe Idealismus des deutschen Volkes, den selbst die materialistische Strömung der langen Jahre des Wohllebens nicht hat vernichten können, brach sich siegreich Bahn. Das Volk erkannte, daß es höhere und wertvollere Ziele gibt als materielle Wohlfahrt, es wandte sich diesen zu mit der ganzen Inbrunst des Germanentums.

Ein solches Volk ist unbesieglich.

Die äußere Ursache des Krieges war die Ermordung des Erzherzog-Thronfolgers. Sobald es sich zeigte, daß Österreich weitgehende Vergeltungsansprüche an Serbien stellte, trat Rußland auf die Seite der Mörder. Es fürchtete, daß sein Prestige auf dem Balkan und seine Stellung als Protektor aller Slawen verloren sein werde, wenn es Serbien ohne Unterstützung an Österreich ausliefern werde. Deshalb war Rußland von vornherein zum

Kriege entschlossen und begann alsbald mit den Vorbereitungen zur Mobilmachung, die zunächst sehr geheim gehalten wurden. Meiner Ansicht nach wollte es nur Zeit gewinnen, als es kurz darauf erklärte, daß die nun offen angeordnete Mobilmachung in den südlichen Militärbezirken sich nur gegen Österreich richte, daß gegen Deutschland nicht mobilisiert werden solle. Während die Mobilmachung schon in vollem Zuge war, gab der Kriegsminister[129] dem deutschen Militärattaché[130] sein Ehrenwort, daß nicht mobilisiert werde. Es ist bekannt, daß dann, während unser Kaiser noch zwischen Rußland und Österreich in ehrlicher Weise zu vermitteln versuchte, in Rußland die Mobilmachung auch der nördlichen Militärbezirke ausgesprochen wurde. Zwar erklärte der Zar, daß diese Mobilmachung sich nicht gegen Deutschland richte, daß Rußland den Krieg gegen Deutschland nicht wolle, es stellte aber damit die Anforderung an uns, ohne eigene Kriegsvorbereitung der Willkür eines fertig gerüsteten Rußlands uns ausgeliefert zu sehen.

Das war natürlich für Deutschland unmöglich. Mit dem Augenblick, wo Rußland sein gesamtes Heer mobilisierte, waren auch wir gezwungen, mobil zu machen. Hätten wir es nicht getan, wäre Rußland jederzeit in der Lage gewesen, in unser ungeschütztes Land einzumarschieren und eine spätere Mobilmachung für uns unmöglich zu machen.

Es kann für jeden Unbefangenen keinem Zweifel unterliegen, daß Rußland es gewesen ist, das diesen Krieg entfacht hat. Es wußte genau, daß Deutschland seinen Bundesgenossen Österreich nicht vernichten lassen werde, aber es hatte durch sein hinterlistiges Verhalten Zeit gewonnen und war in seiner Mobilmachung schon weit vorgeschritten, wie Deutschland die seinige begann.

Wie schon erwähnt, war der Krieg gegen zwei Fronten im Generalstab schon seit Jahren bearbeitet worden. Schon unter meinem Vorgänger, dem Grafen Schlieffen, war der Vormarsch durch Belgien ausgearbeitet.

Diese Operation wurde dadurch begründet, daß es so gut wie ausgeschlossen schien, ohne die Verletzung der belgischen Neutralität das französische Heer im freien Felde zur Entscheidung zwingen zu können. Alle Nachrichten schienen es gewiß zu machen, daß die Franzosen hinter ihrer starken Ostfront einen Defensivkrieg führen würden, und man mußte darauf gefaßt sein, einen lange währenden Positions- und Festungskrieg vor sich zu haben, wenn man frontal gegen diese starke Front vorging. – Graf Schlieffen wollte sogar mit dem rechten Flügel des deutschen Heeres durch Südholland marschieren.[131] Ich habe dies abgeändert, um nicht auch die Niederlande auf die Seite unserer Feinde zu zwingen, und lieber die großen technischen Schwierigkeiten auf mich genommen, die dadurch verursacht wurden, daß der rechte Flügel unseres Heeres sich durch den engen Raum zwischen Aachen und der Südgrenze der Provinz Limburg hindurchzwängen mußte. – Um dieses Manöver überhaupt ausführen zu können, mußten wir uns möglichst rasch in den Besitz von Lüttich setzen. Daraus entstand der Plan, sich dieser Festung durch Handstreich zu bemächtigen.

Wiederholt ist auch im Generalstab die Frage geprüft worden, ob wir nicht besser täten, einen Defensivkrieg zu führen. Sie wurde immer verneint, da mit ihm die Möglichkeit hinfällig wurde, den Krieg so bald wie möglich in Feindesland zu tragen. Mit der Möglichkeit, daß Belgien zwar gegen einen Durchmarsch protestieren, aber sich demselben nicht mit Waffengewalt entgegenstellen werde, war gerechnet. In diesem Sinne war die von mir entworfene Sommation an die belgische Regierung gehalten, die dem König den Bestand der Monarchie garantierte. Der in derselben enthaltene Passus, in dem Belgien territoriale Vergrößerung im Falle freundschaftlichen Verhaltens in Aussicht gestellt wurde, ist vom Auswärtigen Amt bei Überreichung der Sommation gestrichen worden.

Es läßt sich gewiß vieles gegen ein Vorgehen durch Belgien einwenden, aber der Verlauf der ersten Kriegswochen hat gezeigt, daß es, wie beabsichtigt, die Franzosen zwang, sich uns im freien Felde zu stellen, und daß sie geschlagen werden konnten. Daß die Niederwerfung Frankreichs im ersten Anlauf mißlang, hat es der schnellen Hilfeleistung Englands zu verdanken.

Der Handstreich auf Lüttich war ein gewagtes Unternehmen. Wenn er mißlang, mußte der moralische Rückschlag empfindlich sein. Was mich in erster Linie veranlaßte, ihn anzuordnen, war die Hoffnung, damit die Bahn Aachen–Lüttich unzerstört in unseren Besitz zu bringen. Das ist gelungen, und daß wir die Bahn bis Brüssel und darüber hinaus bis St.-Quentin später zur Verfügung hatten, ist von unberechenbarem Nutzen gewesen.

Am Tage vor der Mobilmachung war eine Depesche aus London eingetroffen, in der gesagt war, daß England sich Frankreich gegenüber verpflichtet habe, den Schutz der französischen Nordküste gegen deutsche Angriffe von der See her zu schützen. Der Kaiser forderte meine Ansicht, und ich erklärte, daß wir uns unbedenklich verpflichten könnten, die französische Nordküste nicht anzugreifen, wenn England unter dieser Voraussetzung neutral bleiben werde. Meiner Ansicht nach werde der Kampf gegen Frankreich zu Lande entschieden werden, ein Angriff von der See könne, wenn die Neutralität Englands davon abhinge, unterbleiben. – Diese

Depesche war augenscheinlich der erste Versuch Englands, uns zu düpieren, wenigstens unsere Mobilmachung zu verzögern.

Auf die am 28. Juli oder 29. (?)[132] eintreffende Nachricht, daß in Rußland die allgemeine Mobilmachung befohlen sei, hatte der Kaiser die Erklärung: drohende Kriegsgefahr erlassen. Am 1. August befahl Se. Majestät der Kaiser nachmittags 5 Uhr die Mobilmachung für Deutschland. Der 2. August war erster Mobilmachungstag.

Ich war auf dem Rückwege vom Schloß nach dem Generalstab, als ich den Befehl erhielt, sofort ins Schloß zurückzukehren, es sei eine wichtige Nachricht eingetroffen. Ich drehte sofort um. Im Schloß fand ich außer Sr. Majestät den Reichskanzler, den Kriegsminister[133]; und noch einige andere Herren.

Der Reichskanzler, der, wie schon angedeutet, das wichtigste Ziel seiner Politik darin sah, ein gutes Verhältnis mit England herzustellen, und der merkwürdigerweise bis zu diesem Tage immer noch geglaubt hat, daß sich der allgemeine Krieg, zum mindesten die Teilnahme Englands an demselben vermeiden lassen würde, war augenscheinlich über den Inhalt einer soeben von dem deutschen Botschafter in London, Fürsten Lichnowsky[134], eingetroffenen Depesche freudig erregt. Ebenso Se. Majestät der Kaiser. – Die Depesche teilte mit, daß der Staatssekretär Grey[135] dem Botschafter mitgeteilt habe, England wolle die Verpflichtung übernehmen, daß Frankreich nicht in den Krieg gegen uns eintreten werde, wenn Deutschland sich seinerseits verpflichte, keine feindselige Handlung gegen Frankreich zu unternehmen. Ich muß dabei bemerken, daß auch in Frankreich bereits am selben Tage wie bei uns die Mobilmachung befohlen und dies uns bekannt war. – Es herrschte, wie gesagt, eine freudige Stimmung.

Nun brauchen wir nur den Krieg gegen Rußland zu führen! Der Kaiser sagte mir: «Also wir marschieren einfach mit der ganzen Armee im Osten auf!» – Ich erwiderte Sr. Majestät, daß das unmöglich sei. Der Aufmarsch eines Millionenheeres lasse sich nicht improvisieren, es sei das Ergebnis einer vollen, mühsamen Jahresarbeit und könne, einmal festgelegt, nicht geändert werden. Wenn Se. Majestät darauf bestehen, das gesamte Heer nach dem Osten zu führen, so würden dieselben kein schlagfertiges Heer, sondern einen wüsten Haufen ungeordneter bewaffneter Menschen ohne Verpflegung haben. – Der Kaiser bestand auf seiner Forderung und wurde sehr ungehalten, er sagte mir unter anderem: «Ihr Onkel würde mir eine andere Antwort gegeben haben!», was mir sehr wehe tat. – Ich habe nie den Anspruch erhoben, dem Feldmarschall gleichwertig zu sein. – Daran, daß es für uns eine Katastrophe herbeiführen müßte, wenn wir mit unserer gesamten Armee nach Rußland hineinmarschiert wären, mit einem mobilen Frankreich im Rücken, daran schien kein Mensch zu denken. Wie hätte England es jemals – selbst den guten Willen vorausgesetzt – verhindern können, daß Frankreich uns in den Rücken fiel! – Auch meine Einwendung, daß Frankreich bereits in der Mobilmachung begriffen sei und daß es unmöglich sei, daß ein mobiles Deutschland und ein mobiles Frankreich sich friedlich darauf einigen würden, sich gegenseitig nichts zu tun, blieb erfolglos. Die Stimmung wurde immer erregter, und ich stand ganz allein da.

Schließlich gelang es mir, Se. Majestät davon zu überzeugen, daß unser Aufmarsch, der mit starken Kräften gegen Frankreich, mit schwachen Defensivkräften gegen Rußland gedacht war, planmäßig auslaufen müßte, wenn nicht die unheilvollste Verwirrung entstehen solle. Ich sagte dem Kaiser, daß es nach vollendetem Aufmarsch möglich sein werde, beliebig starke Teile des Heeres nach dem Osten zu überführen, an dem Aufmarsch selbst dürfe nichts geändert werden, sonst könne ich keine Verantwortung übernehmen.

Die Antwortdepesche nach London wurde dann demgemäß entworfen, daß Deutschland das englische Angebot sehr gerne annähme, daß aber der einmal geplante Aufmarsch, auch an der französischen Grenze, aus technischen Gründen zunächst ausgeführt werden müßte. Wir würden aber Frankreich nichts tun, wenn es sich unter Kontrolle Englands ebenfalls ruhig verhalten würde. – Mehr konnte ich nicht erreichen. Das Unsinnige dieses ganzen englischen Vorschlages war mir von vorneherein klar. Schon in früheren Jahren war mir vom Auswärtigen Amt davon gesprochen worden, daß Frankreich möglicherweise in einem Kriege Deutschlands gegen Rußland neutral bleiben könne. Ich glaubte so wenig an diese Möglichkeit, daß ich schon damals erklärt hatte, wenn Rußland uns den Krieg erklärt, müssen wir, wenn die Haltung Frankreichs zweifelhaft ist, ihm sofort den Krieg erklären. Jetzt forderte ich als Garantie für das Nichtlosschlagen Frankreichs die zeitweilige Überlassung der Festungen Verdun und Toul an uns. Dieser Vorschlag wurde als ein Mißtrauensvotum gegen England abgelehnt.

Ich war im Laufe dieser Szene in eine fast verzweifelte Stimmung gekommen, ich sah aus diesen diplomatischen Aktionen, die hindernd in den Gang unserer Mobilmachung einzugreifen drohten, das größte Unheil für den uns bevorstehenden Krieg erwachsen. – Ich muß hier einschalten, daß in unserem Mobilmachungsplan die Besetzung Luxemburgs durch die 16. Division schon am ersten Mobilmachungstag vorgesehen war. – Wir mußten unbedingt die luxemburgischen Bahnen gegen einen französischen Handstreich sichern, da wir sie zu unserem Aufmarsch gebrauchten. Um so schwerer traf es mich, als der Reichskanzler nun erklärte, die Besetzung Luxemburgs dürfe unter keinen Umständen stattfinden, sie sei eine direkte Bedrohung Frankreichs und würde die angebotene englische Garantie illusorisch machen. – Während ich dabeistand, wandte sich der Kaiser, ohne mich zu fragen, an den Flügeladjutanten vom Dienst und befahl ihm, sofort telegraphisch der 16. Division nach Trier den Befehl zu übermitteln, sie solle nicht in Luxemburg einmarschieren. – Mir war zumut, als ob mir das Herz brechen sollte. – Abermals lag die Gefahr vor, daß unser Aufmarsch in Verwirrung gebracht werde. Was das heißt, kann in vollem Umfang wohl nur derjenige ermessen, dem die komplizierte und bis auf das kleinste Detail geregelte Arbeit eines Aufmarsches bekannt ist. Wo jeder Zug auf die Minute geregelt ist, muß jede Änderung in verhängnisvoller Weise wirken. – Ich versuchte vergebens, Se. Majestät davon zu überzeugen, daß wir die Luxemburger Bahnen brauchten und sie sichern müßten, ich wurde mit der Bemerkung abgefertigt, ich möchte statt ihrer andere Bahnen benutzen. Es blieb bei dem Befehl.

Damit war ich entlassen. Es ist unmöglich, die Stimmung zu schildern, in der ich zu Hause ankam. Ich war wie gebrochen und vergoß Tränen der Verzweiflung.[136] Wie mir die Depesche an die 16. Division vorgelegt wurde, die den telephonisch gegebenen Befehl wiederholte, stieß ich die Feder auf den Tisch und erklärte, ich unterschreibe sie nicht. Ich kann nicht meine Unterschrift, die erste nach Ausspruch der Mobilmachung, unter einen Befehl setzen, der etwas widerruft, was planmäßig vorbereitet ist, und der von der Truppe sofort als Zeichen der Unsicherheit empfunden werden wird. – «Machen Sie mit der Depesche, was Sie wollen», sagte ich dem Oberstleutnant Tappen[137]. «Ich unterschreibe sie nicht.» – So saß ich in dumpfer Stimmung untätig in meinem Zimmer, bis ich um 11 Uhr abends wieder ins Schloß zu Sr. Majestät befohlen wurde. Der Kaiser empfing mich in seinem Schlafzimmer, er war schon zu Bett gewesen, aber wieder aufgestanden und hatte einen Rock übergeworfen. Er gab mir eine Depesche des Königs von England, in der dieser erklärte, ihm sei von einer Garantie Englands, Frankreich am Kriege zu verhindern, nichts bekannt. Die Depesche des Fürsten Lichnowsky müsse auf einem Irrtum beruhen oder er müsse etwas falsch verstanden haben. – Der Kaiser war sehr erregt und sagte mir: «Nun können Sie machen, was Sie wollen.» – Ich fuhr sofort nach Hause und telegraphierte an die 16. Division, der Einmarsch in Luxemburg solle ausgeführt werden. Um diesen erneuten Befehl wenigstens etwas zu motivieren, fügte ich hinzu: «Da soeben bekannt geworden ist, daß in Frankreich die Mobilmachung befohlen ist.»

Das war mein erstes Erlebnis in diesem Kriege. – Ich habe die Überzeugung, daß der Kaiser die Mobilmachungsorder überhaupt nicht unterzeichnet haben würde, wenn die Depesche des Fürsten Lichnowsky eine halbe Stunde früher angekommen wäre. – Ich habe die Eindrücke dieses Erlebnisses nicht überwinden können, es war etwas in mir zerstört, das nicht wieder aufzubauen war, Zuversicht und Vertrauen waren erschüttert.

Der Handstreich gegen Lüttich war auf den 5. August angesetzt. Am Abend des Tages lief eine Meldung von dort ein, nach der anzunehmen war, daß das Unternehmen nicht gelungen sei. Jedenfalls waren unsere Truppen nicht bis in die Stadt vorgedrungen.

Ich mußte es dem Kaiser melden. Er sagte mir: «Das habe ich mir gleich gedacht. Mir hat dies Vorgehen gegen Belgien den Krieg mit England auf den Hals gebracht.» – Als am nächsten Tage die Meldung kam, daß die Stadt von uns genommen sei, wurde ich abgeküßt.

Nach dem ersten raschen und siegreichen Vorgehen unserer Armeen durch Belgien nach Frankreich hinein trat der Rückschlag ein durch den Angriff starker französischer und englischer Kräfte von Paris her gegen unseren rechten Flügel. Die 2. Armee mußte ihren rechten Flügel zurücknehmen, auch die 1. Armee mußte zurückgenommen werden. Die Lage war kritisch. – Ich war zu den Armee-Oberkommandos herausgefahren. Wie ich bei A.-O.-K. 4 war, kam ein Funkspruch der 2. Armee, daß starke französische Kräfte nach Osten abbiegend gegen die 3. Armee vorgingen. Ich wollte die 3. Armee gerne stehenlassen, ebenso die 4. und 5. – Wie ich zum A.-O.-K. 3 kam, erklärte mir der General v. Hausen[138], er könne die ihm zugewiesene Linie nicht halten, seine Truppen seien nicht mehr leistungsfähig. Ich war daher gezwungen, der 3. Armee eine kürzere und weiter zurückliegende Linie zuzuweisen, gleichzeitig mußte ich aber die 4. und 5. Armee ebenfalls zurücknehmen, um wieder eine geschlossene Armeefront herzustellen. Ich mußte den entsprechenden Befehl sofort an Ort und Stelle ausgeben, auf meine eigene Verantwortung hin. – Es war ein schwerer Entschluß, den ich fassen mußte, ohne die Genehmigung Sr. Majestät vorher einholen zu können. Der schwerste Entschluß meines Lebens, der mich mein Herzblut gekostet hat. Ich sah aber eine Katastrophe voraus, wenn ich das Heer nicht zurückgenommen hätte.

In der Nacht um 3 Uhr kam ich wieder in Luxemburg im Großen Hauptquartier an. – Am 13. September meldete ich dem Kaiser das, was ich angeordnet hatte, und motivierte es. – Der Kaiser war zwar nicht ungnädig, aber ich hatte den Eindruck, daß er von der Notwendigkeit des Rückzuges nicht ganz überzeugt war. – Ich muß zugeben, daß meine Nerven durch alles, was ich erlebt hatte, sehr herunter waren und daß ich wohl den Eindruck eines kranken Mannes gemacht habe.

Am 14. September, nachmittags, erschien der General v. Lyncker[139] bei mir auf dem Büro und sagte mir, der Kaiser ließe mir sagen, er habe den Eindruck, daß ich zu krank sei, um die Operationen weiter leiten zu können. Se. Majestät hätten befohlen, ich solle mich krank melden und nach Berlin zurückfahren. General v. Falkenhayn solle die Operationen übernehmen.

Gleichzeitig war mein bisheriger Oberquartiermeister General v. Stein abgelöst und ihm das Kommando über ein Reserve-Armeekorps übertragen. Das alles kam ohne jede Vorbereitung über mich.

Ich ging sofort zu General v. Falkenhayn und teilte ihm den Befehl Sr. Majestät mit. Er war völlig überrascht. – Wir gingen zusammen zum Kaiser, der mir erklärte, er habe den Eindruck, daß ich durch meine zweimalige Kur in Karlsbad geschwächt sei und mich erholen müsse. – Ich sagte dem Kaiser, daß ich glaube, es werde in der Armee und im Auslande keinen guten Eindruck machen, wenn ich unmittelbar nach dem Rückzug der Armee fortgeschickt werde.

General v. Falkenhayn trat dieser Ansicht bei. Der Kaiser meinte darauf, Falkenhayn solle als Oberquartiermeister fungieren und ich solle «pro forma» bleiben. Falkenhayn erklärte, er könne die Operationen nur übernehmen, wenn er völlig freie Hand habe. Ich konnte dies nur anerkennen.

So blieb ich im Hauptquartier, während mir alles aus der Hand genommen wurde und ich ohne allen Einfluß als Zuschauer dastand. Das wird vielleicht niemand verstehen. – Ich habe dies Martyrium auf mich genommen und die weiteren Operationen mit meinem Namen gedeckt, des Landes wegen und um dem Kaiser es zu ersparen, daß von ihm gesagt werde, er habe seinen Generalstabschef fortgeschickt, sobald der erste Rückschlag eintrat. Ich wußte, welche unheilvollen Folgen das haben müßte. – Später bat ich Se. Majestät, mich nach Brüssel zu schicken, um die Einnahme von Antwerpen mit zu betreiben. Ich konnte es nicht mehr ertragen, ohne Tätigkeit und ganz beiseite geschoben im Großen Hauptquartier anwesend zu sein. Der Kaiser genehmigte meine Bitte, und ich fuhr nach Brüssel und von dort in das Hauptquartier des Generals v. Beseler nach Fildonk. Ich war dreimal dort, zwischendurch wieder im Großen Hauptquartier, wohin mich die Unruhe wegen der weiteren Operationen immer wieder zurücktrieb. Dem General v. Beseler konnte ich einige Hilfsmaterialien, Brückentrains und eine Landwehr-Brigade verschaffen. Bei der Kapitulation Antwerpens war ich in Fildonk anwesend. Der Kaiser hatte mir Vollmacht gegeben, die eventuelle Kapitulation abzuschließen, die ich indessen an Beseler abtrat, dem allein die Ehre gebührte. Nach der Kapitulation kam ich ins Große Hauptquartier zurück. Ich hatte nun nichts mehr zu tun, war fertig und fast verzweifelt über meine Scheinstellung. – Ich ging zum Kaiser und sagte ihm, ich könne diesen Zustand nicht mehr ertragen. Er war verwundert, wie ich ihm darlegte, daß ich ganz ausgeschlossen sei, und sagte, er betrachte mich nach wie vor als den eigentlichen Leiter der Operationen. Nachdem ich ihm den Tatbestand dargelegt hatte, sagte er, das sei nicht seine Absicht, er werde Remedur eintreten lassen, wolle sich die Sache durch den Kopf gehen lassen und sie ändern. – Am nächsten Tage erkrankte ich an einer Entzündung der Gallenblase und Leber und mußte mich zu Bett legen. Die seelische Aufregung der letzten Wochen, meine verzweifelte Stimmung und Lage hatten auf den physischen Organismus krankheitsbildend eingewirkt. Nachdem ich acht Tage gelegen hatte, besuchte mich der Kaiser und saß eine Stunde an meinem Bett. Er war sehr gütig und gnädig, kam jedoch auf meine dienstlichen Funktionen nicht zurück. Zwei Tage darauf erhielt ich seinen zweiten Besuch. Er stellte mir Wohnung im Schloß Homburg zur Verfügung, riet mir, dorthin auf einige Zeit zu gehen, um mich zu erholen. Er ermahnte auch meinen zweiten Adjutanten, Hauptmann Köhler, gut für mich zu sorgen, und war wiederum sehr gnädig. Ich fuhr ein oder zwei Tage später nach Homburg, es war am 1. November.

Am 3. November wurde die Order unterzeichnet, in der General v. Falkenhayn zu meinem Nachfolger ernannt wurde. Ich stand ohne irgendeine dienstliche Funktion in der Luft.

Ich habe diese flüchtigen Aufzeichnungen gemacht, ohne Notizen oder irgendwelches Material zur Hand zu haben. Es mögen daher manche Irrtümer in bezug auf Daten usw. darin sein. Auch war ich noch krank, wie ich sie schrieb. Sie sollen nur für meine Frau bestimmt sein und dürfen niemals der Öffentlichkeit bekannt werden.[140] Das Martyrium, das ich getragen habe, war groß. Ich glaubte, es dem Kaiser und dem Lande schuldig zu sein. Wenn ich falsch gehandelt habe, möge Gott mir verzeihen.

Ich bin fest überzeugt, daß der Kaiser sich nie darüber klar geworden ist, was er mir angetan hat. Er hat mir auch nach meiner Verabschiedung seine gnädige Gesinnung bewahrt.

AUS DEN AUFZEICHNUNGEN VON HANS VON HAEFTEN ZU DEN VORGÄNGEN AM UND NACH DEM 1. AUGUST 1914[141]

Nach seiner Rückkehr in den Generalstab konnte sich Generaloberst von Moltke gar nicht beruhigen über das Verhalten des Kaisers. Wie mir Frau von Moltke erzählte, sei er beim Betreten des Zimmers blau und rot im Gesicht gewesen und habe vor innerer Aufregung kein Wort hervorbringen können. Schließlich habe sich die Spannung bei einem Weinkrampf gelöst, wobei er immer wieder die Worte hervorgestoßen habe: «Gegen die Franzosen und die Russen will ich Krieg führen, aber nicht gegen einen solchen Kaiser.» (...) Frau von Moltke behauptete im November 1914 mir gegenüber, ihr Mann habe am Abend des 1. August infolge der furchtbaren Erregung zweifellos einen leichten Schlaganfall erlitten.

Als der Generaloberst v. Moltke mir im November 1914 den Vorgang erzählte, beklagte er sich voll Bitterkeit über das Verhalten des Generals v. Falkenhayn, der bei der Szene im Schloß zugegen gewesen sei und anstatt ihn gegen das unsinnige Vorhaben des Kaisers zu unterstützen, stillgeschwiegen habe.

Wie mir Frau v. Moltke berichtete, habe sie noch am späten Abend den dem Generaloberst v. Moltke näher bekannten Oberstleutnant v. Dommes[142] zu sich gebeten, da ihr Mann sich gar nicht beruhigen konnte und sie Schlimmes für seine Gesundheit befürchtete. Auf den Vorschlag des Oberstleutnants v. Dommes, mit dem Kaiser die ganze Angelegenheit noch einmal unter vier Augen zu besprechen, habe sich der Generaloberst noch am späten Abend ins Schloß zum Kaiser begeben. Er traf diesen bereits im Bette liegend an und wurde von ihm mit den Worten empfangen: «Wie sich jetzt herausgestellt hat, beruht das Lichnowsky'sche Telegramm auf einem Mißverständnis.» Sich im Bette umdrehend, fuhr er fort: «Jetzt machen Sie, was Sie wollen; mir ist alles gleich.»

Als in der Frühe des 6. August Generaloberst v. Moltke dem Kaiser die Nachricht von dem Mißlingen des Handstreiches auf Lüttich persönlich meldete, überhäufte dieser ihn mit heftigen Vorwürfen; er habe es ja stets gesagt, daß das ganze Unternehmen ein Unsinn sei; die ganze Idee sei unausführbar gewesen. Dieser Mißerfolg werde dem deutschen Ansehen im In- und Auslande einen schweren moralischen Schaden zufügen. Als dann am Abend Generaloberst v. Moltke die doch geglückte Einnahme von Lüttich melden konnte, fiel ihm der Kaiser um den Hals und wußte nicht genug des Lobes und der Anerkennung für diese große Tat zu finden.

Die Auftritte mit dem Kaiser am 1. und 6. August waren von ungünstigstem Einfluß auf den Gesundheitszustand des Generalobersten, da er fühlte, wie sehr das Vertrauensverhältnis zwischen ihm und dem Kaiser zerstört war. Sei ganzes Nervensystem war hierdurch auf das Schwerste in Mitleidenschaft gezogen. Als sich in den nächsten Tagen sein Befinden nicht besserte, bat Frau v. Moltke am 9. August den Oberstleutnant v. Dommes, ihr vom Kaiser die Genehmigung zu erwirken, ihren Mann ins Feld zu begleiten, da er dringend ihrer Pflege bedürfe. Als sich Herr v. Dommes mit diesem Auftrage ins Schloß begab, traf er auf der Treppe den Kaiser und die Kaiserin, begleitet von den Generaladjutanten Generaloberst v. Plessen und General v. Lyncker, im Begriffe auszufahren. Oberstleutnant v. Dommes erstattete zunächst dem Generaloberst v. Plessen Meldung über seinen Auftrag. Als dieser dem Kaiser die Bitte der Frau v. Moltke vortrug, brach der Kaiser erregt in die Worte aus: «Aber das ist ja ganz unmöglich, daß Frau v. Moltke ihren Mann ins Große Hauptquartier begleitet. So schwer leidend ist der Generaloberst doch gar nicht.» Erst als die Kaiserin bemerkte, sie könne Frau v. Moltke vielleicht als Vorsteherin eines Lazaretts vom Roten Kreuz nach Koblenz entsenden, ging der Kaiser auf diesen Vorschlag ein.

Am gleichen Tage begab sich General v. Lyncker, der dieser Szene auf der Treppe im Kaiserlichen Schloß beigewohnt hatte, zum Kriegsminister, General v. Falkenhayn, und fragte ihn, ob er bereit sei, unter Umständen die Stelle als Chef des Generalstabes des Feldheeres zu übernehmen, da es sehr zweifelhaft sei, ob Generaloberst v. Moltke bei seinem leidenden Gesundheitszustande seine Stelle werde ausfüllen können. General v. Falkenhayn sagte zu.

Bereits vom 9. August ab stand also fest, daß der General v. Falkenhayn der Nachfolger des Generalobersten v. Moltke bei dessen Versagen werden würde.[143]

VII.

DIE VERHINDERUNG DER RECHTZEITIGEN VERÖFFENTLICHUNG VON MOLTKES AUFZEICHNUNGEN ZUM KRIEGSAUSBRUCH

VORBEMERKUNGEN DES HERAUSGEBERS

In diesem Kapitel werden einige symptomatisch bedeutsame Punkte im Zusammenhang mit der Verhinderung der rechtzeitigen Veröffentlichung der Broschüre *Die 'Schuld' am Kriege* erörtert.

Rechtzeitig heißt, sie hätte noch vor den Schlußverhandlungen in Versailles vorliegen müssen, um die Kristallisation der gegenüber Deutschland betriebenen Alleinschuld-Propaganda in einen Vertragsparagraphen zu verhindern. Für eine eingehendere Beschäftigung mit dieser einschneidenden Verhinderungstat sei der Leser auf Band 2 verwiesen, in welchem auch der real-geistige Hintergrund der Veröffentlichungsabsicht dieser Aufzeichnungen zur Sprache kommt. (Siehe insbesondere die Mitteilungen Nr. 76, 80, 92, sowie den Kommentar zu Mitteilung Nr. 80; ferner den Brief Rudolf Steiners an Eliza von Moltke vom 6. August 1919, S. 246ff.)

Wilhelm von Dommes (1867–1959) war zur Zeit des Kriegsausbruchs in der Politischen Abteilung des Generalstabs tätig und genoß das persönliche Vertrauen von Helmuth wie Eliza von Moltke.[144]

Von Dommes' Intervention bei Rudolf Steiner in Stuttgart am 1. Juni 1919 war für das Zurückziehen der Moltke-Broschüre durch Steiner entscheidend, wie er selbst in seinem Schreiben an die Witwe vom 6. August 1919 (siehe die entsprechenden Passagen dieses Briefes auf S. 415) betont.

Seine Aufzeichnungen über die Unterredung, die er in dieser Sache mit Steiner hatte, wurden erst kurz vor der Drucklegung dieses Bandes entdeckt.

DIE TAGEBUCHAUFZEICHNUNGEN VON WILHELM VON DOMMES ZWISCHEN DEM 28. MAI UND DEM 9. JUNI 1919[145]

28. V.

Mittags bekam ich von OK. [Oberkommando] Nord (Fritsch) übermittelten Befehl [der] OHL [Oberste Heeresleitung], Berlin zu fahren zu Besprechung mit Gen. v. Winterfeldt über Veröffentlichung Moltke'scher Aufzeichnungen durch Dr. Steiner.

29. V.

Himmelfahrt. Telephon mit Winterfeldt, der baldiges Kommen für nötig hält. Ich reiste demgemäß früh ab (5.30 Uhr).

30. V.

An Bln [Berlin] 9.00. – Besprechung mit Winterfeldt. Dann zu Frau v. M[oltke] – diese rührend in ihrer Freude über mein Kommen. Sehr herunter durch Gewissensbisse über Veröffentlichung. St.[einer] hat ihr zugesetzt, ihr Mann *wünsche* die Veröffentlichung (geistige Welten – Brief von dort![146]). Fr. v. M. las mir alles vor. Buch ist bereits erschienen u. z.T. ausgegeben aus Indiskretion. Sehr üble Sachen drin. – Von dort zu Winterfeldt. Las mit ihm das Buch nochmals u. faßte Entschluß, zu Steiner nach Stuttgart zu fahren. 7.00 im [...] bei Dr. Naumann, der wußte es auch und mit Hans-Adolf Moltke (Geschäftsträger Stuttgart).[147] In Verbindung wegen Zurückhaltens – 8.00 – wieder bei Fr. v. M. Beide Töchter dort.[148] Fr. v. M. sehr herunter. Mit meinem Vorschlage, Stuttgart zu fahren, ganz einverstanden, sogar erfreut darüber. – Telegraphische [...] an Steiner, u. meldete mich zu Sonntag Mittag an.

31. V.

Etwas erschwerte Reiseverbindungen, da zuerst keine Fahrkarte mehr zu haben. (...) 5.20 Abfahrt nach Stuttgart.

1. VI.

8.30 Stuttgart. Hotel Marquardt. 10.00 Besprechung mit Geschäftsträger Leg.R. [Legationsrat] v. Moltke. Ihm ist es gelungen, die Schrift zurückzuhalten. Er hat von Dr. Steiner erwirkt, daß Votum seines Vaters als Familiensenirs und des A.A. [Auswärtigen Amtes] abgewendet [?] wird, nie freigeben.

2.15–3.15 u. 4.30 bis 8.30 war ich bei Dr. Steiner (Landhausstr. 70). Ich brachte ihm Brief von Frau v. Moltke.[149] Ich trug ihm dann vor, daß in Aufzeichnungen M's 3 sachliche Irrtümer betr. 1) Verletzung belgischer Neutralität, 2) vermuteter französischer Kriegführung (nicht defensiv, sondern *offensiv*), 3) Idee Durchmarsches durch holländ. Provinz Limburg. – Las in dieser Hinsicht eine Denkschrift vor. – Führte aus, M's Aufzeichnungen setzen sich aus 2 Teilen zusammen, 1. aus politischem Teil, gut. 2. Teil mit müder kranker Feder geschrieben. Aufzeichnungen teils unrichtig (...), teils nur persönlich (31/VII–1/VIII) u. 14 IXff.). – Veröffentlichung kann nichts Wesentliches bringen, nur kleine Sensation. Sie kann nur Beweis bringen für erstaunliche Unfähigkeit der leitenden Männer. Bei Bethmann ist das richtig[150], nicht bei S.M. u. Moltke – denen tut man bewußt unrecht. Kann man das wollen? Kann es gut sein, daß M.[oltke], ein treuer Freund u. Diener S.M. und ein Mann, der sein Vaterland ehrlich liebte, durch Veröffentlichung aus dem Zusammenhang gerissener hingeworfener Sätze[151], seinen König und Herrn verrät und seinem Vaterland schadet. Er selbst würde dem Volke in ungünstigstem Lichte gezeigt als ein kleiner, von Ichsucht erfüllter Mann, der über das eigene kleine Leid sein Vaterland völlig vergißt. Er war das Gegenteil.

Die Aufzeichnungen u. das Vorwort geben ein völlig falsches Bild des lauteren und reinen Charakters Sr.M. – der Familie [Moltke] Veröffentlichung schrecklich. Höchst unerwünschte politische Folgen möglich. Fr. v. Moltke in großem Gewissenskonflikt, weil «Seele» ihres Mannes Veröffentlichung gefordert habe.[152]

Steiner erwiderte: Nach meinen Ausführungen entfielen die Gründe, die ihn zur Veröffentlichung veranlaßt hätten. Er habe Eindruck bei den Feinden machen wollen durch Veröffentlichung für uns unangenehmer Wahrheiten. Dann hätten sie sagen müssen: Wenn das offen zugegeben wird, so muß das andere, nämlich, daß Deutschland nicht zum Kriege getrieben hat, auch wahr sein. – Er hätte zeigen wollen: So schlecht war die Führung des deutschen Volkes 31/VII–1/VIII. Er hätte aber nicht bedacht, daß das ein unrichtiges Urteil über die Person Sr. M. und u. M's selbst einschlösse – diese Fragen seien für ihn untergeordneter Natur. Für ihn sei die Schrift und seine Einführung hinfällig, wenn ich ihm die Versicherung gäbe, daß sie in den 3 tatsächlichen Punkten unrichtig sei. Die Versicherung gab ich. Ich erwähnte dann für Fr. v. M. die Forderung der «Seele». Antwort: Die Seelen hätten nur das subjektive Empfindungs-Bewußtsein (so ähnlich). Die Seele habe also subjektiv an die Richtigkeit der Aufzeichnungen geglaubt.[153] – Entfalle diese Voraussetzung, so entfalle auch die Forderung.[154]

Ich sagte St. schließlich, die Familie würde die finanziellen Folgen der Zurückziehung des Buches regeln. Ich würde das an Hans Adolf Moltke übergeben. St. einverstanden.

Ich habe von St. den Eindruck eines ganz reinen, uranständigen Mannes bekommen, der loyal ist und das Gute will. – Die Unterredung wurde, da St. zu tun hatte, von 3.15 bis 4.30 unterbrochen. – Er sprach noch sehr interessant über die Dreigliederung des sozialen Organismus, den er für eine spezifisch deutsch-nationale Form erklärt; über seinen eigenen politischen (parteilosen) Entwickelungsgang, über die Familie Moltke u.s.w. Merkwürdig ist das ungünstige Urteil, das er sich über S.M. angeeignet hat. Ich habe ihm die Unrichtigkeit dieses Urteils nachgewiesen u. ihm Material in Aussicht gestellt, nach dem er es revidieren könne. – Wir haben in vollem Vertrauen gesprochen und sind freundschaftlich geschieden.

Nachzuholen ist noch Frage der durch Indiskretion bereits verschwundenen Abdrucke. Es soll sich um höchstens 20 handeln, davon 12 in Händen von Bundeskomitee-Mitgliedern[155]. St. versprach, alles zu tun, um die Hefte zurückzuerhalten und Indiskretionen auszuschließen.

Abends mit H. A. Moltke zusammen. Notizen über Unterredung mit Steiner in dem Heft bei meinen Akten.[156]

2. VI.

Ich wollte, wie in meinem Fahrplan stand, mit Morgenzug fahren. Er ging nicht. Brief an Minister Moltke. Frühstück mit H. A. Moltke in Stuttgarter Kneipe. 6.15 Ab[end] zurück nach Bln.

3. VI.

Gegen 10.00 an Berlin. 11 1/2 General Winterfeldt über Ergebnis berichtet. 12 1/2 Fr. v. Moltke. Sie war wieder rührend, hatte sich furchtbare Gewissensbisse gemacht und war *sehr* nervös. Sehr froh über das Ergebnis. Leider werden ihr von Familie u. anderen Leuten (Minister Naumann) persönlich große Vorwürfe gemacht. Das ist durchaus verständlich, wenn man die inneren Zusammenhänge nicht kennt.

4. VI.

9.00 bei Minister Naumann im A. A. Er hat meine finanzielle Regelung (Aufkaufen durch H. A. Moltke) gebilligt. (...) 4 3/4 Frau v. Moltke.

9. VI.

[Pfinstmontag] Schönes Pfingstwetter beide Tage. Kontrast gegen Weltlage.

RUDOLF STEINERS AUFZEICHNUNG DER DREI VON DOMMES POSTULIERTEN «SACHLICHEN IRRTÜMER»[157]

1.) Es handelt sich nicht darum, daß seit Jahren der Plan bestand, zu versuchen, die Franzosen in offener Feldschlacht zu schlagen durch den Durchzug durch Belgien, weil man durch die Festungen im Osten Frankreichs gezwungen gewesen wäre, bei Vermeidung des Durchzuges einen langen Defensivkrieg zu führen. Sondern man wußte, daß falls Deutschland nicht durch Belgien marschiere und den Franzosen zuvorkäme, die Franzosen durch Belgien kommen würden.

2.) Man mußte durch Belgien brechen, um zu verhindern, daß der deutsche rechte Flügel durch die Engländer aufgerollt würde. Auch in Bezug darauf bestand nicht ein unbedingter Plan Schlieffens, sondern die Operationen sind bedingt worden durch die Vorgänge nach dem Weggange Schlieffens vom Generalstab.

3.) Es ist nicht richtig, daß Schlieffen den Durchbruch durch Holland geplant hat und Moltke diesen Plan dahin abgeändert hat, nicht auch durch Holland, sondern bloß durch Belgien durchzubrechen. Wahr ist nur, daß unter Schlieffen ein Feldzugsplan für das holländische Gebiet ausgearbeitet worden ist für den Fall, daß durch besondere Verwickelungen bei dem Westkrieg Deutschland auch mit Holland in den Krieg gekommen wäre.

JÜRGEN VON GRONE: DIE UNHALTBARKEIT DER EINWÄNDE VON GENERAL VON DOMMES [158]

Rudolf Steiner hat sich (...) über die drei Punkte, die Dommes gegen die Veröffentlichung ihm gegenüber vorbrachte, bald darauf Frau von Moltke gegenüber geäußert. Zunächst in seinem Schreiben an sie vom 6. August 1919 [159].

Es heißt darin: «Es war sehr traurig, daß die Veröffentlichung der Aufzeichnungen in solcher Art unmöglich geworden ist. Was der Legationsrat v. Moltke wegen des Auswärtigen Amtes unternommen hat, das brauche ich Ihnen nicht besonders zu schreiben, denn das hätte niemals dazu führen können, daß ich mich gefügt hätte.

Ausschlaggebend mußte werden die Intervention des Herrn von Dommes. Der also kam und setzte mir auseinander, daß er *beweisen* könne, das 3 Punkte in den Aufzeichnungen nicht den Tatsachen entsprächen. Er sprach ganz ausführlich über diese drei Punkte. Nun war ich in der denkbarst schwierigen Lage. Ich fragte v. Dommes, ob er eidlich bekräftigen könne die Unrichtigkeit der drei Punkte. Er bejahte ohne alles Bedenken (...) Es ist ja zweifellos, daß auch jetzt noch die Seele [von Moltkes] an die Richtigkeit der Aufzeichnungen glaubt.»

In einem späteren, vor dem 19. Juni 1920 geschriebenen Brief Rudolf Steiners an Frau von Moltke finden sich die Sätze: «Bezüglich der Veröffentlichung, die damals so heimtückisch hintertrieben worden ist, kann nach dieser Seite hin noch immer nicht anders gedacht werden als so, wie ich damals in Berlin gesagt habe. Das würde erst sein können, wenn eine Möglichkeit vorhanden wäre, die Veröffentlichung zu bewirken. Allein es stecken ja solche Leute wie der Tomes [Dommes] noch in allen Ecken und lauern. Was hat der alles Häßliches damals vorgebracht!»

Es kam dann bekanntlich Ende des Jahres 1922 zu der Veröffentlichung dieser Aufzeichnungen im 2. Kapitel des Moltke-Buches unter der Überschrift "Betrachtungen und Erinnerungen" [Kapitel VI des vorliegenden Buches]. Rudolf Steiner hat mir damals für das Vorwort Eliza von Moltkes über die Anordnung des Inhaltes der "Erinnerungen, Briefe, Dokumente" die letzten Absätze in prägnantester Formulierung in die Feder diktiert.

Da ist zu lesen: «Vorangestellt sind die Dokumente [Kapitel III. und VI. der heutigen Ausgabe], die der Gegenwart ein sachgemäßes und wahres

Bild der Vorgänge von Ende Juli und Anfang August 1914 in Berlin geben. Im Mittelpunkt dieses ersten Teiles steht Moltkes eigene Niederschrift seiner Erinnerungen an die entscheidenden Vorgänge und deren politische und militärische Bedeutung. Durch die Erinnerungen wird, wie man überzeugt sein kann, eine Darstellung des Kriegsausbruches gegeben, die trotz ihrer Kürze mehr und Wichtigeres enthält als alles, was bisher darüber erschienen ist. Das Bild der künftigen Geschichtsschreibung wird, wie man weiter überzeugt sein kann, *dieser* Darstellung viel ähnlicher sein als den anderen.

Dann folgen diejenigen Dokumente, die Moltkes Entwicklung in anschaulicher Art zeigen [Kapitel I, II und IV. der heutigen Ausgabe], bis zu dem Zeitpunkte seines Lebens, in dem er bewußt eine so schwere Entscheidung treffen mußte wie keine ihm bekannte Persönlichkeit der Gegenwart oder Vergangenheit[160].»

Aus diesen Absätzen geht mit Sicherheit hervor, daß für Rudolf Steiner jene Einwände, die General von Dommes – der übrigens 1914 in der Operationsabteilung der Obersten Heeresleitung Dienst tat – gegen die Veröffentlichung der Aufzeichnungen ihm gegenüber gemacht hat, eine völlige Verfälschung des historischen Geschehens darstellten.

*

Zu jenen drei Punkten ist noch folgendes in Kürze zu sagen: der Schlieffenplan sah von allem Anfang an vor, in einem Zweifrontenkrieg den Gegner in Frankreich durch eine Umfassungsstrategie im freien Felde vernichtend zu schlagen. Dazu war *in jedem Falle* – also auch ohne daß der Gegner seinerseits durch Belgien kommen würde – der deutsche Vormarsch durch Belgien notwendig, wobei die Verletzung der belgischen Neutralität in Kauf genommen werden sollte. Schlieffen sah auch die Verletzung der holländischen Neutralität vor. Ich verweise hierzu auf das grundlegende Werk des vor zwei Jahren gestorbenen Freiburger Historikers Gerhard Ritter "Staatskunst und Kriegshandwerk" sowie insbesondere auf seine Schrift "Der Schlieffenplan", in der er die Entstehung dieses Planes und seine weitere Entwicklung kritisch untersucht hat. Dabei kommt Ritter auch auf die kritische Stellungnahme des jüngeren Moltke zu diesem Plan zu sprechen.

Daß Moltke auf den Bruch der holländischen Neutralität verzichtet hat, ist auch durch General von Stein, den ersten Mitarbeiter Moltkes als Oberquartiermeister in der Obersten Heeresleitung bezeugt worden. Stein hat nach Moltkes Tod in einem Beileidsbrief an die Witwe auf eine «große Tat» Moltkes hingewiesen. Er hat dieselbe damals nicht näher bezeichnen können, aber ohne Zweifel war der Verzicht Moltkes auf den Durchmarsch durch Holland gemeint.

Wesentliche Motive für die Intervention des Generals von Dommes waren:

1. Die offensichtliche Tendenz, zu verhindern, daß die ursprünglich im Schlieffenplan enthaltene Absicht, auch die Neutralität Hollands zu brechen, zugegeben wurde. Das war, wie auch der Historiker Ritter einmal erwähnt, durch Jahre ein Tabu.

2. Die "Vorbemerkungen" zu den "Betrachtungen und Erinnerungen" Moltkes. In ihnen hat Rudolf Steiner das völlige versagen der Politik des deutschen Reiches bloßgestellt, das wollten einflußreiche Kreise nicht zulassen.

Rudolf Steiner faßt da seine Kritik an der Politik des Reiches in den Sätzen zusammen:

«Damit sind die Aufzeichnungen der vollgültige Beweis dafür, daß nicht das militärische Urteil als solches und nicht das völlig unzulängliche politische Urteil 1914 von deutscher Seite her den Krieg veranlaßt hat, sondern die Tatsache, daß keine deutsche Politik vorhanden war, welche die Ausschließlichkeit des militärischen Urteiles verhindern konnte. Nur durch eine solche Politik hätte im Jahre 1914 anderes geschehen können, als geschehen ist. So sind diese Aufzeichnungen eine furchtbare Anklage dieser Politik. Diese Erkenntnis darf nicht verborgen bleiben.»

Die drei von Dommes vorgebrachten Einwände dienten nur dazu, aus den genannten Gründen das rechtzeitige Erscheinen der Broschüre vor Versailles unmöglich zu machen.

DAS SAUERWEIN-INTERVIEW MIT RUDOLF STEINER FÜR "LE MATIN" ÜBER DIE VORGESCHICHTE DES WELTKRIEGES VOM OKTOBER 1921[161]

«Sie wissen, daß wenn man Ihren Gegnern glauben darf, der Generalstabschef durch Sie zuerst den Kopf und dann die Marneschlacht verloren haben soll.»

Das ist die Frage, die ich an den berühmten Geistesforscher und Soziologen Rudolf Steiner, geborenen Deutsch-Österreicher, richtete. Ich hege für ihn seit mehr als fünfzehn Jahren aufrichtige Bewunderung und freundschaftliche Empfindungen. Es gereichte mir seinerzeit zur großen Befriedigung, mehrere seiner theosophischen Werke ins Französische zu übertragen. Jedesmal wenn meine Reise es gestattet, versäume ich nicht, bei der Durchreise durch Basel Dr. Steiner in Dornach einen kurzen Besuch zu machen.

Ich traf ihn auch dieses Mal bei dem merkwürdigen und gewaltigen Bau, der von seinen Schülern den Namen Goetheanum erhalten hat in Würdigung Goethes als Vorläufer der Geisteswissenschaft. Ich habe bereits im "Matin" sowohl über den Mann wie über den Bau und dessen wunderbare Lage, auf den letzten von Burgruinen überkrönten Ausläufern des Jura geschrieben.

Rudolf Steiner war gerade aus Deutschland zurückgekehrt, nachdem er in Stuttgart und Berlin vor Tausenden begeisterter Zuhörer Vorträge über seine Lehre gehalten hatte. In Dornach empfing er am gleichen Tage eine Gruppe von 120 Theologen, mit denen er in eine Erörterung theologischer und religiöser Fragen getreten war. Eine ganze Anzahl dieser Theologen beabsichtigen auf Grundlage der von Dr. Steiner vertretenen Lehren eine Neugestaltung des religiösen Lebens in Angriff zu nehmen.

Dr. Steiner arbeitete gerade an einer gewaltigen Gruppe in Holzplastik, welche Christus und die unterliegenden verführerischen Mächte, Luzifer und Ahriman, darstellt. Es ist dies eine der eindrucksvollsten Schöpfungen, die ich jemals gesehen habe; sie wird den zentralen Abschluß des kleineren Kuppelraumes im Goetheanum bilden. Während ich in der Abenddämmerung die Hörer beobachtete, welche in kleinen Gruppen die Anhöhe heraufstiegen, um sich zum Vortrage zu versammeln, erzählte mir Dr. Steiner von den Angriffen seiner Gegnerschaft. Klerikale und Alldeutsche und fanatische Anhänger verschiedener Religionsbekenntnisse kämpfen mit jeder Waffe und bei jeder Gelegenheit gegen ihn.

Als ich ihm geradewegs die Frage stellte bezüglich des Generals von Moltke, richtete er seine durchdringenden Augen auf mich, welche mich aus einem von vierzigjährigem intensivsten geistigen Ringen durchfurchten Antlitze anschauten.

«Was Sie mir sagen, setzt mich nicht in Verwunderung. Es wird vor keinem Mittel zurückgeschreckt, mich aus Deutschland und womöglich auch aus der Schweiz zu vertreiben. Diese Angriffe gehen auf die verschiedensten Untergründe zurück. Insofern sie sich aber auf meine Beziehungen zu Moltke erstrecken, haben sie ein ganz bestimmtes Ziel. Sie wollen die Veröffentlichung einiger Aufzeichnungen verhindern, die Moltke vor seinem Tode für seine Familie gemacht hat und deren Herausgabe im Buchhandel ich im Einverständnis mit Frau von Moltke besorgen sollte.

Diese Memoiren hätten schon 1919 erscheinen sollen. Unmittelbar vor ihrem Erscheinen suchte mich eine Persönlichkeit auf [162], welcher die diplomatische Vertretung Preußens in Stuttgart oblag, um mir zu sagen, daß diese Publikation unmöglich sei und daß man sie in Berlin nicht werde haben wollen. Später kam ein General[163] zu mir, welcher in Stellungen um den General von Moltke und Wilhelm II. gewesen war, und machte mir dieselben Vorstellungen. Dagegen erhob ich Protest und wollte mich darüber hinwegsetzen. Ich dachte mich an den damals in Versailles anwesenden Grafen von Brockdorff-Rantzau zu wenden; konnte aber nichts erreichen. Meine Bemühungen blieben um so mehr ohne Erfolg, als man zur gleichen Zeit an Frau von Moltke mit Vorstellungen herantrat, denen sie sich nicht entziehen konnte.

Warum diese Befürchtungen? Diese Memoiren sind durchaus nicht eine Anklage gegen die kaiserliche Regierung. Es geht aber aus ihnen hervor, was vielleicht schlimmer ist, daß sich die Reichsregierung im Zustande vollkommener Verwirrung und unter einer unbegreiflich leichtsinnigen und ignoranten Führung befand. Man kann auf die verantwortlichen Persönlichkeiten den Satz anwenden, welchen ich in meinem Vorwort niedergeschrieben habe: ‹Nicht was sie getan haben, hat zur Herbeiführung des Unheils beigetragen, sondern das ganze Wesen ihrer Persönlichkeiten.›

Ich kann hinzufügen, daß es in den eigentümlichen Verhältnissen lag, welche bewirkten, daß zuletzt die Wucht der entscheidenden Entschließungen auf einem einzigen Mann, dem Generalstabschef, lastete, welcher sich dadurch gezwungen sah, seine militärische Pflicht zu tun, weil die Politik auf dem Nullpunkt angekommen war. Ich habe niemals vor dem

Rücktritt Moltkes mit ihm über politische oder militärische Fragen gesprochen. Erst später, als er schwer erkrankt war, sprach er sich natürlicherweise mir gegenüber offen über alle diese Angelegenheiten aus, und ich will Ihnen, da Sie dieses interessieren wird, sagen, was er mir selbst erzählte und was auch aus seinen unveröffentlichten Memoiren ersichtlich ist.

Ende Juni 1914 begab sich Moltke, der seit 1905 [1.1.1906] Generalstabschef war, aus Gesundheitsrücksichten nach Karlsbad. Er hat bis zu seinem Tode nichts gewußt von einer Potsdamer Beratung vom 5. oder 6. Juli. Er war erst nach dem Ultimatum an Serbien gesund nach Berlin zurückgekehrt. Seit seiner Rückkehr hatte er, wie er sagte, die feste Überzeugung, daß Rußland angreifen werde. Er sah die tragische Entwickelung deutlich voraus, welche die Dinge annehmen mußten, das heißt, er glaubte an die Teilnahme Frankreichs und Englands an dem Weltkonflikt. Er schrieb für den Kaiser ein Memorandum[164], das auf die Notwendigkeit zu treffender Maßnahmen hinwies. Der Plan des deutschen Generalstabes war im wesentlichen seit langer Zeit festgelegt. Er war durch den Vorgänger Moltkes, von Schlieffen, aufgestellt worden. Sie kennen seine Grundzüge: Große Massen sollten gegen Frankreich geworfen werden, um mit jedem Preis eine rasche Entscheidung im Westen zu erzielen. Gegen Rußland war eine schwache Verteidigungsarmee vorgesehen, die nach der Entscheidung auf dem westlichen Kriegsschauplatz später aufgefüllt werden sollte.

Betörte Menschen

Von Moltke hatte in einem allerdings wichtigen Punkte den Plan seines Vorgängers geändert. Während Schlieffen den gleichzeitigen Durchmarsch durch Belgien und Holland in Aussicht genommen, hatte Moltke auf Holland verzichtet, um Deutschland im Falle einer Blockade Atmungsmöglichkeiten zu lassen.

Als Moltke am Freitag, dem 31. Juli, ins Schloß kam, fand er völlig verwirrte Leute. Er hatte, wie er sagte, den Eindruck, daß er sich in die Lage versetzt sah, ganz allein einen Entschluß fassen zu müssen. Der Kaiser unterzeichnete an diesem Tage noch nicht den Mobilmachungsbefehl, einen Befehl, der in Deutschland durchaus der Kriegserklärung gleichkommt, denn sobald dieser Befehl erteilt ist, rollt alles einschließlich der ersten Operation zu bestimmten Stunden mit einem unerbittlichen Automatismus ab. Wilhelm II. begnügte sich für jenen Tag, den Zustand der drohenden Kriegsgefahr zu proklamieren. Am folgenden Tag, am Samstag, dem 1. August um vier Uhr nachmittags, ließ er Moltke wieder zu sich rufen, und in den nunmehr folgenden sechs Stunden spielte sich das folgende Drama ab.

Moltke trifft den Kaiser in Gegenwart von Bethmann Hollweg, welchem buchstäblich die Knie zitterten, des Kriegsministers von Falkenhayn, des Generals von Plessen, Lyncker und einigen anderen. Der Kaiser erhebt lebhaften Widerspruch gegen die Absichten des Generalstabschefs. Er habe, sagt er, die besten Nachrichten aus England erhalten. England werde nicht nur neutral bleiben – wie Georg V. ihm mitteile –, es werde sogar Frankreich verhindern, am Kriege teilzunehmen. Unter diesen Bedingungen sei es logisch, die ganze Armee gegen Rußland zu werfen. Nein, antwortete Moltke, der Plan muß im Osten wie im Westen so ausgeführt werden, wie er festgesetzt ist, wenn wir nicht das größte Unglück herbeiführen wollen.

Die technischen Gründe

Die Einwände berühren Moltke nicht, er weigert sich, irgend etwas zu ändern. Er macht geltend, daß im Sinne des Mobilmachungsbefehles ohne jeden Aufschub verfahren werden müsse. Er glaubt nicht an die englischen Telegramme, und mit dem Mobilmachungsbefehl in der Hand, den Wilhelm II. soeben unterzeichnet hat, wird er entlassen, die anderen in einem Zustande völliger Verwirrung zurücklassend. So kam es, daß aus rein militärischen Rücksichten die Entscheidung über den Kriegsausbruch fallen mußte. Auf dem Wege vom Schloß zum Generalstab wird sein Wagen von einem kaiserlichen Automobil eingeholt. Moltke wird im Auftrag des Kaisers zurückgerufen. Der Kaiser ist aufgeregter denn je. Er zeigt seinem Generalstabschef ein Telegramm aus England. Er glaubt aus diesem Telegramm mit absoluter Gewißheit zu ersehen, daß der Konflikt auf den Osten beschränkt und daß England und Frankreich neutral bleiben werden. ‹Es muß›, so schließt er, ‹sofort ein Befehl an die Armee gelangen, im Westen nicht vorzugehen.› Moltkes Antwort lautet, daß man eine Armee nicht der Alternative von Befehl und Gegenbefehl aussetzen könne. Da wandte sich der Kaiser, während Moltke dabei stand, an den Flügeladjutanten vom Dienst[165] und befahl ihm, sofort dem Kommando der 16. Division nach Trier den Befehl zu übermitteln, sie solle nicht in Luxemburg einmarschieren. Moltke begibt sich nach Haus. Erschüttert, weil er das größte Unheil aus solchen Maßnahmen erwartet, setzt er sich an seinen Tisch. Er erklärt, er könne in dem Sinne des telephonischen Befehles des

Kaisers keine Maßnahmen für die Armee treffen. Dieser Befehl wird ihm von einem Adjutanten zur Unterschrift überbracht. Er verweigert die Unterschrift und schiebt den Befehl zurück. Bis um 11 Uhr abends bleibt er in einem Zustand dumpfer Erschöpfung, trotzdem er ganz gesund von Karlsbad zurückgekommen war. Um 11 Uhr wird er angeläutet. Der Kaiser fragt wieder nach ihm. Er begibt sich sofort auf das Schloß. Wilhelm II., der sich schon zur Ruhe begeben hatte, wirft einen Schlafrock über und sagt: Alles hat sich geändert. Das Unheil ist im Anzug. Der König von England hat soeben in einem neuen Telegramm erklärt, daß er mißverstanden worden sei und daß er weder in seinem Namen noch in demjenigen Frankreichs irgendeine Verpflichtung übernehme. Er schließt mit den Worten: ‹Jetzt können Sie machen, was Sie wollen.› Und nun beginnt der Krieg.

Trübe Vorzeichen

Im Monat August habe ich den General von Moltke ein einziges Mal, und zwar am 27. August in Koblenz, gesehen.[166] Unsere Unterhaltung drehte sich um rein menschliche Angelegenheiten. Das deutsche Heer war noch im vollen Siegeszuge. Es war auch keine Veranlassung, über das zu sprechen, was noch nicht da war. Die Marneschlacht entfaltete sich später. Ich hatte bis dahin von Moltke nicht mehr gesehen. Sie ging unter Bedingungen vor sich, welche von Moltkes Erwartungen auf das tiefste erschüttern mußten. Während der Probemanöver hatte er mehrmals einen vorsichtigen Vormarsch auf dem rechten Flügel ausführen lassen, der bei einem Marsch auf Paris hätte in Betracht kommen können. Dreimal war Kluck[167], der den Oberbefehl über den rechten Flügel hatte, zu schnell vorgerückt. Jedesmal sagte Moltke zu ihm: ‹Wenn Sie im entscheidenden Augenblick ebenso schnell vorrücken, werden wir im Ernstfall den Krieg verlieren.› Als der Armee von Kluck die Umfassung drohte, sah sich Moltke von einer schrecklichen Ahnung ergriffen. Es stieg ihm der Gedanke auf: der Krieg könnte für Deutschland verloren werden. Das scheint mir zur ‹Psychologie› des Kriegsverlaufes zu gehören. Als von Moltke am 13. September ins Hauptquartier zurückkehrte, machte er den Eindruck eines tief erschütterten Mannes. Die Umgebung des Kaisers hielt ihn für krank. Von diesem Augenblick an führte in Wirklichkeit Falkenhayn, ohne den offiziellen Titel zu haben, den Oberbefehl. Später, als Moltke das Bett hüten mußte, besuchte ihn Wilhelm II. ‹Bin ich es noch, der die Operationen leitet?› fragte er den Kaiser. ‹Ich glaube in der Tat, daß Sie es noch sind›, antwortete ihm Wilhelm II. So wußte während Wochen der Kaiser noch nicht einmal, wer der tatsächliche Oberbefehlshaber seiner Truppen sei.

Aber nun ein neues Beispiel von der Meinung, die man von Wilhelm II. in dessen eigener Umgebung hatte. Eines Tages, als von Moltke mir die Gefühle tiefen Leides schilderte, die er nach der Einnahme von Antwerpen über Belgien zurückkehrend empfand, befragte ich ihn zum erstenmal über den Einmarsch in Belgien. ‹Wie kommt es›, so fragte ich, ‹daß ein Kriegsminister im Reichstag behaupten konnte, daß der Plan eines Einfalles in Belgien nicht existiert habe.› ‹Dieser Minister›, antwortete Moltke, ‹kannte meinen Plan nicht, der Kanzler aber war auf dem Laufenden.› ‹Und der Kaiser?› – ‹Niemals›, sagte Moltke: ‹Der war zu geschwätzig und indiskret. Er hätte es der ganzen Welt ausgeplaudert!›»

NACHTRÄGLICHE BEMERKUNGEN RUDOLF STEINERS ZUM "MATIN-INTERVIEW"[168]

Es schien mir unmöglich, die während eines Besuches des mir befreundeten Dr. Jules Sauerwein gestellten Fragen nicht zu beantworten. Denn erstens halte ich den gegenwärtigen Zeitpunkt für einen solchen, in dem jeder sprechen muß, der von der Wahrheit des Krieges etwas weiß. Ich hätte unter den gegebenen Verhältnissen Schweigen für Pflichtverletzung halten müssen. Was ich gesagt habe, konnte ich ganz unabhängig von den Memoiren des Herrn von Moltke sagen. Ich habe das alles von Herrn von Moltke im November 1914 und später selbst – sogar oftmals – gehört und niemals eine Verpflichtung des Verschweigens auferlegt erhalten. Es war nur selbstverständlich, darüber nicht zu einer ungeeigneten Zeit zu sprechen.

Zweitens kommt noch etwas in Betracht. Ich habe Herrn von Moltke gekannt und durch Jahre hindurch das Vornehm-Lautere dieser Persönlichkeit schätzen gelernt, über deren Lippen gewiß niemals eine subjektive Unwahrheit gekommen ist. Im Juli 1914 war er in eine tragische Situation hineingestellt. Er kannte das Furchtbare, für das zu entscheiden war, und seine militärische Pflicht gebot ihm, allein zu entscheiden. Nun darf ich vielleicht dazu bemerken, daß mir bei einem andern kurz vorher erfolgten Besuch Dr. Jules Sauerwein erzählte, daß jetzt von gewissen Seiten Nachrichten verbreitet werden, von Moltke sei in Geistesverwirrung gestorben. Er fragte mich, was denn an diesen Dingen und ihrem Zusammenhang mit dem Kriege wahr sei. Ich fühlte mich auch gegenüber diesen empörenden unwahren Ausstreuungen verpflichtet, nicht zu schweigen. (Ich brauche wohl kaum zu sagen, daß Frau von Moltke nichts wußte von einer Unterredung mit Dr. Sauerwein.) – Es ist nun einmal meine Ansicht, daß die Erörterungen über die «Schuld» am Kriege in einer ganz falschen Bahn sich bewegen. Man kann so gar nicht von «Schuld» sprechen, wie man es tut. Tragik liegt vor. Und durch eine tragische Situation ist der Krieg entstanden. Das zeigt am besten, wie ich glauben muß, was ich durch Herrn von Moltke über die nächsten Kriegsveranlassungen gehört habe. Auf das unsinnige Gerede von von Moltkes «mystischen» Neigungen fühle ich mich nicht veranlaßt einzugehen. Was er in bezug auf den Krieg getan hat, hielt er aus seiner militärischen Pflicht heraus für eine Notwendigkeit. Und ich meine, daß, was er gesagt hat, geeignet ist, die Diskussion über die «Schuld» am Kriege auf eine andere Grundlage zu stellen, als diejenige ist, auf der sie heute in der Welt steht.

RUDOLF STEINER ZU ERWIDERUNGEN AUF DAS "MATIN-INTERVIEW"[169]

Als ich die wenigen «nachträglichen Bemerkungen» in Nr. 15 dieser Wochenschrift[170] zu Dr. Sauerweins Wiedergabe eines Gespräches zwischen ihm und mir schrieb, hatte ich noch keine der Äußerungen gelesen, die in der Presse über den "Matin"-Artikel erschienen sind. Ich setzte voraus, jeder unbefangene Leser dieses Artikels müsse erkennen, daß in dem, was ich über von Moltkes mündliche oder schriftliche Aussagen mitgeteilt habe, etwas liegt, dessen rechte weitere Erörterung dazu führen müsse, daß die Welt nicht mehr von einer «Schuld» Deutschlands sprechen könne, sondern von einem tragischen Verhängnis. Denn durch diese Mitteilungen wird klar:

1. Daß die Verhältnisse Ende Juli 1914 in Deutschland die Entscheidung über die zu treffenden Maßnahmen in die Hand eines Mannes, des Generalstabschefs von Moltke, gelegt[171] haben. Dieser durfte im entscheidenden Augenblicke nichts anderes tun als seine militärische Pflicht. Damit entfällt alles Reden über deutsche Kriegshetzer. Denn gerade von Moltkes Schilderung beweist, daß selbst, wenn solche Kriegshetzer vorhanden gewesen wären, sie auf von Moltkes Entscheidung ganz ohne Einfluß gewesen wären. Moltkes Schilderung ist nicht die einer Partei, sondern diejenige des Mannes, der mit feinst ausgeprägtem Verantwortlichkeitsbewußtsein gehandelt hat. Sein Wort kommt vor allen anderen in Betracht. Es ist nicht zur Belastung Deutschlands gesprochen.

2. Es geht aus der Wiedergabe von von Moltkes Aussagen hervor, daß dieser bis zu seinem Tode von einer Potsdamer Beratung (einem angeblichen Kronrat) am 5. oder 6. Juli nichts gewußt hat. Damit sind alle die Märchen, die an eine solche Beratung Entscheidendes geknüpft haben, widerlegt. Wie man sagen kann, ich tischte dieses Märchen weiter auf, ist mir unerfindlich.

3. Ich habe oft von von Moltke gehört, daß der Kriegsplan im wesentlichen von von Schlieffen herrühre. Wichtig erscheint, daß von Moltke betonte, er habe die Schlieffensche Absicht, mit dem rechten Flügel durch Südholland zu marschieren, fallen gelassen und lieber die großen technischen Schwierigkeiten auf sich genommen, die dadurch verursacht wurden, daß der rechte Flügel des deutschen Heeres sich durch den engen Raum zwischen Aachen und der Südgrenze der Provinz Limburg hindurchzwängen mußte. Daraus ist doch für jeden Unbefangenen klar er-

sichtlich, daß die deutsche Heeresleitung auf das Allerernstlichste bemüht war, gegen Westen hin von dem, was dann als so schweres Unrecht angesehen worden ist, nicht um ein Häkchen mehr zu tun, als was sie nach der auf ihr lastenden Verantwortung tun mußte. Alles andere wäre Sache der politischen Leitung gewesen. Zum Beleg dieser Tatsache kann dienen, daß von Schlieffen mehr für notwendig gehalten hat. Daraus, daß vor mehr als einem Jahrzehnt vor Kriegsausbruch die Absicht bestanden hat, durch Holland zu marschieren, kann doch wahrhaftig für die Ereignisse von 1914 nichts geschlossen werden. Deutschland damit belasten zu wollen, ist einfach lächerlich.

4. Wer von Moltke kannte, sollte wissen, daß von seinen Lippen in allen diesen Dingen keine Unwahrheit kommen konnte. Aber es ist für die Welt wichtig zu wissen, wie er sich in seine Umgebung in derjenigen Stunde hineingestellt fand, die er wie kein anderer als Deutschlands Schicksalsstunde ansah. Verschweigen, was zwischen ihm und seiner Umgebung sich abspielte, heißt der Welt das Wichtigste vorenthalten, was zur Beurteilung des Kriegsausbruches gewußt werden kann. Andere mögen, vielleicht um diesen oder jenen zu schonen, anders denken. Aber sie sollten demjenigen, der nun einmal nicht ihrer Meinung sein kann, nicht unlautere Absichten unterschieben.

Nun sind von den Presseäußerungen, die an den Artikel von Dr. Sauerwein angeknüpft worden sind, wohl diejenigen der "Deutschen Allgemeinen Zeitung" solche, die man am ehesten ernst nehmen kann.

Ich will gegenüber der Bemerkung des Generalmajors von Haeften, daß durch meine Mitteilungen ersichtlich gemacht werden soll: «Alle jene Männer, in deren Händen das Schicksal Deutschlands damals gelegen habe, seien mehr oder weniger Schwächlinge gewesen», nur dies sagen: Man braucht ja doch nur die vielen Memoiren zu lesen, die seit dem Kriegsende geschrieben worden sind, um zu ersehen, was sich «jene Männer» alles an die Köpfe werfen; und man wird dann doch bei unbefangenem Urteile kaum sagen: «Einer solchen Tendenz kann nicht ausdrücklich genug entgegengetreten werden.» Ich habe das Urteil von Moltkes wiedergegeben. Wer dafür Belege will, lese von Tirpitz' Memoiren. Was ich aber nicht gelten lassen kann, ist von Haeftens Satz: «(...) denn Schwäche und Leichtfertigkeit in solcher Lage sind vielleicht belastender und eine größere Schuld als bewußter Kriegswille». Kann man denn so sprechen, wenn man in der wirklichen und nicht in einer Gespensterwelt lebt? Was Deutschland vorgeworfen wird, ist «bewußter Kriegswille». In ihm sieht man seine Schuld. Kann man von bewußtem Kriegswillen nicht mehr sprechen, sondern nur von «légèreté» und «ignorance inconcevables»[172] (unbegreiflichem Leichtsinn und Ignoranz), dann ist die Möglichkeit gegeben, darauf hinzuwirken, daß die Ansichten über die «Schuld» revidiert werden. Es ist übrigens bezeichnend, daß von Haeften nicht von dem spricht, was ich wirklich gesagt habe, sondern von «Schwäche und Leichtfertigkeit». Diese Worte habe ich in Deutschland oft gehört und gelesen; ich habe sie aber nicht gebraucht. Daß Leichtsinn und Ignoranz, also Eigenschaften, für die schließlich der nichts kann, der sie hat, eine «größere Schuld» begründen können als «bewußter Kriegswille», das wird erstens einem juristischen Denken schwer beizubringen sein, zweitens kann es, richtig angesehen, «in solcher Lage» wie die vom Juli 1914 wohl zum tragischen Verhängnis, aber eben nicht zur Verurteilung wegen «bewußter» Schuld führen.

Was nun Herr von Haeften des weiteren über von Moltkes Verhältnis zu mir behauptet, das könnte er besser wissen. Er sagt: «Der Generaloberst von Moltke stand, solange er im Vollbesitz seiner Gesundheit war, Herrn Steiner und seinen Bestrebungen völlig ablehnend gegenüber, wenn auch die unter dem Bann der Steinerschen Ideen stehende Frau von Moltke des öfteren versucht hatte, ihren Gatten im Steinerschen Sinne zu beeinflussen. Erst der seelisch und körperlich kranke Generaloberst zeigte sich Steiners Ideen bei dessen Besuch im Schloß Homburg im November 1914 zugänglich, und nach seinem Rücktritt von der Stellung als Chef des Generalstabes des Feldheeres hat er Herrn Steiner sein Vertrauen geschenkt, ein Vertrauen, das dieser ihm heute schlecht dankt.»[173] Diese Behauptungen über mein Verhältnis zu Herrn von Moltke sind sämtlich objektive Unwahrheiten. Wahr ist vielmehr das Folgende. Ich verkehrte seit 1904 im Hause des Herrn von Moltke. Ich wurde zu jedem einzelnen Besuch eingeladen. Die Einladung ging nicht etwa bloß von Frau von Moltke aus, sondern auch von Herrn von Moltke. Ich habe die allergrößte Verehrung für Herrn von Moltke. Aber ich habe mich nie aufgedrängt. Die oft viele Stunden lang dauernden Unterhaltungen umfaßten immer Weltanschauungsfragen. Herr von Moltke war eben aufgeklärt genug, zu ersehen, daß meine Weltanschauung aller nebulosen Mystik ganz ferne steht und auf sicheren Erkenntnisgrundlagen ruhen will. Er wäre gar nicht leicht zu «beeinflussen» gewesen, auch wenn ich das versucht hätte. Er sah aber, daß ich auf «Beeinflussung» gar nicht ausgehe. Er sagte mir nicht einmal, sondern sehr oft: «Ihre Weltanschauung befriedigt den Verstand, weil bei ihr der Fall ist, was mir noch bei keiner anderen vorgekommen ist, alle Dinge tragen einander und fügen sich ohne Widerspruch ineinander.» Er hatte, weil sein Denken durchaus gesund war, auch gesunde Skepsis und kam über vieles nicht leicht hinweg. Immer wieder kamen ihm Zweifel. Aber auch den Zweifeln gegenüber machte er stets den oben angeführten Satz geltend. Er sagte mir auch: «Wenn die Leute mit der heute üblichen Bildung von Ihren Ansichten erfahren, dann werden Sie schöne Dinge zu erleben haben.»

Dieses Verhältnis bestand seit 1904 von Herrn von Moltke zu mir; und darin hat sich durch meinen, auch auf Einladung erfolgten Besuch in Homburg nicht das Geringste geändert. Er hat mir vom Homburger Besuch bis zu seinem Tode nicht weniger und nicht mehr Glauben geschenkt als durch zehn Jahre vorher. – Ob ich, nach seiner Ansicht, auf die es mir allein wirklich in dieser Sache ankommt, sein Vertrauen ihm schlechter danke als jemand, der davon spricht, daß von Moltke sich mit mir nur unterhalten habe, weil er seelisch und körperlich krank war, und der doch auch dessen Vertrauen genossen hat[174], darüber will ich gar nicht streiten. Mir fällt nur auf, daß jemand, der «in der dienstlichen Umgebung» des Generalobersten von Moltke bei Kriegsausbruch und während seines Aufenthaltes in Homburg war, von dem «Rücktritt von der Stellung als Chef des Generalstabes des Feldheeres» spricht, ohne zu fürchten, mit dieser Formulierung eine bedenkliche Phrase zu gebrauchen.

Daß durch den Sauerweinschen Artikel das Märchen vom Kronrat am 5. Juli widerlegt wird, habe ich oben schon gesagt. Wenn gesagt wird, ich hätte verschwiegen, daß Generaloberst von Moltke von dem Kronrate nichts wissen konnte, weil er niemals stattgefunden hat, so erscheint mir das als Wortklauberei, denn wenn Herr von Moltke von einer solchen Sache nichts gewußt hat, so kann auch nichts stattgefunden haben, was von einer Bedeutung gewesen wäre.

Daß heute Holland in einen neuen französischen Propagandafeldzug bezüglich der Schuldfrage von vernünftigen Leuten nicht hineingezogen werden kann, weil gesagt worden ist, Herr von Moltke wollte eben von einem Durchmarsch durch Holland absehen, das scheint mir, wie ich oben gesagt habe, durchaus klar. Herrn von Moltkes Worte beweisen eben, daß lange vor 1914 von einem solchen Durchmarsch abgesehen worden ist, trotzdem Herr von Schlieffen, den auch Herr von Moltke als große militärische Autorität angesehen hat, glaubte, ein solcher könnte notwendig sein. Ganz belanglos aber ist nicht, daß dieser Durchmarsch, von dem auch Herr von Haeften zugibt, daß von Schlieffen ihn in den «Kreis seiner Erwägungen» gezogen hat, nur unter der Voraussetzung hätte verwirklicht werden sollen, wenn «Holland im Falle eines Kriegsausbruches freiwillig auf deutsche Seite treten würde». So sagt Herr von Haeften. Dies wird niemand bestreiten. Und wenn, wie es vom militärischen Standpunkte durchaus zugegeben werden muß, dies eine Entlastung für Deutschland ist, so darf auch behauptet werden, daß bei weiterer Prüfung dieser Angelegenheit die Erwähnung der von Schlieffenschen Absichten bezüglich Hollands auch den Durchmarsch durch Belgien in einem anderen Lichte erscheinen lassen müßte, als in dem, in welchem man ihn bisher allein gesehen hat. Denn diese Voraussetzung trifft auch innerhalb gewisser Grenzen für Belgien zu. Herr von Moltke rechnete damit, daß Belgien zwar sich nicht auf deutsche Seite stellen werde, aber doch sich soweit freundlich zeigen werde, daß es dem Durchmarsch keinen Waffenwiderstand entgegensetzen werde. Es ist deshalb gar nicht so unbedingt sicher, daß Deutschland auf alle Fälle durch Belgien marschiert wäre, wenn die Dinge in den entscheidenden Tagen sich nicht einfach überstürzt hätten. Wie über diese Dinge politisch zu urteilen ist, das habe ich hier nicht zu erörtern, trotzdem ich weiß, daß die belgische Neutralitätsgarantie eine ganz besondere war; denn ich habe nicht darüber mit Dr. Sauerwein gesprochen, sondern nur über die Auffassung Herrn von Moltkes.

Die von Herrn von Haeften erwähnten Datenverschiebungen, die sich in dem Sauerweinschen Artikel finden, sind in Nr. 15 dieser Wochenschrift richtiggestellt. Was von Haeften an Einzelheiten zu dem im "Matin"-Artikel Gesagten hinzufügt, widerspricht im wesentlichen nicht dem dort Gesagten; ergänzt es sogar und bestätigt es in wesentlichen Punkten. Herr von Haeften sagt: «Die Behauptung des Herrn Steiner, daß Generaloberst von Moltke sich geweigert habe, einen ihm durch einen Flügeladjutanten überbrachten diesbezüglichen Befehl des Kaisers gegenzuzeichnen und den Offizier zurückgeschickt habe, ist freie Erfindung. Der Generaloberst von Moltke hat lediglich einem entsprechenden Befehlsentwurf des Chefs der Operationsabteilung (Oberstleutnant Tappen) die Unterschrift verweigert.» Zu korrigieren ist da doch nichts anderes als der «Flügeladjutant», denn auch ich habe nicht behauptet, daß der «Befehlsentwurf» vom Kaiser eigenhändig geschrieben war. Und daß über Flügeladjutanten ein Offizier besser Bescheid weiß als Sauerwein, das gebe ich gerne zu. Von Moltkes eigene Worte darüber sind: «Wie mir die Depesche an die 16. Division vorgelegt wurde, die den telephonisch gegebenen Befehl wiederholte, stieß ich die Feder auf den Tisch und erklärte, ich unterschreibe sie nicht.» Herr von Haeften betont: «Der General von Moltke war trotz mancher gegensätzlicher Auffassungen, namentlich während der letzten Lebensjahre, ein seinem Kaiser in unwandelbarer Treue ergebener Soldat.» Dem ist vollinhaltlich beizustimmen. Man kann sogar noch mehr sagen. Von Moltke war einer der allerbesten Diener seines Kaisers. Und als Mann, der sich stets seiner Verantwortung voll bewußt war, hielt er sich nie davor zurück, dem Kaiser diejenigen Ratschläge zu geben, die er als die für diesen am besten geeigneten hielt, auch wenn sie den Meinungen des Kaisers zuwiderliefen. Aber das ist es gerade, was von Moltkes Aussprüche, die vollkommen richtig wiedergegeben sind, so wertvoll macht. Es hat sie nicht ein Gegner des Kaisers gemacht, sondern es hat sie sich einer der treuesten Diener aus der Sache heraus abgerungen. Wer da glaubt, daß von Moltke aus Groll oder Verbitterung gesprochen hat, der verkennt doch den Generalobersten. Ihn hat niedergeworfen alles, was er von Ende Juli 1914 an erlebt hat; nie aber war er in einem Zustand, der als seelische Erkrankung in dem Sinne bezeichnet werden darf, wie es jetzt diejenigen tun, die glauben, seine Aussprüche mit seiner Seelenverfassung entschuldigen zu müssen.

Was er gesagt hat, ist meiner festen Überzeugung nach geeignet, alle bisherige Diskussion über die «Schuldfrage» auf eine Grundlage zu stellen, auf der sie ja nicht die gegenwärtigen Machthaber der Siegerstaaten haben wollen, aber für die in aller Welt immer mehr vernünftige Menschen werden zugänglich sein. Ich kann gar nicht verstehen, warum für eine solche Erwägung Herr von Haeften, den ich als vernünftigen Mann kennengelernt habe, heute nicht zugänglich ist. Man sollte doch erkennen, daß das deutsche Volk gerade dann am meisten wird «auszubaden» haben, wenn solche Dinge zu sagen, wie sie von Moltkes Auffassung entspringen, immer wieder als Vergehen hingestellt wird. Das deutsche Volk hat nicht nötig, mit der Wahrheit zurückzuhalten. Geschadet haben ihm bisher am meisten diejenigen, die glaubten, das tun zu müssen. Die Wahrheit wird das deutsche Volk nicht belasten, sondern entlasten. Das hätte man einsehen sollen in den Tagen, die dem Versailler Frieden vorangingen. Das sollte man heute wieder einsehen.

Diejenigen, welche die deutschen Politiker von 1914 verteidigen wollen, sollten doch erinnert werden, was von Tirpitz in seinen "Erinnerungen" [175] schreibt. Zum Beispiel Seite 242: «Der Eindruck von der Kopflosigkeit unserer politischen Leitung wurde immer beunruhigender. Der Durchmarsch durch Belgien schien ihr vorher nicht (er meint in der Nacht vom 1. zum 2. August) eine feststehende Tatsache gewesen zu sein. Seit der russischen Mobilmachung machte der Kanzler den Eindruck eines Ertrinkenden (...) Während sich die Juristen des Auswärtigen Amtes in die Doktorfrage vertieften, ob wir nun schon mit Rußland im Kriege stünden oder noch nicht, stellte sich nebenbei heraus, daß man vergessen hatte, Österreich zu fragen, ob es mit uns gegen Rußland kämpfen wollte.» Seite 245 sagt derselbe von Tirpitz: «Nach dem Weggang des Kanzlers aus der Sitzung beklagte sich Moltke beim Kaiser über den ‹deplorablen› Zustand der politischen Leitung, die keinerlei Vorbereitungen für die Lage besäße und jetzt, da die Lawine im Rollen wäre, immer noch an nichts als juristische Noten dächte.» Und Männern, über die einer (von Tirpitz), der mit ihnen gearbeitet hat, so sprechen muß, soll das deutsche Volk nicht Kritik, sondern «Dank» entgegenbringen. Es soll sich genügen lassen mit der Meinung, daß sie «durchaus logisch und pflichtgemäß gedacht und gehandelt haben». Seite 248 sagt von Tirpitz: «Die moralische Schuldlosigkeit unserer damaligen Regierung kann aber nur klargelegt werden durch eine offene Darstellung ihrer diplomatischen Unzulänglichkeit (...)»

Von Moltkes Ansichten und Aussagen liegen durchaus in der Richtung, in der diese Dinge klargelegt werden müssen. Bringt man sie zur richtigen Erörterung, so können sie ihre Wirkung nicht verfehlen. Werden sie aber so erörtert, wie das bisher geschehen ist, so geschieht natürlich gerade dadurch etwas, was das deutsche «Volk wird ausbaden müssen», wie es leider wahrhaftig schon genug «ausbaden» muß.

Ob man ein Recht hat, von «politischen Dilettanten» so zu sprechen, wie es Herr von Haeften tut, mit dem Hintergrund, der unter anderem auch mit von Tirpitz' Worten Seite 248 gegeben ist, muß doch ernstlich in Frage gestellt werden. Da steht, daß die Politiker von 1914 «gefehlt haben (...) durch Mangel an geradem und klarem Denken».

Über persönliche Verunglimpfungen, wie sie liegen in Sätzen von meiner «Sucht, eine politische Rolle zu spielen», möchte ich vorläufig lieber schweigen. Von Herrn von Haeften, den ich einmal als einen vornehm denkenden Mann kennengelernt habe, hätte ich das Urteil nicht erwartet.[176] Es scheint, als ob man Vorurteile nicht bloß von vorneherein haben kann, sondern als ob, auch wenn man sie einmal nicht gehabt hat, man sie sich hinterher auch erwerben kann.

Was ich gesagt habe, habe ich geglaubt nicht verschweigen zu dürfen, weil ich leider sehe, daß Persönlichkeiten, die ja gewiß die subjektive Meinung haben können, nicht die «Geschäfte der Feinde» zu besorgen, dies gerade dadurch tun, daß sie der Wahrheit durchaus nicht freie Bahn geben wollen. Ich muß es, nach meiner Auffassung, auch heute wieder erkennen, wie in dieser Richtung von manchen Seiten gesündigt wird.

VIII.

HELMUTH VON MOLTKE
UND DIE MARNESCHLACHT

JÜRGEN VON GRONE: DIE KERNPROBLEMATIK IN SIEBEN PUNKTEN

Eine undatierte Aufzeichnung aus dem Nachlaß

1. Am Tage der Mobilmachung am 1. August 1914 kam es zu einem Bruch des Vertrauensverhältnisses zwischen dem Kaiser als oberstem Kriegsherrn und dem jüngeren Moltke, seinem Generalstabschef. Der Kaiser griff in den Gang des Aufmarsches auf Grund eines irreführenden Telegramms aus London ein. Moltke hatte sich vor Übernahme des Postens des Generalstabchefs vom Kaiser das Versprechen geben lassen, nicht unnötig in militärische Angelegenheiten einzugreifen. Dieses Versprechen war gebrochen. «Zuversicht und Vertrauen waren erschüttert», wie Moltke schreibt. Das blieb auch so, als am Abend desselben Tages der Kaiser dem General sagte «Nun können Sie machen, was Sie wollen», als der König von England die angebliche Garantie seines Landes für eine Neutralität Frankreichs als irrtümlich erklärte.

2. Der Wille des Generalstabchefs, bereits in den Grenzschlachten die Feldzugsentscheidung in Frankreich herbeizuführen, scheiterte durch Nichtbefolgen seiner klaren Befehle und Weisungen seitens der Führung in Lothringen und des Oberkommandos der 1. Armee des rechten Heeresflügels.

3. Der grundlegende Befehl der obersten Heeresleitung vom 27. August wurde mehrmals vom Armeeoberkommando 1, Generaloberst von Kluck, nicht befolgt. Und zwar durch Nichteingreifen seiner Armee in die Schlacht bei St. Quentin, wie auch schon vorher in den Kämpfen im Sambre-Maas-Winkel. Zweimal konnte sich die angreifende französische Armee einer vernichtenden Niederlage entziehen. – Anfang September faßte dasselbe Oberkommando den Entschluß, in südlicher und südöstlicher Richtung an Paris vorbei vorzugehen. Der ihr durch Befehl der Obersten Heeresleitung übertragene Schutz des rechten Heeresflügels wurde nicht beachtet. Der Kommandant von Paris, General Galliéni, erkannte sofort die große Chance eines Angriffs in Flanke und Rücken des deutschen Heeres und der Generalissimus Joffre eröffnete am 6. September die Generaloffensive. Das «négliger Paris», wie Galliéni sich ausdrückte, sollte sich rächen. Die Schlacht an der Marne entwickelte sich unter für das deutsche Heer ungünstigster operativer Lage. – Der Rückmarsch der ersten Armee in den von der OHL am 2. und 4. Sept. befohlenen Raum riß eine 25 km breite

Lücke an der Marne östlich von Paris zwischen den Armeen des rechten Flügels auf.

4. Die von Generaloberst von Moltke längst als notwendig erkannte Vorverlegung einer Operationsabteilung der OHL in die Nähe des rechten Heeresflügels (Rethel) unterblieb, weil seit dem Zerreißen des Vertrauensverhältnisses am 1. August eine Trennung des Kaisers und seines Generalstabschefs nicht für angänig gefunden wurde, das Vorverlegen des ganzen Großen Hauptquartiers aber aus technischen Gründen – Fernsprechverbindungen – auf große Schwierigkeiten stieß. Diese entscheidende Tatsache ist durch Dokumente belegt.

5. So erst kam es zur Sendung des Oberstleutnant Hentsch, welcher ohne einen Auftrag zum Rückzugsbefehl für die beiden Armeen von Moltke erhalten zu haben, durch sein Auftreten bei den beiden Oberkommandos durchsetzte, daß die beiden Armeen des rechten Heeresflügels in den Stunden der Schlachtentscheidung den Rückzug antraten. Hentsch hatte beim AOK 2 behauptet, die 1. Armee sei unmittelbar von Umfassung bedroht, ohne die wirkliche Lage dort erkundet zu haben. Ausschlaggebend aber wurde, daß Hentsch am 9. September beim Armeeoberkommando 1 mit Nachdruck behauptete, die Nachbararmee sei «nur noch Schlacke», obgleich er wissen mußte, daß dieselbe völlig intakt, ja mit ihrem linken Flügel in fortschreitendem Angriff begriffen war! Erst dadurch kam es dazu, daß diese 1. Arme, die bereits im Begriff war, den Gegner in der Flanke anzugreifen, das Schlachtfeld ungeschlagen verließ.

6. «Zwei Stunden warten, und der Sieg war unser. Die Franzosen hatten den Rückzugsbefehl im Tournister!» – So hat sich der jüngere Moltke später zu dieser in der Kriegsgeschichte unerhörten Situation geäußert.

7. Die an sich begreifliche These [von Walter Görlitz] vom völligen Versagen der politischen und militärischen Führung bedarf somit einer Ergänzung. Historische Wahrheit ist, daß, seitdem das Vertrauensverhältnis zwischen Oberstem Kriegsherrn und Heereschef im Moment des Kriegsbeginnes zerrissen war, der jüngere Moltke in der Folge verhindert war, Eigenmächtigkeiten von Armeeführern rechtzeitig entgegenzutreten. War doch der Heereschef bis in die Bestimmung des Standortes für die ihm obliegende Führung der Operationen keineswegs mehr frei.

JÜRGEN VON GRONE: WIE ES ZUR MARNESCHLACHT 1914 KAM[177]

Weder in den Operationsplänen der deutschen Obersten Heeresleitung noch in denen der französischen Heeresleitung war bis Anfang September 1914 ein Zusammenstoß der beiderseitigen Heere von der Größe der in den nächsten Tagen eintretenden, den gesamten Verlauf des ersten Weltkrieges bestimmenden Großkämpfe vorgesehen oder auch nur erwartet.

Der Schlieffenplan von 1905 darf als bekannt vorausgesetzt werden. Er ging von der damaligen politisch-militärischen Lage aus. Nach der Niederlage im Kriege gegen Japan war das zaristische Rußland jahrelang nicht in der Lage, in Europa machtmäßig aufzutreten. Das trat erst etwa von 1908 an ein. Bis dahin verhielt sich Frankreich hinter seiner Festungsfront in strategischer Defensive. Graf Schlieffen wollte durch weitumfassenden Angriff der Armeen des Schwenkungsflügels diese Festungsfront umgehen, mit dem Ziel, die Masse des feindlichen Heeres unter schwersten Schlägen auf die Schweiz abzudrängen. Von 1908 ab trat eine völlige Veränderung der Machtverhältnisse in Europa mit dem Wiedererstarken Rußlands ein, das seine politischen Ziele, Beherrschung der Dardanellen und Führung der Balkanvölker, wieder aufnahm. Frankreich ging von da ab zur strategischen Offensive über. Graf Schlieffen in seinen Denkschriften wie sein Nachfolger, der jüngere Moltke als Chef des Generalstabes seit 1906, haben in verschiedener Weise dieser neuen Lage Rechnung getragen. Schlieffen hielt an seinem Feldzugsplan im wesentlichen fest. Er war der Überzeugung, daß auch dann, wenn es französischen Armeen gelingen sollte, ins Rheinland vorzustoßen, diese sofort sich genötigt sehen würden, den Rückmarsch nach Frankreich anzutreten, sobald der Vormarsch des deutschen Schwenkungsflügels sich Paris nähert. Dafür hatte Schlieffen sogar zuletzt einen Durchbruch möglichst im Norden vorgesehen. Der jüngere Moltke entschloß sich zu einer anderen Strategie. Er erkannte die nunmehr gegebene Chance, bereits in den Grenzschlachten eine Feldzugsentscheidung zu erreichen: Umfassung der nach Lothringen bzw. in der Frontmitte vordringenden Feindverbände sowie auch der am Nordflügel angreifenden feindlichen Armeen. Eine Art doppeltes «Cannä» im Norden und Süden der Westfront, das wurde nunmehr zu der ihn leitenden strategischen Idee. Auf der Generalstabsreise 1912 hat Moltke die evtl. auf dem Lothringer Kriegsschauplatz in Betracht kommenden Operationen einer Prüfung unterzogen. Handelte es sich doch dort zunächst um ein Zurückweichen, um alsdann den vordringenden Gegner von zwei Seiten umfassen zu können. Ein großer Teil der Generale und Generalstabsoffiziere machte da ernste Bedenken geltend. Im Kriege sei doch schon die Führung eines frontalen Angriffes schwer genug. Auch glaubte man nicht, daß der Gegner im Ernstfalle sich in eine solche Sackbildung hineinziehen lassen werde. Moltke rechnete dagegen mit der französischen Volksanlage und ihrem kämpferischen Vorwärtsdrang. Der zwei Jahre später eintretende Ernstfall gab ihm recht. Joffre[178] hatte den Befehl zum Vorgehen in der Richtung auf Saarbrücken, wie es Moltke vermutet hatte, gegeben. Und zwar nicht nur, um deutsche Armeeverbände in Lothringen zu fesseln und deren Abtransport nach Norden zu verhindern, sondern gewiß auch, um den für den Stoß durch die Mitte der deutschen Heeresfront vorgesehenen Hauptkräften den nötigen Flankenschutz zu sichern.

Lage am 25. August 1914

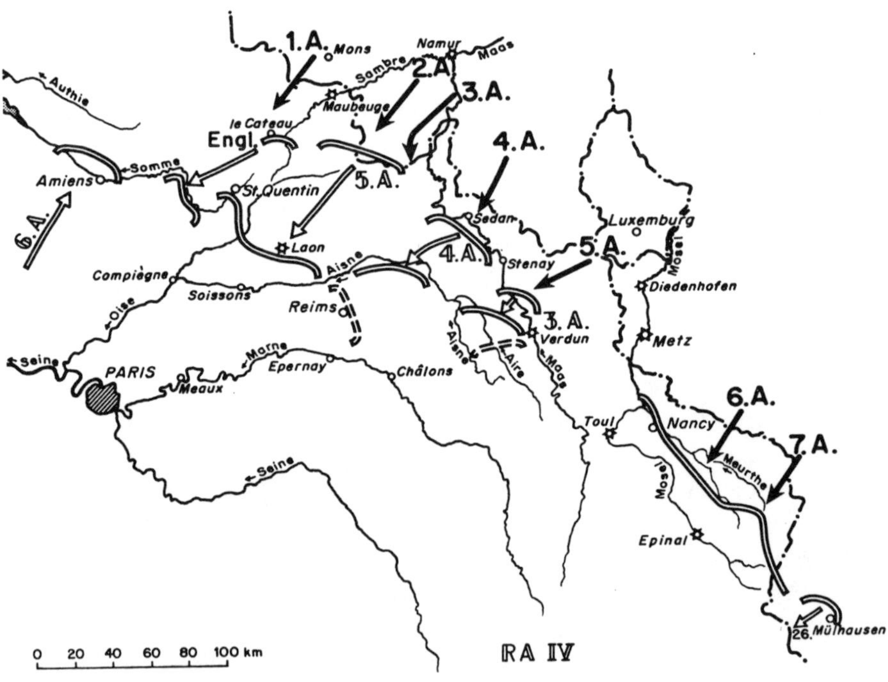

Wir stehen damit bereits im Beginn des Feldzuges vor grundlegenden strategischen Problemen. Denn was in Lothringen geschah oder nicht erfolgte, das sollte sich im weiteren Verlauf des Feldzuges irgendwie auswirken. War doch für den deutschen Feldherrn von vornherein klar, daß dem Gegner ein außerordentlicher strategischer Vorteil besonders im Bewegungskrieg zugute kam: Die mit ihrem intakten Netz von Bahnen von Lothringen nach der Gegend von Paris zur freien Verfügung stehende Querverbindung gewährte eine Möglichkeit, jederzeit Truppenverschiebungen großen Ausmaßes zu operativen Zwecken vorzunehmen. Das aber war ja auch recht eigentlich die Achillesferse des Schlieffenplanes im Bewegungskriege. Nur wenn der deutsche Feldherr diese Verbindungswege beherrscht, konnte der Franzose einer weitgehenden konzentrischen Operation der deutschen Armeen ausgesetzt werden. So hatte der jüngere Moltke mit der von ihm geplanten Umfassungsschlacht in Lothringen durchaus ein großes strategisches Ziel in Aussicht genommen: einen Durchbruch durch die französische Festungsfront in der großen Lücke zwischen Toul und Epinal. Damit eine Operation in Flanke und Rücken der Feindbewegungen. Das gehört zum Verständnis dieses eigentlichen Moltkeplanes.

*

Was geschah nun in Lothringen vor und in der ersten größeren Schlachtbegegnung des Krieges? – Anfang Juni 1914 hat Moltke zum Abschluß der letzten Generalstabsreise vor dem Ausbruch des Krieges auf den «alles entscheidenden Wert der Gesamtoperation» hingewiesen. Es werde nicht leicht gelingen, heißt es in einer seiner Besprechungen, die ungeheuren Massen des Heeres zu einem gemeinsamen großen Entscheidungsschlage zu vereinigen ... Wo «das Streben nach gemeinsamem Handeln nicht mehr maßgebend ist, hat die Oberste Heeresleitung die Zügel aus der Hand verloren».

Bereits in den Aufmarschanweisungen war ein Zurückweichen der 6. Armee des linken Heeresflügels vorgesehen. Am 12. August hatte dann die Oberste Heeresleitung dem Oberkommando in den Reichslanden zu verstehen gegeben, ein Angriff der 6. Armee läge nicht im Sinne der Gesamtoperation. Fünf Tage später, am 17. August, am Tage vor dem für den allgemeinen Vormarsch der Armeen bestimmten Termin, sandte der Heereschef den Oberstleutnant von Dommes von der Operationsabteilung nach St. Avold zum dortigen Oberkommando. Moltke wies ihn nachdrücklich an, er solle nicht einen Befehl der Heeresleitung überbringen, vielmehr einen genau zu begründenden Vorschlag, den sicher angreifenden Feind durch Ausweichen bis in die Gegend von Saarbrücken vorkommen zu lassen, um ihn sodann von der Festung Metz aus im Norden sowie von den Vogesen im Süden her vernichtend zu schlagen. Das war ja schon 1912 durchgeprüft worden. Der erste Generalstabsoffizier der 6. Armee, Oberstleutnant von Mertz, hat in seiner bemerkenswerten Schrift "Der Führungswille in Entstehung und Durchführung" die dramatischen Vorgänge jener Tage festgehalten. Der Abgesandte der Obersten Heeresleitung hat den Armeeführern Kronprinz Rupprecht[179] und seinem Stabschef General Krafft von Dellmensingen sogleich die Anregungen des Generalstabschefs überbracht, wobei er, wie ihm befohlen, betonte, daß es sich dabei nicht um einen Befehl handle. Dommes traf mit seinen Ausführungen jedoch auf kein Verständnis. Die Herren des Gemeinsamen Oberbefehls waren der Meinung, man könne ihren bayrischen Truppen im Augenblick des Vormarsches auf der ganzen Front nicht ein Zurückweichen zumuten. Dommes war sich des Fehlschlages seiner Sendung bewußt. Man hatte ihn schließlich allein stehen lassen. Nur der Oberstleutnant von Mertz, der Erste Generalstabsoffizier, hatte die wichtige Anregung der Obersten Heeresleitung sogleich begrüßt. Für ihn war es selbstverständlich, daß die bayrischen Soldaten durchaus fähig und willens seien, eine solche zielbewußte Rückwärtsbewegung durchzuführen. – Vom Oberkommando wurde nunmehr für den 20. August der Angriff befohlen. Am Abend vorher waren jedoch feindliche Bewegungen aus der Richtung Nancy gemeldet. Mertz hat in seinem Tagebuch notiert: Tiefe Erregung habe sich der führenden Männer des Oberkommandos bemächtigt. Ein französischer Flankenangriff war zu befürchten. «Nun wurde ad oculos demonstriert, daß man die Anregung des Heereschefs vom 17. August doch allzu leichten Herzens in den Wind geschlagen hatte. Ich hatte den Eindruck – und ich täuschte mich nicht –, als ob der Schatten des Herrn von Dommes durch das Arbeitszimmer in St. Avold gegangen wäre. Doch nur einmal warnen die Götter! ...»

Der Feind wird in der Frontalschlacht geschlagen: Meldungen an die Oberste Heeresleitung über Demoralisation und Auflösung beim Feinde. Aber das ist nicht die Wirklichkeit. Der Gegner leistete schon am 22. August hartnäckigen Widerstand. Rupprecht hatte in einem Ferngespräch der OHL nahegelegt, die nunmehr in Lothringen freiwerdenden Korps über Metz der Schwenkungsfront zuzuführen. Zu seiner großen Überraschung erhält er nach wenigen Minuten den Befehl des Heereschefs: Verfolgung

Richtung Epinal! – Drei Worte. Das klingt nun anders als jener sehr bewußt gegebene Rat, den der Abgesandte der OHL am 17. August vorzubringen hatte und der dann eben nicht beachtet worden ist. General von Stein, der Generalquartiermeister der OHL, hat später, als ihm dortseits vorgehalten wurde, die OHL habe doch am 17. August keinen Befehl zum Ausweichen erteilt, erwidert, jene operative Anregung der OHL sei doch logisch völlig einleuchtend gewesen. Zweifellos hatte der Heereschef erwartet, daß seine «Anregung» aus eigener Einsicht in St. Avold befolgt werden würde!

Dieser Vorgang scheint mir recht aufschlußreich für Moltkes Verhalten in diesem Falle zu sein, leider aber auch für das Versagen des Oberkommandos in Lothringen. Keineswegs soll damit die Verantwortung des Heereschefs für dieses sein Handeln geleugnet werden. Doch ist dieses Verhalten erklärlich, wenn man eine Mitteilung bedenkt, die der Abgesandte der OHL [von Dommes] nach dem Kriege geäußert hat. Sie lautet: «Unerschütterlich vertraute Generaloberst von Moltke auf die in jahrelangen sorgfältigen Studien vertiefte Durchbildung der Oberbefehlshaber und ihrer Chefs.»

Mit der vom Heereschef befohlenen Verfolgung bot diese 6. Armee dem geschlagenen, aber noch schlagfähigen Gegner im Vormarsch nach Süden die offene Flanke. Der Gegenschlag erfolgte vom befestigten Platz bei Nancy aus und südlich davon. Allein durch die ausgezeichnete Führung der einzelnen angegriffenen Verbände und die Bravour der Truppen konnte ein drohender Rückschlag verhindert werden. Fortan aber sollte es nicht mehr gelingen, das operative Ziel eines Durchbruches in der Lücke der Festungsfront zu erreichen. Es gelang gerade noch, wenigstens in der nächsten Zeit, die gegnerischen Streitkräfte zu fesseln. So war in Lothringen die so gut vorbereitete Gesamtoperation der OHL lahmgelegt, weil der Gemeinsame Oberbefehl dort seine eigenen nur taktisch orientierten Ziele verfolgt hatte.

In drei Heeresgruppierungen entwickelten sich bekanntlich zunächst die beiderseitigen Operationen an der Westfront. In Lothringen, in dem Gebiet nördlich der Festungen Verdun und Metz zwischen Maas und Mosel, sowie in Belgien zwischen Namur und Antwerpen. Die Hauptmasse der feindlichen Armeen stieß von Südwesten nach Nordosten in Richtung auf den mittleren Rhein vor. Sie wurde in schweren Kämpfen vor und an der Maas geschlagen. Der Durchbruch gelang nicht. Eine starke Armeegruppe,

Franzosen und Engländer, wurde dem rechten Flügel entgegengeworfen. Sie sollte die strategische Umfassung verhindern. In diesem belgischen Bereich, dem Sambre-Maas-Winkel, entbrannten Kampfhandlungen von weittragender strategischer Bedeutung. Das war der andere Schwerpunkt der deutschen Gesamtoperation.

Nach reiflichen Überlegungen im Großen Generalstab war Koblenz als Standort des Hauptquartiers vorgesehen. Die OHL hatte von dort aus die sicherste Verbindung zu den sieben Armeen der Westfront wie auch zu den Kriegsschauplätzen im Osten. Der Heereschef mußte sowohl die Kriegslage in Ostpreußen wie auch die Fronten des verbündeten [österreichischen] Heeres von Anfang an mit Sorge in seinem Blickfeld behalten. Das stieß auch in technischer Beziehung auf Schwierigkeiten. Gab es doch keine Verstärkerapparate, so daß alle Fernsprüche der OHL von Koblenz aus zunächst nach Berlin gingen und dort weiter nach dem Osten umgesprochen werden mußten.

Dem Führer der 2. Armee, Generaloberst von Bülow, hatte der Heereschef auch das AOK [Armee-Ober-Kommando] 1 unterstellt. Die Einrichtung von Heeresgruppen erfolgte erst später. Diese 1. Armee des rechten Flügels mit Generaloberst von Kluck als Armeeführer und General von Kuhl als Stabschef hatte, nachdem durch den persönlichen Einsatz des Generals Ludendorff der Handstreich auf Lüttich durchgeführt war, später die belgische Armee auf Antwerpen zurückgeworfen. Dieser Armee des rechten Flügels war von vorneherein eine Doppelaufgabe gestellt: Schutz der rechten Flanke des Heeres und Eingreifen in Großkämpfe der Nachbararmee. Vor Beginn der Schlacht im Sambre-Maas-Winkel hatte das Armeeoberkommando 1 von der OHL die Weisung erhalten, den linken Flügel des angreifenden Gegners um die Festung Maubeuge herum umfassend anzugreifen. Sie hatte vom Generaloberst von Bülow einen gleichlautenden Befehl erhalten. Aber nur eines ihrer fünf Armeekorps griff in die schweren Kämpfe ein. Drei ihrer Korps befanden sich im Vormarsch hart nördlich der schwer kämpfenden 2. Armee. Sie wurden von ihrem Armeeoberkommando dort angehalten, welches einen Angriff britischer Verbände vom Westen her aus der Gegend von Lille erwartete. In den Tagen des 23. und 24. August ließ das AOK 1 sogar diese drei Korps nördlich der Sambre zur Ruhe übergehen. Das erfolgte unter dem Donner der Kanonen der nahen Schlacht. Das britische Expeditionskorps war bereits in der Gegend Mons-Maubeuge festgestellt, am linken Flügel der französischen Armee. In dieser großen Schlacht hat sich durch den im Sambre-Maas-Winkel angreifenden Gegner eine einzigartige Cannä-Situation der OHL angeboten. Von ihr war das Eingreifen der 3. Armee südlich Namur vorgesehen. Das führte jedoch nicht nach ihrem Übergang über die Maas bei Dinant zu dem erwünschten taktischen Erfolg. Wesentlich durch das «Verhalten» des AOK 1 kam es in dieser unter Krisen vor sich gehenden Schlacht auch nur zu einem «ordinären Siege» und nicht zu der sich hier anbietenden Umfassungsschlacht. Moltke wollte alsdann den schwer geschlagenen Gegner nach Südosten abdrängen in die rückwärtigen Verbindungen der in der Frontmitte angreifenden französischen Armeen hinein. Damit wäre es in der Tat zu einem feldzugentscheidenden Siege gekommen, insbesondere noch in Verbindung mit einem Einbruch und Durchbruch durch die Festungsfront in Lothringen. Dieser groß angelegte Plan, eine solche Entscheidung schon in den Grenzschlachten herbeizuführen, war nunmehr gescheitert. Die 5. französische Armee und das britische Expeditionskorps konnten in Richtung Paris zurückweichen. Die 1. Armee vermochte noch die Engländer bei Le Cateau zu stellen und zu schlagen.

Als dann die 5. französische Armee (Lanrezac) am 29./30. August bei St. Quentin überraschend der 2. Armee entgegengeworfen wurde, befand sich die 1. Armee mit allen ihren Korps im Raum von Amiens-Moreuil, wo es ihr gelang, schwächere Verbände des Gegners zurückzuwerfen. Dazu hätte ein Armeekorps mit dem Kavalleriekorps als Flankenschutz genügt. Das AOK 2 hat den Einsatz der 1. Armee zweimal dringend angefordert. Es wurde jedoch nur eine rückwärts gestaffelte Division zur Verfügung gestellt. Ein Angriff der 1. Armee in die Flanke der südlich St. Quentin vorgehenden Armee Lanrezac wäre wiederum von ganz entscheidender Wirkung gewesen.

Der Feldmarschall Moltke hat auf Grund seiner Kriegserfahrungen eine operative Grundregel vertreten. Das Festhalten an einem Operationsplan sei dann ein Fehler, wenn ein großer Schlachterfolg erreichbar sei. Man kann mit Sicherheit annehmen, daß durch eine Zertrümmerung der 5. französischen Armee durch das hier gegebene Zusammenwirken der beiden Armeen des rechten Heeresflügels nochmals eine Feldzugentscheidung herbeigeführt worden wäre. *Niemals* hätte es dann noch zu einer Marneschlacht kommen können!

Hatte das Armee-Oberkommnado 1 bisher nur die *eine* ihm zugewiesene Aufgabe, Schutz der Heeresflanke, wahrzunehmen versucht, unter Vernachlässigung der anderen Weisung, in Großkämpfe der Nachbararmee einzugreifen, so verfolgte sie nach St. Quentin nur noch das Ziel, die geschlagene 5. Armee in überholender Verfolgung nochmals zum Kampfe zu stellen, ohne den jetzt sehr notwendigen Flankenschutz durchzuführen. Was aber in den Tagen der Schlacht verweigert war, ließ sich zwei Tage später nicht mehr erreichen. Der Entschluß jedoch stand fest. In einem Funkspruch, der in der Nacht zum 31. August abging, wurde der OHL mitgeteilt, das Armeeoberkommando beabsichtige, mit seiner Armee zwischen Compiègne und Noyon in südöstlicher Richtung die Oise zu überschreiten. Nun traf um 4 Uhr morgens im Rahmen eines Heeresbefehls der OHL de-

Anweisung der Obersten Heeresleitung am 27. August 1914

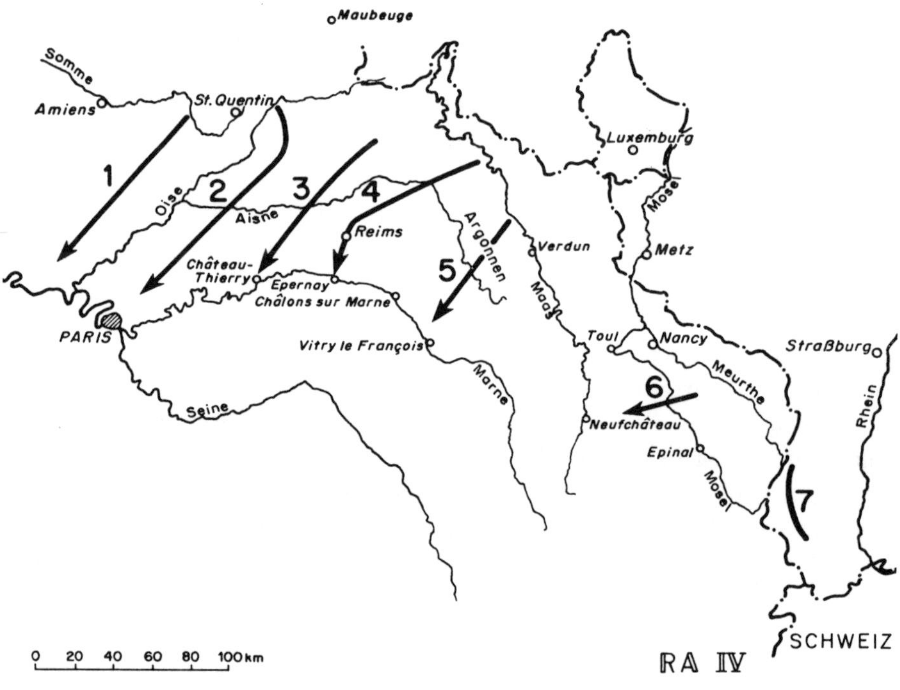

ren Einverständnis für die Bewegungen der 1. und 2. Armee ein. Das war, wie das Reichsarchivwerk, Bd. III, 5. 191, bemerkt, dem Oberkommando «willkommen». In einer Fußnote wird dazu vermerkt, das AOK 1 habe «im Drange der Geschäfte» die Abgangszeit des OHL Funkspruches übersehen, nämlich 30. August, 9.55 Uhr abends (Mitteilung von Kuhls). Das sind 4 Stunden vor dem Abgang der Meldung, den Südostabmarsch einzuleiten. Das Einverständnis der OHL konnte sich daher keineswegs auf jene Absicht beziehen, sondern auf die bis dahin erfolgten Vormarschbewegungen in Richtung Paris im Sinne des Heeresbefehls vom 27. August.

Es handelt sich hier um eines der verhängnisvollsten Mißverständnisse der Kriegsgeschichte. Denn von nun ab glaubte sich das Oberkommando darauf berufen zu können, die OHL habe den Bewegungen der 1. Armee an Paris vorbei zugestimmt. Das ist aber, wie der Generalleutnant Wetzell, seinerzeit Redakteur des Militärwochenblattes, in seiner Artikelreihe "Die Führung im Marnefeldzug 1914", 1940, Nr. 230, also vor 30 Jahren hervorgehoben hat, niemals erfolgt!

Die ersten Tage des September 1914 sind von schwerwiegender Bedeutung. Man sollte nicht von Schicksal hier reden. Das wäre zu hoch gegriffen. Zunächst steht man vor einer entschiedenen Diskrepanz in den operativen Auffassungen des Oberkommandos selber. Generaloberst von Kluck erörterte am 1. September abends im Armeehauptquartier Compiègne seinem Stabschef von Kuhl gegenüber «die Frage des sofortigen Angriffes auf die Nordostfront des nur dürftig besetzten Festungskomplexes von Paris. Endlich käme die 1. Armee zum Stehen und könne nun im Falle ihres Einbruchs in den Nordostsektor von Paris einen ungeheuren moralischen, zuversichtlich auch operativen Erfolg erringen. Die 1. Armee sei stark genug, den ungesäumten Angriff zu wagen. Auf rasch entworfener Skizze legte ich die Angriffsgliederung nieder (...) Das Überschreiten der Marne hielt ich für ein sehr gewagtes Unternehmen. – Der umsichtige Chef verkannte die Bedeutung dieses Gedankens nicht, verwies aber auf die Direktive der Obersten Heeresleitung, der Armee Lanrezac an der Klinge zu bleiben und sie auf die 2. Armee zu drängen. Ich erwiderte, daß letzteres ausführbar sei, wenn Lanrezac standhalte und die 1. Armee gegen Paris ausreichend gedeckt sei. In letzterer Hinsicht aber könne ich Bedenken nicht unterdrükken. Schließlich dürften Gefechtsvorteile südlich der Marne in keinem Verhältnis stehen zu den Folgen eines Einbruches in den befestigten Rayon von Paris. – Diesen meinen Ausführungen stand jedoch die Erwägung

(Kuhls – der Verf.) entgegen, daß die Oberste Heeresleitung ein Festlegen der 1. Armee (gemeint ist vor Paris, der Verf.) nicht dulden und erforderlichen Falles einen Wechsel im Oberkommando herbeiführen würde, und daß ferner eine Entscheidung in der Gesamtlage des Westheeres anscheinend nahe bevorstehe.»

Diese Aussage des Generaloberst von Kluck ist für die Fragestellung «Wie kam es zur Marneschlacht 1914?» von größter Bedeutung. Geht doch aus ihr hervor, daß sich der Stabschef von Kuhl dem Armeechef gegenüber auf den OHL-Befehl vom 30. 8. berufen hat, welcher dahin mißverstanden worden war, die OHL sei mit der Absicht des AOK 1, in südöstlicher Richtung über die Oise vorzugehen, einverstanden und lehne daher den Vormarsch auf Paris ab. Mit der Äußerung, die OHL würde erforderlichenfalls einen Wechsel im Oberkommando herbeiführen, hat General von Kuhl selbstverständlich auf die in jenen Tagen bekanntgewordene Absetzung der Führung des Oberkommando 8 in Ostpreußen hingedeutet. Wie grotesk ist es doch, daß jene Tat Helmuth von Moltkes, die Generale von Prittwitz und Graf Waldersee ihres Posten entheben zu lassen, wodurch dann der Sieg von Tannenberg durch die Führung Ludendorff-Hindenburg erst ermöglicht wurde, hier als Argument geltend gemacht worden ist. Man hat gewiß mit Recht anerkannt, Helmuth v. Moltke habe damals durch diese seine Tat «die Härte des Feldherrn» erwiesen. Jetzt aber führte die Hindeutung darauf sehr bald zu einem Umstoßen des gesamten Feldzugplanes. Die weitere, von Kuhl vorgebrachte Bemerkung, «eine Entscheidung in der Gesamtlage des Westheeres stehe anscheinend bevor», enthüllt gewiß ein Grundmotiv für das Handeln des Stabschefs. Einer solchen Sprache war der Führer der 1. Armee mit seinen recht naheliegenden, dazu durchaus im Sinne des OHL-Befehls vom 27. August handeln wollenden Intentionen – Paris! – nicht gewachsen. – Eine Ludendorff nahestehende Persönlichkeit hat in ihrer Schrift «Die Tragik Ludendorffs» eine Vermutung für dieses Verhalten des Generals von Kuhl geäußert. Wilhelm Breucker greift da zu einer psychologischen Erklärung. Ludendorff und Kuhl seien als Abteilungschefs im großen Generalstab die besten Pferde im Stall gewesen. Ludendorff habe, als Retter in höchster Not, nach dem Osten gerufen, dort, gestützt auf das Vertrauen Hindenburgs, den gewaltigen Sieg erfochten. «Wäre es verwunderlich und nicht eher menschlich verständlich», schreibt Breucker, «wenn der Chef des Generalstabes der in siegreichem Vormarsch befindlichen 1. Armee nun vom brennenden Wunsch erfaßt worden wäre, es Ludendorff gleichzutun und den Feldzug durch einen noch entscheidenderen Sieg, wie ihn sein Lehrer gelehrt hatte, zu krönen.» – Nach den von Generaloberst von Kluck in seinem Buch «Wanderjahre» wiedergegebenen Sätzen seines Stabschefs ist eine solche Vermutung nicht ganz abwegig.

General Wetzell hat schon längst auf diesen, den Stabschef der 1. Armee beherrschenden «*Wunschgedanken*» hingewiesen.

Generaloberst von Moltke hat sich kurze Zeit nach der Enthebung aus seiner Stellung als Generalstabschef folgendermaßen geäußert: Er habe in den Jahren vor 1914 bei Kriegsspielen, welche den Ernstfall eines Vormarsches des rechten Heeresflügels zum Ausgangspunkt hatten, *dreimal* dem General von Kluck, der schon damals ausersehen war, den Oberbefehl über die Armee des rechten Flügels zu übernehmen, vorgehalten, daß er zu rasch vormarschiere. Moltke warnte ihn davor mit den Worten: «Wenn Sie das tun im Ernstfalle, werden wir den Krieg verlieren!» – Diese Warnung und ihre krasse Nichtbefolgung Anfang September 1914 ist doch wohl bemerkenswert.

Die 1. Armee befand sich noch nordöstlich von Paris im Vormarsch. Das Armeeoberkommando wollte die bei Dammartin gemeldeten Engländer angreifen. Als diese am 2. September abgezogen waren, entschloß sich das Oberkommando zu dem bereits vorgesehenen Abmarsch der 1. Armee über die Oise in südöstlicher Richtung. Nur das nach Abgabe einer Brigade für Brüssel geschwächte IV. Reservekorps befand sich noch rückwärts gestaffelt als dürftiger Flankenschutz gegen Paris. Mit den an diesem 2. September eingeleiteten Bewegungen der 1. Armee an Paris vorbei entglitt die strategische Initiative den Händen der Obersten Heeresleitung. Die Fliegeraufklärung des Gegners stellte sofort die Bewegung großer Kolonnen auf den Straßen nordöstlich und östlich von Paris in Richtung auf die Marne fest, was alsbald durch Kavallerieerkundung am 4. September bestätigt wurde. Zunächst hatte kein französischer Stab solchen Meldungen Glauben schenken wollen. Der zum Gouverneur von Paris vor kurzem ernannte General Galliéni verbrachte eine schlaflose Nacht. Von ihm stammt bekanntlich das Wort vom «négliger Paris» durch die Deutschen. Ferngespräche mit dem Generalissimus im Grand Quartier Generale Bar-sur-Aube: Galliéni tritt energisch für den unverzüglichen Angriff der ihm unterstellten Armee Maunoury in die Flanke der nach Süden vormarschierenden 1. Armee ein. Am 4. September setzte er durch, daß nicht, wie Joffre vorhatte, dieser Stoß in die Flanke südlich der Marne in Verbindung mit dem britischen Expeditionskorps, sondern nördlich des Flusses in die tiefe Flanke der 1. Armee geführt werde. – In diesen zwei Tagen stand der Generalissimus vor einer grundlegenden Entscheidung: Generaloffensive seines gesamten Heeres! Werden die mehrfach geschlagenen Armeen noch in Kehrtwendung zu einem Gegenangriff größten Ausmaßes gegen die im weiten Bogen südwestlich Verdun und südöstlich Paris vorgehenden deutschen Armeen fähig sein? «Mais nous les tenons !» – das ist die Stimmung in der französischen Heeresleitung. «Aber jetzt haben wir sie!» Welch' strategische Chance tut sich auf! Aber alles kommt auf die betreffenden Armeeführer an. Vor allem auf Franchet d'Esperey, den Nachfolger des inzwischen abgesetzten Lanrezac im Kommando der zweimal geschlagenen 5. französischen Armee. – Joffre hatte übrigens nicht weniger als dreißig Generale, Korps- und Divisionskommandeure sowie zwei Armeeführer inzwischen abgesetzt. – Der 4. September ist von diesen ausschlaggebenden Besprechungen voll in Anspruch genommen. Franchet d'Espereys Haltung ist entscheidend. Er garantiert die Kampfbereitschaft seiner Armee, ebenso General Foch für seine 9. Armee. In einer denkwürdigen Besprechung im britischen Hauptquartier macht Joffre dem noch zögernden General French gegenüber den Ehrenstandpunkt geltend. «La France» spricht durch Joffre! Diese, alles weitere bestimmenden Tage sind in einer lesenswerten Schrift des französischen Generals en retraite Goutard "La Marne, Victoire inexploitée" (Robert Laffont, Paris 1968) von Stunde zu Stunde genauestens dargestellt. Eine spannungsreiche Lektüre, dabei nicht ohne Kritik des Versagens französischer Taktik in den Grenzschlachten. Dieser Schrift steht ein kurz vorher 1967 vom «Arbeitskreis für Wehrforschung» herausgegebenes kriegsgeschichtlich bedeutendes Werk des israelischen Obersten Jehuda L. Wallach zur Seite. Es trägt den bezeichnenden Titel "Das Dogma der Vernichtungsschlacht, Die Lehren von Clausewitz und Schlieffen und ihre Wirkung in zwei Weltkriegen" (Bernard & Gräfe Verlag, Frankfurt a. M.). Darin wird sehr ausführlich in einem mittleren Buchabschnitt die Führung im Marnefeldzug behandelt.

Von Friedrich dem Großen stammt der Ausspruch: «Eine einzige falsche Bewegung kann alles verderben. Ein General, der einen Befehl mißversteht oder schlecht ausführt, bringt ein ganzes Unternehmen in Gefahr.»

Der offensichtliche Verstoß gegen solche Grundregeln im Verlauf des Feldzuges löst selbstverständlich die zentrale Frage aus, wie es dazu gekommen ist, daß der jüngere Moltke als Heereschef nicht zur rechten Zeit, wie es doch in Ostpreußen durch ihn erfolgt ist, eingegriffen hat.

Die Darstellung «wie es zur Marneschlacht 1914 kam» fordert durchaus noch Hinweise auf einige wesentliche Vorgänge, die der vielschichtigen Schlachtenentwicklung Anfang September vorausgingen.

Die OHL hatte nach Erhalt der Meldung des AOK 1 vom 31. August über ihre Absicht – siehe oben –, die Oise zu überschreiten, durch Funkspruch die Frage an das Oberkommando gerichtet: «Wie Lage dort – sofort melden.» Daraufhin versicherte das Oberkommando am 1. September, ihre Armee werde am folgenden Tage zwischen der Oise und Ourque bereitgestellt werden, mithin noch im Raume nordöstlich von Paris. Die OHL atmete auf. – Aber was geschah? Am 2. September kam es nicht zu einem Anhalten der Armee. Der Führer des IX. Armeekorps, General von Quast, wollte den zurückgehenden Gegner noch bei Château Thierry stellen. Das Oberkommando begrüßte diesen selbständig gefaßten Entschluß. Der Ort wurde besetzt. Am selben Abend fand jedoch eine denkwürdige Lage besprechung statt. Sollte man am nächsten Tage den Übergang über die Marne erzwingen? Ein Funkspruch teilte diese Bedenken der OHL mit und versicherte, die 1. Armee werde nördlich der Marne verbleiben. Es ist anzu-

Lage am 2. und 3. September 1914
Vorstoß der 1. Armee an Paris östlich vorbei in Verfolgung linken französischen Flügels

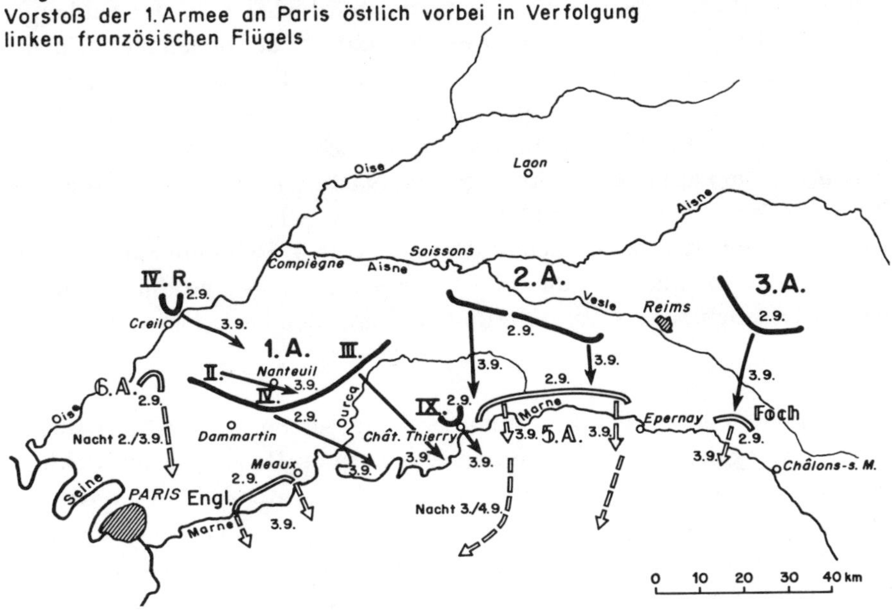

nehmen, daß sich der Armeeführer, Generaloberst von Kluck, für diese Maßnahme eingesetzt hat. Aber bereits am Morgen des 3. September trat eine neue Situation ein. Wiederum hatte der General von Quast von sich aus ohne Befehl mit seinem Korps den Marneübergang vollzogen und stand in Kämpfen südlich Château Thierry. Die weiteren drei Korps der Armee befanden sich im Vormarsch zu und über die Marne westlich davon. Da traf der OHL-Befehl vom 2. September ein, welcher die Absicht aussprach, den Feind nach Südosten abzudrängen, und der 1. Armee befahl, gestaffelt zu folgen und den Flankenschutz des Heeres zu übernehmen. Jedoch merkwürdigerweise änderte das AOK nunmehr seinen Entschluß vom Abend vorher. Nur die 1. Armee könne den zurückweichenden Gegner noch fassen und ihn in der gewünschten Richtung abdrängen. Der Stabschef hatte seinen Willen durchgesetzt. Mit diesem, der OHL gemeldeten Entschluß drang aber der linke Flügel der 1. Armee in den Vormarschstreifen der Nachbararmee ein. Wurde doch dem IX. Korps untersagt, dem rechten Flügelkorps der 2. Armee die ihr zugewiesene Vormarschstraße nach Süden freizugeben.

Mit dem Übergang der 1. Armee über die Marne und dem Aufmarsch der neuformierten Armee Maunoury bei Dammartin, nordöstlich von Paris, an demselben 3. September morgens, den Galliéni auf Grund des an Paris vorbeimarschierten rechten Heeresflügels anordnete, treibt der Feldzugsverlauf in die größte und folgenschwerste Schlacht der neueren Geschichte hinein. In den folgenden Tagen setzt die 1. Armee ihren Vormarsch zur Seine fort. Der Stabschef von Kuhl erklärt wiederholt: «Solange das Gespenst von Paris nicht Fleisch und Blut annimmt, schreckt es mich nicht.» Die OHL erhält im Laufe des 4. September die Nachricht von diesem Vorgehen durch Funksprüche der 2. und 1. Armee. Inzwischen aber ist eine völlig neue Lage eingetreten. Der Befehl der OHL vom 4. September abends gibt in seinen Anweisungen für die 1. bis 7. Armee eingangs eine klar formulierte Orientierung über die Veränderung der gesamten Lage. Der erste Absatz lautet:

«Der Gegner hat sich dem umfassend angesetzten Angriff der 1. und 2. Armee entzogen und mit Teilen den Anschluß an Paris erreicht. Meldungen und sichere Agentennachrichten lassen ferner den Schluß zu, daß *der Feind aus der Linie Toul-Belfort Truppen nach Westen befördert*, sowie daß er vor der Front der 3. bis 5. Armee ebenfalls Armeeteile herauszieht. Ein Abdrängen des gesamten französischen Heeres gegen die Schweizer Grenze in südöstlicher Richtung ist somit nicht mehr möglich. Es muß vielmehr damit gerechnet werden, daß der Feind zum Schutze der Hauptstadt und zur Bedrohung der rechten deutschen Heeresflanke stärkere Kräfte in der Gegend von Paris zusammenzieht und Neubildungen heranführt.»

Die zwei folgenden Sätze ziehen daraus die Konsequenz:

«*Die 1. und 2. Armee müssen* daher *gegenüber der Ostfront von Paris* verbleiben. Ihre Aufgabe ist es, feindlichen Unternehmungen aus der Gegend von Paris *offensiv* entgegenzutreten und sich hierbei gegenseitig zu unterstützen.»

Bei Herausgabe dieses Befehls war sich die OHL völlig darüber klar, daß sich die 1. Armee gegen ihren Befehl vom 2. September im Vormarsch zwischen Marne und Seine befindet. In dem Wort «verbleiben» kommt daher deutlich die Erwartung zum Ausdruck, daß die 1. Armee jenen Befehl schleunigst auszuführen hat. Im folgenden Abschnitt heißt es daher wörtlich «müssen verbleiben». Es handelt sich durchaus um einen strikten Befehl. Dieser letzte Heeresbefehl vor der Marneschlacht wird zwar zwei Tage darauf durch die Generaloffensive des Gegners überholt. Jedoch kommt sein Inhalt, wie noch darzustellen ist, im weiteren Verlauf der Kampfhandlungen in überraschender Weise erneut zur Geltung.

Der Generaloberst von Bülow hat das Vorprellen der 1. Armee durchaus nicht gebilligt. Trat diese doch seiner Armee unmittelbar vor die Füße. Da traf am 5. September der Chef der Nachrichtenabteilung der OHL, Oberstleutnant Hentsch, beim Oberkommando 1 ein. Er berichtete dort über die gesamte Lage der Operationen und insbesondere über die in Lothringen festgefahrene Front. Vom Oberkommando wurde jedoch der Hinweis des OHL-Befehls über die neuerdings akute Bedrohung der Heeresflanke von Paris her kaum beachtet, vielmehr die Absicht ausgesprochen, den Feind noch an der Seine zu fassen und erst darnach den befohlenen Rückmarsch durchzuführen. Dem stimmte der Abgesandte der OHL mit den Worten zu: Der Rückmarsch könne in aller Ruhe vor sich gehen.

Hier ist zu bemerken, daß der jüngere Moltke mit diesem letzten Befehl im Geiste seines großen Oheims gehandelt hat, der stets hervorgehoben hat, ein Feldzugsplan könne nur bis zur ersten Schlachtbegegnung voll gültig sein. Darnach spreche der Feind bei allen Entscheidungen mit. Das

Parieren des von Paris her drohenden Angriffes in die Flanke des Heeresflügels wird nunmehr zur primären Forderung. Das «Négliger Paris» hatte zu dem befehlswidrigen Vormarsch in südöstliche Richtung geführt. Die Strategie des Schlieffenplans, das umfassende Abdrängen der gesamten feindlichen Heeresmasse, war endgültig undurchführbar geworden. An seine Stelle tritt die Aufgliederung in zwei getrennt vorgehende Heeresgruppierungen im Raume von Paris und im Lothringer Kampffelde.

Ausblicke auf den Verlauf der Marneschlacht

Hier können nur einige *Brennpunkte* des räumlich und zeitlich sich entwickelnden Schlachtenkomplexes berührt werden. Schon dieser 5. September ist voller Ereignisse auf beiden Seiten. Es ist der Tag vor der Generaloffensive des Gegners. In der Gegend nordöstlich von Paris waren bereits Feindbewegungen gemeldet. Aber weder durch Flieger- noch durch Kavallerieerkundung konnte Näheres festgestellt werden. Das Gelände war undurchschaubar. Am 5. September befand sich das IV. Reservekorps nördlich der Stadt Meaux, westlich des Ourque, dem nördlichen Nebenfluß der Marne, als einzige rückwärtige Staffel. Was tat sich vor Paris? Angesicht der völlig ungeklärten Situation sah sich der Kommandierende General von Gronau genötigt, aus eigenster Initiative die nötigen Schritte zu tun. Mit den Worten: «Es bleibt nichts anderes übrig, wir müssen angreifen», die er an seinen Stabschef richtete, wurde eine der hervorragendsten Tathandlungen nicht nur dieses Feldzuges, sondern der Kriegsgeschichte der letzten Zeit eingeleitet, vergleichbar dem Angriffsentschluß des Generals von Alvensleben am 16. August 1870, der zu den Schlachten von Vionville und Marslatour geführt hat. Ohne diese Initiative kein Sedan. – Das durch Abgabe einer Brigade geschwächte Korps traf auf die in breiter Front vorgehende Armee Maunoury am Nachmittag des 5. September. Dieser Angriff leitete die Schlacht am Ourque und damit die eigentliche Marneschlacht ein. Der Vorstoß brachte die dringend notwendige Klärung. Die Pariser Armee – Marokkaner, Territorialtruppen und ein aktives Korps waren dem Reservekorps um das Dreifache überlegen. Es gelang dem General von Gronau nach schweren Gefechten, seine Verbände am Abend des Tages vom Feind abzusetzen und eine Verteidigungsstellung am Therouane-Fluß und am unteren Ourque zu beziehen. Sein Hilferuf erreichte das Armeehauptquartier um Mitternacht des 5. September. Jetzt erst hatte für das AOK I «das Gespenst von Paris» Fleisch und Blut angenommen.

Der in Eilmärschen durchgeführte Rückmarsch der vier Korps der 1. Armee ist bekanntlich eine in der Kriegsgeschichte einzig dastehende Leistung der Truppe und ihrer Führung. Ohne Gronaus Angriffsentschluß war sein für den Heeresflankenschutz völlig unzureichender Verband unweigerlich einer doppelten Umfassung der vielfach überlegenen Pariser Armee ausgesetzt. Dann aber wäre die 1. Armee südlich der Marne auf das Allerschwerste in ihrem Rücken gefährdet gewesen. Mit dem in letzter Stunde durchgeführten Rückzug trat allerdings an der Marne sogleich eine weitere große Gefahr auf. Es entstand eine Lücke von zunächst 25 km, dann 50 km Breite an der Marne, östlich von Meaux und südöstlich des Flusses am Grand Morein. Die dort eingesetzten zwei Kavalleriekorps des rechten Heeresflügels konnten mit ihrer geringen Feuerkraft nur verschleiern. Nur eine Infanteriebrigade war ihnen zugeteilt.

Für die Heeresleitung des Gegners bot diese Lücke, welche nicht wirksam zu verteidigen war, eine außerordentliche taktische Chance von großer strategischer Bedeutung. Das «Négliger Paris» vom Anfang September rächte sich an zwei Brennpunkten: Nordöstlich und südöstlich der französischen Kapitale. Durch einen Zufall wurde der Heeresbefehl Joffres zum

Lage am 6. September 1914
Pariser Armee stößt in Flanke des rechten deutschen Flügels
Rückmarsch der 1. Armee

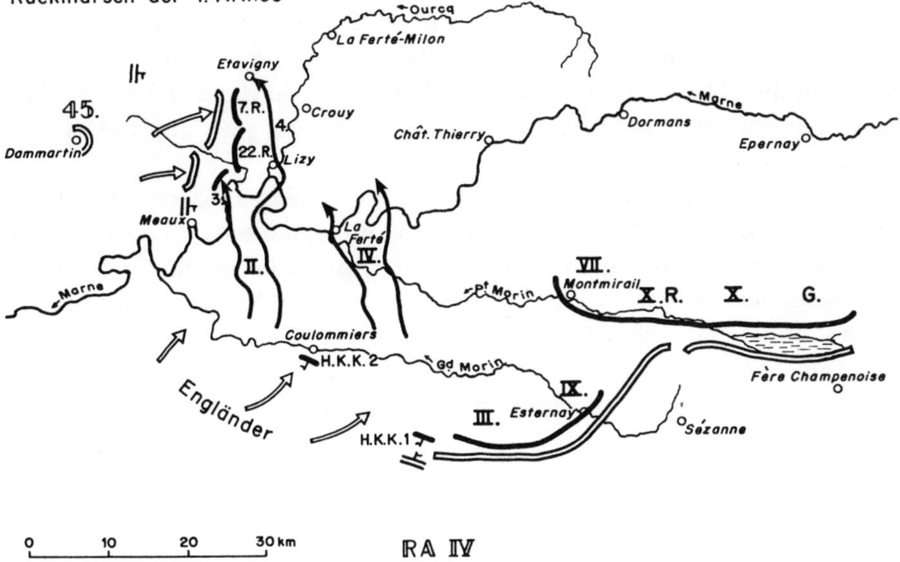

Generalangriff für den 6. September bei einem gefallenen französischen Offizier gefunden. Dadurch erfuhr die OHL von dem Umschwung der Kriegslage noch am selben Tage. Der Gegner hatte die Initiative ergriffen.

Die Franzosen haben das Wort vom «Marnewunder» geprägt. Joffre selbst hat, wie das der General Goutard in seinem bereits erwähnten interessanten Buch hervorhebt, auf die «désobéissances» des Oberkommando 1 hingewiesen, die Eigenmächtigkeiten, wörtlich den Ungehorsam, welche dem französischen Generalstab erst den Gegenschlag gegen die deutsche Umfassungsbewegung ermöglichten.

Jedoch, es liegt hier auch ein deutsches Wunder an der Marne und vor Paris offensichtlich vor, und zwar durch mehrfaches Versagen von Unterführern des Gegners: Südlich der Marne versagte das Kavalleriekorps Conneau völlig in der ihm obliegenden Aufklärung. Die große Schwäche des deutschen Gegners in der Lücke wurde nicht erkannt. Der Generalissimus und die Armeeführer der 5. und 9. französischen Armee erfuhren nur sehr wenig darüber. – Das britische Expeditionskorps konnte den Uferwechsel vollziehen, griff jedoch nicht die linke Flanke der 1. Armee an. Die Engländer hielten sich zurück. Auch die 5. französische Armee nutzte nach ihrem Übergang über den Fluß nicht die große Chance. So genügte ein Zurücknehmen der inneren Flügel der beiden deutschen Armeen. – Den zunächst noch gefährdeten rechten Flügel der 1. Armee griff das VII. französische Korps der Pariser Armee nicht energisch an. Auch das dort eingesetzte Kavalleriekorps Sordet klärte in nördlicher Richtung auf, statt diesen rechten deutschen Flügel zu umfassen. Der bezeichnende Untertitel des Buches von Goutard "Der unausgenutzte Sieg" bezieht sich auch auf diese Fälle. Sordet wurde abberufen.

Joffre hatte das Glück, in Galliéni und dem General Sarrail, dem Führer der 3. Armee bei Verdun, zwei Armeekommandanten zu haben, die zu den Säulen seiner Strategie werden sollten. Durch das von der OHL befohlene Vorgehen auf Paris wäre höchst wahrscheinlich Frankreichs zentraler Platz sehr bald aufgegeben worden. So aber bildeten Verdun und Paris die Ausgangsbasen, um den deutschen, zwischen beiden Plätzen nach Süden vorgeschobenen Angriffsbogen von zwei Seiten her anzugreifen und aufzurollen.

Mit dem Rückmarsch der 1. Armee wuchs die Spannung der Obersten Heeresleitung, aber auch im Oberkommando 1 von Tag zu Tag. Wird der

Gegner seine große Chance nützen? Am 8. September vormittags fand im Operationsstab der 1. Armee eine wichtige Lagebesprechung statt. Die Gefahr an der Marne, wo nur die zwei Kavalleriekorps dem britischen Expeditionskorps und der französischen 5. Armee gegenüberstanden, war groß. Drang der Feind in die große Lücke ein, war die Lage unhaltbar. Ist rechtzeitiger Rückzug nicht doch notwendig? Der Stabschef, General von Kuhl, faßte in diesem Augenblick den kühnen Entschluß, die offensichtliche Krise durch Angriff am nächsten Tage zu lösen. Die Anordnungen, die er vorsah, waren: Zurückwerfen der Engländer durch das Kavalleriekorps 2, umfassender Angriff des IX. Armeekorps am Nordflügel. Stoß der bei Lüttich freigewordenen 43. Reservebrigade Lepel in den Rücken der Pariser Armee! – Das Oberkommando war fest entschlossen, nicht nur standzuhalten, sondern auf diesem Heeresflügel eine Entscheidung herbeizuführen.

Am frühen Morgen des gleichen Tages, dem 8. September, erhielt Oberstleutnant Hentsch, Leiter der Nachrichtenabteilung der OHL, im Beisein des Chefs der Operationsabteilung, Oberstleutnant Tappen, und des Oberstleutnant von Dommes durch den Generalstabschef den Auftrag, zu den beiden Armeen des rechten Flügels zu fahren. In dem Buche "Generaloberst Helmuth von Moltke, Erinnerungen, Briefe, Dokumente" äußert sich Moltke wörtlich folgendermaßen:

«Er (Hentsch, der V.) sollte sich über die Lage orientieren, hatte aber nicht den Auftrag, die 1. Armee zurückzuführen, sondern sollte sie nur anweisen für den Fall, daß sie sich nicht halten könne, in die Linie Soissons-Fismes zurückzuweichen und so den Anschluß an den rechten Flügel der 2. Armee zu gewinnen.»[180]

Von Vollmacht ist hier keine Rede. Hentsch hat sich auch nicht bei seiner Rückkehr am 10. September vormittags Moltke gegenüber auf eine solche berufen. Später hat Moltke einem seiner Söhne versichert, daß er nicht einen Befehl zum Rückzug gegeben habe. – Jedenfalls aber war es ein Fehler, daß jener Auftrag an Hentsch nicht schriftlich gegeben wurde.

Man hat bis heute die nur mündliche Formulierung für völlig unzureichend erklärt. Doch ist sie bei Berücksichtigung der Tatsache, daß weder die OHL noch auch das Oberkommando 1 selber in dieser Stunde die Lage übersehen konnten, erklärlich. Das Wesentliche des Auftrages ist ohne Zweifel in den Worten «Orientierung über die Lage» enthalten. Moltke hat eine solche noch am selben Tage erwartet. Als an diesem Vormittag nach Abfahrt von Hentsch der Kronprinz Rupprecht persönlich in Luxemburg eintraf, sprach sich Moltke auch über die bedenkliche Lage der 1. Armee ihm gegenüber aus. Sie sei in der Flanke von einer Pariser Armee bedroht. Er werde das Beste hoffen, aber auch das Schlimmste fürchten. Und seiner Frau schrieb er am Abend des 8. September: «Von der *heutigen Entscheidung* hängt ab, ob wir noch hier bleiben. Der Kaiser muß nach Frankreich hinein, näher an die Armee heran.» – In diesem Sinne wird Moltke in einer zweiten Unterredung, die wahrscheinlich mit Hentsch vor dessen Abfahrt erfolgt ist, sich geäußert haben. (Siehe meinen Aufsatz in der Monatszeitschrift "Die Drei", Heft 5/1964 «Marneschlacht. Der jüngere Moltke in den Tagen der Krise», Fußnote S. 363.)

Die Fahrt von Hentsch zum rechten Flügel ist bekanntlich Gegenstand unzähliger Darstellungen geworden. Hier sei nur auf wenige u.E. feststehende Vorgänge hingewiesen. Moltke war durchaus willens, selbst die notwendigen Entscheidungen zu treffen. Die in erster Linie geforderte Orientierung ist zwei Tage hindurch von Hentsch nicht erfolgt. – Hentsch hat die Lage der 1. Armee in seiner Besprechung am 8. September abends mit Generaloberst von Bülow im Armee-Hauptquartier Montmort als kaum noch haltbar geschildert. Nach seiner Abfahrt, die erst am nächsten Morgen erfolgte, hat Bülow sich sehr verstimmt über die pessimistischen Auffassungen, die Hentsch geäußert habe, ausgesprochen. – Daß auch in diesen Krisentagen, wie schon früher, beide Armeeführungen nicht im dauernden gegenseitigen Nachrichtenaustausch standen, gehört zu den folgenschwersten Unterlassungen. – Hentsch hat seine negative Beurteilung der Lage ohne eigene Einsichtnahme vertreten. Die von ihm geforderte Orientierung konnte er nur beim Armeeoberkommando 1 erhalten. Als er erst am nächsten Morgen weiterfuhr und nach großem Umweg über Reims das Hauptquartier der 1. Armee in Mareuil am 9. September, 12 Uhr mittags, erreichte, 26 Stunden nach Abfahrt aus Luxemburg, erfuhr er dort von General von Kuhl sofort alles Nähere über die im Gang befindlichen Angriffe der 1. Armee. Die Wirklichkeit strafte seine vorgefaßte Meinung Lügen. Hentsch war «baff», wie Augenzeugen berichten. Aber anstatt darauf zu dringen, daß dem AOK 2 und der OHL sogleich von diesen aussichtsreichen Operationen berichtet werde, machte Hentsch drei Punkte geltend: die 2. Armee sei nur noch «Schlacke», sie werde zurückgehen, er selbst habe von der OHL Vollmacht, den Rückzug zu befehlen.– Dazu ist festzustellen: Hentsch hatte beim AOK 2 erfahren, daß für den 9. September ein Angriff des linken

Flügels (Gardekorps) vorgesehen sei. Auch daß die 2. Armee bisher völlig intakt war. – Die Angabe über das Zurückgehen der 2. Armee beruht auf einem Vorschlag, den Hentsch dem Generaloberst von Bülow dringend nahegelegt hatte, falls größere Feindverbände zu weiterem Angriffe die Marne überschreiten würden. In Wirklichkeit lag folgendes vor: Am 9. September, 11 Uhr vormittags, hatte das AOK 2 fernmündlich die Nachricht erhalten, das AOK 1 habe keine Befehlsverbindung mehr zu seinen Armeekorps an der Front. *Erst daraufhin* entschloß sich Generaloberst von Bülow, den Rückzug seiner 2. Armee für 2 Uhr 30 nachmittags anzuordnen. – Jene Nachricht beruhte jedoch auf einem völligen Verkennen der Lage! Die 1. Armee befand sich zu jener Stunde unmittelbar vor und bereits in entscheidenden Angriffen. Von Bedeutung ist insbesondere, daß der Stabschef von Kuhl später erklärt hat, das Oberkommando 1 hätte niemals angesichts der aussichtsreichen Kampflage einen Rückzugsbefehl der OHL befolgt. Die von Hentsch behauptete Vollmacht sei daher nicht für das AOK 1 maßgebend gewesen. Hingegen würde bei einem Rückzug der 2. Armee auch ein Sieg der 1. Armee über Maunoury diese vom deutschen Heeresflügel getrennt haben und ihrer sicheren Vernichtung entgegenführen. Das allein habe den Rückzugsentschluß des Armeeführers veranlaßt. – Es ist hierzu zu bemerken, daß noch zu dieser Stunde, wie auch General Wetzell schon vor langer Zeit hervorgehoben hat, eine Verständigung mit dem AOK 2 möglich gewesen wäre, durch Fernsprecher, Funkspruch oder Auto, etwa mit den Worten: 1. Armee führt umfassenden Angriff gegen Pariser Armee durch. Wie Lage dort? – Das geschah nicht.

So hat der Abgesandte der OHL bei beiden Oberkommandos Vorstellungen hervorgerufen, durch welche jeweils die Lage der Nachbararmee als unhaltbar angesehen wurde. Vorgefaßte Auffassung ohne Prüfung der Wirklichkeiten der Kampflagen hat sich verhängnisvoll in diesen Tagen ausgewirkt.

In derselben Stunde, in der Hentsch den Rückzug der 1. Armee im Namen der OHL befahl, stand am linken Flügel der 2. Armee das Gardekorps zusammen mit dem rechten Flügel der 3. Armee unmittelbar vor dem Durchbruch durch die Mitte der französischen 9. Armee des Generals Foch. Dies ist neuerdings durch den General Goutard in seinem bereits erwähnten Buch "La Marne, victoire inexploitée" (Der unausgenutzte Sieg) in allen Einzelheiten bestätigt worden. Der Durchbruch am Mont Aout und östlich Sézanne war nicht mehr aufzuhalten. Die dringend erwartete, vom linken

Flügel der Armee Foch an die Einbruchsstelle heranzuführende Division war nicht mehr eingetroffen. Die deutschen Truppen sahen Infanterie- und Artillerieverbände von den Hängen des Mont Aout zurückfluten. Man steht hier vor dem auch von französischer Seite zugegebenen Phänomen zweier Siegesmöglichkeiten, deren Auswirkung von größter strategischer Folge sein mußte. Denn auch die französische Festungsfront in Lothringen war nunmehr einem Angriff aus verwandter Front vom Westen her ausgesetzt. Die große Lücke zwischen Toul und Epinal, bisher vom Gegner wirksam verteidigt, konnte zu einem weitgeöffneten Tor für das Vorgehen der deutschen Verbände in Lothringen werden.

Im Rückblick auf den Bewegungskrieg 1914 tritt ein bemerkenswerter Zusammenhang der Operationen hervor. Der durch die Generaloffensive des Gegners scheinbar sogleich zur Undurchführbarkeit verurteilte deutsche Heeresbefehl vom 4. September schien jetzt nahe daran zu sein, verwirklicht zu werden. Durch die Schlachterfolge des 9. September zeichnete sich deutlich ein völliger Umschwung des Feldzuges ab. Die strategische Planung, welche dem Heeresbefehl vom 4. September zugrunde lag, war durch große Krisen hindurch ausführbar geworden. Von den dort angeordneten zwei Heeresgruppierungen stand die eine bereits mitten in siegessicheren Offensiven: Die westliche Kernstellung des Gegners, Paris, stand

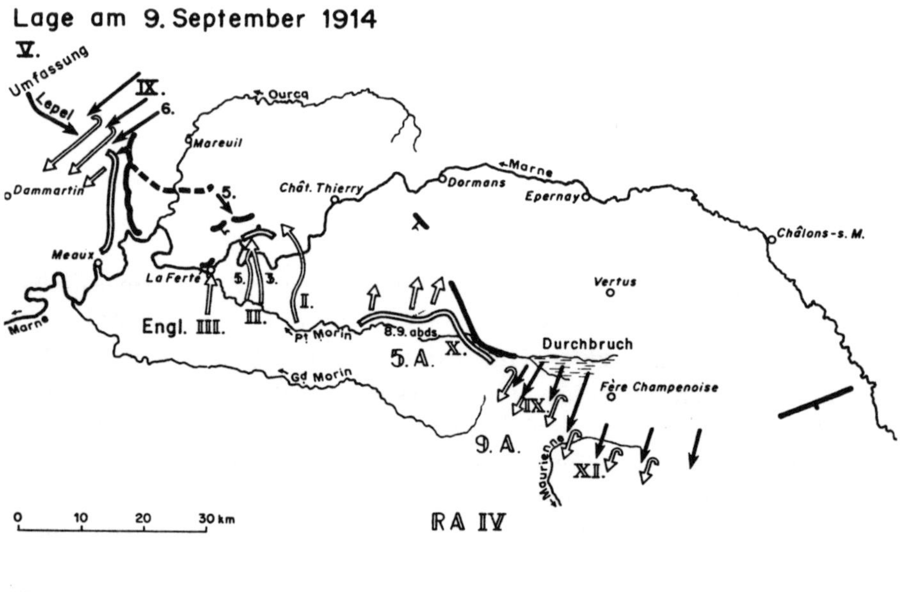

vor dem Zusammenbruch. Zugleich stand der bisherige Rückhalt des französischen Heeres, die Festungsfront Verdun-Belfort, in absehbarer Zeit vor dem Fall. Zwischen beiden Kampffeldern war das bisherige Rückgrat des Gegners, die strategisch ausschlaggebende Verbindung, dem Zugriff einer Armee der Mitte ausgesetzt. Es genügt, an den Namen «Troyes» als Zielanweisung im Heeresbefehl vom 4. September zu erinnern. So können Beginn und Abschluß der ersten Feldzugsperiode des Bewegungskrieges von 1914 im Westen als eine in sich geschlossene strategische Planung gesehen werden. Das ist keine Utopie. Was als *Zielsetzung* dem Moltkeplan zugrunde lag, stand am 9. September unmittelbar vor der Verwirklichung.

Im November 1914 hat der jüngere Moltke, wenige Tage nach der Enthebung von seinem Posten als Generalstabschef, eine prägnant formulierte Aussage gemacht: «Zwei Stunden warten, und der Sieg war unser. Die Franzosen hatten den Rückzugsbefehl im Tornister.»

Das Verhalten des Oberstleutnant Hentsch ist mit diesen Worten ohne Nennung seines Namens gekennzeichnet.

Die Frage stellt sich mit Recht, wie es dazu kam, daß der Heereschef nicht im entscheidenden Zeitpunkt höchstselbst eingegriffen hat. – Der Führer *muss* führen! Und Moltke *wollte* führen! Es war ein gewiß ausschlaggebender Fehler, daß er sich nicht Anfang September mit einer Operationsabteilung in Frontnähe begeben hat. Es wäre dann sicherlich nicht zu dem Südost-Abmarsch der Flügelarmee an Paris vorbei gekommen. Ein Vorstoß des Feindes in die tiefe Flanke des deutschen Heeres hätte nie auch nur erwogen werden können. Eine Generaloffensive der Feindmächte von dort her wäre völlig undenkbar gewesen.

Was liegt da vor?

Auf eine nach dem Kriege die Ehre des Generalobersten antastende Behauptung hin hat im März 1921 der General von Dommes, der ja 1914 Abteilungschef in der Obersten Heeresleitung war, eine Erklärung folgenden Wortlautes abgegeben:

«(...) Daß die Verlegung der OHL nach dem rechten Heeresflügel zu Anfang September dringend erwünscht gewesen wäre, hat niemand klarer erkannt als der Generaloberst von Moltke. Er hatte als Großes Hauptquartier Rethel in Aussicht genommen. Der Grund dafür, daß die Verlegung unterblieben ist, liegt nicht in geheimnisvollen Dingen, sondern darin, daß Se. Exzellenz es für unrichtig fand, den Generalstab von der Person Sr. Majestät zu trennen, die Verlegung des ganzen Großen Hauptquartiers aber an verschiedenen Stellen – nicht bei Sr. Majestät – großen Schwierigkeiten begegnete (...)»

Das seit Ausbruch des Krieges vorliegende Problem Oberster Kriegsherr – Heereschef wird mit diesen Sätzen berührt. Auch sei erwähnt, daß im Dezember 1938 Generalleutnant Tappen, 1914 Chef der Operationsabteilung, mir persönlich mitteilte, daß damals der General von Lyncker, Chef des Militärkabinetts, gegen die Verlegung des Großen Hauptquartiers war.

Die hier notwendigerweise fragmentarischen Ausführungen mögen mit Worten geschlossen werden, welche Oberstleutnant von Dommes am 21. Juli 1915 persönlich an den Generalobersten von Moltke geschrieben hat:

«Für den Rückschlag an der Marne ist der Obersten Heeresleitung kaum eine andere Schuld beizumessen als die, daß sie den Oberkommandos zu sehr vertraute.»

Literatur

"Der Weltkrieg 1914–1918. Bearbeitet im Reichsarchiv".
Berlin: Mittler, Bd. III und IV, 1926.

Hermann Ritter Mertz von Quirnheim: "Der Führerwille in Entstehung und Durchführung"; erläutert an den Vorgängen beim gemeinsamen Oberbefehl in den Reichslanden, August bis September 1914.
Oldenburg: Stalling 1932.

Generaloberst v. Kluck: "Wanderjahre – Kriege – Gestalten".
Berlin: Eisenschmidt 1929.

Hermann von Kuhl: "Der Marnefeldzug 1914".
Berlin: Mittler 1921.

Kronprinz Wilhelm:
"Meine Erinnerungen an Deutschlands Heldenkampf".
Berlin: Mittler 1923.

Jehuda L. Wallach: "Das Dogma der Vernichtungsschlacht. Die Lehren von Clausewitz und Schlieffen und ihre Wirkungen in zwei Weltkriegen."
Hrsg. beim Arbeitskreis für Wehrforschung.
Frankfurt/M.: Bernard & Graefe 1967. Verlag für Wehrwesen.

A. Goutard: "La Marne, victoire inexploitée. (Août–Sept. 1914)".
Paris: Laffont 1953.

Wilhelm Breucker: "Die Tragik Ludendorffs. Eine kritische Studie."
Stollham: Rauschenbach 1953.

General Lenski: "Lern- und Lehrjahre in Front und Generalstab".
Berlin: Bernard & Graefe 1939.

Generaloberst Helmuth v. Moltke:
"Erinnerungen – Briefe – Dokumente 1877–1916."
Hrsg. u. mit einem Vorwort versehen von Eliza v. Moltke.
Stuttgart: Verlag der Kommende Tag 1922, 3. Aufl. in vorliegendem Band.

EIN DOKUMENT AUS DEM NACHLASS DES JÜNGEREN MOLTKE

Vorbemerkungen von Jürgen von Grone

Die Stellungnahme des Generaloberst von Moltke aus dem Jahre 1915 hat seine Gattin Eliza von Moltke in handschriftlicher Abschrift vom Jahre 1922 ohne Unterschrift Moltkes einige Zeit vor ihrem Tode (1932) dem Unterzeichneten persönlich übergeben.

Moltke hatte die Absicht, diese Aufzeichnungen zur Kriegslage mit den zugehörigen strategischen Begründungen zu gegebener Zeit vorzubringen. Dazu kam es nach dem Tode Moltkes im Juni 1916 nicht mehr. Frau von Moltke hat im Jahre 1922 die Herausgabe des Buches "Generaloberst Helmuth von Moltke, Erinnerungen, Briefe, Dokumente 1877–1916" vorbereitet. In ihrem Vorwort hat sie im Sinne dieser Aufzeichnungen darauf hingewiesen, daß Moltke vergeblich an maßgebender Stelle die Inangriffnahme einer solchen Kriegführung vorgeschlagen habe: militärische Entscheidung im Osten.

Der Konflikt zwischen der zweiten Obersten Heeresleitung und der Führung Oberost ist bekannt. Weniger bekannt ist, daß sich die Generale Hindenburg und Ludendorff im Januar 1915 an höchster Stelle für die Wiedereinsetzung Moltkes als Chef des Generalstabes eingesetzt haben.

Jedenfalls geht aus den hier veröffentlichten Aufzeichnungen hervor, in welch hohem Grade sich der jüngere Moltke die weitsichtigen Auffassungen des Feldmarschalls nach dem siebziger Kriege für den Fall eines Zweifrontenkrieges zu eigen gemacht hatte: Nach zu erreichender militärischer Unbesiegbarkeit Deutschlands durch politische Verhandlungen einen «Behauptungsfrieden» herbeizuführen.

Jürgen von Grone

Siegesmöglichkeiten

Es ist eine heute weit verbreitete Auffassung, daß wir mit dem Rückzug von der Marne 1914 den Krieg endgültig verloren hätten.

Hierzu ist zunächst festzustellen, was man unter «gewinnen» des Krieges versteht. Wir waren angegriffen. Jeder wußte damals, daß die Großmächte der Welt unter Englands Führung das gewaltige Geschäftsunternehmen des Weltkrieges begonnen hatten, um die täglich anwachsende wirtschaftliche Macht des Deutschen Reiches zu zerschlagen. Mithin hatten wir gewonnen, sobald wir unter Behauptung unseres Besitzes Frieden schließen konnten. Eine restlose Vernichtung aller Streitkräfte der Franzosen, Engländer und Russen, eine Besetzung ihres gesamten Ländergebiets, erschien von vornherein ausgeschlossen. Immerhin war es möglich, soviel von ihnen vernichtend zu schlagen, daß vielleicht ein Separatfrieden mit einem der Gegner in Frage kam oder unsere Vertreibung aus den besetzten Teilen des feindlichen Gebiets nicht mehr möglich wurde.

Dieses Ziel, also einen Behauptungsfrieden und damit eben doch einen siegreichen Kriegsabschluß zu erreichen, dazu hat sich meiner Überzeugung nach auch nach dem Rückzug von der Marne mehrfach Gelegenheit geboten.

I

Die größte Gefahr für das deutsche Heer barg zunächst der Stellungskrieg in sich.

Bereits der russisch-japanische Krieg hatte uns hierin aufmerken lassen. – Das Festlaufen der Armeen des linken Flügels im August 1914 wies erneut warnend darauf hin. Der Vormarsch hatte uns andererseits schlagend bewiesen, wie weit unser Heer im Bewegungskrieg den feindlichen Armeen überlegen war. Das Heer in Bewegung zu halten, mußte daher jetzt die vornehmste Aufgabe der obersten Heeresleitung sein. Auf Festhalten von Länderbesitz durfte es zunächst nicht ankommen, so erwünscht er als Faustpfand für den Frieden für später auch war. – Aber jetzt war dazu noch nicht die Zeit, denn noch kein Teil der feindlichen Heere war außer dem bei Tannenberg vernichtend geschlagen. – Die Zurücknahme der Armeen der Mitte, nachdem der rechte Flügel ausgewichen war, kann daher dem General von Moltke nicht ohne weiteres als Fehler angerechnet werden, auch wenn sie oder gerade weil sie vom Feinde nicht erzwungen wurde. Der Rückmarsch brachte uns näher an die Endpunkte der bisher erst teilweise wiederhergestellten belgischen Eisenbahnen. Er ermöglichte die schnellere Nachführung von Ersatz und vor allem von Munition, an der bereits ein empfindlicher Mangel sich bemerkbar machte. Außerdem wurde die jetzt im großen Stil einsetzende Verschiebung von starken Kräften vom linken auf den rechten Heeresflügel bzw. deren Ausladung in größere Nähe dieses Flügels erleichtert. Da die Bahnen damals erst bis in Höhe von Namur wiederhergestellt waren, ist es daher sehr wahrscheinlich, daß uns eine weitere Zurücknahme, besonders auch des rechten Flügels, bis nach Belgien die schnellere Bildung oder wirksamere Verwendung einer neuen

Operationsarmee auf dem rechten Flügel ermöglicht hätte. So aber bewirkten selbst Gewaltmärsche hinter der langen jetzt gehaltenen Linie entlang oder von den entlegenen Eisenbahnendpunkten aus doch nur ein mühsames Verlängern des rechten Flügels, da der Gegner dank seines intakten Eisenbahnnetzes uns stets mindestens in der Zeit gewachsen, wenn nicht voraus war.

II

So kam es infolge der weiten rückwärtigen Verbindungen nicht mehr rechtzeitig zur Bildung einer Operationsarmee. Als dann nach 6 Wochen die aus der herrlichen freiwilligen deutschen Jugend schnell aufgestellten Armeekorps – der Ersatz für jene im Jahre 1913 vom Chef des Generalstabes vergeblich verlangten, aber vom Kriegsministerium nicht angeforderten drei Armeekorps – in dem letzten noch freigebliebenen schmalen Streifen an der flandrischen Küste eingesetzt wurden, da war es zu spät. – Zu weit in der Ausnutzung der Bahnen voraus, war es dem Gegner gelungen, genügend Truppen und Material in die Nähe zu bringen, um dem verzweifelten Ansturm der jungen Helden nach kurzen Erfolgen ein Ende machen zu können. Nun lag die Westfront fest. – Dies zu erkennen, war in den letzten Oktobertagen 1914 nicht schwer. – Damals teilten sich die an den Operationen näher beteiligten Angehörigen der Obersten Heeresleitung in zwei Lager. In grimmer Erbitterung wollten die einen es nicht wahrhaben, daß der Siegeszug im Westen jetzt endgültig zu Ende sei und immer aufs neue folgte Versuch auf Versuch, um doch noch den Durchbruch auf dem rechten Flügel zu erzwingen. Gestützt wurde diese Auffassung durch die optimistischen Meldungen der 4. Armee, die einen Erfolg in sichere Aussicht stellte und Brigade auf Brigade, Division auf Division in den Hexenkessel von Ypern warf. Ypern wurde schließlich ein Begriff, der, in grimmer Wut ertrotzt, ganz zu Unrecht die Ehre des deutschen Heeres auf sich vereinigte und dem völlig nutzlos Hunderttausende geopfert wurden.

Nach dem Osten wandten sich die Blicke der andern. Hier hatte nach den gewaltigen Erfolgen und der Säuberung Ostpreußens der Oberbefehlshaber Ost versucht, durch einen Vormarsch aus Schlesien Österreich-Ungarn zu retten und Warschau zu nehmen. Das letztere war ihm nicht gelungen, vielmehr hatte er, zum Teil infolge Versagens der Österreicher, wieder bis nach Schlesien zurückgehen müssen. – Die Russen folgten langsam in breiter Front. Da faßte das Oberkommando den genialen Entschluß, alle irgendwie verfügbaren Kräfte bei Thorn-Gnesen zu versammeln und südlich der Weichsel den rechten russischen Flügel einzustoßen und aufzurollen. – In den ersten Novembertagen liefen die Transporte von Schlesien und Ostpreußen in den neuen Aufmarschraum. Aber trotz des kühnsten Entblößens der anderen Fronten war es doch nicht möglich, mehr als 5 Armeekorps zusammenzubekommen, und es war klar, daß diese Kräfte zu einem Vernichtungssiege nicht ausreichen würden, wenn, wie zu erwarten, mehrere russische Armeen in die Kämpfe verwickelt wurden. – Da wandte sich der Oberbefehlshaber Ost an die Oberste Heeresleitung und bat um Verstärkung, um einige Korps nur, die aber zu einem großen Sieg unbedingt erforderlich waren. Und nun legte das Schicksal zum zweitenmal oder in dieser Größe vielleicht zum erstenmal die Möglichkeit eines gewaltigen Sieges in die Hände der Deutschen. Das ganze russische Heer stand fast ohne Reserven, in einer langen Linie, Korps neben Korps entlang der deutschen Grenzen und dann weit nach Galizien hinein. – Die Nachrichten darüber waren sehr genau. Der neue deutsche Aufmarsch war den Russen offenbar noch völlig verborgen. Der deutsche Stoß mußte, zumal bei der erprobten Überlegenheit der deutschen Führung und Kampfkraft, gelingen.

Der Chef des Generalstabes, General von Falkenhayn, stand vor einem großen Entschluß, eine ungeheure Verantwortung legte sich auf seine Schultern. Auf der einen Seite der faszinierende Ehrbegriff, der Fluch von Ypern und die Hoffnungen der 4. Armee, auf der anderen die Wahl zwischen einem Teilerfolg oder einem großen, vielleicht dem größten Sieg der Weltgeschichte durch Hindenburg und Ludendorff. – Tag auf Tag verging. Zwei Kavallerie-Divisionen wurden nach dem Osten verladen. Mehr ließ der Vampyr Ypern nicht los. Hier folgte ein vergeblicher Sturm dem anderen. Immer weitere Köpfe der Obersten Heeresleitung wandten sich dem Osten zu. Der Chef des Feldeisenbahnwesens wurde vorstellig und erbot sich, in wenigen Tagen 4 Korps gleichzeitig von dem Westen nach Thorn zu fahren; umsonst. Ypern! – Der Tag der Offensive, der 12. November, rückte näher. Da wurde ein russischer Funkspruch aufgefangen, wonach das russische Heer am 14. November in breiter Front tief nach Deutschland hinein antreten sollte. Auch das noch. Es lief gewissermaßen in die Falle hinein. Noch war es Zeit. Es genügte völlig, wenn die Kräfte aus dem Westen als zweite Staffel in einigen Tagen folgten. Umsonst. Ypern!

So trat dann die tapfere kleine deutsche Schar am 11. und 12. November an und rollte in unvergleichlichem Anlauf den Flügel des russischen Kolosses südlich der Weichsel auf, der seine Augen geradeaus nach Deutschland gerichtet hatte und diesen Stoß zuerst für eine ablenkende Demonstration erklärte. Bald mußte er den Ernst der Lage erkennen. Denn nach wenigen Tagen schon wurden seine 2. und 5. Armee, 9. Armeekorps mit 300'000 Mann, bei Lodz eingeschlossen. Nur mit Aufbietung der eisernsten Energie gelang es jetzt dem Großfürsten Nikolaus Nikolajewitsch, bei Warschau Trümmer früher geschlagener Truppen zu vereinigen und sie im letzten Augenblick zum Entsatz vorzutreiben. Jetzt erst machte sich das Fehlen der erbetenen Kräfte aus dem Westen fühlbar, denn niemand war da, um dem russischen Gegenangriff aus Warschau entgegenzutreten. So kam ein Teil der deutschen Truppen in schwerste Bedrängnis und konnte sich nur durch den berühmt gewordenen tollkühnen nächtlichen Durchbruch bei Brzezing retten. Lodz aber war verloren, die fast schon gefangengenommenen russischen Massen waren befreit, der Teilerfolg war errungen, die Gelegenheit zum großen, vielleicht kriegsentscheidenden Siege versäumt. Denn wäre die Kapitulation von Lodz erfolgt, es hätten sofort starke deutsche Kräfte schräg nach Südosten auf Iwangorod vorstoßen und auch den übrigen russischen Armeen, die noch im Weichselbogen standen, den Rückzug über den Strom verlegen können. – Der beste und größte Teil des russischen Heeres hätte aufgehört zu bestehen.

Die Wirkung auf Rußland, aber auch auf Frankreich und England wäre zweifellos sehr groß gewesen, zumal wenn dadurch gleichzeitig vermieden worden wäre, den westlichen Gegnern durch die vergeblichen Stürme auf Ypern erst den richtigen Beweis des für sie in dem Stellungskrieg liegenden großen Vorteils zu liefern.

F. R.[181] Mai 1922

JENS HEISTERKAMP: HELMUTH VON MOLTKES BILD IN DER GESCHICHTSSCHREIBUNG DES 20. JAHRHUNDERTS

Die Erstveröffentlichung der in diesem Band wieder abgedruckten *Betrachtungen und Erinnerungen* Helmuth von Moltkes (S. 391ff.) fiel in eine Zeit, da in Deutschland die unbewältigte Kriegsniederlage und die harten Friedensbedingungen ein Klima heftigster Agitation und nationalistischer Erregung geschaffen hatten. Besonders vergiftend wirkte der Mythos vom «Dolchstoß», vom angeblichen Verrat am deutschen Heer, das in Wahrheit unbesiegt geblieben und von den Politikern betrogen worden sei. Auf der Suche nach Schuldigen für die Niederlage fiel die Aufmerksamkeit auch auf Moltke und die von ihm geführte Marneschlacht. Schon bald nach dem Ende des Weltkriegs erschienen eine ganze Fülle von Publikationen[182], die sich mit dem Verlust dieser Schicksalsschlacht auseinandersetzten und nicht selten zu dem Resultat kamen, Moltke habe die Niederlage persönlich zu verantworten. Im Frühjahr 1921 wurde in der gegnerischen Schrift von General von Gleich *Rudolf Steiner als Prophet* das Verhältnis des Geisteswissenschaftlers zu Helmuth von Moltke verunglimpft. Diesen Verleumdungen traten damals Jürgen von Grone und sogar der eigene Sohn des Gegner-Autors, der anthroposophische Kulturforscher Sigismund von Gleich, energisch entgegen. Die Veröffentlichung der *Erinnerungen, Briefe und Dokumente* Moltkes durch seine Gattin war in unmittelbarem Zusammenhang mit diesen Vorgängen der Versuch, der Öffentlichkeit eine klare Urteilsgrundlage über den ehemaligen Generalstabschef zu bieten.

Einige Zeit später hat der im Weltkriege zum Volkshelden avancierte Ludendorff, einst ein von Moltke geförderter Mitarbeiter, seinen ehemaligen Generalstabschef in höchst dreister Weise diffamiert. Ludendorff war bereits während des Krieges immer mehr zu einer zwiespältigen Gestalt geworden, die das Kriegsende sinnlos hinauszögerte und in Deutschland diktatorisch herrschte. Als gegnerische Kraft der europäischen Mitte war er insbesondere durch seine Beihilfe zur Inthronisierung Lenins in Rußland und seine rein taktisch gemeinte Anweisung eines Waffenstillstands unter Vermittlung des amerikanischen Präsidenten Wilsons wirksam. –

In Ludendorffs Kriegsrückschau aus dem Jahre 1922[183] findet sich Moltke gegenüber noch kein Wort der Anklage, jedoch bereits ein handfester Antisemitismus, die Neigung zu roher Germanen-Ideologie und zur Verherrlichung des Daseins-Kampfes. Erst unter dem Einfluß seiner späteren Gattin Mathilde von Kemnitz, die mit rassistischen und explizit antichristlichen Schriften hervortrat, bildete sich bei Ludendorff das Wahnbild einer «okkulten Steuerung» Moltkes durch Rudolf Steiner, die im Rahmen einer großangelegten «Freimaurerverschwörung» gegen Deutschland stattgefunden habe.

1934 machte Ludendorff diese Zwangsvorstellung zum Gegenstand der Veröffentlichung *Das Marne-Drama. Der Fall Moltke – Hentsch*[184].

Überhaupt war die nationalsozialistische Okkupation in Deutschland nach 1933 geradezu ein Fanal für die verstärkte Wiederaufnahme von Angriffen gegen Moltke, von denen die radikalsten wiederum die Beziehung Moltkes zu Rudolf Steiner verunglimpften. Im Januar 1933 erschien ein sehr übler Schmähartikel in den *Leipziger Neuesten Nachrichten*[185], dem ebenso wie dem damals erstaufgeführten Politdrama *Die Marneschlacht* von Cremers durch Marie Steiner in der Wochenschrift *Das Goetheanum* widersprochen wurde.[186] 1934 äußerte sich ein H. Graf v. Moltke abschätzig in *Die deutsche Tragödie an der Marne*[187].

Es ist das Verdienst Jürgen von Grones, diesen Verleumdungen frühzeitig entgegengetreten zu sein und insbesondere die Rolle Moltkes in der Marneschlacht richtig gestellt zu haben. In einer Artikelserie des *Stuttgarter Neuen Tageblattes* rekonstruierte er 1933 den Verlauf der Schlacht und kam zu einer vollen Rehabilitierung Moltkes.[188] Als ein Anthroposoph der ersten Stunde (er begegnete Rudolf Steiner 1906) und als aktiver Offizier der Fliegeraufklärung, der im 1. Weltkrieg die seltene Auszeichnung *Pour le Mérite* erhalten hatte, war Grone wie dazu prädestiniert, für die Individualität Moltkes einzutreten. So lag auch die Sorge um Moltkes Nachlaß seit dem Tode der ältesten Tochter Moltkes, Astrid von Bethusy, im Jahre 1961 in Grones Händen.

Ganz anders als durch die militärhistorischen Studien Grones war bereits Ende der 20er Jahre durch Albert Steffen der Versuch gemacht worden, die Individualität Moltkes zu schützen und ihn in den geistigen Umkreis der anthroposophischen Bewegung einzubeziehen. Mit seinem Drama *Der Chef des Generalstabs* hat Steffen Moltke ein künstlerisches Denkmal gesetzt. In behutsamer Weise gestaltete er darin auch Motive jenes «ungeschriebenen Mysteriendramas» (Johannes Tautz[189]), das sich in der Beziehung zwischen dem Generalstabschef und Rudolf Steiner über das irdische Wirken Moltkes hinaus entwickelte.

Trotz der verschiedenen Bemühungen um Richtigstellung haben sich die über Moltke verbreiteten Unwahrheiten hartnäckig in der Geschichtsschreibung erhalten. Ein krasses Beispiel dafür bietet das als historisches

Standardwerk geltende *Biographische Wörterbuch zur Deutschen Geschichte*, in welchem unter dem Stichwort «Helmuth von Moltke» zu lesen ist:

> *«Gesundheitlich gehemmt, anthroposophischen Gedanken zuneigend und ohne letzten Glauben an den Sieg, vermochte er nach Beginn des 1. Weltkrieges in der Marneschlacht nicht die Einheitlichkeit der Führung zu wahren und brach die Schlacht ab, bevor sie entschieden war. Daraufhin wurde am 14. September 1914 die Führung der Operationen dem Kriegsminister von Falkenhayn übertragen ...»* [190]

Neben der Unwahrheit über Moltkes Gesundheitszustand vor der Marneschlacht fällt auf, daß selbst das angesehene wissenschaftliche Werk nicht davor zurückscheut, einen suggestiven Zusammenhang zwischen der Beziehung Moltkes zur Anthroposophie und dem Verlust der Marneschlacht herzustellen.

Ganz offensichtlich setzen sich in der deutschen Militärgeschichte die persönlichen Rivalitäten aus Moltkes Zeit im Generalstab fort. Besonders federführend hat hier neben von Kuhl[191] Wilhelm Groener gewirkt, der unter Moltke Chef der Aufmarschabteilung gewesen ist. Schon 1930 hatte er in seinem Buch *Der Feldherr wider Willen* den Verlust der Marneschlacht aus der angeblich labilen Persönlichkeit Moltkes deduziert. In ähnlicher Weise geht Walter Görlitz in seinem Standardwerk über den deutschen Generalstab vor.[192] In dem Moltke gewidmeten Kapitel spricht schon die Überschrift «Der Krieg ohne Feldherrn» das Urteil[193]. Es folgt die übliche Verzeichnung Moltkes als einer angeblich skeptisch-grüblerischen und brüchigen Persönlichkeit.

Dieses Bild hat auch in die verschiedenen Publikationen der Fischer-Schule, die im Rahmen ihrer Alleinschulddarstellungen Moltke mit Vorliebe als Kriegstreiber hinstellen, Einzug gehalten.[194]

Wenn sich auch in anderen Grundwerken zum 1. Weltkrieg sachlichere Darstellungen Moltkes finden[195], so ist es doch in erster Linie dem israelischen Historiker Yehudah L. Wallach zu verdanken, daß diese Vorwürfe nach allen Regeln der Militärhistorie zurückgewiesen und durch ein objektives Bild der Persönlichkeit Moltkes ersetzt worden sind. Es ist allerdings bemerkenswert, daß gerade ein israelischer Historiker eines der verständigsten und sicher tiefsinnigsten Bücher über militärisches Denken in Deutschland geschrieben hat.[196] Insbesondere hat Wallach mit bewunderungswürdiger Detailgenauigkeit die immer wieder von seinen Gegnern geäußerte Ansicht zurückgewiesen, Moltke habe den Schlieffenplan durch

Veränderungen «verwässert». Im Gegenteil gelangt Wallach zu der hochinteressanten Einschätzung, *«als habe der bereits verstorbene Schlieffen eine viel größere Verantwortung für das Mißlingen zu tragen als der noch lebende Moltke»*. Wallach kann ebenfalls plausibel machen, daß bei den «Hauptanklägern» Moltkes, Kuhl und Groener, jeweils starke persönliche Motive mitspielen, durch die Beschuldigung Moltkes von eigenen Mängeln abzulenken.[197]

Eine der objektivsten Darstellungen Moltkes in der deutschen Historiographie jüngeren Datums findet sich in Sebastian Haffners Buch *Das Wunder an der Marne*[198]. Als Besonderheit dieser Darstellung fällt auf, daß die entscheidenden Ereignisse sowohl des Kriegsausbruchs als auch der Marneschlacht – ähnlich wie bei Steffen – in dramatisch rekonstruierten Szenen hingestellt werden. Dabei kommt über weite Stellen, durch Berücksichtigung der *Erinnerungen, Briefe und Dokumente* (1922), auch Moltke selbst zu Wort.

Während Haffner mit dem Klischeebild des «nervlich zerrütteten» Generals bricht, wird dieses in einer anderen, ebenfalls szenischen Rekonstruktion aus jüngster Zeit leider einmal mehr aufgetischt. Rolf Hochhuth läßt in seinem 1989 erschienenen Stück *Sommer 1914*[199] neben vielen anderen Beteiligten auch Moltke auftreten, benutzt auch Teile von Moltkes Aufzeichnungen, die aber wegen der pauschalen Voreingenommenheit Hochhuths gegenüber allem Militärischen nicht differenziert zur Geltung kommen können.

Vor dem Hintergrund der hier nur kurz skizzierten Geschichte der Auseinandersetzungen um Moltke erscheint dessen Leben wie ein offenbares Geheimnis, das unter einem Gespinst von Vorurteilen neu entdeckt werden will. Moltkes tragische Rolle bei einer der Schicksalsschlachten europäischer Geschichte sowie sein vom Klischee des deutschen Generals abweichendes Persönlichkeitsbild bieten seinen Kritikern reichliche Angriffspunkte. Besonders seine Sehnsucht nach tieferer Erkenntnis und seine persönliche Beziehung zu Rudolf Steiner führten bei philiströsen «Fachleuten» zu Urteilen, wie sie typisch sind, sobald es über den Rahmen der gewohnten Vorstellungen hinaus zu urteilen gilt. Daß ein deutscher General mit dem Geistesforscher Rudolf Steiner in nächste Beziehung tritt, übersteigt aber nicht nur das Verständnisvermögen der konventionellen Historie. Offenbar wissen sich auch manche Anthroposophen die augenfällige Hochschätzung Steiners gegenüber Moltke nicht anders zu erklären denn als menschlich-allzumenschliche «Schwachstelle» des Eingeweihten.

Der deutschen Geschichtsschreibung steht, ebenso wie der anthroposophischen Bewegung, die Entdeckung des Schicksals Helmuth von Moltkes im wesentlichen noch bevor.

IX.

ANHANG

ANMERKUNGEN UND HINWEISE

Kursiv gedruckte Anmerkungen stammen von Eliza von Moltke; sie figurierten in der Auflage von 1922 als Fußnoten und bezeichnen des öfteren den jeweiligen Dienstgrad, den Helmuth von Moltke zu einem gegebenen Zeitpunkt innehatte. (Infolgedessen wurden Werktitel nicht kursiv ausgezeichnet.)

1 *Sekondeleutnant im 1. Garderegiment zu Fuß, kommandiert zur Kriegsakademie.*

2 Am 1. September 1870 wurde Sedan umzingelt und Kaiser Napoleon III. gefangengenommen, der am 2. September kapitulierte.

3 *Premierleutnant.*

4 Dieser Brief enthält nach einer Äußerung R. Steiners den ersten «Keim der anthroposophischen Gedanken». Siehe dazu Bd. 2, S. 203.

5 Am 13. Juni 1878 wurde durch Bismarck der «Berliner Kongreß» eröffnet, der u.a. Österreich zu der in ihren Folgen so fatalen Okkupation von Bosnien und Herzegowina beauftragte.

6 Benjamin Disraeli (1804–1881), Parteiführer der britischen Konservativen, Premierminister.

7 Am 11. Mai unternahm der Klempnergeselle Max Hödel in Berlin ein erfolgloses Attentat auf Wilhelm I. (1797–1888).

8 Am 2. Juni unternahm der sozialistischen Kreisen nahestehende Landwirt Karl Eduard Nobiling ein erneutes Attentat, durch welches Wilhelm I. schwer verletzt wurde. Die beiden Attentate veranlaßten Bismarck zu seinem «Sozialistengesetz», das u.a. die sozialistische Parteipresse verbot.

9 Einundachzig Jahre vor 1878 kam es durch den Frieden von Campo Formio (Oktober) und den Rastatter Kongreß (Dezember) zu einer Neuordnung der territorialen Verhältnisse in Österreich und Deutschland. Der Rastatter Kongreß bestimmte die Abtretung des linken Rheinufers an das napoleonische Frankreich und bewirkte die Bildung einer zweiten anti-napoleonischen Koalition Österreichs und Süddeutschlands. Das Jahr 1797 war zugleich das Geburtsjahr Wilhelm I., der 1871 erster Kaiser des neuen Reiches wurde.

10 Otto Fürst Bismarck (1815–1898) war seit 1871 Kanzler des Reiches; er wurde 1890 von Wilhelm II. (1859–1941) entlassen. Siehe auch Moltkes Bericht vom 26. Januar 1894 über Bismarcks Versöhnung mit dem Kaiser.

11 *Helmuth von Moltke wurde zur topographischen Kgl. Landesaufnahme nach Wildberg kommandiert.*

12 Heinrich von Treitschke (1834–1896) verfaßte als sein Hauptwerk eine fünfbändige «Deutsche Geschichte im 19. Jahrhundert», Leipzig 1879ff.

13 Friedrich, der spätere Friedrich III., der im Todesjahr seines Vaters, 1888, selbst für kurze Kaiser wurde, bevor er im Juni desselben Jahres verstarb.

14 Viktoria, Gemahlin Friedrichs III.

15 Prinz Wilhelm bestieg nach dem Tod seines Vaters Friedrich III. am 15. Juni 1888 in diesem «Dreikaiserjahr» als Wilhelm II. den Thron.

16 *Persönlicher Adjutant des Generalfeldmarschalls Graf Helmuth von Moltke und Hauptmann im Großen Generalstab.*

17 Vgl. den Brief vom 10. Juli 1881.

18 Ouidas = Pseudonym für Luisa de la Ramée, engl. Romanschriftstellerin. Ihr Werk Moths war 1880 erschienen.

19 *Kommandiert zur Dienstleistung beim 2. Garde-Rgt. z. Fuß.*

20 Am 16. Juni 1888 fanden die Trauerfeierlichkeiten nach dem tags zuvor erfolgten frühen Tod Kaiser Friedrichs statt.

21 Wilhelm I. war am 9. März 1888 verschieden.

22 *Major im Generalstab.*

23 *Diensttuender Flügeladjutant S.M. des Kaisers.*

24 Nach Bismarcks Entlassung im März 1890 war dies die erste offizielle Annäherung Wilhelm II. an den fürstlichen Reichsgründer.

25 Cuno von Moltke (1847–1923): Vetter des jüngeren Moltke.

26 Prinz Heinrich: Bruder des Kaisers.

27 Herbert Graf Bismarck (1849–1904): Bismarcks Sohn.

28 Wilhelm Graf Bismarck: jüngerer Sohn Bismarcks.

29 Am 15. November 1894 war Eliza von Moltkes Vater Wladimir von Moltke-Huitfeldt in Quesarum (Schweden) verstorben. Er war am 4. September 1834 in Rom geboren worden.

30 Zar Alexander III. (geb. 1845) starb am 1. November 1894.

31 Nach dem Tode Alexander III. im November 1894 bestieg dessen Sohn Nikolaus (II.), der 1868 geboren wurde und 1918 von den Bolschewisten ermordet wurde, als letzter Romanow den Zarenthron.

32 Dieser Brief, speziell die darin geschilderte real-symbolische «Handschuh-Szene», spielt in den Briefen in Band 2 verschiedentlich eine wichtige Rolle. Siehe daselbst S 123ff.
Das Bild von Prof. Knackfuß ist im Bildteil abgebildet.

33 Anlaß dieser Reise waren die Krönungsfeierlichkeiten des neuen Zaren.

34 Im Jahre 1812.

35 Der Rückzug von Moskau im Winter 1812 stellte den Wendepunkt in Napoleons Machtentfaltung dar; große Teile des Heeres gingen zugrunde oder lösten sich auf.

36 Oper von Michael Glinka (1804–1857).

37 In Erinnerung an den Zaren Alexander III.

38 Nach einer Phase der Öffnung Chinas nach Westen, in der sich europäische Staaten, darunter auch Deutschland, als Pachtherren im Lande niederließen, setzte mit dem sogenannten Boxeraufstand die nationalistische Reaktion ein.

39 Deutsches Pachtgebiet in der Provinz Shantung.

40 Am 20. Juni war der deutsche Gesandte von Ketterer in Peking erschossen worden.

41 Am 29. Juli war König Umberto (geb. 1844) von einem Anarchisten ermordet worden. Umberto hatte für gute Beziehungen zwischen dem savoyischen Hause und den Hohenzollern gesorgt.

42 Humbert = Umberto. Siehe den Brief vom 2. August 1900.

43 Die hier in Gedanken erwogene Zukunftsbefürchtung wird am 1. August 1914, infolge des selbstherrlichen Eingreifens des Kaisers in minutiös ausgearbeitete militärische Planungen, traurige Realität werden.

44 Am 17. Mai wurde der erst 16jährige Thronfolger Alfons XIII. für mündig und regierungsfähig erklärt.

45 Dieser Brief war an Astrid, die älteste Tochter (geb. 1881) gerichtet. Näheres über Astrid von Moltke, spätere Gräfin Bethusy-Huc, siehe in Bd. 2, S. 353ff.

46 Kronprinz Wilhelm, Sohn Wilhelm II., geb. 1889.

47 Von Maxim Gorki.

48 Am 4. August 1903 wurde Pius X. (Giuseppe Sarto) zum Nachfolger von Leo XIII. gewählt.

49 Auf dem 1. Vatikanischen Konzil zu Rom wurde durch Leo XIII. am 18. Juli 1870 das Dogma der päpstlichen Unfehlbarkeit (bei Ex-cathedra-Äußerungen) verkündet; ein für Moltke aus tiefen

Wesensschichten heraus unakzeptables Unterfangen. Vgl. dazu das Nachwort «Brückenbauer müssen die Menschen werden» in Bd. 2.

50 Alfred Graf Waldersee (1832–1904) war nach dem älteren Moltke Chef des Generalstabs geworden und wurde im Herbst 1900 zur Unterdrückung des Boxeraufstands nach China gesandt. Er starb am 5. März 1904 in Hannover.

51 «Friedrich Nietzsche – ein Kämpfer gegen seine Zeit», Weimar 1895. Es handelt sich hier um die erste Erwähnung Rudolf Steiners in den Briefen Moltkes. Aus dem Brief vom 8. März geht hervor, daß er ihn zu diesem Zeitpunkt bereits einmal gesehen hatte. Die Begegnung war durch Eliza von Moltke herbeigeführt worden und dürfte Ende Februar/Anfang März 1904 in Berlin stattgefunden haben.

52 «Haeckel und seine Gegner», Minden 1900.

53 Siehe dazu die Lebensskizze Moltkes von Jens Heisterkamp, S. 27.

54 Alfred Graf Schlieffen (1833–1913) war ab 1891 Waldersees Nachfolger als Chef des Generalstabs.

55 Eduard von Hartmann (1842–1906),
Verfasser der «Philosophie des Unbewußten» (1872).

56 Thomas Carlyle (1795–1881), engl. Schriftsteller und Historiker. Sein Werk «The French Revolution, a History» war 1897 in deutscher Übersetzung erschienen.

57 Das Buch «Theosophie – Einführung in übersinnliche Welterkenntnis und Menschenbestimmung» war erst Anfang Mai erschienen. Moltke gehörte also zu den ersten Lesern dieses für die spirituelle Weltanschauung Steiners grundlegenden Werkes.

58 Alexei Nikolajewitsch Kuropatkin (1848–1925), von 1898 bis 1908 russischer Kriegsminister.

59 Houston Stewart Chamberlain (1855–1927),
Schwiegersohn Richard Wagners, Verfasser des Buches
«Die Grundlagen des 19. Jahrhunderts», Wien 1898.

60 Annie Besant (1847–1933), führende Persönlichkeit der Theosophischen Gesellschaft. Ihr Buch «Die vier Weltreligionen» erschien im Jahre 1904 auf deutsch.

61 Eliza von Moltke befand sich, wahrscheinlich mit einem oder mehrerer ihrer Kinder, seit einiger Zeit in Rom, wo sie bis zum darauffolgenden Frühjahr bleiben sollte.
Vgl. die Briefe vom 26. Januar, 7. Februar und 4. März 1905.

62 Dieser Brief dokumentiert Moltkes geradliniges Verhalten und seine u. U. schonungslose Offenheit gegenüber dem Kaiser. Die hier wiedergegebene Gesprächs-Szene – sie wirkte *vertrauenfestigend* zwischen Wilhelm und Moltke – bildet den Hintergrund zu jener fatalen Szene am 1. August 1914. Siehe S. 391ff.
63 Am «Schwarzen Sonntag» (20. Januar), an dem die Zarentruppen auf einen Petitionszug zum Zaren das Feuer eröffneten, brach in Rußland die Revolution aus.
64 Zu Beginn des Jahres 1904 brach Japan wegen der Ansprüche Rußlands auf Korea die diplomatischen Beziehungen ab und löste damit den russissch-japanischen Krieg aus.
65 *Der Kaiser bringt immer so ein Stück Mittelalter hinter sich her*: vom symptomatischen Gesichtspunkt aus betrachtet eine interessante Äußerung; siehe dazu Bd. 2.
66 Der Maler Adolph von Menzel (geb. 1815) starb am 9. Februar 1905.
67 Joseph Joachim, damals berühmter Violinist (1831–1907).
68 Durch seinen Tanger-Besuch wollte Wilhelm die seit 1904 einsetzende französische Expansion in Marokko stoppen. Die daraus resultierende Marokko-Krise konnte auf der Konferenz von Algeciras im April 1906 beigelegt werden.
69 Eduard VII. (1841–1910), ab 1901 König von England.
70 Christian IX., König von Dänemark, geb. 1818.
71 Kronprinz Friedrich, geb. 1843, war mit Luise von Schweden vermählt.
72 Vgl. dazu Rudolf Steiners Bemerkungen in seinem Vortrag vom 4. Dezember 1916, enthalten in Bibl. Nr. 173, Dornach 2. Aufl. 1978.
73 Der Kaiser dankt Moltke für seine Bemühungen.
74 Johannes Peter Müller (1801–1858), Physiologe und Schriftsteller.
75 Im Frieden von Portsmouth (USA) verzichtete Rußland u.a. auf Korea und Port Arthur.
76 Ende Februar 1909 richtete der Kaiser ein Schreiben an Moltke, in dem er sich mit Nachdruck dagegen wandte, daß jüngere, zum Generalstab kommandierte Offiziere ein Thema aus dem Zweifrontenkrieg als Schlußprüfungsaufgabe zu bearbeiten hätten. Der Kaiser befürchtete, daß durch eine solche Aufgabenstellung wichtigste militärische Geheimnisse preisgegeben würden. Zudem seien Aufgaben dieses Umfanges nur für Armeeführer und Generalstabschefs zur Durcharbeitung geeignet, keinesfalls für jüngere Offiziere. Der Brief des Kaisers schließt mit dem Ersuchen, in Zukunft möge weiter aus dem bewährten Rahmen eines

begrenzten Themas, das den Herren näher läge und keine Rückschlüsse auf Absichten im Ernstfalle zulasse, eine Auswahl für die Arbeiten getroffen werden.

Für Moltke war diese Angelegenheit eine Prinzipienfrage. Moltke hatte das in Frage stehende Thema deshalb gewählt, um gerade auch den Nachwuchs des Generalstabes frühzeitig mit solchen Gedankengängen vertraut zu machen, von denen Moltke annehmen mußte, daß sie im Falle eines Krieges an zahlreiche Generalstabsoffiziere herantreten würden. Er hielt es für notwendig, daß auch diese jüngeren Generalstabsoffiziere über den Rahmen eines begrenzten Themas hinaus Gelegenheit bekämen, sich über solche Lagen ein Urteil zu bilden, die im Ernstfalle mutmaßlich eintreten würden. Dieser prinzipielle Standpunkt war es, der Moltke dazu bewog, auf das Schreiben des Kaisers hin die Enthebung aus seiner Stellung zu erbitten.

77 Durch Ludwig I. von Bayern errichteter Marmorbau bei Regensburg, in welchem den Großen Deutschlands Denkmäler errichtet wurden.

78 Heute Obernai.

79 Das Kloster auf dem Odilienberg wurde am Ende des 7. Jahrhunderts errichtet; erste Äbtissin war die heilige Odilie (gest. 720), die Tochter des Alemannenherzogs Eticho. Von diesem Kloster ging eine bedeutende a-römisch-christliche Geistesströmung aus. Vgl. dazu Band 2, S. 195, 329.

80 Heute Haute Koenigsbourg. Wilhelm II. ließ die mittelalterliche Burg zwischen 1900 und 1908 nach seinem Geschmack herrichten.

81 Saverne.

82 Nach der Besetzung von Fes durch französische Truppen entsendet Deutschland (das seit 1905 in Marokko freie Küstenfrachtschiffahrt genoß), um an seine eigenen marokkanischen Land- und Wirtschaftsinteressen zu erinnern, ein Kanonenboot namens «Panther» nach Agadir. Als Ergebnis dieser zweiten Marokkokrise übernimmt Frankreich das Protektorat über das Land, während Deutschland mit einer Erweiterung bisher französischer Gebiete im Kongo abgefunden wird.

83 Italien annektierte 1911 Tripolis und löste damit den Krieg gegen die Türkei aus.

84 Diese Worte Helmuth von Moltkes über das ihm vom Kaiser geschenkte Vertrauen als «*Wurzel meiner Kraft*» verdienen volle Beachtung; nur auf dem Hintergrund des tiefsitzenden Vertrauens Moltkes zum Kaiser kann ermessen werden, wie schlimm für Moltke der Vertrauens*bruch* am 1. August 1914 gewesen ist.

85 Im Streit um die Kriegsbeute nach dem Sieg über die Türkei im 1. Balkankrieg (Oktober 1912) greift Bulgarien im Juni 1913, damit den 2. Balkankrieg auslösend, Serbien an. Bulgarien verliert im Frieden von Bukarest (August 1913) Mazedonien und die Dobrudscha. Kreta fällt endgültig an Griechenland. Dieser Friede läßt vor allem die Serben enttäuscht, die sich den Zugang zur Adria erhofft hatten, von Österreich-Ungarn aber daran gehindert wurden.

86 Qui trop embrasse, mal étreint: Sprichwort. Sinn: Wer zuviel will, dem rinnt das Erstrebte durch die Finger.

87 Möglicherweise eine Anspielung auf den von Wilhelm stammenden Titel des Bildes, das Moltke am 2. Oktober 1895 in Petersburg dem Zaren zu übergeben hatte und das die Aufschrift trug: «Völker Europas, wahrt eure heiligsten Güter».

88 *Olga*: jüngere Schwester (geb. 1870) von Eliza von Moltke-Huitfeldt.

89 Am 28. Juni 1914 wurde der österreichische Thronfolger Franz Ferdinand in Sarajewo durch den bosnischen Studenten Gavrilo Princip im Auftrag der Geheimorganisation «Schwarze Hand» unter mittelbarer Beteiligung der serbischen Regierung ermordet. Österreich-Ungarn stellt darauf ein auf 48 Stunden befristetes Ultimatum an Serbien, mit der Forderung der Bekämpfung der gegen die Monarchie gerichteten Umtriebe. Serbien vollzieht am 25. Juli eine Teilmobilmachung.
Ohne Einmischung Rußlands wäre der Konflikt auf Österreich-Ungarn und Serbien beschränkt geblieben.
Bereits *vor* dem Ultimatum an Serbien war Rußland durch den französischen Präsidenten Poincaré sowie dessen Ministerpräsidenten Viviani in Petersburg der Bündnistreue Frankreichs versichert worden.

90 Diese Worte können neben vielen anderen Äußerungen Moltkes als Beweis dafür genommen werden, daß von einem bewußten Herbeiführen des Kriegsausbruchs zumindest von Seiten der maßgeblichen militärischen Führung Deutschlands keine Rede sein kann.

91 Alexander I. (geb. 1876), Sohn König Milans von Serbien, seit 1889 selbst serbischer König, wurde am 10. Juni 1903 zusammen mit seiner Gattin Draga Maschin in Belgrad ermordet.

92 Der österreichische Thronfolger Franz Ferdinand wurde am 28. Juni 1914 in Sarajewo ermordet. Näheres siehe Anm. 89.

93 *Randbemerkung Moltkes: «Ist inzwischen geschehen.»*

94 Hindenburg und Ludendorff, von Moltke nach dem Osten entsandt, erfochten zwischen dem 26. und dem 30. August in der Schlacht von Tannenberg einen Sieg über die russische Invasionsarmee.
95 Karl von Bülow (1864–1921).
96 Eigenhändig vom Kaiser geschrieben und Moltke zugeschickt am 14. September 1914.
Am selben Tag wird Moltke durch General von Lyncker die Nachricht von der durch den Kaiser gebilligten Entlassung überbracht. Siehe dazu Moltkes Homburger Aufzeichnungen auf S. 402.
97 Am 14. September ließ der Kaiser Moltke durch Lyncker bestellen, er solle sich krank melden, Falkenhayn würde die Leitung der Operationen übernehmen.
98 Moltke deckte bis zum 3. November Falkenhayns Operationen mit seinem Namen, um das Ansehen der Armeeführung und des Kaisers vor dem kämpfenden Heer nicht zu schädigen.
99 Die österreichisch-ungarische Armee hatte Ostgalizien verloren; die 9. deutsche Armee muß bei Krakau wegen drohender russischer Umfassung zurückgenommen werden.
100 Verlag Deutsche Bibliothek, Berlin.
101 Vgl. dazu Rudolf Steiners Charakteristik der Kriegsziele der verschiedenen europäischen Völker am 31. Oktober 1914 (Bibl. Nr. 157 der Rudolf Steiner Gesamtausgabe, Dornach). In Bezug auf die Art, wie der Deutsche strebt resp. kämpft, heißt es: «Man kämpft um die *Existenz* oder etwas, was mit der *Existenz* zusammenhängt.»
102 Ein Urteil über Moltkes wirtschaftliche Betätigung sei hier angeführt:

Berlin, 6. August 1918

Sehr verehrte Exzellenz!
Es wird jetzt die «Geschichte der deutschen Volkswirtschaft» während des Krieges geschrieben. An dem Aufbau unserer Ernährungswirtschaft hat Ihr verstorbener Herr Gemahl einen großen Anteil gehabt. Der von mir hochverehrte Mann hat mich mehrfach zu Beratungen über diesen Gegenstand herangezogen, und es erscheint mir als ein Gebot der Gerechtigkeit und historischen Wahrheit, sein Verdienst der Vergessenheit zu entziehen. Wir haben es nach meiner Überzeugung nur seinem entschlossenen und wie immer selbstlosen Eintreten zu verdanken,

daß nicht schon im ersten Jahre des Krieges eine Hungersnot ausbrach ...

M. Sering

Geheimer Regierungsrat, Universitäts-Professor. Z.Zt. Vorsitzender der Wissenschaft. Kommission des Kgl. Preuß. Kriegsministeriums.

103 Im Frühjahr 1917 bemühte sich Österreich dann tatsächlich um einen Separatfrieden mit der Entente, da es sich mit der Siegfriedens-Politik des deutschen Reiches nicht mehr einverstanden erklären wollte. Die Bemühungen blieben erfolglos.

104 Von Hindenburg hatte Moltke am 11. Januar 1915 geschrieben:
«Mein lieber, guter Moltke!
Genau dieselben Ansichten wie Sie habe ich in einem gestern durch Courier abgesandten Brief S.M. dargelegt. Ein wunderbares Zusammentreffen. Möge der Erfolg nicht ausbleiben! (...) Ich habe es übrigens für meine Pflicht gehalten, heute den L.d.M.C. [Leiter des Militär-Cabinetts] schriftlich darüber aufzuklären, daß die Armee zu dem jetzigen Leiter der Operationen [Falkenhayn], der unmöglich zwei verantwortungsvolle Stellungen gleichzeitig ausfüllen kann, wenig Vertrauen hat.
Abschrift hiervon sandte ich an den Reichskanzler.
So! Hier stehe ich, ich kann nicht anders, Gott helfe mir. Amen!
Behalten Sie diese Eröffnungen bitte für sich, seien Sie überzeugt, daß ich Ihrer oft in warmer Teilnahme gedenke, und seien Sie herzlichst gegrüßt von Ihrem Kameraden von Hindenburg.»

105 Italien erklärte im Mai 1915 den Krieg an Österreich-Ungarn, im August 1916 an Deutschland, während Rumänien im Sommer 16 Österreich-Ungarn den Krieg erklärt. Moltkes Äußerung beweist einmal mehr seinen politischen Scharfblick.

106 Diese Begründung der Ablehnung einer ev. Wiedereinsetzung in das Amt des Generalstabschefs zeigt, daß Moltke trotz eigener unerschütterlicher Loyalität zum Kaiser das Vertrauen desselben in seine Führungsfähigkeiten nach wie vor als conditio sine qua non betrachtet.

107 Auf diesen Brief antwortete Hindenburg am 24. Januar u.a.: «Sachlich ist genug erreicht worden. F.[Falkenhayn] hat wenigstens den einen Posten [Kriegsminister] aufgeben müssen (...) der Versuch, Ludendorff zu beseitigen, ist mißglückt (...) Hoffentlich haben Sie Plessen erzählt, daß Ihr Arzt gar nicht gefragt worden ist.»

108 In Moltkes Nachlaß befinden sich zwölf Briefe Ludendorffs an Moltke, geschrieben zwischen dem 2. Januar und dem 10. Oktober 1915. Sie sind ein Zeugnis von Ludendorffs damaliger Loyalität gegenüber Moltke, seinem einstigen «Chef», die nicht zuletzt in der auch mit Hindenburg geteilten scharfen Kritik an der militärischen Führung Falkenhayns begründet lag. – Am 27. Januar hatte Ludendorff einen ausführlichen Bericht der Lage an der Ostfront an Moltke gesandt.

109 Siehe dazu den Beitrag von Jens Heisterkamp auf S. 467ff.

110 Zur Rolle von Richard Hentsch (1869–1918) siehe die Ausführungen von Jürgen von Grone auf S.455ff. sowie die Hinweise zu den Seiten 88 und 92 in Band 1.

111 Vgl. die in diesem Bericht gegebenen Darstellungen mit den Aufzeichnungen vom November 1914 auf S. 391ff.

112 *Diesen Brief brachte die «Tat» im Juliheft 1916 mit der hier folgenden Einleitung: «Der sympathischen Persönlichkeit des anfänglichen Leiters unserer Kriegsoperationen wurde bei den Nachrufen zu seinem jähen Tode allgemein gedacht, denn Moltke war nicht nur Berufssoldat, sondern ein warmherziger, kultivierter Mensch mit idealistischer Tendenz.*
So beschäftigte ihn das Werden des neuen Deutschland nach dem Kriege besonders stark, und bekanntlich ist die Gründung der «Deutschen Gesellschaft 1914» in Berlin auf ihn zurückzuführen. Das Januarheft der «Tat» befaßte sich eingehend mit dieser Gründung, und es dürfte wohl für die Leser der «Tat» von Interesse sein, wie sich Moltke anläßlich dieses Aufsatzes zur «Tat» stellte. – Er schrieb später noch einmal dem Herausgeber anläßlich des Märzheftes: «Wenn man der Ansicht ist, daß in der Denkweise Ihrer Monatsschrift diejenige der kommenden Jugend Deutschlands zum Ausdruck kommt, so darf man meiner Meinung nach der Zukunft mit frohem Vertrauen entgegensehen.»

113 *Fast unmittelbar nach der Beendigung dieser Rede starb Helmuth von Moltke noch während der Gedächtnisfeier für Generalfeldmarschall Frhn. v.d. Goltz im Reichstagsgebäude an Herzschlag am 18. Juni 1916.*

114 Mit diesen Vorbemerkungen leitete Eliza von Moltke die von ihr 1922 herausgegebenen «Erinnerungen, Briefe und Dokumente» ein. Der drittletzte sowie der zweitletzte Absatz stammen gemäß einer brieflichen Mitteilung Jürgen von Grones vom 7. Juni 1919 wortwörtlich von *Rudolf Steiner.*

115 *Der Artikel 231, S. 122, der amtlichen Ausgabe des Versailler Friedensvertrages lautet:*
Die aliierten und assoziierten Regierungen erklären, und Deutschland

erkennt an, daß Deutschland und seine Verbündeten als Urheber für alle Verluste und Schäden verantwortlich sind, die die aliierten und assoziierten Regierungen und ihre Staatsangehörigen infolge des Krieges, der ihnen durch den Angriff Deutschlands und seiner Verbündeten aufgezwungen wurde, erlitten haben.
Die richtige Übersetzung lautet: *Die aliierten und assoziierten Regierungen erklären, und Deutschland erkennt dies an, daß Deutschland und seine Verbündeten für alle von ihnen verursachten, den aliierten und assoziierten Regierungen und ihren Volksangehörigen erwachsenen Verluste und Schäden verantwortlich sind, die entstanden sind als Folgen des Krieges, der ihnen durch den Agriff Deutschlands und seiner Verbündeten auferlegt worden ist. –*

Ich sage das Obige trotz der etwas wenig sagenden Fassung des Artikels nicht aus einer fälschlichen Interpretation desselben heraus, die den Deutschen sonst vorgeworfen wird, sondern weil das Gesagte seine tatsächliche Folge [hat] und seine [Deutschlands] Behandlung von Seiten der Sieger in Wirklichkeit so ist.

116 Siehe dazu Kapitel VIII.

117 Das Memorandum vom Ende Juli 1914 findet sich auf S. 305 dieses Bandes.

118 Die im Mai 1919 fertiggestellte Broschüre trug den Titel «Die ‹Schuld› am Kriege – Betrachtungen und Erinnerungen des Generalstabschefs H. v. Moltke über die Vorgänge vom Juli 1914 bis November 1914». Sie wurde vom «Bund der Dreigliederung des sozialen Organismus» herausgegeben, «eingeleitet in Übereinstimmung mit Frau Eliza v. Moltke durch Rudolf Steiner». Steiners Vorwort datiert vom Mai 1919. Über die Genese des Entschlusses, diese Aufzeichnungen Moltkes herauszugeben, siehe Band 2, Hinweise zu den Seiten 76 und 80. Vgl. auch Hans Kühn, «Dreigliederungszeit», Dornach 1978.

119 Anmerkung R. Steiners: «Vgl. des Verfassers ‹Kernpunkte der sozialen Frage›, Verlag Greiner & Pfeiffer, Stutgart 1919.» (Heute innerhalb der Rudolf Steiner Gesamtausgabe [GA] Bibl. Nr. 23.

120 Siehe dazu Anm. 101.

121 Bernhardi, Friedrich von (1849–1930), preußischer General und Militärschriftsteller, verfaßte 1912 «Deutschland und der nächste Krieg».

122 Siehe dazu die in Band 2 dargelegten real-geistigen Hintergründe von Moltkes Post-mortem-Zustimmung zu dieser Veröffentlichung.

123 Siehe dazu Renate Riemeck, «Mitteleuropa – Bilanz eines Jahrhunderts», 3. Aufl., Potsdam 1990. Kapitel «Ein lange und gut vorbereiteter Krieg».

124 Heute ist diese Aussage auf die amerikanische Politik der «Neuen Weltordnung» auszudehnen.

125 Am 3./4. August marschierten gemäß dem von Moltke modifizierten Schlieffenplan deutsche Truppen in Belgien ein; darauf erklärte Großbritannien nach einem Ultimatum an Deutschland, in dem die Respektierung der belgischen Neutralität gefordert wird – de facto eine Kriegserklärung – Deutschland am 5. August, und am 12. August auch Österreich-Ungarn formell den Krieg. Vgl. Seite 16f.

126 Diese und die folgende Theorie der verschiedenen Entwicklungsstufen der romanischen resp. slawischen Völker wurde in der Schrift von C. G. Harrison, «The Transcendental Universe», London 1893, klar ausgesprochen. Rudolf Steiner, der diese Schrift kannte, hat in Privatgesprächen mit Moltke diesen Gegenstand wahrscheinlich berührt. – Was hier von Völkern gesagt wird, darf natürlich nicht auf die einzelnen menschlichen Individualitäten übertragen werden, die ihrem Wesen nach *über* dem Volkselement stehen.

127 Es geht um die *geistige* Weiterentwicklung der Menschheit. Damit ist klar, daß es absurd wäre, diese und ähnliche Aussagen Moltkes in die Nachbarschaft von völkischen Schlagworten von der «Weltmission» des Deutschtums zu rücken, die im Dritten Reich mit dem wahren Geist nichts, mit Blut, Boden und irrationalen Instinkten aber sehr viel zu tun hatte.

128 Vgl. dazu Steiners Ausführungen am 31. Oktober 1914 in Berlin. Siehe auch Anm.101.

129 Wladimir Suchmolinow, Kriegsminister ab 1910.

130 Dieser «Militärattaché» ließ sich nicht identifizieren.

131 Ein vom Auswärtigen Amt und General von Dommes – zu Unrecht – beanstandeter Hauptpunkt von Moltkes Aufzeichnungen.

132 Am 30. Juli .

133 Erich von Falkenhayn (1861–1922), Kriegsminister und ab Herbst 1914 eine Weile zugleich Generalstabschef.

134 Karl Max Fürst von Lichnowsky (1860–1928), ab 1912 Botschafter in London.

135 Edward Grey (1862–1933), britischer Minister des Auswärtigen 1905–1916.

136 Es darf nicht übersehen werden, daß dieser Satz in vertraulichen, nur für die Gattin bestimmten Aufzeichnungen steht; aus dieser und ähnlichen Äußerungen dürften sich die Verleumder Moltkes die Scheinbestätigung ihrer Theorie der Schwächlichkeit dieses Mannes geholt haben. Moltke hätte sich in von vorneherein für die Öffentlichkeit bestimmten Aufzeichnungen gewiß anders ausgedrückt!

137 Gerhard Tappen war Chef der Operations- und Eisenbahnabteilung.

138 Max Clemens Freiherr von Hausen (1848–1922), Oberbefehlshaber der 3. Armee.

139 Moritz Freiherr von Lyncker (1853–1932) war Chef des Militär-Kabinetts und in dieser Funktion eine der einflußreichsten Persönlichkeiten in der Kamarilla des Kaisers.

140 Die Veröffentlichung der Aufzeichnungen Moltkes halte ich heute für notwendig, damit über wichtige Vorgänge die Wahrheit bekannt werde.

141 Hans von Haeften (1870–1937), der 1914 Adjutant des Generalobersten war, hat sich im November 1914 die mündlichen Mitteilungen Moltkes über die Vorgänge am und nach dem 1. August «sofort schriftlich aufgezeichnet». Die Aufzeichnungen mit dem Titel «Meine Erlebnisse aus den Mobilmachungstagen 1914» fanden sich im Bundesarchiv/ Militärarchiv Freiburg i. Br. (Sign. N 35/1). Die hier wiedergegebene Passage ist ein Auszug (S. 34–38) aus Kapitel V. «Der Zusammenstoß zwischen dem Kaiser und Moltke im Königlichen Schloß nach Ausspruch der Mobilmachung und seine Folgen». – Auch die übrigen Kapitel von Haeftens Aufzeichnungen geben das Bild einer ratlos-naiven Politik von Kaiser und Reichskanzler Bethmann Hollweg und bezeugen den tiefen, gewissenhaften und vorsichtigen Ernst, mit welchem Moltke in diesen Tagen jeden Schritt erwog. So schloß er noch in der Nacht vom 30. zum 31. Juli ein Gespräch mit Haeften in folgender Art: «Morgen Mittag (...) fällt die Entscheidung über Krieg oder Frieden. Der Reichskanzler [Bethmann Hollweg], der Kriegsminister [Falkenhayn] und ich haben gemeinsam Vortrag bei Seiner Majestät. *Ehe ich jedoch Seiner Majestät die Mobilmachung anraten werde, will ich noch eine dritte Bestätigung der Meldung über die russische Mobilmachung abwarten.* Ich erwarte sie morgen früh gleichzeitig mit der Mitteilung aus Wien, ob die österreichisch-ungarische Wehrmacht mobil gemacht wird oder nicht. Freilich besteht kaum mehr ein Schimmer von Hoffnung auf Erhaltung des Friedens.» (A. a. O., S. 28.)

142 Oberstleutnant Wilhelm von Dommes (1867–1959) – zu Kriegsbeginn in der Politischen Abteilung des Generalstabs – sollte noch eine wichtige, in gewissem Sinne verhängnisvolle Rolle im Zusammenhang mit Moltkes Aufzeichnungen zum 1. August spielen. Siehe das nächste Kapitel dieses Buches.

143 Kursivdruck durch den Herausgeber. – Haeften fügt in einer Fußnote zu seinen oben zitierten Aufzeichnungen hinzu: «Die Darstellung des Vorganges auf der Treppe des Kaiserlichen Schlosses am 9. August beruht auf mündlicher Mitteilung des Oberstleutnants v. Dommes an mich persönlich.»

144 Siehe die Aufzeichnungen Hans von Haeftens auf Seite 404f.

145 Die Aufzeichnungen befinden sich im Bundesarchiv/Militärarchiv Freiburg i.Br. (Sign. 512/4.) Die Entzifferung der Handschrift von Dommes bereitete erhebliche Schwierigkeiten, die dank der Hilfe von Herrn Hartwig von Volkmann (Freiburg i.Br.) weitgehend behoben werden konnten. Die wenigen unleserlichen Worte wurden in [...], fragliche Ausdrücke mit einem [?] gekennzeichnet. In [ ] Klammern stehende Ergänzungen stammen vom Herausgeber. Bemerkungen in ( ) sind von Dommes. Passagen, die sich auf andere Zusammenhänge beziehen, wurden weggelassen und mit (...) bezeichnet.

146 Diese Bemerkung zeigt, daß Frau von Moltke von Dommes vom Post-Mortem-Wirken und -Willen ihres Mannes erzählte, wie es ihr durch Rudolf Steiner in zahlreichen, von diesem niedergeschriebenen Mitteilungen enthüllt worden war. Siehe dazu die Hinweise auf Band 2 in den Vorbemerkungen zu diesem Kapitel. – Der folgende Satz «Frau v. M. las mir alles vor» bezieht sich jedoch auf die Broschüre, die sie am 28. Mai von Steiner zugeschickt bekommen hatte.

147 Hans Adolf von Moltke (1884–1943), zum damaligen Zeitpunkt preußischer Legationsrat in Stuttgart, hatte am 27. Mai durch Emil Molt ein Exemplar der soeben fertig gestellten Broschüre in die Hand bekommen, worauf er unverzüglich seinen Vater Fritz von Moltke, nach dem Ableben von Helmuth von Moltke Familienältester, in Berlin benachrichtigte. Fritz von Moltke schaltete darauf das Auswärtige Amt ein.

148 Astrid (Bethusy-Huc) und Else (Koennecke).

149 Teilweise abgedruckt in «Nachrichten der Rudolf Steiner Nachlaßverwaltung», Nr. 27/28, S. 29.
Eliza von Moltke schreibt am 30. 5. an Steiner: «Der General von Dommes, der Ihnen diesen Brief bringen wird, kam gestern zu mir,

durch den Generalstab von Insterburg hergerufen infolge der bevorstehenden Veröffentlichung der Aufzeichnungen (...) Mein lieber guter Doktor – ich befinde mich in einem fürchterlichen Zustand der innerlichen Qual, da ich vor etwas stehe, das ich nicht bemeistern kann innerlich (...) ich fühle, als hätte ich der lieben Seele gegenüber ein Unrecht, einen Verrat getan.»

150 Die politische Unfähigkeit Bethmanns tritt durch die Aufzeichnungen von Haeftens (S. 13ff.,siehe Anm. 141) überaus deutlich zutage. Bethmann hat nicht nur im letzten Augenblick an die Neutralität Englands geglaubt, sondern auch an die von Frankreich. Ferner zögerte er die Verbreitung eines von Moltke geforderten, von Haeften zu entwerfenden Polenaufrufes hinaus, in welchem die Polen unter der Zusicherung späterer nationaler Selbständigkeit als Verbündete Deutschlands und Österreich-Ungarns angesprochen wurden. Der Aufruf sollte in der Nacht vom 3./4.August durch ein Zeppelin-Luftschiff über Polen abgeworfen werden. Bethmann, der zuerst seine Zustimmung gegeben hatte, glaubte noch am 1. August um 10 Uhr abends, daß «noch eine schwache Aussicht bestünde, den Frieden zu erhalten».
Erst als durch einen polnischen Abgeordneten die Nachricht von der russenfeindlichen Stimmung in Warschau die Reichskanzlei erreichte, bewilligte Bethmann den Abwurf des Aufrufes, welcher dann in der Nacht vom 5. zum 6. August erfolgte.
Die Debatten um den Polen-Aufruf, in die auch der Unterstaatssekretär Zimmermann sowie der Staatssekretär des Äußeren involviert waren, sind ein weiterer Beleg für die von Steiner betonte «Nullität» der politischen Führung Deutschlands zum damaligen Zeitpunkt.

151 Von Dommes dürfte Aussprüche des Kaisers wie «Also wir marschieren einfach mit der ganzen Armee im Osten auf» oder «Nun können Sie machen, was Sie wollen» im Auge gehabt haben.

152 Siehe dazu die Mitteilungen Nr. 75 und Nr. 86 in Band 2 sowie die Hinweise zu denselben.

153 Siehe dazu Steiners Brief an Eliza von Moltke vom 6. August 1919 (Band 2, S. 246ff.), in welchem er auf diese subjektive «Richtigkeit» der Aufzeichnungen wiederum zu sprechen kommt.

154 Diese Voraussetzung – der Glaube der Seele an die Richtigkeit der Aufzeichnungen – ist jedoch in Wirklichkeit *nicht* entfallen; siehe auch Anm. 153.

155 Gemeint ist der «Bund der Dreigliederung des sozialen Organismus», welcher die Aufzeichnungen veröffentlichen sollte.

156 Außer den hier wiedergegebenen Notizen sind im Nachlaß von Dommes keine weiteren Aufzeichnungen über seine Unterredung mit Steiner gefunden worden.

157 Steiner dürfte sich diese Aufzeichnung noch während oder unmittelbar nach dem Gespräch mit Dommes gemacht haben. Er hat sie später Jürgen von Grone überlassen.

158 Jürgen von Grone (1887–1978), im ersten Weltkrieg aktiver Offizier, war durch seinen beruflichen Werdegang wie durch sein Studium der anthroposophisch orientierten Geisteswissenschaft dazu prädestiniert, den militärischen wie menschlichen Lebensgang Helmuth von Moltkes nachzuzeichnen. Er ist nach Moltkes und Steiners Tod der wichtigste Verteidiger Moltkes gegen die Flut militärhistorischer wie völkischer Angriffe geworden. Vgl. dazu seinen Beitrag auf S. 435 ff. dieses Buches sowie die Aufzeichnungen von Jens Heisterkamp auf S. 467 ff.
Die hier wiedergegebenen Betrachtungen von Grones wurden in seinem Nachlaß gefunden. Sie stammen aus dem Jahre 1965.

159 Dieser schon in Anmerkung 153 erwähnte Brief ist in Band 2, S. 246 ff. vollständig abgedruckt.

160 Gemeint ist die Entscheidung vom 11. September 1914, die Armeen im Westen zurückzunehmen.

161 Am 5. Oktober 1921 erschien in der Pariser Tageszeitung «Le Matin» ein Interview, das der Journalist Jules Sauerwein (1880–1967), ein Schüler und Freund Rudolf Steiners, mit dem Begründer der anthroposophisch orientierten Geisteswissenschaft am 30. September in Dornach geführt hatte. Es trug den Titel «Une lueur sur les origines de la guerre» und den Untertitel «Ce qui contiennent les mémoires inédits et interdits en Allemagne du chef d'état-major de Moltke». Das Erscheinen dieses Interviews in der *französischen* Presse war eine journalistische Muttat. Am 12. Oktober wurde die deutsche Fassung unter dem Titel «Neue Tatsachen über die Vorgeschichte des Weltkrieges» in der Zeitschrift «Dreigliederung des sozialen Organismus» (Jg. 3, Nr. 15) veröffentlicht.
An dieses Interview schlossen sich diverse Auseinandersetzungen und Anschuldigungen, so daß sich Steiner veranlaßt sah, wiederholt dazu Stellung zu nehmen.
(Siehe dazu: Rudolf Steiner, «Über die Dreigliederung des sozialen

Organismus und zur Zeitlage – Schriften und Aufsätze 1915–1921», GA 24, wo sowohl das Interview wie die anschließenden Äußerungen Steiners bereits abgedruckt wurden, S. 398ff.)

162 Hans Adolf von Moltke. Näheres siehe Anm 147.

163 General von Dommes.

164 Siehe S. 303ff. dieses Bandes.

165 Oberstleutnant von Tappen.

166 Die Unterredung in Niederlahnstein bei Koblenz fand im Beisein von Eliza von Moltke statt. Jürgen von Grone berichtet von einem wichtigen Umstand beim Zustandekommen der Begegnung mit Rudolf Steiner, der sich auf der Durchreise von Dornach nach Berlin befand: «Rudolf Steiner hat mir später versichert, *er habe sich zu dieser Fahrt erst nach dreimaligem Ersuchen von Frau von Moltke entschlossen.*» (Jürgen von Grone, «Helmuth von Moltke und Rudolf Steiner», Privatdruck, Stutgart 1972).

167 Generaloberst Alexander von Kluck (1846–1934) war Oberbefehlshaber der 1. Armee.

168 Abgedruckt in GA 24, S. 406f. Zuerst erschienen in der Zeitschrift «Dreigliederung des sozialen Organismus», Nr. 15, 12. Oktober 1921.

169 Abgedruckt in GA 24, S. 408ff.

170 Siehe Anm. 168.

171 Im Originaldruck heißt es «geführt»; vermutlich Schreibfehler.

172 Wörtliche Ausdrucke aus dem «Matin-Interview».

173 Möglicherweise ist Hans von Haeftens verzerrte Auffassung des Verhältnisses Steiner/ Moltke durch gewisse Mitteilungen mitbewirkt worden, die ihm General von Dommes nach dessen Gesprächen mit Eliza von Moltke und Steiner im Mai/Juni 1919 gemacht haben könnte. Vgl. dazu Anm. 146.

174 Von Haeftens Vertrauensstellung gegenüber von Moltke ist durch seine eigenen, in diesen Band aufgenommenen Aufzeichnungen klar dokumentiert.

175 Alfred von Tirpitz (1849–1930), «Erinnerungen», 1920.

176 Von Haeften hatte sich auf Vermittlung von Eliza von Moltke im Sommer 1916 dafür eingesetzt, daß in Zürich unter der Leitung von Rudolf Steiner ein neutraler Pressedienst eingerichtet würde. Die Initiative wurde im letzten Moment «durch Ludendorff kaputt gemacht, weil ich kein Reichsdeutscher bin», so Steiner selbst. Siehe zu diesen Vorgängen Band 2, den 7. Hinweis zur Mitteilung Nr. 76, S. 336ff.

177 Unter diesem Titel brachte Jürgen von Grone 1971 in Stuttgart im Selbstverlag eine kleine Schrift heraus. Sie bildet die Summe von Grones jahrzehntelanger Bemühung in Wort und Schrift, die wesentlichen Einzelheiten der Marneschlacht sowie Moltkes Rolle in dieser Entscheidungsschlacht des 20. Jahrhunderts darzustellen. Sie hat Vermächtnischarakter und wurde deshalb in diesen Band mit aufgenommen.

178 General Joffre (1872–1921) war Generalissimus der französischen Armee, hinsichtlich der Führungskompetenz dem deutschen Generalstabschef, also Moltke, vergleichbar.

179 Rupprecht von Bayern (1869–1955) war Führer der 6. Armee.

180 Siehe S. 357 (Moltke über den Rückzug an der Marne)

181 Es ist unbekannt, wer sich hinter diesen Initialen verbirgt.

182 Zum Beispiel:
Eugen Bircher, «Die Schlacht an der Marne», Bern 1918.
Hermann von Kuhl, «Der Marnefeldzug», Berlin 1921.
W. Müller-Loebnitz, «Der Wendepunkt des Weltkrieges»; «Beiträge zur Marneschlacht» 1921.
G. Tappen, «Bis zur Marne 1914», Oldenburg 1920.
Die außerordentliche Bedeutung der Marneschlacht für das deutsche Geschichtsbewußtsein zwischen den Weltkriegen untersucht Karl Lange in seinem Buch «Die Marneschlacht und deutsche Öffentlichkeit 1914–1939», Düsseldorf 1974.

183 Erich Ludendorff, «Kriegsführung und Politik», München 1922.

184 München 1934. – Daß die Gespenster um Ludendorff leider keineswegs der Vergangenheit angehören, sondern in der neueren rechtsradikalen Szene weiter rumoren, zeigt eine 1985 erschienene Schrift «Ludendorff – Studie eines Revolutionärs» (Verlag Hohe Warte, ohne Herausgebernennung), in deren Anhang sich übelste Verdrehungen bezüglich der spiritistischen Betätigungen von Moltkes Gattin finden.

185 Ausgabe vom 12. Januar 1933.

186 «Das Goetheanum», Nr. 10, 5. März 1933.

187 Siehe die Vorrede zu diesem Buch, S 14f.

188 Auch als Sonderdruck erschienen:
Jürgen von Grone, «Die Marneschlacht», Stuttgart 1934.

189 In: «Walter Johannes Stein – Eine Biographie», Dornach 1989, S. 170. Über den Schicksalshintergrund der Moltke-Individualität siehe Band 2. – Dieser Hintergrund kommt, leider in sehr verzerrter und

unqualifizierter Weise, in der Publikation «The Spear of Destiny», London 1972 (unter dem Titel «Der Speer des Schicksals» 1974 auf deutsch erschienen), zur Sprache.

190 «Biographisches Wörterbuch zur Deutschen Geschichte», 2. Bd., München 1974. S. 1923f.

191 Hermann von Kuhl war Chef des Generalstabes jener unter dem Oberbefehl von Generaloberst Alexander von Kluck stehenden äußerst rechten Flügelarmee, die durch ihren eigenmächtigen Marneübertritt die Gegenoffensive der Franzosen ermöglichte.

192 Walter Görlitz, «Der deutsche Generalstab. Geschichte und Gestalt 1657–1945». Frankfurt a.M. 1950.

193 Auf die Verzerrungen von Görlitz hat der jüngere von Moltkes Söhnen, Adam von Moltke (vgl. Band 2, S. 353) 1958 eine Erwiderung verfaßt: «Eine Antwort an Herrn Walter Görlitz betr. das Kapitel ‹Der Krieg ohne Feldherrn› in seinem Buch ‹Der deutsche Generalstab›.» (Bundesarchiv/Militärarchiv Freiburg i.Br., 78/37)

194 Siehe:
Fritz Fischer, «Der Griff nach der Weltmacht», Düsseldorf 1961.
Immanuel Geiß, «Julikrise und Kriegsausbruch 1914», 2 Bde., Hannover 1963f.
Adolf Gasser, «Preußischer Militärgeist und Kriegsentfesselung 1914», Basel und Frankfurt a.M. 1985.
Von anthroposophischer Seite aus sieht auch Ch. Lindenberg Moltke als «unglücklichen Exponenten» des deutschen «Militarismus» («Goetheanum» Jg. 2, 1970, S. 11); ähnlich kritisch gegenüber Moltke in seinem Buch «Vom geistigen Ursprung der Gegenwart», Stuttgart 1984, S. 155.

195 Besonders Gerhard Ritter, «Staatskunst und Kriegshandwerk. Zum Problem des Militarismus in Deutschland», 4 Bde., München 1954–1968.

196 Jehuda L. Wallach, «Das Dogma der Vernichtungsschlacht. Die Lehren von Clausewitz und Schlieffen und ihre Wirkungen in zwei Weltkriegen.» Frankfurt a.M. 1967.

197 Wallach, op. cit., S. 177.

198 Bergisch Gladbach 1982. Unter der Mitautorschaft von Wolfgang Venohr.

199 Rolf Hochhuth, «Sommer 1914. Ein Totentanz.» Hamburg 1989.

PERSONENREGISTER FÜR BAND 1 UND 2

Ziffern im Normaldruck beziehen sich auf Band 1; *Ziffern im Kursivdruck auf Band 2*.
Auf die Aufnahme von Helmuth von Moltke d. J. wurde für beide Bände, auf jene von Wilhelm I. für Band 1 verzichtet.

BILDNACHWEIS

1 Helmuth von Moltke, um 1912. © Burkheiser

2 Helmuth von Moltke, 1891. © Burkheiser

3 Eliza von Moltke, 1897. © Burkheiser

4 Helmuth von Moltke, um 1870. © Universitätsbibliothek Basel
Otto von Bismarck, 1883. © Universitätsbibliothek Basel

5 Helmuth von Moltke d. Ä., 1886. © Ullstein Bilderdienst, Berlin

6 Zar Nikolaus II. mit Familie, um 1895. © Universitätsbibliothek Basel

7 Kaiser Wilhelm II. mit Familie, 1893. © Universitätsbibliothek Basel

8 «Völker Europas, wahrt Eure heiligsten Güter»
Zeichnung von H. Knackfuß nach einer Idee von Wilhelm II.

9 «Aus großer Zeit», Wilhelm II. mit seinem Stab. © Burkheiser

10 Helmuth von Moltke, um 1910
© Bundesarchiv / Militärarchiv, Freiburg im Breisgau

11 Wilhelm von Dommes, um 1910. © Bundesarchiv / Militärarchiv

12 Helmuth von Moltke, um 1910. © Ullstein Bilderdienst
Wilhelm II., 1918. © Ullstein Bilderdienst

13 Helmuth von Moltke, Juli 1914. © Universitätsbibliothek Basel

14 Eliza und Helmuth von Moltke, um 1914. © Burkheiser

15 Rudolf Steiner 1916. © Verlag am Goetheanum
Jürgen von Grone, um 1945. © Perseus Verlag Basel

1 Helmuth von Moltke, um 1912

2 Helmuth von Moltke, 1891

3 Eliza von Moltke, 1897

4 Helmuth von Moltke, um 1870 (oben); Otto von Bismarck, 1883

5 Helmuth von Moltke d. Ä., 1886

6 Zar Nikolaus II. mit Familie, um 1895

7 Kaiser Wilhelm II. mit Familie, 1893

8 «Völker Europas, wahrt Eure heiligsten Güter» (von H. Knackfuß)

9 «Aus großer Zeit», Wilhelm II. mit seinem Stab

10 Helmuth von Moltke, um 1910

11 Wilhelm von Dommes, um 1910

12 Helmuth von Moltke, um 1910 (oben); Wilhelm II., 1918

13 Helmuth von Moltke, Juli 1914

14 Eliza und Helmuth von Moltke, um 1914

15 Rudolf Steiner, 1916 (oben); Jürgen von Grone, um 1945